# यूनानी आभिजात्य चिन्तन

## काव्यैतिहासिक आलोक में

कृष्णलाल शर्मा

वाणी प्रकाशन

वाणी प्रकाशन
'लोगो' वाणी प्रकाशन : मक़बूल फ़िदा हुसेन

*वाणी प्रकाशन, 4695, 21-ए, दरियागंज, नयी दिल्ली-110002*
*वाणी प्रकाशन, अशोक राजपथ (पटना कॉलेज के सामने), पटना (बिहार)*

UNANI ABHIJATYA CHINTAN
KAVYETIHASIK ALOK MEIN

*by* Krishnalal Sharma

Criticism

ISBN : 978-93-5000-457-9



प्रथम संस्करण

मूल्य : 695/-

वाणी प्रकाशन

फोन : 0091#11#23273167, फोन व फैक्स 23275710

वेबसाइट : www.vaniprakashan.in

ई-मेल : vaniprakashan@gmail.com

*आर.टेक ऑफसेट प्रिंटर्स द्वारा दिल्ली-110095 में मुद्रित*

पश्चिम के
प्रथम प्रजातन्त्रवेत्ता
सुकरात
को

# प्रस्तावना

पाश्चात्य साहित्य और साहित्यशास्त्र के संदर्भ में 'क्लासिकल' विशेषण अनेक अर्थों का संवाहक है। इनमें से दो मुख्य हैं—एक, जो श्रेष्ठ है तथा दूसरा, जो ई. पू. 5वीं शताब्दी के साहित्य से संबद्ध है। दूसरा अर्थ वस्तुतः प्रथम का ही विस्तारित अर्थ है क्योंकि श्रेष्ठता की पहचान करते-करते कुछ साहित्यशास्त्री इस निष्कर्ष पर पहुँचे कि यूनानी कवि अपनी रचना को वस्तु-तत्त्व और रूप-तत्त्व की दृष्टि से निरन्तर संस्कारित करते हुए ई. पू. 5वीं शताब्दी में श्रेष्ठता की जिस ऊँचाई पर पहुँचे वह बाद के साहित्यकारों के लिए स्थायी प्रतिमान बन गयी। श्रेष्ठता की यह पहचान साहित्य ही नहीं कला के अन्य क्षेत्रों में भी स्वीकार कर ली गयी। इसी श्रृंखला में रोमी कवियों तथा अन्य कलाकारों ने यूनानी कृतियों के सर्वांगीण सौन्दर्य से अभिभूत हो कर, उनमें निहित नियमों का पालन करते हुए, अपनी कृतियों को श्रेष्ठ से श्रेष्ठतम रूप प्रदान करने का प्रयत्न किया। यूरोप में इन आदर्शों तथा नियमों के अनुकरण की प्रवृत्ति स्वच्छंदतावाद के उदयकाल तक निरन्तर मिलती है, कभी क्षीण रूप में कभी प्रबल रूप में। रिनेसांस, क्लासिसिज़्म, नियो-क्लासिसिज़्म, स्यूडो-क्लासिसिज़्म आदि पारिभाषिक शब्द जिन काल-खंडों के लिए प्रयुक्त होते हैं उनमें रचनाधर्मिता प्रत्यक्ष अथवा परोक्ष रूप से कहीं न कहीं प्राचीन यूनानी कृतियों से अवश्य प्रेरित है। परिणामस्वरूप, यूनानी इतिहास की उक्त शताब्दी तथा इस कालावधि की कला के लिए क्लासिकल विशेषण रूढ़ हो गया। फिर, धीरे-धीरे इसमें आगे-पीछे की कुछ और शताब्दियाँ भी जुड़ गयीं। हुआ यह कि पाश्चात्य समीक्षा के प्रथम आचार्यों, प्लेटो और अरस्तू, का कार्यकाल ई. पू. 4थी शताब्दी था और उन्हें किसी न किसी रूप में श्रेष्ठता की अवधारणा से जोड़े रखना आवश्यक था। दूसरे, इनके सिद्धान्त प्रतिपादन में होमर का नाम

किसी न किसी संदर्भ में लगातार आया है। होमर के लिए दिव्य विशेषण का प्रयोग कवियों में उसके शीर्ष स्थान का सूचक है। इसलिए, श्रेष्ठ साहित्य की अर्थ व्यंजना के लिए क्लासिकल शब्द का प्रयोग होने लगा तो उसकी समय-सीमा के भीतर अनेक शताब्दियाँ समा गयीं। उसके एक छोर पर होमर (ई. पू. 8वीं शताब्दी) था तो दूसरे छोर पर अरस्तू (ई. पू. 384-322)। किन्तु संकेतित समय-सीमा के विस्तार की यह प्रक्रिया यही नहीं रुकी। जब भी किसी काल विशेष में श्रेष्ठ रचनाएँ सामने आयीं या कोई कृति अनुकरणीय बनी तो उसे क्लासिकल की संज्ञा से अभिहित करना एक परम्परा बन गयी।

क्लासिकल का उपर्युक्त शिथिल प्रयोग अर्थ व्यंजना में सटीक होते हुए भी मुख्य कभी नहीं रहा। आज भी क्लासिकल कहने के साथ मन में सबसे पहले यूनानी इतिहास का ईसा पूर्व का काल ही उभरता है। हिन्दी में इसके लिए आभिजात्य शब्द का प्रयोग किया जाने लगा है। अभिजात शब्द वर्ग विशेष का बोधक है इस कारण से आभिजात्य शब्द के लिए उन सभी अर्थ-छटाओं का बोध कराना सम्भव नहीं है जो क्लासिकल में हैं फिर भी अभिजात समाज द्वारा स्वयं में श्रेष्ठता का भाव आरोपित कर लेने से आभिजात्य संज्ञा में भी श्रेष्ठता का भाव जगाने की शक्ति अवश्य आ गयी है। संयोग से क्लासिकल शब्द में भी श्रेष्ठता का भाव वर्ग विशेष से संबद्ध होने के कारण ही आया है।

क्लासिकल में श्रेष्ठता अर्थात् प्रथम श्रेणी का अर्थ प्रदान करने की शक्ति कैसे आयी यह एक रोचक विषय है। इसके विस्तार में न जा कर बस इतना जान लेना पर्याप्त होगा कि पुरानी कृतियों को उच्च श्रेणी की और समकालीन रचनाओं को सामान्य श्रेणी की मानने की प्रवृत्ति बहुत पहले स्थापित हो चुकी थी। और, उसी के साथ जन मानस में यह धारणा भी घर कर चुकी थी कि संस्कारित भाषा में एक छोटे से वर्ग (अर्थात् अभिजात समाज) के लिए लिखा जाने वाला काव्य जन सामान्य के लिए लिखे जाने वाले काव्य से श्रेष्ठ होता है। इसकी पुष्टि लातीनी वैयाकरण आउलुस गेलिउस (ईसा की दूसरी शताब्दी) द्वारा गढ़े गये 'स्क्रिप्तर क्लासिकुस' शब्द से होती है। उसने इस शब्द का प्रयोग उन कवियों के लिए किया जो स्वयं अभिजात वर्ग से जुड़े हुए थे और जिन्होंने लिखा भी इसी वर्ग के सामाजिक के लिए। रोमी चिन्तकों द्वारा कवियों और उनकी रचनाओं के वर्गीकरण तथा मूल्यांकन के लिए समाज व्यवस्था से आयातित शब्दावली का प्रयोग केवल संयोग नहीं था। इसके सूत्र प्रत्यक्षतः यूनानी समाज व्यवस्था तथा चिन्तन में मिलते हैं। पूरे आभिजात्य युग (क्लासिकल पीरियड) में कवियों और काव्यशास्त्रियों के चिन्तन का केन्द्र अभिजात समाज ही था। वे बात भले ही मनुष्य के चरित्र

विकास और आचरण की श्रेष्ठता की करते रहे हों किन्तु जिससे वे बात कर रहे थे वह वर्ग विशेष का सदस्य था। आभिजात्य काव्यशास्त्र की कतिपय अवधारणाओं और उनकी ऐतिहासिक पृष्ठभूमि का विश्लेषण करते समय मेरी यह धारणा निरन्तर पुष्ट होती गयी कि चाहे वह कवियों की समीक्षात्मक दृष्टि रही हो चाहे दार्शनिकों की शास्त्रीय दृष्टि उद्देश्य में वह सीमित थी। जो भी लिखा जा रहा था अभिजात वर्ग द्वारा अभिजात वर्ग के बीच में रहते हुए, अभिजात वर्ग के लिए लिखा जा रहा था।

उपर्युक्त निष्कर्ष रचनाओं के सामाजिक मूल्य को अवश्य प्रभावित करता है किन्तु उनका सौन्दर्यशास्त्रीय मूल्य आज भी अक्षुण्ण है। रचना का कला-सौन्दर्य रचनाधर्मिता की निष्ठा से निःसृत होने के कारण एक स्वतंत्र सत्ता है। वह युग दुहरा जीवन—रचनाधर्मिता के क्षेत्र में एक और सामाजिक जीवन में दूसरा—जीने का नहीं था। अपने समाज और नगर-राज्य के प्रति समर्पण का भाव, उसकी उन्नति तथा सुख-समृद्धि के लिए मन, वचन और कर्म से निरन्तर प्रयत्नशील होना सभी कवियों का जीवन-धर्म था।* इस भाव की कलात्मक अभिव्यक्ति जितनी सफल होती थी कृति उतनी ही श्रेष्ठ मानी जाती थी। वस्तु तत्त्व निश्चित ही अधिक महत्त्वपूर्ण था। रूप का उससे मेल बैठाने के लिए लगातार प्रयोग होते रहे। उसी के परिणामस्वरूप ई. पू. 5वीं शताब्दी तक आते-आते साहित्य की तीन मुख्य विधाओं—प्रबंधकाव्य, गीतिकाव्य और नाटक—में कई ऐसी रचनाएँ सामने आ चुकी थीं जिनमें विधा का पूर्णतम रूप देखा जा सकता था। प्लेटो और अरस्तू ने उन्हीं का अध्ययन करके अपनी काव्यगत मान्यताएँ स्थिर कीं। बाद के कवियों और काव्यशास्त्रियों के लिए ये नियम बन गयीं। उनमें परिवर्तन अवश्य होते रहे फिर भी उनके स्रोत की पहचान किसी न किसी रूप में बनी रही।

इन पृष्ठों में उन ऐतिहासिक परिस्थितियों के विश्लेषण का प्रयास किया गया है जिनका युग विशेष के कवियों की मानसिकता को गढ़ने में महत्त्वपूर्ण योग रहा। इसी तरह आलोचनात्मक प्रतिक्रियास्वरूप प्लेटो और अरस्तू की शास्त्रीय दृष्टि को भी ऐतिहासिक पृष्ठभूमि पर समझने का प्रयत्न किया गया है। इस प्रयास में प्लेटो-पूर्व के कवियों की समीक्षात्मक दृष्टि से जुड़ी हुई अनेक गुत्थियों को सुलझाने में मुझे सर्वाधिक सहायता ग्रेस एम. लैडबैटर तथा रोज़मेरी हैरियट की

* एस्खिलुस ने अपने समाधि-लेख (एपिटाफ) में नाट्य स्पर्धाओं में जीते हुए पुरस्कारों की अपेक्षा मैराथन-युद्ध में अपने शौर्य का उल्लेख करना अधिक उपयुक्त समझा था क्योंकि उसकी दृष्टि में कलाकार की तुलना में देश के लिए मर-मिटनेवाला अधिक ऊँचे पद का अधिकारी था। यह मानसिकता लगभग पूरे समाज की थी।

विश्लेषणात्मक टिप्पणियों तथा स्थापनाओं से मिली है। इसके लिए मैं हृदय से उनका आभारी हूँ। शास्त्रीय** समीक्षा के क्षेत्र में प्लेटो को समझने में आर.सी. लॉज और अरस्तू को समझने में स्टीफेन हैलिवैल के गवेषणात्मक प्रबंधों ने आधारभूत ग्रन्थों का कार्य किया है। मैं उनके प्रति अंतःकरण से कृतज्ञता ज्ञापन करता हूँ। उनके साथ-साथ मैं उन सभी चिन्तकों का भी ऋणी हूँ जिनके विचारों को मैंने इन पृष्ठों में किसी न किसी रूप में समाविष्ट किया है।

प्रस्तुत अध्ययन में यूनानी शब्दों की हिन्दी वर्तनी भाषा की अनभिज्ञता के कारण मेरे सामने चुनौती बन कर खड़ी थी जिसका पूरी तरह सामना करना मेरे लिए सम्भव नहीं हो पाया है। अंग्रेज़ी पुस्तकों की सहायता से इसके समाधान में कुछ सफलता अवश्य मिली किन्तु उसे सन्तोषजनक नहीं कहा जा सकता। अतः इस दिशा में जो न्यूनता रह गयी है उसके लिए क्षमा प्रार्थी हूँ।

पाश्चात्य मनीषियों की गवेषणाओं को अपनी पद्धति से पुस्तक रूप में अधीत पाठकों के सम्मुख प्रस्तुत करते हुए मैं विशेष सुख का अनुभव कर रहा हूँ। यह प्रयास सुधीजनों की प्रतिक्रिया आकर्षित कर सके तो मेरे लिए सौभाग्य की बात होगी, इससे मेरा आगे बढ़ने का मार्ग और प्रशस्त होगा। अपनी बात समाप्त करूँ इसके पहले मैं भारतीय उच्च अध्ययन संस्थान, शिमला, के पुस्तकालय तथा सोलन के मोतीलाल नेहरू केन्द्रीय राज्य पुस्तकालय के प्रबन्धकों का हृदय के आभार व्यक्त करना चाहता हूँ। इन पुस्तकालयों के पुस्तकाध्यक्षों तथा कार्यकर्ताओं से जो सक्रिय सहयोग मिला उसके लिए वे बार-बार धन्यवाद के पात्र हैं। इधर पुस्तक को यथाशीघ्र उत्साहपूर्वक प्रकाशित करने के लिए श्री अरुण माहेश्वरी की आत्मीयता की मैं जितनी प्रशंसा करूँ उतनी कम है। और, अन्तिम ऋण-निर्देश के रूप में मैं डा. रमेश कुन्तल मेघ का नाम लेना चाहता हूँ। पुस्तक के शीर्षक, उपशीर्षक, उद्धरण तथा अनुक्रमणी सम्बन्धी उनके सुझाव मेरे लिए कितने मूल्यवान् सिद्ध हुए हैं उसे शब्दों में व्यक्त करना सम्भव नहीं है। चिर कृतज्ञता का भाव यदि उसका कुछ संकेत दे सके तो मुझे सन्तोष होगा।

**कृष्णलाल शर्मा**
1 जनवरी, 2010

'शिवांगन'
ग्राम-पड़ग
डाकखाना—सोलन ब्रूअरी
जिला—सोलन (हिमाचल प्रदेश)
मो० 9816630134

** 'शास्त्रीय' विशेषण का प्रयोग ऐसी समीक्षा के लिए किया गया है जिसमें नियमों सिद्धान्तों का प्रतिपादन किया गया हो अथवा किसी कृति के मूल्यांकन के लिए पूर्व निर्धारित नियम-सिद्धान्त उस पर घटाये जा रहे हों। 'शास्त्र' विमर्श बुद्धि का परिणाम है इसलिए विमर्श बुद्धि संयुक्त समीक्षा को 'शास्त्रीय' कहना सर्वथा उचित है।

# अनुक्रम

# आमुख

यूनानी भाषा के उपलब्ध साहित्य में काव्यशास्त्र पर लिखी गयी पहली पुस्तक अरस्तू की 'पेरि पोइतिकेस' है। इसके पहले प्लेटो अपने संवादों में इस विषय पर बहुत कुछ लिख चुका था किन्तु कुल मिलाकर उसे काव्यशास्त्रीय टिप्पणियाँ कहना ही उचित होगा। उनमें कोई ऐसी एकसूत्रता नहीं मिलती जिसके आधार पर कहा जा सके कि वह शास्त्रीय सिद्धान्त का उसकी समग्रता में विवेचन कर रहा था। उसके संवादों में काव्य आनुषंगिक विषय बन कर आया है। हाँ, उसकी टिप्पणियों ने बाद के आलोचकों को इस विषय पर अधिक व्यवस्थित रूप में लिखने की प्रेरणा अवश्य दी। उसके पहले ई. पू. छठी और पाँचवीं शताब्दियों में यूनानी नगर-राज्यों, विशेष रूप से एथेन्स में, काव्य स्पर्धाओं और नाट्य स्पर्धाओं से ऐसा वातावरण बना गया था जिसमें कवि (यह शब्द नाटककार के लिए भी निर्बाध रूप से प्रयुक्त होता था) तथा काव्य प्रेमी आपस में मिल-बैठ कर काव्य के गुण-दोषों पर विचार करने लग गये थे।[1] मूल्यांकन सम्बन्धी चर्चाएँ भी होती होंगी क्योंकि स्पर्धाओं के लिए (नाट्य स्पर्धाएँ तो कई-कई दिनों तक चला करती थीं) निर्णायक मण्डल का भी गठन होता था। ऐसे सन्दर्भ मिलते हैं कि विचार गोष्ठियों में जो चर्चाएँ होती थीं उन्हें लघु पुस्तिका या पत्रक के रूप में प्रकाशित भी किया जाता था। यह काव्यशास्त्रीय दृष्टि का विकास था जिसके समर्थन या विरोध में सुकरात तथा प्लेटो की टिप्पणियाँ आयीं।

काव्यशास्त्र के इतिहास में ई. पू. 5 वीं शताब्दी का महत्त्वपूर्ण योग रहा किन्तु यह कवियों, काव्य प्रेमियों तथा सोफ़िस्तों की प्रतिक्रियाओं के रूप मे ही उपलब्ध है। उनके आधार पर विद्वानों का निष्कर्ष है कि इस काल में काव्यशास्त्र का ढाँचा खड़ा होने लगा था जो बाद में प्लेटो और अरस्तू का उपजीव्य बना। इस सामग्री

की सीमा में शास्त्रीय शब्दावली भी आ जाती है। साथ ही उन्हें यह भी स्पष्ट हो गया कि यह ढाँचा एकाएक शून्य में खड़ा नहीं हो गया। होमर से ले कर पिन्दर तक अनेक कवियों ने अपनी रचनाओं में यत्र-तत्र कभी म्यूज़[2] के माध्यम से, कभी रचना शैली के द्वारा तो कभी सीधे-सीधे अपनी काव्य मान्यताओं को व्यक्त किया है और यह क्रम निरन्तर चलता रहा था। कविता का गुण-धर्म क्या है उसके हेतु और प्रयोजन क्या हैं या क्या होने चाहिए? कवि और सामाजिक के बीच क्या सम्बन्ध हैं या क्या होने चाहिए? क्या कविता तथा अन्य कलाएँ एक ही धरातल पर खड़ी हैं? ये कुछ प्रश्न थे जो कवि-मानस को उद्वेलित करते थे और इनका उत्तर भी वे निरन्तर देते रहे थे। इनमें से कुछ पर सर्वसम्मति बन गयी और उसी ने परम्परा का रूप धारण कर लिया। प्लेटो और अरस्तू की अवधारणाओं को इस परम्परा के परिप्रेक्ष्य में ज़्यादा अच्छी तरह समझा जा सकता है।

मूल्यांकन के मानदंडों का स्पष्ट निर्देश करते हुए तुलनात्मक समीक्षा अथवा शास्त्रीय समीक्षा का काल प्रारम्भ होने के पहले कवियों की समीक्षा-दृष्टि काव्य का आनुषंगिक विषय बन कर आयी है। आनुषंगिक केवल इस अर्थ में कि ऐसे प्रसंग मुख्य विषय को पुष्ट करनेवाले हैं अन्यथा जहाँ तक लक्ष्य को सिद्ध करने का प्रश्न है वे मुख्य विषय से कम महत्त्वपूर्ण नहीं है। दूसरे, काव्य की रचना शैली के आवरण में भी इस दृष्टि को पहचानना कुछ सरल इसलिए हो जाता है क्योंकि कवियों ने अपने सामाजिक सम्बन्धों अथवा निजी जीवन के अनेक पक्षों को उजागर करने में कोई संकोच नहीं किया है। कठिनाई तब आती है जब हम उस काल की मानसिकता को समय के व्यवधान के कारण उसकी समग्रता में आत्मसात् नहीं कर पाते और अपने दृष्टिकोण को उस पर थोपने का प्रयास करते हैं। इसी कारण से तत्कालीन सामाजिक और राजनीतिक परिस्थितियों, जन-विश्वासों तथा परम्परागत मान्यताओं पर निरन्तर दृष्टि रखना आवश्यक हो जाता है।

ई. पू. आठवीं शताब्दी, अर्थात होमर का रचना काल, यूनानी सभ्यता का उषःकाल है, इसके पहले का लगभग चार सौ वर्षों का काल अंधकार युग के नाम से जाना जाता है। इस दौरान उत्तरी यूनान की बर्बर डोरियाई जाति ने दक्षिण की माइसीनी सभ्यता (जिसका केन्द्र माइसीनी नगर था) और उसके भी पहले की क्रीट द्वीप की सभ्यता को तहसनहस कर दिया। उसके बाद वह स्वयं स्पार्ता नगर में और उसके आसपास के क्षेत्र में इस तरह जम कर बैठ गयी कि सदियों तक किसी नयी सभ्यता को पनपने ही नहीं दिया। माइसीनी सभ्यता पश्चित में आर्केदिया, पूर्व में अत्तिका (जिसका प्रधान नगर एथेन्स था) तथा और भी दूर साइप्रस द्वीप तक फैली हुई थी। वैसे लूटपाट के उद्देश्य से माइसीनियाई भी लघु एशिया के

तटीय नगरों तक पहुँच जाते थे। ऐसे ही एक अभियान में उन्होंने ट्रॉय नगर को घेर लिया था। दीर्घकाल तक चले इस युद्ध[3] में दोनों ही पक्षों को अपार जनहानि उठानी पड़ी थी। ट्रॉय नगर पूरी तरह नष्ट हो गया। बाद में यही युद्ध अनेक वीर आख्यानक काव्यों तथा इलियद महाकाव्य का विषय बना। ये ही माइसीनियाई डोरियाई लुटेरों से पराजित होकर जगह-जगह भटकते रहे। कई परिवारों ने एथेन्स और उसके आसपास के क्षेत्रों में शरण ली। एथेन्स अपनी पहाड़ी भौगोलिक स्थिति के कारण डोरियाई आक्रमणों का प्रतिकार करने में सफल हो सका था। आप्रवासी परिवारों के कारण धीरे-धीरे इस क्षेत्र की आबादी इतनी बढ़ गयी कि कुछ समूहों को इजीअन सागर के पूर्वी द्वीपों में जाकर बसना पड़ा। इसी क्रम में कुछ परिवार लुघु एशिया के तटीय क्षेत्रों में भी उपनिवेश बना कर रहने लगे। आज यह क्षेत्र आयोनिया के नाम से प्रसिद्ध है। इसी के माइलीतुस नगर में यूनानी दर्शन की नींव पड़ी। होमर भी आयोनियाई ही था।

उपनिवेशों मे बसनेवाले यूनानियों के सामने अनेक समस्याएँ थीं। स्थानीय जातियों से अपनी सुरक्षा के लिए उन्होंने नगरकोट बनाये, बाद में ये ही नगर-राज्यों के शासन का केन्द्र बन गये। पर उनके सामने सबसे बड़ा प्रश्न था अपनी सामाजिक तथा धार्मिक परम्पराओं, इतिहास तथा संस्कृति को बचाए रखना। अपनी पहचान की रक्षा उन्हें हर मूल्य पर करनी थी। उत्सवों का आयोजन इस दिशा में एक सफल प्रयास था और इन्हीं के माध्यम से नये युग का सूत्रपात हुआ।

आयोनिया में बसनेवालों का प्रतिनिधित्व अधिकांशतः राजपरिवार के लोग कर रहे थे। वे अत्तिका में बोली जानेवाली भाषा का किंचित् परिवर्तित रूप बोलते थे, किंतु बर्तनों की रचना एथेन्स के बर्तनों जैसी थी और घर के नक्शे परम्परागत थे। इनके साथ-साथ वीर गाथाओं में सुरक्षित पुराकाल के युद्ध-अभियान भी उन्हें इतने प्रिय थे कि उनका नेतृत्व करलेवाले इतिहास पुरुषों को देवताओं जैसी ही जन मान्यता मिल गयी थी। इन आख्यानों में देवताओं के क्रिया-कलाप तथा उनकी वंशावली के साथ-साथ मनुष्यों से उनके सम्बन्धों का भी वर्णन था, अच्छे-बुरे चरित्रों पर न्यायिक दृष्टि से विचार था, और थे वे दैनन्दिन जीवन के ढेर सारे वृत्तान्त जिनकी जानकारी प्रत्येक नागरिक के लिए आवश्यक थी। देवाख्यानों का महत्त्वपूर्ण पक्ष यह था कि उन दिनों देवी-देवता एक वास्तविकता थे। उनके मन में भी मनुष्यों जैसा ही राग-द्वेष था और थीं मर्मस्पर्शी संवेदनायें। अन्तर केवल इतना था कि देवता अमर थे, प्रकृति के रहस्यों की, भविष्य में होनवाली घटनाओं की तथा उन सभी बातों की जानकारी रखते थे जो मानवीय सीमाओं के परे थीं। मंदिरों के पुजारियों के सूत्रवाक्यों द्वारा वे

समाज का मार्ग दर्शन करते थे। उनके राजा ज़्यूस का पूरे यूनान पर वर्चस्व था। इसलिए किसी भी काम को करने के पहले उसकी प्रसन्नता के लिए प्रार्थना करना तथा बलि देना प्रत्येक नागरिक का धर्म था।

देवी-देवताओं और योद्धाओं के चरित शताब्दियों तक यूनान की विभिन्न कलाओं के विषय बने रहे। कालान्तर में उन्हीं की पंक्ति में वे लोग भी आ गये जिन्होंने किसी क्षेत्र में कोई उपलब्धि प्राप्त की थी। इस तरह श्रेष्ठता प्राप्त करने वाले कवि, खिलाड़ी आदि का सम्मान करना भी एक परम्परा बन गयी। यह सम्मान विशिष्ट अवसरों पर पुरस्कार प्रदान करके तो किया ही जाता था कलाओं में उसे विषय बनाकर अमरता प्रदान करना उससे भी बड़ा सम्मान समझा जाता था। पिंदर के मधुर गीत इसी उदेश्य से लिखे गये थे। यूनानी चित्र कला और मूर्ति कला में शताब्दियों तक मानवीय रूप ही अंकित होते रहने का यही रहस्य है।

हमारी चर्चा का विषय काव्य और काव्यशास्त्र है, इसके अन्तर्गत यूनानी साहित्य में म्यूज़ एक अनूठा विषय है। इलियद के आरम्भ में ही होमर ने म्यूज़ का 'गीत की देवी' कह कर आवाहन किया है। आलोच्यकाल के सभी कवियों और काव्यशास्त्रियों ने इसे इसी रूप में स्वीकार किया है। सच कहा जाये तो कवियों की समीक्षा-दृष्टि को समझने में ही नहीं यूनानी संस्कृति को पहचानने के लिए भी म्यूज़ के विविध आयामों को जानना आवश्यक है। कवियों तथा नाटककारों ने इसे विविध रूपों में प्रस्तुत किया है। हम इसे 'काव्य बिम्ब' की संज्ञा देना चाहेंगे।

म्यूज़ होमर के भी बहुत पहले से दैवी शक्ति के रूप में स्थापित हो चुकी थी। ई. पू. आठवीं और सातवीं शताब्दी के कवियों के सामने कुछ ऐसे लोक प्रचलित गीत अवश्य रहे होंगे जिनके आधार पर उनकी म्यूज़ सम्बन्धी अवधारणा स्थिर हो गयी थी। होमर ने म्यूज़ का जो रूप प्रस्तुत किया उसमें थोड़ी-बहुत नवीनता अवश्य आती रही किन्तु ऐसा कोई परिवर्तन नहीं हुआ जिससे उसकी मूल अवधारणा खंडित हो। अवधारणा यह थी कि म्यूज़ ज़्यूस (सबसे बड़ा देवता) की पुत्रियाँ हैं[4]; वे सभी घटनाओं की साक्षी हैं[5]; वे शक्ति सम्पन्न हैं और जिन पर उनकी कृपा होती है वही कवि बन सकता है,[6] किन्तु दंडस्वरूप वे अपना वरदान छीन भी लेती हैं।[7] ओलिंपुस पर्वत, अर्थात उनके पिताका घर, उनका स्थायी निवास है।[8] यह परिचय इतना सामान्य था कि कोई भी कवि आवश्यकतानुसार अथवा अपनी कल्पना शक्ति का प्रदर्शन करने के लिए इसमें कुछ भी जोड़ने के लिए स्वतन्त्र था। इसी के परिणामस्वरूप जैसे-जैसे समय बीतता गया म्यूज़ों के कुछ नये-नये पक्ष भी सामने आते गये।

प्राप्त सामग्री के आधार पर कहा जा सकता है कि म्यूज़ के व्यापक रूप के

साथ-साथ उसके स्थानीय रूप भी, कम से कम प्लेटो के काल तक, मान्य थे। इस रूप में वह किसी भी नगर-राज्य की अधिष्ठात्री देवी है जिसका निवास वहाँ के किसी पर्वत पर, नदी किनारे या घने वृक्ष कुंज में है। एरिस्तोफ़ेनीज़ के उल्लेख से ज्ञात होता है कि स्पार्ता नगर में वह युद्ध की देवी के रूप में पूजी जाती थी। युद्ध पर जाने के पहले सैनिक उसे प्रसन्न करने के लिए पशु बलि देते थे। इसी तरह कवि भी उसे अपने अनुकूल करने के लिए उसकी स्तुति करते रहे होंगे। अवधारणा की इसी अनिश्चितता, अथवा तत्कालीन विश्वास के अनुसार रहस्यमय रूप को देखते हुए स्पार्ता के ही 7 वीं शताब्दी के कवि आल्कमन ने उसे धरती और आकाश की पुत्री कहना अधिक उचित समझा।

म्यूज़ के स्थानीय और व्यापक रूप में कोई विरोध नहीं था, दोनों ही रूपों में उसके कार्य एक जैसे थे। वस्तुतः यह आवाहन करनेवाले व्यक्ति की इच्छा तथा आवश्यकता पर निर्भर करता था कि वह कौन सा रूप धारण करे। वह तो मानों एक आदिशक्ति थी जो किसी भी रूप में प्रकट हो सकती थी। महत्त्व की बात यह है कि उसके अस्तित्व पर किसी को सन्देह नहीं था—न कवि को न सामाजिक को। कवियों ने उससे अपने साक्षात्कार के तथा उससे अपने सम्बन्धों के जो चित्र दिये हैं वे यूनानी साहित्य का अनोखा क्षेत्र हैं। इनका सौन्दर्य विश्व साहित्य की धरोहर है।

होमर ने म्यूज़ों के परिचय में विशेष कुछ नहीं कहा है बस कुछ सामान्य बातें जैसे, ज़्यूस की पुत्रियाँ, ओलिंपुस पर्वत पर रहनेवाली, गीत की देवी या सर्वव्यापी कह कर आगे बढ़ गया है। काव्य के आरम्भ में ही नहीं बीच-बीच में भी आवश्यकतानुसार उसने उनसे सहायता का निवेदन किया है। यह उस काल की परम्परा का निर्वाह मात्र माना जाना चाहिए। किन्तु जिस ढंग से उसने उन्हें सम्बोधित किया है उससे उसकी विशिष्ट शैली ही नहीं उसकी काव्य दृष्टि की विशेषता का भी बोध हो जाता है। इस विषय पर हम होमर के प्रसंग में चर्चा करेंगे। इसी तरह, अन्य कवियों ने भी म्यूज़ के प्रसंग को विशिष्ट अर्थ का संवाहक बनाया है। ऐसे विशिष्ट प्रयोग सदैव ही कुछ नवीन, गम्भीर अर्थ संयुक्त नहीं रहे। केवल नवीनता के लिए कुछ नया कहने से काव्य की क्षति भी हुई इसमें सन्देह नहीं। सम्भव है केवल पिष्ट-पेषण से बचने के लिए भी नवीनता एक अनिवार्यता बन गयी हो किन्तु इसे स्वस्थ मनोवृत्ति नहीं कहा जा सकता। हमारे लिए केवल इतना जान लेना पर्याप्त है कि म्यूज़ की महत्ता को देखते हुए किसी भी कवि के लिए उसकी उपेक्षा करना सम्भव नहीं था और उसके प्रति अपनी

निजता का भाव व्यक्त करना आवश्यक था। इसमें कुछ कवि सफल हुए कुछ असफल। उधर जन मानस भी म्यूज़ से कवि और कविता के घनिष्ठ सम्बन्ध को हृदय से स्वीकार करता था। इसका अनुमान इस तथ्य से लगाया जा सकता है कि होमर के कई शताब्दियों के बाद भी, विज्ञान और दर्शन के पर्याप्त विकास के बाद भी सुकरात जैसा घोर तार्किक यह सिद्ध करने का प्रयास करता है कि कवि इस देवी के प्रभाव से आविष्ट होने की स्थिति में ही रचना करते हैं, यहाँ तक कि रहैपसोड भी ऐसी ही मनोदशा मे काव्य पाठ कर पाते हैं। इस युग की काव्य मान्यताओं को ठीक से हृदयंगम करने के लिए कवि की म्यूज़ सम्बन्धी अवधारणा को भी उचित परिप्रेक्ष्य में रख कर देखना आवश्यक है।

कतिपय स्रोतों से ज्ञात होता है कि अंधकार युग में ही म्यूज़ को ले कर दो सम्प्रदाय या दो पीठ स्थापित हो चुके थे। एक के अनुसार उनका स्थान यूनान के उत्तर-पूर्व में पाईईरिया क्षेत्र था, दूसरे के अनुसार मध्य यूनान में ब्योशा प्रान्त का हेलिकॉन पर्वत उनका स्थान था। हीसियोद ने दोनों में समीकरण बैठाने का प्रयास किया है। उसने म्यूज़ों का जन्म पाईईरिया में माना और हेलिकॉन पर्वत को उनकी क्रीड़ा भूमि कहा। कवि को यहीं उनके दर्शन हुए थे।[9] इसी पर्वत के निर्झरों में वे स्नान करती हैं तथा उन्हीं के तटों पर ज़्यूस की वेदी के पास नृत्य करती हैं। इन दोनों स्थानों के अतिरिक्त ओलिंपुस पर्वत पर चूँकि उनके पिता का घर है इसलिए उन्हें ओलिंपुसवासिनी कहने में भी किसी को आपत्ति नहीं थी। 'देववंशावली' (थियोगनी) के माध्यम से हीसियोद ने युगीन विश्वासों का समाहार करते हुए म्यूज़ों की अवधारणा को स्थिरता प्रदान की। उनके जन्म के साथ-साथ उनके गुणों और कार्यों के विशद् वर्णन से इसकी और भी पुष्टि हो जाती है। इनका परिचय देते हुए 'देववंशावली' में उसने लिखा हैः

रानी निमोज़िनी (स्मृति) ने बर्फीले ओलिंपुस से कुछ दूरी पर पाईईरिया में अपनी नौ पुत्रियों को जन्म दिया। इन कन्याओं का मन एक जैसा है। संगीत उनकी आत्मा है। उनके अन्तस को किसी प्रकार का कष्ट क्षुब्ध नहीं करता। उनकी कृपा से व्यक्ति दुःख भूल कर सभी प्रकार की चिन्ताओं से मुक्त हो जाता है। देव पुत्रियाँ होने के कारण उनमें दैवी शक्ति तो है ही माता से उन्हें स्मृति और त्रिकालदर्शिता का वरदान भी प्राप्त हुआ है। यह तथ्य कवियों के लिए अत्यन्त महत्त्वपूर्ण था। एक ओर वे कवियों को रचना करने की प्रेरणा देती हैं और दूसरी ओर गत-आगत घटनाओं तथा क्रिया-कलापों की जानकारी भी देती हैं जो उनके काव्य का विषय बनती हैं।[10]

म्यूज़ों की दिनचर्या का उल्लेख करते समय हीसियोद ने स्पष्टतः काव्य के गुण-धर्म ही गिना दिये हैं। वे ज़्यूस की अन्य पुत्रियों—सौन्दर्य, आकर्षण और शोभा—के साथ मिल कर सदैव नृत्य करती रहती हैं, उत्सव मनाती रहती हैं। वे सब एक स्वर में गाती हैं, उनकी वाणी में मिठास है, गाते समय स्वर लड़खड़ाता नहीं है। उनकी मधुर वाणी से उनके पिता के घर का वातावरण आनन्द से ओतप्रोत रहता है।

उपर्युक्त वर्णन, हमारे मतानुसार, तत्कालीन काव्य सम्बन्धी अवधारणाओं का बिंबात्मक रूप है। विचार करके देखें तो म्यूज़ों के परिचय तथा उनकी दिनचर्या से क्या यह अर्थ नहीं निकलता कि प्रकारान्तर से वह काव्य-हेतु, काव्य-प्रयोजन तथा काव्य के प्रभाव आदि की ही चर्चा कर है। वह स्थापित कर रहा है :

(*i*) काव्य-हेतु कवि की नैसर्गिक प्रतिभा है जो अतः प्रेरणा के रूप में व्यक्त होती है;

(*ii*) काव्य आनन्द प्रदान करता है जिससे श्रोता अपने दुःख भूल जाता है;

(*iii*) काव्य ज्ञान (विविध विषयों की जानकारी) भी देता है;

(*iv*) काव्य रचना त्रुटिहीन, दोष रहित, होनी चाहिए;

(*v*) संगीत, अर्थात लयात्मकता उसका विशेष लक्षण है।

संगीत की बात आज हमें अटपटी लग सकती है किन्तु उन दिनों कविता लायर या हार्प पर गा कर अथवा सस्वर पाठ कर सुनाने की प्रथा थी। वस्तुतः काव्य, संगीत और नृत्य की त्रयी को आलोच्यकाल की संस्कृति का लक्षण कहें तो अनुचित न होगा। ओदिसी के अनेक स्थल इसके प्रमाण स्वरूप लिये जा सकते हैं। कोई भी सामूहिक उत्सव इसके बिना सम्भव नहीं था। ऐसे वातावरण में कवि प्रतिभा ने एक नये क्षेत्र में प्रवेश किया। म्यूज़ उन्हें ऐसा विषय मिल गया जिसके माध्यम से वे अपनी कविता का सौन्दर्य बढ़ा सकते थे, कतिपय काव्य मान्यताओं पर विचार कर सकते थे और कवि-कविता-श्रोता के परस्पर सम्बन्धों को भी उजागर कर सकते थे। इस सब पर दृष्टिपात करने को बीज रूप में काव्यालोचन कहना पूर्णतः न्यायसंगत है।

होमर ने किसी म्यूज़ का नाम नहीं लिया है, हीसियोद ने नौ के नौ नाम गिनाये हैं। ये निश्चित ही उसकी कल्पना की उपज नहीं थे। इनका आधार उस समय लोकप्रचलित वे आख्यानक काव्य थे जिनमें ये अथवा इनसे मिलते-जुलते नामों का उल्लेख किया जाता रहा होगा। यदि इन नामों के भावार्थ पर विचार करें तो उससे भी उन अनाम कवियों की काव्य दृष्टि का पता चलता है। जैसे, क्लायो

का अर्थ है यश। इसका निहितार्थ लिया जा सकता है कि म्यूज़ कवियों को यश प्रदान करती है। अर्थात, काव्य रचना ऐसा कार्य है जिससे रचयिता भी यश का भागी बनता है और वह व्यक्ति भी जिस पर कविता लिखी जा रही है। पिंदर ने इस पर बहुत बल दिया है। इसी तरह, तर्प्सिखोरी का अर्थ है समूह नृत्य का आनन्द। इसका भावार्थ किसी व्याख्या की अपेक्षा नहीं रखता। कहा जा चुका है कि उन दिनों कविता, नृत्य और संगीत में परस्पर सम्बन्ध इतना घनिष्ठ था कि इनमें से किसी एक के स्वतन्त्र अस्तित्व की कल्पना ही नहीं की जा सकती थी। थेलिया का अर्थ है समृद्धि और खाना-पीना। इन नामों के सन्दर्भ में ओदिसी के उन प्रसंगों का मूल्य स्पष्ट हो जाता है जहाँ आमोद-प्रमोद के वातावरण में कवि उपस्थित है। ओदिस्यूस और आल्किनूस के घरों में जब भी कोई उत्सव का प्रसंग अथवा सहभोज का आयोजन होता तो कवि को अवश्य बुला लिया जाता था और वह लायर की धुन पर किसी युद्ध का अथवा किसी के प्रेम प्रसंग का वर्णन करके अतिथियों का मनोरंजन करता रहता। कविता मनोरंजन तथा ज्ञानवर्धन का प्रधान साधन थी। ओदिसी की आठवीं पुस्तक में आल्किनूस कहता है—

"...हम बहुत अच्छे मुक्केबाज़, मल्लयोद्धा और प्रथम श्रेणी के नाविक हैं, किन्तु हमें सदैव आनन्द देनेवाली वस्तुएँ प्रिय हैं। उत्तम भोजन, लायर (कविता तथा संगीत), नृत्य...हम नौकावहन, दौड़ और नृत्य में अपने साथ के लोगों (अन्य नगर-राज्यवासियों) को बहुत पीछे छोड़ देते हैं।"

कलाओं के प्रति यह दृष्टिकोण तत्कालीन नागर सभ्यता का उज्ज्वल पक्ष है। इसमें कवियों के साथ-साथ श्रोताओं का भी भरपूर सहयोग है। वे भी भौतिक जीवन की परिपूर्णता के लिए काव्य के आनन्दमय पक्ष को पूर्ण उत्साह से अपनाते दीखते हैं। म्यूज़ उसी का दैवी एवं काव्यात्मक प्रतीक है। दैवी से तात्पर्य है देव प्रदत्त क्योंकि देवताओं ने, विशेष रूप से अपोलो ने, मनुष्यों पर कृपा कर उन्हें संगीत का उपहार दिया है और उसी की प्रेरणा से म्यूज़ भी कवि पर कृपा करती हैं।[11]

संगीत, उस काल में, काव्य का अभिन्न अंग था केवल इतना कह देने से तत्कालीन मानसिकता में इसका क्या महत्त्व था इसे नहीं समझा जा सकता। यूनानी चिन्तकों ने शुरू से ही चरित्र निर्माण में इसकी भूमिका को रेखांकित किया है। इससे यही निष्कर्ष निकलता है कि सामाजिक जीवन में इसका महत्त्व काव्य से भी अधिक था। पौराणिक आख्यान इसी की पुष्टि करते हैं। अपोलो संगीत का देवता है, वह ज़्यूस और लीतो का पुत्र है। म्यूज़ जब गाती हैं तो अपने वाद्य के

साथ वह उनकी संगत करता है। सुनहरा लायर उसका वाद्य है। सिमोनिदीज़ के अनुसार अपोलो के नेतृत्व में म्यूज़ जब गाती हैं और नृत्यु करती हैं तो पूरा हेलिकॉन पर्वत गूँज उठता है। देववंशावली में उल्लेख आया है कि किथारा वाद्य यन्त्र को बजानेवाले और चारण अपोलो तथा म्यूज़ के समवेत वरदान से अस्तित्व में आये हैं। संगीत के अतिरिक्त वह दो सूक्तियों का भी जनक माना जाता है। एक, स्वयं को जानो; दूसरी, मनुष्य को सीमा के भीतर रहना चाहिए। यह जीवन में सन्तुलन बनाये रखने का उपदेश हैं। यूनानी संस्कृति अपने आप में इसका श्रेष्ठ उदाहरण है। निष्कर्ष यह कि कला के क्षेत्र में अपोलो का विशेष स्थान है। पद की दृष्टि से वह म्यूज़ों की अपेक्षा अधिक ऊँचाई पर है किन्तु काव्य और अन्य कलाओं के सन्दर्भ में म्यूज़ों के उल्लेख ही अधिक मिलते हैं। व्यवहारतः कलाओं पर उन्हीं का वर्चस्व है।

ई. पू. 5 वीं शताब्दी के पूर्वार्ध तक कवियों ने काव्य सम्बन्धी अपने दृष्टिकोण के जो प्रत्यक्ष और परोक्ष संकेत दिये वे योजनाबद्ध न होते हुए भी महत्त्वपूर्ण हैं। यह उसी दृष्टि का परिणाम था कि इस शताब्दी तक आते-आते उनके प्रकाश में कविता का मूल्यांकन करने की तुला ने परम्परा का रूप ले लिया था और अब वह स्वतन्त्र रूप से उभर रही आलोचनात्मक दृष्टि को भी प्रभावित कर रही थी। इसका प्रभाव इतना प्रबल था कि कभी प्रतीत होता है मानों यह उसके (स्वतन्त्र आलोचना) लिए चुनौती बन गयी थी। दृष्टिकोणों का यह टकराव इतिहास में कविता और दर्शन के विवाद से जाना जाता है। एक ओर कवि अपने प्राधिकार को सुरक्षित रखना चाहते थे तो दूसरी ओर स्वतन्त्र आलोचना के पुरोधा उसका कड़ा विरोध कर रहे थे। ऐसा ही स्वतन्त्र चेता और बाद के काव्यशास्त्र को प्रभावित करनेवाला नाम है सुकरात। उसकी पैनी नज़र से उस युग का कोई विषय अछूता नहीं रहा। उसकी कोई स्वतन्त्र कृति नहीं मिलती। उसकी मान्यताओं तथा विचारों की जानकारी मुख्यतः प्लेटो के संवादों से ही मिलती है जो उसकी मृत्यु के लगभग दस वर्षों के बाद से लिखे जाने शुरू हुए थे। अतः उनकी विश्वसनीयता के सम्बन्ध में प्रश्न अवश्य उठे हैं किन्तु विद्वानों ने इनके विश्लेषण से यह निष्कर्ष निकाला है कि 'आयन', 'प्रोतेगोरस' और 'प्रतिवक्तव्य' जैसे शुरू के संवादों में जो बातें सुकरात के मुख से कहलवायी गयी हैं वे सचमुच उसी की हैं। बाद में 'गणराज्य' जेसे संवादों में प्लेटो अपनी स्वतन्त्र दृष्टि को विकसित करता दिखायी देता है। इसलिए, इन संवादों के आधार पर कतिपय काव्य विषयक अवधारणाओं के बारे में यह विश्वासपूर्वक कहा जा सकता है कि वे सुकरात की ही

हैं। हाँ, संवादों के जटिल रूप में से उनकी ठीक-ठीक पहचान करना कुछ कठिन अवश्य है।

सुकरात की मान्यताओं पर विचार करते समय दो बातें ध्यान में रखने योग्य हैं। पहली, वह काव्यशास्त्री नहीं सत्य का अन्वेषक था; दूसरी, वह प्रजातान्त्रिक वातावरण में पला बड़ा हुआ था। उस समय तक एथेन्स में प्रजातन्त्र की जड़ें काफ़ी मज़बूत हो चुकी थीं। प्रजातन्त्र उसके लिए आस्था और विश्वास की वस्तु था। अपने समय के अनेक आभिजात्य परिवारों से उसके अच्छे सम्बन्ध होते हुए भी उनकी सामंती विचारधारा से उसका छत्तीस का आँकड़ा था। उससे पहले की आलोचनात्मक दृष्टि का विश्लेषण करते समय हम देखेंगे कि वहाँ कवि और आलोचक एक ही व्यक्ति के दो पक्ष थे। कवि के भीतर छिपा हुआ आलोचक आज की भाँति स्वतन्त्र सत्ता लिये हुए नहीं था, वरन् कविता की चादर में से बीच-बीच में झाँक लेता था। फिर भी, भीतर छिपा हुआ आलोचक अत्यन्त प्रभावशाली था। उसकी शक्ति का स्रोत समाज की कतिपय मान्यताएँ थीं। उनमें से एक यह थी कि समाज के मार्ग दर्शन के लिए उसे म्यूज़ ने नियुक्त किया है। अब भला देवता के निर्णय को कौन चुनौती दे। देवता के आदेश से ही कवि समाज को आनन्द देता है, ज्ञान देता है। ज्ञान की सीमा में इतिहास, सामाजिक परम्पराएँ, व्यवहार में करणीय-अकरणीय, शासन-व्यवस्था, तकनीकी शिक्षा आदि अनेक विषय समाहित थे। इन्हीं में एक विषय यह भी था कि समाजिक कविता के प्रति क्या दृष्टिकोण रखे। कविगण चाहते थे कि सामाजिक काव्य को अपनी आँख से नहीं उनकी आँखों से देखे। और इस सम्बन्ध में कवि-आलोचकों ने अपनी बात इस तरह से रखी मानों वे कवि नहीं समाज के गुरु हैं। इस भूमिका का निर्वाह करने में उनके पक्ष में एक स्थिति यह थी कि सामाजिक से उनका सम्बन्ध आमने-सामने का था, सामाजिक सामने बैठा काव्य का श्रोता था, अदृश्य पाठक नहीं था। उत्पादक, उत्पाद और उपभोक्ता के बीच इस निकट सम्बन्ध ने काव्य और तत्सम्बन्धी मूल्यों को एक विशेष साँचे में ढाल दिया था। जिसका मूल मन्त्र था—कविता सम्प्रेषण है।

सुकरात के काल तथा आते-आते राजनीतिक परिस्थितियाँ, विशेष रूप से एथेन्स की, बहुत बदल गयी थीं, समाज संरचना में भी पर्याप्त परिवर्तन आ चुका था, कवि के व्यक्तित्व की दिव्य आभा विलुप्त हो चुकी थी किन्तु शिक्षकवाला उसका रूप अभी भी अक्षुण्ण था। सामान्य जन अभी भी उसके सामने नतमस्तक था। उसके इस रूप को चुनौती दी सोफ़िस्तों ने क्योंकि वे स्वयं को स्थापित करना

चाहते थे। सुकरात स्वयं को तो स्थापित नहीं करना चाहता था किन्तु सत्यान्वेषक वह अवश्य था। काव्य के मूल्यांकन में भी वह ऐसे मानदंडों की तलाश में था जिन्हें समाज का प्रत्येक सदस्य उपयोग में ला सके और अपने स्वतन्त्र निष्कर्ष निकाल सके। उसने स्वीकार किया कि कविता ज्ञान का स्रोत है किन्तु कवि स्वयं भी ज्ञानी होता है इस सामान्य अवधारणा को उसने नकार दिया। उसने यह भी मानने से इंकार कर दिया कि सामाजिक कविता के प्रति वही दृष्टिकोण रखे जो कवि चाहता है। कविता एक बार अस्तित्व में आने पर पूरे समाज की सम्पत्ति बन जाती है। प्रत्येक नागरिक उसकी संरचना के आधार पर उसे अपने ढंग से परखने के लिए स्वतन्त्र है। काव्यशास्त्रियों ने इसे कविता का लोकतांत्रीकरण (डेमोक्रेटाइज़ेशन) कहा है। सुकरात की यह विचारधारा एथेन्स के मुक्त वातावरण के अनुरूप थी। कविता कवि से स्वतन्त्र हो कर स्वयं क्या कहती है इसे अपने ढंग से जानने और उसकी व्याख्या करने का अधिकार प्रत्येक नागरिक को है, इसका एकाधिकार कवि को ही क्यों मिले? आज की नयी आलोचना की स्थापना भी यही है कि कविता की बनावट और बुनावट पर वस्तुनिष्ठ दृष्टिकोण से विचार होना चाहिए। कवि आलोचक बन कर अपनी रचना की व्याख्या करने के लिए स्वतन्त्र है पर उसकी व्याख्या एकमात्र व्याख्या है ऐसा कहने का अधिकार उसे किसने दिया? ढाई हज़ार साल पहले उठाया गया यह प्रश्न आज भी अपनी जगह खड़ा है। कविता और दर्शन का संवाद आज भी गतिमान् है।

## सन्दर्भ एवं टिप्पणियाँ

1. काव्य स्पर्धाओं की परम्परा और भी पहले से चली आ रही थी। हीसियोद ने ऐसी ही किसी स्पर्धा में अपने पुरस्कृत होने का उल्लेख किया है। स्पर्धाओं में पुरस्कार दिये जाने से स्पष्ट है कि इनमें निर्णायक मंडल के सामने मूल्यांकन का कोई न कोई माप अवश्य रहा करता होगा किन्तु उनके बारे में कोई जानकारी नहीं मिलती। फिर भी इतना अनुमान तो लगाया ही जा सकता है कि इन स्पर्धाओं में मूल्यांकन के कुछ माप निश्चित रहते होंगे और कविगण उन्हें स्वीकार कर अपनी रचनाओं में उन पर खरा उतरने का प्रयत्न भी किया करते होंगे।
2. 'म्यूज़' शब्द एकवचन में प्रयुक्त होने पर भी बहुवचन का समानार्थी समझा जाना चाहिए। इनकी संख्या नौ मानी गयी है। कवियों ने इनकी चर्चा करते हुए कभी एकवचन तो कभी बहुवचन का प्रयोग किया है। इसका एकवचन में प्रयोग भी (जब तक वह किसी विशिष्ट नाम रो सम्बोधित न की जाये) किसी विशिष्ट म्यूज़ का संकेत नहीं देता। लगता है जैसे कवि एक के माध्यम से सभी को सम्बोधित कर रहा है। अधिकांश कवियों ने उनमें कार्य-विभाजन (जैसे, महाकाव्य, गीतिकाव्य, नाटक,

चित्र कला आदि) भी नहीं किया है, वे केवल म्यूज़ या काव्य/संगीत की देवी कह कर अपना काम चला लेते हैं।

3. इस युद्ध का काल ई. पू. 1185 के लगभग माना गया है। सन्दर्भ : ल. स. वाकंकर, गणेश-विद्या, पृ. 3.
4. ओदिसी, पुस्तक आठ, देमोदोकुस के प्रति ओदिस्यूस का कथन।
5. इलियद, पु. दो, एगामैमनन की सेना का वर्णन करने के लिए म्यूज़ का आवाहन।
6. ओदिसी, पु. आठ, देमोदोकुसवाला प्रसंग।
7. इलियद, पु. दो, थेमिरिस कवि का प्रसंग।
8. इलियद, पु. दो, ग्यारह, चौदह और सोलह में म्यूज़ का आवाहन।
9. 'देववंशावली', पं. 22-34
10. 'देववंशावली,' पं. 53-67
11. पिंदर, पिथीअन 5.63-66

# 1. समीक्षात्मक कवि-दृष्टि

# 1.1 होमर

(ई. पू. 8 वीं शताब्दी का मध्य)

काव्यबन्धोऽभिजातानां हृदयाह्लादकारकः

## 1.1.1 ऐतिहासिक पृष्ठभूमि

होमर कवि था आलोचक नहीं। उसकी रचनाओं में कोई आलोचनात्मक टिप्पणी भी नहीं मिलती। फिर भी सभी कवियों की तरह उसके भीतर भी एक काव्यशास्त्री छिपा बैठा था। काव्य-प्रयोजन और उसके स्वरूप तथा मूल्यांकन के बारें में उसकी अपनी दृष्टि थी। उसके प्रबन्ध काव्यों की रचना शैली तथा उनमें आये कुछ विशिष्ट प्रसंगों के विश्लेषण द्वारा उसके इस समीक्षक व्यक्तित्व की खोज की जा सकती है। इन पृष्ठों में हमने इसी पद्धति से यह जानने का प्रयास किया है कि कवि, कविता और सामाजिक को ले कर उसकी क्या धारणाएँ थीं। इस सम्बन्ध में हमारे लिए यह तथ्य महत्त्वपूर्ण है कि उसे काव्य की एक पुष्ट परम्परा मिली थी। माइसीनी सभ्यता से ले कर उसके अपने युग तक आते-आते कुछ मान्यताएँ सुनिश्चित हो गयी थीं किन्तु उनके साथ-साथ तत्कालीन बदली हुई परिस्थितियाँ भी अलग से अपना प्रभाव डाल रही थीं और काव्य को भिन्न कोण से देखने की प्रेरणा दे रही थीं। इसलिए होमर की समीक्षात्मक दृष्टि के समुचित आकलन के लिए दोनों पर ही विहंगम दृष्टि डाल लेना आवश्यक हो जाता है।

आयोनियाई नगर-राज्यों का अभिजात समाज होमर का परिवेश था। माइसीनी सभ्यता की पौराणिक और आनुश्रतिक गाथाएँ उस समाज की धरोहर थीं जिसे वह सम्बोधित कर रहा था। उसे बचाये रखने का अर्थ था अपने अस्तित्व को बचाये रखना। किन्तु उपनिवेशों की भिन्न परिस्थितियों में सामाजिक, राजनीतिक तथा आर्थिक क्षेत्रों में नये-नये समीकरण लगातार बन रहे थे जिसके फलस्वरूप जीवन दृष्टि भी नया रूप लेने लगी थी। इस क्षेत्र के नगर पूर्व और पश्चिम के बीच व्यापार का प्रधान केन्द्र बन गये थे। व्यापारिक गतिविधियों ने यहाँ के नागरिकों

को मुख्य भूमि के नगरवासियों की अपेक्षा अधिक सम्पन्न बना दिया था और व्यापारिक मनोवृत्ति के कारण वे अपनी अलग पहचान बनाने लगे थे। दूसरे शब्दों में कहें तो उनकी अर्थवादी दृष्टि ने उन्हें अधिक व्यावहारिक एवं यथार्थवादी बना दिया था। जीवन में सुखोपभोग की सुविधाएँ बढ़ जाने से धीरे-धीरे उपभोक्ता संस्कृति जड़ें जमाने लगी थीं। इसके मूल में नयी परिस्थिति यह थी कि आय का मुख्य स्रोत ज़मीन, खेतीबाड़ी, बाग-बगीचे न रह कर व्यापार बन गया था। सुख-सम्पन्नता की वस्तुओं का लेन-देन, भंडारगृहों से प्राप्त किराया और जहाजरानी जैसा बड़ा उद्योग इन सब से प्राप्त आय ज़मीन की आय से कहीं अधिक थी। आय बढ़ जाने से धार्मिक अनुष्ठान भी सार्वजनिक उत्सवों और मेलों की तरह मनाये जाने लगे थे। इनमें शामिल होने के लिए लोग खूब सजधज कर आते थे। सम्भवतः व्यापारी समूह इसे अच्छे व्यापार का सुअवसर मानने लगे थे इसलिए इनमें बढ़-चढ़ कर भाग लेने की प्रवृत्ति दिनों-दिन बढ़ने लगी थी। खेल, दौड़, मल्ल-युद्ध, संगीत, काव्य आदि की स्पर्धाओं में भाग लेने के लिए प्रतिभागी दूर-दूर से आते थे। ये स्पर्धाएँ मनोरंजन का अच्छा-खासा साधन बन गयी थीं। विश्वास किया जाता है कि ऐसे ही उत्सवों के लिए होमर ने अपने काव्य लिखे थे। वेब्सटर के अनुसार[1] इलियद की रचना मिकाली में होने वाले समुद्र के देवता पोसायदन के उत्सव के लिए की गयी थी और ओदिसी महाकाव्य देलोस में अपोलो की पूजा के समय आयोजित उत्सव के लिये तैयार किया गया था। ये अंतर्राज्यीय धर्मोत्सव थे और इनमें पूरे आयोनिया प्रदेश के नागरिक सम्मिलित हुआ करते थे।

होमर को काव्य भाषा दरबारी संस्कृति से विरासत में मिली थी। उसकी शब्दावली, कहावतें, मुहावरे बिम्बात्मक वाक्यांश पूरी तरह दरबारी हैं। इनकी अर्थ व्यंजना और भावोद्बोधकता सुनिश्चित थी, बीच-बीच में इनकी पुनरावृत्ति रचना शैली की मौखिक परम्परा की विशेषता थी। वस्तु तत्व के अन्तर्गत कथानकों के लिए देवताओं और वीर नायकों के जीवन चरित्र रूढ़ हो गये थे। अधिकतर कहानियाँ गिने-चुनें राजघरानों के इर्द-गिर्द ही घूमती हैं। प्रमुख पात्रों के क्रिया-कलाप तथा चारित्रिक गुण भी वर्ग विभाजित हैं। तात्पर्य यह कि उसका उपजीव्य—विषय और भाषा—दरबारी साहित्य से गृहीत है। उसे इसी अर्थ में दरबारी परम्परा का कवि कहा गया है क्योंकि वैसे उसका किसी भी दरबार से न सीधा सम्बन्ध था न वह दरबारी श्रोताओं को सम्बोधित कर रहा था। उसके श्रोता वस्तुतः हज़ारों की संख्या में उत्सव में सम्मिलित होने के लिए आए हुए अच्छे खाते-पीते घरों के नागरिक थे। वे वंश परम्परा से सैनिक थे और भरण-पोषण के लिए कृषि उत्पाद पर निर्भर थे। युद्ध-दक्ष होने के नाते नगर की सुरक्षा व्यवस्था इनका उत्तरदायित्व

था। हाँ, कभी-कभी अपने अधिकार क्षेत्र को बढ़ाने के लिए अन्य नगर-राज्यों पर चढ़ाई करना उनके पेशे का एक हिस्सा था। पूर्वजों का यशोगान तथा उनके साहसिक कार्य उनकी प्रेरणा और आदर्श थे।

होमर की प्रतिभा ने अपने समय की दो स्थितियों का भरपूर लाभ उठाया। श्रोताओं का अतीत-मोह और आर्थिक सम्पन्नता से उत्पन्न उत्सवधर्मिता उसके विषय और शैली के नियामक तत्त्व थे। इसे संयोग ही कहेंगे कि उसे अपने समय में लिपि की सुविधा भी प्राप्त हो गयी थी। उससे लगभग एक शताब्दी पूर्व ही यूनानी लिपि अस्तित्व में आयी थी। वेब्सटर की मानें तो उसकी रचनाओं में काव्य की मौखिक परम्परा के सभी तत्त्वों का भरपूर उपयोग होने पर भी कथानक के विस्तार में फ्लैश-बैक तकनीक का सहारा ले कर अतीत और वर्तमान को जिस तरह संग्रथित किया गया है वह उसके लिखित रूप द्वारा ही सम्भव है। अतीत और वर्तमान के इस ताने-बाने को इतिहासकारों ने संधिवेला के रूप में देखा है। यहाँ से यूनानी सभ्यता नये युग में प्रवेश करती है। होमर इस युग का महाकवि है। उसके कथानक अतीत के बने-बनाये साँचें में ढले हैं, उसके पात्र वर्गगत हैं किन्तु समय आने पर परिस्थिति विशेष में व्यक्तिगत निर्णय लेने का अधिकार नहीं छोड़ते। इस अर्थ में उनमें व्यष्टिवाद के अंकुर फूटते दिखाई देते हैं। यह प्रवृत्ति उसके गीतिकाव्य में भी दिखलायी पड़ती है। भाषा और छंद के आधार पर यह मान लिया गया है कि उसके नाम से प्रसिद्ध स्तुतियाँ इलियद और ओदिसी के बाद की रचनाएँ हैं। 'अपोलो की स्तुति' में उसने स्थानीय बोली और स्थानीय छंद का प्रयोग किया है। यह व्यष्टिवाद का भिन्न रूप है किन्तु काव्यशास्त्र की दृष्टि से महत्त्वपूर्ण अन्तर यह है कि प्रबन्धकाव्यों में जहाँ कवि ने स्वयं को छिपा कर रखा है वहीं उपर्युक्त स्तुति में वह एकदम सामने आ कर चट्टानों वाले खियोस द्वीप में अंधे कवि के रूप में अपना परिचय देता है। इतना ही नहीं, अपने श्रोताओं को भी वह अन्य क्षेत्रों के नगरवासियों से अलग करते हुए लम्बे बालोंवाले आयोनियाई कह कर सम्बोधित करता है। इस परिचय को कुछ और विशिष्ट बनाते हुए वह फिर कहता है कि वे धन सम्पन्न हैं और उनके शरीर सौष्ठव को देख कर लगता है मानों वे देवताओं की तरह ही अमर हैं। देलोस में स्तुतिगान करने वाली कन्याओं का परिचय देना भी वह नहीं भूलता। उनका गुणगान करते हुए उसने लिखा है कि वे विभिन्न स्थानीय बेलियों का इतना शुद्ध उच्चारण करती हैं कि हर क्षेत्र से आया यात्री उन्हें अपने ही नगर का मानने लग जाता है। यह क्षेत्रीय भावना व्यष्टिवाद की पोषक बन कर काम कर रही थी। सार्वजनीन भावना के मूल में तात्त्विक शाश्वतता के स्थान पर क्षेत्रीय, सामयिक, परिवर्तमान, गोचर रूपों को

उभारना एक भिन्न दृष्टि का परिचय देता है। इन मेलों में मौज-मस्ती, हँसी-खुशी का वातावरण हुआ करता था। स्तुतिगान में अपनी बोली का शुद्ध उच्चारण सुन कर श्रोताओं को एक सुखद आश्चर्य होता रहा होगा। अनुकरण द्वारा यथार्थ का भ्रम पैदा करना और उससे सामाजिक को आनन्द प्रदान करना स्तुतिगान में यथार्थवादी अन्तर्धारा का प्रमाण है। चित्र कला में यह प्रवृत्ति हमें उन उदाहरणों में मिलती है जिनमें ज्यामितीय शैली के स्थान पर किसी वस्तु की निजी विशेषताओं को समूह से अलग करके स्वतन्त्र रूप में उभारा गया है, शताब्दियों की यात्रा के बाद ई. पू. 5 वीं शताब्दी में इस प्रवृत्ति ने जो रूप लिया उसकी प्रतिक्रिया हमें प्लेटो के कलादर्शन में दिखाई पड़ती है।

अंधकार युग (ई. पू. 12 वीं शताब्दी से 9 वीं शताब्दी तक) में यूनानी नगरों में आत्मरक्षा का प्रश्न एक बड़ी चुनौती बनकर उठ खड़ा हुआ था। मुख्य भूमि पर डोरियाई लुटेरों का खतरा हमेशा बना रहता था और उपनिवेशों में स्थानीय निवासियों (जिनकी ज़मीनें छीन-छीनकर ये उपनिवेश बसाये गये थे) पर नगर सुरक्षा के लिए लगातार नज़र रखना भी बड़ी समस्या थी। समाज को एकजुट बनाये रखना ही इसका एकमात्र उपाय था। अतीत को जीवंत रखना और सामाजिक आचरण में नैतिक मूल्यों पर अधिकाधिक बल देना इस दिशा में सार्थक प्रयास थे। इसके अतिरिक्त यह धारणा भी दृढ़ से दृढ़तर होती गयी कि कलाकृति में सामाजिक मूल्य का होना आवश्यक है। समाज के सामुदायिक चरित्र को पुष्ट करने के उत्तरदायित्व के प्रति कला उदासीन नहीं रह सकती। उसके द्वारा नैतिक आचरण के निर्माण और विकास के प्रयासों को बल मिलना चाहिए। कविता चूँकि दैवी वरदान के रूप में देखी जाती थी इसलिए उस पर यह ज़िम्मेदारी दूसरी कलाओं से कुछ अधिक समझी जाती थी। प्रत्येक नागरिक कवि से यह पूछने का अधिकारी था कि उसकी रचना समाज को क्या शिक्षा देती है? अथवा, अपने श्रोताओं के सामने क्या आदर्श रखती है? कविता आनन्द का स्रोत अवश्य है किन्तु वह नैतिक मूल्य निरपेक्ष भी हो सकती है इसकी कल्पना नहीं की जा सकती थी। अब यह कवि पर निर्भर करता था कि प्रयोजन के रूप में वह आनन्द को प्राथमिकता दे या शिक्षा को।

इलियद और ओदिसी में होमर ने अपने ज्ञान-गुरु होने का प्राधिकार (ऑथॉरिटी) अक्षुण्ण रखा है। बीच-बीच में वह स्पष्ट करता चलता है कि समाज का मार्गदर्शन करना कवि-धर्म है, इसका निवार्ह उसे करते रहना चाहिए। दूसरी ओर वह समाज को भी निरन्तर चेताता चलता है कि सच्चा ज्ञान उसे कवि से ही मिल सकता है किन्तु। यदि प्राथमिकता की बात करें तो निश्चित रूप से उसने अपना मत आनन्द के पक्ष में दिया है। और कभी-कभी तो ऐसा लगता है मानों वह कह रहा

हो कि कविता ज्ञान दे न दे आनन्द अवश्य दे। काव्यानुभूति आह्लादमय हो बस यही कविता की अंतिम कसौटी है। स्तुति-गीतों में वह कहीं भी शिक्षा की बात नहीं करता। वृन्दगान करनेवाली कन्याओं से वह कहता है कि यदि कोई तुमसे पूछे कि सबसे मधुर गीत किसके हैं? किसके गीत तुम्हें उल्लास से भर देते हैं? तो कहना कि खियोस के अंधे कवि के।

'आनन्द काव्य का मुख्य प्रयोजन है' इस पर अकेले होमर ही नहीं दरबारी कवियों की पूरी बिरादरी सहमत रही होगी। वेब्सटर ने होमर का सम्बन्ध माइसीनी सभ्यता युगीन समृद्ध पाइलोस राज्य के कवियों की परम्परा से जोड़ा है। स्पष्ट है कि राजघराने के सदस्य युद्ध के पश्चात् शांतिकाल में प्रधानतः मनोविनोद के लिए कविताएँ सुनते रहे होंगे। काव्य रचना उनकी इसी अपेक्षा को पूरा करने के लिए की जाती रही होगी और कालान्तर में यही उसको परखने का मानदंड बन गयी। इसका यह अर्थ नहीं लेना चाहिए कि उस काल में अन्य कसौटियाँ नहीं रही होंगी, हाँ, जहाँ तक होमर का प्रश्न है वह आनन्दवादी था। अन्य कसौटियाँ उसके लिए गौण थीं।

यूनानी लिपि के अस्तित्व आने से काव्य रचना के इतिहास में एक नया मोड़ आया। अब उसकी रूप संरचना में वह सौष्ठव आने लगा जो उसके लिखित में ही सम्भव था। फिर भी, यह तथ्य स्मरण रखने यौग्य है कि बाद की कई शताब्दियों तक उसे सामाजिक तक सम्प्रेषित करने का कार्य मौखिक परम्परा द्वारा ही होता रहा। इस क्रिया को सम्पन्न करने में कवि के अतिरिक्त अन्य अभिकर्ता (ऐजेंट) भी सहयोग दे रहे थे। यूनानी संस्कृति में उनकी पहचान कुछ अलग ही है।

उन दिनों कवियों के मुख्य दो वर्ग थे। दरबारी परम्परा के कवि अब राजदरबारों के न रह जाने से* किन्हीं समृद्ध अभिजात परिवारों से जुड़े थे। उनका उद्देश्य अभी भी आश्रयदाताओं के पूर्वजों अथवा उनके अपने साहसिक कार्यों का यशोगान करना था। उनके नवीनतम अभियानों को काव्यबद्ध करके उन्हें लगता था मानों उन्होंने अपने आश्रयदाता को अमर कर दिया है। उनके श्रोता भी इन विषयों से किसी न किसी रूप में जुड़े होने के कारण इन रचनाओं को बड़ी उत्सुकता से सुनते थे।[2] दूसरा वर्ग जन कवियों का था। ये अपने विषय भी जन जीवन से लेते थे। ये घुमक्कड़ कवि कहीं भी, नुक्क्ड़, मंडी या चौक में, भीड़ देख कर लोगों को इकट्ठा कर अपनी रचनाएँ सुनाया करते थे। ये चलते-फिरते अखबार थे। एक अन्य वर्ग ऐसे गायकों का था जो दूसरों की रचनाओं का सस्वर पाठ कर

* इसका यह अर्थ नहीं लेना चाहिए कि राजतन्त्र एकदम निःशेष हो गया था किन्तु अनेक नगरों में शासन व्यवस्था अवश्य बदल गयी थी।

अपनी दाल-रोटी चला रहे थे। इनके लिए 'रूहैपसोड' शब्द का प्रयोग किया गया है। प्रतीत होता है होमर की रचनाएँ अल्पकाल में ही पूरे यूनान में लोकप्रिय हो गयी थीं। उनका पाठ करनेवाली टोलियों के अपने-अपने निकाय थे और पाठ करने की अपनी-अपनी शैली थी। सम्भव है कि पाठ को लेकर भी उनकी स्वतन्त्र मान्यताएँ रही हों और उसके स्वरूप को ज्यों का त्यों बनाये रखने के लिए उनमें गुरु-शिष्य परम्परा भी शुरू हो गयी थी जिसके कारण इन्हें 'होमर के पुत्र' कहा जाने लगा था।* कुछ काव्य स्पर्धाएँ ऐसी होती थीं जिनमें रचयिता स्वयं भाग लेते थे, किन्तु कुछ स्पर्धाएँ केवल होमर का पाठ करनेवाली टोलियों की हुआ करती थीं। सार्वजनिक उत्सवों में इन्हें सुनने के लिए हजारों की भीड़ उमड़ पड़ती थी। एथेन्स के चतुर्वार्षिक उत्सव इसके लिए प्रसिद्ध थे। कुछ रूहैपसोड ऐसे भी थे जिन्हें पूरा का पूरा होमर कंठस्थ था और वे जब अपनी नाटकीय शैली में पूरे हावभाव, स्वर के उतार-चढ़ाव, हस्त मुद्राओं तथा पाद संचार के साथ उसे प्रस्तुत करते तो पूरा जन समूह अवाक् रह जाता था। प्लेटो के 'आयन' संवाद में यही चर्चा का विषय है। वस्तुतः ये रचनाएँ आख्यानक काव्य होते हुए भी नाटकीय तत्त्वों से भरपूर हैं शायद इसीलिए बाद में यह धारणा प्रचलित हो गयी कि त्रासदी का जनक और कोई नहीं स्वयं होमर है। यह अलग बात है कि बाद के आलोचकों ने इन रचनाओं को नाट्यशैली में प्रस्तुत करने और बच्चों को इस पद्धति से उसे कंठस्थ करने की प्रथा का नैतिकता के आधार पर विरोध किया किन्तु इससे यह तथ्य खंडित नहीं हो जाता कि जन समाज में वह सबसे लोकप्रिय और महानतम कवि था।

इस युग में आख्यानक काव्य के अतिरिक्त गीतिकाव्य भी प्रभूत मात्रा में लिखा गया इसके मुख्य चार केन्द्र थे—आयोनिया, लेसबॉस, स्पार्ता और ब्योशा। क्षेत्रीय विशेषताएँ इनकी पहचान थी। यह काव्य वृन्दगान और एकलगान दोनों रूपों में लिखा जा रहा था। आज उसकी विस्तृत जानकारी उपलब्ध नहीं है क्योंकि थोड़ा ही साहित्य नष्ट होने से बच पाया है। फिर भी इतना अवश्य कहा जा सकता है कि गीति परम्परा को भी माइसीनी काव्य तथा उससे भी पहले के गीतों की समृद्ध थाती मिली थी। विद्वानों की धारणा का आधार गीति साहित्य की छन्द योजना है जिसमें ऋग्वेद के छन्दों की झलक मिलती है।[3] इस भिन्न विषय की दिशा में और आगे न बढ़ कर हम फिर होमर की ओर लौटते हैं इस तथ्य के साथ

* खियोस में एक बिरादरी ऐसी भी थी जो अपने को होमर का वंशज मानती थी किन्तु इसका कोई प्रमाण नहीं है कि होमर का पाठ करनेवाली टोलियों से उसका कोई सीधा सम्बन्ध था।

कि इस विधा में भी स्पर्धाओं के लिए विशेष गीत लिखे जाते थे। हो सकता है होमर ने 'अपोलो की स्तुति' को ऐसी ही किसी स्पर्धा के लिए लिखा हो। स्पर्धाओं की इस परम्परा से कुछ तथ्य निर्विवाद रूप से सामने आते हैं। एक, श्रेष्ठ रचनाओं का चयन करने के लिए निर्णायक मंडल अवश्य नियुक्त किया जाता होगा और उसके सदस्यों में किन्हीं मानदंडों को ले कर परस्पर सहमति भी अवश्य बनती होगी। दूसरे, इनमें भाग लेनेवाले श्रोता वर्ग के मन में भी लगातार अच्छी रचनाएँ सुनते रहने से श्रेष्ठता के कुछ मान स्थिर हो गये होंगे। अतः एक ओर पुरस्कृत रचनाएँ तथा दूसरी ओर प्रशिक्षित श्रोताओं की प्रशंसा कवि के आलोचक व्यक्तित्व को निश्चित ही प्रभावित करती होंगी। उसके मन में भी अनजाने ही श्रेष्ठता के कुछ मान स्थिर हो जाते होंगे और उसका प्रयत्न होता होगा कि उसकी अपनी कृतियाँ उन पर खरी उतरें। होमर इसका अपवाद नहीं हो सकता।

उपर्युक्त ऐतिहासिक परिदृश्य को हमने होमर की काव्य मान्यताओं की भूमिका के रूप में रखा है विशेष रूप से यह जानने के लिए कि अपने पूर्वजों की धरोहर तथा अपने श्रोता वर्ग की मानसिकता का उसने काव्य मूल्य के रूप में कैसे उपयोग किया। जैसे, कथानकों के लिए उसे परम्परा से देव कथाओं और युद्ध गाथाओं का भंडार मिला था। इनमें देवताओं और महानायकों के जीवन को उसने सामाजिक आदर्श का रूप दे दिया। फलस्वरूप, किसी भी समस्या का समाधान उनके क्रिया-कलापों के प्रकाश में किया जाने लगा। इससे अभिजात वर्ग के श्रोताओं के अतीत-मोह की भी तुष्टि हो जाती थी। अपने पूर्वजों का यशोगान उनकी रुचि का विषय था। दृश्य कलाओं में भी इसके उदाहरण मिलते हैं। ढाल के पट्टे के बकसुए उन दिनों काँसे के हुआ करते थे। ऐसे बहुत से बकसुए मिले हैं जिनमें पौराणिक आख्यानों के दृश्य उत्थित शिल्प में दर्शाये गये हैं।[4] ये नागरिकों में इन आख्यानों की लोकपिय्रता का प्रमाण हैं। इलियद और ओदिसी में वर्णित ये आख्यान स्वयं ही बाद के कवियों के लिए कथानकों का स्रोत बन गये। ठीक यही बात इन काव्यों के रूप तत्त्व के बारे में भी कही जा सकती है। इनकी शब्दावली तथा बिम्ब-विधान परम्परागत है जिनका श्रव्य प्रभाव सुनिश्चित था। श्रोतागण स्वयं परिस्थिति विशेष में उन वाक्यांशो और बिम्बों की अपेक्षा रखने लग गये थे। इसी बात को यदि यों कहें कि वे आख्यानक काव्य के प्रशिक्षित श्रोता बन गये थे तो अत्युक्ति न होगी। होमर की विशेषता यह है कि उसने स्वयं को दरबारी दृश्यों के वर्णन तक ही सीमित नहीं रखा, उसने इतर वर्गों—श्रमिक, दास-दासियों, पशु पालनेवाले—के भी बड़े सुन्दर चित्र दिये हैं। चूँकि यह सब कुछ श्रवण के माध्यम से ही संप्रेषित किया जाता था इसलिए शब्दों की चित्रात्मकता

पर उसने सर्वाधिक बल दिया है। संरचना-शैली के इस पक्ष को महत्त्व इस परिस्थिति के कारण भी मिला कि जिन उत्सवों में सुनाने के लिए ये काव्य लिखे गये थे उनमें श्रोता हज़ारों की संख्या में आते थे और उत्सव का आनन्द लेने के लिए आते थे। अतः आवश्यक था कि रचना तत्काल प्रभाव डालनेवाली हो और आनन्दानुभूति जगानेवाली हो। होमर के समीक्षक-व्यक्तित्व के ये सन्दर्भ प्रेरणा स्रोत हैं। इनकी पृष्ठ भूमि पर हम उसकी काव्य मान्यताओं को काव्य-हेतु, काव्य-प्रयोजन, कवि और सामाजिक इन चार विषयों के अन्तर्गत समझने का प्रयास करेंगे।

### 1.1.2 काव्य-हेतु

काव्यशास्त्र के अंतर्गत काव्य रचना का सामर्थ्य प्रदान करने वाले साधनों को 'काव्य-हेतु', अर्थात्, काव्य के कारण, कहा गया है। इसके लिए कवि-प्रतिभा शब्द का प्रयोग भी किया जाता है। कवि में यह शक्ति कहाँ से आती है? इसका स्रोत क्या है? इस प्रश्न के उत्तर में न कवि एकमत हैं न आचार्य। एक वर्ग प्रतिभा को जन्मजात गुण के रूप में देखता है तो दूसरा वर्ग इसे अर्जित गुण मानने के पक्ष में है। कुछ विचारक दोनों के समन्वित रूप के पक्षधर हैं। इस मिलीजुली अवधारणा के कई रूप हैं। जैसे, यह कहना कि कवि में जन्मजात गुण तो होना ही चाहिए किन्तु उसे शास्त्रज्ञान तथा अभ्यास द्वारा और अधिक विकसित करने की आवश्यकता होती है। केवल जन्मजात प्रतिभा श्रेष्ठ काव्य रचना में सक्षम नहीं होती। यहाँ सहजात गुण और अर्जित गुण दोनों पर समान बल है। कुछ काव्यशास्त्रियों ने किसी एक को प्रधान और दूसरे को उसके अधीन रखा है। यूनानी समीक्षा में इस विषय पर मत-मतान्तरों का बड़ा रोचक इतिहास रहा है और इसके मूल में मुख्य भूमिका म्यूज़ की रही है। होमर ने भी अपनी समीक्षा-दृष्टि के विविध आयामों को प्रतिभा के गोचर रूप, म्यूज़, के माध्यम से व्यक्त किया है।

म्यूज़ काव्य तथा कुछ अन्य कलाओं की अधिष्ठात्री देवी है किन्तु इस अर्थ में नहीं कि कोई भी उसकी आराधना करके उससे काव्य प्रतिभा का वरदान पा सकता है। वैसे उससे प्रार्थना करने का अधिकार सभी को है किन्तु यह म्यूज़ पर निर्भर करता है कि वह किसे अपना प्रिय मानती है, किससे प्रसन्न होती है और किसे वरदान देती है। इस अर्थ में प्रतिभा जन्मजात गुण है क्योंकि म्यूज़ किसी बिरले को ही वरदान देती है। 'काव्यं तु जायते जातु कस्यचित्प्रतिभावतः;[5] होमर ने म्यूज़ को अनिवार्य हेतु माना है क्योंकि उसकी कृपा के बिना कोई कवि नहीं बन सकता और म्यूज़ इसके लिए पात्रता देखती है उसकी शिक्षा या अभ्यास नहीं। उसे यह अवधारणा निश्चित ही परम्परा से प्राप्त हुई थी और उसी का पालन करते हुए

उसने अपने दोनों महाकाव्यों में समय-समय पर म्यूज़ का आवाहन किया है ताकि वह काव्य रचना में उसकी सहायता करे। अपने कवि पात्रों के माध्यम से भी वह इस तथ्य की पुष्टि करता चलता है कि वे जब भी काव्यपाठ करते हैं म्यूज़ की प्रेरणा से ही करते हैं:

ओदिस्यूस के घर में कुछ मेहमान हैं। उनके प्रीतिभोज के अवसर पर कवि फीमिउस ओदिस्यूस के जीवन से जुड़े कुछ प्रसंग सुनाता है। उसकी पत्नी पिनेलोपि उसे सुनकर विह्वल हो उठती है और उसे कुछ और सुनाने को कहती है। तब उसका पुत्र तेलीमाखुस कहता है—"कवि का यह अधिकार है कि वह अपने अंतस की प्रेरणानुसार (म्यूज़ के आदेशानुसार) चाहे जिस रूप में हमारा मनोरंजन करे।"[6] बाद में यही कवि ओदिस्यूस से प्राणों की भिक्षा माँगते हुए स्वयं भी कहता है कि वह दैवी कृपा से कवि बना है किसी गुरु से शिक्षा ले कर नहीं। यदि उसे मारा गया तो ओदिस्यूस को इसका पश्चात्ताप करना पड़ेगा अर्थात् दैवी प्रकोप भुगतना पड़ेगा।[7] देमोदोकुस का प्रसंग भी इसी दृष्टिकोण की पुष्टि करता है। आल्किनूस फीशिया का राजा है। ओदिस्यूस के सम्मान में उसके महल में उत्सव का आयोजन किया जा रहा है जिसे और मधुर बनाने के लिए अंधे कवि देमोदोकुस को बुलवा लिया गया है। उसके परिचय में आल्किनूस की टिप्पणी है—" किसी अन्य गायक को हमारे कानों को इतना तृप्त करने की स्वर्गीय देन नहीं मिली है फिर चाहे वह किसी भी विषय का गीत गाये।"[8] उत्सव चलता रहा और बीच-बीच में गीत के स्वर भी गूँजते रहे, नृत्य करनेवाले उसके गीत की धुनों पर थिरकते भी रहे। चारों ओर प्रसन्नता का वातावरण है। आल्किनूस फिर उसकी प्रशंसा में कहता है कि चारणों (बार्ड्स) को गीत की शिक्षा स्वयं म्यूज़ ने ही दी है क्योंकि उसे कवियों की बिरादरी प्रिय है। ओदिस्यूस भी उसके गीतों से अभिभूत है और अल्किनूस का समर्थन करते हुए उससे कहता है—"तुम्हारे लिए मेरे मन में सर्वाधिक प्रशंसा का भाव है। निश्चित ही ज़्यूस की पुत्री म्यूज़ या अपोलो तुम्हारे गुरु रहे होंगे। तुमने जिस ढंग से अखियावासियों के भाग्य, उपलब्धियों, कष्टों और कठिनाई से जूझने का वर्णन किया है वह अद्भुत है।...मैं सारी दुनिया को बता दूँगा कि तुम्हें गीत की स्वर्गीय भेंट स्वयं देवता से मिली है।[9]

उपर्युक्त उद्धरणों में कहीं भी यह आभास नहीं मिलता कि प्रतिभा अर्जित सम्पत्ति है। प्रत्येक प्रसंग में यही बात दुहराई गयी है कि कवि दैवी प्रेरणा से ही रचना करता है। 'यह जन्मजात गुण अथवा प्रकृति की देन है', आज हमें इसका यही अर्थ लेना चाहिए। किन्तु उपर्युक्त वाक्यों की शब्दावली यह संकेत भी देती है कि होमर ने जन्मजात गुण को कुछ व्यापक अर्थ में ग्रहण किया है। देमादोकुस

की प्रशंसा में कहे गये वाक्य पर पुनर्विचार करें तो बात स्पष्ट हो जायेगी। "...फिर चाहे वह किसी भी विषय का गीत गाये" यह वाक्य काव्य प्रेरणा की सीमाओं का विस्तार कर रहा है। इसका संकेतार्थ है कि म्यूज़ न केवल यह निश्चित करती है कि किसे कवि-प्रतिभा प्रदान करनी है वरन् यह भी निश्चित करती है कि परिस्थिति विशेष में काव्य का विषय क्या हो। इस ध्वन्यर्थ की पुष्टि इसी आयोजन में कुछ बाद के प्रसंग से हो जाती है, "खाना-पीना हो जाने के बाद चारण (देमादोकुस) को म्यूज़ ने यशस्वी पुरुषों की गाथा सुनाने की प्रेरणा दी।" इसी तरह सामूहिक नृत्य की संगत के लिए वह एरीज़ और एफ़्रोदाइति के प्रेम प्रसंग को चुनता है, वस्तुतः वह चुनता नहीं है म्यूज़ उसे इसी की प्रेरणा देती है।

विषय को सुनिश्चित करने के बाद होमर काव्य के अभिव्यक्ति पक्ष को लेता है। यहाँ भी उसकी यही स्थापना है कि काव्य का रूप–जैसे आख्यानक काव्य, गीतिकाव्य, स्तुतिगान आदि–म्यूज़ द्वारा पहले ही निश्चित कर दिया जाता है। ओदिस्यूस के क्रोध का सामना करते हुए फीमिउस का यह कथन कि सभी प्रकार के गीत बिना किसी पूर्व योजना के मेरे होठों पर आ जाते हैं इस स्थापना के प्रमाणस्वरूप लिया जा सकता है। यहाँ 'प्रकार' शब्द वस्तुतः काव्य-रूप के अर्थ में प्रयुक्त हुआ है। अब, म्यूज़ यदि प्रकृति प्रदत्त सामर्थ्य का गोचर बिम्ब है तो निष्कर्ष यह निकलता है कि जन्मजात गुण ही यह निर्धारित करते हैं कि कौन सा काव्य-रूप उसके अधिक अनुकूल है, उसी में रचना करने से वह सफल कवि बन सकता है। इस पर बाद के काव्यशास्त्रियों ने भी विचार किया (प्लेटो के संवादों में इसकी चर्चा हुई है) और वे होमर से सहमत प्रतीत होते हैं। अन्त में सम्पूर्ण चर्चा का सार यह है कि काव्य की प्रेरणा, विषय-उद्भावना तथा काव्य-रूप का चयन ये तीनों ही प्रतिभा के अन्तर्गत आते हैं, ये म्यूज़ द्वारा निश्चित किये जाते हैं तथा इनमें कवि के अर्जित प्रयास के लिए कोई स्थान नहीं है। व्यक्ति का अर्जित सामर्थ्य उसे कवि जैसा तो बना सकता है कवि नहीं। तब क्या यह मान लिया जाय कि कवि म्यूज़ का लाउडस्पीकर मात्र है? काव्य रचना में उसकी अपनी कोई भूमिका नहीं है? इसका उत्तर हमें म्यूज़, कवि और सामाजिक में परस्पर सम्बन्ध पर विचार करते समय मिलेगा। अभी हम 'कवि और कवि जैसा' विषय की चर्चा को आगे बढ़ाना चाहेंगे।

होमर अपनी इस स्थापना पर अडिग है कि जो म्यूज़ को प्रिय नहीं है वह कवि नहीं बन सकता। जन साधारण किसी के शब्द कौशल के भुलावे में आकर उसे भले ही कवि मान ले किन्तु वह स्वयं इसके लिए तैयार नहीं है। कवि और कवि जैसा (कवि का स्वाँग भरनेवाला) दिखनेवाले के बीच उसने दैवी प्रेरणा की जो

रेखा खींची वह बहुत बाद तक भी मिटायी नहीं जा सकी, प्लेटो के काव्यदर्शन में यह उलटे और गहरी हुई है।

उपर्युक्त अन्तर को स्पष्ट करने के लिए होमर ने दो पद्धतियाँ अपनायी हैं। एक, कवि और कवि जैसे व्यक्ति को आमने-सामने ला कर; दूसरी, इस बात पर बल दे कर कि म्यूज़ प्रदत्त ज्ञान ही सच्चा ज्ञान है। आनन्द प्रदान करना प्रधानतः रूप तत्त्व का धर्म है और वस्तु तत्त्व का धर्म है ज्ञान देना। कवि इन दोनों धर्मो का निर्वाह करता है। ओदिसी में तीन ऐसे प्रसंग आये हैं जिनमें ओदिस्यूस अपने शब्द कौशल के बल पर कवि की बराबरी करता दिखलाया गया है। आल्किनूस और उसके मित्रों के सामने वह अपनी कष्टपूर्ण यात्रा का विवरण प्रस्तुत करता है। कथा उसने इतने प्रभावशाली ढंग से सुनायी कि पूरे समय कमरे में शांति छायी रही। लगता था जैसे लोगों पर जादू हो गया हो। आल्किनूस सभी श्रोताओं का प्रतिनिधित्व करते हुए उसकी वर्णन शैली की प्रशंसा में कहता है—"ओदिस्यूस...तुमने अपनी दुःसाहसपूर्ण यात्रा को इतनी कलात्मकता से सुनाया है जो आख्यानक काव्य के गायक में ही देखने को मिल सकती है।[10]

दूसरे प्रसंग में पिनेलोपि (ओदिस्यूस की पत्नी) के पशुओं की रखवाली करनेवाला दास छद्मवेषी ओदिस्यूस का परिचय अपनी मालकिन से करवाता है। परिचय में उसका ज़ोर इस पक्ष पर है कि वह एक कवि की जैसी प्रभावशाली शब्दावली में अपना यात्रावृत्तांत सुनाता है। इस बारे में उसका कथन है—उसकी मनोहर कहानियाँ सुनते हुए ऐसा लगता है मानों किसी का दिल पिघलाने के लिए कोई कवि ही अन्तः प्रेरित हुआ हो। मन होता है कि सब-कुछ छोड़-छाड़ कर उसे ही सुनते रहें।[11] इसके बाद ओदिस्यूस छद्मवेष में अपने ही महल में आता है और अपने ही परिवार जनों के सामने एक झूठी कहानी इतने कलापूर्ण और विश्वसनीय ढंग से सुनाता है कि पिनेलोपि उसे सच मान कर करुणा विगलित हो उठती है।

इन सभी प्रसंगों में होमर का निष्कर्ष है कि किसी विषय को विश्वसनीय रूप में प्रस्तुत करना कला के रूप पक्ष (फॉर्मल एस्पैक्ट) का गुण हो सकता है, वह आनन्द भी दे सकता है, अन्य भावों को भी जगा सकता है, किन्तु यदि विषय सत्य (वास्तविक) नहीं है तो उसे काव्य नहीं कहा जा सकता। विषय की प्रामाणिकता स्वयं में एक मूल्य है। कवि का धर्म है अपने श्रोताओं को सत्य से परिचित कराना, ज्ञान देना। यह गम्भीर लक्ष्य है, अतः मात्र आनन्द देने के लिए, या सामाजिक की भावनाओं के साथ खिलवाड़ करके स्वार्थ सिद्ध करने के लिए वह झूठ का सहारा ले यह उचित नहीं है। कवि कला का उपयोग झूठ का प्रचार करने के लिए नहीं कर सकता। प्लेटो के सन्दर्भ में भी हम देखेंगे कि कला और

सत्य के इस सम्बन्ध को उसने अत्यन्त गम्भीरता से लिया और इसे कला-मूल्यांकन का एक मानदंड ही बना लिया। प्रकृति का गोचर रूप एक दार्शनिक के लिए मात्र भ्रम है, इसीलिए जिस कला में केवल इसी का अनुकरण होता है वह मूल्यहीन है, केवल धोखा है। ऐसा कवि कवि कहलाने का अधिकारी नहीं है।

प्रामाणिकता को होमर ने काव्य सिद्धान्त के रूप में ग्रहण किया है, इसलिए उसने कहीं भी यह नहीं कहा है कि म्यूज़ ने ओदिस्यूस को प्रेरित किया। वह स्वयं जैसे म्यूज़ का आवाहन करता है वैसा उसने ओदिस्यूस से कहीं नहीं करवाया है जिससे स्पष्ट है कि उसमें कौशल (स्किल) है अन्तः प्रेरणा नहीं। उसने केवल कौशल के बल पर विश्वास अर्जित किया, उसने कहीं सच्ची घटनाएँ भी सुनायीं कहीं झूठी भी। जहाँ उसने वास्तविक घटनाओं का वर्णन किया है उसे केवल संयोग कहा जाएगा। और चूँकि श्रोता के पास उनकी प्रमाणिकता को सत्यापित करने का कोई साधन नहीं है इसलिए उसकी प्रमाणिकता उसी अनुपात में कम मानी जानी चाहिए। सारांश यह कि मुख्य काव्य-हेतु केवल म्यूज़ (सहजात प्रतिभा) है।

### 1.1.3 काव्य-प्रयोजन

आनन्द और ज्ञान इन दोनों काव्य-प्रयोजनों की संक्षिप्त चर्चा हो चुकी है और हम यह भी देख आये हैं कि होमर तत्काल आनन्द की चर्चा अधिक करता है। वह ज्ञान के महत्त्व से परिचित था और उसे आनन्द के समकक्ष ही मानता था। किन्तु यदि दानों में क्रम निर्धारित करना हो तो पहले आनन्द ही आता है, इसीलिए हमने भी 'आनन्द और ज्ञान' का क्रम रखा है। उसके प्रबन्ध काव्यों में जहाँ कहीं भी सामूहिक प्रीतिभोज का प्रसंग आया है कवि को अवश्य बुलवाया गया है। काव्यमय संगीत और खाने-पीने का घनिष्ठ सम्बन्ध बार-बार घोषित किया गया है। सभी उत्सवों में कवि की सहभागिता अनिवार्य दर्शायी गयी है। प्रत्येक राजघराने का अपना पोषित कवि है। उस समय की आभिजात्यवादी संस्कृति का यह चरित्र था। इस वर्ग के मन में कवि के प्रति सम्मान का भाव अवश्य था (क्योंकि वह म्यूज़ का कृपापात्र है) किन्तु उसका यह रूप कि वह आनन्द प्रदान करता है उसे अधिक आकर्षित करता है।

अब प्रश्न यह उठता है कि क्या काव्य के वस्तु तत्त्व और रूप तत्त्व में से कोई एक अथवा दोनों ही आनन्द का स्रोत हैं? यदि दोनों को ही स्रोत मान लें तो भी यह प्रश्न बना ही रहता है कि क्या दोनों ही समान रूप से महत्त्वपूर्ण हैं या कि दोनों में से किसी एक को वरीयता दी जानी चाहिए? इतिहास में कोई ऐसा युग नहीं रहा जब किसी एक उत्तर पर सर्वसम्मति बन पायी हो। हाँ, इतना अवश्य

है इसमें रूप पक्ष के योगदान को कभी किसी सौन्दर्यशास्त्री ने नकारा नहीं है। किन्तु जब वस्तु तत्त्व से भी इस प्रयोजन को सिद्ध करने की बात कही जाए तो उस पर अलग से विचार करना आवश्यक हो जाता है। होमर को जो परम्परा मिली थी उसमें निश्चित रूप से वस्तु तत्त्व और आनन्द का घनिष्ठ सम्बन्ध था। और इस अवधारणा की भी पुष्टि होती है कि विषय वस्तु जब आनन्द का स्रोत बनती है तो उससे काव्य के मूल्य में भी अभिवृद्ध होती है। विषय वस्तु की सीमा के भीतर ही ज्ञान का समाहार हो जाता है और इस दृष्टि से कहा जा सकता है कि वह अभिव्यक्ति कौशल के कारण आनन्द का स्रोत बनता है किन्तु होमर की स्थापना है कि ज्ञान का 'केवल रूप' भी आनन्दमय होता है। कतिपय प्रसंगों के सन्दर्भ में आगे हम देखेंगे कि आनन्द के स्रोत क्या हैं? और क्या अपनी अंतिम परिणति में वह भी किसी अन्य साध्य का साधन बनता है? साथ ही यह जानने का भी प्रयास करेंगे कि क्या सामाजिक में कलाजन्य आनन्द को ग्रहण करने की विशेष पात्रता की आवश्यकता है?

आनन्द का प्रथम स्रोत काव्य का रूप तत्व है। यह अपने केवल रूप में तथा कभी संगीत का सहयोग लेकर भी काव्य को तत्काल आनन्द का विषय बनाता है। उन दिनों कविता लायर या हार्प की धुन पर गा कर अथवा सस्वर पाठ कर प्रस्तुत की जाती थी। कविता के सम्प्रेषण का माध्यम मौखिक होने का कारण उसके श्राव्य गुणों को अधिक प्रभावशाली बनाने की यही पद्धति प्रचलित थी। धुन बनानेवाला और बजानेवाला स्वयं कवि हुआ करता था। इस तरह कविता के गेय रूप और वाद्य यन्त्रों के संगीत दोनों में युगपत् सम्बन्ध जुड़ गया और कविता का रूप पक्ष दोनों के अन्योन्याश्रित सम्बन्ध का बोध कराने लगा। तात्पर्य यह कि श्रोता के आनन्द का मुख्य स्रोत दोनों का समन्वित रूप था। इलियद की प्रथम पुस्तक के समाप्त होते न होते देवताओं के प्रीतिभोज का प्रसंग आया है। अपोलो हार्प बजा कर म्यूज़ों की संगत करता है और वे बारी-बारी से गीत गा-गा कर देवताओं को आनन्दमग्न करती हैं। सारी शाम आनन्दपूर्ण वातावरण में बीत जाती है। स्पष्ट है कि देवताओं के लिए गीत की विषय वस्तु में कोई नवीनता नहीं मानी जा सकती। उन्हें, विशेष रूप से ज्यूस को, सभी विषयों का ज्ञान पहले से ही है। इसलिए उनके आनन्द का स्रोत गीत का रूप तत्त्व ही माना जा सकता है जिसमें शब्द सौन्दर्य, म्यूज़ों का मधुर स्वर तथा हार्प से उत्पन्न धुन तीनों समाश्लिष्ट हैं।

होमर ने राजाओं और सामन्तों के घर पर दिन-दिन भर उत्सव की तरह चलनेवाले प्रीतिभोज को देवलोक के प्रीतिभोज का प्रतिरूप दिखलाया है। धरती पर जो कुछ भी होता है देवलोक के अनुकरण के रूप में होता है। हर्षोल्लास के अवसरों

पर कवि को बुलवा भेजना, उससे कविताएँ सुनना (जिसमें उन्हीं के जीवन की घटनाओं का वर्णन होता था) उसी के अनुकरण का एक अंग था। कवि की प्रशंसा करते हुए म्यूज़ या अपोलो का उल्लेख करना, अथवा, दैवी एवं स्वर्गीय विशेषताओं का प्रयोग उनकी इसी दृष्टि की ओर संकेत करता है। काव्य के प्रभाव का अतिशयोक्तिपूर्ण वर्णन उसे आनन्द के अन्य स्रोतों से भिन्न दर्शाने के लिए किया गया प्रतीत होता है। एटकिन्स ने इसके लिए सम्मोहन शब्द का प्रयोग किया[12] है। ओदिस्यूस कवि नहीं हैं किन्तु जहाँ तक शब्द कौशल का प्रश्न है वह किसी से कम भी नहीं हैं। उसने जहाँ कहीं भी अपनी कथा सुनायी है, चाहे वह सच रही हो या झूठ, श्रोताओं पर उसका जादूई प्रभाव पड़ा है। यह शब्द शक्ति का चमत्कार था। इस अर्थ व्यंजना के लिए होमर ने सम्मोहन तथा उसके सजातीय शब्दों का प्रयोग किया है। अंग्रेजी में इनका अनुवाद स्पैल तथा एनचांटमेंट शब्दों के द्वारा हुआ है।

इस विषय का एक और पक्ष भी है जो हमें तत्कालीन परिस्थितियों की ओर इंगित करता प्रतीत होता है। एगामैमनन से झगड़ा होने पर अखिलीज़ युद्ध से विरत होकर अपने तम्बू में चला जाता है। उसके साथ अन्याय हुआ है इसलिए वह दुखी है। ओदिस्यूस जब उसे मनाने जाता है तो देखता है कि वह अपने लायर पर यशस्वी पुरुषों के गीत गा-गा कर अपना मन बहला रहा है। अखिलीज़ मातृपक्ष से देववंश का है पर गीत गा रहा है मनुष्यों के। इन गीतों को गाने की एक व्याख्या यह है कि इनका रूप इतना सुन्दर था कि उन्हीं के माध्यम से वह अपना मन हलका कर सकता था,* उनकी विषय वस्तु में भला उसकी क्या रुचि हो सकती थी। किन्तु होमर की तरफ से तर्क दिया जाय तो कहना होगा कि यशस्वी पुरुषों का विषय उन गीतों को और मूल्यवान् बनाता है। केवल मनोरंजन के लिए ही सही फिर भी काव्य का विषय हलका-फुलका नहीं होना चाहिए। हम देख आये हैं कि उस समय के नवधनाढ्यों (व्यापार से अमीर बना अभिजात वर्ग) में कविता को केवल मनोरंजन की वस्तु समझने की प्रवृत्ति बढ़ रही थी। और उसकी उनसे यही शिकायत थी कि वे काव्य की उच्चतर भूमि से निःसृत आनन्द से विरत हो रहे थे। केवल रूप पक्ष को काव्यानुभूति का स्रोत मान लेना सांस्कृतिक ह्रास का लक्षण है। इसकी गम्भीरता को दर्शानेवाला एक अन्य प्रसंग ओदिसी में आया है।

---

* पाश्चात्य विद्वानों ने इस प्रकरण में एक अन्य संकेत भी देखा है। अखिलीज़ युद्ध से विरत है और अकेला है। वड्र्सवर्थ ने कहा है कि कविता शांति के क्षणों में स्मरण किये गये आवेगों से जन्म लेती है। कहीं ऐसा तो नहीं है कि पाश्चात्य साहित्य में रोमांटिक धारा की नींव होमर के काल में ही पड़ गयी हो?

सायरनों (एक प्रकार की जलपरी) से सम्बन्धित यह कथा काव्य-प्रयोजन की सम्भवतः सर्वाधिक स्पष्ट व्याख्या है। सायरनें अत्यन्त मधुर स्वर में गाती हैं। मधुर स्वर अभिव्यक्ति पक्ष का अभिन्न अंग है। अनजान यात्री उनके स्वर-सम्मोहन से खिंचे उनके द्वीप पर उतर जाते हैं और फिर सदा के लिए उनके जाल में फँस जाते हैं। सर्सी ने ओदिस्यूस को उनसे बचने का एक उपाय बतलाया है कि वह अपने मल्लाहों के कानों में मोम भर दे और स्वयं को मस्तूल से कस कर बँधवा ले। इस तरह वह उनका मधुर गीत भी सुन सकेगा और उनके जाल में फँसने से भी बच सकेगा। इस तैयारी के साथ ओदिस्यूस का पोत सायरनों के द्वीप के पास से गुज़र रहा है। दूर से ही सायरनों के स्वर उसके कानों से टकराते हैं:

हे श्रेष्ठ ओदिस्यूस निकट आओ...और अपने पोत को खड़ा कर लो ताकि तुम हमारे स्वरों को सुन सको। कोई भी नाविक इस स्थान से हमारे होठों से निकलने वाले स्वरों का सुने बिना आगे नहीं बढ़ा है। और कोई ऐसा नहीं है जिसने हमें सुना हो और बिना आनंदित हुए तथा बिना अधिक ज्ञानी हुए यहाँ से गया हो। हमें ज्ञात है कि आर्गीवों तथा ट्रॉयवासियों ने देवताओं की इच्छा से क्या-क्या कष्ट उठाये हैं और हमें यह भी मालूम हैं कि भविष्य में क्या होने वाला है।[13]

इन पंक्तियों से कोई भी यह निष्कर्ष निकाल सकता है कि कवि ने काव्य में आनन्द और ज्ञान दोनों की संश्लिष्टता स्वीकार की है फिर भी प्रमुखता आनन्द (अपनी ओर बरबस खींच लेने वाला काव्य का प्रभाव) की है, यह उनके दिव्य स्वर (जलपरी होने के नाते उन्हें देवताओं की पंक्ति में रखा गया है) की देन है। यात्रियों को जाल में फँसाने के लिए वे अपने मोहक स्वर का उपयोग करती हैं किन्तु इस तथ्य पर भी शंका करने की कोई गुंजाइश नहीं है कि उनके पास भूत और भविष्य का ज्ञान है। हम स्मरण करें कि काव्य म्यूज़ की देन है और ज्ञान से उसका सहज सम्बन्ध है। हाँ, यह अवश्य है कि उस ज्ञान को प्राप्त करने के लिये ओदिस्यूस की तरह कुछ पूर्व तैयारी की आवश्यकता है। हमारे विचार से सायरनों की स्वरजालवाली मान्यता यूनानियों की इस स्वीकृति को बलपूर्वक सामने लाती है कि काव्य पूरे समाज को, प्रभावित करने का अत्यन्त सशक्त माध्यम है इसलिए इसे अत्यन्त गम्भीरता से लिया जाना चाहिए। ई. पू. 5 वीं शताब्दी में एथेन्स में आयोजित होने वाली नाट्यस्पधाओं में कैदियों को भी लाया जाता था इस उद्देश्य से कि नाटकों से प्रभावित हो कर यदि उनकी मनोवृत्ति बदल सके तो यह पूरे समाज के हित में होगा। इसी तरह मेहनत-मज़दूरी करनेवाले यदि नाटक देखने आते थे तो उन्हें उस दिन की मज़दूरी राजकोष से दी जाती थी। आखिरकार देवता के इस

वरदान पर उनका भी अधिकार था।

उपर्युक्त प्रकरण में इस बात का उल्लेख नहीं है कि सायरनों के गीत में ओदिस्यूस को क्या भविष्य की कोई जानकारी मिली। शायद कवि ने इसकी आवश्यकता नहीं समझी क्योंकि कथानक के आगामी घटनाचक्र को वह रहस्यमय ही रखना चाहता था। किन्तु हम इस घटना को समाजिक की पात्रता पर टिप्पणी के रूप में भी देख रहे हैं। होमर ने श्रोताओं को सीधे-सीधे दो वर्गों में बाँट दिया है—अभिजात वर्ग जिसका प्रतिनिधि ओदिस्यूस है और जन-सामान्य जिसका प्रतिनिधित्व मल्लाह कर रहे हैं। दोनों वर्गों की मानसिकता, कला के प्रति दृष्टिकोण तथा उसको समझने की योग्यता में अन्तर है। वह शायद महसूस कर रहा था कि दूसरे वर्ग का सामजिक काव्य के बाह्य रूप से ही आकर्षित होता है और उसी में उलझकर रहा जाता है। वहीं प्रथम वर्ग का सामाजिक उसके भीतर छिपे ज्ञान तत्त्व को ग्रहण करने में भी सक्षम है। वस्तुतः इसी वर्ग का जीवन उसके काव्य का विषय था, इसी वर्ग को वह सम्बोधित कर रहा था और इसी वर्ग की आशाओं-एषणाओं को वह सन्तुष्ट कर रहा था। इस तथ्य को ध्यान में रखते हुए उपर्युक्त प्रकरण में हम पायेंगे कि यद्यपि इसमें ज्ञान और आनन्द के युगपत् सम्बन्ध को रेखांकित किया गया है फिर भी दोनों में प्रथम और द्वितीय का क्रम महत्त्वपूर्ण है। प्रीतिभोज के अवसरों पर गीतों की सुन्दर शब्द रचना, शब्द बिंब तथा गायक का मधुर स्वर अतिथियों को तत्काल आनन्दमग्न करने के उद्देश्य की पूर्ति हेतु होते थे, ज्ञानवर्धन उसके बाद भी स्थिति थी। या, यह मान लिया जाता था कि अच्छे काव्य में यह तो होगा ही।

ज्ञान को क्रम में दूसरे स्थान पर रखने का अर्थ यह नहीं लेना चाहिए कि यह आनन्द के अधीन है या काव्य को मूल्यवान बनाने में उसकी भूमिका गौण है। यह बात वदतोव्याघात जैसी अवश्य प्रतीत होती है क्योंकि यह विषय अपनी जटिलता के कारण सदैव ही विवादास्पद रहा है। काव्य में ज्ञान, उपदेश आदि की भूमिका को लेकर सौन्दर्यशास्त्री सदैव जूझते रहे हैं। जहाँ तक होमर की दृष्टि का प्रश्न है उसने स्पष्ट संकेत दिया है कि ज्ञान विषय वस्तु की सीमाओं के भीतर आता है और विषय वस्तु सामाजिक के लिय दुहरा मूल्य रखती है। वह आनन्द और ज्ञान दोनों का स्रोत है। अरस्तू ने संज्ञात्मक मूल्य (काग्निटिव वैल्यू) के द्वारा वस्तुतः इसी तथ्य को मनोवैज्ञानिक आधार दिया है। होमर के श्रोताओं के आनुश्रुतिक अतीत के मोह की बात हम कर आये हैं। पुराकाल के महानायकों (देवता तथा मनुष्य दोनों ही) के चरित्र के विषय में बार-बार नये ढंग से सुनने की उन्हें हमेशा ही रुचि रहती थी और उनकी यह इच्छा भी रहती थी कि उनकी सन्तानें भी अपने

अतीत से परिचित हों, उससे प्रेरित हों। इसी तरह नयी-नयी लिखी गयी कविताएँ भी श्रोताओं को आकर्षित करती थीं।[14] यदि यह कहें कि विषय की नवीनता स्वयं में काव्य मूल्य बनकर उभर रही थी तो अत्युक्ति न होगी। बाद के कवियों ने तो इसे आग्रहपूर्वक, कभी-कभी दुराग्रहपूर्वक भी स्थापित करने का प्रयास किया। इस आधार पर कहा जा सकता है कि होमर ने आनन्द को प्राथमिकता इसलिए दी क्योंकि यह तत्काल सिद्ध होनेवाला प्रयोजन है। अन्यथा काव्य की सीमा के भीतर जो कुछ भी समाविष्ट है वह सब म्यूज़ का वरदान है तथा समान रूप से मूल्यवान् है, और सामजिक में उन सभी को उचित परिप्रेक्ष्य में ग्रहण करने की योग्यता होनी चाहिए।

सामाजिक की योग्यता के कुछ अन्य आयाम भी हैं जिन पर हम कुछ बाद में विचार करेंगे, अभी हम यह समझ लें कि होमर की दृष्टि में ज्ञान का क्या स्वरूप था। यह इसलिए भी आवश्यक है क्योंकि इसी के साथ **उसकी कवि सम्बन्धी अवधारणाएँ भी जुड़ी हुई हैं। वस्तुतः उसके काव्य में कवि, ज्ञान और म्यूज़ ये तीनों विषय इस तरह घुले-मिले हैं कि किसी एक पर अलग से विचार करना सम्भव ही नहीं है।**

कवि होना और कवि जैसा दिखना इन दोनों के बीच अन्तर स्थापित करने वाली रेखा का नाम है म्यूज़। कह आयें है कि म्यूज़ होमर के लिए काव्य निहित ज्ञान का मूल आधार है। शब्द कौशल के बल पर ओदिस्यूस कवि जैसा दिखता है पर वास्तव में वह कवि है नहीं, क्योंकि म्यूज़ ने न उसे प्रेरणा दी है न उसके द्वारा वर्णित विषय को सत्यापित किया है। जहाँ कहीं उसने सच्ची घटनाएँ भी सुनायी हैं वहाँ भी उनका प्रमाण वह स्वयं है म्यूज़ नहीं। भला मनुष्य अपने द्वारा प्रचारित ज्ञान का प्रमाण स्वयं ही कैसे हो सकता है। श्रोता का विश्वास मयूज़ पर है न कि मनुष्य पर। इस तर्क के द्वारा वस्तुतः होमर ने कवि को वह प्राधिकार दिया है जिसे कहीं भी चुनौती नहीं दी जा सकती। श्रोता को यदि ज्ञान प्राप्त करना है तो उसे कवि की शरण में ही जाना होगा। अब प्रश्न यह उठता है कि सामाजिक की दृष्टि से कविता ज्ञान का स्रोत है यहाँ तक तो, तत्कालीन परिस्थितियों को देखते हुए, उसका तर्क बिना किसी कठिनाई से स्वीकार किया जा सकता है। कठिनाई तब खड़ी होती है जब हम यह देखते हैं कि कवि ज्ञान के लिए केवल म्यूज़ पर ही निर्भर है। ज्ञान उसे अन्य किसी स्रोत से क्यों नहीं मिल सकता? प्रतीत होता है कि ज्ञान और म्यूज़ के परस्पर सम्बन्ध को लेकर कोई पुरानी परम्परा थी जिसे उसने अपने अनुकूल पा कर अपना लिया। बाद के कवियों ने शायद कोई दूसरी परम्परा अपनायी क्योंकि काव्य शक्ति के स्रोत और ज्ञान के स्रोत के बारें में उनकी स्थापनाएँ कुछ भिन्न हैं। देखा जाय तो होमर ने कवि को दिव्य व्यक्तित्व प्रदान

करने के लिए ही म्यूज़ का उपयोग किया है। कवि समस्त विद्याओं का ज्ञाता है, समस्त विश्व उसके लिए हस्तामलकवत् है, तीनों काल उसके सामने प्रत्यक्ष हैं, और उसकी इस असीम शक्ति का स्रोत है म्यूज़। इतिहास साक्षी है कि कम से कम उसके इस दिव्य व्यक्तित्व के समक्ष तत्युगीन समाज अवश्य नतमस्तक था। उसकी रचनाएँ शताब्दियों तक ज्ञान का भंडार मानी जाती रहीं। उनमें आये वाक्य अकाट्य प्रमाण की तरह उद्धृत किये जाते थे। न्यायालयों में उनके आधार पर निर्णय दिये जाते थे। म्यूज़ प्रदत्त ज्ञान और अन्य स्रोतों से प्राप्त ज्ञान के भेद को इलियद का निम्न अंश स्पष्ट कर देता है :

ओलिंपुस (पर्वत) पर रहनेवाली देवियो, मुझे बताओ–

क्योंकि आप देवियाँ हैं और जो कुछ भी घटता है उसकी साक्षी हैं,

जब कि हम केवल जनप्रवाद ही सुनते हैं और (इसके अतिरिक्त) कुछ नहीं जानते–

दानानियों के सेनानायक और स्वामी कौन-कौन थे? —पु. 2

इन पंक्तियों में कवि जनप्रवाद (र्‌यूमर) और म्यूज़ प्रदत्त सूचना अथवा ज्ञान में अन्तर कर रहा है। जनप्रवाद समान्यतः मिथ्या माना जाता है। यदि वह पूरा का पूरा या आंशिक रूप से भी सत्य हो तो उसे प्रमाणित कैसे किया जाय? मनुष्य स्वयं जिस सूचना का स्रोत हो उसे वह स्वयं ही कैसे सत्यापित कर सकता है? फिर, जनप्रवाद केवल गत घटनाओं की सूचना देता है, आगत की नहीं जब कि देवताओं के लिऐ देश-काल का कोई बन्धन नहीं है। आगत घटनाओं के बारे में मानवीय स्रोत पूर्णतया मौन हैं, वे केवल देवता द्वारा ही प्रमाणित हैं। तात्पर्य यह कि म्यूज़ से प्राप्त ज्ञान और अन्य स्रोतों से प्राप्त ज्ञान की गुणवत्ता में धरती आकाश का अन्तर है। श्रोता जानता है कि कवि से जो ज्ञान उसे प्राप्त हो रहा है वह सीधे दैव प्रदत्त होने के कारण जनप्रवाद की तुलना में कहीं अधिक प्रामाणिक एवं मूल्यंवान् है। सत्य की कसौटी केवल म्यूज़ है और कवि चूँकि इसके सम्प्रेषण में माध्यम की भूमिका निभा रहा है इस लिए वह समाज में विशिष्ट स्थान का अधिकारी है।

होमर जिस ज्ञान की बात कर रहा है तथा जिसके बल पर वह अपने प्राधिकार को सुरक्षित रख रहा है, वह दार्शनिकों की अवधारणा से भिन्न है। सामान्यतः ज्ञान का प्रयोग दैनन्दिन घटनाओं की सूचना से भिन्न विश्वजनीन सत्यों (जिनके लिए सामान्य या यूनिवर्सल शब्द का भी प्रयोग होता है), जीवन के गूढ़ रहस्यों तथा आमुष्मिक विषयों के लिए किया जाता है। किन्तु होमर जिस ज्ञान के लिए म्यूज़ का बार-बार आवाहन करता है, अथवा, सर्सी तथा सायरनों

जैसे देवताओं की पंक्ति में आने वाले पात्रों के मुँह से जो शब्द उसने कहलवाये हैं उनसे यही अर्थ निकलता है कि वह केवल घटनाओं की जानकारी ले रहा है। कहीं-कहीं तो यह पात्रों अथवा वस्तुओं की सूची बन कर रही गयी है। इस विरोधाभास को युगीन मानसिकता की पृष्ठभूमि पर समझने की आवश्यकता है।

यूनान की दार्शनिक परम्परा होमर के लगभग डेढ़ सौ वर्षों के बाद शुरू होती है। उस समय तक पौराणिक आख्यानों तथा आनुश्रतिक इतिहास की प्रमाणिकता पर शंका करने का प्रश्न ही नहीं उठता था। ये काव्य के विषय थे और यह सर्वस्वीकृत तथ्य था कि इनकी सूचना कवि को देवताओं से ही मिली है (उन दिनों काव्य के अतिरिक्त सूचना का और कोई स्रोत था भी नहीं)। हीसियोद ने देवंशावली लिखी जिसका ज्ञान उसे म्यूज़ों ने दिया था इसलिए वह पूरी तरह सत्य थी। वह युग ही ऐसा था कि कवि कल्पना से निःस्तृत सभी पात्र, सभी घटनाएँ सूर्य और चन्द्रमा की तरह सत्य थीं। देवलोक ओलिंपुस पर्वत पर था और यमलोक भी यूनान की सीमा के निकट ही था जहाँ ओदिस्यूस जाता है और मृत आत्माओं के सम्पर्क में आता हैं। इसी तरह हिरेक्लीज़ भी अलसिस्तिस को यमराज के चंगुल से छुड़ा कर पुनः उसके पति को सौंप देता है। देवतागण प्रकृति के रहस्यों को किन्हीं अमूर्त अवधारणाओं के द्वारा नहीं गोचर दृश्यों के रूप में व्यक्त करते हैं। उचित-अनुचित का भेद काले-सफेद की तरह स्पष्ट था। कोई भी बात या तो एकदम सच ही था या एकदम झूठ। अस्पष्टता के लिए कोई स्थान नहीं था। ऐतिहासिक घटनाएँ ऐसे धुँधलके में नहीं घटी थीं कि उन्हें भिन्न-भिन्न कोणों से देखने पर भिन्न-भिन्न अर्थ निकाले जा सकें। जीवन सुखमय था तो देवता की कृपा से, दुःखमय था उसके दंड के फलस्वरूप। संसार दो आयामी था, इसलिए जो गोचर था, प्रत्यक्ष था वही सत्य था। वह अपने भीतर कोई दूसरा गोपनीय, अदृश्य सत्य छिपाये हुए नहीं होता था।

युगीन मानसिकता के साथ होमर की परिस्थितिजन्य आवश्यकता भी जुड़ी हुई थी। उसकी कविता का रसास्वादन करनेवाला सामाजिक श्रोता था पाठक नहीं। उस समय काव्य सुनने की सुविधा थी पढ़ने की नहीं, और श्रोता भी पच्चीस-पचास या कुछ सौ की संख्याओ में नहीं हज़ारों की संख्या में होते थे। इस श्रोता वर्ग का अपना विशेष चरित्र था। वह अपनी आदर्श परम्परा से जुड़ा रहकर भी नवीन अर्थ व्यवस्था में अधिक व्यावहारिक अथवा यथार्थवादी होने को विवश था। इस स्थिति का सामना करनेवाले होमर के व्यक्तित्व ने भी एक विशेष कवि को जन्म दिया। वह दरबारी संस्कृति का संवाहक होते हुए भी अभिजात वर्ग का जनगायक था। एक कुशल शिल्पी होने के नाते वह सामाजिक पर तत्काल प्रभाव डालने के लिए

कविता कह रहा था, लिख नहीं रहा था। उसका सारा ध्यान शब्दों के, बिम्बों के श्राव्य रूप को सजाने-सँवारने पर केन्द्रित था। उसका लक्ष्य श्राव्य-प्रभाव था, न लक्ष्यार्थ न व्यंग्यार्थ। वह जानता था कि श्रोता यदि निहितार्थ की खोज में उलझ कर रह गया तो कविता का आनन्द क्या उठा पायेगा, उसमें भावावेग क्या जोगेंगे। जब तक वह एक पंक्ति का अर्थ समझेगा तब तक तो गायक कहीं का कहीं पहुँच जायेगा। और श्रोता यदि प्रभावशून्य रह गया तो समझो कविता असफल हो गयी। यह एक सत्य है कि उन दिनों कविता अच्छी है या बुरी इसका निर्णय बहुत कुछ श्रोताओं की तत्काल प्रतिक्रिया किया करती थी। इस पृष्ठभूमि को किंचित् विस्तार से प्रस्तुत करने का हमारा उद्देश्य इतना ही है कि 'ज्ञान' शब्द का अर्थ हम अपनी दृष्टि से नहीं उसकी दृष्टि से करें।

होमर की दृष्टि में ज्ञान का जो रूप था उसे पाश्चात्य विद्वानों ने गोचर-रूप-सदृश (क्वेसी-पर्सेप्चुअल नॉलेज) की संज्ञा दी है।[15] यह न पूरी तरह बुद्धि ग्राहय है न इन्द्रिय ग्राह्य। दूसरे शब्दों में यह मानसी बिम्ब है जो गोचर रूप के सदृश है। यह ऐसी शैली द्वारा सम्भव है जिसमें घटनाओं का विशद बिम्बात्मक वर्णन हो। इस शैली में रचे गये काव्य को सुन कर श्रोता को लगता है जैसे वह घटनाओं को अपने सामने ही घटता हुआ देख रहा है। देमोदोकुस की कविता पर ओदिस्यूस की प्रशंसात्मक टिप्पणी है–"तुमने अखियावासियों के भाग्य, उपलब्धियों एवं कष्टों का इतना सजीव चित्रण किया है मानों तुम स्वयं ही उनके साथ रहे हो, या तुमने इनके बोर में ऐसे व्यक्ति से सुना है जो वहाँ उपस्थित था।" इसके बाद उसकी परीक्षा लेने के लिए वह ट्रॉय युद्ध में काम आये लकड़ी के घोड़ेवाले (ट्रोजन हॉर्स) प्रसंग को सुनाने का आग्रह करता है और वचन देता है कि यदि वह उसके वर्णन से सन्तुष्ट हो गया तो पूरी दुनिया को बता देगा कि देवता ने कितनी उदारता से देमोदोकुस को काव्य का वरदान दिया है।[16]

ओदिस्यूस के दोनों कथनों से ध्वनि निकलती है कि घटनाओं को पूरे ब्योरे के साथ प्रस्तुत करना ज्ञान प्रदान करना है और उस ब्योरे को हृदयंगम करना ज्ञान को आत्मसात् करना है। घटना क्रम के बिम्बात्मक बोध में निहितार्थ की खोज न अपेक्षित है, न सम्भव है। आज की भाषा में इसे इतिहास बोध की संज्ञा दी जा सकती है, ऐसा इतिहास जिसमें काल्पनिक उद्भावनायें भी सच बन कर समायी हुई हैं। इसे, दार्शनिक सत्य से भिन्न, काव्य सत्य भी कह सकते हैं। इसका आधार अनुश्रुति थी जिसे समाज पूरी तरह सच मान कर चल रहा था। अभिजात समाज इसी में अपनी जड़ें ढूँढ़ रहा था और चाहता था कि आनेवाली पीढ़ी को भी इसका ज्ञान अवश्य हो।

घटनाओं के समान ही होमर के पात्र भी प्रत्यक्ष हैं, जीवन्त हैं, मानवीय संवेदना से भरपूर हैं। वह छोटी-छोटी बातों को भी नहीं भूलता है। इसी पर आउअरबाख की टिप्पणी है कि होमर के चित्रों में पूरे कैनवस पर जो कुछ भी है अग्रभूमि (फोर ग्राउंड) ही है। जो भी घट रहा है वर्तमान में घट रहा है। पूरे कैनवस पर कहीं भी प्रकाश की न्यूनता नहीं है। सब कुछ भरपूर उजाले में घट रहा है।[17] अतः जो कुछ भी सामने है वही सत्य, पूर्ण सत्य है क्योंकि वह प्रतीक बन कर किसी अन्य अदृश्यमान का प्रतिनिधित्व नहीं कर रहा है। इसी को पुष्ट करती हुई उसकी दूसरी स्थापना है कि होमर की कविताओं का विश्लेषण हो सकता है व्याख्या (अर्थात् निहितार्थ की खोज) नहीं की जा सकती।[18] संयोग से ल्युइस का निष्कर्ष भी ऐसा ही है।[19]

यहाँ एक प्रश्न उठता है कि सामाजिक किसी रचना को अमुक कोण से ही देखे यह उसके रचयिता का अभीष्ट हो सकता है और इसकी सिद्धि के लिए वह रूप तत्त्व को विशिष्ट रीति में बाँध भी सकता है। किन्तु, क्या वह स्वयं भी अपनी कविता को उसी कोण से देख रहा है? अथवा यह, कि क्या उसकी रचनाएँ सचमुच किसी अन्य कोण से नहीं देखी जा सकतीं? आउअरबाख तथा ल्युइस का निष्कर्ष है कि होमर की रचनाओं में निहितार्थ की खोज अपेक्षित नहीं है किन्तु इससे यह भी सिद्ध नहीं हो जाता कि ये रचनाएँ स्वयं किसी निहितार्थ की खोज का निमन्त्रण नहीं देतीं। यह ठीक है कि होमर ने अपनी समीक्षात्मक दृष्टि को एक काव्यशास्त्री की गद्यात्मक शैली में अभिव्यक्ति नहीं दी है, फिर भी इस तथ्य को नकारा नहीं जा सकता कि उसके प्रबन्ध काव्यों के सुन्दरतम स्थल ही उनमें निहित उसकी समीक्षात्क दृष्टि की खोज का निमन्त्रण भी देते हैं। ग्रेस लेडबैटर ने इस निष्कर्ष को विस्तृत विवेचन द्वारा सिद्ध किया है।[20] हम इस प्रश्न पर, स्पष्टता के लिए, युगीन परिवेश की पृष्ठभूमि पर विचार कर लेना चाहते हैं।

होमर स्वयं और उसका सामाजिक दोनों ही अभिजातवर्गीय संस्कारों की धरोहर सँजोये हुए थे। इलियद और ओदिसी में इसी वर्ग के जीवन को काव्यात्मक अभिव्यक्ति मिली है : खतरों से खेलना, युद्ध में विजयी सेना द्वारा लूटपाट करना, कीमती वस्तुओं के साथ स्त्रियों को भी दासियाँ बना कर अपने साथ ले जाना, फिर कई-कई दिनों तक खाना-पीना, खेल स्पर्धाओं, संगीत, नृत्य आदि का चलते रहना। यह चित्र का अग्रभाग है। इसकी पृष्ठभूमि में हैं गडरिये, कृषि-मज़दूर, खान-मज़दूर, दास-दासी जिनका जीवन अपने स्वामियों के लिए ही समर्पित है। यह चित्र माइसीनी सभ्यता का है जो दरबारी आख्यानक काव्य परम्परा में होमर के काल में भी जीवंत था। चार सौ वर्षों के अंधकार युग में मुख्य भूमि के पूर्व में

आयोनिया, लिडिया, फ्रीजिया आदि क्षेत्रों में बसे उपनिवेशों में नगर जीवन कुछ नया रूप लेने लगा था। परिस्थितियों के दबाव में समाज के विभिन्न वर्गों के समीकरण बदलने लगे थे। बीच में नवधनाढ्य वर्ग आ गया था। फलतः आभिजात्य परम्पराएँ कुछ शिथिल अवश्य हुई थी किन्तु इतनी भी नहीं कि उनकी अवमानना स्वीकार की जा सके। ज़मीदार आभिजात्य समाज नवधनाढ्यों तथा इतर वर्गों से दूरी बनाये हुए था। काव्य के क्षेत्र में इस दूरी को बनाये रखने के लिए होमर ने म्यूज़ का सहारा लिया। यह उसके लिए बहुआयामी काव्य बिम्ब था जिससे वह अनेक लक्ष्य सिद्ध कर लेना चाहता था। हम देख आये हैं कि ज्ञान के क्षेत्र में कवि के अधिकार को चुनौती देने वाली किसी भी प्रवृत्ति को रोकने के लिए उसने म्यूज़ को माध्यम बनाया है। इसी तरह, यहाँ भी अपनी तथा अपने वर्ग की श्रेष्ठता को चुनौती देने वाली प्रवृत्ति को रोकने के लिए उसने म्यूज़ को ढाल बनाया है। बस ढाल ही बनाया है, अपने व्यक्तित्व को उसके चरणों में पूरी तरह समर्पित नहीं कर दिया है। उसने जहाँ कहीं भी म्यूज़ का आवाहन किया उसमें मित्रता का भाव स्पष्ट झलकता है। बाद के कवियों ने भी म्यूज़ के साथ अपने सम्बन्धों को कई प्रकार से व्यक्त किया है। इस प्रवृत्ति ने समय-समय पर जो मोड़ लिया आज वे अनुसंधान का स्वतन्त्र विषय बन गये हैं।

होमर और म्यूज़ का सम्बन्ध घनिष्ठ मित्रता का भाव लिये हुए है। लगता है दोनों साथ-साथ बैठे हुए किसी ऐतिहासिक घटना को देख रहे हैं। कवि कुछ बूढ़ा हो गया है और वह कोई दृश्य साफ़-साफ़ नहीं देख पा रहा है इसलिए म्यूज़ से कहता है–

हम प्रारम्भ करें, गीत की देवी...(इलियद)

देवी, ज़्यूस की पुत्री, बोलो और हमारी कहानी शुरू करो...(ओदिसी)

दोनों महाकाव्यों के आरम्भिक आवाहन में कवि 'हम' शब्द का प्रयोग करता है। इतना ही नहीं "हम प्रारम्भ करें...", "बोलो और हमारी कहानी शुरू करो...", इन वाक्यांशों में निवेदन या प्रार्थना का भाव नहीं मित्रता का विशेष अधिकार झलकता है। वह सीधे-सीधे कहता है, 'बोलो', 'शुरू करो।' प्रारम्भ का 'हम' शब्द भी विशेष अर्थ व्यंजक है। वह किसी भी तरह स्वयं को म्यूज़ से कम नहीं मानता और फिर आवाहन का अन्त होते-होते कथा जिस ढंग से शुरू हो जाती है उससे पता ही नहीं लगता कि कहानी म्यूज़ कह रही है या कवि कह रहा है। यदि होमर की दृष्टि की बात करें तो इस व्याख्या के लिऐ कोई गुंजाइश नहीं है कि कवि अवश भाव से वही कह रहा है जो उससे कहलवाया जा रहा है। अधिक विश्वसनीय व्याख्या यह है कि म्यूज़ उसे दृश्य दिखला रही है जिसका वर्णन वह अपने ढंग से

कर रहा है। म्यूज़ और अपनी वाणी को स्प्टतः भिन्न न दर्शाना होमर की शैली की विशेषता है, 'हम' शब्द का प्रयोग इसी अभिन्नता को बल दे रहा है। आलोचकों ने इससे यह अर्थ निकाला है कि श्रोता उसके प्राधिकार को भूलने की गलती न करे। उसे याद रखना चाहिए कि कवि की वाणी ही देव वाणी है। म्यूज़ ने उसे विशेष कार्य के लिए चुना है और उसकी कृति के माध्यम से ही श्रोता उस संज्ञानात्मक अनुभूति (कॉग्निटिव एक्सपीरिएन्स) में भागीदार बन सकता है जिसका मूल अधिकारी कवि है। जैसे म्यूज़ की कृपा होने पर ही कोई कवि बन पाता है उसी तरह सच्चा श्रोता भी वही बन पाता है जिस पर म्यूज़ की कृपा होती है। होमर का यह दृष्टिकोण बाद में तथ्यात्मक परम्परा बन गया जिसका विश्लेषण सुकरात ने 'आयन' संवाद में अपने ढंग से किया। किन्तु होमर इस लक्ष्य से प्रेरित था कि अपने प्राधिकार तथा अपने अभिजात श्रोता वर्ग के विशिष्ट स्थान को कैसे सुरक्षित रखे। म्यूज़ के अचूक बाण से उसने दोनों लक्ष्य एक साथ सिद्ध कर लिये।

म्यूज़ के साथ अपनी निकटता का परिचय देने के लिए 'हम' शब्द का प्रयोग बाद के कवियों में नहीं मिलता। सम्भवतः होमर का आभिजात्यवर्गीय स्वाभिमान उसे व्यक्तित्व की स्वतन्त्र पहचान बनाये रखने के लिए प्रेरित कर रहा था। 'अपोलो की स्तुति' में उसने जिस ढंग से अपना परिचय दिया है वह इसका प्रमाण है। दोनों महाकाव्यों में उसने कहीं भी यह संकेत नहीं दिया है कि वह आविष्ट (पज़ेस्ड) हो कर रचना कर रहा है। वह कहीं भी अपनी संज्ञा नहीं खोता। यदि ऐसा होता तो बीच-बीच में, आवश्यकता पड़ने पर, म्यूज़ से सहायता करने का आग्रह नहीं करता। इस विषय को और स्पष्ट करने में हेलेन का कपड़ा बुननेवाला प्रसंग हमारी सहायता कर सकता है। यह पूरा प्रसंग प्रतीकात्मक है। हेलेन कपड़े में ट्रॉय युद्ध के दृश्य बुन रही है। वह देववंशी होने के कारण घर बैठे ही युद्ध की घटनाओं को प्रत्यक्ष देख सकती है। बुनने का काम वह मानवीय धरातल पर कर रही है। दैवी और मानवीय धरातल में परस्पर सम्बन्ध की अर्थ व्यंजना म्यूज़ और होमर के परस्पर सम्बन्धों पर भी प्रकाश डालती है। समय-समय पर म्यूज़ का आवाहन करने से यह ध्वनि तो निकलती है कि उसे सारा ज्ञान उसी से मिल रहा है, किन्तु उसे काव्य रूप में बाँधने का काम वह स्वयं कर रहा है। इसी को चाहें तो यों कह सकते हैं कि काव्य रचना एक साझा कार्यक्रम है। म्यूज़ को यदि सामाजिक तक ज्ञान संप्रेषित करना है तो यह कवि के माध्यम से ही संभव है। म्यूज़ और सामाजिक के बीच कवि एक प्रकार से सेतु का काम करता है। दोनों पक्ष उस पर निर्भर रहने के लिए विवश हैं। म्यूज़ और ज्ञान (काव्य-हेतु और काव्य-प्रयोजन) ये दो विषय ऐसे थे जिनके सहारे होमर समाज में अपना स्थान

सुरक्षित कर लेना चाहता था। इस परम्परा को बाद के कवियों ने अपने-अपने ढंग से आगे बढ़ाया। उनके गुरुडम को प्रबल चुनौती मिली दार्शनिकों और सोफ़िस्तों से जिस पर यथा स्थान विचार किया जाएगा।

कवियों पर म्यूज़ की कृपा यूनानी संस्कृति से जुड़ा हुआ एक परम्परावादी दृष्टिकोण है। तत्कालीन मान्यताओं की पृष्ठभूमि में इस अवधारणा को हलके-फुलके ढंग से नहीं लिया जा सकता। यूनानी समाज के लिये म्यूज़ कवि कल्पना नहीं वास्तविकता थी। वे केवल कविता ही नहीं अन्य कलाओं की भी अधिष्ठात्री देवियाँ थीं। चारणकालीन साहित्य में यद्यपि ऐसा कोई स्पष्ट उल्लेख नहीं मिलता कि किस म्यूज़ का सम्बन्ध किस कला से है (होमर ने स्वयं म्यूज़ के लिए कभी एक वचन तो कभी बहुवचन का प्रयोग किया है) किन्तु इतने मात्र से उस समाज के लिए उनके अस्तित्व पर प्रश्न चिह्न नहीं लगाया जा सकता। और आज यदि हम उन्हें प्रतीक की संज्ञा दे तो उसमें निहित इस सत्य को भी स्वीकार करना होगा कि म्यूज़ों के रूप में यूनानी मानसिकता बहुत पहले ही यह समझ चुकी थी कि ललित कलाएँ केवल माध्यम भेद से ही भिन्न दीखती हैं, अन्तः प्रेरणा, प्रयोजन तथा वस्तु तत्त्व की दृष्टि से सब एक हैं। यहाँ तक कि कभी-कभी काव्य और उपयोगी कलाओं में भी सजातीय भाव देख कर उन्होंने अपनी सूक्ष्म दृष्टि का परिचय दिया है। यूनानी भाषा में पोईइन का अर्थ है 'बनाना' फिर चाहे वह कविता हो, मूर्ति हो या कपड़ा। हेलेन ट्रॉय युद्ध के दृश्य कपड़े में बुन रही थी, फीमिउस उन्हें शब्दबद्ध करके सुनाता है। दोनों ही कलाकार हैं और दोनों की कृतियों में भेद केवल माध्यम का है, ऊँच-नीच का नहीं। दोनों एक ही ऐतिहासिक घटना का प्रतिरूपण, अर्थात् पुनः प्रस्तुतीकरण (रिप्रेज़ेंटेशन) कर रहे हैं। इसलिए, ललित कलाओं और उपयोगी कलाओं में प्रयोजन—आनन्द तथा ज्ञान प्रदान करना—के धरातल पर कोई अन्तर नहीं है।

कलाओं में सजातीय सम्बन्ध देखने की कोई पुरानी परम्परा रही होगी। इसके विरोध में कवि को समाज के मार्ग दर्शक—ऋषिकुल का सदस्य जो म्यूज़ की कृपा से भविष्य द्रष्टा भी है—के रूप में देखने की एक अन्य परम्परा भी अवश्य रही होगी। प्रतीत होता है कि दूसरी परम्परा कुछ अधिक पुरानी रही होगी क्योंकि इसमें सभ्यता के विकास के उस चरण की झलक मिलती है जब देवता का मांत्रिक पुजारी अपनी शक्ति से समाज की सभी समस्याओं का समाधान सुझाया करता था, इस आशय के साथ कि यह देवता का आदेश है। कवियों ने इस स्थिति को नया मोड़ दे दिया, उन्होंने म्यूज़ के पुजारी का बाना पहन कर ज्ञान पर एकाधिकार जमा लिया, अन्य कलाकार इसमें पिछड़ गये।

### 1.1.4 सामाजिक की योग्यता

काव्य को उचित परिप्रेक्ष्य में ग्रहण करने की आवश्यकता होती है। इसके लिए सामाजिक की शक्ति पर समीक्षात्मक दृष्टि डालते समय होमर ने उसके दोनों पक्षों को उजागर किया है। सुविधा के लिए एक को हम पात्रता और दूसरे को योग्यता कहेंगे। पात्रता वह पक्ष है जो म्यूज़ की कृपा पर निर्भर करता है। जैसे सायरनों का संगीत सुनने की अनुमति सर्सी ने केवल ओदिस्यूस को दी थी वह भी कुछ तैयारी के साथ। यहाँ सर्सी म्यूज़ की प्रतिनिधि है और ओदिस्यूस उसे प्रिय है। यह परम्परागत दृष्टि है।* यदि होमर ने स्वयं को केवल इसी तक सीमित रखा होता तो यह मात्र पिष्ट-पेषण होता और इसका कोई विशेष मूल्य न होता। किन्तु उसकी प्रतिभा ने इससे और आगे बढ़ कर सामाजिक की योग्यता को भी विचार का विषय बनाया। योग्यता सामाजिक का अर्जित गुण है और अभ्यास द्वारा वह इसे विकसित करता है।[21] इसके स्वरूप का ठीक-ठीक विश्लेषण सम्भव नहीं है केवल वस्तुनिष्ठ दृष्टिकोण इसकी ऐसी विशेषता है जो अत्यन्त स्पष्ट है। आधुनिक कलाशास्त्रियों ने इसे मानसी अन्तराल (साइकिकल डिस्टेंस) की संज्ञा दी है। दैनंदिन जीवन में परिस्थिति विशेष की प्रतिक्रिया स्परूप हमारे भीतर क्रोध, घृणा आदि संवेग जागते हैं। वे जब कला के माध्यम से, अर्थात् कवि निर्मित वस्तु विधान द्वारा जागते हैं तो भाव कहलाते हैं। संवेग का कलात्मक रूप भाव है। संवेग का यह रूपान्तरण मानसी अन्तराल द्वारा ही सम्भव हो पाता है। यदि सामाजिक वस्तु विधान से एक निश्चित दूरी नहीं रख पाता तो वह कला के सच्चे आनन्द से वंचित रह जाता है। हमारा विश्वास है कि होमर के मन में संवेग और भाव का यह अन्तर कहीं न कहीं अवश्य छिपा बैठा था। ओदिसी के निम्न प्रकरण में यह अन्तर सम्पूर्ण सौन्दर्य के साथ ध्वनित हुआ है–

ओदिस्यूस के महल में नवधनाढ्यों का जमघट लगा हुआ है। फीमिउस अपने गीत में ट्रॉय के युद्ध से लौटे अखियावासियों के कष्टों की कहानी सुना रहा है।

---

* व्यापारिक गतिविधियों के बढ़ने से पहले तक यूनानी अन्य सभ्यताओं के सम्पर्क में बहुत कम आये थे। उस समय तक वे अपने अलावा शेष सभी जातियों को असभ्य, बर्बर ही मानते आ रहे थे। उनकी धारणा यह थी कि देवताओं ने सभ्यता का वरदान उन्हें ही दिया है और वह भी कविता के माध्यम से। पौराणिक आख्यान के अनुसार ओर्फीउस ने संगीत के बल पर बर्बर मनुष्यों और पशुओं को अपने वश में कर लिया था अर्थात् सभ्य बनाया था। एंफियन ने कविता की शक्ति से थीब्ज़ की पत्थर की दीवारें खड़ी कर दी थीं।

–एटकिन्स, लिटरेरी क्रिटिसिज़्म इन एंटिक्विटी, प्र. खंड, पृ. 12-13

पिनेलोपि उस गीत को सुन कर अपने पति की यादों में खो जाती है और विह्वल हो उठती है। वह अपने कमरे से नीचे आ कर कवि से कोई दूसरा गीत सुनाने को कहती है। यद्यपि उसका पुत्र तेलीमाखुस भी अपने पिता को स्मरण कर अवश्य खिन्न मना हो गया होगा फिर भी उसके पास प्रशिक्षित श्रोता की वस्तुनिष्ठ दृष्टि थी। वह काव्य का आस्वादन करनेवाले सच्चे सामाजिक का प्रतिनिधि है। वह अपनी माँ से मन को संयमित करके कविता सुनने का निवेदन करता है:

> दानानियों की दुःख भरी वापसी के गीत गाने में कोई बुराई नहीं है
> श्रोता, वास्तव में, उसी गीत की अधिक प्रशंसा करते हैं
> जो लोगों में नया-नया ही प्रचारित हुआ होता है
> इसलिए तुम अपने हृदय को, अपने अंतस को, कठोर करके सुनो
> ओदिस्यूस ही अकेला ऐसा व्यक्ति नहीं है जो ट्रॉय से घर नहीं लौटा है
> उसके अतिरिक्त और भी बहुत से थे जो मर-खप गये हैं। — पु. 1

पिनेलोपि ने कविता को अपने यथार्थ जीवन से सम्बद्ध करके देखा। उस जीवन में ओदिस्यूस के साथ घनिष्ठता से जुड़ी होने के कारण वह कविता से मानसी अन्तराल नहीं बनाये रख सकी, इसलिए वह काव्य का रसास्वासन, सच्चे आनन्द का अनुभव करने के स्थान पर वास्तविक दुःख का अनुभव करती है। उसका हृदय भाव के स्थान पर संवेग युक्त हो उठा था। यही भूल ओदिस्यूस ने आल्किनूस के घर पर की थी। देमोदोकुस ने अनजाने ही, उसी के सामने, अखिलीज़ और उसके बीच हुए झगड़े का गीत गाना शुरू कर दिया था जिसे सुन कर ओदिस्यूस की आँखों से, मित्रों की याद में, आँसू बहने लगे। जिस तरह एक औरत युद्ध में मारे गये अपने पति के शव को बाँहों में भर कर फूट-फूट कर रोती है उसी तरह ओदिस्यूस भी रोने लगा। दोनों ही प्रसंगों में गीत सुन कर दुःखी होने की प्रतिक्रिया को पाश्चात्य आलोचकों ने 'न-काव्यात्मक' (नॉन-पोएटिक) कहा है। यह तो नहीं कहा जा सकता कि पिनेलोपि और ओदिस्यूस सहृदय नहीं हैं, पर दोनों ही काव्य की विषय वस्तु से जुड़ी निजी स्मृतियों से इतने आविष्ट हो जाते हैं कि कला से प्राप्त आनन्दानुभूति के लिए आवश्यक दूरी बनाये रखने में असमर्थ हो जाते हैं। वे सहृदय के उच्चतर तथा व्यापक धरातल से च्युत होकर व्यक्तिगत जीवन के संकुचित धरातल पर आ जाते हैं। दूसरी ओर तेलीमाखुस निजी जीवन के सुख-दुःख से ऊपर उठ कर सच्चे सहृदय के धरातल पर आ जाता है और अपनी माँ से भी ऐसा ही करने का निवेदन करता है।

उपर्युक्त उद्धरण में कविता के विषय पर एक और टिप्पणी भी है—"श्रोता, वास्तव में उस गीत की अधिक प्रशंसा करते हैं जो लोगों में नया-नया ही प्रचारित

हुआ होता है। होमर की समीक्षात्मक दृष्टि में नूतनता भी काव्य का मूल्यवान् तत्त्व है। इतिहास की नवीनतम घटनाएँ श्रोताओं को अधिक आनन्द देती है। ज्ञान की दृष्टि से इसे यों भी कहा जा सकता है कि निकट अतीत में घटी घटनाओं से श्रोताओं को परिचित करना एक प्रकार से प्रयोजनगत धर्म का निर्वाह करना है। वस्तुतः यहाँ होमर का बल इस बात पर प्रतीत होता है कि कवि इतिहास से प्रामाणिक विषय चुने। काल्पनिक विषय चुन कर वह ज्ञान प्रदान करने के कर्तव्य का निर्वाह नहीं कर सकता। काल्पनिक विषय मनोरंजन कर सकता है किन्तु ज्ञान के अभाव में उससे उच्चतर आनन्द की अनुभूति नहीं हो सकती। नवीनता का सम्बन्ध कोरी कल्पना की उद्भावना के स्थान पर ऐतिहासिक घटनाओं से जोड़ना यह सिद्ध करता है कि काव्य में केवल रूप तत्त्व ही नहीं वस्तु तत्त्व भी उतना ही महत्त्वपूर्ण है। दोनों में पूर्ण सन्तुलन आवश्यक है। स्वतन्त्र मानदंड के रूप में नवीनता की स्थापना बहुत बाद में हुई और कवि इस मार्ग पर चलते-चलते भटके भी बहुत। होमर का काल इसका शुरुआती दौर था। उसी समय इसके मूल्य को पहचान लेना उसकी सूक्ष्म दृष्टि का परिचायक है।

उपर्युक्त उद्धरण एक अन्य दृष्टि से भी विचारणीय है। इसकी अंतिम दो पंक्तियों में सहृदय की उदात्त भूमि को रेखांकित किया गया है। यह बात स्पष्ट हो चुकी है कि होमर का 'ज्ञान' पुराण, इतिहास, धार्मिक तथा सामाजिक जीवन के विश्वासों, परम्पराओं आदि का समन्वित रूप है। इनका आस्वादन करने के लिए सामाजिक को निजी जीवन की संकुचित सीमा से बाहर आना होता है। फिर भी उसके मन में यह भाव तो बना ही रहता है कि यह उसके समाज का इतिहास है जिसका वह भी एक अंग है और यह उसका भी इतिहास है। यह सम्बन्धाश्रयी मूल्य (ऐसोसियेशनल वैल्यू) भी उसके आनन्द का स्रोत बनता है। तेलीमाखुस का निज की सीमाओं से बाहर निकल कर पूरे समाज से स्वयं को जोड़ते हुए यह कहना—"ओदिस्यूस ही अकेला ऐसा व्यक्ति नहीं है जो ट्रॉय से घर नहीं लौटा है उसके अतिरिक्त और भी बहुत से थे जो मर-खप गये हैं" आत्मविस्तार की भावना को व्यक्त करता है, और यही, व्यष्टि का समष्टि से तादात्म्य स्थापित करना, सम्बन्धाश्रयी मूल्य को उदात्त भूमि पर अनुभव करना, कविता का चरम लक्ष्य है।* इस धरातल पर उपयोगिताश्रयी मूल्य, सम्बन्धाश्रयी मूल्य तथा रूपाश्रयी मूल्य एक

* 'व्यक्ति समाज के लिए जीता है, या जीना चाहिए' यूनानियों का यह जीवन दर्शन आज भी उतना ही प्रासंगिक है। यह ठीक है कि प्रकृति ने सभी को एक समान शक्ति (गुण) नहीं दी है किन्तु प्रकृति प्रत्येक व्यक्ति को पुरस्कार भी उसी अनुपात में देती है जिस अनुपात में वह अपनी शक्ति का उपयोग समाज के लिए करता है। इसी का

दूसरे में घुलमिल जाते हैं, एक दूसरे के पूरक बन जाते हैं। अनजाने ही सही, होमर की समीक्षात्मक काव्य दृष्टि इन तीनों के महत्त्व को स्वीकार करती है। शताब्दियों के बाद, ई. पू. 5 वीं शताब्दी में जब कलाकारों ने सचेत हो कर इन मूल्यों को परिष्कृत रूप में प्रतिपादित किया तो उस आभिजात्य (क्लासिकल) कला का जन्म हुआ जो आज भी संसार भर के लिए कला का मानक बनी हुई है।

इस विषय को समाप्त करने के पहले सायरनों वाला प्रकरण हम फिर से लेना चाहते हैं। इसमें कवि और सामाजिक के परस्पर सम्बन्ध पर की गयी टिप्पणी काव्य जगत् में अपने ढंग की अकेली है। उन दिनों कवि की 'समाज के मार्ग-दर्शक' की भूमिका सर्व स्वीकृत थी, यह उसका उत्तरदायित्व था। राजा के पास अधिकार था किन्तु ज्ञान चक्षु कवि के पास थे। साथ ही कविता श्रेष्ठतर आनन्द प्रदान करने का माध्यम भी थी। जब न तब गीत की धुन पर कुलीन परिवारों के सदस्य नाचते-थिरकते दर्शाये गये हैं। उत्सवों के अवसर पर कवि का भी उपस्थित रहना सामान्य प्रथा थी, फिर भी होमर के सामने यह प्रश्न तो रहा ही होगा क्या वे काव्यास्वादन के सच्चे अधिकारी हैं?

सर्सी ने चेतावनी दी थी कि सायरनों के स्वर नाविकों को अपनी ओर खींच लेते हैं। एक बार वे स्वर कान में पड़े नहीं कि उन्हें फिर लगातार सुनते रहने की इच्छा प्रबल हो उठती है, अथवा, सायरनों के मोहपाश में वे इस तरह जकड़ जाते हैं कि भूखे-प्यासे गीत सुनते-सुनते ही मर जाते हैं। यह कला का रति सिद्धान्त (इरॉटिक्स ऑफ आर्ट) है। इसके अनुसार कला का उपयोग शुद्ध भौतिक स्तर पर, केवल इन्द्रिय भोग के लिए किया जाता है। इसे कला के सच्चे आनन्द की संज्ञा नहीं दी जा सकती। इसलिए, सर्सी ओदिस्यूस को सलाह देती है कि सायरनों के द्वीप पहुँचने के पहले ही मल्लाहों के कान में मोम की डाट लगा दे और स्वयं को मस्तूल से कस कर बँधवा ले। वह केवल इसी स्थिति में सायरनों के स्वर भी सुन सकता है और सुरक्षित भी रह सकता है। इस तैयारी के साथ ओदिस्यूस और मल्लाह दोनों ही विनाश से बच गये।

---

दूसरा पक्ष है कि व्यक्तिगत स्वतन्त्रता का उपभोग केवल उसी सीमा तक किया जा सकता है जहाँ तक वह दूसरे की स्वतन्त्रता की सीमा के भीतर नहीं प्रवेश करता। व्यक्तिगत स्वतन्त्रता और सामाजिक उत्तरदायित्व दोनों में सन्तुलन बनाये रखना आवश्यक है। समाज का जिम्मेदार सदस्य होने के नाते कोई यह नहीं कह सकता कि मुझे दूसरों से क्या लेना-देना। समाज सुचारु रूप से चल सके इसके लिए आवश्यक है कि प्रत्येक व्यक्ति समाज के हित में कुछ न कुछ अवश्य करे। अपने काम से काम रखने वाली मानसिकता उस काल के यूनानियों के लिए अपरिचित थी।

इस प्रकरण में सायरन, सर्सी और ओदिस्यूस का त्रिकोण बन गया है (मल्लाह काव्य के श्रोता, सामाजिक, बनने के योग्य हैं ही नहीं इसलिए उन्हें पहले ही अलग कर दिया गया है)। इसमें सायरन म्यूज़ की प्रतिनिधि हैं, सर्सी कवि है और ओदिस्यूस सहृदय है। सर्सी ने ओदिस्यूस को जो मन्त्रणा दी थी उसी के कारण वह विनाश से बच सका। इस पर ग्रेस लैडबैटर की टिप्पणी है[22] कि म्यूज़ ज्ञान अवश्य देती है किन्तु उसकी शक्ति को झेलना प्रत्येक व्यक्ति के बस की बात नहीं है, ठीक ऐसे ही जैसे दिव्य प्रकाश को चर्म चक्षुओं द्वारा नहीं झेला जा सकता। कवि के कौशल की छलनी से छन कर आनेवाला ज्ञान मानवीय सीमा के भीतर आ जाता है। इसलिए, सामाजिक यदि म्यूज़ के सम्पर्क में आ सकता है तो कवि की मध्यस्थता के द्वारा ही आ सकता है।

लैडबैटर की उपर्युक्त टिप्पणी उसकी इस अवधारणा से प्रेरित है कि होमर सदैव अपने प्राधिकार को सुरक्षित रखना चाहता है। यह प्रसंग भी उसी शृंखला की एक कड़ी है। इस व्याख्या के विशिष्ट मूल्य को नकारा नहीं जा सकता। किन्तु इस प्रतीकार्थ के अतिरिक्त इसमें हमें एक और अर्थ भी झाँकता दिखाई देता है, वह है श्रोता में संस्कारी सामाजिक की आवश्यकता। ई. पू. चौथी शताब्दी में अरस्तू ने भी इस विषय पर बड़ी गम्भीरता से विचार किया है। उसके काव्यशास्त्र का यह एक प्रबल पक्ष है। सामाजिक की दृष्टि से काव्य और संगीत के प्रयोजनों के कोटिक्रम में उसने इसे सर्वोपरि रखा है।

ओदिस्यूस ट्रॉय के युद्ध से लौट रहा है। वह पूरे युद्ध का प्रत्यक्षदर्शी है इसलिए, सायरनों के गीत का विषय उसके लिए नया नहीं है कि उसे जानने की उसकी इच्छा हो। हाँ, भविष्य के बारे में जानने की उत्सुकता अवश्य हो सकती थी। पर, उस समय सायरनों के निकट जाने की प्रबल इच्छा का एक मात्र कारण था उनका मधुर स्वर जो कर्ण गोचर होने पर ऐंद्रिय सुख देता है। अब देखना यह है कि गीत का उद्देश्य क्या खाने-पीने की तरह दैहिक धरातल तक ही सीमित है या उससे ऊपर उठकर आत्मसंस्कार करना भी है। भारतीय कलाशास्त्र में साहित्य, संगीत और वास्तु को स्वतन्त्र कलाएँ कहा गया है क्योंकि इनके द्वारा सामाजिक अन्तरात्मा की उच्चतम भूमि पर पहुँचकर पूर्णता का अनुभव कर सकता है। यह लक्ष्य ऐंद्रिय सुख-भोग द्वारा नहीं प्राप्त हो सकता। इंद्रिय भोग (सायरनों का सामीप्य) विनाश का मार्ग है। स्वेच्छा से मर्यादा के बन्धन से बँध कर (जैसा ओदिस्यूस ने किया) ही कोई काव्य का भरपूर रसास्वादन कर सकता है, इन्द्रिय तृप्ति से एक निश्चित दूरी (मर्यादा की सीमा) बनाये रख कर ही काव्य को उसकी समग्रता में आत्मसात् किया जा सकता है। सहृदय सामाजिक की इस कठिन

कसौटी पर ओदिस्यूस जैसा कोई बिरला ही खरा उतरता है। उसे और मल्लाहों को आमने-सामने रख कर होमर ने यही दर्शाने का प्रयास किया है ऐसा हमारा मत है।

### 1.1.5 अनुकरण : एक काव्य मूल्य

होमर के महाकाव्यों की रचना शैली परस्पर विरोधी तत्त्वों के कारण अत्यन्त जटिल है। उसमें वर्तमान तथा अतीत का ऐसा मिश्रण मिलता है कि उसकी व्याख्या के लिए कोई एक आधार नहीं लिया जा सकता। उसके पात्र वर्गगत भी हैं और व्यष्टिवादी भी; घटनाक्रम बँधे-बँधाये पैटर्नों पर नियोजित होने पर भी नवीनता से अछूते नहीं हैं; उसका नायक ओदिस्यूस कवि न होते हुए भी शब्द कौशल में कवि से कम नहीं है। ये विरोधाभास आज के पाठक को भ्रम में डाल देते हैं। इनसे एक अनुमान की पुष्टि होती है कि ई. पू. आठवीं शताब्दी में जब इन रचनाओं को वर्तमान रूप मिला तो वह किसी एक व्यक्ति का प्रयास नहीं था, सम्मिलित प्रयास था। इसमें व्याप्त विविधता के प्रेरणा स्रोत आठवीं शताब्दी से ले कर सुदूर अतीत तक बिखेर पड़े हैं। विस्तृत काल-व्यवधान के कारण यह निश्चित करना कठिन हो जाता है कि परिस्थिति विशेष और जीवन दृष्टि में जो सम्बन्ध हम स्थापित कर रहे हैं क्या यह सचमुच वैसा ही था? आदर्श और यथार्थ, नियमों की जकड़बन्दी तथा कल्पना की मुक्त उड़ान, दैवी प्रेरणा और मानवीय प्रयास इन सबके ऐतिहासिक आधार की केवल कल्पना ही की जा सकती है।

इलियद और ओदिसी के ताने-बाने में अलग-अलग जीवन दृष्टियाँ उन आख्यानक काव्यों की देन हैं जिन्हें जोड़ कर इन्हें काव्यों का रूप दिया गया है। ये आख्यान किसी एक युग को प्रतिबिम्बित नहीं करते। ओदिस्यूस के महल में फीमिउस और आल्किनूस के महल में देमोदोकुस युद्धों की नयी-नयी घटनाओं के आख्यान सुनाते हैं। ये चित्र माइसीनियाई राजाओं और उनके सामन्तों की जीवन शैली पर प्रकाश डालते हैं। अन्य नगरों पर चढ़ाई करना और लूटपाट करना उनका शौक था। 'नगरों के विध्वंसक' इस विशेषण वाक्य को वे बड़े गौरव से अपने लिए प्रयुक्त करते थे। लूटपाट के बाद जश्न मनाना और अपनी कारगुज़ारियों के गीत सुनना उनके शौक का दूसरा पहलू था। खाने-पीने तथा मौज-मस्ती के समय जो गीत सुने जाते थे वे दरबारी श्रोताओं के लिए उन्हीं के दृष्टिकोण से उन्हीं के यश को स्थायित्व प्रदान करने के लिए रचे जाते थे। शुरू-शुरू में कोई सामंत ही, जिसने युद्ध में भी भाग लिया हो, उस घटना को पद्यात्मक रूप दे दिया करता था।[23] फिर यह उत्तरदायित्व अधिक कुशल पेशेवर गायक पर आ गया। फीमिउस और देमोदोकुस इसी श्रेणी के कवि थे।

सामंती व्यवस्था में कविता का लक्ष्य सामंती हित के अनुकूल होना स्वभावित

था। कविता जो पहले पूरे समाज को सम्बोधित थी अब केवल दरबारी अल्पसंख्यक समाज को सम्बोधित थी। पहले काव्य में युद्ध वर्णन युद्ध की प्रेरणा देने के लिए हुआ करता था, अब यह यशोगान का रूप ले रहा था। एक-एक आख्यान एक-एक योद्धा नायक को समर्पित था। इसका उद्देश्य था युद्ध को स्मरण कर स्वयं को गौरवान्वित अनुभव करना, अपने गौरव का आनन्द लेना। यह व्यष्टिवाद की आरम्भिक विजय थी।

माइसीनी युगीन काव्य की विषय वस्तु पूरी तरह दरबारी थी। अभिव्यक्ति पक्ष का भी उसी के अनुरूप होना आवश्यक था। उसमें नियमों के पालन पर अधिक ध्यान दिया जाने लगा। उधर व्यवस्था से सम्बद्ध अभिजात समाज पारिवारिक सम्बन्धों को भूल कर प्रशासनिक अधिकारों के कोटिक्रमानुसार एक राजनीतिक दल बन गया था। सामंतवादी ढाँचे में अनुशासन के विरुद्ध आचरण सह्य नहीं होता। नियमों की यह जकड़बंदी दृश्य कलाओं में अधिक स्पष्ट है। बर्तनों पर ज्यामितीय आकार कल्पनाओं में व्यवस्थागत दृष्टिकोण की विशेष झलक देखी जा सकती है। इसमें कोई भी रूप अपनी निश्चित सीमा से बाहर नहीं जाता। काव्य में यह प्रवृत्ति सन्तुलन और आवृत्ति के नियमों का पालन करने में दिखायी देती है।

ज्यामितीय आकार कल्पनाओं का प्रभाव कई शताब्दियों तक, उस काल तक भी बना रहा जब माइसीनियाई राज परिवार के लोग अपने कुलीन परिवारों के साथ या कहें अपनी पूरी सामंती व्यवस्था के साथ आयोनिया के नये नगर राज्यों में फिर से नया जीवन जीने लग गये थे। होमर के काव्य में सन्तुलन और आवृत्ति का उपयोग उसके मौखिक पाठ के श्राव्य प्रभाव को और तीव्र बनाने के लिए किया गया है। इसके अन्य साधन है परम्परागत दरबारी वाक्सरणि तथा बँधे-बँधाये बिम्ब।

रूप पक्ष का यह परम्परागत स्वरूप अभिजात श्रोताओं के आकर्षण का विषय था, और कुछ विषयों के साथ कुछ वाक्यांशों का प्रयोग तो इतना रूढ़ हो गया था कि प्रसंग विशेष के आते ही श्रोता उनकी अपेक्षा रखने लग गये थे। होमर ऐसे प्रशिक्षित श्रोताओं के लिए रचना कर भी रहा था। किन्तु इन सबके अतिरिक्त उसके काव्य का विशेष आकर्षण ऐसे स्थल हैं जहाँ उसने मानव एवं मानवेतर प्रकृति के सहज सौन्दर्य को अत्यन्त चित्रात्मक शैली में प्रस्तुत किया है। इन स्थलों में वर्ण्य वस्तु का टटकापन तथा सरलता श्रोता को बरबस मोहित कर लेती है। ऐसा प्रतीत होता है मानो कवि के लिए जीवन एक उत्सव है, उसी में प्रकृति भी अपने समस्त रंगों के साथ भागीदार है और कवि उसका यथार्थ अनुकरण करके श्रोताओं को भी उसमें सम्मिलित होने के लिए आमंत्रित कर रहा है। यहाँ कोई लक्ष्यार्थ ढूँढ़ने की प्रेरणा नहीं है, सामाजिक उस दृश्य की आनन्दानुभूति में डूब

जाय यही लक्ष्य है। प्रस्तुत है बहु चर्चित अखिलीज़ की ढाल का वर्णन। होमर ने इस ढाल को पूरे विश्व के लघु प्रतिबिम्ब के रूप में देखा है। ढाल बना रहा है देवताओं का शिल्पी हिफ़ेस्तुस। वह इतना कुशल है कि जीवन के किसी भी पक्ष का यथारूप अनुकरण कर सकता है।*

सबसे पहले उसने ढाल पर धरती, आकाश, सागर, सूर्य, पूर्ण चन्द्रमा तथा अन्य नक्षत्र उकेरे। फिर दो नगर दिखाये। एक में विवाह और प्रीतिभोज के दृश्य थे। दुलहनों को घरों से बाहर रास्तों पर लाया जा रहा था। विवाह के बाजे ज़ोर-ज़ोर से बज रहे थे और प्रकाश के लिए मशालें जली हुई थीं। युवा वर्ग बाँसुरी तथा लायर की धुनों पर नाच रहे थे। स्त्रियाँ इस पूरे दृश्य का आनन्द उठाने के लिए अपने-अपने घरों के दरवाज़ों पर आ गयी थीं। पुरुष वर्ग एक मुकद्दमें में गया हुआ है जहाँ दो पक्षों में मुआवज़े को ले कर विवाद चल रहा है। अभियोगी पूरा हर्जाना माँग रहा था। जबकि बचाव पक्ष कुछ भी देने को तैयार नहीं था। फिर न्याय करने के लिए दो बुज़ुर्ग बुलाये गये। उनके आने पर उद्घोषक लोगों को शांत करने लगे। तब दोनों ने मामले की सुनवायी की और बारी-बारी से अपना निर्णय दिया।

दूसरे नगर को सेनाओं ने घेर रखा था। सैनिकों के जिरह-बकतर चमक रहे थे। दोनों सेनाएँ यह तय नहीं कर पा रही थीं कि उस सुन्दर नगर को पूरा का पूरा लूट लिया जाये, या वहाँ की चल सम्पत्ति को दोनों सेनाओं तथा वहाँ के निवासियों के बीच बराबर-बराबर बाँट लिया जाय। यह विवाद चल ही रहा था कि नदी किनारे वहाँ के पशु और उनके रखवाले अथीना और एरीज़ के षड्यन्त्र के शिकार हो गये। रखवाले मार डाले गये और बैल तथा भेड़ें हाँक लिये गये। यहाँ के शोरगुल को सुन कर दोनों सेनाएँ अपने-अपने घोड़ों पर तत्काल वहाँ पहुँच गयीं। देखते ही देखते घमासान युद्ध होने लगा। उस रक्तपात के बाद सैनिक अपने-अपने मृतकों को घसीट कर ले गये।

एक अन्य दृश्य खेत का था जो तीसरी बार जोता जा रहा था। कई हलवाहे अपने-अपने बैलों से इधर से उधर, उधर से इधर जुताई कर रहे थे। जोतते-जोतते जब वे खेत की सीमा तक पहुँच कर लौटने वाले होते तो एक आदमी दौड़ कर आता और उनके हाथ में हलकी शराब का प्याला पकड़ा जाता। तब वे विपरीत दिशा में जुताई करने लग जाते। यह सारा दृश्य ढाल पर मढ़ी सोने की पर्त पर उकेरा गया था फिर भी नीचे से ऊपर आती हुई मिट्टी काली दिखती थी ठीक वैसी

---

* इसका एक अर्थ यह भी लिया जा सकता है कि देवता के वरदान से कलाकार के लिए कुछ भी अननुकरणीय नहीं रह जाता।

ही जैसी खेत की असली मिट्टी होती है। यह कलाकार का चमत्कार था।

उसने राजा का खेत भी दिखलाया जिसमें दिहाड़ीदार अपनी तेज़ दाँतियों से काम कर रहे थे। कुछ अनाज गट्ठों में बँधा रखा था, कुछ खेत में ऐसे ही पड़ा था। लड़के गट्ठे बाँधने के लिए लगातार अनाज ला रहे थे। पास में ही राजा अपना राजदण्ड लिये सन्तुष्ट भाव से खड़ा था। उसके पीछे ओक वृक्ष के नीचे कुछ नौकर भोजन बना रहे थे। उन्होंने एक बड़े बैल का माँस पकाया था। उस पर औरतें ज्वार का आटा बुरक रही थीं।......इसके बाद उसने नृत्यशाला चित्रित की ठीक वैसी ही जैसी दायदालुस ने क्नोसुस में सुन्दर बालों वाली राजकुमारी एरीअदनी* के लिए बनायी थी। उसमें विवाह योग्य युवतियाँ और युवक एक दूसरे की कलाई थामे नाच रहे थे। कन्याएँ अच्छे-अच्छे कपड़ों में थीं और उन्होंने अपने जूड़ों में मालाएँ लपेट रखी थीं।.....पास ही खड़ी भीड़ बड़ी प्रसन्न मुद्रा में उस आनन्ददायी नृत्य को देख रही थी ओर उसी के बीच में लायर की धुन पर एक कवि अपना दिव्य गान गा रहा था।....अन्त में उस सुन्दर ढाल के चारों ओर समुद्र दर्शाया।
—इलियद, पु. 18

यह जीवन का गत्यात्मक चित्र है, चित्रमय महाकाव्य है जिसमें जीवन अपनी समग्रता में समाया हुआ है। इस अंश के सुनते-सुनते (आज के युग में पढ़ते-पढ़ते) श्रोताओं को निश्चित ही प्रतीत होता होगा मानो म्यूज़ कवि को दृश्य दिखलाती जा रही है और वह उन्हें शब्दबद्ध करता जा रहा है। उन दृश्यों को देख कर वह स्वयं रोमांचित है और उसका प्रयास है कि उन दृश्यों का वह ऐसा शब्दानुकरण करे कि श्रोता भी उसकी अनुभूति में सहभागी बनें। यह निश्चित है कि स्वयं होमर भी जानता होगा कि कुछ बातें उत्थित शिल्प (रिलीफ़) या चित्रों के माध्यम से सम्प्रेषित करना असम्भव है। चित्र हम इसलिए कह रहे हैं क्योंकि ढाल के विभिन्न धातुओं की पर्तों को उनके वर्ण-मूल्य के कारण प्रयुक्त किया गया था। ढाल का वर्णन एक चलचित्र की झाँकी प्रस्तुत कर रहा है। इसके समयानुक्रम (टाइम सीक्वेंस) को ढाल जैसे दो आयामी फलक पर नहीं दर्शाया जा सकता। यह ढाल वस्तुतः कैसी रही होगी इसका कुछ अनुमान उस काल की ढालों के टुकड़ों (इनमें से कई यूरोप और अमरीका के संग्रहालयों में सुरक्षित हैं) को देखने से लगाया जा सकता है। किन्तु प्रश्न यहाँ ढाल की वास्तविकता का नहीं उसके वर्णन का है। कवि अपने चतुर्दिक मानव और मानवेतर प्रकृति में व्याप्त जीवन के

* क्रीट के राजा मिनोस की पुत्री। मिनोस के नाम पर ही क्रीट की सभ्यता मिनोआई (मिनोअन) भी कहलाती है।

सौन्दर्य से अभिभूत है, वह सामाजिक को उसी की अनुभूति करवाना चाहता है। यदि वह सफल हुआ है तो उसका वर्णन अनुकरण की कसौटी पर खरा उतरा है।

दूसरा प्रश्न है कि अनुकार्य और अनुकृति में इतना अधिक सादृश्य भाव, जिसमें चौथा आयाम,** समयानुक्रम, भी अन्तर्भुक्त हो जाय, दर्शाना कि कला जीवन का प्रतिरूप (डुप्लीकेट) बन जाय क्या उसकी अपनी मूल्य दृष्टि का परिणाम था अथवा इसका स्रोत किसी पूर्व परम्परा में है? इस वर्णन के लगभग अन्त में हिफ़ेस्तुस की कृति की तुलना दायदालुस की कृति से की गई है, ढाल पर अंकित नृत्यशाला अनुकृति है और दायदालुस की सचमुच की बनाई हुई नृत्यशाला अनुकार्य है। इन दोनों में उपमेय और उपमान का सम्बन्ध दर्शाया गया है। इसी दिशा में और आगे बढ़ें तो अनुमान लगाना कठिन नहीं होगा कि प्राकृतिक जीवन के सहज सौन्दर्य को अभिव्यक्ति देने की प्रवृत्ति के तार वास्तव में क्रीट की सभ्यता से जुड़े हुए हैं। उस काल में कला नियमों की जकड़बंदी से मुक्त रहकर समृद्ध जीवन को प्रतिबिम्बित करना अपना धर्म समझती थी। गोचर रूपों का यथार्थ चित्रण उसका लक्ष्य था फिर चाहे वे खेतों-खलिहानों के हों चाहे नगरों में समृद्ध आभिजात्य जीवन के हों। हाउज़र का मत है कि क्रीट राज्य का समस्त व्यापार, विशेषतः विदेशी व्यापार अल्प संख्यक शासक वर्ग के हाथों में सिमट कर रह गया था। व्यापारी अपेक्षाकृत अधिक व्यवहारिक होता है और इसलिए भौतिकवादी भी। वह व्यापार बढ़ाने के लिए नये-नये मार्ग ढूँढ़ने में विश्वास रखता है। उस समय क्रीट में राजधानी के अतिरिक्त कुछ और आद्योगिक नगर भी थे। नगर जीवन व्यापारिक गतिविधियों का केन्द्र बन गया था। वहाँ धर्म का प्रभाव लगभग शून्य था। इसका प्रभाव वहाँ के आख्यानक गेय काव्यों तथा दृश्य कलाओं पर पड़ना स्वाभाविक था। इनका विषय आभिजात्य जीवन था और इनके सामाजिक भी इसी वर्ग के थे। माइसीनी सभ्यता में इनका रूप पक्ष निश्चित ही नियमों की जकड़बन्दी से कुछ बँधे-बँधाये पैटर्नों पर चल पड़ा था। इनके नायक भी, अभिजात वर्ग के सामाजिक की माँग पर, एक निश्चित प्रतिमान का अनुसरण करने लगे थे। दूसरे शब्दों में वे वर्गगत हो गये थे। किन्तु जीवन स्वयं साध्य है, वह जीने की, उपभोग की वस्तु है यह दृष्टि अंधकार युग (ई. पू. 1200 से 800 के बीच का काल) में भी धुँधली नहीं हुई। हाँ, समाज संरचना में कुछ विशेष परिवर्तन अवश्य

** हम जानते हैं यहाँ देश (स्पेस) का तीसरा आयाम, गहराई, लुप्त है क्योंकि उस काल में देश की अवधारणा में दो ही आयाम थे। फिर भी आज देश की अवधारणा तीन आयामी है इसीलिए समय को हमने चौथा आयाम कहा है।

हुए। नये क्षेत्र में आकर अभिजात वर्ग के सैनिकों ने ज़मीनें हथिया ली थीं और वे सैनिक होने के साथ-साथ ज़मींदार भी बन बैठे थे। इन्हीं में से कुछ ने व्यापारिक गतिविधियाँ भी शुरू कर दीं जो आयोनिया की भौगोलिक परिस्थितियों के कारण उनकी अपनी और नगर की समृद्धि का आधार भी बनीं। आठवीं शताब्दी तक आते-आते आयोनियाई नगर-जीवन मुख्य भूमि के नगर-जीवन की अपेक्षा कहीं अधिक समृद्ध हो गया था। यह ध्यान देने की बात है कि व्यापारी वर्ग राजपरिवार से न हो कर कुलीन वर्ग से था। व्यापारिक गतिविधि, भौतिक समृद्धि और वह भी अपने बल-बूते पर इसका प्रभाव उनकी जीवन दृष्टि और चिन्तन पद्धति पर पड़ना स्वाभाविक था। वर्तमान को उसकी पूर्णता में भोगने की मनोवृत्ति फिर प्रबल हो उठी और इस दृष्टि को अभिव्यक्ति देने वाली गीत शैली, जिसकी परम्परा कुछ क्षीण हो चली थी, पुनः जीवन्त हो उठी। माइसीनी युग में ज्यामितीय आकार कल्पनाओं (जियोमेट्रिक पैटर्न्स) में बँधे रहने को विवश रूप पक्ष एक बार फिर गोचर· यथार्थ से जुड़ गया। गोचर रूपों के अनुकरण में अधिकाधिक सादृश्य भाव दर्शाना कला मूल्य बन गया। यहाँ इतना अवश्य स्मरण रखना होगा कि यह जीवन के सुन्दरम् का भावोद्बोधक अनुकरण था, यांत्रिक अनुकरण नहीं। इलियद और ओदिसी में अतीत और वर्तमान की जीवन-दृष्टिजन्य परस्पर विरोधी रचना-तत्त्वों (स्ट्रक्चरर्ल एलिमेंट्स) के साथ-साथ पाये जाने की यही पृष्ठभूमि है। इस अंश में 'अनुकरण' का विषय हमने विशेष रूप से लिया है। पारिभाषिक शब्द बन कर 'अनुकरण' पहली बार प्लेटो के कलादर्शन में आलोचना का विषय बना। उसने स्वयं उसे विभिन्न अर्थों में प्रयुक्त किया और उस काल में उस पर विभिन्न कोणों से विचार भी होने लगा था। अरस्तू ने इसे कला सिद्धान्त ही बना दिया। किन्तु व्यवहारतः इसे काव्य मूल्य के रूप में होमर बहुत पहले स्थापित कर चुका था इसे स्वीकार किया जाना चाहिए।

## संदर्भ एवं टिप्पणियाँ

1. ग्रीक आर्ट ऐंड लिटरेचर–750-530 ई. पू., पृ. 3
2. 'ओदिसी', पु. 1, तेलीमाखुस का अपनी माता के प्रति कथन।
3. प्रिंसटन एनसाइक्लोपीडिया ऑफ पोएट्री ऐंड पोएटिक्स
4. वेब्सटर, टी. बी. एल., ग्रीक आर्ट ऐंड लिटरेचर-750-530 ई.पू., पृ. 7
5. भामह, काव्यालंकार, 1-5,
6. ओदिसी, पु. 1,
7. वही, पु. 22.
8. वही, पु. 8
9. वही, पु. 8

10. वही, पु. 11
11. वही, पु. 17
12. "टु होमर दि एंड ऑफ पोएट्री वाज़ प्लेजर प्रोड्यूस्ड बाइ सम सॉर्ट ऑफ एनचांटमेंट।"—लिटरेरी क्रिटिसिज़्म इन एंटिक्विटी, प्र. खंड, पृ. 12
13. पु. 12.
14. लोग, निश्चित ही, उस गीत को अधिक पसंद करते हैं जो श्रोताओं में नया-नया ही प्रचलित हुआ हो—वही, प्रथम पु., तेलीमाखुस का कथन अपनी माता के प्रति। यहाँ नया-नया से तात्पर्य है जिसमें नवीनतम घटनाओं का उल्लेख हो।
15. ग्रेस एम. लैडबैटर, पोएटिक्स बिफोर प्लेटो, पृ. 21
16. ओदिसी, पु. 8
17. मिमीसिस, पृ. 7
18. ऐंड दिस 'रियल' वर्ल्ड इंटू व्हिच वी आर ल्योर्ड, एग्ज़िस्ट्स फॉर इटसैल्फ, कंटेन्स नथिंग बट इटसैल्फ; दि होमरिक पोएम्स कन्सील नथिंग, दे कंटेन नो टीचिंग एंड नो सीक्रेट सेकेंड मीनिंग।

—वही, पृ. 13
19. होमर की कविताओं में श्राव्य प्रभाव को लेकर सी. ए. ल्यूइस का निष्कर्ष है :
दि सोनोरस सिलेबल्स इन व्हिच ही हैज़ स्टीरियोटाइप्ड दि सी, दि गॉड्स, दि मॉर्निंग्ज़ ऑर दि माउंटेन्ज़ मेक इट एपीयर दैट वी आर डीलिंग नॉट विद दि पोएट्री एबाउट दि थिंग्ज़ बट ऑलमोस्ट विद दि थिंग्ज़ दैमसैल्वूज़....इट इज़ दिस दैट किंगलेक हैज़ कॉल्ड, "दि स्ट्रांग वर्टिकल लाइट ऑफ होमर्स पोएट्री।"

—ए प्रिफेस टु पैराडाइज़ लॉस्ट, पृ. 22
20. पोएटिक्स बिफोर प्लेटो, पृ. 24-39
21. प्रतीत होता है कि होमर कवि और सामाजिक दोनों में ही उनके अपने प्रयत्नों की भूमिका को स्वीकार करता था। कवि यदि आविष्ट होकर रचना नहीं कर रहा है तो इसके स्थान पर यह भी कहा जा सकता है कि वह रचना प्रक्रिया के प्रति सचेत है। हो सकता है किन्हीं कारणों से इस स्थिति को सीधे-सीधे स्वीकार करना उसके लिए सम्भव न रहा हो। सामाजिक अपनी योग्यता को विकसित करने में अपेक्षाकृत अधिक स्वतन्त्र है, इसलिए उसके दृष्टिकोण में शिक्षा तथा अभ्यास की भूमिका के तथ्य को वह निस्संकोच स्वीकार कर सका।
22. पोएटिक्स बिफोर प्लेटो, पृ. 30-31
23. आर्नोल्ड हाउज़र, दि सोशल हिस्ट्री ऑफ आर्ट, प्रथम खंड, पृ. 53
कवि और सामाजिक दोनों एक ही वर्ग, अभिजात वर्ग, के होने के कारण दोनों के समान हित थे। वह इसी कारण से राजा का विश्वास पात्र भी होता था। इसी विश्वास के आधार पर ऐगामेमनन ट्रॉय युद्ध पर जाते समय अपनी पत्नी को एक कवि के संरक्षण में छोड़ गया था।

## 1.2 हीसियोद

(ई. पू. 8वीं शताब्दी का अंतिम चरण)

काव्यं सद्यः परनिर्वृतये

### 1.2.1 युग-परिचय

समीक्षात्मक काव्य दृष्टि की दो धाराएँ अंधकार युग से ही चली आ रही थीं और उनका रूप लगभग स्थिर हो चुका था। आनन्दवादी धारा का प्रतिनिधि कवि होमर है। इसके अनुसार कविता यदि आनन्द प्रदान करती है तो उसका काव्यत्व सिद्ध हो जाता है। हीसियोद इसकी प्रतिद्वन्द्वी विचारधारा का समर्थक था। उसकी मान्यता थी कि कविता का मूल्य उसकी उपयोगिता--शिक्षा, उपदेश, ज्ञान--में निहित है। उसका प्रथम धर्म है दिव्य शक्ति द्वारा उद्‌घाटित ज्ञान--जिसमें भूत, भविष्य और वर्तमान तीनों कालों की घटनाएँ समाहित हैं--को सामाजिक तक सम्प्रेषित करना। आभिजात्य (क्लासिकल) युग में उसकी रचनाएँ, 'काम और दिन' तथा 'देववंशावली' उतनी ही लोकप्रिय थीं जितनी होमर की। उनका सामाजिक मूल्य 'इलियद' और 'ओदिसी' की तुलना में ज़रा भी कम नहीं था। इसलिए, स्वतन्त्र समीक्षा जब अपना स्वरूप निर्धारण कर रही थी तो उसे हठात् यह स्वीकार करना पड़ा कि काव्य का प्रयोजन 'कांतासम्मित उपदेश' देना है। जनमानस में यह अवधारणा बहुत गहरी पैठ कर चुकी थी और चूँकि कवि भी इसी मानसिकता में जी रहे थे इसलिए उनके पास इसे इसी रूप में ग्रहण करने के अतिरिक्त और कोई उपाय था ही नहीं। कलाशास्त्र के अन्तर्गत इस अवधारणा का विशेष महत्त्व है। हाँ, शुरू-शुरू के आलोचकों ने यह भूल अवश्य की कि हीसियोद की उस दृष्टि को जो सम्भवतः यह स्थापित करने की थी कि शिक्षा देना कवि का अधिकार है एक अनिवार्यता में बदल दिया। वे यह सिद्ध करने के प्रयास में जुट गये कि कवि मूलतः शिक्षक है, यदि वह इस धर्म का पालन नहीं करता तो वह कवि ही नहीं है। इस भूल का दंड विशेष रूप से उन कवियों को भुगतना पड़ा जिनकी उपदेश देने में कोई रुचि नहीं थी। शताब्दियों बाद जा कर कहीं इस भूल को सुधारा जा सका।[1]

हीसियोद का रचना काल होमर के एक पीढ़ी बाद अर्थात् ई. पू. 8वीं शताब्दी का अंतिम चरण माना जाता है। यह कोई इतना लम्बा समय नहीं है कि परिस्थितियाँ दोनों के चिन्तन के बहुत बड़ा परिवर्तन ला सकें। दोनों के अलग-अलग दृष्टिकोण का वास्तविक कारण हैं भिन्न राजनीतिक तथा आर्थिक परिवेश तथा भिन्न सामाजिक वर्गों के संस्कारों में पले-बड़े होना। होमर के अपने संस्कार तो दरबारी थे ही उसके श्रोता भी दरबारी न होते हुए भी माइसीनियाई राजे-रजवाड़ों के संस्कार सँजोये हुए थे। आयोनियाई नगर-राज्यों में शासन व्यवस्था उस अभिजात वर्ग के हाथ में थी जो पहले के राज-परिवारों से खून के रिश्तों से जुड़े हुए थे। उन्होंने इस क्षेत्र में आ कर ज़मीनें हथिया ली थीं और उसकी व्यवस्था दासों पर छोड़ कर उसकी आय से इतने निश्चिंत अवश्य हो गये थे कि प्रशासन और सुरक्षा आदि पर पूरा ध्यान दे सकें। नवधनाढ्यों की व्यापारिक गतिविधियों के कारण नगर जीवन सुख-सुविधा सम्पन्न हो गया था। मुख्य भूमि के नगरों की अपेक्षा यहाँ का नगर-समाज निश्चित रूप से अधिक समृद्ध था। दूसरे व्यापारिक मनोवृत्ति के कारण वे समस्याओं पर अधिक व्यवहारिक तथा वस्तुनिष्ठ दृष्टिकोण से विचार करने लग गये थे। एक ओर शासन तन्त्र की बागडोर उनके हाथ में होना दूसरी ओर उपभोग्य वस्तुओं की प्रचुरता इन दोनों से जीवन शैली में परिवर्तन के परिणामस्वरूप उनकी जीवन-दृष्टि भी एक नये साँचें में ढलने लगी थी। कालान्तर में यही आभिजात्य दृष्टि कहलायी। होमर का श्रोता यही आभिजात्य वर्ग था और उसकी अपेक्षानुसार काव्य का जो स्वरूप होना चाहिए 'इलियद' और 'ओदिसी' उसी का श्रेष्ठ उदाहरण हैं। हीसियोद मुख्य भूमि पर ब्योशा प्रान्त का निवासी था। वहाँ उस समय भी कृषि संस्कृति का दौर था। पूरी अर्थ व्यवस्था खेती पर आधारित थी तथा आभिजात्य शासन तन्त्र (एरिस्टोक्रेसी) के स्थान पर अल्पसंख्यक शासन तन्त्र (ओलिगार्की) था। प्रतीत होता है कि प्रशासनिक पदों पर बैठे कुलीन समाज के सदस्यों में भ्रष्टाचार व्याप्त था। उसकी शासन से यही शिकायत थी कि अधिकारियों ने उसके भाई से रिश्वत ले कर उसके विरुद्ध निर्णय दे दिया है। नैतिक आचरण में आये इस ह्रास से दुःखी हीसियोद के लिए अपने समय को कलियुग और माइसीनी युग को सतयुग के रूप में देखना स्वाभाविक था। उसने समाज में व्याप्त भ्रष्टाचार का विशद् वर्णन किया है इस आशा में कि लोग शायद अपने आचरण को सुधारने की दिशा में कुछ प्रयत्नशील हों।[2] हाउज़र ने उसे सच्चा जनकवि कहा है किन्तु इस अर्थ में नहीं कि उसके साहित्य को लोकसाहित्य की सीमा के भीतर लाया जा सकता है। उसकी रचना शैली पूरी तरह नागरी है किन्तु वह पहला कवि है जिसने अपने समय के वर्ग-संघर्ष को वाणी दी। होमर राजाओं,

राजकुमारों, औरतों को ले कर होनेवाले झगड़ों और सत्ता संघर्ष की बात करता है, हीसियोद कृषकों तथा उनकी समस्याओं की बात करता है, शोषक और शोषितों के बीच तनाव की बात करता है, स्वैराचार के विरुद्ध न्याय की बात करता है। यह ठीक है कि उसका स्वर समझौतावादी है किन्तु उसके कवि व्यक्तित्व में शिक्षक, समाज सुधारक, जन प्रतिनिधि का रूप स्पष्ट है।[3] यह है हीसियोद की परिवेशगत पृष्ठभूमि जिसने उसकी समीक्षात्मक दृष्टि को होमर से भिन्न दिशा दी।

काव्यशास्त्रीय विषयों पर विचार करते समय हीसियोद होमर की अपेक्षा अधिक मुखर है। उसके ये विचार आत्मकथा का अंश बन कर आये हैं इससे कहा जा सकता है वह जो भी कह रहा है पूरे विश्वास के साथ कह रहा है, पूरी ज़िम्मेदारी से कह रहा है। और यह भी अच्छा है कि उसने अपनी सारी मान्यताएँ 'देववंशावली' (थियोगनी) के उपोद्घात में बड़ी कुशलता से समेट कर रख दी हैं। हमारा विश्लेषण इसी उपोद्घात तक सीमित है।

### 1.2.2 काव्य-हेतु

हमारा अनुमान है कि 'देववंशावली' में देवताओं के वंश और कार्य-कलापों का जितने विस्तार से वर्णन किया गया है उसका आधार निश्चित रूप से उस काल की मौखिक कथाएँ रही होंगी किन्तु लिखित रूप में इतना विस्तृत वर्णन चूँकि और कहीं भी नहीं मिलता इसलिए यह धारणा प्रचलित हो गयी कि हीसियोद ही देव परिवार का उद्भावक है। म्यूज़ बहनों के नाम, उनके जन्म स्थान, जन्म कथा, उनके क्रिया-कलापों का, उनके गीतों के विषय तथा स्वर माधुर्य का जो रूप उसने 'देववंशावली' मे प्रस्तुत किया है उसी के माध्यम से हमें उसकी काव्य मान्यताओं का परिचय मिलता है।

'काव्य शक्ति का स्रोत म्यूज़ है' जन मानस में प्रचलित इस अवधारणा से बाहर निकलना संभव नहीं था। केवल व्युत्पत्ति और अभ्यास के बल पर कवि बनने की बात उस युग में अकल्पनीय थी। किन्तु अपनी भूमिका का प्रत्याखान भी हीसियोद को स्वीकार नहीं था। अपोलो की स्तुति में होमर ने अपना ज़रा सा परिचय दिया है, वह अन्धा है और खियोस निवासी है, बस और म्यूज़ों से वह कितना निकट है यह केवल 'हम' शब्द से व्यंग्य है। इधर हीसियोद ने 'काम और दिन' प्रबन्ध काव्य में जितने विस्तार से अपने बारे में कहा है (यदि इसे आत्मकथा मान लें तो भी गलत नहीं होगा) वह व्यक्ति वैशिष्ट्य के प्रति कवि की गहरी रुचि का संकेत देता है। इसे व्यष्टिवाद का दूसरा चरम कहा जा सकता है। ऐसी स्थिति में स्वाभाविक था कि वह म्यूज़ और अपने सम्बन्ध को, दूसरे शब्दों मे अपने कवि बनने की घटना को कलात्मक रूप दे कर विशेष बना दे। म्यूज़ों के क्रिया-कलापों

का संक्षिप्त परिचय देने के बाद वह देवताओं की नामावली प्रस्तुत करता है जिनके चरित्र म्यूज़ों के गीतों के विषय बनते हैं। फिर, एक दिन उन्होंने हीसियोद को भी, जब वह हेलिकॉन पर्वत की ढलानों पर भेड़ें चरा रहा था, अद्भुत गीत गाने की शिक्षा दी। उनके पहले शब्द थे–

निर्जन क्षत्रों मे रहने वाले गडरिये, अपनी जाति के कलंक,
सिर्फ अपना पेट भरना जानते हो,
हम बहुत सी झूठी बातों को सच का रूप देना जानती हैं;
किन्तु जब हम चाहती हैं तो सच बोलना भी जानती हैं।

–पंक्ति सं. 26-28

इसके बाद उन्होंने एक मज़बूत लॉरेल वृक्ष की शाखा तोड़ कर उसकी लाठी अद्भुत उपहार स्वरूप प्रदान की। साथ ही उसके अंतस में दिव्य वाणी का शंख फूँक दिया ताकि वह भूत और भविष्य की घटनाओं को उजागर कर सके। फिर उन्होंने देवताओं की वंशावली का गान करने का आदेश दिया और यह भी कहा कि [रचना] के आरम्भ और अन्त में उनको स्मरण करना न भूले।

यहाँ तक उपोद्घात का प्रथम खंड है। विद्वानों ने इससे कुछ प्रतीकात्मक अर्थ निकाले हैं। संक्षेप में वे इस प्रकार से हैं :

(*i*) होमर ने अपने कवि पात्रों को हार्प या लायर की धुन पर आख्यानक गीत गाते हुए दिखलाया है। हार्प अपोलो का वाद्य है और कवि द्वारा उसका प्रयोग इस अर्थ का लक्षक है कि वह अपोलो की परम्परा को आगे बढ़ा रहा है, या, देवता ने उसे आधिकारिक रूप से कवि घोषित किया है। यहाँ म्यूज़ों ने उसे लाठी भेंट की है। इसका एक अर्थ है कि वह म्यूज़ों द्वारा दी जाने के कारण सामान्य लाठी नहीं बल्कि राजंदड है, उसके अपने क्षेत्र में अधिकार का प्रतीक है।* काव्य रचना से ले कर सत्य की स्थापना तक सब कुछ दैव प्रदत्त है अतः उसे चुनौती नहीं दी जा सकती। दूसरे अर्थ में यह काव्य को [जनता की बीच] प्रस्तुत करने की पद्धति में आये परिवर्तन का भी सूचक है। अब कविता गा कर नहीं सस्वर पाठ करके सुनायी जाने लगी थी। अर्थात, उसका लक्ष्य केवल आनन्द प्रदान करने से हट कर कुछ और–शिक्षा या ज्ञान प्रदान करना–हो गया था। हाउज़र ने जिन्हें 'रूहैपसोड' कहा है उनमें खड़े हो कर दंड हाथ में लेकर काव्यपाठ करने की परिपाटी थी।

म्यूज़ों से साक्षात्कार और उसके अंतस में दिव्य वाणी को प्रविष्ट कराने की

---

* इस विषय को कवि ने उपोद्घात के उत्तरार्ध में फिर उठाया है। वहीं इसकी चर्चा किंचित् विस्तार से की जाएगी।

घटना का उल्लेख कवि ने यह घोषित करने के लिए किया है कि उसे काव्य शक्ति म्यूज़ों से मिली है। दूसरे शब्दों में, वह जन्मजात कवि है। किन्तु यह सम्पूर्ण आलंकारिक वर्णन केवल परम्परागत विश्वास को स्थापित करने के लिए नहीं है। इसका वास्तविक उद्देश्य है श्रोता वर्ग के साथ-साथ कवियों के बीच भी अपनी अलग पहचान बनाना। व्यक्ति वैशिष्ट्य उसे दूसरों की तुलना में अधिक उच्च भूमि पर ला बैठाता है, यह ऊँचाई कितनी है यह म्यूज़ के साथ सम्बन्ध की निकटता पर निर्भर करता है। इस बात को ध्यान में रखते हुए हम साक्षात्कार वाली घटना पर पुनः विचार करें।

होमर केवल इतना कह कर रह गया है कि उस पर और कवि बिरादरी पर म्यूज़ों की कृपा दृष्टि है। वे उन्हें ज्ञान देती हैं और काव्य के विषय तथा विधा के निर्धारण में उनका मार्ग दर्शन करती हैं। किसी कवि को भौतिक वस्तु भेंट करने की बात उसकी रचनाओं में कहीं नहीं आयी है। हीसियोद ने स्वयं को दूसरों से एकदम अलग कर लिया है। हेलिकॉन पर्वत म्यूज़ों की क्रीड़ा स्थली है। उसकी ढलानों पर भेड़ें चराने का संकेत है कि वह पहले ही आत्मविकास की इतनी ऊँचाई पर पहुँच गया है जहाँ म्यूज़ों से उसके साक्षात्कार की प्रबलतम सम्भावना है। अब यद्यपि वहाँ और गडरिये भी हैं तथापित कवित्व का वरदान अकेले उसे ही मिला। इसका एक कारण, सम्भवतः प्रबलतम कारण, यह रहा होगा कि म्यूज़ों ने अकेले उसमें ही कवि बनने की योग्यता देखी। तात्पर्य यह कि इस चयन प्रक्रिया के पीछे कहीं न कहीं उसकी अपनी योग्यता भी काम कर रही थी। हैरियट ने इसकी व्याख्या करते हुए लिखा है कि कवि सम्भवतः बहुत दिनों से अन्य कवियों को सुनता आ रहा था, उसके पास काफ़ी सामग्री इकट्ठा हो गयी थी और अब वह स्वयं कविता करने के लिए मानसिक रूप से तैयार था।[4] यहीं उसने एक और विसंगति की ओर भी ध्यान आकर्षित किया है। कवि पहले लिखता है कि म्यूज़ों ने उसे गीत गाने की शिक्षा दी (पं. 21-22) फिर कुछ ही पंक्तियों के बाद अंतस में प्रेरणा देने (अंतस में दिव्य वाणी को प्रविष्ट कराने) की बात करता है, तो क्या शिक्षा देना और प्रेरणा देना ये दोनों प्रयोग एक ही अर्थ को सम्प्रेषित कर रहे हैं?

आधुनिक युग में हैरियट की व्याख्या ही ठीक मानी जाएगी, शिक्षा और प्रेरणा की विसंगति उचित ही है। किन्तु इसी आधार पर सम्पूर्ण घटना को कपोल कल्पना या केवल आलंकारिक वर्णन कह कर उपेक्षित कर देना भी क्या उचित होगा? हमारी दृष्टि में यह कवि की अनुभूति तथा युगीन मानसिकता के साथ अन्याय होगा। ऐसा करने से न केवल इन पंक्तियों का काव्य सौन्दर्य कम हो जाएगा वरन् समीक्षात्मक दृष्टि की विशेषता भी नष्ट हो जाएगी। हीसियोद के

जीवन में घटी इस घटना को उसके जीवन के काल में ही प्रसिद्धि मिल गयी थी। दृश्य कलाओं में भी इस विषय को लिया जाने लगा था। बोस्टन संग्रहालय में ई. पू. 5 वीं शताब्दी के ढक्कन पर इसे अत्यन्त आकर्षित रूप में चित्रित किया गया है।[5] इसलिए, इन पंक्तियों की व्याख्या में हम ग्रेस लैडबैटर के दृष्टिकोण का समर्थन करने के पक्ष में है। उसकी व्यापक सीमा में हैरियट की व्याख्या भी समा गयी है।

लैडबैटर ने म्यूज़ द्वारा कवि को भेंट स्वरूप दिये गये लॉरेल को मानवीय शक्ति के रूप में देखा है ठीक वैसे ही जैसे राजा की शक्ति का प्रतीक उसका राजदंड है। यह शक्ति उसे ज़्यूस से मिली है, अर्थात शक्ति का स्रोत निश्चित ही दिव्य है फिर भी शक्ति अपने आप में मानवीय है। इसी तरह म्यूज़ों ने हीसियोद को कविता करने की शक्ति अवश्य प्रदान की किन्तु अन्ततः यह शक्ति मानवीय है। उन्होंने धरती पर के वृक्ष की टहनी तोड़ कर उसे दी है, यह कवि प्रतिभा के मानवीय, पार्थिव होने का संकेत है। देवता द्वारा दी गयी भेंट दिव्य ही हो यह आवश्यक नहीं है।[5] इसका सीधा सा अर्थ हुआ कि कवि बनने की प्रेरणा अवश्य म्यूज़ों ने दी, एक अति सामान्य व्यक्ति, गडरिये, का अति विशिष्ट व्यक्ति, कवि, बन जाना दैवी चमत्कार है। किन्तु इसका यह अर्थ नहीं लिया जाना चाहिए कि वह जो रचना करने जा रहा है वह भी कदम-कदम पर म्यूज़ों की प्रेरणा या सहायता से कर रहा है। म्यूज़ों ने उसे शक्ति दे दी और आदेश दे दिया बस, इसके आगे कवि को जो करना है वह अपने बल-बूते पर करना है। म्यूज़ों से साक्षात्कार और उनसे प्राप्त ज्ञान ये दोनों कार्य उसके दैवाविष्ट होने की स्थिति में हुए इतना हीसियोद अवश्य स्वीकार करता है किन्तु रचना करते समय भी वह इस स्थिति में था इसका कोई ठोस आधार नहीं है। उसने कहीं भी यह संकेत नहीं दिया है कि म्यूज़ उससे माध्यम का काम ले रही हैं, या होमर की तरह वह स्वयं तथा उसकी कविता म्यूज़ और श्रोता के बीच सेतु का काम कर रहे हैं। इसके विपरीत उसकी स्थापना यह है कि म्यूज़ों के गीतों का अनुकरण करते हुए उसने जो काव्य रचना की वह पूरी तरह उसके अपने प्रयत्नों का परिणाम है। हैरियट का कहना भी यही है कि अब तक वह अन्य कवियों की रचनाएँ सुनकर, उन्हें याद कर अपनी तैयारी कर रहा था, इस घटना के बाद जैसे उसे अपने पर विश्वास हो गया और उसने स्वयं काव्य रचना शुरू कर दी। इस कारण से 'देववंशावली' की 114, 115, 116 पंक्तियों में होमर की पद्धति पर म्यूज़ों के आवाहन को मात्र औपचारिकता माना जाना चाहिए न कि सहायता के लिए की जानेवाली याचना। म्यूज़ों के वरदान से ही कोई कवि बन सकता है यह मान्यता उस युग की

मानसिकता में इतनी गहरी पैठी हुई थी कि उसे किसी न किसी रूप में स्वीकार करना अनिवार्यता बन गयी थी। अतः अपने व्यक्तित्व की स्थापना के लिए उन दिनों इतना पर्याप्त था कि हीसियोद काव्य-हेतु के अन्तर्गत जन्मजात प्रतिभा तथा व्युत्पत्ति दोनों का सहभाव देखे। उपर्युक्त पंक्तियों में हमें उसका यही प्रयास दिखलायी पड़ता है। उसने बड़ी कलात्मकता से परम्परागत मान्यता तथा आत्मकथा दोनों को संग्रथित कर द्विविध पक्षों वाली एक इकाई का रूप दे दिया है।

### 1.2.3 काव्य-प्रयोजन

समीक्षात्मक काव्य दृष्टि की पृष्ठभूमि के अन्तर्गत कहा जा चुका है कि जिन परिस्थितियों से जूझते हुए हीसियोद रचना कर रहा था उसके परिणामस्वरूप ज्ञान या उपदेश को प्राथमिकता देना उसके लिए स्वाभाविक था। 'काम और दिन' की रचना मूलतः उसने अपने भाई को करणीय-अकरणीय की शिक्षा देने के लिए की थी। इस प्रयोजन को सिद्धान्त का रूप उसने 'देववंशावली' में दिया है। किन्तु बात जब ज्ञान की प्रामाणिकता की उठी तो इसका सारा उत्तरदायित्व उसने बड़ी कुशलता से म्यूज़ों पर डाल दिया–

हम बहुत सी झूठी बातों को सच का रूप देना जानती हैं;
किन्तु जब हम चाहती हैं तो सच बोलना भी जानती हैं।

इन पंक्तियों में उसने अत्यन्त रहस्यमय ढंग से अन्य कवियों से अपनी तुलना की है। वह स्थापित रहा है कि कवियों को ज्ञान भले ही म्यूज़ों से मिलता हो किन्तु प्रत्येक कवि से वे सत्य ही कहलवायें यह आवश्यक नहीं है। ये कूट पंक्तियाँ हैं, प्रत्यक्षतः परस्पर विरोधी हैं और अब तक की परम्परा से मेल नहीं खातीं। होमर की चर्चा में हम देख आये हैं कि किसी रचना का मूल्य मुख्यतः इस पर निर्भर करता है कि वह म्यूज़ों द्वारा प्रेरित है और उसमें समाहित तथ्य म्यूज़ों द्वारा सत्यापित हैं। कवि यदि म्यूज़ों की प्रेरणा से कविता कर रहा है तो उसकी सत्यता पर संदेह करने का प्रश्न ही नहीं उठता। देवता पर शंका कैसी? किन्तु जब वे स्वयं यह कह रही हों कि वे झूठ भी सच की तरह कह सकती है तो आश्चर्य होना स्वाभाविक है। कवि स्वयं अपनी कविता की प्रमाणिकता के प्रति श्रोता के मन में संदेह पैदा करके उसका मूल्य कम करे यह बात समझ में नहीं आती। तब इन पंक्तियों के द्वारा कवि क्या कहना चाहता है? पश्चात्य काव्यशास्त्रियों में इनके किसी एक अर्थ पर सर्वसम्मति नहीं है। नीचे उनकी व्याख्याओं को संक्षेप में प्रस्तुत कर रहे हैं :

(*i*) एक धारणा यह है कि हीसियोद अपने से पहले के कवियों, विशेषतः होमर, की रचनाओं में, मिथ्या, काल्पनिक प्रकरणों पर टिप्पणी कर रहा है और इसी

आधार पर उनके काव्यत्व को नकार रहा है। साथ-साथ यह भी स्थापित कर रहा है कि उसकी अपनी रचनाओं में म्यूज़ों ने सच कहा है। किन्तु उपोद्घात के उत्तरार्ध में वह स्वयं ही अपनी कविता को वीर नायकों के आख्यानक काव्यों का दर्जा दे रहा है (प. 100-01) तो क्या ऐसा करके वह स्वयं ही अपनी रचना का मूल्य नहीं घटा रहा है?

इस आपत्ति को दूर करने के लिए यदि कहा जाय कि उसका संकेत युग विशेष की ओर नहीं विशेष कवि-वर्ग की ओर है जिनकी कविता में उसे काल्पनिक तत्त्व अधिक दिखाई देता था तो भी यह प्रश्न अनुत्तरित ही रह जाता है कि जो झूठ म्यूज़ों ने इतनी सफ़ाई से कहा है कि वह सच जान पड़ता है तो हीसियोद के पास ही ऐसी कौन सी कसौटी है जिसके आधार पर उसने सच-झूठ का पता लगा लिया है। अतः यह व्याख्या दोनों ही दृष्टियों से त्याज्य है। सच पूछा जाय तो उसने इसके विरोधी पक्ष पर ही बल दिया है। उसने मान लिया है कि न उसके पास न उसके श्रोताओं के पास ऐसा कोई आधार है जिससे म्यूज़ों के शब्दों में सच-झूठ का पता लगाया जा सके। और कविगण चूँकि म्यूज़ों के गीतों का ही अनुकरण करते हैं इसलिए उनकी रचनाओं में भी सच-झूठ का पता लगा लेना असम्भव है। इसीलिए, उपोद्घात के पूर्वाध को समाप्त करते-करते वह कह ही देता है कि इन व्यर्थ की बातों के चक्कर में हम क्यों फँसें? सत्यासत्य के विवाद से दूर रहना ही हमारे लिए उचित है। और यह दृष्टिकोण सभी रचनाओं के प्रति अपनाया जाना चाहिए, चाहे उनका विषय देव-चरित हो या मनुष्य-चरित।

(*ii*) हीसियोद ने बार-बार लिखा है कि म्यूज़ों के गीतों के मुख्य विषय हैं—देव-चरित, उनकी वंशावली, उनके क्रिया-कलाप। वे भूत और भविष्य की घटनाओं का वर्णन करके अपने पिता ज़्यूस का मनोविनोद करती हैं। कभी-कभी वे मनुष्य जाति या दैत्यों को (जायंट्स) को भी अपनी कविता का विषय बनाती हैं। उन्होंने जब हीसियोद को कवि बनने का वरदान दिया तब उसे भी इन्हीं विषयों पर रचना करने का आदेश दिया। अब प्रश्न है कि जिस देववंशावली का गान करने की तैयारी कवि कर रहा है उसकी प्रमाणिकता के बारे में आश्वस्त कैसे हुआ जाय। कविता के विषय का एकमात्र स्रोत दिव्यवाणी है और यदि म्यूज़ स्वयं ही उसकी प्रमाणिकता के बारे में कोई आश्वासन न दें तो ऐसी स्थिति में रचना का क्या मूल्य रह जाता है? अतः इस व्याख्या पर दूसरे दृष्टिकोण से भी विचार कर लेना आवश्यक है।

म्यूज़ों ने निर्णायक स्वर में जता दिया है कि उनकी रचना की सत्यता जानने की शक्ति पर अकेले उन्हीं का अधिकार है। कवि को उन्होंने रचना कौशल का

वरदान दिया है, ज्ञान का नहीं। उसे केवल उनकी रचनाओं का अनुकरण करना है, उसके सत्यासत्य पर ध्यान देना उसका काम नहीं है। श्रोता से भी उनकी यही अपेक्षा है। तब क्या हम मान कर चलें की कवि अपने विषय की प्रामाणिकता को संदेह के घेरे में रख कर रचना कर रहा है? यह तो स्वयं ही उसकी साख को गिराने वाली बात हुई। ऐसी स्थिति में श्रोता के लिए उसकी कविता का क्या मूल्य रहा जाता है? इसका एक उत्तर है कि ये वाक्य वास्तव में म्यूज़ों के वाक् चातुर्य की ओर इंगित नहीं कर रहे हैं, वरन् मनुष्यों के ज्ञान की सीमा को रेखांकित कर रहे हैं। कवि देववंशावली का गान कर रहा है, यह उनके द्वारा रची गयी कविता का अनुकरण मात्र है। उसका धर्म है कि म्यूज़ों के गीतों का ज्यों का त्यों, उनकी प्रामाणिकता पर सन्देह किये बिना, अनुकरण करे और श्रोता भी उसे बस ऐसे ही ग्रहण करे। कवि द्वारा अपनी रचनाओं को म्यूज़ों के गीतों के अनुकरण रूप में प्रस्तुत करना द्वयर्थी है। एक यह कि श्रोता को ज्ञान की प्रामाणिकता के आधार पर कविता का मूल्यांकन करने से वह रोक रहा है। वह चाहता है कि श्रोता इस व्यर्थ के झंझट में न फँस कर कविता का आनन्द उठाता रहे। 'काम और दिन' में गीत स्पर्धा में पुरस्कार जीतने का उल्लेख करते हुए वह कहता है—"मैं ज़्यूस के मन की बात उजागर कर सकता हूँ क्योंकि म्यूज़ों ने मुझे सभी प्रकार के स्तुतिपरक गीत गाने की शिक्षा दी है।" यह प्रशिक्षण झूठ के प्रचार के लिए तो नहीं हो सकता। विश्वास करने का एक और आधार यह भी माना जाना चाहिए कि म्यूज़ मूलतः ज़्यूस को तथा अन्य देवताओं को प्रसन्न करने के लिए गीत गाती हैं। उनके गीतों में देवताओं के कार्यों के अतिरिक्त उनके द्वारा स्थापित परम्पराओं और नियमों का उल्लेख रहता है। वहाँ मनगढ़ंत, असत्य, मिथ्या वर्णन के लिए कोई स्थान नहीं है। और चूँकि उन्हीं की दी हुई प्रेरणा और शक्ति से कवि इन विषयों का अनुकरण करता है तो उनकी प्रमाणिकता पर शंका कैसी? तात्पर्य यह कि कवि समाज को करणीय- अकरणीय का जो ज्ञान देता है वह प्रामाणिक है।

इसी अर्थ का दूसरा पक्ष है कवि और श्रोता दोनों के ज्ञान की सीमा। चूँकि दोनों मानवीय धरातल पर हैं, इसलिए दिव्यज्ञान की प्राप्ति उन्हें म्यूज़ों की कृपा से ही हो सकती है। इससे वे यह तो जान सकते हैं कि क्या उचित है क्या अनुचित किन्तु 'क्यों' की गहराई में जाने की न उनके पास सामर्थ्य है न उसकी आवश्यकता है। यहाँ, एक तरह से कवि का कद छोटा हो गया है, वह श्रोता के साथ उसके ही सामान्य धरातल पर खड़ा दिखाई दे रहा है। किन्तु उसकी कविता पर सुरक्षा का कवच अवश्य चढ़ गया है, वह आलोचना की सीमा के बाहर आ गयी है। अपने प्राधिकार को सुदृढ़ करने के प्रयास में यह कवि का दूसरा कदम है।

(*iii*) कुछ विद्वानों ने इन पंक्तियों में काव्य भाषा के गठन के मूलभूत सिद्धान्त वक्रता का संकेत देखा है। किसी भी वस्तु का घटना की वास्तविकता का भाषा में किया गया प्रतिरूपण, अर्थात् पुनःप्रस्तुतीकरण या तो सच हो सकता है या झूठ। पर जिसे हम सच कहते हैं वह भी भाषा प्रयोग के कारण वास्तविकता को कुछ भिन्न रूप में प्रदर्शित करता है। अभिव्यक्ति का कोई माध्यम इतना पारदर्शी नहीं होता कि उसके भीतर से सच्चाई साफ़-साफ़ दिखाई दे सके। वक्रता काव्य भाषा की प्रकृति है। भारतीय काव्यशास्त्र में वक्रोक्ति सिद्धान्त की यही आधार भूमि है। कविता में इसी से अभीष्ट प्रभाव पैदा किया जाता है। सभी अलंकार (कथन भंगिमा) वक्रोति गर्भ हैं। अतः इन पंक्तियों से यह अर्थ निकालना गलत नहीं है कि म्यूज़ भाषा पर अपने एकाधिकार की घोषणा कर रही हैं। उनके द्वारा कवि को गीतों की शिक्षा देने का तात्पर्य है उसे भाषा प्रयोग में दीक्षित करना। जहाँ तक विषय चयन का प्रश्न है उसका निर्धारण म्यूज़ ही करती हैं। होमर के संदर्भ में हम देख आये हैं कि उसके कवि-पात्र विषय और विधा दोनों के लिए म्यूज़ पर निर्भर रहते हैं।

इस व्याख्या को स्वीकार कर लेने के बाद भी एक प्रश्न अनुत्तरित ही रह जाता है कि क्या हीसियोद काव्य में कल्पना तत्त्व के अस्तित्व या काव्य सौन्दर्य की अभिवृद्धि में उसके योगदान से अपरिचित था? इसका एकमात्र उत्तर वही हो सकता है जो होमर की चर्चा करते समय भी दिया गया था। प्रश्न यह नहीं है कि हीसियोद स्वयं कविता को किस रूप में देखता है, प्रश्न है कि वह श्रोता से कौन सी दृष्टि अपनाने की अपेक्षा रखता है और क्यों? वह चाहता है कि सामाजिक कविता के अभिव्यक्ति पक्ष पर ही ध्यान दे, उसी के मन पर पड़नेवाले प्रभाव के आधार पर कविता का मूल्यांकन करे, यद्यपि विषय वस्तु को भी आनन्द के स्रोत के रूप में लिया जा सकता है किन्तु बिना उसकी प्रामाणिकता की चिन्ता किये। होमर श्रोता को निहितार्थ की खोज करने में प्रवृत्त होने के लिए यह कह कर रोक रहा था कि ज्ञान उसे सीधे म्यूज़ों से ही मिल रहा है इसलिए संशय रहित मन से वह उसे स्वीकार करे। यहाँ, हीसियोद सामाजिक से जिज्ञासा करने का अधिकार भी छीन ले रहा है यह कह कर कि कविता में समाहित ज्ञान को परखने की उसमें सामर्थ्य ही नहीं है। लगता है उन दिनों श्रोता कविता के ऐतिहासिक सत्य के प्रति ही सजग थे, काव्य सत्य के अन्य पक्षों के स्पष्ट होने में अभी देर थी। सारा ध्यान विषय के सत्यासत्य तथा अभिक्तिजन्य आनन्दानुभूति पर ही केंद्रित था।

"देववंशावली" का उपोद्घात दो भोगों में बँटा हुआ है। पहला भाग 35वीं पंक्ति तक चलता है। इस भाग को कवि यह कह कर एकाएक समाप्त कर देता

है कि फ़जूल बातों से हमें क्या लेना-देना और उपोद्घात फिर नये सिरे से शुरू हो जाता है। इस भाग की प्रथम पंक्ति है–"आओ, म्यूज़ों से हम प्रारम्भ करें।" यह अंश 116 वीं पंक्ति तक चलता है। इसी के अन्तर्गत उसकी समीक्षात्मक काव्य दृष्टि की वे स्थापनाएँ आ जाती हैं जो काव्य के गुण-धर्म को व्याख्यायित करती हैं। इन सभी पर उसने अपने विचार स्वयं रखे हैं ताकि किसी को उनके बारे में सन्देह न रहे। उपोद्घात का पहला भाग एकाएक जैसे समाप्त होता है, वह कवि की शैलीगत विशेषता है किन्तु उसका यह वाक्य कि "बहुत हो गयी फ़जूल की बातें" विषयगत सत्यासत्य की बहस को पूर्ण विराम लगा देता है। यह आवश्यक था क्योंकि बिना ऐसा किये वह कविता के उस प्रयोजन को ले ही नहीं सकता था जो उसकी दृष्टि में अधिक महत्त्वपूर्ण है। ऐसा लगता है कि होमर की ज्ञान की प्रामाणिकता वाली शर्त हीसियोद के गले उतर नहीं रही थी और इसका खुल कर विरोध करना भी सम्भव नहीं था। साथ ही होमर के काव्य में काल्पनिक अंशों पर यदि वह अँगुली उठाता तो उसकी अपनी 'देववंशावली' भी संकट में पड़ जाती। उसके सौ साल बाद ज़ेनोफ़ेनीज़ और फिर प्लेटो की होमर तथा हीसियोद से यही शिकायत थी कि उन्होंने देवताओं के चरित्र को मनमाने ढंग से चित्रित किया है। क्या इसीलिए प्रामाणिकता की समस्या से पल्ला झाड़ते हुए वह कह देता है कि मेरा इससे कुछ लेना-देना नहीं है, जो पूछना है म्यूज़ों से पूछो। मैं तो केवल आदेश का पालन कर रहा हूँ। वास्तविक उपोद्घात तो अब शुरू होता है वह तो केवल गपशप थी। यह सचमुच आश्चर्य का विषय है कि वह व्यवहारतः ज्ञान को प्राथमिकता देता है किन्तु उसकी प्रामाणिकता पर सिद्धान्तः उसकी कोई स्पष्ट स्थापना नहीं है। दूसरा आश्चर्य यह है कि वह जो कह गया पूरे समाज ने उसे सच मान लिया।

दूसरे भाग का मुख्य विषय है कविता में चिकित्सकीय गुण जिसे कोई चाहे तो आनन्द भी कह सकता है। कविता में यह अनुकरणजन्य है और यह काव्य का दूसरा प्रयोजन है। हीसियोद ने अपनी रचना को म्यूज़ों के गीतों का अनुकरण कहा है। इस भाग के प्रारम्भ में ही म्यूज़ों के गाने का वर्णन आया है। अपने पिता ज़्यूस के घर में वे देववंशावली गा रही हैं। इसके अतिरिक्त वे दानवों और मानवों के गीत भी गाती हैं। उनके गीतों को सुनकर देवतागण हँसते हैं, प्रसन्न होते हैं। ज़्यूस के आनन्दित होने का उल्लेख उसने विशेषरूप से किया है। इसका संकेतार्थ है कि जब वह स्वयं देववंशावली गाता है तो उसका उद्देश्य होता है श्रोताओं में आनन्द का संचार करना। तुलना यह है कि सृजन के स्तर पर जैसे कवि म्यूज़ों का प्रतिरूप (काउंटर पार्ट) है वैसे ही उपभोग के स्तर पर श्रोता देवताओं का प्रतिरूप है। इस रूपक को यदि हम और बड़े पैमाने पर देखें तो कहा जा सकता

है कि जीवन के हर क्षेत्र में मनुष्य को देवताओं का अनुकरण करना चाहिए। सम्भव है उस काल में यह धारणा भी रही हो कि मनुष्यलोक देवलोक का ही प्रतिरूप है। मनुष्य जब तक देवताओं का अनुकरण करेंगे सुखी रहेंगे। उनके विरुद्ध आचरण करने पर दुःख भोगना पड़ेगा। अरस्तू का यह कथन कि अनुकरण स्वयं में आनन्द का स्रोत है ऐसी ही किसी मान्यता को शास्त्रीय रूप देता है।

म्यूज़ों के गीतों के बारे में विषय के अतिरिक्त उसने दो बातें और कही हैं–

(*i*) वे सभी मिल कर एक ताल-स्वर में गाती हैं, उनके मुख से निकलनेवाली वाणी कभी लड़खडाती नहीं है। उनका स्वर सहज होता है। उनके द्वारा गीत गाते रहने और नृत्य करते रहने से देवलोक में सदैव उत्सव का वातावरण बना रहता है। उनके गीत शाश्वत हैं। (–पं. 38–44)

(*ii*) उनके जन्म की कथा सुनाते हुए कवि का एक वाक्य है–वे दुःखों को विस्मृत कराती हैं और चिन्ताओं को विश्राम देती हैं (–पं. 55)। म्यूज़ों की प्रकृति के बारे में कहा गया यह वाक्य वस्तुतः उनके गीतों पर घटाया जाना चाहिए।

इनमें से प्रथम कविता के अभिव्यक्ति पक्ष के गुण-धर्म से सम्बन्धित है और द्वितीय श्रोता पर पड़लेवाले कविता के प्रभाव से। इन दोनों ही बातों को 'देववंशावली' के सन्दर्भ में देखा जाना चाहिए। प्रयोजन की चर्चा के अंतर्गत हमारे लिए सामाजिक पर पड़ने वाला प्रभाव अधिक महत्त्वपूर्ण है। देवताओं को न तो कोई दुःख है जिसे भूलने के लिए उन्हें गीत की आवश्यकता हो, और न कोई चिन्ता जिसे वे विश्राम देना चाहते हों।

अभिव्यक्ति पक्ष और उसके प्रभाव में कारण-कार्य सम्बन्ध है। कविता के उद्देश्य को स्पष्ट करते हुए हीसियोद चाहता है कि उसके काव्य को उसके चिकित्सकीय गुणों के आधार पर परखा जाय। इस विषय पर उसकी पंक्तियाँ हैं–

वह मनुष्य भाग्यवान् है जिसे म्यूज़ प्यार करती हैं,
उसके होठों से मधुर शब्द निःसृत होते हैं,
यदि किसी को कोई दुःख है या वह मन से रोगी है
और किन्हीं नये कष्टों से व्याकुल हो कर वह हतबुद्धि हो गया हो,
और एक गायक, म्यूज़ों का सेवक, पुराकाल के मनुष्यों के यशस्वी कार्यों का गान करता है
या ओलिंपुस पर रहने वाले भाग्यवान् देवताओं के गीत गाता है,
वह [दुःखी व्यक्ति] अपने बुरे विचारों को तत्काल भूल जाता है और
अपनी चिन्ताएँ भी उसे स्मरण नहीं रहतीं : इन देवियों के उपहार
(अर्थात् गीत)

उसका ध्यान तत्काल उधर से हटा कर दूसरी ओर लगा देते हैं।

—पं 96-103

यहाँ स्मरण रखना चाहिए कि कवि जो बातें कह रहा है वह केवल उसकी अपनी रचनाओं पर नहीं, सभी रचनाओं (श्रेष्ठ काव्य कहीं जा सकने योग्य) पर घटायी जानी चाहिए। इसके अन्तर्गत सभी अच्छे कवि आ जाते हैं। देवलोक में म्यूज़ों का गीत गाते रहना और देवताओं को प्रसन्न करना एक 'आर्दश मूल रूप' (आइडियल प्रोटोटाइप) है। सभी कविताओं को म्यूज़ों के गीतों का अनुकरण करना चाहिए। इसी तरह देवताओं का गीत सुनकर प्रसन्न होना आदर्श नमूना है, प्रत्येक युग के श्रोता को इसी का अनुकरण करना है। शायद वह सचेत हो कर किया नहीं जाता प्रकृत्या हो जाता है। अन्तर केवल इतना हे कि देवताओं को कोई दुःख कष्ट नहीं है जिसे भूलने के लिए उन्हें गीतों की आवश्यकता होती हो। नृत्य करना, वाद्य बजाना और गीत गाना म्यूज़ों का सहज धर्म है, इसी तरह देवताओं का इससे प्रसन्न होना उनका सहज धर्म है। किन्तु मनुष्य लोक में म्यूज़ों का अनुकरण एक प्रयत्न साध्य क्रिया है जिसे कवि म्यूज़ों की कृपा से सम्पन्न करता है। दूसरी ओर, सामाजिक के लिए भी देवों का अनुकरण करते हुए दुःखों को भुलाने के लिए अभिव्यक्ति पक्ष में आनन्द लेना व्यावहारिक स्तर पर एक सोद्देश्य क्रिया है। कवि एक चिकित्सक है जो दुःखी आत्माओं को पूरी तरह रोगमुक्त तो नहीं कर पाता, हाँ, थोड़ी देर के लिए ऐसी स्थिति में वे अवश्य आ जाती हैं कि अपने रोग (दुःख, कष्ट, चिन्ता आदि) को भूल जाएँ। देखा जाय तो व्याप्ति और प्रभाव में कवि की रचना म्यूज़ों के गीतों से भी कुछ बढ़ कर है। यहीं पर हीसियोद ने अपने कृतित्व की स्वतन्त्र सत्ता स्थापित की है। विषय के सत्यासत्य पर मौन रह कर भी उसने काव्य को सामाजिक आवश्यकता के रूप में पूरे बल के साथ स्थापित किया है।

दूसरी दृष्टि से देखा जाय तो विषय के सत्यासत्य को भी उसने केवल सिद्धान्ततः म्यूज़ों के लिए छोड़ा है। व्यवहारतः वह स्वयं भी म्यूज़ों के गीतों में वर्णित देववंशावली के सत्य में विश्वास करता है और श्रोताओं से भी अपेक्षा रखता है कि उन्हीं के अनुकरण पर भौतिक स्तर पर रची गयी 'देववंशावली' की प्रमाणिकता पर विश्वास करें। यह विश्वास उनके उस आनन्द का आधार है जो उन्हें कष्टों का विस्मरण कराने में सहायक होता है। संशयात्मा में आनन्द का संचार नहीं हो सकता। फिर भी, थोड़ी देर के लिए विषय पक्ष को छोड़ कर (विषय पक्ष एक सीमा तक काव्य के सम्बन्धाश्रयी मूल्य को सुनिश्चित करता है क्योंकि इसी के द्वारा श्रोता स्वयं को देवताओं से जुड़ा हुआ अनुभव करता है) रूप पक्ष और

उसके प्रभाव पर ही ध्यान दें तो स्वीकार करना पड़ेगा कि इससे भावी कवियों को नयी-नयी उद्भावनाओं की प्रेरणा अवश्य मिली। यह तत्कालीन मानसिकता के भी अनुरूप थी। नवधनाढ्य वर्ग के लिए कविता बहुत कुछ उसी तरह मन रमाने का साधन बन जाती है जैसे मदिरा से भरा पात्र। बड़े पैमाने पर किसी धार्मिक उत्सव को मनाते समय यदि पूरा समाज गीत की धुन पर नाचते-गाते अपनी सारी चिन्ताओं को भूल कर किसी दूसरे लोक में पहुँच जाने की सुखद मनःस्थिति का अनुभव कर सके तो कविता की सफलता का इससे बड़ा प्रमाण क्या हो सकता है।

श्रोताओं के घावों पर मरहम लगाने का काम कवि अपने शब्द कौशल द्वारा करता है। यही शब्द कौशल राजा के पास भी होता है। उसे यह शक्ति म्यूज़ों में श्रेष्ठ कल्लियोपि से वरदान रूप में प्राप्त होती है। इसी समानता के आधार पर हीसियोद ने कवि और राजा को समान स्तर पर रखा है। भाषा प्रयोग की सीमा के भीतर जो काम राजा करता है वही कवि भी करता है। इसलिए, शेष समाज की जो दृष्टि राजा के प्रति होती है वही कवि के प्रति भी होनी चाहिए। राजा के पास लोग विवाद का निर्णय करवाने के लिए आते हैं, वे एक प्रकार से कष्ट भोग रहे रोगी हैं। राजा का शब्द कौशल पर अधिकार होता है। वह अपने निर्णय को प्रतीति दिलानेवाली ऐसी भाषा में सुनाता है कि दोनों पक्ष सन्तुष्ट हो जाते हैं, या थोड़ी देर के लिए ही सही, अपना विवाद भूल जाते हैं। राजा के मीठे शब्द 'शहद की तरह प्रवाहित होते हैं', कवि के होठों से भी मधुर शब्द निःसृत होते हैं, अर्थात काव्य भाषा अत्यन्त मीठी होती है। राजा का निर्णय कितना उचित है यह तो बाद में पता लगता है किन्तु दोनों पक्षों द्वारा उसे तत्काल मान लेने का आधार होता है भाषा-माधुर्य जो औचित्य की प्रतीति कराता है। कवि भी इसी भूमिका का निर्वाह करता है। सामाजिक का अन्तर्द्वन्द्व उसे रोगी बना देता है। कविता के मधुर शब्दों से अंतस में चल रहे संघर्ष से उसका ध्यान हट जाता है। और उसे उतनी देर के लिए शांति मिलती है। ध्यान रहे कवि उसे रोगमुक्त करने का दावा नहीं कर रहा है। कविता में विस्मृति लाने की शक्ति है बस यही उसकी स्थापना है।[6]

हीसियोद द्वारा राजा के साथ अपनी तुलना करना द्वयर्थी है। इसका एक लक्ष्य है स्वयं को ऊँचाई प्रदान करना कि सामान्य जन उसकी आलोचना करने की कल्पना भी न कर सकें; दूसरे, चिकित्सक के रूप में भी वह कह सकता है कि रोगी को औषधि के बारे में जानने की क्या आवश्यकता है, उसका उद्देश्य केवल ठीक होना है। साथ ही इसमें यह अर्थ भी छिपा हुआ है कि क्या औषधि के चिकित्सकीय गुणों को समझने की शक्ति रोगी में है। इस दृष्टि से विचार करने

पर उपोद्घात का पूर्वार्ध और उत्तरार्ध स्वतन्त्र न रह कर परस्पर विम्ब प्रतिबिम्ब भाव लिये प्रतीत होते हैं। वस्तुतः 'कवि के अंतस में दिव्य वाणी का शंख फूँक दिया' वाक्य भले ही पूवार्ध में आया है किन्तु उत्तरार्ध पर भी प्रभाव डल डाल रहा है। अतः इस पर कुछ और विचार कर लेना आवश्यक है।

युगीन पृष्ठभूमि में इसका सीधा सा अर्थ है कि दिव्य शक्ति से अविष्ट होने की स्थिति मे उसे जो ज्ञान (देववंशावली के तथ्य) मिला उसी के आधार पर उसने काव्य की रचना की। उसके काव्य की तथ्यपरक प्रामाणिकता का यही एकमात्र आधार है। म्यूज़ों ने उसे यह वरदान इसलिए दिया क्योंकि वह उनका कृपापात्र है और म्यूज़ चाहती हैं कि वह दुःखी समाज को आनन्द प्रदान कर थोड़े समय के लिए दुःख से निवृत्ति दिला दे। यह अर्थ लेने पर स्वीकार करना होगा कि कवि का अपना प्रयास काव्य के रूप तत्व तक ही सीमित है। तत्कालीन काव्य की मौखिक परम्परा के सन्दर्भ में उसे 'काव्य का प्रस्तुतीकरण' कहना अधिक उचित होगा क्योंकि इसके अन्तर्गत शब्द रचना के अतिरिक्त स्वर, ताल, लय, भाव-भंगिमा आदि अन्य तत्व भी समा सकते हैं। म्यूज़ गीतों के प्रस्तुतीकरण द्वारा देवताओं को आनन्दित करती हैं, सम्मोहित करती हैं। हीसियोद ने इसी पक्ष को अपनी कविता में पूरे विश्वास के साथ स्थापित किया है। उसका कथन है कि कविता म्यूज़ों की आनन्द प्रदान की शक्ति के अनुकरण पर अपने श्रोताओं को इतना सम्मोहित कर लेती है कि उनका मन अपनी चिन्ताओं, कष्टों, अन्तर्द्वन्द्वों से विमुख हो जाता है तथा चित्त शांत हो जाता है। होमर ने भी काव्य में इस सम्मोहनी शक्ति का अस्तित्व माना है। अतः यह मान लेने में कोई द्विधा नहीं होनी चाहिए कि म्यूज़ों ने कवि में जब दिव्य वाणी प्रविष्ट करायी तो यह वास्तव में विषय को प्रभावशाली ढंग से प्रस्तुत करने की शक्ति थी। उसका एकाएक गडरिये से कवि बन जाने का यही अर्थ लिया जाना चाहिए।

म्यूज़ों से साक्षात्कार को इस अर्थ में ग्रहण करने में ग्रेस लैडबैटर को कोई आपत्ति नहीं है फिर भी दिव्यवाणी के प्रभाव की सीमा कहाँ तक मानी जाये यह समस्या बनी ही रह जाती है। इसको ले कर उसने दो सुझाव दिये है।[7] पहला यह कि काव्य रचना जिस रूप में श्रोताओं तक पहुँचती है और सम्मोहित करती है इस सम्पूर्ण प्रक्रिया की अंतिम स्थिति तक दिव्य शक्ति मानी जानी चाहिए। कविता के शब्दबद्ध होने से ले कर, उसके प्रस्तुतीकरण तथा श्रोताओं का उसकी सम्मोहनी शक्ति से अपनी चिन्ताओं, द्विधाओं को भूल जाने तक की पूरी प्रक्रिया देवलोक में शाश्वत गति से चल रही प्रक्रिया का अनुकरण होने के कारण अपने भीतर दैवी अंश सँजोये हुए है। इस व्याख्या को लैडबैटर आधे मन से स्वीकार

करती है। उसका आधा मन यह कहता है कि हीसियोद स्वयं अपनी कविता को उसकी व्याप्ति और प्रभाव में म्यूज़ों के गीतों से भिन्न मानता है। म्यूज़ों के गीत देवताओं को आनन्द देने तक ही सीमित हैं क्योंकि उन्हें कोई चिन्ता या कष्ट नहीं है जिसके निदान की आवश्यकता हो। उधर हीसियोद के श्रोता रोगी हैं, मानसिक पीड़ा से ग्रस्त हैं। अतः उनके लिए काव्यजन्य आनन्दानुभूति साधन है साध्य नहीं, साध्य है श्रोताओं का ध्यान थोड़े समय के लिए चिन्ताओं से हटाना, पीड़ा को भूलना या पीड़ा को सहनीय बनाना। इस तुलनात्मक दृष्टि से कवि की कृति म्यूज़ों के गीतों का अनुकरण मात्र नहीं रह जाती, अपने लक्ष्य में वह उनसे कहीं आगे लिकल जाती है। म्यूज़ों का अनुकरण करते हुए भी उनसे आगे निकल जाना भला यह कैसे सम्भव है? इसी कठिनाई के समाधान के लिए लैडबैटर यह मान कर चली है कि काव्य रचना की शक्ति का स्रोत (म्यूज़ों से प्राप्त होने के कारण) दिव्य अवश्य है किन्तु स्वयं शक्ति अन्ततः माननीय ही है, जैसे रासायनिक प्रक्रिया में जो नया पदार्थ प्रकट होता है वह रूप-गुण में मूल पदार्थ से भिन्न होता है। इसी तरह, म्यूज़ों ने कवि में जो दिव्य शक्ति फूँकी वह कविता के रूप में जब बाहर आयी तो रूप-गुण में वह दिव्य वाणी से भिन्न थी, मानवीय थी।

म्यूज़ों पर अधिक विस्तृत चर्चा केवल 'देववंशावली' में हुई किन्तु उस युग में यह ऐसा विषय था जिसे प्रत्येक कवि ने किसी न किसी रूप में अवश्य लिया है। इसके दो उद्देश्य थे, एक, श्रोता को आकर्षित करने तथा अपने प्राधिकार को घोषित करने के लिए, दूसरा, कविता के गुण-धर्म पर अपनी दृष्टि स्पष्ट करने के लिए। दूसरे उद्देश्य पर हीसियोद ने उपोद्घात में जो कुछ भी कहा है उस पर कुछ विद्धानों ने भिन्न कोण से भी विचार किया है।

म्यूज़ों की माता का नाम निमोज़िनी है जिसका अभिधेयार्थ है स्मृति। पुत्रियों में माता-पिता के गुण आना स्वाभाविक है। अतः स्मृति की पुत्रियाँ होने का अर्थ हुआ कि ज्ञान का गुण उनमें वंशागत है कवियों में ज्ञान का मूल स्रोत निमोज़िनी है, जिससे उन्हें यह म्यूज़ों के माध्यम से मिलता है। इसी तरह विभिन्न कलाओं–प्रधानतः कविता, संगीत तथा नृत्य–का स्रोत भी वही है। म्यूज़ उसी से ये गुण पा कर विभिन्न कलाओं की अधिष्ठात्री देवियाँ बनी हैं। ज्ञान-विज्ञान की मौखिक परम्परा के युग में स्मृति का कितना महत्त्व रहा होगा इसका हम अनुमान लगा सकेते हैं। यही कारण था कि बाद में सुकरात जैसा विचारक भी म्यूज़ों की उपेक्षा नहीं कर सका।

म्यूज़ों की जन्मकथा के बीच हीसियोद ने उनके लिए दो विशेषण वाक्यांशों का प्रयोग किया है–वे दुःखों का विस्मरण कराती हैं और चिन्ताओं को विश्राम

देती हैं। यह निस्संदेह काव्यात्मक रूपक है और इससे अन्ततः कविता के गुण-धर्म की व्याख्या हो रही है, किन्तु म्यूज़ों में इन गुणों की स्थापना करके कवि यह घोषित कर रहा है कविता का यह सहज गुण है। कवि को ये अपनी रचना में प्रयत्नपूर्वक लाने की आवश्यकता नहीं होती। यदि वह सच्ची कविता है तो उसमें ये गुण होंगे ही। इन गुणों के अभाव में, कविता का मूल्य भी उतना ही कम हो जाता है। काव्य के इस आयाम की पुष्टि के लिए वह फिर कहता है—

उनका (म्यूज़ बहनों का) हृदय एक दूसरे के अनुरूप है,
उनके मन में सिवाय गाने के और कोई विचार आता ही नहीं,
(उनका अंतस संगीतमय है)
उनका अंतस किसी चिन्ता से ग्रस्त नहीं होता —पं. 60-61

इन तीनों वाक्यों का विश्लेषण करने पर कलाओं और कलाकारों के बारे में हीसियोद की अपनी और उस युग में प्रचलित अवधारणा की झलक मिल जाती है। कहा जा चुका है कि आलोच्यकाल में कलाओं का विभाजन माध्यम भेद के आधार पर किया जाता था। जहाँ तक सृजन प्रक्रिया, उद्देश्य तथा उपभोक्ता को प्रभावित करने की क्षमता की बात थी वे सब एक जैसी ही मानी जाती थीं, अर्थात् सभी कलाएँ सगी बहने हैं।

दूसरे वाक्य का आभिधेयार्थ लें तो वह विशेष रूप से कवियों के लिए दिशा निर्देश है। उन्हें सुझाव दिया गया है कि वे अपना ध्यान सदैव काव्य रचना में ही लगाये रखें। हो सकता है उसका संकेत पहले के उन कवियों की ओर हो जो कविता तो करते ही थे आवश्यकता होने पर ढाल-तलवार ले कर युद्ध भूमि पर भी उतरते थे। यद्यपि यह सिलसिला काफी बाद तक भी चलता रहा (सुकरात स्वयं तलवार का धनी था और अनेक युद्धों में उसने भाग लिया था और एस्खिलुस को भी इस बात का गर्व था कि वह अपने नगर-राज्य के लिए अनेक युद्धों में लड़ा था) फिर भी काव्य रचना तथा काव्य पाठ स्वतन्त्र कार्य क्षेत्र के रूप में आठवीं शताब्दी में ही स्थापित हो चुका था। हीसियोद का विश्वास था कि दो-दो कार्यक्षेत्र में अपनी शक्ति लगाने वालों के शब्द कौशल में वह गुण आ ही नहीं सकता जो श्रोताओं को आनन्द विभोर करके थोड़ी देर के लिए उन्हे चिन्ता मुक्त कर दे। काव्य रचना ऐसी क्रिया नहीं है कि जो चाहे तुकबन्दी कर ले और वह कविता कहलाने लग जाय। म्यूज़ों की कृपा के साथ कवि में भी कविता के प्रति पूर्ण समर्पण का भाव चाहिए।

दूसरे वाक्य की उपर्युक्त व्याख्या को हम अनुचित नहीं कहते फिर भी उसका ध्वन्यर्थ—उनका अंतस संगीतमय है—लेना हमें अधिक समीचीन प्रतीत हो रहा है।

यह एक सुन्दर काव्य रूपक है जिसके भीतर से तत्कालीन यूनानी संस्कृति झाँक रही है। यह उस समाज के संगीत के प्रति दृष्टिकोण को उजागर कर रहा है। संगीत ऐसी कला थी जो एक ओर काव्य तथा दूसरी ओर नृत्य से जुड़ी हुई थी। वस्तुतः उस युग में तीनों मिल कर एक इकाई बन गयी थीं। संगीत कला यूनानी सांस्कृतिक जीवन की आत्मा थी। पूरी तरह सैन्य शिविर का जीवन जीने वाला नगर-राज्य स्पार्ता भी संगीत को भरपूर प्रोत्साहन देता था। तर्तिउस का काल ई. पू. 7 वीं शताब्दी का मध्य माना जाता है। उसे स्पार्ता में आमंत्रित किया गया था केवल इसलिए कि वह सैन्य नृत्यों का संचालन कर सके तथा युवाओं को संगीत के साथ सैन्य व्यायाम का प्रशिक्षण दे सके। सपार्ता के ही तेरपांदर और आल्कमन कवि से अधिक संगीतज्ञ के रूप में प्रसिद्ध थे। तेरपांदर स्पार्ता की प्रसिद्धि के तीन आधार मानता था—युवा वर्ग, न्यायप्रियता तथा संगीत। यूनानी संस्कृति में संगीत का कितना महत्त्वपूर्ण स्थान था और इसकी परम्परा कितनी पुष्ट थी इसकी कल्पना इसी तथ्य से की जा सकती है कि पाइथागोरस से ले कर प्लेटो तक सभी दार्शनिकों ने नैतिक तथा आध्यात्मिक प्रशिक्षण में इसकी क्षमता को स्वीकार किया है। अरस्तू भी इसे स्वीकार करने में पीछे नहीं हटा है। इसलिए, विश्वास के साथ कहा जा सकता है कि हीसियोद के युग में कविता और संगीत एक ही सिक्के के दो पहलू थे।

तीसरा वाक्य कवि के चरित्र को परिभाषित कर रहा है। हीसियोद का आशय है कि कवि श्रोता के मन पर अभीष्ट प्रभाव तब तक नहीं डाल सकता जब तक उसके अपने चरित्र में, स्वभाव में वह गुण न हो। दूसरे शब्दों मे, श्रोता के मन को विश्रांति देने के लिए कवि को पहले अपने स्वभाव में शांति लानी होगी। कहीं वह भी स्वच्छन्दतावाद का ही बीज वपन तो नहीं कर रहा है कि कविता शांति के क्षणों की देन है। आज यह नहीं कहा जा सकता कि उसे कौन सी व्याख्या अभिप्रेत रही होगी किन्तु इतना स्पष्ट है कि उसने अनुशासन पर बल दिया है।

हीसियोद ने अपनी रचनाओं में स्वयं को एक पात्र के रूप में प्रविष्ट कराया है। आत्मकथा का यह रूप पहली बार इन रचनाओं में मिलता है। विद्वानों में उसकी काव्य दृष्टि का यह पक्ष भी चर्चा का विषय रहा है। प्रश्न है कि क्या उसे कवि की शैलीगत विशेषता मात्र मानकर आगे बढ़ा जाय या, देखा जाय कि इसमें कोई विशेष लक्ष्य भी निहित है? यहाँ हम उत्तर प्रश्न पर विचार कर रहे हैं।

इलियद और ओदिसी में होमर का व्यक्तित्व दो प्रकार से व्यक्त हुआ है– (*i*) कवि-पात्रों (फीमिउस तथा देमादोकुस) के रूप में और (*ii*) म्यूज़ों का आवाहन करते हुए उनके और श्रोताओं के बीच में सेतु के रूप में। दोनों रूपों में वह म्यूज़ों

के दिव्य ज्ञान का संवाहक है। श्रोताओं की अनुभूति भी दिव्य ज्ञानात्मक है। श्रोता इस अनुभूति में समान्य धरातल से कहीं ऊँचा उठ जाता है। इसके विपरीत हीसियोद की कविता अपने श्रोता को मानवीय धरातल पर ही पीड़ा, चिन्ता का विस्मरण करा कर विश्रांति प्रदान करती है। मानवीय धरातल पर कविता एक औषधि है जो एक मनुष्य (कवि) द्वारा दूसरे मनुष्य (सामाजिक) को दी जा रही है। रोगी को औषधि का मूल्यांकन उसके प्रभाव (विश्रांति-सुख) से करना है, न कि उसके अंगभूत तत्त्वों (इनग्रीडियेंट्स) की जानकारी ले कर। आत्मचरित के माध्यम से अपनी काव्य दृष्टि स्थापित करते हुए वह सामाजिक को संदेश देना चाहता है कि काव्य की जिन अवधारणाओं को वह प्रस्तुत कर रहा है वे किसी सिद्धान्त के अन्तर्गत नहीं हैं वरन् उसके अपने जीवन में घटे कुछ तथ्य हैं जो ज्यों के त्यों ग्रहण करने योग्य हैं। उनका मूल्यांकन किसी बाहरी मानदंड से करना न सम्भव है, न अभीष्ट है। लैडबैटर ने होमर की दृष्टि को संज्ञानात्मक (कॉग्निटिव) और हीसियोद की दृष्टि को न-संज्ञानात्मक (नॉन-काग्निटिव) कहा है। तात्पर्य यह कि न-संज्ञानात्मक अनुभूति का मूल्यांकन ज्ञान की भूमि पर नहीं किया जाना चाहिए। मार्ग भिन्न अवश्य है किन्तु अंतिम लक्ष्य वही है—सामाजिक को अपनी कविता की व्याख्या करने से वर्जित करना। हीसियोद को हाउज़र भले ही जनकवि कहे किन्तु इसका अर्थ इतना ही लेना चाहिए कि उसने उनकी समस्याओं, दुखों-कष्टों को वाणी दी। एक कवि के रूप में अपने और सामाजिक के बीच की दूरी को बनाये रखने की परम्परा को उसने न केवल अक्षुण्ण रखा बल्कि और पुष्ट भी किया है। इस विचारधारा ने बाद में क्या रूप लिया इस पर पिंदर के सन्दर्भ में विचार करेंगे।

## संदर्भ एवं टिप्पणियाँ

1. ई. ई. साइकस, दि ग्रीक व्यू ऑफ पोएट्री, पृ 5-6
2. भाई भाई से प्यार नहीं करेगा/माता पिता शीघ्र वृद्ध हो जायेंगे/और उन्हें अपमान सहना पड़ेगा/लोग उन्हें घृणा की दृष्टि से देखेंगे/और लोग उनके लिए कठोर शब्दों का प्रयोग करेंगे।

   क्लासिकल ग्रीस, सं. सी. एम. बावरा, पृ. 33
3. सोशल हिस्ट्री ऑफ आर्ट, प्रथम खंड, पृ. 58-59
4. पोएट्री ऐंड क्रिटिसिज़्म बिफोर प्लेटो, पृ. 35
5. पोएटिक्स बिफोर प्लेटो, पृ. 47-48
6. उपोद्‌घात, पं. 79-103
7. पोएटिक्स बिफोर प्लेटो, पृ. 53-54

## 1.3 पिंदर

(ई. पू. 518-438)

काव्यं यशसेऽर्थकृते

### 1.3.1 युग-परिचय

गीतिकाव्य के महाकवि पिंदर का रचनाकाल 5 वीं शताब्दी के प्रथम चरण से प्रारम्भ होता है। वह ब्योशा प्रान्त के मुख्य नगर थीब्ज़ का निवासी था। उसकी और हीसियोद की सांस्कृतिक पृष्ठभूमि एक ही थी जिसके कारण दोनों की काव्य मूल्यांकन की दृष्टि में पर्याप्त समानता है। 'कवि समाज का शिक्षक है, उसकी कविता यदि समाज के मार्ग दर्शन का धर्म नहीं निबाहती तो उसका कोई मूल्य नहीं है' पहले से चली आती हुई यह विचारधारा हीसियोद का प्रेरणा स्रोत थी और पिंदर ने इसे और पुष्ट किया। किन्तु विषय चयन और रचना शैली में दोनों एक दूसरे से बहुत दूर हैं। हीसियोद जनकवि था पिंदर राजकवि है। 5वीं शताब्दी तक आते-आते पूरे यूनान में राजनीतिक परिदृश्य बदल चुका था। समाज के विभिन्न वर्गों में परस्पर सम्बन्धों का पैटर्न ऐसा रूप लेने लगा था जिससे काव्य को भी अपनी अर्थवत्ता सिद्ध करने के लिए नया रूप लेना ही था। 7वीं शताब्दी तक आख्यानक काव्य एक प्रधान विधा थी। नयी परिस्थितियों में काव्य ने जो नया रूप धारण किया वह था वृन्दगान (कोरल लिरिक)। यह तो नहीं कहा जा सकता कि श्रोताओं ने आख्यानक काव्य में रुचि लेना छोड़ दिया था क्योंकि एथेन्स में 5वीं शताब्दी में भी राज्य की ओर से समय-समय पर होमर के काव्य-पाठ की स्पर्धाएँ आयोजित की ही जाती थीं। फिर भी, यह निश्चित है कि उनकी पहली पसंद गीतिकाव्य हो गया था। काव्य की यही विधा उनकी आशाओं और आकांक्षाओं को पूरा करने में समर्थ थी।

पिंदर के गीतों की विशेषताओं के दो मुख्य स्रोत हैं। उनका रूप तत्त्व आयोनियाई सभ्यता के केंन्द्रों में विकसित दरबारी गीति परम्परा से प्रेरित है। दरबारी संस्कृति में जनमी व पनपी कला में गोचर रूपों में आनन्द लेने की प्रवृत्ति

पर बल होता है। इसलिए इसमें भावप्रवणता के साथ-साथ यथार्थवादी दृष्टि भी संयुक्त रहती है। यथार्थवादी प्रवृत्ति अनुकरण को प्रोत्साहित करती है। किन्तु एक समय ऐसा भी आता है जब यह प्रवृत्ति रीतिबद्ध हो कर प्रचलित शैली बन जाती है, कुछ शब्द और वाक्यांश रूढ़ हो जाते हैं। उनका प्रयोग मात्र परम्परा निर्वाह के लिए होता है, पिंदर को यह शैली उत्तराधिकार में मिली थी ठीक वैसे ही जैसे होमर को मिली थी। उसने इसका भरपूर उपयोग किया क्योंकि उसका सामाजिक उन्हीं दरबारियों का वंशज था जिनके बीच इस शैली का स्वरूप निर्धारित हुआ था। पिंदर के गीत जन सामान्य के लिए नहीं थे। वह स्वयं अभिजात समाज से था और लिख भी रहा था अभिजात समाज के एक सीमित वर्ग के लिए। सीमित कहने का तात्पर्य यह है कि उन्हीं परिवारों के लिए लिखता था जिनसे वह बहुधा पहले ही धनराशि ले चुका होता था, और धन ले कर काव्य लेखन अकेले वही नहीं और भी कर रहे थे।[1] स्वभावतः ये सभी उसी भाषा शैली का प्रयोग कर रहे थे जिससे उनका समाजिक परिचित था और जिसका अभीष्ट प्रभाव सुनिश्चित था।

जहाँ तक वस्तु तत्त्व का प्रश्न है वह मुख्यतः तत्कालीन राजनीतिक परिस्थितियों की देन था। एक समय था जब सभ्यता के विकास में आयोनियाई नगर मुख्य भूमि के नगरों से कहीं आगे थे–सुख समृद्धि में भी, कला-संस्कृति में भी और दर्शन तथा विज्ञान के क्षेत्र में भी। यूनान के पहले दार्शनिक थेलीज़ और अनेक्सिमांदर (कार्यकाल लगभग ई. पू. 580) इसी क्षेत्र में माइलीतुस नगर के थे। लेसबॉस की सैफ़ो और अल्सीउस (रचनाकाल लगभग ई. पू. 600) की रचनाओं में गीतिकाव्य अपनी चरम सीमा पर पहुँच चुका था। किन्तु उपभोक्ता संस्कृति के परिणामस्वरूप सुविधामय जीवन ही आयोनियावासियों के लिए अभिशाप बन गया। छठी शताब्दी के अंतिम चरण में यहाँ की सेनाओं द्वारा फारसी सेनाओं का सामना न कर सकने के कारण यह क्षेत्र फारसी साम्राज्य का अंग बन कर रह गया। फारसी सेनाओं से बचते-बचाते अनेक परिवारों ने मुख्य भूमि में शरण ली और बहुतों न इटली के तटीय क्षेत्रों में उपनिवेश बना लिये। यह घटनाक्रम का प्रथम चरण था जिसने लगभग पूरे यूनान के नगर-राज्यों को प्रभावित किया–राजनीतिक और सामाजिक संरचना के स्तर पर भी और वैचारिक स्तर पर भी। दूसरे चरण में पूरे यूनान ने संगठित हो कर फारसी सेनाओं को परास्त कर आयोनिया को मुक्त करा लिया। कई वर्षों तक चले इस युद्ध की अंतिम परिणति ई. पू. 479 में हुई। पचास वर्षों से भी अधिक समय तक उधर राजनीति के क्षेत्र में और इधर विचारों के क्षेत्र में लगातार उथल-पुथल होती रही। इस कालावधि के समाप्त होते न होते आयोनियाई जीवन दृष्टि की मुख्य भूमि पर प्रचार-प्रसार की सम्भावनाएँ समाप्त हो गयीं।

स्पार्ता ने एथेन्स के साथ मिल कर अयोनिया को संकट से उबारा था। युद्ध में उनके सैनिक अत्यन्त वीरतापूर्वक लड़े थे। फलस्वरूप, न केवल स्पार्ता नगर-राज्य सम्मान की दृष्टि से देखा जाने लगा वरन् उसकी जीवन पद्धति भी अन्य नगर राज्यों के लिए आदर्श बन गयी। यहाँ तक कि एथेन्स का अभिजात समाज भी उससे प्रभावित हुए बिना न रह सका।

इस कालखंड में नगर-राज्यों की शासन व्यवस्था में कुछ ऐसे परिवर्तन हुए जिनकी सातवीं शताब्दी तक कल्पना भी नहीं की जा सकती थी। स्पार्ता में अल्पसंख्यक धनिक वर्ग की सरकार (प्लूटोक्रेसी) थी। वहाँ के अभिजात समाज ने अपनी सुरक्षा के लिए पूरे नगर को ही सैनिक छावनी का रूप दे दिया था। एथेन्स में कभी प्रजातान्त्रिक शासन होता तो कभी टायरेंटों का। दोनों प्रकार की शासन व्यवस्थाओं से गुज़रते हुए अन्ततः छठीं शताब्दी के समाप्त होते-होते उसने प्रजातन्त्र के पक्ष में निर्णय दे दिया। अन्य नगर-राज्यों में कहीं टायरेंटों का शासन था तो कहीं अभिजात वर्ग का। कुल मिला कर राजनीतिक परिदृश्य ऐसी करवट ले रहा था जिसमें ज़मींदारी से जुड़ा अभिजात समाज अपने पहले के अधिकारों और बहुसंख्यक वर्ग पर अपनी पकड़ा खोता जा रहा था। कहीं उसे टायरेंटों के विरुद्ध तो कहीं नवधनाढ्यों तथा अन्य वर्गों के विरुद्ध संघर्ष करना पड़ रहा था। सत्ता के गलियारे में अपनी स्थिति सुदृढ़ करने के लिए यह आवश्यक था कि पूरा वर्ग एक जुट बना रहे। इस वर्ग से जुड़े कवि भी इस संकट को गहराई से महसूस कर रहे थे। इसका सामना करने के लिए वे हीसियोद द्वारा दर्शाये गये मार्ग पर चलने के लिए विवश थे। परिणामस्वरूप, उनकी कविता ने समाज को शिक्षा देने के लिए कतिपय नियमों की संहिता का रूप ले लिया। इसी कर्तव्यबोध का दूसरा पक्ष था अपने वर्ग की श्रेष्ठता सिद्ध करना। भीतर ही भीतर यह आर्थिक क्षेत्र में पिछड़ने की हीन भावना पर विजय पाना था। अपनी जातिगत विशेषताओं को रेखांकित करने के लिए अब उनका ध्यान चरित्र के ऐसे गुणों पर गया जो उन्हें अपने पूर्वजों में मिल सकते थे तथा जिन्हें वंशानुगत घोषित कर वे अपनी बपौती मान सकते थे। श्रेष्ठता (आरेती) को सिद्ध करने वाले जातिगत गुणों में उन्होंने शरीर सौष्ठव, शरीर और आत्मा के गुणों में सन्तुलन, सैन्य अनुशासन, संयम, विनम्रता और मर्यादा पालन का समावेश किया और यह प्रचारित किया कि इन सब का मूल है किसी विशिष्ट परिवार में जन्म लेना। जैसे आत्मा के संस्कार जन्मजात होते हैं वैसे ही शरीर के गुण भी जन्मजात होते हैं। उनका तर्क था कि जाति विशेष में जन्म लेने के कारण व्यक्ति को ये गुण प्रकृति से मिलते हैं। प्रकृति से बीज रूप में प्राप्त इन गुणों को व्यक्ति अपने प्रयत्न से केवल विकसित

कर सकता है, अर्जित नहीं कर सकता।[2] अभी कह आये हैं कि गीतिकाव्य अभिजात वर्ग की पहली पसंद हो गया था। उसका मुख्य कारण यही था कि चिन्तन की भूमि पर काव्य की यही विधा उसकी आवश्यकता और अपेक्षाओं को पूरा कर सकती थी। सिमोनिदीज़, थियोगनिस और पिंदर जैसे कवियों ने बड़ी ईमानदारी से महसूस किया कि वे साहसिक गाथायें सुनाकर अपने श्रोताओं का मनोरंजन करने के बजाय उन्हें संकट के प्रति सावधान करें, उन्हें मन्त्रणा दें और सच्चा मार्ग दिखलायें। इस रूप में उनकी कविताएँ व्यक्तिगत भावनाओं, राजनीतिक प्रचार तथा नीतिशास्त्र का समन्वित रूप हैं।[3] पिंदर ने इस लक्ष्य पर भरपूर दृष्टि रखते हुए जिस मौलिकता तथा कलात्मकता का परिचय दिया उससे इतिहास में उसका स्थान सुनिश्चित हो गया। चौथी शताब्दी में सिकंदर ने थीब्ज़ नगर पर अधिकार किया तो अपने सैनिकों को मंदिरों और पिंदर के घर को छोड़ कर शेष सभी इमारतों को तोड़ देने का आदेश दिया। पिंदर का घर उसके लिए किसी मंदिर से कम नहीं था। उसे गुज़रे हुए तब सौ वर्ष बीत चुके थे।

पिंदर की समीक्षात्मक काव्य दृष्टि ने अपनी स्वतन्त्र पहचान बनायी। अपनी अवधारणाओं को कलात्मक रूप देने के लिए उसने जो काव्य बिंब सृजित किये उनका उपयोग भविष्य में भी होता रहा। साथ ही उसने होमर और हीसियोद के दृष्टिकोणों को आत्सात् कर उन्हें कुछ नये ढंग से प्रस्तुत करने में भी सफलता पायी। परम्परागत अवधारणाओं को नवीन परिधान में प्रस्तुत करना उसकी शैली की विशेषता है, यही उसकी प्रसिद्धि का मूल आधार भी है।

### 1.3.2 काव्य-हेतु

अभिजात समाज को वंशानुगत गुणों द्वारा परिभाषित करना उस समय की परिस्थितिगत आवश्यकता थी। टायरेंटों की शासन व्यवस्था में तथा अभिजात शासन पद्धति में भी नवधनाढ्यों की भागीदारी धीरे-धीरे बढ़ती जा रही थी। व्यापारिक गतिविधियों और अर्थ व्यवस्था पर वर्चस्व होने के कारण उनकी स्थिति सुदृढ़ हो गयी थी। इसलिए, अपने वर्ग को शेष समाज से भिन्न तथा नेतृत्व करने में सक्षम सिद्ध करने के लिए जन्मजात संस्कारों को आधार बनाना अभिजात समाज के लिए आवश्यक हो गया था। पिंदर ने यही सिद्धान्त स्वयं को अन्य कवियों अथवा तथा कथित कवियों से भिन्न एवं श्रेष्ठ सिद्ध करने के लिए अपनाया। काव्य का प्रथम हेतु म्यूज़ है। म्यूज़ की कृपा तथा प्रेरणा से ही कोई कवि बन सकता है और इसका वरदान उसे जन्मजात गुण के रूप में प्राप्त होता है। किन्तु इसका यह अर्थ नहीं लेना चाहिए कि रचना प्रक्रिया में उसके अपने प्रयत्नों का कोई योगदान नहीं है। व्युत्पत्ति और अभ्यास का अलग से उल्लेख न करते हुए भी पिंदर ने काव्य

रचना में म्यूज़ और अपनी समान भागीदारी पर लगातार बल दिया है। इस सन्दर्भ में उसकी प्रसिद्ध पंक्ति है–

"म्यूज़ [तुम] मेरे लिए दिव्य सन्देश बनो, और मैं तुम्हारा व्याख्याता बन जाऊँगा।"[4] कवि म्यूज़ से दिव्य सन्देश की माँग कर रहा है। यह वाक्य द्वयर्थी है। एक अर्थ में वह म्यूज़ से प्रेरणा देने की प्रार्थना कर रहा है क्योंकि उसके बिना काव्य क्रिया का प्रारम्भ ही सम्भव नहीं है; दूसरे अर्थ में काव्य के वस्तु तत्त्व के लिए निवेदन कर रहा है। दोनों ही अर्थों में पिंदर परम्परावादी है। होमर और हीसियोद दोनों ने ही स्वीकार किया है कि काव्य की विषय वस्तु पूरी तरह म्यूज़ की देन है। इसका ध्वन्यर्थ यह भी है कि किसी काव्य की प्रामाणिकता तथा मूल्य इस पर निर्भर करते हैं कि क्या उसका वस्तु तत्त्व म्यूज़ द्वारा सत्यापित है। अतः उपर्युक्त निवेदन से वह काव्य के मूल्य को सुनिश्चित कर लेना चाहता है, किन्तु उसके रूप तत्व की संरचना में उसने अपने लिए एकदम नयी भूमिका की खोज की है। सन्देश संज्ञा के लिए दिव्य विशेषण उसके प्रामाणिक होने का संकेत देता है, साथ ही उसके लिए एक व्याख्याता की आवश्यकता यह संकेत देती है कि संदेश किसी गुह्य भाषा में दिया जा रहा है जिसे समझने की योग्यता केवल कवि में है, ऐसे कवि में जिस पर म्यूज़ का वरद हस्त है। इस तरह वह सिद्ध करना चाहता है कि म्यूज़ द्वारा उसे संदेश के योग्य समझना और उसका सन्देश को समझने में सक्षम होना वस्तुतः जन्मजात संस्कारों का परिणाम है। समाज में उसकी श्रेष्ठता का यह प्रमाण है। इसी भाव को एक अन्य गीत में दुहराते हुए उसने कहा है :

जो प्रकृतिजन्य है यह सर्वोत्तम है। बहुत से लोग
शिक्षा द्वारा प्राप्त सामर्थ्य के बल पर यश अर्जित करना चाहते हैं
किन्तु जिस कार्य में देवताओं की भूमिका नहीं होती, ऐसा प्रत्येक काव्य
अचर्चित होने के योग्य ही है (अर्थात् ऐसा काव्य चुपचाप भुला दिया जाता है)

—ओलिं. 9

हम याद करें कि होमर ने भी सच्चे कवि और कवि जैसे दिखनेवाले व्यक्ति में भेद किया है। ओदिस्यूस के कथन कौशल का प्रभाव किसी कवि से कम नहीं है। सामान्य श्रोता उसे कवियों की श्रेणि में ही रख सकता है किन्तु होमर ने उसे देमोदोकुस और फीमिउस की श्रेणि में नहीं रखा है। उसकी झूठी-सच्ची कथायें मन को छू लेती हैं फिर भी वह कवि नहीं है क्योंकि उसकी कहानियों में देवताओं ने कोई भाग नहीं लिया है अतः समाज के लिए उनका कोई मूल्य नहीं है। पिंदर के पास जन्मजात संस्कार भी हैं और व्युत्पत्ति और अभ्यास भी। उसका काव्य दोनों के

परस्पर सहयोग का परिणाम है। कवि को संस्कार और प्रेरणा के रूप में म्यूज़ की आवश्यकता है और म्यूज़ को अपने सन्देश की सटीक व्याख्या के लिए कवि की, उसकी व्युत्पत्ति और अभ्यास की आवश्यकता है। दोनों की क्षमताएँ एक दूसरे की पूरक हैं। इस बात को हम यों भी कह सकते हैं कि काव्य में वस्तु और रूप तत्त्व केवल विश्लेषण के लिए ही भिन्न है, व्यवहारतः उनकी स्थिति कहियत भिन्न न भिन्न जैसी है। दोनों के परस्पर घुलमिल जाने से ही इकाई पूर्ण होती है। हाँ, इतना अवश्य है कि इस भागीदारी में विषय वस्तु का स्रोत म्यूज़ होने के कारण उसे वरीयता दी गई है।

काव्य-हेतु में अन्तर्गत प्रकृति प्रदत्त शक्ति तथा प्रेरणा तक पिंदर ने परम्परा का निर्वाह किया है। होमर ने यह आभास दिया है कि म्यूज़ उसे कुछ दृश्य दिखलाती जा रही है और वह उनका वर्णन करता जा रहा है। हीसियोद को म्यूज़ों ने स्वरचित गीत दिये और आदेश दिया कि वह उन्हीं का अनुकरण करे। पिंदर को म्यूज़ देव भाषा में संदेश देती है इस विश्वास और आदेश के साथ कि वह उसे ठीक-ठीक समझ कर, मानवीय भाषा में उसके शुद्ध रूप को, बिना कोई परिवर्तन किये, व्याख्यायित कर पायेगा। उपर्युक्त वर्णन से यह स्पष्ट नहीं होता कि प्रेरणा के क्षणों में, सन्देश प्राप्त करते समय वह पूरी तरह से दैवशक्ति से ग्रस्त स्थिति में, अवश भाव से उसे ग्रहण कर रहा होता है अथवा सचेत हो कर दैवाज्ञा रूप में ग्रहण करता है, किन्तु सन्देश प्राप्त करने की कल्पना अवश्य नवीन है।

रचना प्रक्रिया में म्यूज़ के योगदान को संदेश की संज्ञा देने का उद्देश्य क्या था इस पर काव्य-प्रयोजन के अन्तर्गत विचार करेंगे यहाँ केवल इतना समझ लें कि यह सन्देश वास्तव में प्रशस्ति-पत्र है। उस युग में विभिन्न क्रीड़ा स्पर्धाएँ[5] हुआ करती थीं। उनमें विजयी होने वाले के सम्मान में म्यूज़ दैवी भाषा में प्रशस्ति-पत्र तैयार कर कवि के पास भेजती हैं, ताकि वह मानवीय भाषा में उसकी उचित व्याख्या करके समाज में प्रसारित कर सके। किसी के सम्मान में, भले ही वह मनुष्य हो, गीत रचना करना वे अपना धर्म समझती हैं। अखिलीज़ की मृत्यु पर उसके लिए शोक गीत गाने म्यूज़ आयी थीं, उसी नियम का पालन करती हुई ये देवियाँ किसी अन्य द्वारा महान् कार्य करने पर उसकी प्रशंसा करती हैं। इसलिए–

"...म्यूज़ों का रथ पूरे वेग से दौड़ता आ रहा है
मुष्टियोद्धा निकोक्लीज़ के प्रति समृति गान करने के लिए।

–इस्मि. 8.56–62

म्यूज़ जो कार्य स्वयं करती हैं उसी की प्रेरणा वे कवि को भी देती हैं।

हीसियोद की म्यूज़ भी यही करती थीं। वे स्वयं देव चरित का गान करती थीं और कवि को भी ऐसा ही करने की प्रेरणा (जो वस्तुतः आदेश रूप है) देती थीं। पिंदर उसी आदेश रूप प्रेरणा का अनुभव करते हुए कहता है–

'मुझे दैवाज्ञा मिली है, अपने कौशल से तुम्हारे सम्मान में
एक श्रेष्ठ गीत-रचना की...' —पीअन, 9. 34-37

कभी-कभी वह म्यूज़ को याद भी दिला देता है, याद दिलाने का अर्थ है म्यूज़ से प्रेरणा के लिए आग्रह करना। वह उत्तरदायित्ववश गीत तो लिखना चाह रहा है किन्तु उसका स्वरूप उसके मन में स्पष्ट नहीं हो रहा है। अपनी इस मनः स्थिति को कलात्मक रूप देते हुए वह कहता है–

मुझे ओलिंपियाई विजेता का नाम पढ़ कर सुनाओ,
वह आर्खोसत्रेतुस का पुत्र है, मेरे मस्तिष्क में कहाँ लिखा है
उसका नाम, क्योंकि मुझ पर उसके लिए एक मधुर गीत लिखने का ऋण है। —ओलिं. 10. 93-96

ऊपर 'श्रेष्ठ गीत-रचना' से यह भ्रम हो सकता है कि पिंदर रचना प्रक्रिया में अपनी भूमिका को अधिक महत्त्व दे रहा है। इस भ्रम की पुष्टि करनेवाला उसका दूसरा प्रयोग है 'ह्यूरिस्को' जिसके लिए अंग्रेजी में कई समानार्थी शब्द हैं, जैसे डिस्कवर, फाइंड, इनवेंट, क्रियेट आदि। इनमें डिस्कवर और फाइंड एक दूसरे के निकट हैं। उधर, इनवेंट और क्रियेट में भी ऐसी ही मैत्री है। अंग्रेज़ी में अनुवाद करते समय किसी ने फाइंड तो किसी ने इनवेंट शब्द का प्रयोग किया है। उदाहरणार्थ, ओलिं. 3. 4-6 पंक्तियों का एक अनुवाद है–

दि म्यूज़ स्टुड बिसाइड मी ऐज़ आई फाउंड ए न्यूली
शाइनिंग वे टु जॉएन टु-डोरियन मेज़र ए वॉएस
ऑफ स्प्लैंडिड सेलिब्रेशन,[6]....

इन्हीं पक्तियों का दूसरा अनुवाद है–

दि म्यूज़ स्टुड बाइ माइ साइड ऐज़ आइ वॉज़
इनवेंटिंग ए न्यू शाइनिंग वे ऑफ हार्नेसिंग दि
ब्राइट वॉएस ऑफ प्रेज़ टु दि डोरियन चैरियट।[7]

ह्यूरिस्को शब्द का प्रयोग स्वयं में एक रोचक विषय है। इसका अर्थ चाहे खोजना किया जाय या रचना या आविष्कार पिंदर की समीक्षा-दृष्टि में इसका निहितार्थ है कि काव्य रचना में उसकी भूमिका चुपचाप खड़े प्रतिभागी की नहीं है। अपनी सक्रियता घोषित करने के लिए उसने इस शब्द का प्रयोग किया है,

किन्तु इसका यह अर्थ भी नहीं लेना चाहिए कि रचना प्रक्रिया में वह म्यूज़ अर्थात् जन्मजात प्रतिभा, को कम महत्त्व दे रहा है। हमारे पास इसका एक भी ऐसा प्रमाण नहीं है जो इसका संकेत देता हो। इसके विपरीत ऐसी अनेक पंक्तियाँ हैं जिनमें मूल सन्देश के लिए म्यूज़ों पर उसकी निर्भरता अत्यन्त निर्भ्रान्त शब्दों में व्यक्त हुई है :

(*i*) मनुष्य को अपनी उपलब्धियों के लिए आवश्यक साधन देवताओं से ही प्राप्त होते हैं। मनुष्य जन्मतः बुद्धिमान्, पुष्ट हाथोंवाला या अच्छा वक्ता होता है। —पिथी. 1.41-42

(*ii*) जन्मना यश के भागी व्यक्ति [की रचना] में बहुत गुरुता होती है, किन्तु केवल शिक्षा पर निर्भर व्यक्ति अति सामान्य होता है; [वह] सदैव अपना लक्ष्य बदलता रहता है, वह कभी निश्चित कदम नहीं उठा पाता.... —नीमि. 3.40-42

(*iii*) म्यूज़ आओ, और छंदों की यशोमयी बयार को उस घर की दिशा में मोड़ दो। —नीमि. 4. 28

(*iv*) सच तो यह है कि मनुष्यों को जो सुख* देवताओं के आशीर्वाद से मिलता है वह अधिक समय तक स्थिर रहता है। —नीमि. 8.17.18

उपर्युक्त पंक्तियों का लेखक जब यह कहता है— "इसलिए मैं भी म्यूज़ों के उपहारस्वरूप इस अमृत और अपने मस्तिष्क के मधुर फलरूप [इस कविता] को उन व्यक्तियों को भेज रहा हूँ जिन्होंने [स्पर्धाओं में] पुरस्कार जीते हैं तो इसका अर्थ केवल इतना लेना चाहिए कि वह म्यूज़ का सहयोगी है, उसका कर्तृत्व उनके संदेश की व्याख्या करने तक ही सीमित है। व्याख्या का जो भी मूल्य है मूल के सन्दर्भ से ही है, स्वतन्त्र रूप से नहीं। इसका विस्तारित अर्थ है कि व्याख्या मूल से जितनी दूर होगी उसका मूल्य भी उतना ही कम होता जाएगा।

व्याख्या का मूल के निकट या दूर होना एक तुलनात्मक विषय है। पिंदर ने इसे आधार बनाकर कई गीतों में यह संकेत दिया है कि म्यूज़ों के संदेश की सर्वाधिक सटीक व्याख्या उसी की होती है इसलिए पुराने और समकालीन कवियों में वही श्रेष्ठ है। व्याख्या में मूल भाव की न्यूनता के कई कारण हो सकते हैं जो प्रकारान्तर से उन कवियों की अक्षमता ही व्यक्त करते हैं। पहला कारण यह हो सकता है कि कवि दिव्य संदेश को ठीक-ठीक समझ ही न पाया हो। दूसरा, सम्भव है उसके पास उचित शब्द भंडार न हो जिसके कारण सटीक व्याख्या हो ही

* यहाँ कवि विजेता को काव्य से प्राप्त यश के सुख की बात कर रहा है।

नहीं सकती। दोनों ही स्थितियों मे वह सच्चे कवि धर्म का निर्वाह नहीं कर पाता। तीसरा कारण यह भी सम्भव है कि वह म्यूज़ों द्वारा प्रेरित ही न हुआ हो, अर्थात् उसमें कवि बनने के जन्मजात संस्कार ही न हों। वह केवल शिक्षा और अभ्यास के बल पर ही कविता करने का प्रयास कर रहा हो। विचार करने पर यह स्पष्ट हो जाता है कि तीसरा कारण ही सामान्यतः प्रथम दो के लिए भी उत्तरदायी है। बिना दैवी प्रेरणा के कवि केवल शब्दजाल बुनते हैं जिसे समझने के लिए पुनः व्याख्या की आवश्यकता होती है। एक गीत में इन तथा कथित कवियों से अपनी तुलना करते हुए. वह कहता है :

मेरी बगल में तूणीर के अन्दर अनेक तीव्रगामी बाण हैं जो
केवल मर्मज्ञों से ही संवाद स्थापित करते हैं,
किन्तु सामान्यतः उन्हें व्याख्याताओं की आवश्यकता होती है।
बुद्धिमान् व्यक्ति प्रकृत्या बहुत सी बातें जानता है, जब कि वे
जिन्होंने [गीत रचना] सीखी है, जो अर्थहीन बड़े-बड़े शब्दों का
प्रयोग करते हैं, ऐसे कौवों की तरह हैं जो
ज़्यूस के दिव्य पक्षी के विरुद्ध व्यर्थ ही शोर मचाते हैं। –ओलिं. 2.83-88

इन पंक्तियों में कवि ने अपने विरोधियों (जन्मजात प्रतिभा न होने पर भी कवि होने का दंभ भरनेवाले) पर अत्यन्त तीखा प्रहार किया है, साथ ही कुछ मान्यताओं को भी स्थापित किया है। अपने लिए उसने दो विशेषण वाक्यों का प्रयोग किया है। एक, 'ज़्यूस का दिव्य पक्षी,' अर्थात् जिस पर ज़्यूस की कृपा है। कहा जा चुका है कि देवताओं का बार-बार सन्दर्भ देने का अर्थ है अपने प्राधिकार को स्थापित करना, यह दिखलाना कि मेरा देवताओं से सीधा सम्पर्क है और मैं जो कह रहा हूँ वह उन्हीं की अनुमति से उनके प्रतिनिधि के रूप में कह रहा हूँ। दूसरा वाक्यांश है 'प्रकृत्या-बहुत सी बातों को जानने वाला बुद्धिमान् व्यक्ति'। इसका भाव भी पहले वाले से मिलता-जुलता ही है क्योंकि जिस पर ज़्यूस की कृपा होगी वही संस्कारजन्य शक्ति सम्पन्न और बुद्धिमान् होता है। इस तरह उसकी एक काव्य मान्यता हुई–प्रतिभा जन्मजात है शिक्षाजात नहीं।

उसकी दूसरी मान्यता 'तीव्रगामी बाण' के अर्थ में निहित है। तीव्रगामी से तात्पर्य है वे बाण जो तत्काल अपने लक्ष्य पर पहुँचते हैं। लक्ष्य है मर्मज्ञ श्रोताओं से संवाद स्थापित करना। अर्थात् ऐसी कविता, जिसे सुनते ही श्रोता उसका अर्थ ग्रहण कर ले, किसी अन्य से उसकी व्याख्या करवाने या स्वयं ही चिन्तन-मनन द्वारा उसका गूढ़ अर्थ खोजने की आवश्यकता न पड़े। उसके बारे में ही कहा जा सकता है कि उसने तत्काल अपना लक्ष्य सिद्ध किया। कविता वही उत्तम है

जिसका अर्थ उसे सुनते ही स्पष्ट हो जाय। ऊपर कहा जा चुका है कि प्रेरणा प्राप्त कवि भी यदि संदेश को ठीक-ठीक न समझ पाये या उचित व्याख्या न कर पाये तो यह उसकी अक्षमता है। इस अक्षमता के लिए व्युत्पत्ति और अभ्यास की अल्पता को दोषी ठहराया जा सकता है। अतः इस दूसरी मान्यता से निःसृत किन्तु इसकी विरोधी स्थित्ति की ओर संकेत करने वाली उसकी तीसरी मान्यता है—"जिस कविता को समझने के लिए बाहर से अर्थ आरोपित करने की आवश्यकता हो वह सदोष कविता है। कविता स्वयं एक व्याख्या है यदि उसकी व्याख्या की आवश्यकता पड़ जाय तो उसका अपना क्या मूल्य रह जाता है।"

इसी के समकक्ष समाज में ऐसी कविताएँ भी प्रचलित हैं जो मात्र शब्दजाल हैं। इनके रचनाकारों को जब प्रेरणा मिली ही नहीं तो उनमें अर्थ आयेगा कहाँ से। इन्हें भी व्याख्याताओं की आवश्यकता होती है जो इनके लिए अर्थ की कल्पना या रचना (इन्वेन्ट) करते हैं और इन पर उसे आरोपित करते हैं। अपने युग की अधिकांश कविता को निम्न स्तर की घोषित करते हुए पिंदर अपनी विजय पताका फहराता है। निस्संदेह यह उसका अभिमान था किन्तु इससे यह तो पता चलता ही है कि अपने समय में वह लोकप्रिय था।

अपनी श्रेष्ठता सिद्ध करने के उसके पास कुछ अन्य तर्क भी हैं। उनके सूत्र भी इसी तथ्य से जुड़े हुए हैं कि वह देवताओं का कृपापात्र है। होमर पर विचार करते समय हम देख आये हैं कि सामाजिक के लिए काव्य ज्ञान का स्रोत होने के कारण मूल्यवान् है और ज्ञान का मूल स्रोत म्यूज़ हैं। इसलिए, सच्चा ज्ञान उसी कवि की कविता में सम्भव है तो म्यूज़ द्वारा प्रेरित हुआ हो। इस भवार्थ को अभिव्यक्ति देने वाली पिंदर की पंक्तियाँ हैं :

देवताओं का संघर्ष कैसे हुआ,
इसका [ज्ञान देने का] उत्तरदायित्व देवता
बुद्धिमान् व्यक्तियों को सौंप सकते हैं,
किन्तु, मनुष्यों के पास इसे [बिना देवताओं की सहायता के] जानने का कोई उपाय नहीं है।

किन्तु हे कुमारी म्यूज़ो क्योंकि तुम सर्वज्ञ हो... —पीअन, 6.50-55

यहाँ फिर से 'बुद्धिमान् व्यक्ति' का प्रयोग कवि ने अपने लिए किया है। कुछ अन्य गीतों में भी उसने ऐसे प्रयोग किये हैं। इनसे वह इस परम्परा का समर्थन कर रहा है कि कवियों की बिरादरी म्यूज़ों की प्रिय होने के कारण ज्ञानी होती है। म्यूज़ उन्हें ही अपना संदेश वाहक बनाती हैं जिनका चयन वे पहले से ही कर चुकी होती हैं, अर्थात् जिन्हें वह जन्मजात संस्कारों का वरदान दे चुकी

होती हैं। फिर भी काव्य रचना के समय, प्रेरणा के क्षणों में, वे उसे स्मरण करा कर अथवा वास्तविक तथ्य की जानकारी दे कर सहायता करती रहती हैं। अब पूरी बिरादरी म्यूज़ों को भले ही प्रिय हो फिर भी इसकी संभावना बनी रहती है कि उसके कुछ सदस्य उनके कुछ अधिक निकट हों। पिंदर स्वयं को ऐसा ही कवि मानता है। उसी निकटता की दुहाई दे कर वह म्यूज़ों को स्मरण कराता है कि मैं तुम्हारा आत्मीय हूँ, तुमसे सहायता की याचना करता हूँ ताकि मेरी व्याख्या मूल संदेश को ठीक-ठीक व्यक्त कर सके–

मेरी प्रार्थना है कि ग्रेसों[8] की सहायता से मैं
उस उपलब्धि का यशोगान कर सकूँ और
शब्दों में उस विजय का सम्मान करते हुए अपना [काव्य रूपी] भाला
म्यूज़ों द्वारा निर्धारित लक्ष्य के सर्वाधिक निकट फेंक सकूँ।

–नीमि. 9.53-55

इन पंक्तियों में कवि ने स्वयं को अन्यों से ऊँचा दर्शाने का भाव अवश्य दुहराया है किन्तु उसने बड़े कौशल से इसका श्रेय देवताओं को दे दिया है। यदि उस पर देवता की कृपा अन्यों की तुलना में अधिक है तो उसका अभिमान अनुचित नहीं है। उसने बार-बार यह संकेत दिया है कि म्यूज़ उसका बहुत ध्यान रखती हैं और वह भी स्वयं को म्यूज़ का सेवक न कह कर उसे माँ कह कर सम्बोधित करता है। सेवक तो कोई भी हो सकता है, इससे कोई विशिष्ट सम्बन्ध नहीं व्यक्त होता है किन्तु बेटा कहलाने का गौरव किसी-किसी को ही मिलता है।

विशिष्ट सम्बन्ध के इसी भाव को उसने एक अन्य गीत में भी व्यक्त किया है– "म्यूज़ ने मुझे अपने ज्ञानपूर्ण शब्दों के संवाहक के रूप में चुना है और बड़ा किया है।"[9] म्यूज़ न केवल प्रेरणा देती है वरन् ज्ञान भी देती है। इसलिए रचना क्रिया में कवि की जितनी भी साझीदारी है उसमें समर्थन देने के लिए म्यूज़ लगातार उसके साथ रहती है। इसे पूर्णतः स्वीकार करते हुए जब वह कहता है, "...मैं स्वेच्छया म्यूज़ों का सहायक बनकर आया हूँ"[10] तो वस्तुतः यह उसके कर्तव्य बोध की स्वीकृति है, वह म्यूज़ों पर अनुग्रह नहीं जता रहा है। म्यूज़ों ने उसे संस्कार दिये, ज्ञान दिया, ज्ञान के संवाहक रूप में उसका चयन किया, इन सबके बदले में उसे जो करना चाहिए उसे करने के वह लिए सहर्ष तैयार है। दूसरे, समाज के प्रति भी उसका यह कर्तव्य है कि म्यूज़ों से उसे जो कुछ मिला है उसे सामाजिक तक पहुँचाये, उसका मार्ग दर्शन करे। यहाँ ज्ञान से तात्पर्य है करणीय-अकरणीय का बोध जो म्यूज़ों के सन्देश का प्रयोजन है। पीअन 7 ब में उसने यही विषय लिया हैः "उत्तम वस्त्रों से सज्जित यूरेनुस की पुत्री निमोज़िनी और उसकी

पुत्रियों से मैं प्रार्थना करता हूँ कि वे मुझे [विषय का] पूरा ज्ञान दें: क्योंकि मनुष्यों के मन अन्धे होते हैं, यदि उनमें से कोई बिना होलिकोनवासिनी म्यूज़ों [की कृपा] के उस अत्यन्त ढलवाँ मार्ग पर चलने का प्रयास करता है जिस पर बुद्धिमान् लोग ही चल चुके होते हैं। इस अमर रहनेवाले कार्य (व्याख्या रूपी काव्य) का भार उन्होंने मुझे सौंपा है।" इन पंक्तियों में कवि अपने अतिरिक्त यदि किसी को ज्ञानी मानता है तो पुराकाल के कवियों को न कि समकालीनों को। वह ज्ञान के जिस मार्ग पर चल रहा है उस पर उसके पूर्वज ही चले हैं अपने समय में तो वह अकेला ही है। समसामयिकों के बीच अपनी वरीयता घोषित करने का उसके पास मुख्य आधार है म्यूज़ों का उस पर सर्वाधिक स्नेह होना। सम्भवतः वह दूसरों में प्रेरणा के अभाव का भी संकेत दे रहा है। म्यूज़ों की प्रेरणा न होने की स्थिति को उसने 'मन के अन्धे' की संज्ञा दी है। हैरियट ने अंधेपन की व्याख्या करते हुए लिखा है कि इसका अर्थ अज्ञानता नहीं लिया जाना चाहिए क्योंकि थोड़ा बहुत दिशा ज्ञान उन्हें है। इसका ठीक अर्थ है उचित काव्य दृष्टि (पर्सेप्शन) का अभाव। ऊपर हम सटीक व्याख्या तथा शब्दांडबरयुक्त व्याख्या का भेद स्पष्ट कर आये हैं। मूल भाव को व्यक्त करने में अक्षम कवियों के पास काव्य-हेतुओं में से व्युत्पत्ति है, अभ्यास है किन्तु जन्मजात शक्ति नहीं है जिसके कारण म्यूज़ों के संदेश में निहित ज्ञान को उचित परिप्रेक्ष्य में नहीं देख पाते, इसका प्रभाव उनके अभिव्यक्ति पक्ष पर भी पड़ता है। जहाँ तक उसका अपना प्रश्न है उसके पास उचित काव्य दृष्टि भी है और सटीक भाषा में उसे व्यक्त करने के लिए व्युत्पत्ति और अभ्यास भी है।

उपर्युक्त विमर्श का सार यह है कि कवि की कथन शैली में श्रोता को तत्काल प्रभावित करने की क्षमता होनी चाहिए। पिंदर यहाँ होमर के दृष्टिकोण का समर्थन कर रहा है। इस शैली को जीवन्त रखने वाली शक्ति काव्य की श्रव्य परम्परा थी। दोनों इसी परम्परा के कवि थे और दोनों ही अपनी आलोचना की किसी भी प्रवृत्ति को निरुद्ध करने के लिए प्रयत्नशील थे। होमर अपने काव्य में किसी भी निहितार्थ की खोज को प्रोत्साहित नहीं करता, पिंदर भी किसी गूढ़ार्थ के नियोजन के विरुद्ध है। अब प्रश्न है कि यदि कवि म्यूज़ के गूढ़ सन्देश को केवल सरलीकृत भाषा का रूप देता जा रहा है तो 'स्यूरिस्को' शब्द, जिसका लाक्षणिक अर्थ है 'काव्य रचना में सक्रिय भूमिका' (इसे उसने अभिधा द्वारा भी व्यक्त किया है और प्रकारान्तर से यह उसकी स्वतन्त्र सत्ता की घोषणा है), की क्या सार्थकता रह जाती है। दूसरे शब्दों में देखना यह है कि म्यूज़ों के सहायक के रूप में अपने कर्तृत्व को वह कैसे स्थापित करता है।

पृष्ठभूमिस्वरूप पहली बात हमें यह समझ लेनी चाहिए कि होमर के काल से

हीं एक विचारधारा यह स्पष्ट करती चली आ रही थी कि कवि रचना करते समय म्यूज़ का केवल मेगाफोन बन कर काम नहीं करता। स्वयं होमर ने कभी ऐसा आभास नहीं होने दिया कि वह आविष्ट होने की स्थिति में रचना करता है। यह आरोप उस पर बाद में लगाया गया। उसके अपने वर्णन से यही निष्कर्ष निकलता है कि वह म्यूज़ के बगल में समान स्तर पर बैठा हुआ है। इस स्थिति को हीसियोद ने और स्पष्ट किया। आल्कमन (7 वीं शताब्दी) ने तो घोषित ही कर दिया कि प्रयोग करते रहने और प्रयत्नशील बने रहने से ही मनुष्य सीखता है। इस विचार को लगभग इन्हीं शब्दों में दुहराते हुए ज़ेनोफ़ेनीज़ (6ठी शताब्दी) इससे भी एक कदम आगे बढ़ जाता है। उसकी दृष्टि में स्वयं देवता ही मनुष्य को प्रयत्नशील होने के लिए प्रेरित करते हैं—"देवताओं ने शुरू से ही मनुष्य को सारी जानकारी नहीं दी है, मनुष्य स्वयं खोजते-खोजते अपने काम की चीज़ पा लेता है।"[11] इस तरह मनुष्य के अपने योगदान का महत्त्व पहले से ही स्वीकृत था।

एक अन्य घटनाक्रम में दार्शनिकों द्वारा प्रकृति की वैज्ञानिक व्याख्या का परिणाम धीरे-धीरे पूरे समाज की चिन्ता धारा को प्रभावित कर रहा था। उसी का एक पक्ष इस रूप में उभरा कि कलाएँ अपने उद्भव और विकास में मानवीय प्रयत्न का फल मानी जाने लगीं। पहले यह सर्वस्वीकृत धारणा थी कि देवताओं ने मनुष्य पर कृपा करके कलाएँ (शिल्प) उसे उपहारस्वरूप दी हैं। इनका पूरा श्रेय देवताओं को ही दिया जाता था। अब उसमें मनुष्य की भागीदारी बढ़ गयी। संगीत के क्षेत्र में यह प्रवृत्ति कुछ अधिक मुखर दिखाई देती है।[12] दिमोक्रितुस (5वीं शताब्दी) ने तो यहाँ कह दिया कि अनेक शिल्प सभ्यता के विकास में मनुष्य की आवश्यकताओं की पूर्ति के लिए विकसित हुए किन्तु संगीत का विकास तब हुआ जब मनुष्य का जीवन सुख-सुविधा सम्पन्न होने लगा। यह सुखोपभोग का साधन है। दूसरे शब्दों में कहें तो एक विचारधारा कलाओं में उपयोगी कलाएँ और ललित कलाएँ जैसा भेद करने लग गयी थी। ऐसे वातावरण में कवि रचना प्रक्रिया में अपनी भूमिका को स्थापित करने में अधिक प्रयत्नशील हुए हों तो आश्चर्य क्या। इसे व्यष्टिवाद की दिशा में किया प्रयास कहना भी गलत नहीं होगा। पौराणिक अथवा आनुश्रुतिक पात्रों के स्थान पर कवि यदि समसामयिक इतिहास से पात्र ले रहा है और अपने लिए भी उसमें एक भूमिका तलाश रहा है तो निष्कर्ष यही निकलता है कि वह इतिहास में अपने वर्ग के लिए और अपने लिए स्थान सुरक्षित कर ले रहा है, एक विशिष्ट देश-काल को स्थायित्व प्रदान कर रहा है। यह व्यष्टिवादी चेतना है।

पिंदर की मानसिकता के सूत्र उस समय की एक और प्रवृत्ति से भी जुड़े हुए

हैं। इसके मूल में भी व्यष्टिवादी विचारधारा कार्य कर रही थी। इसे हम निजी शैली की खोज कहना चाहेंगे। अब तक कवियों को पहले की रचनाओं से विषय, शब्दावली, बिम्ब विधान अपनाने में किसी प्रकार का संकोच नहीं होता था। होमर ने दरबारी कवियों की सामग्री का अधिक से अधिक उपयोग किया, बाद में स्वयं उसका साहित्य न जाने कितने कवियों के लिए विषय वस्तु और शब्द प्रयोग का अजस्त्र स्रोत बना। इस प्रकार से उधार ली गयी सामग्री को सामाजिक भी सहर्ष स्वीकार करते चले आ रहे थे। प्रस्तुत रचना में इन सन्दर्भों को पहचान कर उनकी प्रसन्नता और बढ़ती थी। ई. पू. 5 वीं शताब्दी तक आते-आते स्वयं कवियों की ओर से इसका विरोध शुरू हो गया। उनमें ऐसे प्रयोगों को ले कर आरोपों-प्रत्यारोपों की एक लम्बी बहस छिड़ गयी। परिणाम यह हुआ कि कविगण अधिक से अधिक नया विषय, नयी रचना शैली, नयी शब्दावली, नयी उपमाओं, रूपक आदि की खोज में निकल पड़े। पिंदर का अपने गीतों को म्यूज़ का रथ कहना ऐसी ही उद्भावना है। इसका उपयोग उसने अनेक गीतों में अपनी शैली की विशेषता तथा म्यूज़ों से निकटता दर्शाने के लिए किया है।*

उपर्युक्त विश्लेषण के प्रकाश में 'ह्यूरिस्को' शब्द के निहितार्थ को सुनिश्चित करना कुछ सरल हो जाता है। इसमें दो मत नहीं कि यह शब्द नयी खोज या कल्पना का अर्थ दे रहा है। कवि के सामने दो लक्ष्य हैं : एक, मूल की सीमाओं के भीतर ही उसकी ऐसी व्याख्या करना कि फिर से उसकी व्याख्या करने की आवश्यकता न रह जाय। व्याख्या यदि दुर्बोध हो जाय, या, उसमें भी निहितार्थ की खोज की आवश्यकता प्रतीत होने लग जाय तो यहाँ भी 'मघवा मूल बिडौजा टीका' वाली कहावत चरितार्थ हो जाती है।

समसामायिक रचनाकारों में अपनी श्रेष्ठता, अर्थात दूसरा लक्ष्य, सिद्ध करने के लिए पिंदर ने तुलनात्मक पद्धति का भी आश्रय लिया है और उसी के अन्तर्गत काव्य-हेतु के विभिन्न आयामों को स्पर्श किया है। तुलना के प्रथम चरण में उसने स्वयं को देवता के कृपापात्र की उस पुरानी परम्परा से जोड़ा है जब वह पुजारी के रूप में देवता के सबसे निकट होता था। समाज के कल्याणार्थ देवता का ज्ञान,

---

* (*i*) ...हारनेसिंग दि ब्राइट वॉएस ऑफ प्रेज़ टु दि डोरियन चैरियट। —ओलिं.3

(*ii*) ...योक्ड दिस फोर हॉर्स चैरियट ऑफ पाइईरियन्स। —पिथी.10

(*iii*) ...ऐंड दि म्यूज़ि'ज चैरियट इज़ स्पीडिंग फॉरवर्ड टु
सिंग ए मेमोरियल। —इस्मि.8

हैरियट के अनुसार रथ का बिंब मूलतः पिंदर की कल्पना है। बाद के कवियों ने इस रूपक को उसी के काव्य से लिया है।

—पोएट्री ऐंड क्रिटिसिज़्म बिफोर प्लेटो, पृ. 63

उसकी इच्छा, उसकी शक्ति पुजारी के माध्यम से ही समाज तक सम्प्रेषित होती थी और उसे ज्यों का त्यों स्वीकार करने के लिए समाज बाध्य था। आज वही काम कवि के माध्यम से हो रहा था। कवि के सामने सबसे बड़ी समस्या है मूल अर्थ को उचित अभिव्यक्ति देना। वह मात्र अनुवादक नहीं है कि जो यह कह दे कि मैंने तो जो अनुवाद करना था सो कर दिया, वह किसी की समझ में आये न आये। उसका कर्तव्य है कि वह ऐसी सरल मानवीय भाषा में दिव्य संदेश की व्याख्या करे कि श्रोता उसे तत्काल आत्मसात् कर सके और उसमें निहित ज्ञान को भी तत्काल हृदयंगम कर सके। म्यूज़ ने उसे संस्कार दे दिये, प्रेरणा दे दी, ज्ञान दे दिया, उसके आगे कवि स्वतन्त्र है। प्राप्त सामग्री को उचित रूप प्रदान करना, भाषा शैली, शब्दावली, काव्य बिम्बों आदि से सँवारना उसका अपना काम है। इसी में उसे अपना कौशल–व्युत्पत्ति और अभ्यास–दिखलाना है। वह अपने से पहले की काव्य परम्परा से सन्तुष्ट नहीं था। काव्य सत्य के अन्तर्गत उसने कवियों की उस प्रवृत्ति को अनुचित बताया है जिसमें वे औचित्य की सीमा को लाँघ गये हैं। केवल मनोरंजन की दृष्टि से मिथ्या कथाओं को काव्य का विषय बनाना और उसमें सत्य की प्रतीति कराना कवि का धर्म नहीं है। उसे अपनी सीमा को पहचानना चाहिए। दिव्य संदेश का मूल भाव यदि अस्पष्ट रह जाता है या उसके विपरीत अर्थ का प्रतिपादन किया जा रहा है तो यह देवता विरोधी कार्य है। इसलिए, ग्रेस लैडबैटर का सुझाव है कि 'खोजना' (फाइंड) या 'नयी वस्तु की रचना' (क्रियेट) का अर्थ केवल 'सटीक व्याख्या' (करेक्ट इंटरप्रेटेशन) तक ही सीमित रखना चाहिए। यह कार्य भी सरल नहीं है। सटीक शब्द की खोज और उसे काव्य सौंदर्य से मंडित करना प्रयत्न साध्य कार्य है। अपने निए रचयिता शब्द को वह इसी अर्थ में सार्थक कर रहा है। यहाँ, इतना और स्मरण रखना होगा कि रचना प्रक्रिया में म्यूज़ों को महत्त्व देना और अपनी भूमिका को सीमित रखना प्रकारान्तर से किसी भी प्रकार की आलोचना को निरुद्ध करने का गूढ़ प्रयास है।

### 1.3.3 काव्य-प्रयोजन

"काव्यं यशसेऽर्थकृते" मम्मट की यह उक्ति ई. पू. 5वीं शताब्दी के वृंदगान के रचयिताओं पर जितनी सटीक घटती है उतनी शायद किसी और दौर के कवियों पर नहीं। दूसरी महत्त्वपूर्ण बात यह कि इस क्रम में उन्होंने अर्थ को पहले रखा। उस समय की व्यापारी संस्कृति और अर्थ की चर्चा हो चुकी है। इस परिप्रेक्ष्य में देखें तो अर्थ को प्रधानता मिलना स्वाभाविक था। अंधकार युग के समाप्त होत-होते आयोनिया के नगर-राज्यों में व्यापार-उद्योग आधारित अर्थव्यवस्था सुदृढ़ हो चुकी थी, किन्तु उस पर राजघरानों तथा मंदिरों के व्यवस्थापकों का स्वामित्व

था।[13] दूसरे शब्दों में, यह अभिजात वर्ग के नियन्त्रण में था जिस कारण से व्यक्ति के स्तर पर मुक्त स्पर्धा (फ्री कंपीटीशन) के लिए कोई गुंजाइश नहीं थी। फिर टायरेंटों का दौर आया। ये भी व्यापारी थे किन्तु वर्ग के स्तर पर नहीं व्यक्ति के स्तर पर। ये निजी प्रयासों से केवल अपने परिवार के लिए उद्योग लगा रहे थे जिस पर अकेले उन्हीं का वर्चस्व था। टायरेंटों के हाथ में शासन व्यवस्था जाने का अर्थ था सम्पूर्ण अर्थव्यवस्था पर व्यष्टिवाद की विजय। कला के क्षेत्र में व्यक्ति स्तर पर स्पर्धा की मानसिकता ने दो रूप ग्रहण किये। एक, कलाकार अपने उत्पाद को अधिकाधिक सजाने-सँवारने तथा पूर्ण बनाने पर ध्यान देने लगा; दूसरे, उत्पाद पर अपना स्वामित्व दर्शाने की आकांक्षा से शैली पर निजत्व की छाप छोड़ने का सचेत हो कर प्रयास करने लगा। काव्य में आनुश्रुतिक आख्यानकों के स्थान पर गीतिकाव्य का चयन और दो सौ वर्षों के काल में उसका विकास के चरम पर पहुँच जाना इसी मनोवृत्ति का परिणाम समझना चाहिए। कौशल को पूर्णता तक पहुँचाने के लिए उसके क्षेत्र को सीमित करना आवश्यक होता है। काव्य के साथ भी यही हुआ। वृंदगान का लेखन और उसका गायन अलग-अलग पेशे हो गये। कवि और गायक एक दूसरे से मुक्त हो गये। दोनों ही, अब, अपने-अपने पेशे की मान-मर्यादा को देखते हुए अपने उत्पाद की गुणवत्ता को अधिकाधिक पूर्ण बनाने में जुट गये और उसका मूल्य भी माँगने लगे। उस दौर के कवियों–पिंदर, सिमोनिदीज़ आदि–द्वारा धन ले कर कविता लिखने की यह ऐतिहासिक पृष्ठभूमि है।

पिंदर इस मनोवृत्ति का खुलेआम प्रचार करता है औ इस स्वार्थी मनोवृत्ति में म्यूज़ को घसीटने से भी नहीं चूकता। बिना किसी हिचकिचाहट के वह म्यूज़ को याद दिलाता है कि तुमने, चूँकि, गीत लिखने का अनुबंध कर ही लिया है और उसके लिए धनराशि भी ले ली है तो अब [व्यक्ति विशेष के सम्मान में] कविता लिखना तुम्हारा कर्तव्य बन जाता है, अतः अब अपने कर्तव्य का निर्वाह करो।[14] इसी तरह का आग्रह वह दूसरे गीत में भी करता है–"हे म्यूज़ आज मेरे मित्र के पक्ष में खड़े होना तुम्हारा कर्तव्य है।"[15] यहाँ मित्र संबोधन से यह भ्रम नहीं होना चाहिए कि पिंदर मित्रता का निर्वाह करने के लिए कविता लिख रहा है। सच यह था कि अपने वचन–धन लेकर कविता लिखने का अनुबंध–की मर्यादा के नाम पर म्यूज़ को इसलिए याद कर रहा है क्योंकि धनराशि वह शायद पहले ही ले चुका है। यहाँ मित्रता से निकटता का अर्थ लेना बहुत सटीक नहीं प्रतीत होता। मित्रता को यदि वह इतला ही महत्त्व देता तो धन लेने का प्रश्न ही नहीं उठता। मित्रता तो उसकी सभी कुलीन परिवारों से थी, भला किस-किस के लिए बिना पारिश्रमिक के कविता लिखता। एक कहावत है, घोड़ा घास से दोस्ती करे तो खाये

क्या? यही स्थिति पिंदर की थी। क्रीड़ा स्पर्धाओं के दिनों में उसकी कविताओं की माँग काफ़ी बढ़ जाती होगी। प्रतीत होता है इसी व्यस्तता के कारण वह आर्खुसत्रेतुस के पुत्र की ओलिंपिया में हुई जीत पर गीत लिखना भूल गया था। देर होने पर जब उधर से तकाज़ा आया तब गीत लिखने बैठा–"...उस ओलिंपियाई विजेता का नाम मेरे मस्तिष्क पर कहाँ लिखा है पढ़ो, क्योंकि उस पर मुझे एक मधुर गीत लिखना था जो मैं भूल गया। हे म्यूज़, तुम और ज़्यूस की पुत्री सत्यता आओ, मेरी भरपूर सहायता की तैयारी के साथ आओ और मित्र के प्रति किये गये पाप–वचन भंग की भर्त्सना–से मुझे बचा लो।"[16]

ये पंक्तियाँ समाज का एक नया ही रूप प्रस्तुत करती हैं। यह कहना कठिन है कि धन लेकर कविता लिखने की प्रथा कब शुरु हुई पर यह निश्चित है कि यह उन परिस्थितियों की देन है जिनमें कविता ललित कलाओं जैसे वर्ग में आकर उपभोग की वस्तुओं की कोटि मे आ गयी थी। इतिहासवेत्ताओं का कहना है कि उन दिनों धन ले कर कविता लिखना कोई बुराई नहीं मानी जाती थी। पुराना राजतन्त्र यद्यपि स्मृति शेष रह गया था किन्तु टायरेंटो के दरबार पुराने राजदरबारों से भी अधिक भव्य थे। टायरेंटों के नगर-राज्यों में दरबारी संस्कृति एक नया रूप ले रही थी जिसमें कला पर होने वाला व्यय एक प्रकार का निवेश था। पिंदर के भीतर का कवि ऐसे ही वातावरण की उपज था। फिर भी उसे भीतर ही भीतर कुछ खेद भी था कि वह कविता को साध्य से साधन बना दे रहा है। आजीविका का साधन बनी कविता किन्हीं दुर्बल क्षणों में उसे कचोटती प्रतीत होती है जिसे अभिव्यक्ति देते हुए उसने लिखा–"म्यूज़ उन दिनों धन पिपासु नहीं थी, न ही किराये पर काम करती थी/तर्प्सिखोरी (नौ म्यूज़ों में से एक) के मधुमिश्रित गीतों की मिठास भी बिकाऊ नहीं थी/कोमल शब्दों में रचे गये उसके गीत भी चाँदी के सिक्कों से मढ़े नहीं जाते थे/आज वह हमें आर्गीव शब्द की ओर प्रेरित करती है जो सत्य के अत्यन्त निकट है/धन ही मनुष्य है..."[17]

होमर की चर्चा में यह बात आ चुकी है कि वह जिस दरबारी संस्कृति का प्रतिनिधित्व कर रहा था, उसमें कवि पेशेवर गायक बन गया था। जब तक वीर आख्यानकों की रचना कुलीन परिवार का ही कोई सदस्य (जो स्वयं भी युद्ध में भाग लिया करता था) करता आ रहा था उसकी कविता स्वांतः सुखाय थी। वह अवैतनिक (एमेच्योर) कवि था। बाद में यही काम जब पेशेवर कवि करने लगा तो उसकी रचना में सफ़ाई और सजावट पर भी अधिक बल दिया जाने लगा और उसे अपनी कुशलता के लिए मूल्य भी किसी न किसी रूप में मिलने लगा। वह चाहे एक दरबार से जुड़ा होता या कई दरबारों से उसे अपने काम का भरपूर पुरस्कार

मिलता था। फिर भी उसका उत्पाद इस अर्थ में बिकाऊ नहीं था जिसका मूल्य बाज़ार की माँग पर निर्भर करता हो। अपने परिश्रम का मोल-भाव करते समय उससे लाभ कमानेवाली व्यापारिक मनोवृत्ति उसमे नहीं पनपी थी। किन्तु अब वह कविता का व्यापारी बन बैठा था, दुकान लगाये बैठा था। ऑर्डर दो और माल बनवा कर ले जाओ। पिंदर तो फिर भी अपने कुलीन वर्ग के परिवारों और मित्रों के लिए लिखता था, सिमोनिदीज़ ने तो इसकी मर्यादा भी नहीं रखी थी। इसका सबसे बड़ा धन पक्ष यह था कि काव्य के बार-बार तराशे जाने से उसमें ऐसा निखार आया जो बाद के कवियों के लिए मानक बन गया। कविता समाज के उन गिने-चुने व्यक्तियों पर लिखी जा रही थी जिनकी कोई उपलब्धि थी,* यह उसका सम्बन्धाश्रयी मूल्य था। कविता लिखी इसलिए जा रही थी क्योंकि ऐसे व्यक्तियों का सम्मान करना था और उसके माध्यम से समाज को संदेश भी देना था, यह उसका उपयोगिताश्रयी मूल्य था। संदेश की व्याख्या, अर्थात् कविता, को रूप ऐसा देना था जो आकर्षक हो और तत्काल प्रभाव डालने की क्षमता रखता हो, यह उसका रूपाश्रयी मूल्य था। पिंदर के गीतिकाव्य में इन तीनों का पूर्ण सन्तुलन मिलता है। आभिजात्य कलाकृति का यही आदर्श है। व्यवहार के स्तर पर कला कृतियों में यह आदर्श पहले स्थापित हो गया, कलादर्शन में इसकी खोज बाद में हुई।

पिंदर ने यश को अर्थ के समान ही महत्त्वपूर्ण माना है। भारतीय काव्यशास्त्र में कुछ प्रयोजन उभयनिष्ठ माने गये हैं, अर्थात् कवि और सहृदय दोनों को ही उसकी प्राप्ति होती है किन्तु, यश का सम्बन्ध विशेषतः कवि से ही जोड़ा गया है। इसे यूनानी समीक्षा की विशेषता कहा जाना चाहिए कि वहाँ सामाजिक को शिक्षा और आनन्द देने के लिए देवताओं का यशोगान किया गया है। इसका तात्पर्य यह है कि कविता जिसको समर्पित होनी चाहिए उसके प्रथम अधिकारी देवगण हैं। म्यूज़ों ने 'देववंशावली' की रचना का आदेश इसी उद्देश्य की पूर्ति के लिए दिया था। दूसरे क्रम पर अखिलीज़ जैसे आनुश्रुतिक महानायक आते हैं। यह नियम भी म्यूज़ों द्वारा ही प्रतिपादित है। सभी नौ की नौ म्यूज़ों ने मिल कर उसकी मृत्यु पर शोक गीत गाये थे। गीतों में उसका यशोगान था। अपने उसी नियम का पालन करते हुए अब, पिंदर के युग में, वे मुष्टियोद्धा निकोक्लीज़ के विजय पर्व पर उसकी प्रशंसा में स्मारक गीत गाने के लिए दौड़ी चली आयी हैं। निकोक्लीज़ को समर्पित इस्मियन 8. 56-62 की पंक्तियों में पिंदर का संदेश है कि अखिलीज़ की मृत्यु के बाद भी म्यूज़ों द्वारा उसकी स्तुति करना वास्तव में उसकी वीरता का दैवी

---

*यूनान की अंतर्राज्यीय स्पर्धाएँ महत्त्व में आज की अन्तर्राष्ट्रीय स्पर्धाओं के समकक्ष थीं।

मूल्यांकन है। किसी महान् कार्य का उचित मूल्यांकन करना दैवी विधान है। म्यूज़ अपने गीतों में देवताओं द्वारा किये गये मूल्यांकन को अभिव्यक्ति देती हैं। उसी नियम के अन्तर्गत निकोक्लीज़ की उपलब्धि के दैवी मूल्यांकन को अभिव्यक्ति देना उनका कर्तव्य है और कवि को उसकी व्याख्या करने की प्रेरणा देना भी उसी कर्तव्य बोध का विस्तार है। क्रीड़ा स्पर्धाओं के विजेताओं को अखिलीज़ जैसे महान् योद्धा के समकक्ष रखना कुछ अतिशयोक्तिपूर्ण प्रतीत हो सकता है किन्तु यूनानी मानसिकता की पृष्ठभूमि में इन स्पर्धाओं का आकलन करें तो महत्त्व का अनुमान लगाया जा सकता है।

ओलिम्पिया, देल्फाई, आर्गोलिस और कोरिंथ में अन्तर्राज्यीय क्रीड़ा स्पर्धाएँ हुआ करती थीं। ओलिम्पिया और देल्फाई में ये स्पर्धाएँ चार-चार वर्षों के बाद और शेष दो में दो-दो वर्षों के बाद हुआ करती थीं। इनमें सबसे पुरानी, और सम्भवतः सर्वाधिक प्रतिष्ठित भी, ओलिम्पिया की स्पर्धाएँ मानी जाती थीं। माना जाता है कि सबसे पहला क्रीड़ोत्सव वहाँ ई. पू. 776 में हुआ था। उसी को आधार बना कर इतिहास की अन्य तिथियाँ भी स्थिर की गयी हैं। ओलिम्पिया कोई नगर नहीं था एक देवस्थल था जहाँ बस कुछ मंदिर थे। अलग-अलग नगरों से आये खिलाड़ी अपने-अपने तम्बू गाड़ लेते थे। घुड़दौड़, रथों की दौड़, आदमियों की दौड़, भाला फेंकना, डिस्क फेंकना आदि की स्पर्धाएँ होती थी। मल्लयुद्ध, मुष्टि-युद्ध ज़्यूस के चबूतरे के सामने हुआ करते थे। कई दिनों तक चलने वाली ये स्पर्धाएँ पूरे धार्मिक वातावरण में होती थीं। वहाँ प्रतिस्पर्धियों और दर्शकों दोनों का ही यह अटूट विश्वास था कि जो कुछ भी हो रहा है देवताओं की देख-रेख मे हो रहा है, देवताओं को प्रसन्न करने के लिए किया जा रहा है। पूरे यूनान में उन दिनों युद्ध बन्द रहते थे। इस नियम की अवहेलना करने पर स्पार्ता को एक बार दण्ड भी भुगतना पड़ा था। एक विशेष बात यह थी कि दौड़, मल्लयुद्ध जैसी स्पर्धाओं में प्रतिस्पर्धी निर्वस्त्र हो कर भाग लेते थे। मान्यता यह थी कि अपने शरीर को स्वस्थ, ऊर्जा युक्त बना कर वे ज़्यूस और अपोलो की ही पूजा कर रहे हैं। उनका शरीर स्वयं पूजा की सामग्री है जिसे स्वच्छ रखना और तेज युक्त बनाना उनका धर्म है। मानव शरीर को उसकी सम्पूर्ण भौतिकता के साथ देवत्व प्रदान करना उनकी सबसे बड़ी पूजा थी। यूनानी मूर्तिकारों ने अनेक शताब्दियों तक केवल मानव शरीर की ही प्रतिमाएँ गढ़ीं इसके पीछे उनकी यही धार्मिक भावना कार्य कर रही थी। तात्पर्य यह कि ये स्पर्धाएँ जिस भावना से आयोजित की जाती थीं और जितने उच्च स्तर की हुआ करती थीं उससे समझा जा सकता है कि इनमें विजयी होना कितने बड़े राष्ट्रीय गौरव की बात हुआ करती थी। विजयी प्रतिस्पर्धी के साथ उसके सगे-सम्बन्धी ही

नहीं पूरे नगरवासी स्वयं को गौरवान्वित अनुभव करते थे। इन्हीं कारणों से पिंदर द्वारा इन स्पर्धाओं को यूनान की महान् घटनाएँ मानना किसी भी प्रकार से अतिशयोक्ति नहीं थी। इनमें जीतने वाला प्रतिभागी पहले के स्थापित महानायकों से किसी भी अंश में कम नहीं था। इन पर कविता लिख कर वह धन अवश्य कमाता था किन्तु यह विषय ऐसा नहीं था कि इस पर लिखे गीतों को समाज निम्नस्तरीय मानता हो या उसके कवि कर्म की आलोचना होती हो। इसलिए जब वह लिखता है—"ओलिम्पियाई खेलों का यश दूर-दूर तक भास्वर है। यह पीलोप्स की दौड़ों में प्राप्त होने वाला असाधारण यश है। इन दौड़ों में पाँवों की फुर्ती, शक्ति और कठोर श्रम की परीक्षा होती है। इनमें विजयी व्यक्ति पुरस्कार स्वरूप मिले गीत के यश की उष्मा अपने पूरे जीवन भर भोगता है। इस प्रकार चिरकाल के लिए धन्य हो जाना प्रत्येक व्यक्ति के लिए सबसे बड़ा पुरुषार्थ है।"[18]
तो इसकी सच्चाई से पूरा यूनान सहमत था।

म्यूज़ों का देवताओं के यशोगान करने के समान ही मल्लयुद्ध या रथों की दौड़ में जीतने वाले के सम्मान में स्तुति गान करने के लिए दौड़ते चले आना आज हमें अटपटा लग सकता है। इसमें दो मत नहीं कि पिंदर के काल में भी क्रीड़ा स्पर्धाओं का आयोजन पूरे धार्मिक विधि-विधान के साथ किया जाता था। इसमें भी संदेह नहीं कि उसने काव्य के मूल संदेश (कोई सामान्य सत्य, शिक्षा या नीति वचन जिसे प्रयोजन के अन्तर्गत रख कर सबसे अधिक महत्त्व दिया है) को दिव्य सन्देश कह कर अपने धार्मिक चरित्र का परिचय दिया है (इतिहासवेत्ता उसे पुजारी परिवार से सम्बद्ध मानते हैं), किन्तु उस सन्देश को समाज तक पहुँचाने के लिए धन की माँग करना और साथ ही समाज की काव्य में धार्मिक आस्था की भी अपेक्षा रखना वस्तुतः द्वैध की स्थिति है जो उस समय की खंडित मानसिकता को रेखांकित करती है।

यह सत्य है कि बहुसंख्यक समाज इन विजेताओं को अपना प्रतिनिधि मानता था। इसके दो कारण थे। एक, इन खेलों की प्रतिष्ठा जो इसमें जीतने वाले को रातोंरात नगर का अत्यन्त विशिष्ट व्यक्ति बना देती थी; दूसरे, इनमें केवल सम्पन्न परिवार के लोग ही भाग ले सकते थे क्योंकि इसकी तैयारी के लिए जितनी सुविधा, जितने धन की आवश्यकता हुआ करती थी वह सब के बस की बात नहीं थी। अभिजात वर्ग वैसे भी अपनी सम्पन्नता के कारण समाज में सम्मान भोग रहा था। अतः यह अनुमान लगाना कठिन नहीं है कि इस वर्ग का क्रीड़ा-स्पर्धा के धार्मिक अनुष्ठान में देवताओं के पवित्र स्थलों पर जुटना और अपनी क्रीड़ाओं को उन्हें समर्पित करना पूरे आयोजन को दैवी गरिमा प्रदान करता

था, पूरा समाज उसमें व्यक्त होने वाली धार्मिक आस्था को स्वीकार करता था। किन्तु इस तथ्य को भी नकारा नहीं जा सकता कि टायरेंटों के युग में कला और धर्म का सम्बन्ध सतही रह गया था। कलाकार और कला के आश्रयदाता दोनों ही कला के माध्यम से धर्मिक आस्था के पोषण में कम और राजनीतिक अपेक्षाओं की पूर्ति मे अधिक विश्वास करते थे। इस स्थिति को उपर्युक्त स्पर्धाओं के विजेताओं की मूर्तियों के सन्दर्भ में ज्यादा अच्छी तरह समझा जा सकता है। अपनी जीत को स्थायी बनाने के लिए वह अपनी मूर्ति को आर्डर पर बनवाता था। मूर्तिकार कहीं दूर बैठा हुआ होता था, वहीं पर वह थोड़ी सी जानकारी लेने के बाद एक आदर्श प्रतिमा गढ़ देता था। मूर्ति तैयार करते समय लक्ष्य यह नहीं होता था कि उसमें विजेता को पहचाना जा सके, लक्ष्य था जीत को स्मरणीय बनाना, लक्ष्य था इन स्पर्धाओं का प्रचार करना, इनके लिए युवा वर्ग को प्रोत्साहित करना, उस युवा वर्ग को जो उपभोक्तावादी संस्कृति की ओर आकर्षित हो रहा था और पुराने आदर्शों से विमुख होता जा रहा था। लक्ष्य बदल जाने से रूपाश्रयी मूल्य अधिक महत्वपूर्ण होने लगा था।[19]

यही स्थिति कविता की थी। दोनों कलाओं में आवरण धार्मिक था किन्तु भीतरी चरित्र राजनीतिक था। रचना का 'मेड टू ऑर्डर' होना धार्मिक आस्था से मेल नहीं खा रहा था। ऊपर हम इसी को खंडित मानसिकता कह आये हैं। इसके पहले तक आख्यानक काव्यों अथवा स्तुति गीतों का गायन-वाचन जब भी होता था उसमें कवि या ता स्वयं भाग लेते थे अथवा उनके स्थानापन्न रूहैपसोड आया करते थे। रूहैपसोड भले ही दूसरों की रचनाएँ सुनाते रहे हों फिर भी उनकी उस कविता में आस्था अवश्य होती थी। प्लेटो के 'आयन' संवाद में रूहैपसोडों के चरित्र पर पर्याप्त प्रकाश डाला गया है। किन्तु अब स्थिति में एक महत्त्वपूर्ण मोड़ आ रहा था। जो वृन्दगान विजेताओं के सम्मान में लिखे जा रहे थे उन्हें कवि घर बैठे विजेता को भिजवा देता था और वह अपने वेतन भोगी गायकों से गवा लेता था,* कवि स्वयं जा कर अपनी रचना प्रस्तुत करे यह आवश्यक नहीं रह गया था। जैसे कोई अन्य उत्पाद उत्पादक का ठप्पा लग कर दुनिया में कहीं भी बिक सकता था

* कहा जा चुका है कि श्रम-विभाजन के अन्तर्गत गीत रचना और उसका गीतात्मक प्रस्तुतीकरण दो अलग-अलग क्षेत्र हो गये थे। वृंदगायकों की टोलियाँ पेशेवर हो गयी थीं जिनका भरण-पोषण अमीर घराने वैसे ही करते थे जैसे पहले कवियों का करते थे। निस्संदेह वृंदगायकों के दल पहले भी अस्तित्व में थे पर वे देवस्थलों से जुड़े हुए थे। देलॉस के वृंदगायक सारे आयोनिया में प्रसिद्ध थे। अब इनकी टोलियाँ अमीर घरानों के अधीन रह कर अपना व्यवसाय कर रही थीं।

ठीक वही स्थिति कविता की हो गयी थी। कवि और कविता के बीच यह सम्बन्ध विच्छेद व्यापारी संस्कृति का परिणाम था जिसका प्रभाव काव्य रचना और उसके प्रयोजन पर पड़ना स्वाभाविक था। आर्थिक लाभ उसका एक पक्ष है यश प्राप्ति दूसरा। एक उसे धन प्राप्ति के लिए बेच रहा था दूसरा यश प्राप्ति के लिए खरीद रहा था।

धन के बदले गीत लिखने की परिपाटी ने काव्य की गरिमा को कुछ क्षति अवश्य पहुँचायी होगी। इस क्षतिपूर्ति के लिए कवियों ने म्यूज़ का सहारा लिया। यह धारणा पहले से ही चली आ रही थी कि कविता म्यूज़ की देन है। उसी से निःसृत यह विश्वास भी जड़ जमाये बैठा था कि यदि किसी को सम्बोधित कर दो पंक्तियाँ लिख दी जाएँ तो वह व्यक्ति अमर हो जाता है। विजेता को मिलने वाला कोई अन्य पुरस्कार इसकी समता नहीं कर सकता। पिंदर ने इस धारणा और विश्वास पर अधिक से अधिक बल दिया और उसका पूरा-पूरा लाभ उठाया। पिथीअन 3 में वह कहता है, "यशोगान का रूप लेने वाली प्रतिष्ठा बहुत दिनों तक बनी रहती है।" अतः कवि का सामाजिक कर्तव्य है कि यदि कोई बड़ा काम करता है तो उसकी प्रशंसा में गीत अवश्य लिखा जाना चाहिए। काव्य में वह व्यक्ति और उसका काम अमर हो जाता है।[20] पिंदर ने कवि के इस सामाजिक उत्तरदायित्व को और अधिक सम्मान देने की दृष्टि से इसे इस तरह प्रचारित किया कि स्वयं म्यूज़ भी इसमें रुचि लेती हैं। इतना ही नहीं यह दैवी विधान का एक अंग है और इसकी परम्परा स्वयं देवताओं की ही स्थापित की हुई है–

तुम पर लायर की मधुर ध्वनि और बाँसुरी के श्रुतिप्रिय स्वर
यश की वर्षा कर रहे हैं,
और ज़्यूस की पाइईरियाई पुत्रियाँ दूर-दूर तक फैले तुम्हारे यश को
और पुष्ट कर रही हैं।[21]

व्यक्ति अपने कृतित्व से यश का भागी बनता है, कविता उस यश को स्थायित्व प्रदान करती है। स्थायित्व के भाव को पिंदर ने अनेक रूपकों में बाँधा है। कहीं इसे ऐसा कोषागार कहा जिसे न वर्षा बहा ले जा सकती है न हवा हिला सकती है।[22] दूसरे स्थल पर शानदार महल का रूपक बाँधा है जिससे यश की उज्जवलता तथा नित्यता का बोध होता है। विद्वानों का मत है कि अन्य शिल्पों से कविता की तुलना करके कविगण यह संकेत दे रहे थे कि कविता भी एक शिल्प है, अन्तर केवल माध्यम का है। हम इसे यूनानी चिन्तन का उज्जवल पक्ष कहेंगे कि उस युग में भी, जब काव्य चिन्तन के अंकुर फूट ही रहे थे, काव्य और अन्य शिल्पों को समान धरातल पर परखने की दृष्टि ने स्पष्ट रूप ले लिया था। और

आश्चर्य इस बात का है कि इसकी सीमा के भीतर उन्होंने बढ़ई, संगतराश, जलपोत बनानेवाले, दर्जी आदि ढेर सारे शिल्पी समेट लिये थे। हमारे अनुमान से इस प्रवृत्ति के मूल में 'पोईइन' (बनाना) क्रिया काम कर रही थी। उसी से संज्ञापद बना पोईतीस (बनानेवाला) जो आज के पोएट (कवि) शब्द का जनक है। अब यदि सभी शिल्पी किसी न किसी रूप में 'बनानेवाले' ही हैं तो भेद केवल माध्यम का रह जाता है, बनाने की क्रिया और उद्देश्य में सभी शिल्प एक जैसे ही हैं। इसलिए काव्य के गुण और रूप को व्यक्त करने के लिए उन्हें अन्य शिल्पों को उपमान स्वरूप ग्रहण करने में कोई हिचकिचाहट नहीं हुई। पिंदर ने भी संभवतः इसी प्रवृत्ति का अनुसरण करते हुए कवियों को निःसंकोच शिल्पी कहा है, "...विश्व भर में गूँजनेवाले छंद जिन्हें बुद्धिमान् शिल्पियों ने बनाया है।"[23]

स्थायित्व के भाव को व्यक्त करने के लिए पिंदर ने 'अमृत' शब्द का भी प्रयोग किया है। कविता म्यूज़ों का उपहार अवश्य है किन्तु अमृत रूप में।[24] लक्ष्य है उस विजेता को अमर बनाना जो कविता का संबोध्य है। उदात्त कर्म करनेवाले लोग जब इस संसार को छोड़ कर चले जाते हैं तब गीत और शब्द ही उनके महान् कार्यों को सुरक्षित रखते हैं।[25] जिन वीरतापूर्ण कार्यों पर स्तुति गीत नहीं रचे जाते वे अंधकार में खो जाते हैं।[26] यहाँ, एक विशेष बात यह भी है कि कविता जिस विजेता को संबोध्य है केवल उसी तक काव्य रूपी यश सीमित नहीं रहता, उसके सगे-सम्बन्धी भी यहाँ तक कि पूरे नगरवासी भी उसके श्रेय को भोगते हैं।[27] इस भाव को व्यक्त करने के लिए कवि अपनी रचना को मशाल की उपमा देता है जो विजेता के अपने नगर को देदीप्यमान् कर देती है।[28]

चिन्तन की इसी दिशा में कुछ और आगे बढ़ते हुए पिंदर ने यश के प्रयोजन को उभय निष्ठा माना है। अर्थात् कविता कवि को भी यश प्रदान करती है। इस भाव को व्यक्त करने के लिए उसने बड़े कौशल से म्यूज़ को माध्यम बनाया है। ई. पू. 462 में लिखा गया उसका एक संबोध गीत है—"उसने [होमर ने] कहा था कि अच्छे संदेशवाहक के कारण घटना से जुड़े प्रत्येक पक्ष को अधिक से अधिक श्रेय मिलता है। संदेश में सत्य के समावेश से म्यूज़ की प्रतिष्ठा भी बढ़ती है।"[29] इन पंक्तियों में आये 'प्रत्येक पक्ष' का विश्लेषण करें तो इसमें विजेता, कवि और म्यूज़ तीनों समविष्ट हैं। किन्तु शरू में कहा जा चुका है कि म्यूज़ मुख्यतः जन्मजात प्रतिभा के लिए प्रयुक्त काव्य बिम्ब है। कविगण इसका उपयोग कभी काव्य सौंदर्य के लिए, कभी अपनी प्रतिभा का रोब जमाने के लिए तो कभी अपने प्राधिकार को चुनौती देनेवाली शक्तियों को निरस्त करने के लिए करते रहते थे। यहाँ कवि ने म्यूज़ की प्रतिष्ठा बढ़ने की बात कह कर प्रकारान्तर से कवि के यश

में अभिवृद्धि का संकेत दिया है। म्यूज़ पर यश का आरोपण करके उसने अपने संकेत को कलात्मक रूप दे दिया है। फिर भी दोनों, म्यूज़ और कवि, को अलग-अलग भी रखना हो तो कहा जा सकता है कि कवि विजेता के यश को प्रचारित करने में म्यूज़ का सहभागी है इस अर्थ में वह स्वयं भी यश का प्रतिभागी बनता है और म्यूज़ का यश इस अर्थ में बढ़ता है कि उसने एक सदुद्देश्य के लिए जिस कवि का चयन किया था और जिसे प्रेरणा दी थी उसकी वह पूरी योजना सफल हुई। इस तरह पिंदर ने यश के प्रयोजन को अत्यन्त व्यापक रूप दे दिया है। इसकी सीमा में विजेता, उसका परिवार, सगे-सम्बन्धी, उसका नगर, मयूज़ और कवि सभी पक्षों का समावेश हो गया है। यश को इतना विस्तृत रूप अन्य किसी कवि ने नहीं दिया है।

### 1.3.4 यश का चिकित्सकीय प्रभाव

काव्य की प्रभावोत्पादकता पर विचार करते समय पिंदर के सामने हीसियोद का चिकित्सकीय प्रयोजन अवश्य रहा होगा किन्तु इसकी सिद्धि के लिए उसने यश को माध्यम बनाया है। उसका सामाजिक हीसियोद की सामाजिक की तरह चिन्ताग्रस्त रोगी नहीं है वरन् यशकामी, उत्साही, स्वस्थ शरीर और स्वस्थ आत्मावाला, सम्पन्न समाज का सदस्य है। उसने कठोर परिश्रम से समाज में अपने लिए विशिष्ट स्थान सुनिश्चित किया है। कवि का प्रयोजन है उसका यशोगान करना किन्तु काव्य से सामाजिक को जो प्रसिद्धि मिलती है वह उसके लिए अमूल्य निधि है जिसे पाकर वह अपनी तैयारी में उठाये गये सारे कष्टों और उनसे होने वाली थकान को भूल जाता है। जीत की खुशी मे जैसे अन्य आयोजन उसके श्रम की पीड़ा को हर लेते हैं उसी तरह म्यूज़ों की ये बुद्धिमान् पुत्रियाँ (अर्थात् कविताएँ) अपने स्पर्श से उसे (पीड़ाकर श्रम को) सहलाती हैं, अर्थात श्रम की पीड़ा को हर लेती हैं। [थके हुए] अंगों को गर्म पानी से भी इतना चैन नहीं मिलता जितना प्रशंसा से मिलता है।[29] इसी भाव को उसने एक अन्य गीत में दुहराया है—"अनेक लोगों के पीड़ाकर कष्ट सुख देने वाले गीतों से पीड़ा रहित हुए हैं।"[30] कवि का निष्कर्ष है कि गीत का प्रभाव देवताओं और मनुष्यों पर समान रूप से सुखकर होता है। इस तथ्य पर हीसियोद और पिंदर दोनों सहमत हैं। किन्तु हीसियोद के अनुसार इसका कारण है गीत की आनन्दनुभूति। जितनी देर तक सामाजिक अनुभूति में मग्न रहता है उतनी देर तक वह अपनी परेशानियों को भूला रहता है। यह पूरा कार्यव्यापार इंद्रियानुभूति के स्तर पर होता है और प्रत्येक सहृदय इसका अधिकारी होता है। उधर पिंदर का सामाजिक कोई अनाम सहृदय नहीं है वरन् विशिष्ट नाम-रूप धारी सामाजिक है। गीत जिसके लिए रचा गया है वही

इसका आधिकारिक सामाजिक है। दूसरे, इसमें संज्ञानात्मक तत्त्व (कॉग्निटिव एलिमेंट) भी सम्मिलित है। पिंदर के विशिष्ट सामाजिक को गीत के माध्यम से जो यश मिल रहा है वह उसके श्रम की सफलता का दैवी मूल्यांकन है। उसका यश इस रूप में प्रचारित हो रहा है कि देवताओं ने भी उसे सम्मान के योग्य समझा है। गीत ने उसे अमर कर दिया है, इस भावना से वह अपने समस्त दुःख-कष्ट भूल जाता है। उसे जो विश्रांति मिल रही हैं उसके मूल में मृत्यु पर विजय पाने की भावना है न कि उसके भय को भूलने की। विश्रांति की अनुभूति संज्ञानजन्य होने के कारण हीसियोद की मात्र इंद्रियानुभूति की अपेक्षा बुद्धि की उच्चतर भूमि पर होती है। इसे पिंदर की मौलिकता कहा जाना चाहिए कि उसने काव्यानुभूति को एक नया आयाम दे कर भविष्य में अरस्तू के चिन्तन का मार्ग प्रशस्त कर दिया।

### 1.3.5 समाज सचेतक शिक्षक–पिंदर

पिंदर पेशेवर कवि था फिर भी उसने अपने प्रबोधनकार रूप को कभी विलुप्त नहीं होने दिया। जिनके लिए उसने लिखा उन्हें सदैव अपने समकक्ष, अपना मित्र माना। उसकी रचना निरन्तर यह छाप छोड़ती चलती है कि वह धन के लिए नहीं अपने मित्रों के कल्याणार्थ लिख रहा है। वे उसके गीतों मे व्यक्त विचारों को आत्मसात् कर स्वयं को भावी संकट से बचा सकते हैं। यह एक प्रकार से उनका मार्गदर्शन करनेवाला दृष्टिकोण था जिसे वह अपना मित्र-धर्म मान कर चल रहा था। वह जता रहा था कि उसका काव्य आनन्द प्रदान करने के उद्देश्य से नहीं वरन् प्रबोधित करने, चिन्तन-मनन के लिए प्रेरित करने के उद्देश्य से रचा गया है।

कवि की शिक्षक की भूमिका को विशेष महत्त्व देना तत्कालीन परिस्थितियों की माँग थी और जब तक परिस्थितियों ने निर्णायक मोड़ नहीं ले लिया कवि-समीक्षक इस भूमिका को महत्त्व देता रहा। एस्खिलुस, सोफ़ोक्लीज़, एरिस्तोफ़ेनीज़ आदि की रचनाओं में यह पुष्ट से पुष्तर होती चली गयी। सुकरात, प्लेटो और अरस्तू जैसे दार्शनिक काव्यशास्त्रियों का नैतिकता पर अधिक से अधिक बल देना भी इन्हीं परिस्थितियों की देन था।

प्रबोधनरूप शिक्षा का आधार ज्ञान है, उस पर विचार करते समय पिंदर ने होमर की इस मान्यता का समर्थन किया है कि समस्त ज्ञान का स्रोत म्यूज़ हैं किन्तु उसकी ज्ञान की अवधारणा होमर से भिन्न है। होमर ने इसे केवल सूचना तक सीमित रखा है, पिंदर ने इसका सम्बन्ध बुद्धि और विवेक से जोड़ा है। उसका यह कहना कि बिना म्यूज़ों की सहायता के मनुष्यों की मति अंधी होती है, या प्रज्ञा के मार्ग अत्यन्त गहन होते हैं[31] स्पष्टतः ही ज्ञान को सूचना के अर्थ में लेने का संकेत नहीं देते। जिस कवि का समाज अपने अस्तित्व की लड़ाई लड़ रहा हो

उसके मार्ग दर्शन के लिए ज्ञान को हलके-फुलके अर्थ में कैसे लिया जा सकता है। इसका सम्बन्ध बुद्धि और विवेक से जोड़ कर उसने ज्ञान को अर्थ गांभीर्य भी प्रदान किया है और व्यापकता भी। यह उसके लिए विश्वजनीन सत्य था। सम्पूर्ण कविता पर विचार करने के बाद सामाजिक जब किसी निष्कर्ष पर पहुँचता है तो वह किसी सुभाषित अथवा नीति वाक्य के रूप में होता हैं यह उसका सैद्धान्तिक पक्ष है। व्यवहार में इसके दो आयाम हैं—एक, पौराणिक आख्यानों अथवा किसी विशेष कवि की रचना में मिथ्या तथ्यों का प्रतिकार; दूसरा, मर्यादा की सीमा को पहचानना और उसके उल्लंघन से बचना। इन तीनों बातों को कलात्मक रूप देने के लिए पिंदर ने नये-नये काव्य बिम्बों की उद्भावना की जो बाद के कवियों के उपजीव्य बने।

कवि मुख्यतः शिक्षक है यह धारण बहुत पहले से ही जनमानस में गहरे पैठी हुई थी। पिंदर के सन्दर्भ में यह तथ्य ध्यान रखने योग्य है कि उसका सम्बोध्य वृहत्तर समाज नहीं है और अभिजात समाज में से भी कुछ चुने हुए परिवार थे जिनके लिए वह लिख रहा था। यह अलग बात है कि ये परिवार पूरे समाज का प्रतिनिधित्व कर रहे थे इसलिए, प्रकारान्तर से उसकी कविता भी पूरे अभिजात समाज को सम्बोधित थी। समाज का प्रत्येक सदस्य उसे अपने ऊपर घटा सकता था। इसलिए, हाउज़र की यह टिप्पणी बिल्कुल ठीक है कि विजेताओं की मूर्तियों की स्थापना का प्रच्छन्न प्रयोजन स्पर्धाओं के पक्ष में प्रचार करना था ताकि नयी पीढ़ी, जिसमें महत्त्वाकांक्षा और उत्साह ठंडे हो चले थे, पुनः ऊर्ध्वरितस् हो सके। पिंदर के उद्बोध गीतों का स्वरूप इसी प्रयोजन से निर्धारित हुआ है। विश्लेषण करने पर इसके तीन पक्ष सामने आते हैं :

(*i*) पहले कवि किसी सुभाषित अथवा नीति वाक्य का चयन करता है। सामाजिक के आचरण से उसका सम्बन्ध होना आवश्यक था। इसी के अन्तर्गत करणीय-अकरणीय, प्रवृत्ति-निवृत्ति का उपेदश, मन्त्रणा या चेतावनी स्पष्ट व्यक्त होनी चाहिए। शेष दो पक्ष इसी साध्य के साधक रूप हैं—

(*ii*) उपदेश को कांता सम्मित बनाने के लिए पौराणिक आख्यान का समावेश किया जाता था; तथा

(*iii*) निजी संवेदनशीलता की अभिव्यक्ति; इसके अन्तर्गत कवि अपने और अपने मित्रों के बारे में चर्चा करता हुआ यह दर्शाता है जैसे वह आत्मीयता के भाव से प्रेरित हो कर मन्त्रणा देने के लिए प्रेरित हुआ है।

आत्मकथा को रचना का अभिन्न अंग बनाने के पीछे एक अन्य लक्ष्य भी

था–गीत को व्यक्तिवैशिष्टय सम्पन्न बनाना। शैली का निजीपन रचना पर स्वामित्व की मुहर है जो एक बार लग गयी तो उसे कोई कहीं भी ले जाय किन्तु वह पहचानी जायेगी रचयिता के नाम से ही। एक बात और, गीत के प्रथम पक्ष को कवि इस तरह प्रस्तुत करता था मानों वह म्यूज़ का गुह्य संदेश है और कवि उसकी जो व्याख्या कर रहा है वही उसकी सटीक व्याख्या है। चूँकि सटीक व्याख्या एक ही हो सकती है इसलिए भी उसे वैशिष्ट्य प्रदान करना आवश्यक था। वैशिष्ट्य प्रदान करने के लिए आत्मकथा के प्रवेश का निहितार्थ यह निकलता है कि वह जो कुछ भी कह रहा है म्यूज़ों के प्रतिनिधि के रूप में कह रहा है। उन्होंने स्वयं इसके लिए उसे नियुक्त किया है। उसके पास दैव प्रदत्त अधिकार है और सामाजिक उसे आदेश के रूप में स्वीकार करे।

### 1.3.6 ज्ञान और सत्य की अवधारणा

शिक्षा का एक पक्ष है सामाजिक को वास्तविकता का ज्ञान कराना। इसके अन्तर्गत पिंदर का ध्यान पौराणिक आख्यानों और आख्यानक काव्यों के कुछ ऐसे प्रसंगों की ओर गया जो औचित्य की सामान्य अवधारणा के विपरीत थे। उसकी पिछली पिढ़ी में दार्शनिक ज़ेनोफेनीज़ और हिरेक्लाइतुस द्वारा भी काव्य के ऐसे अंशों पर उँगली उठायी जा चुकी थी। इन्हीं के प्रयत्नों से इस काल तक आते-आते यह विषय एक बड़ा प्रश्न बन चुका था कि ऐसे प्रसंगों को क्या एकदम नकार दिया जाय अथवा इनमें कोई प्रतीकार्थ खोजा जाय? पिंदर भी इसी दुविधा में फँसा था। वह 'देववंशावली' की ये पंक्तियाँ भूल नहीं पा रहा था कि म्यूज़ झूठ को भी सच की तरह बोल सकती हैं। अतः प्रश्न था कि म्यूज़ इन प्रसंगों में कहीं झूठ तो नहीं बोल रही हैं? दूसेर शब्दों में यह काव्य में भ्रम पैदा करने की शक्ति की स्वीकृति थी, किन्तु मिथ्या भ्रम पैदा करना क्या कवि के लिए उचित है? काव्य का प्रयोजन सामाजिक को सच्चा ज्ञान देना है न कि भ्रमजाल में भटकाना। इस स्थिति से उबरने के लिए उसके पास दो विकल्प थे–(*i*) इन्हें प्रतीक मान कर इनमें निहित अर्थ की खोज करना, या (*ii*) इन्हें असत्य मान कर नकार देना। पहला विकल्प उसके लिए सम्भव नहीं था क्योंकि वह पहले ही स्थापित कर चुका था कि कविता म्यूज़ के गुह्य संदेश की ऐसी व्याख्या है जिसकी पुनः व्याख्या की आवश्यकता नहीं रह जाती, प्रतीक में पुनः व्याख्या आवश्यक हो जाती है। और, यदि उनके मुख्यार्थ को ही स्वीकार करें तो औचित्य का प्रश्न उठ खड़ा होता है। जो देवता मनुष्य के अच्छे-बुरे आचरण का मूल्यांकन करते हैं उनके अपने मिथ्या आचरण को उचित कैसे ठहराया जा सकता है? उनका अनुचित आचरण अनुकरणीय कैसे हो सकता है और उसे कविता का विषय कैसे बनाया जा सकता है? इसलिए उसने दूसरा

विकल्प चुनना ही उचित समझा। उसने ऐसे कुछ प्रसंगों का अपने गीतों में उल्लेख किया और उस पर अपनी व्यवस्था भी दी। यह काव्य सत्य का प्रश्न था, गम्भीर विषय था। खंडित प्रति 205 में वह बड़े साफ़ शब्दों मे निवेदन करता है–'हे रानी सत्य, मेरी बुद्धि को मिथ्या के गढ्डे में गिरने से बचा लो।[32]

अपनी सत्यान्वेषी दृष्टि का परिचय देने के लिए पिंदर ने ओलिं. 1 में एक पौराणिक आख्यान का उल्लेख किया है। इसमें पिता का अपने पुत्र को मार कर उसका मांस देवताओं को खिलाने को प्रसंग आया है। देवताओं को नरभक्षी रूप में दिखलानेवाले इस आख्यान की भर्त्सना करते हुए वह कहता है–"मैं यह नहीं समझ पाता हूँ कि देवता नरभक्षी कैसे हो सकता है, मैं इसका समर्थन नहीं करता।" इसके पहले वह कह चुका होता है कि देवताओं के बारे में अच्छा कहना ही उचित होता है। इस परिप्रेक्ष्य में कवि ने नैतिकता के आधार पर इस आख्यान को मिथ्या कहा है किन्तु इसी गीत मे वह यह भी स्वीकार करता है कि कविता अपनी शब्द शक्ति के बल पर अविश्वसनीय को भी विश्वसनीय बना देती है।

यहाँ पश्चात्य विद्वानों ने प्रश्न उठाया है कि क्या पिंदर काव्य सत्य और वास्तविक [ऐतिहासिक] सत्य के द्वैत को स्वीकार कर रहा है? नीमि. 7 में भी उसने ऐसे ही एक विषय को लिया है और अपना निर्णय दिया है :

> "...मेरा विश्वास है कि ओदिस्यूस की कहानी, होमर की काव्य मधुरता के कारण, उसके वास्तविक कष्टों की अपेक्षा अधिक महान् बन पायी है, क्योंकि उसकी मिथ्या कथाओं की कलात्मकता वशीकरण मंत्र फूँक देती है, और उसका कौशल झूठी कहानियाँ कह कर धोखा दे जाता है।"

अब, यदि काव्य इस तरह का धोखा देता है तो वास्तविक सत्य को परखने की कसौटी क्या हो सकती है? पिंदर का दो टूक उत्तर है औचित्य। यही कसौटी हमें सत्य का ज्ञान करा सकती है। ओलिं 1 में उस का निर्णय है कि देवता, जो हमारे आदर्श हैं, कभी नरभक्षी नहीं हो सकते। इसी तरह नीमि. 7 में एइयास की आत्महत्या के प्रसंग को भी उसने मिथ्या कहा है। ऐसा पराक्रमी योद्धा जो अखिलीज़ को छोड़ कर शेष सभी से अधिक वीर था क्या इतना बुद्धिभ्रष्ट हो सकता है कि अखिलीज़ के कवच आदि न मिलने पर अपनी ही तलवार से आत्महत्या कर ले? तात्पर्य यह कि वे सभी घटनाएँ या क्रिया व्यापार जो देवता या मनुष्य के चरित्र से औचित्य के आधार पर मेल नहीं खाते वस्तुतः असत्य हैं।

औचित्य को सत्यासत्य की कसौटी मान लेने पर प्रत्यक्षतः कोई हानि नहीं दीखती किन्तु उसकी कुछ सीमाएँ हैं। देवताओं के बारे में यह निर्विवाद रूप से कहा जा सकता है कि अच्छे-बुरे का मूल्यांकन करनेवाले, उसका पुरस्कार या दंड

देनेवाले स्वयं अनुचित व्यवहार नहीं कर सकते। किन्तु ऐतिहासिक घटनाओं के सन्दर्भ में भी क्या सत्य और औचित्य को एक-दूसरे का पर्याय कह सकते हैं? क्या वास्तविकता ऐसी है? स्यात् इस प्रश्न को इतिहास के सन्दर्भ मे देखना ही अनुचित है। हमें पिंदर की समीक्षा-दृष्टि के सन्दर्भ में सत्यासत्य को देखना है। बहुधा हम कल्पनाप्रसूत घटना को काव्य सत्य के नाम पर स्वीकार कर लेते हैं क्योंकि वह पात्र के चरित्र से औचित्य के धरातल पर मेल खा जाती है। ऐसे कवि कल्पित सत्य का पिंदर की दृष्टि में कोई स्थान नहीं है। उपर्युक्त प्रसंगों को कवि इसलिए मिथ्या नहीं कह रहा कि वे आचरण की कसौटी पर खरे नहीं उतर रहे हैं बल्कि उन्हें तो वह पहले से ही असत्य कह रहा है। औचित्य की कसौटी तो उसके निर्णय की पुष्टि मात्र कर रही है। तब, उन्हें मिथ्या कहने का आधार क्या है? पिंदर से यह प्रश्न किया जाता तो वह कहता कि ज्ञान का मूल स्रोत म्यूज़ हैं, प्रेरणा के क्षणों में म्यूज़ों से सम्पर्क साध कर उसने जो ज्ञान प्राप्त किया है उसी के बल पर उसका निष्कर्ष है कि कुछ बातें परम्परा द्वारा अनुमोदित होने पर भी असत्य हैं। उन्हें मिथ्या घोषित करने के लिए औचित्य की कसौटी की आवश्यकता नहीं है, उन्हें तो म्यूज़ों ने ही मिथ्या घोषित कर दिया है। उन घटनाओं का स्वरूप निर्धारण वस्तुतः म्यूज़ों की प्रेरणा हुआ ही नहीं है, फिर भला वे सत्य कैसे हो सकती हैं?

मूल्यांकन के मानदंड के रूप में औचित्य की स्थापना करके पिंदर ने एक ही तीर से कई निशाने साधे हैं। पहला है, अपने सामाजिक को सार्वजनिक जीवन में अनुचित व्यवहार के प्रति चेतावनी देना। किसी भी समस्या के उपस्थित होने पर परम्परा की दुहाई न दे कर व्यक्तिगत स्तर पर निर्णय लेना। यह व्यष्टिवादी विचारधारा को पुष्ट करनेवाली मन्त्रणा थी। नाटकों में यह प्रवृत्ति कुछ अधिक स्पष्टता से उजागर होने लगी थी। इसकी अंतिम परिणति के रूप में युरिपिदीज़ के पात्रों ने जब निजी निर्णय लिए तो पूरा समाज सकते की हालत में आ गया। दूसरा है, पूर्ववर्ती कवियों को चुनौती देना। उसने इस विश्वास पर तो अपनी स्वीकृति की मुहर लगायी कि म्यूज़ ही ज्ञान का स्रोत हैं किन्तु इस पर सन्देह प्रकट किया कि अपनी रचनाओं मे अनुचित प्रसंगों का समावेश करानेवाले ये कवि क्या सचमुच म्यूज़ से प्रेरित हुए थे। तीसरा लक्ष्य है, स्वयं को म्यूज़ के सर्वाधिक निकट घोषित कर अपनी रचना की सत्यता, विश्वसनीयता को स्थापित करना। पिंदर की दृष्टि में ऐतिहासिक सत्य और काव्य सत्य जैसा द्वैतभाव नहीं है। काव्य का सत्य ही इतिहास का सत्य भी है, वही ज्ञान है। यदि काल्पनिक घटना को काव्य सत्य की संज्ञा दे कर स्वीकार कर लिया जाये तो स्वीकार करना

होगा कि म्यूज़ ज्ञान के साथ-साथ मिथ्या का स्रोत भी हैं। यह उसे मान्य नहीं है। म्यूज़ ज्ञान प्रदान करती हैं, ज्ञान के नाम पर धोखा नहीं देतीं।

### 1.3.7 अपोलो का संदेश

देव परिवार में अपोलो का गुणगान करने में पिंदर अन्य कवियों से आगे है। वह उसका आदर्श है। धनुर्विद्या, संगीत, औषधिज्ञान, भविष्यवाणी आदि का देवता अपोलो है। इनके अतिरिक्त वह कुछ अन्य गुणों का भी आदर्श रूप है जैसे, 'स्वयं को पहचानो' और 'अतिकृति का निषेध"। म्यूज़ काव्य, संगीत और नृत्य की देवियाँ अवश्य मानी गयी हैं किन्तु उनका नेतृत्व अपोलो करता हैं। पिंदर ने इसमें एक और आयाम जोड़ा कि म्यूज़ अपोला की इच्छा से ही किसी कवि पर कृपा करती हैं। अपने लिए भी उसकी धारणा थी कि अपोलो की कृपा के कारण ही वह म्यूज़ को विशेष प्रिय है। यूनान की मुख्य भूमि पर देल्फाई के अपोलो की अधिक प्रतिष्ठा थी। मुख्यतः वह डोरियाई देवता था और मान्यता थी कि अपने दिव्य संदेशों से वह लोगों के दिलों में और नगर-राज्यों के प्रशासन में भी व्यवस्था, अनुशासन और शांति का प्रदाता है। स्पार्ता उनके सामने इसका प्रत्यक्ष उदाहरण था। ऐसे देवता के कृपापात्र पिंदर के लिए स्वाभाविक था कि अपनी रचनाओं में वह मर्यादा के महत्त्व को स्थापित करे।

ई. पू. छठी और पाँचवीं शताब्दी में ज़मीदार आभिजात्य परिवारों पर मँडराते संकट की बात कही जा चुकी है। उसके मूल में नवधनाढ्यों की संस्कृति काम कर रही थी। यह वर्ग अभिजात समाज में शामिल तो कर लिया गया था किन्तु उसके संस्कार ज़मींदार कुलीन वर्ग के संस्कारों से भिन्न थे। यह वर्ग हर वस्तु को धन की तुला पर तौलता था। उसकी देखा-देखी पुराने संस्कारों वाले परिवारों की नयी पीढ़ी में भी भोगवादी प्रवृत्ति बढ़ रही थी और वह अपनी परम्परा से दूर होती जा रही थी। कला के क्षेत्र में इंद्रियानुभूति पर अधिक बल दिये जाने के पीछे यही मनोवृत्ति कार्य कर रही थी। नये दौर का सामाजिक रूप पक्ष में अधिक रुचि लेने लगा था, वस्तु तत्त्व उसके लिए गौण हो गया था। इस पूरी स्थिति को बदलने के लिए सोफ्रोज़्युनी–अनुशासन, आत्मसंयम और अति की सीमा न लाँघना–के पुराने आदर्श को फिर से स्थापित करने की आवश्यकता थी। कुछ सजग कवियों ने इसे काव्य-प्रयोजन में विशेष स्थान दिया। पिंदर ने मर्यादा का संदेश देने के लिए अनेक रूपके बाँधें हैं। इनमें मर्यादा की रेखा उसने सामाजिक के लिए ही नहीं अपने लिए भी खींची हैं :

> मित्रो, चौराहे पर, जहाँ से कई रास्ते कटते हैं, मैं विभ्रम की स्थिति में डाल दिया गया हूँ,

यद्यपि मैं सही रास्ते से पहले भी कई बार आया-गया हूँ : तो क्या किसी तूफान ने
मेरे पोत को उचित मार्ग से भटका दिया है? —पिथी. 11.38-40

प्रतीत होता है परिस्थितिवश की गयी अपनी भूल का वह पश्चात्ताप कर रहा है। ध्यान रहे यह भूल दैनंदिन जीवन से सम्बन्धित नहीं हैं। यहाँ पोत काव्य के अर्थ मे प्रयुक्त है अतः इसका अर्थ है कि किसी गीत में वह मर्यादा का उल्लंघन कर बैठा है और वह भूल मुख्यतः गीत संरचना से सम्बद्ध रही होगी। जैसे जीवन में मर्यादा का पालन करना आवश्यक है उसी तरह काव्य का रूप विधान भी किन्हीं सीमाओं के भीतर रहने की अपेक्षा रखता है। यदि वह असंतुलित है या उसमें अन्य कोई त्रुटि रह गयी है तो यह भी मर्यादा का उल्लंघन ही माना जाना[33] चाहिए। फिर से ऐसी भूल नहीं होगी इस विश्वास को व्यक्त करते हुए वह दूसरे गीत में कहता है :

"मेरी इच्छा उस व्यक्ति [हायरो] की प्रशंसा करने की है, और मुझे विश्वास है कि मैं अपना भाला दूसरों की तरह ऐसे ही नहीं फेंकूगा कि वह कहीं भी जा गिरे
बल्कि ऐसे फेंकूँगा कि अखाड़े की सीमा के भीतर ही दूसरों की अपेक्षा कुछ और दूर जाय। —पिथी. 1.42-45

यहाँ अखाड़े की सीमा है मर्यादा का विचार। इसी भाव को व्यक्त करनेवाला उसका दूसरा रूपक है :

"अंधकार में जलयात्रा करते-करते किसी को भी गदेरा के आगे नहीं जाना चाहिए :
अपने पोत को यूरोप की मुख्य भूमि की ओर लौटा लेना चाहिए।"
—नीमि. 4.69-72

रथ और पोत दोनों पिंदर के प्रिय बिंब है जिन्हें भावी पीढ़ी ने साभार स्वीकार किया। इनमें मर्यादा का भाव काव्य से संम्बद्ध प्रत्येक पक्ष के लिए ध्यातव्य है। इसलिए विजेता को भी और स्वयं को भी मर्यादा में रहने की सलाह देते हुए वह लिखता है:

"यदि अधिकृत वस्तुओं में जल सर्वोत्तम है और सुवर्ण अत्यंत मूल्यवान् तो थेरोन अपने गुणों के बल पर सीमा के छोर, 'हर्क्युलीज़ के स्तम्भ', तक पहुँच गया है, उसे उसने छू लिया है। उसके आगे कोई भी नहीं जा सकता, न बुद्धिमान् न मूर्ख। मैं इसके आगे नहीं जाउँगा। [इसके आगे जाना] मेरी मूर्खता होगी।" —ओलिं. 3.44-48

पिंदर ने मर्यादा की कोई स्पष्ट व्याख्या नहीं की है। यह सम्भव भी नहीं है किन्तु इसका पालन करने की सलाह उसने जितनी समाज को दी है उससे कहीं अधिक अपनी कवि बिरादरी को दी है। इस मनोभूमि की व्याख्या में हैरियट ने[34] उसके प्रिय बिम्ब 'शब्द पाँखी' को लिया है। होमर में इसके प्रयोग का अर्थ है–शब्द पंखों वाले तीर की तरह सीधे लक्ष्य की ओर बढ़ते हैं। पिंदर ने इसमें थोड़ा परिवर्तन करके यह अर्थ लिया है कि धनुष से छुटे तीर की तरह शब्द वापिस नहीं लाये जा सकते। इसलिए इनका प्रयोग उचित-अनुचित का अच्छी तरह विचार कर लेने के बाद ही करना चाहिए।

उचित-अनुचित के सन्दर्भ से परिभाषित मर्यादा के अनेक आयाम हो सकते हैं। जैसे, काव्य के रूप से जुड़ कर वह शास्त्रीय नियमों के उल्लंघन का अर्थ देगा, वस्तु तत्त्व पर विचार करते समय ऐतिहासिक सत्य उसका आधार बन सकता है और पात्र के सन्दर्भ में नैतिकता के मानदंड उसका निर्धारण कर सकते हैं। औचित्य की भूमि पर सत्य और मर्यादा को पिंदर ने संयुक्त रूप में देखा है। ओदिस्यूस और तेंतालुस के प्रसंगों पर निर्णय देते हुए उसका कहना है कि ये सत्य न होते हुए भी कवि कौशल, काव्य भाषा की शक्ति के कारण सत्य का आभास देते हैं किन्तु इस मिथ्या प्रचार को क्या मर्यादा का उल्लंघन नहीं माना जाना चाहिए। काव्य समाज के सामने आदर्श प्रस्तुत करता है, उसे सत्य का ज्ञान कराता है, इसलिए कवि को चाहिए कि वह देवताओं के सम्बन्ध में सुष्ठु शब्दों का प्रयोग करे।[35] और जब बात आती है पौराणिक और आनुश्रुतिक आख्यानों में सत्य को जानने की तो हमारे पास एक ही तुला है–औचित्य। यही तुला मर्यादा की पहचान भी कराती है।

### 1.3.8 काव्य और विश्वशांति

यश के चिकित्सकीय प्रभाव के विचार को और अधिक व्यापकता प्रदान करते हुए पिंदर ने एक सुखद विश्व की कल्पना की है। यहाँ उसका आदर्श फिर से अपोलो है। पिथी. 5 में उसने अपोलो के उपहारों की सूची गिनायी है जिसमें हमारे विषय से सम्बन्धित दो उपहार हैं–

(*i*) वह दुःखार्त समाज को उपचार उपहारस्वरूप देता है; (*ii*) उसके आदेश पर म्यूज़ जब गीत की प्रेरणा देती है तो उसका उद्देश्य होता है समाज में शांति और व्यवस्था की स्थापना। लक्षणा से इसका अर्थ हुआ कि काव्य का एक प्रयोजन शांति एवं व्यवस्था की स्थापना भी होना चाहिए। इस महान् उद्देश्य का सम्बन्ध प्रत्यक्षतः तत्कालीन राजनीतिक परिवेश से है। पिंदर के कवि-जीवन प्रारम्भ करने के पहले से ही आयोनिया में फारसी सेनाओं की छेड़खानियाँ शुरु हो गयी थीं।

फिर, एक समय आया जब पूरा आयोनिया फारसी साम्राज्य का प्रान्त बन कर रह गया। अपने अधिकार क्षेत्र को और बढ़ाने के उद्देश्य से शहंशाह दारा ने यूनान की मुख्य भूमि पर भी आक्रमण कर दिया। इस नीति को उसके पुत्र ने भी ज़ारी रखा। दस-ग्यारह वर्षों तक चले इस युद्ध में अंतिम विजय यूनान की हुई। समस्त आयोनिया स्वतन्त्र हो गया किन्तु उसके कई नगर तहस-नहस हो गये। इसके बाद भी यूनान के नगर-राज्यों में आपसी खींचातानी चलती ही रही। संवेदनशील कवि इस पूरे घटनाक्रम से बड़ी गहराई से प्रभावित हुए। वे हृदय से अनुभव करने लगे कि जीवन जीने के लिए है स्वार्थवश मरने-मारने के लिए नहीं। होमर म्यूज़ का आवाहन युद्ध सन्नद्ध सेनाओं का वर्णन करने के लिए करता है किन्तु स्तेसीखोरुस का आवाहन है—"म्यूज़ मेरे साथ मिल कर युद्धों को पीछे ढकेल दो और देवताओं के विवाहों के उत्सव, मनुष्यों के सामूहिक प्रीतिभोज और भाग्यशालियों के आमोद-प्रमोद के गीत गाओ...।"[36] इसके लगभग डेढ़ सौ वर्षों के बाद एरिस्तोफ़ेनीज़ ने इन पंक्तियों को ज्यों का त्यों अपने 'शांति' नाटक में उद्धृत किया है। 'पंछी' नाटक में भी यही भाव फिर से उभर कर आया—"हम (अर्थात् म्यूज़) तुम्हें, तुम्हारे बच्चों और बच्चों के बच्चों को मुक्त हस्त से स्वास्थ्य और सम्पत्ति का वरदान देती हैं। तुम समृद्ध बनो, सुखी रहो और तुम सब को जीवन में शांति मिले।[37] एरिस्तोफ़ेनीज़ से भी पहले युरिपिदीज़ इस विषय को ले चुका था—"म्यूज़ों को शांति प्रिय है, प्रतिकारक शक्तियाँ इससे घृणा करती हैं...हम निकम्मे मृत्युधर्मा अच्छी चीज़ें हाथ से जाने देते हैं, युद्ध छेड़ देते हैं और अपने से कमज़ोर को दास बना लेते हैं...।"[38]

युरिपिदीज़ और एरिस्तोफ़ेनीज़ के नाटकों में शांति के प्रति उत्कंठा भाव उन दिनों चल रहे पेलोपोनीशियाई युद्ध का परिणाम था। उसी तरह, फारसी सेनाओं के आक्रमण, उनके साथ कई वर्षों तक चले युद्ध में बड़े पैमाने पर धन-जन की हुई हानि की पृष्ठभूमि में यदि पिंदर हृदय से शांति की कामना करता है तो हमें आश्चर्य नहीं होना चाहिए। काव्य शांति स्थापित करने में समर्थ है इस विचार को उसने कई प्रकार से पल्लवित किया है। कुछ गीतों में उसने दर्शाया है कि म्यूज़ निद्रा प्रदान करती है, निश्चित ही निद्रा का अभिधेयार्थ लेना उचित नहीं होगा। निद्रा और शांति में परस्पर सम्बन्ध स्थापित करनेवाला तथा काव्य के अद्भुत प्रभाव को दर्शाने वाला प्रसिद्ध गीत उसने ई. पू. 470 में हायरों के सम्मान में लिखा था। इसमें वर्णित प्रभाव की व्यापकता बहुत कुछ कृष्ण की वंशी का गुण लिये हुए है। गीत की शक्ति सुर-असुर, मनुष्य, पशु-पक्षी सभी को सम्मोहित कर लेती है :

तुम निरन्तर आग उगलनेवाले युद्धरत वज्र को भी शांत कर देती हो;
और पक्षीराज अपने दोनों ओर के तीव्रगामी पंखो को शिथिल छोड़ कर
ज्यूस के दंड पर सो जाता है,
क्योंकि तुमने उसके वक्र शिर पर काले बादल का छाजन रख दिया है,
उसकी पलकों पर मीठी मुहर लगा दी है,
सोते-सोते उसकी लचीली पीठ लहरें लेती है,
जिसे तुम्हारे स्वरों ने नियन्त्रित कर रखा है।
यहाँ तक की अत्यन्त शक्तिमान् एरीज़[अ] भी
अपने नुकीले भालों को एक ओर रख कर अपने हृदय को
नींद के सुख में डुबो देता है;
और तुम्हारे तीखे अस्त्र,
लीतो के पुत्र[ब] और उतुंग उरोजोंवाली म्यूज़ों के कौशल की
सहायता से देवताओं के मन को भी मोह लेते हैं।
किन्तु वे प्राणी जो ज़्यूस को प्रिय नहीं हैं,
पाइईरियनों[स] के गीत सुन कर भयभीत हो उठते हैं।

उपर्युक्त गीत द्वयर्थी है। एक अर्थ में कवि सिद्ध करना चाहता है कि जब देवलोक के सभी प्राणी गीतों से विश्रांति का अनुभव करते हैं तो मानवलोक का भी उसी तरह प्रभावित होना अवश्यंभावी है। यहाँ देवलोक सहित पूरा विश्व उसके गीतों का श्रोता बना हुआ है। दूसरे अर्थ में पक्षीराज और एरीज़ क्रूर शक्तियों के प्रतीक बन जाते हैं। उनके निद्रामग्न होने का अर्थ है मानवलोक में विध्वंसक शक्तियों का शांत हो जाना। अर्थात्, काव्य का मनुष्यों पर इस तरह प्रभाव पड़ता है कि उनके मन में युद्ध करने की उत्तेजना शांत हो जाती है। 'निरन्तर आग उगलनेवाले युद्धरत वज्र का शांत हो जाना' काव्य की अलौकिक शक्ति को दर्शाता है। दैवी शक्ति अन्ततः आसुरी शक्ति पर विजयी होती है। अव्यवस्था फैलाने वाले भाव काव्य के माधुर्य से निरुद्ध हो जाते हैं और समाज में व्यवस्था एवं शांति स्थापित हो जाती है।

ऊपर के उद्धरण में अंतिम दो पंक्तियाँ पहले से चली आती हुई विचार धारा को एकाएक भिन्न दिशा में मोड़ देती हैं। लगता है जैसे पहले की पंक्तियों से उनका कोई सम्बन्ध ही नहीं है। जब देवलोक में सभी विश्रांति का अनुभव कर

(अ) एरीज़=युद्ध का देवता
(ब) लीतो का पुत्र=अपोलो
(स) पाइईरियनों=म्यूज़ों

रहे हों तथा उसी के समानान्तर मनुष्य लोक में युद्धरत शक्तियाँ शांत हों गयी हों तो किसी एक वर्ग को भयभीत क्यों होना चाहिए? इन पंक्तियों की व्याख्या में तर्क संगति के लिए लैडबैटर ने दैवी विधान का सिद्धान्त अपनाया है।[39] हम स्मरण करें कि म्यूज़ों द्वारा विजेता का सम्मान करना दैवी विधान के अन्तर्गत उनका कर्तव्य है। विजेता का पराक्रम दैवी मूल्यांकन को आमंत्रित करता है। ऐसे कार्य और उनको करनेवाले ज़्यूस को प्रिय हैं। किन्तु दैवी विधान के विरुद्ध आचरण करने वाले लोग ज़्यूस को प्रिय नहीं हैं। उनके लिए वह दंड का विधान करता है, उसकी घोषणा भी म्यूज़ों के गीतों द्वारा ही होती है। उसी का संकेत पा कर ऐसे शांति विरोधी तत्त्व भयभीत हो उठते हैं। स्तुति और दंड एक ही विधान के दो पक्ष हैं और दोनों ही अनिवार्य हैं। म्यूज़ दोनों का निर्वाह करती हैं। पिंदर के काव्य सिद्धान्त के प्रकाश में इस निष्कर्ष को परखें तो पायेंगे कि दोनों स्थितियों में अनुभूति की एक ही प्रक्रिया कार्य कर रही है। विजेता में गीत का प्रभाव संज्ञान तत्त्व से संयुक्त हो कर विश्रांति में, सुख में परिणत होता है, उधर अपराधियों का भय भी संज्ञानजात है। अब यदि ज्ञान को व्यापक अर्थ में ग्रहण करें तो देखेंगे कि पिंदर की ज्ञान की अवधारणा होमर के ज्ञान का संवर्धित संस्करण है। दोनों के लिए ज्ञान का मूल स्रोत म्यूज़ हैं और उसे सामाजिक तक सम्प्रेषित करना काव्य का मुख्य प्रयोजन है। किन्तु होमर का ज्ञान बिम्बात्मक है और इंद्रिय ग्राह्य होने के कारण व्याख्या की अपेक्षा नहीं रखता। पिंदर के लिए ज्ञान म्यूज़ प्रदत्त गुह्य संदेश है जिसका रूप नीत्युपदेश या किसी विश्वजनीन सत्य का हो सकता है। बुद्धि ग्राह्य होने के कारण पिंदर का ज्ञान अनिवार्यतः बुद्धि तत्त्व संयुक्त है।

पिंदर की ज्ञान की अवधारणा होमर और हीसियोद की तुलना में उच्चतर भूमि पर है। वहाँ खड़े हो कर वह स्वयं को म्यूज़ों के अधिक निकट अनुभव कर रहा था। इसी कारण से उसकी निःसंकोच घोषणा है कि उसकी रचना म्यूज़ों के संदेश की सर्वाधिक सटीक व्याख्या है। दूसरों की रचनाओं में जो भी त्रुटियाँ हैं वे म्यूज़ से दूरी के कारण हैं। स्वयं को श्रेष्ठ घोषित करने का यह परोक्ष मार्ग था किन्तु लक्ष्य उसका वही था जो दूसरों का था, अर्थात, सामाजिक के मन में किसी भी प्रकार की आलोचना की प्रेरणा को निरस्त करना। देखना यह है कि इन अभिजातवर्गीय कवियों ने अपनी सुरक्षा के लिए म्यूज़ को माध्यम बना कर जो घटाटोप फैला रखा था वह नैतिकता की पुनर्व्याख्या करनेवाले सुकरात के तीक्ष्ण प्रहारों को कितना झेल पाता है।

## संदर्भ एवं टिप्पणियाँ

1. आर्नोल्ड हाउज़र, दि सोशल हिस्ट्री ऑफ आर्ट, प्रथम खंड, पृ. 63
2. "बुराई से घृणा, पाप तथा लज्जित होने से भय/ये प्रकृति प्रदत्त गुण हैं, इन्हें सिखलाया नहीं सकता/अन्यथा, समझदार तथा योग्य माता-पिता सुधार लेते/अपने बच्चों के मन के सभी दोष तथा कमियाँ/[ये माता-पिता] अभी भी निराश दिखलायी पड़ते हैं/कोई योजना या मानवीय कौशल से सिद्ध कोई उपाय/आवेश या एषणाओं [के विकार] को सुधार नहीं सकता।" –थियोगनिस, "ग्रीक पोएट्स" में संकलित
3. आर्नोल्ड हाउज़र, दि सोशल हिस्ट्री ऑफ आर्ट, प्रथम खंड, पृ. 62
4. म्यूज़ बी माइ ओरेकल, ऐंड आइ शैल बी योर इंटरप्रेटर। –खंडांश 150
5. ये स्पर्धाएँ चार अलग-अलग स्थानों पर आयोजित की जाती थीं और अलग-अलग नामों से जानी जाती थीं। अंग्रजी में इन्हें ओलिंपियन, पिथीअन नीमियन और इस्मियन कहा गया है। इनमें विजयी खिलाड़ियों पर पिंदर ने जो स्तुति गीत लिखे हैं उनका वर्गीकरण भी इन्हीं नामों के अन्तर्गत किया गया है।
6. ग्रेस एम. लैडबैटर, पोएटिक्स बिफोर प्लेटो, पृ. 66
7. रोज़मेरी हैरियट, पोएट्री ऐंड क्रिटिसिज़्म बिफोर प्लेटो, पृ. 60-61
8. ज़्यूस की तीन पुत्रियाँ जो सौंदर्य, शोभा और आकर्षण का मूर्त रूप मानी जाती हैं।
9. खंडित प्रति, 86
10. ओलिं. 13
11. रोज़मेरी हैरियट, पोएट्री ऐंड क्रिटिसिज़्म बिफोर प्लेटो, पृ. 101
12. वही, पृ. 101-2
13. आर्नोल्ड हाउज़र, दि सोशल हिस्ट्री ऑफ आर्ट, प्रथम खंड, पृ. 65
14. पिथी. 11.41-2
15. पिथी. 4
16. ओलिं 10. 1-4
17. हैरियट की पुस्तक 'पोएट्री एंड क्रिटिसिज़्म बिफोर प्लेटो', से उद्धृत पृ. 111
18. स्टोबार्ट, जे. सी., दि ग्लोरी दैट वॉज़ ग्रीस, पृ 84-5
19. आर्नोल्ड हाउज़र, दि सोशल हिस्ट्री ऑफ आर्ट, प्रथम खंड, पृ. 67
20. इस्मि. 3
21. ओलिं. 10.93-96
22. पिथी. 6.6-14
23. पिथी. 3. 113-15
24. ओलिं. 7.7
25. नीमि. 4.28-30
26. नीमि. 7.12-13
27. ...नॉर डज़ दि डस्ट बरी दि चैरिश्ड ग्लोरी ऑफ़ किन्समेन। –ओलिं. 8.79-80

28. ...व्हाइल आइ लाइट अप दैट डियर सिटी विद माइ ब्लेज़िंग सांग।

—ओलिं. 9.21-22

29. नीमि. 4.1-8
30. नीमि. 8.49-50
31. पीअन 7b; इस भाव को उसने 6.50-55 में तथा ओलिं. 9 में भी दुहराया है।
32. ग्रेस लैडबैटर की पुस्तक 'पोएटिक्स बिफोर प्लेटो' में पृ. 73 पर उद्धृत
33. रोज़मेरी हैरियट, पोएट्री ऐंड क्रिटिसिज़्म बिफोर प्लेटो, पृ. 68
34. वही, पृ. 69
35. ओलिं. 1. 35
36. खण्डित प्रति 210, स्तेसीखोरुस का काल ई. पू. 632-556 माना गया है।
37. एरिस्तोफ़ेनीज़ के इन दोनों नाटकों का रचना काल क्रमशः ई. पू. 421 और 414 है।
38. 'प्रार्थयिता नारियाँ', रचना काल ई. पू. 424
39. पोएटिक्स बिफोर प्लेटो, पृ. 75-6

# 2. शास्त्रीय समीक्षा के प्रथम चरण

## 2.1 समीक्षा की शास्त्रीय दृष्टि के विविध आयाम

### 2.1.1 व्यावहारिक और सैद्धान्तिक समीक्षा

अब तक की चर्चा का विषय काव्यशास्त्र का वह रूप था जो रचनाधर्मिता का अभिन्न अंग बन कर व्यक्त हुआ था। रचना करते-करते कवि काव्य-हेतु आदि शास्त्रीय पक्षों पर अपने दृष्टिकोण से सामाजिक को परिचित कराता चलता है। उसने इन्हें स्वतन्त्र रूप से चिन्तन का विषय नहीं बनाया, इनका अस्तित्व सामाजिक चिन्तन के उपचेतन पटल पर ही था। परिस्थिति विशेष में, आवश्यकता होने पर, किसी एक पक्ष पर वह अपनी स्थिति स्पष्ट कर देता बस। उसका वास्तविक लक्ष्य काव्य सौन्दर्य था इसलिए जो भी बात कहता रचना के ताने-आने की सीमा के भीतर रह कर ही कहता। म्यूज़ इसके लिए बड़ा उपयोगी माध्यम था। अपने लचीलेपन के कारण म्यूज़ का बिम्ब कभी काव्य सौन्दर्य का उपकरण बनता तो कभी काव्य चिन्तन का। समीक्षात्मक दृष्टि का यह रूप सामाजिक चिन्तन के उस पक्ष से जुड़ा हुआ था जिसके अन्तर्गत कवि ही नहीं पूरा समाज यह खोज कर रहा था कि काव्य तथा अन्य कलाओं का समाज में क्या स्थान है। ई. पू. 5 वीं शताब्दी तक आते-आते यह खोज कुछ और गहरी हो गयी थी। कवियों की बिरादरी भी इस दिशा में सजग हो गयी थी। इसका कारण सम्भवतः परिस्थितियों में आया परिवर्तन था। दार्शनिकों के उदयकाल तक धर्म सामाजिक चिन्तन को प्रमुख रूप से प्रभावित करता आ रहा था। किसी भी समस्या के समाधान में देवी-देवताओं की विशेष भूमिका रहा करती थी। काव्य चिन्तन भी उसी रंग में रँगा हुआ था। ई. पू. छठी शताब्दी में प्राकृतिक दर्शन के फलस्वरूप यद्यपि देवताओं के परम्परागत रूप और चरित्र पर प्रश्न चिह्न लगने लग गये थे किन्तु उनके अस्तित्व में समाज की आस्था अडिग थी। सुकरात और प्लेटो ने दैवी शक्तियों को कभी चुनौती नहीं दी।

सामाजिक जीवन जैसे-जेसे जटिल होता जा रहा था, समस्याएँ भी बढ़ती जा

रही थीं। कहीं धनी अभिजात वर्ग का शासन, कहीं टायरेंटों का शासन, कहीं राजतन्त्र, सबकी अपनी-अपनी कठिनाइयाँ थीं। समाज के घटकों में टकराव बढ़ रहा था। इसका प्रभाव काव्य चिन्तन पर भी पड़ा। काव्य जीवनोत्सव की अभिव्यक्ति के स्थान पर विशिष्ट प्रयोजन का माध्यम बनने लगा। वस्तु तत्त्व के उपयोगिताश्रयी मूल्य तथा सम्बन्धाश्रयी मूल्य पर और अधिक ध्यान दिया जाने लगा। इसका यह अर्थ नहीं लिया जाना चाहिए कि रूपाश्रयी मूल्य की उपेक्षा होने लगी थी, उलटे इसकी संस्क्रिया पर विशेष बल दिया जाने लगा था। पिंदर का उदाहरण हमारे सामने है। काव्य रूपों की विविधता भी इसी दिशा में हुई प्रगति का सूचक है। पाँचवी शताब्दी के आरम्भ होते न होते काव्य के सभी रूप अस्तित्व में आ चुके थे और इस शताब्दी के अंतिम चरण से पहले ही रचना के धरातल पर रूपाश्रयी मूल्य उसी तरह प्रतिष्ठित हो चुका था जिस तरह से अन्य दो मूल्य। कलाओं में इन तीनों मूल्यों का पूर्ण सन्तुलन इस युग की कला की सबसे बड़ी देन है।

समीक्षा के अन्तर्गत काव्य मूल्यों का प्रतिपादन उसका सैद्धान्तिक पक्ष है और उसी का व्यावहारिक पक्ष है रचनाओं तथा कवियों की परस्पर तुलना तथा उनका कोटिक्रम निर्धारण। अप्रत्यक्ष रूप से ये दोनों पक्ष काव्य रचना के साथ ही अस्तित्व में आ जाते हैं। कवि के मन में पहले से ही मानक काव्य का रूप बना हुआ होता है और उसका प्रयास होता है कि उसकी रचना उसी के अनुरूप हो। इसी मानदंड से वह दूसरों की रचना भी मापता है। उधर सामाजिक भी इसी तरह की कोई तुला मन में लिये होता है। जब सामाजिकों का पूरा वर्ग किन्हीं रचनाओं को पसंद करने लगता है या याद रखने लगता है तो एक सामान्य मानदंड अस्तित्व में आ जाता है। तब इसका स्वरूप निश्चित करने के लिए एक वर्ग चर्चाएँ करने लगता है। उस चर्चा में विभिन्न दृष्टिकोणों को प्रस्तुत करते हुए किन्हीं निष्कर्षों तक पहुँचने का प्रयास होता है। कुछ काल पश्चात् इसमें परिवर्तन-परिवर्धन का क्रम चल पड़ता है जो शास्त्र का रूप ले लेता है। शास्त्रीय समीक्षा का यह आरम्भिक रूप यूनान में ई. पू. 5 वीं शताब्दी में सामने आ गया था।

विश्व के भौतिक स्वरूप की तार्किक व्याख्या करनेवाला यूनान का प्रथम दार्शनिक थेलीज़ (ई. पू. 640-546) माना गया है। उसने कहा विश्व का मूल तत्त्व तरल पदार्थ है। बाद के चिंतकों ने इसी विचारधारा को आगे बढ़ाते हुए अपनी-अपनी उपपत्तियाँ (थियेरीज़) प्रस्तुत कीं। मूल तत्त्व/तत्त्वों और उनकी संरचना के सम्बन्ध में मतैक्य नहीं था। किन्तु इस बात पर सब सहमत थे कि विश्व किन्हीं अंध शक्तियों का जमघट नहीं है। इसमें एक व्यवस्था है और इसके परिवर्तन-क्रम की बौद्धिक व्याख्या सम्भव है। इस आधारभूत सिद्धान्त के साथ देवताओं से जुड़ी

पौराणिक गाथाएँ मेल नहीं खा रही थीं। ये विचारक देख रहे कि इन कथाओं में देवताओं का व्यवहार शालीनता के विरूद्ध है। वे मानवों की भाँति ही ईर्ष्या-द्वेष से ग्रस्त हैं, उनकी वासनाएँ भी अंतहीन हैं। वे भला मानवों का क्या मार्ग दर्शन कर सकते हैं। अतः इन कथाओं का प्रचार-प्रसार करनेवाले कवियों को आड़े हाथों लेना उन्हें अपना कर्तव्य प्रतीत हुआ। पाइथागोरस (ई. पू. 582-500) ने होमर को नरक में भेजने की सज़ा सुना दी। ज़ेनोफ़ेनीज़ (ई. पू. 570-480) ने उसके पाठ पर प्रतिबन्ध लगाने की माँग की। हिरेक्लाइतुस (ई. पू. 537-475) ने ज़नोफ़ेनीज़ का समर्थन किया और इस धारणा को भी मिथ्या कहा कि होमर की रचनाएँ सभी प्रकार की ज्ञान देती हैं, वे, इसके विपरीत, भ्रम का प्रचार करती हैं। जैसे, होमर के नाम से प्रचलित एक प्रार्थना में संघर्ष-विराम की बात कही गयी है जब कि संघर्ष—दो विरोधी शक्तियों में तनाव—वस्तुतः जीवन को नियन्त्रित करनेवाला विधान है। प्लेटो ने 'गणराज्य' में दर्शन और काव्य के बीच एक पुराने झगड़े का उल्लेख[1] किया है जिसका संकेत दार्शनिकों के इसी विरोध की ओर है। इस विरोध में कुछ कवि भी शामिल हो गये।

विरोध की कठोरता को कम करने के लिए विचारकों का एक वर्ग कुछ भिन्न दृष्टिकोण ले कर सामने आया। थियोगनिस, अनेक्सागोरस और मीत्रोदोरुस ने पौराणिक गाथाओं और उनके आधार पर लिखे गये काव्यों में रूपक/सोमासोक्ति की सहायता से प्रतीकार्थ ढूँढ़ने का प्रयत्न किया। इसके अनुसार देवता और आनुश्रुतिक नायक प्रकृति की अरूप शक्तियों के मूर्त रूप हैं। उनमें होनेवाला युद्ध सद्गुणों और दुर्गुणों के बीच चलता रहनेवाला संघर्ष है, या फिर प्रकृति में निरंतर गतिमान् संघर्ष है। अपोलो के बाण सूर्य की किरणें हैं पिनेलोपि द्वारा बुना जानेवाला जाल तर्कशास्त्र (डायलेटिक्स) के नियम हैं, आदि, आदि।

उपर्युक्त चर्चा को समीक्षा के इतिहास में भले ही स्थान न मिले पर इसके द्वारा समीक्षा का बीजपन हो गया था यह स्वीकार करने में संकोच नहीं होना चाहिए। समीक्षा का सामान्य रूप है गुण-दोष विवेचन, इन दार्शनिकों ने यही किया था। एक वर्ग ने नैतिकता के आधार पर दोष देखे दूसरे ने कवि स्वातंत्र्य तथा आलंकारिकता की दुहाई देर उसका खंडन किया। दोनों की आलोचना का विषय पात्र थे, अर्थात् यह आलोचना विषय प्रधान थी। अभिव्यक्ति पक्ष के बारे में वे मौन रहे। इस पक्ष पर सोफ़िस्तों ने ध्यान दिया। उस पर विचार करने के पहले इस तथ्य को भी जान लेना चाहिए कि उनके बहुत पहले से विश्व के भौतिक स्वरूप को विश्लेषणात्मक दृष्टि से परखने के प्रयास शुरू हो गये थे और अब उनका प्रभाव साहित्य जगत् पर पड़ने लगा था। वस्तुतः उन्हीं प्रयासों ने इस क्षेत्र

में आ कर समीक्षा का रूप ले लिया था। उस समय तक रचनात्मक साहित्य प्रभूत मात्रा में सामने आ चुका था। साहित्यकारों के अपने-अपने दल थे। आख्यानक काव्य का पाठ करनेवालों के अलग-अलग अखाड़े थे। ऐसे वातावरण में कवि और काव्य को आलोचनात्मक दृष्टि से देखा जाना स्वाभाविक था। यह दृष्टि दो आवश्यकताओं की देन थी :

(*i*) विशिष्ट विचारधारा रखने वाला प्रत्येक वर्ग चाहता था कि उसके दृष्टिकोण की पहचान भविष्य में भी बनी रहे, इसलिए, वह उसे लिपिबद्ध करके सुरक्षित कर लेना चाहता था। ये पुस्तकें दो-दो, चार-चार पन्नों से अधिक की नहीं रही होंगी किन्तु उनका प्रचार अवश्य किया जाता रहा। 'मेंढक' कामदी में इसी विषय को ले कर बड़ा सटीक व्यंग्य किया गया है। पुस्तकें तैयार करने की परिपाटी अकेले साहित्य में ही नहीं कला के कई क्षेत्रों में साथ-साथ चल पड़ी। पिंदर के गुरु लेसुस ने संगीत पर पुस्तक लिखी। पेरिक्लीज़ के संगीत शिक्षक देमन ने भी पुस्तक लिखी जिसमें आयी यह उक्ति बड़ी प्रसिद्ध हुई—"गीत और नृत्य अंतस के उद्वेलित होने पर जन्म लेते हैं। उदात्त तथा सुंदर गीत एवं नृत्य आत्मा को भी इस प्रकार का बना देते हैं। इसके विरोधी [गीत और नृत्य] आत्मा को भी इसका विरोधी बना देते हैं।" इसी तर पार्हासिउस ने चित्रकला पर, पोलिक्लाइतुस ने मूर्तिकला पर, आगाथार्खुस ने नाटक के परदों के दृश्यविधान पर, अनेक्सासगोरस और दिमोक्रितुस ने पर्सपेक्टिव पर पुस्तिकाएँ तैयार कीं। साफ़ोक्लीज़ ने म्यूज़ों के सम्मान में एक साहित्यिक संस्था स्थापित की थी। इसकी गोष्ठियों में जो चर्चाएँ होती थीं उन्हीं का आधार ले कर उसने वृंदगान पर पुस्तिका प्रकाशित की।[2] इन उदाहरणों से स्पष्ट है कि कला विशेष के तन्त्र पर भी गहराई से विचार किया जाने लगा था। एरिस्तोफ़ेनीज़ की कामदियों में रूप पक्ष पर जिस तरह से बहस करायी गयी है उससे ज्ञात होता है कि इस पर काफ़ी पहले से विचार होता आ रहा था।

(*ii*) दूसरे प्रकार की आवश्यकता स्वयं कवियों की उस मानसिकता से उद्भूत थी जो उन्हें अपने और अन्य कवियों के साहित्य की परस्पर तुलना करने की प्रेरणा दे रही थी और उसके निष्कर्षों की स्पष्ट घोषणा करने के लिए भी उकसा रही थी। ये टिप्पणियाँ, यद्यपि, कुछ विशेषणों अथवा एक दो वाक्यों तक ही सीमित होती थीं फिर भी उनमें दृष्टिभेद की विविधता तथा व्यापकता साफ़ झलकती है। इनमें साहित्य के बदलते मानों के संकेत भी ढूँढ़े जा सकते हैं। ये आलोचनात्मक सूत्र-वाक्य भले ही रचनात्मक साहित्य में बिखरे पड़े हों किन्तु इस सत्य के प्रमाण अवश्य हैं कि ई. पू. 5 वीं शताब्दी के कवियों में रचनात्मक प्रवृत्ति के साथ-साथ गुण-दोष विवेचन की प्रवृत्ति भी पर्याप्त मात्रा में विकसित हो चुकी थी। इसे यों भी

कह सकते हैं कि वे साहित्य का मूल्यांकन करना भी कवि-कर्म का अंग मान कर चल रहे थे। 7 वें नीमियन में पिंदर स्वीकार करता है कि काव्य में भ्रम पैदा करने की शक्ति होती है और होमर इसमें अत्यन्त कुशल है। वह झूठ को भी सच में बदल देता है। इन पंक्तियों को पढ़ कर ऐसा लगता है मानों वह गोर्जियास के लिए भूमिका तैयार कर रहा हो। इसी तरह अकेस्तर के प्रति क्रेतिनुस की टिप्पणी कि 'यदि वह घटनाओं में तारतम्यता नहीं ला पाता या उनके अनावश्यक विस्तार में संयम नहीं बरत पाता तो उसकी पिटाई होनी चाहिए' रूप तत्त्व के विश्लेषण की मनोवृत्ति को दर्शाती है। रूप तत्त्व के अन्तगर्त ही सोफ़िस्तों की शब्द प्रयोगों पर की गयी टिप्पणियाँ स्वतन्त्र अध्ययन का विषय हैं। इनके महत्त्व का अनुमान प्रोतेगोरस के उस समीक्षात्मक वाक्य से लगाया जा सकता है जिसका उल्लेख अरस्तू ने किया है। वह लिखता है, "हे देवी रौद्र रस का गीत गाओ' होमर के इस वाक्य में उसके अनुसार आदेश है जब कि उसे म्यूज़ से प्रार्थना करनी चाहिए।[3]

कवि और कविता के बीच अंतः सम्बन्ध की अवधारणा भी इस शताब्दी में निरन्तर पुष्ट होती दीखती है। एरिस्तोफ़ेनीज़ की कामदियों में अन्य कवियों पर की गयी छींटाकशी का आनन्द दर्शक तभी ले सकते होंगे जब वे उनके निहितार्थ से पहले से ही परिचित रहे होंगे। थियोगनिस पर उसका व्यंग्य है कि उसके नाटक ठंडे हैं क्योंकि उसका स्वभाव ठंडा है, उधर ज़ेनोक्लीज़ का लेखन इतना बुरा इसलिए है क्योंकि वह स्वयं बुरा है।[4] एस्खिलुस पर ऐसी ही टिप्पणी उसने युरिपिदीज़ से करवायी है, "वह [एस्खिलुस] किसी स्त्री को प्रेमावेश में इसलिए नहीं दिखला पाया क्योंकि उसने स्वयं कभी प्रेम नहीं किया।"[5] इस सन्दर्भ में सोफ़ोक्लीज़ के नाम से प्रचलित एक अत्यन्त महत्त्वपूर्ण तुलनात्मक आलोचना का उल्लेख अरस्तू ने किया है।[6] सोफ़ोक्लीज़ का सूत्र वाक्य है कि मैं पात्रों को आदर्शरूप में प्रस्तुत करता हूँ जब कि युरिपिदीज़ उन्हें यथार्थ रूप में प्रस्तुत करता है। यह उक्ति दोनों के पात्रों की तुलना करने के साथ-साथ उनके चरित्र के अन्तर को भी रेखांकित करती है। उनकी जीवनियों से सम्बन्धित तथ्य इसकी पुष्टि करते हैं।

यथार्थवादी लेखकों में यह प्रवृत्ति लगातार बढ़ रही थी कि वे परम्परा से कुछ हट कर कहें। इससे वे एक साथ दो निशाने साध रहे थे। पहला, इसके द्वारा उन्हें अपनी कल्पना शक्ति को प्रदर्शित करने का अवसर मिल रहा था। दूसरा, प्रेक्षक कुछ नया देख-सुन कर आनन्दित होते थे। कुछ विद्वानों ने इसमें तीसरा लक्ष्य भी देखा है जिसे उन्होंने ध्वनित आलोचना (इंप्लिसिट क्रिटिसिज़्म) कहा है।[7] इलेक्त्रा द्वारा अपने भाई को पहचानने की घटना को युरिपिदीज़ ने कुछ बदल कर दिखलाया है जिससे कहा जा सकता है कि उसे एकस्खिलुस का पुराना संस्करण

पसंद नहीं था और उसे नये-रूप में प्रस्तुत करके वह उसकी आलोचना कर रहा है। बाद में नवीनता के प्रति यह आग्रह लगातार बढ़ता गया। नाटककारों ने अनेक घटनाओं के नये संस्करण दिये हैं। ठीक यही स्थिति विडंबन काव्य (पैरोडी) की भी है। इनके द्वारा कवियों ने वास्तव में उन पुराने स्थलों की अलोचना की है जिनकी वे विडम्बना कर रहे थे। यहाँ भी दर्शक चूँकि पुराने संस्करणों से परिचित होते थे इसलिए वे इस व्यंग्य का भरपूर आनन्द उठाते थे।

कुछ कवि नयी-नयी उद्भावनाओं को एक नये मानदंड के रूप में देखने लगे थे और वे शीघ्र ही इसे काव्य मूल्य बना कर आग्रहपूर्वक स्थापित करने में जुट गये थे। तिमोथ्यूस की यह गर्वोक्ति देखिये– "मैं पुराने गीत नहीं गाता हूँ, मेरे नये गीत अधिक अच्छे हैं। ज्यूस नया राजा है, इसके पहले कभी क्रोनोस हुआ करता था। पुरानी म्यूज़ों को दूर हटाओ।"[8] दूसरी ओर समोस के खीरिलुस को खेद है कि उसके पास नया कहने के लिए कुछ बचा ही नहीं है–"म्यूज़ के वे सेवक भाग्यशाली थे जिनका जन्म तब हुआ जब चरागाह नयी हरी घास से भरा-पूरा था।...अब हमें दूर-दूर तक भी कुछ देखने को नहीं मिलता।"[9] एरिस्तोफ़ेनीज़ पर अलग से विचार करते समय हम देखेंगे कि इन्हीं कवियों के सुर में सुर मिलाते हुए वह प्रेक्षकों से अपेक्षा रखता है कि वे उसके नये-नये विचारों पर ध्यान दें तथा इस आधार पर उसकी अन्य कवियों से तुलना करें।

इस शताब्दी का बहुत सा यूनानी साहित्य नष्ट हो गया है, कुछ के कवेल शीर्षक ही बचे हैं। इसलिए, शास्त्रीय समीक्षा के रूप को ठीक-ठीक पहचानना संभव नहीं है। बस इतना कहा जा सकता है कि आलोचना एक स्वतन्त्र विषय के रूप में उभर रही थी और विषयगत वर्ग विभाजन के प्रयास भी होने लगे थे। जैसे यह देखना कि होमर का काल कौन सा था? वह कहाँ का था? यह ऐतिहासिक समीक्षा का प्रारम्भ था भले ही उसमें किंवदंतियों की भूमिका अधिक रही हो। 'कवियों के बारे में, (ऑन दि पोएट्स) शीर्षक से तैयार की गयी पुस्तकें इस दिशा में गम्भीर अध्ययन की साक्षी हैं। लोगों को होमर शायद कुछ अधिक प्रिय था। इनमें से स्तेसिंब्रोतुस और आयन ने तो पुरानी अन्योक्ति की विचारधारा को ही आगे बढ़ाया किन्तु दिमोक्रितुस ने होमर की प्रतिभा, उसके छंद सौंदर्य और विषय वस्तु के प्रतिपादन में क्रम तथा विविधता पर भी प्रकाश डाला। इसे व्याख्यात्मक आलोचना का शुरु-शुरु का महत्त्वपूर्ण ग्रंथ माना गया है।[10] होमर पर ही दूसरी महत्त्वपूर्ण पुस्तक अंतिमाखुस ने तैयार की थी। उसने होमर की रचनाओं का संपादन किया और व्याख्या भी की।[11]

सिमोनिदीज़ का प्रसिद्ध वाक्य है–चित्र मूक कविता है और कविता बोलता

हुआ चित्र है। यह वाक्य अनेकार्थी है।[12] वर्तमान सन्दर्भ में हम इसमें निहित तुलनात्मक दृष्टि की व्यापकता का अर्थ ग्रहण कर रहे हैं। यह टिप्पणी किसी एक कला की सीमा से बाहर जाकर दो भिन्न कलाओं के बीच एक सामान्य तत्त्व को खोजने का प्रयास है और इसमें हम तुलनात्मक समीक्षा के नये आयाम को देख रहे हैं। अर्थात्, माध्यम भिन्न होते हुए भी दो कृतियाँ किसी एक ही मनोवृत्ति को अभिव्यक्ति दे सकती हैं। सिमोनिदीज़ का निधन ई. पू. 468 में हुआ। इससे निष्कर्ष निकलता है कि 5 वीं शताब्दी के प्रथम चरण में ही काव्य और अन्य कलाओं को किसी एक सामान्य सीमा के भीतर देखने की प्रवृत्ति शुरू हो गयी थी, चाहे वह वस्तु तत्त्व हो, रचना प्रक्रिया हो, अभिव्यक्ति की विशेषता हो या फिर सामाजिक पर पड़ने वाला प्रभाव हो। जैसे, यह कहना कि कविता आनन्द देती है, अमुक कविता से हमें यह शिक्षा मिलती है, एक सामान्य विचार है। किन्तु यह कहना कि कविता का लक्ष्य आनन्द देना, या, शिक्षा देना होना चाहिए, एक सिद्धान्त को, एक नियम को जन्म देता है। यूनान में यह धारणा बहुत पहले से प्रचलित थी कि काव्य और संगीत एक ही सिक्के के दो पहलू हैं, दोनों नाम एक ही कला का बोध कराते थे। किन्तु दोनों में प्रयोजन के आधार पर अथवा साामजिक पर पड़नेवाले प्रभाव के आधार पर समानता देखना किसी सिद्धान्त को जन्म देनेवाली विश्लेषणात्मक बुद्धि का कार्य है। संगीत पर लिखी गयी समीक्षाएँ आज अनुपलब्ध हैं किन्तु उनमें काव्य पक्ष अछूता रहा हो यह असम्भव है। इसी तरह, सभी कलाएँ देवता के सेवार्थ हैं यह धारणा जाने कब से चली आ रही थी, किन्तु कविता और चित्र किसी एक वास्तविकता (रियेलिटी) अथवा रचना प्रक्रिया के अन्तः सूत्र से जुड़ी हुई है यह देखा जाना सिद्धान्त प्रतिपादन कहा जाएगा। सिमोनिदीज़ का सिद्धान्त क्या रहा होगा इसके बारे में कोई जानकारी नहीं है, प्लेटो और अरस्तू को ऐसी टिप्पणियों से मात्र प्रेरणा ही मिली अथवा कुछ सैद्धान्तिक सूत्र भी मिले इसका भी हमें कोई ज्ञान नहीं है। किन्तु ये सिद्धान्तगर्भ वाक्य हैं इसमें सन्देह नहीं है। हमारा अनुमान है कि अरस्तू का काथार्सिस का सिद्धान्त भी ऐसी ही किसी धारणा अथवा सूत्र-वाक्य की उपज है।

कुछ सूत्र-वाक्य अथवा शब्द प्रयोग कैसे सिद्धान्तगर्भ भी हो सकते हैं इसके कुछ उदाहरण लिये जा सकते हैं। ज़ेनोफ़ेनीज़ ने मिथ्या पौराणिक आख्यानों के लिए प्लासमातो शब्द का प्रयोग किया है। इसका अर्थ है कि जैसे मिट्टी की मूर्तियाँ गढ़ी जाती हैं वैसे ही आख्यान भी गढ़े गये हैं। अतः, समझा जा सकता है कि रचना प्रक्रिया में समानता होने के कारण ज़नोफ़ेनीज के लिए कवि और मूर्तिकार एक ही धरातल पर खड़े हैं। दूसरी ओर पिंदर अपनी कविता और मूर्ति में

सौंदर्य को समान तत्त्व के रूप में अवश्य स्वीकार करता है किन्तु कविता को श्रेष्ठ इसलिए मानता है क्योंकि वह देश की सीमा का अतिक्रमण करने में समर्थ है। इन दोनों उदाहरणों को एक व्यापक काव्यशास्त्र की भूमिका के रूप में देखा जाना चाहिए। प्लेटो और अरस्तू इससे अछूते नहीं रहे। इनमें निहित विश्लेषणात्मक प्रवृत्ति को हमें समझना चाहिए। इसके अंकुर ई. पू. छठी शताब्दी में फूट चुके थे, उसके बाद यह व्यापक होती गयी, पुष्ट होती गयी, और काव्य के क्षेत्र में इसने शास्त्र का रूप ले लिया। विकास की इस प्रक्रिया को सोफ़िस्तों की व्यावहारिक दृष्टि ने विशेष गति प्रदान की। शिक्षा और समीक्षा दोनों पर दृष्टि रखनेवाले इन सोफ़िस्तों की एक निराली ही बिरादारी थी और इस क्षेत्र में इनके योगदान को कम करके नहीं आँका जाना चाहिए।

### 2.1.2 सोफ़िस्तों का भाषिकीय काव्यशास्त्र

धन ले कर शिक्षा देने की प्रथा सोफ़िस्तों की देन है। इनकी शिक्षा का घोषित लक्ष्य था, 'प्रभावशाली भाषण कैसे दिया जा सकता है, अथवा वाद-विवाद में भाषा की बारीकियों को ले कर विरोधी को कैसे पराजित किया जा सकता है।' यह व्यावहारिक शिक्षा थी। भाषा का सटीक प्रयोग इनके अध्ययन और अध्यापन का केन्द्र बिन्दु था। एक आन्दोलन के रूप में सोफ़िस्तों का उदय यूनानी इतिहास की बड़ी विचित्र घटना है। ई. पू. 472 में सिरेक्यूज़ के टायरेंट हायरो के पतन के बाद वहाँ प्रजातन्त्र की स्थापना हुई। इसका रूप कुछ ऐसा था कि चौराहे पर खड़ी भीड़ को जो प्रभावित कर लेता वही कुछ न कुछ अधिकार पा जाता। साथ ही ज़मीन को ले कर भी नये-नये झगड़े शुरू हो गये थे। इनमें न्याय पर कम किसी न किसी तरह अपनी बात मनवाने पर बल अधिक होता था। ऐसी परिस्थिति में प्रभावशाली भाषण सिखलाने वालों की माँग एकाएक बढ़ गयी। 'सोफ़िस्ट्री' शब्द में जो व्यंग्य है वह इसी युग की देन है। यह सच है कि सभी सोफ़िस्तों ने भाषा का इस तरह से दुरुपयोग नहीं किया किन्तु तर्क में भाषा की बारीकियों का उपयोग और अपनी बात मनवा लेने का आग्रह उनकी सामान्य मनोवृत्ति थी।

अपने विषय को गम्भीरता से लेने वाले सोफ़िस्तों ने शास्त्रीय समीक्षा को नयी दिशा दी। भाषा का ठीक-ठीक प्रयोग सीखने और सिखलाने वालों की संख्या बढ़ जाने से सन्दर्भ-पुस्तक की आवश्यकता अनुभव की जाने लगी थी। उसे देखते हुए कोरैक्स और उसके शिष्य तिसियास ने मिलकर भाषिकी (रिहटॉरिक) की तकनीक पर पुस्तक संपादित की। कला की किसी एक शाखा पर तैयार किया गया यूनानी भाषा का यह पहला सन्दर्भ ग्रंथ है।[13] ध्यान रहे इन भाषाशास्त्रियों का लक्ष्य भाषण कला होने के कारण इनके अध्ययन का विषय गद्य था पद्य नहीं। इधर एथेन्स भी

कुछ ऐसी ही राजनीतिक हलचल का सामना कर रहा था। फलतः सिसली के राजदूतों तथा एथेन्स के थूरियाई उपनिवेशों के माध्यम से यहाँ का गद्य भी इस आन्दोलन से प्रभावित होने लगा था। वेब्सटर के अनुसार ई. पू. 440 के बाद से एथेन्स के राजनीतिक और साहित्यिक परिदृश्य पर सोफ़िस्तों का प्रभाव स्पष्ट देखा जा सकता है।[14]

हायरो सिरेक्यूज़ को एथेन्स की बराबरी पर लाने के लिए कवियों और कलाकारों को हमेशा आमन्त्रित करता रहता था। एस्खिलुस ई. पू. 476 में वहाँ गया था और हायरो द्वारा बसाये गये नये नगर एतना के स्थापना दिवस पर 'एतना की नारियाँ' शीर्षक से उसने नाटक का मंचन भी किया था। उसका देहान्त भी गेला (सिसली) में ही हुआ। यह सब होने पर भी पाँचवीं शताब्दी की परिस्थितियाँ कुछ ऐसी बनीं और एथेन्स की भौगोलिक स्थिति कुछ ऐसी थी कि दीर्घ काल तक वह पूरे यूनान का साहित्यिक केन्द्र बना रहा। भाषिकी आन्दोलन ने भी यहाँ आ कर साहित्यिक रूप ले लिया। विशेष रूप से गोर्जियास और थ्रेसीमाखुस ने यहाँ आने पर उन नियमों की खोज शुरू की जिनका पालन करने से गद्य भी कविता की भाँति ही कलात्मक, भावप्रवण तथा प्रभावशाली बन सकता है। इसमें प्रोतेगोरस, प्रोदिकुस और हिप्पियास ने भी अपना-अपना योग दिया।

थ्रेसीमाखुस भाषा के सम्यक् प्रयोग पर बल देता था। वह पहला भाषाशास्त्री था जिसने गद्य में ताल (रिद्म) पर ध्यान देने की बात कही। भाषिकी में रुचि रखने वालों के मार्ग दर्शन के लिए उसने कोरैक्स की पद्धति पर एक पुस्तक भी संपादित की जिसका विषय था कि भाषण के अन्त में श्रोताओं के भावों को कैसे जगाया जाय। वेब्सटर के अनुसार यूरिपिदीज़ के नाटक 'हिरेक्लीज़ के बच्चे' में थ्रेसीमाखुस के विशेष अध्ययन का प्रभाव देखा जा सकता है।[15] इन सब में बुद्धिजीवियों को सर्वाधिक आकर्षित करने वाला सोफ़िस्त लियोंताइनि का गोर्जियास (ई. पू. 483-376) था। वह सिसली के यूनानी उपनिवेश से ई. पू. 427 में एथेन्स आया था। यहाँ आ कर उसने अपना कार्य क्षेत्र केवल भाषण कला तक सीमित रखा। सम्भवतः अपने गुरु एंपीदोक्लीज़[16] से प्रेरणा ले कर उसने गद्य के भाषा सौन्दर्य पर अधिक ध्यान दिया। वह बड़े वाक्य को छोटे-छोटे वाक्यांशों में बाँटता था। ये वाक्यांश वृत्त्यनुप्रास तथा अंत्यानुप्रास से जुड़े होते थे। इसके अतिरिक्त अन्य अलंकारों के विशेष प्रयोग पर भी उसने पर्याप्त बल दिया। उसकी मान्यता थी कि गद्य (सार्वजनिक भाषण) भी पद्य (कविता) जितना ही प्रभावशाली और आकर्षक होना चाहिए। काव्य भाषा (जिसके अर्थ विस्तार में सार्वजनिक भाषण में सटीक शब्द का प्रयोग भी समाहित है) के प्रति अपने दृष्टिकोण को उसने 'हेलेन

की स्तुति' नामक निबन्ध में लिपिबद्ध किया है। यह निबन्ध यद्यपि उसने ई. पू. 400 में लिखा तथापि यह माना जाना-चाहिए कि इसमें भाषा के स्वरूप और उसकी शक्ति के बारे में जो बातें कही गयी हैं उनकी शिक्षा वह बहुत पहले से देता आ रहा था तथा अपने लेखन द्वारा उनका उपपादन (डेमोन्सट्रेशन) भी करता आ रहा था। उसके लेखन के खंडित अंशों से यह प्रमाणित है। उपर्युक्त स्तुति में उसने काव्य भाषा और सार्वजनिक व्याख्यान (यदि वह काव्य भाषा की ऊँचाई को छू लेता है) की भाषा के वैशिष्ट्य पर निम्न टिप्पणियाँ की हैं :

(*i*) एक नगर का सर्वोच्च अलंकरण उसके नागरिक हैं, शरीर का [अलंकरण उसका] सौन्दर्य है...और वाणी का [अलंकरण] सत्य है...।

(*ii*) वाणी अत्यन्त शक्तिशाली स्वामिनी है, इसका अत्यंत संक्षिप्त व्यक्त रूप भी महान् दैवी कार्य निष्पन्न कर लेता है। यह भय को रोक सकती है, पीड़ा का निवारण कर सकती है, आनन्द उत्पन्न कर सकती है और दया भाव बढ़ा सकती है।

(*iii*) कुल मिला कर कविता को मैं पद्यबद्ध वाणी का नाम देता हूँ। इसके द्वारा श्रोता भय से काँप उठता है, दया से अश्रुपात करने लगता है, उत्कट कामना से व्यथित हो उठता है। इसके शब्दों से वह [श्रोता] दूसरों के जीवन में आये सौभाग्य और दुर्भाग्य को अपने भावों की तरह अनुभव करता है।

(*iv*) शब्दों का पवित्र सस्वर पाठ आनन्द देता है और पीड़ा का निवारण करता है क्योंकि सस्वर पाठ की शक्ति मोहित करती है, बहकाती है और वशीकरण द्वारा मन को बदल देती है। काव्य वाणी मन को बहका कर अपनी इच्छानुसार मोड़ लेती है।

(*v*) वाणी [कविता] का आत्मा पर ठीक वैसा ही प्रभाव पड़ता है जैसा औषध का शरीर पर पड़ता है...कुछ शब्द पीड़ादायक होते हैं, कुछ आनन्ददायक, कुछ भयकारक, कुछ उत्साहवर्धक, कुछ कुत्सित बहकावे के वशीकरण द्वारा आत्मा को जड़वत् बना देते हैं।

इन टिप्पणियों से स्पष्ट है कि गोर्जियास ने काव्य को अनेक कोणों से परखा था। इनमें सर्वाधिक महत्त्वपूर्ण है काव्य भाषा में सामाजिक को प्रभाावित करने की शक्ति। वह वस्तुतः हेलेन के पेरिस के साथ भाग जाने की घटना का विश्लेषण कर रहा था। इतिहास ने हेलेन की निन्दा की है क्योंकि वह अपने पति को छोड़ कर ट्रॉय के राजकुमार के साथ भाग गयी थी। गेर्जियास का तर्क है कि इसमें सारा दोष पेरिस का है। वही बहला-फुसला कर हेलेन को गलत रास्ते पर ले गया। पेरिस की वाणी ने उसे मोहित कर लिया था, अपने वश में कर लिया था। जब

उसकी आत्मा जड़वत् हो गयी तो पोरिस उसे कुत्यित मार्ग पर ले चला। अतः दोष का भागी पेरिस है।

गोर्जियास ने काव्य भाषा के सामाजिक पर पड़ने वाले प्रभाव को दो वर्गों में बाँटा है। एक के अन्तर्गत वह भावों–दया, आनन्द, उत्साह, भय आदि– के जगने की बात करता है। इस मानसिक स्थिति के और अधिक उत्कट रूप को उसने दूसरे वर्ग के अन्तर्गत रखा है, जिसमें सामाजिक के सोचने-समझने की शक्ति (रैशलन पावर्स) कुण्ठित हो जाती है ठीक ऐसे ही जैसे औषध के प्रभाव से मन और शरीर अपना कार्य करना बन्द कर देते हैं, मानों किसी ने वशीकरण मंत्र द्वारा उसे बस में कर लिया हो। इस तरह बहकावे की स्थिति में आ कर किये गये किसी भी अनुचित कार्य के लिए सामाजिक को दोषी नहीं ठहराया जा सकता, क्योंकि वह स्वेच्छा से नहीं किसी बाहरी दबाव में आ कर कार्य कर रहा है। वह एक प्रकार से परिस्थितजन्य अनिवार्यता की प्रेरणा से कार्य कर रहा है। काव्य की प्रेरक शक्ति और अनिवार्यता में समीकरण बैठा कर गोर्जियास ने कवि को पुनः उस आसन पर बैठाने का प्रयास किया जहाँ कभी मंत्रिक-पुजारी बैठा करता था, जिसके सामने पूरा समाज श्रद्धा और भय से नत था। होमर के काल तक आते-आते इस मांत्रिक पुजारी की समाज पर यद्यपि पहले जैसी पकड़ नहीं रह गयी थी, उसका कार्यक्षेत्र भी मंदिरों तक सीमित रह गया था, फिर भी यह मानना भूल होगी कि समाज में उसका कोई स्थान नहीं रह गया था। दूसरी ओर समाज का सूत्रधार बनने के लिए कवि को जिस दैवी शक्ति की आवश्यकता थी उसे म्यूज़ और अपोलो ने पूरा कर दिया था। इस तरह वह मांत्रिक पुजारी के ठीक सामने आ खड़ा हुआ था। म्यूज़ के साथ बार-बार अपने सम्बन्धों की घोषणा करके वह मानों समाज को याद दिला रहा था कि वह प्राचीन काल के मांत्रिक पुजारी के परिवार का ही सदस्य है। कवियों द्वारा स्वयं को स्थापित करने की प्रवृत्ति 5वीं शताब्दी के अंत तक भी बनी रही। सुकरात भी इससे अछूता नहीं है। उसने स्वयं को भले ही कवि घोषित न किया हो फिर भी दैवी प्रेरणा के आदेश से काम करने की बात कह कर उसने इसी परम्परा का पोषण किया है। अंतर इतना ही है कि कवि जो काम काव्य रचना द्वारा करता है वही काम सुकरात ने चर्चा पद्धति द्वारा किया। दोनों का लक्ष्य एक ही था और कभी-कभी तो हमें लगता है कि म्यूज़ के साथ सम्बन्ध को ले कर वह कवियों से भी एक कदम आगे था। वह पहला आलोचक था जिसने कहा कि म्यूज़ के वशीकरण की सीमा में रैहपसोड, अभिनेता तथा श्रोता/प्रेक्षक भी आ जाते हैं। सुकरात की चर्चा में इस विषय पर विस्तार से विचार किया जायगा। अतः स्पष्ट है कि सामाजिक को काव्य द्वारा प्रभावित करने

के परम्परागत और गोर्जियास के दृष्टिकोण में कोई अंतर नहीं है। अंतर है उसके स्रोत में। कविगण इसका श्रेय म्यूज़ को देते हैं और गोर्जियास (तथा अन्य सोफ़िस्त भी) इसे भाषा के सटीक प्रयोग तथा रचना शैली की देन मानता है। यह शद्ध मानवीय स्रोत है और इस पर कोई भी अपने बल-बूते पर अधिकार कर सकता है।

भाषा प्रयोग पर गोर्जियास की टिप्पणियाँ दो निष्कर्षों को जन्म देती हैं। पहला यह कि उसने काव्य-हेतु के जन्मजात पक्ष को नकार कर इसे केवल व्युत्पत्ति और अभ्यास तक सीमित कर दिया। दूसरे उसने काव्य में वस्तु तत्त्व से अधिक रूप तत्त्व को महत्त्व दिया। अन्य सोफ़िस्तों का भी यही दृष्टिकोण था। वे पहले काव्यशास्त्री हैं जिन्होंने मूल्यांकन के लिए रूप पक्ष पर अपेक्षाकृत अधिक बल दिया। सम्भव है यह प्रवृत्ति सीमा का अतिक्रमण कर गयी हो जिसकी प्रतिक्रियास्वरूप प्लेटो को फिर से वस्तु तत्त्व के महत्त्व को स्थापित करने की आवश्यकता महसूस होने लगी हो। किन्तु हमें यह भी स्मरण रखला चाहिए कि उस काल में काव्य का पाठ्य नहीं श्रव्य और दृश्य रूप ही प्रधान था। काव्य में गीतितत्त्व उसका मूल तत्त्व था। नाटकों में भी इसकी उपेक्षा सम्भव नहीं थी। इसका अनुमान इसी तथ्य से लगाया जा सकता है कि युरिपिदीज़ जैसा त्रासदीकार, जिसने नाट्य कला को मंच की दृष्टि से बहुत विकसित किया, इसे अंत तक अपनाये रहा। उसके वृंदगान और एकल गान उसके जीवनकाल में ही चर्चा का विषय बन गये थे।

काव्य के वस्तु तत्त्व पर गोर्जियास की टिप्पणी अस्पष्ट है। "वाणी का अलंकरण सत्य है" यह वाक्य किसी निश्चित अर्थ का निर्देशन नहीं करता। प्रोतेगोरस ने भी सुकरात के साथ हुई काव्य चर्चा में इसका प्रयोग किया है और काव्य के मूल्यांकन में इसके महत्त्व का संकेत दिया। प्लेटो ने 'प्रोतेगोरस' संवाद ई. पू. 390 में लिखा था और इसमें वर्णित घटना लगभग 40 वर्ष पहले की है। प्लेटो उस समय पैदा भी नहीं हुआ था। फिर भी, यह मानना उचित होगा कि उसने जो बात प्रोतेगोरस के मुँह से कहलवायी है वह सचमुच उसी की है। उसकी स्थापना है कि 'आरेती' (जो सद्‌गुण का समानार्थी है) को सिखलाया जा सकता है, उसके शिष्य उसके सान्निध्य में रह कर यह गुण अर्जित करते भी हैं। सुकरात की शंका का समाधान करने के लिए वह समझाता है कि लोग समाज में रह कर ही नैतिकता और राजनीति की समझ (यह आरेती का मूल आधार है) अपने भीतर पैदा कर सकते हैं। सुकरात का कहना था कि 'आरेती' को सिखलाया जा सकता है या नहीं इसका निर्णय तभी हो सकता है जब इसकी परिभाषा निश्चित हो जाय।[17] इस चर्चा को सार्थक बनाने के लिए दोनों व्यक्ति सिमोनिदीज़ की इस

विषय पर लिखी कविता का विश्लेषण करने के लिए तैयार हो जाते हैं। प्रोतेगोरस कहता है—"मेरे अनुसार मनुष्य की शिक्षा इस प्रकार की होनी चाहिए जिससे वह कविता की सही पहचान कर सके, उसे समझ सके, उसमें सत्यासत्य का भेद कर सके और उसके सम्बन्ध में अपनी धारणा को तर्क द्वारा पुष्ट कर सके।[18]

प्रोतेगोरस के सम्बन्ध में ज्ञात तथ्य बताते हैं कि वह उसी सत्य को स्वीकार करता था जो प्रामाण्य हो। देवताओं का अस्तित्व प्रमाणित न हो सकने की स्थिति में वह उन्हें स्वीकार नहीं कर पा रहा था। अपनी इस नीति को घोषित और प्रचारित करने के कारण उसे एथेन्स से भागना पड़ा था। सुकरात से हुई इस चर्चा में भी उसकी इस दृष्टि की झलक मिल रही है। किन्तु सत्यासत्य की अवधारणा की उसने कहीं व्याख्या नहीं की इसलिए उसके बारे में ठीक-ठीक कुछ नहीं कहा जा सकता। हाँ, उसकी विचारधारा के प्रकाश में इसकी कल्पना अवश्य की जा सकती है। उसकी मान्यता थी कि ज्ञान प्राप्ति का साधन हमारी पंचेंद्रियाँ है न कि बुद्धि। इस आधार पर सत्य आत्मनिष्ठ है न कि वस्तुनिष्ठ। सम्भव है वह चाहता हो कि कवि में रचना की क्षमता के साथ-साथ अपने आसपास की दुनिया देखने की भी रुचि हो। बँधे-बँधाये पौराणिक आरख्यानों की अपेक्षा युगीन समस्याओं को भी कवि उठाये, उनका विश्लेषण करे, उन पर अपना निर्णय दे। सामाजिक में भी वह इसी दृष्टि की अपेक्षा रखता होगा। उसकी स्थापना थी कि सत्य इंद्रियों द्वारा ही प्रमाणित होना चाहिए न कि युक्तिमत्ता (रैशनैलिटी) अथवा आप्तवाक्य द्वारा। देवताओं का अस्तित्व इस रूप में प्रमाणित नहीं था। इसलिए उसने देवताओं के स्थान पर मनुष्य को महत्त्व दिया। 'मनुष्य समस्त विश्व का मानदंड है' (मैन इज़ मेज़र ऑफ ऑल थिंग्ज़) यह उसी का प्रसिद्ध वाक्य है। यहाँ इसकी विस्तृत व्याख्या का अवसर नहीं है। प्रस्तुत सन्दर्भ में बस इतना समझ लेना पर्याप्त होगा कि 'मनुष्य (एक व्यक्ति न कि मनुष्य जाति) को जो वस्तु जिस रूप में दिखाई देती है उसके लिए वही उसका सत्य रूप है; सत्य गोचर होने के कारण विशेष (पर्टिकुलर) है सामान्य (युनिवर्सल) नहीं। अतः व्यक्ति स्वयं इसका प्रमाण है।' यह विचारधारा पहले से आती हुई उस धारणा का खंडन करती है जो सत्य के गोचर रूप के स्थान पर युक्तिमत्ता अथवा परम्परा द्वारा स्थापित सत्य के सार्वजनिक, सामान्य रूप में विश्वास करती थी। यह आत्मनिष्ठ सत्य की वस्तुनिष्ठ सत्य पर विजय थी। इसका यह अर्थ भी लिया जा सकता है कि किसी एक विषय पर एकाधिक धारणाएँ हो सकती हैं और वे सभी सत्य हो सकती हैं। साथ ही इस सम्भावना को भी स्वीकार किया जा सकता है कि उनमें से कोई धारणा अशक्त हो कोई सशक्त। अब, अच्छे तार्किक का धर्म है कि दुर्बल दिखनेवाली धारणा को

सबल बनाये।[19] यह ऐसी कला है जो सिखलायी जा सकती है। वह जब सुकरात से कहता है कि 'आरेती' का गुण सिखलाया जा सकता है तो उसके पीछे उसकी यही मान्यता काम कर रही थी।

प्रोतेगोरस की इस स्थापना का व्यावहारिक स्तर पर दुरुपयोग हुआ इसमें संदेह नहीं किन्तु वह स्वयं राज्य के नियमों का ठीक-ठीक पालन करने के पक्ष में था। उसकी निश्चित धारणा थी कि नियमों में बँधा समाज और स्वस्थ सामाजिक संस्थाएँ ही मनुष्य को आदिम स्थिति से ऊपर उठाती हैं।[20] मनुष्य को श्रेष्ठ बनाने के लिए दैवी विधान की नहीं मानवीय विधान की आवश्यकता है। उसकी मान्यता थी कि नगर-संहिता (सिविल कोड) में बँधा समाज ही ऐसा वातावरण दे सकता है जिसमें मनुष्य शिक्षा का संबल पा कर अपनी सभी क्षमताओं (जिनकी कोई सीमा नहीं है) का विकास कर सकता है ओर अपने जीवन को पूर्ण बना सकता है। यह अलग बात है कि कामकाजी दुनिया ने जीवन की सफलता को स्वार्थ सिद्धि का पर्याय बना दिया था किन्तु प्रोतेगोरस का कभी यह लक्ष्य नहीं रहा। व्यवहार की दुनिया में उसका सिद्धान्त पराजित हो गया।

कला चिन्तन के क्षेत्र में सोफ़िस्तों के प्रभाव को तीन वर्गों में बाँटा जा सकता है। पहला, रूप तत्त्व के अध्ययन को एक दिशा मिल गयी। अभिव्यक्ति पक्ष में निहित नियमों की खोज होने लगी, अब तक जो अनजाने हो रहा था उसके प्रति कलाकार सजग हो गये, सचेष्ट हो गये। दूसरे, इन अध्ययनों के परिणामस्वरूप उस परम्परा को चुनौती मिलने लगी जिसके अनुसार कविता देवताओं का वरदान, जन्मजात प्रतिभा की देन मानी जाती थी। सोफ़िस्तों की समस्त शिक्षा व्यष्टिवाद को प्रोत्साहित कर रही थी। उन्होंने सदैव इस विचार का समर्थन किया कि अच्छा कवि, या अच्छा वक्ता बनने के लिए किसी विशिष्ट समाज [अभिजात वर्ग] में जन्म लेने की आवश्यकता नहीं है। चिन्तन के धरातल पर यह विचार प्रजातन्त्र से पूरी तरह मेल खाता था किन्तु व्यवहार में इसका लाभ अभिजात समाज को ही मिला क्योंकि भाषिकी के गुर सिखलाने के बदले में सोफ़िस्त जितनी धनराशि की अपेक्षा रखते थे वह केवल इसी वर्ग के पास थी। सिद्धान्त और व्यवहार का यह अंतर उस समय की सम्पूर्ण प्रजातांत्रिक व्यवस्था को प्रभावित कर रहा था। तत्कालीन नाटकों में यह अंतर्विरोध साफ़ झलकता है और हम देखेंगे कि काव्य मूल्य भी इससे प्रभावित हुए बिना न रह सके।

प्रभाव का तीसरा वर्ग है कलाओं में यथार्थवादी शैली को बल मिलना। कहा जा चुका है कि यूनानी दर्शन आरम्भ में प्राकृतिक दर्शन (नैचुरल फिलॉसोफी) था, जिसके अंतगर्त मुख्यतः गोचर विश्व के मूल भौतिक पदार्थ की खोज की जा रही

थी। सोफ़िस्तों ने अन्वेषण की इस धारा को राजनीति के क्षेत्र की ओर मोड़ दिया जहाँ से यह यथार्थवाद का रूप ले कर कला की सीमा में प्रविष्ट हो गयी। यथार्थवादी शैली को प्रारम्भ करने में यद्यपि उनकी कोई भूमिका नहीं रही किन्तु उन्होंने इसे सैद्धान्तिक आधार अवश्य दिया जिससे इसके प्रसार को गति मिली। आगाथार्खुस काफ़ी पहले नाटक के परदों पर यथार्थ का भ्रम पैदा करनेवाले दृश्य चित्रित करने लग गया था। बेब्सटर ने उसे चित्रकला का सोफ़िस्त कहा है।[21] उसका दर्शन था कि गोचर यथार्थ सबसे बड़ा सत्य है, उसके चित्रण में कोई पूर्व परम्परा या नियम आड़े आता हो तो उसे बदल डालो। नाटकों के क्षेत्र का सोफ़िस्त यूरिपिदीज़ है। सोफ़ोक्लीज़ के नाटकों में आदर्श और यथार्थ का संतुलन मिलता है। उसका साहित्य आभिजात्य कला का मानदंड बन चुका था क्योंकि उसमें यथार्थ का पुट होते हुए भी बल आदर्श पर था। इस प्रकार का विषमित संन्तुलन (एसिमिट्रिकज बैलेंस) तत्कालीन आभिजात्य मनःस्थिति के सर्वाधिक निकट था। ई. पू. 468 में त्रासदी नाटकों की स्पर्धा में सोफ़ोक्लीज़ को ऐस्खिलुस की अपेक्षा श्रेष्ठ घोषित करने के निर्णय में यही कारण छिपा हुआ था। उधर युरिपिदीज़ में यथार्थ चित्रण का आग्रह इतना अधिक था कि उसके आगे परम्परागत नियमों को झुकना पड़ा। उसके नाटकों में सामाजिक यथार्थ जिस तरह खुल कर सामने आया उससे अभिजात वर्ग सकते में आ गया। परिणामस्वरूप प्रभूत साहित्य रचना करने पर भी उसे बहुत कम पुरस्कार मिले। किन्तु, भावी नाटककारों के लिए वह प्रेरणा का स्रोत बन गया, यह उसको मरणोपरान्त मिलने वाला सबसे बड़ा पुरस्कार था।

एथेन्स के सामाजिक जीवन पर सोफ़िस्तों का सर्वाधिक प्रभाव ई. पू. 5 वीं शताब्दी के अंतिम चरण में दिखलायी पड़ता है। इसी काल मे यथार्थवादी शैली का सर्वाधिक विकास हुआ। पचास वर्ष पूर्व आगाथार्खुस ने यथार्थ का भ्रम पैदा करनेवाली जिस चित्रशैली की नींव डाली थी वह अब पूरी तरह स्थापित हो चुकी थी, यदि कहें कि चरम सीमा पर पहुँच चुकी थी तो भी अत्युक्ति न होगी। कहा जाता है कि ज़्युक्सिस छाया-प्रकाश का ऐसा प्रयोग करता था कि वस्तु जीवंत प्रतीत होती थी। उसके द्वारा चित्रित अंगूर के गुच्छों को देख कर चिड़ियाँ भी भ्रम में पड़ जाती थीं। इस कथा की सत्यता पर शंका की जा सकती है किन्तु चित्रकार के लक्ष्य पर नहीं।[22] यथार्थ का भ्रम पैदा करना अपने आप में एक कला मूल्य बन गया था। किसी अनाम सोफ़िस्त द्वारा लिखित प्रबन्ध 'दिस्सोई लोगोई' में आया यह वाक्य, "सबसे अच्छा त्रासदीकार या चित्रकार वह है जो अपनी कृति के जीवन्त होने का सर्वाधिक भ्रम पैदा करता है"[23] कम से कम कलाकारों के बीच सिद्धान्त वाक्य के रूप में अवश्य प्रचलित रहा होगा।

चौथी शताब्दी को यथार्थवादी शैली पाँचवीं शताब्दी से उत्तराधिकार में मिली। यूरिपिदीज़ के नाटकों में पात्र कथावस्तु से अधिक महत्त्वपूर्ण हो गये थे। वे एक प्रकार से स्वतन्त्र हो गये थे। उसका सारा ध्यान चरित्र में भावावेश के मुक्त उच्छलन और भाग्य में संयोगात् आने वाले परिवर्तन पर ही केंद्रित है। दृश्य कलाओं में यह प्रवृति नाटकों से भी पहले आ गयी थी। अंग विशेष (पर्टिकुलर पार्ट) सम्पूर्ण आकार की सीमा से स्वतन्त्र हो कर अपेक्षाकृत विस्तार से चित्रण (अनुकरण) की माँग करने लगा था। मूर्तिकला में इसका परिणाम यह हुआ कि कोई एक आकृति किसी योजना अथवा स्थान विशेष की सीमा में बँधी न होने से चारों ओर से देखी जाने के लिए स्वतन्त्र थी। अर्थात् उसके सम्पूर्ण आकलन के लिए दर्शकों को उसे केवल सामने से ही नहीं चारों ओर से देखने की आवश्यकता थी। उत्थित शिल्प (रिलीफ वर्क) में, माध्यम का बंधन अधिक होने के कारण, आकृति ऐसी मुद्रा में दर्शायी जाने लगी जिससे उसमें गति का आभास मिले। सोफ़िस्तों के ऐतिहासिक सापेक्षवाद (हिस्टॉरिकल रिलेटिविज़्म) तथा जीवन में क्षणवाद के मूल्य (इंपॉर्टेन्स ऑफ टेंपोरेरीनेस) को अभिव्यक्ति देने की कलाकारों की यह अपनी पद्धति थी। अब महत्त्व इस बात का नहीं था कि वस्तु स्वयं में कैसी है वरन् क्षण विशेष में अथवा कोण विशेष से वह कैसी दीखती है, बस उस विशेषत्व का अनुकरण करना ही उसका लक्ष्य बन गया। ये सभी कलाकार किसी सोफ़िस्त से प्रेरित हुए हों यह बात नहीं थी। यह प्रवृत्ति, वस्तुतः, बदले हुए समाज के नये दृष्टिकोण की देन थी। सोफ़िस्तों की शिक्षा इसे बस और पुष्ट कर रही थी।

प्रयोजन बदला तो विषय बदल गये, यथार्थ का भ्रम पैदा करने के लिए परम्परागत अथवा महान् कहे जाने वाले विषयों की आवश्यकता नहीं थी। चारों ओर दिखायी देने वाले मध्यम और निम्न वर्ग के पात्र—बूढ़े, बालक, नौकर-चाकर, भिखारी आदि—और उनके दैनंदिन के क्रियाकलाप उनके लिए अधिक आवश्यक या रोचक बन गये।[24] साथ ही साथ, चौथी शताब्दी में कलाओं के तन्त्र में भी लगातार विकास होता रहा जिससे भ्रम पैदा करने का कार्य और सरल हो गया। प्लूतार्ख और प्लिनी ने कुछ प्रक्रियाओं का उल्लेख किया है जो हूबहू नकल के लिए अपनायी जाती थीं।[25] दृश्य कलाओं और उनके साथ-साथ काव्य कला को नयी दिशा देनेवाली यह विचार धारा प्लेटो के दर्शन से मेल नहीं खा रही थी। ई. पू. 373 में वह 'गणराज्य' लिख रहा था, उस समय कला में यह फोटोग्राफी शैली, जिसमें वस्तु के देश-काल बद्ध भासमान गोचर रूप (अपीयरेन्स) ने स्वयं वस्तु का स्थान ले लिया था, अपनी चरम सीमा पर पहुँच चुकी थी। एक सच्चे सत्यान्वेषी के नाते वह इस प्रवृत्ति की निरर्थकता को महसूस कर रहा था और उसने अपनी पूरी

शक्ति से इस पर प्रहार किया। 'गणराज्य' में हमें उसके विरोध का उग्रतम रूप दिखाई देता है। बाद के कलाकार और कला समीक्षक भले ही उसकी बहुत सी बातों से सहमत न हों किन्तु इस बात के लिए वे अवश्य उसके चिर ऋणी रहेंगे कि उसने कला के वास्तविक लक्ष्य ज्ञान की ओर उनका ध्यान आकर्षित किया।

ज्ञान और कविता का सम्बन्ध जाने कब से चला आ रहा था। इसी तरह 'काव्य का तात्कालिक उद्देश्य आनन्द है' यह धारणा भी सर्वस्वीकृति थी, किन्तु आनन्द ज्ञान की गरिमा से रिक्त हो इसकी कल्पना भी असम्भव थी। हाँ, ज्ञान का रूप क्या हो इस पर अवश्य मतभेद रहा। समय-समय पर नयी-नयी अवधारणाएँ सामने आती रहीं, समाज उन्हें स्वीकार करता रहा क्योंकि उनमें समाज को अपने प्रश्नों के उत्तर मिलते रहे। होमर, हीसियोद और पिंदर की काव्य मान्यताओ की चर्चा में यह बात स्पष्ट हो चुकी है। एक बात जो सबने समान रूप से देखी वह थी काव्य रचना के लिए दैवी कृपा की आवश्यकता। अपनी बात को प्रामाणिकता प्रदान करने के लिए भी वे इसकी आवश्यकता अनुभव करते थे। पाँचवीं शताब्दी के नाटककारों ने भी इसे अुनभव किया और देवताओं के चरित्र में युगानुरूप परिवर्तन भी किया। पिछली शताब्दी में देवताओं के आचरण को ले कर जो विवाद उठ खड़ा हुआ था उसका समाधान भी आवश्यक था। इसलिए उन्हें वास्तविक दिव्य रूप (शुभ तथा न्यायप्रिय) में प्रस्तुत करने के प्रयास होने लगे। एक बात और, यहाँ हम जिन नाटककारों की चर्चा कर रहे हैं वे एथेन्स में बैठ कर एथेन्स की जनता के लिए लिख रहे थे अर्थात् उनका प्रेक्षक समाज एथेन्स का था। इस कारण से उनके नाटकों में उठायी गयी समस्याएँ तथा घटनाक्रम के संकेत भी एथेन्स से जुड़े हैं। यहाँ की शासन व्यवस्था और ऐतिहासिक घटनाएँ सीधे-सीधे उनके विचारों, समीक्षा दृष्टि को प्रभावित कर रही थीं। अतः यहाँ के तत्कालीन परिदृश्य पर एक विहंगम दृष्टि डाल लेना उचित होगा।

पाँचवी शताब्दी के समाप्त होते न होते कला के सभी रूपों में अभूतपूर्व परिपक्वता आ गयी थी। आभिजात्य कला (क्लासिकल आर्ट) के जो भी लक्षण माने गये हैं वे सभी प्रधान कलाओं (मेजर आर्ट्स) में मिलने लग जाते हैं इसीलिए यह युग आभिजात्य विशेषण से पहचाना जाता है। एक मान्यता यह भी है कि अन्य कलाओं की अपेक्षा नाटकों, विशेष रूप से त्रासदी, में इसके लक्षण सर्वाधिक पूर्णता के साथ व्यक्त हुए हैं। साथ ही, एथेन्स की मानसिकता का स्पष्ट चित्र भी नाटकों में ही दिखाई देता है, अतः नाटक को ही इस युग की प्रतिनिधि कला कहा जाना चाहिए। नाटकों पर काव्यशास्त्रीय दृष्टि से विचार करते समय इस टिप्पणी पर भी विचार करने का अवसर मिलेगा।

### 2.1.3 एथेन्स, प्रजातन्त्र और प्रजातान्त्रिक नाट्यमूल्य

एथेन्स में त्रासदी का अधिकारिक आरम्भ ई. पू. 534 में हुआ। थेस्पिस ने उस वर्ष अपना नाटक प्रस्तुत किया था और स्वयं उसमें भाग भी लिया था।[26] इसके बाद प्रति वर्ष अनेक नाटक मंचित होते रहे किन्तु उल्लेख कुछ ही नाटकों का मिलता रहा। फ्रिनिखुस के दो नाटक मंचित हुए, 'माइलीतुस का पतन' ई. पू. 492 में और 'फिनीशियाई नारियाँ, ई. पू. 476 में। ई. पू. 484 में एस्खिलुस को पहली बार पुरस्कार मिला किन्तु उसके बचे हुए नाटकों में 'फारसवासी' ही सबसे पुराना है जिसका मंचन ई. पू. 472 में हुआ था। दूसरा महत्त्वपूर्ण त्रासदी लेखक सोफ़ोक्लीज़ है और तीसरा युरिपिदीज़। इन दोनों की मृम्यु ई. पू. 406 में कुछ महीनों के आगे-पीछे हुई। देखा जाय तो एक ही शताब्दी के अन्तराल में त्रासदी ने प्रथम चरण से शुरु करके पूर्णता की जिस ऊँचाई को छुआ वह इन कवियों की विलक्षण प्रतिभा का परिचय देती है।

एथेन्स के परिप्रेक्ष्य में ई. पू. 5 वीं शताब्दी में त्रासदी विधा और उपर्युक्त वृहत्रयी एक ही सिक्के के दो पहलू हैं। इनकी त्रासदियों का विषय था भाग्य की विचित्रता जिसे इन्होंने देवताओं और मनुष्यों के परस्पर सम्बन्धों की पृष्ठभूमि पर परखा। इसके लिए उन्होंने परम्परागत आख्यानों को चुना और उन्हें इस तरह प्रस्तुत किया जिससे सामायिक समस्याओं पर उनका निजी दृष्टिकोण भी व्यक्त हो जाय। चिरपरिचित कथानकों के माध्यम से प्रेक्षकों को लक्ष्यार्थ तक ले जाना सरल था। साथ ही कुछ प्रकरणों को नया रूप दे कर वे सिद्ध करना चाहते थे कि वे इनके पुराने संस्करणों से सहमत नहीं हैं। पुराने संस्करण की समीक्षा करने का यह कलात्मक मार्ग था। यदि इसे हम साहित्यिक टिप्पणी मान लें तो यह दुहरा काम कर रही थी। पहला, पात्रों को युगानुरूप अधिक स्वीकार्य में प्रस्तुत करना। इसका दूसरा लक्ष्य अपेक्षाकृत अधिक महत्त्वपूर्ण था। वह था इसके माध्यम से वर्तमान की वास्तविकता को उजागर करना। एथेन्स का तत्कालीन राजनीतिक परिवेश कुछ स्वार्थी नेताओं के प्रभाव में ऐसा रूप ले रहा था जिसका समर्थन करना बुद्धिजीवियों के लिए सम्भव नहीं था। इस कारण से उनमें और शासक वर्ग में टकराव की स्थिति आ जाती थी। इन नाटकों को एक सीमा तक यदि तत्कालीन राजनीति से उत्पन्न साहित्यिक प्रतिक्रिया भी कहें तो अत्युक्ति न होगी।

आलोच्यकालीन एथेन्स की मुख्य शक्ति थी उसकी प्रजातान्त्रिक व्यवस्था। उस युग की व्यवस्था को हम प्रजातन्त्र उस समय के राजतन्त्रों एवं धनिकतन्त्रों के सन्दर्भ में कह रहे हैं न कि आज के प्रजातन्त्र के सन्दर्भ में। पेरिक्लीज़ के शासन

काल में एथेन्स की कुल जनसंख्या लगभग तीन लाख थी और उसमें एक तिहाई दास थे जिनके कोई अधिकार नहीं थे। ऐसी समाज व्यवस्था को देखते हुए सभी स्वतन्त्र नागरिकों का राज्य व्यवस्था में किसी न किसी रूप में प्रतिभागी बनना बहुत बड़ी बात थी। वहाँ प्रजातांत्रिक प्रक्रिया का बीज पवन ई. पू. 683 में ही हो गया था जिसे विशेष गति मिली ई. पू. 594 में सोलोन से सुधारों से। फिर ई. पू. 507 में क्लायस्थनीज़ के प्रयासों से प्रजातंत्र दृढ़तापूर्वक स्थापित हो गया। इसमें पूर्णता तब आयी जब ई. पू. 462-61 में एफियेल्तीज़ ने अभिजात वर्ग के पास कुछ न्यायिक और धार्मिक अधिकार छोड़कर शेष सभी अधिकार लोकसभा (पॉपुलर असेंबली) को दे दिये। अधिकार वंचित इस वर्ग ने एफियेल्तीज़ को मौत के घाट उतार दिया किन्तु उसका प्रजातन्त्र बच गया। इसके बाद सभी महत्त्वपूर्ण निर्णय लोकसभा द्वारा ही लिये जाने लगे। एथेन्स के सभी वयस्क स्वतन्त्र नागरिक इसके सदस्य होते थे। दैनंदिन कार्यों की देखभाल के लिए 50 सदस्यों की एक परिषद् होती थी जो रोज़ अपना कार्याध्यक्ष चुनती थी।

कहने को यह व्यवस्था अवश्य प्रजातान्त्रिक थी किन्तु व्यवहार में यह अभिजाततन्त्र ही था। प्रशासन के सभी उच्च पदों पर अभिजात वर्ग के लोग बैठे हुए थे। सर्वोच्च कार्याधिकारी उन 10 सेनानायकों में से चुना जाता था जिनके नामों पर पहले ही लोकसभा सहमति दे चुकी होती थी। प्रति वर्ष एक ही व्यक्ति के बार-बार चुने जाने पर भी कोई रोक नहीं थी। पेरिक्लीज़ कई वर्षों तक लगातार सर्वोच्च कार्याधिकारी चुना जाता रहा। लोकसभा में अपने प्रभावशाली भाषण तथा राजनीतिक गठ-जोड़ के बल पर वह मृत्यु पर्यंत (ई. पू. 429) एथेन्स का शासन सँभाले रहा। इसी तरह, उच्चतम न्यायालय के समकक्ष 'एरियोपेगस' संस्था थी। इसके सदस्य मुख्यतः न्यायाधीश रह चुके अभिजात समाज के व्यक्ति ही होते थे। सम्भवतः इसका निर्णय लोक सभा को भी मानना पड़ता था। तात्पर्य यह कि व्यवहार में शासन तन्त्र पर अभिजात वर्ग का अधिकार लगभग इस शताब्दी के अन्त तक बना रहा। मिल्ताइयादीज़, थेमिस्तोक्लीज़, पेरिक्लीज़ ये सभी पुराने सम्पन्न परिवारों से आये थे। ये, भीतर ही भीतर अपने वर्ग के हित में ही शासन कर रहे थे। नीति बनती थी प्रजा के नाम पर लाभ मिलता था इन थोड़े से परिवारों को।

प्रजातन्त्र के नाम पर अधिकार सुख भोगने की सुविधा बहुत कुछ परिस्थितियों की देन भी थी। फारसी सेनाओं के साथ हुए युद्ध के परिणामस्वरूप एथेन्स को सबसे पड़ा लाभ यह हुआ कि वह अपना व्यापारिक साम्राज्य स्थापित करने में सफल हो सका। ई. पू. 490 से लेकर 480 तक चले इस युद्ध से यूनान का कोई भी नगर-राज्य अछूता नहीं रह सका। विशेषतः पूर्वी राज्य इससे अधिक प्रभावित

हुए। युद्ध की बागडोर शुरू में भले ही स्पार्ता के हाथ में दी गयी हो पर जब युद्ध अपनी चरम सीमा पर पहुँचा तो अपनी कुशल नीतियों तथा वीरता के फलस्वरूप बागडोर एथेन्स के हाथ में आ गयी। एथेन्स ने इसका श्रेय अपने ऊपर देवताओं की कृपा और यहाँ के प्रजातन्त्र को दिया। बाद के नाटकों में बार-बार इस आशय के वाक्य आये हैं जिनमें इन्हीं दो कारणों से एथेन्स को अन्य नगरों से श्रेष्ठ कहा गया है। अब, उस पर यह उत्तरदायित्व भी आ गया कि अन्य नगरों में भी ऐसी ही व्यवस्था स्थापित करने की दिशा में वह प्रयत्नशील हो। इसे नाम दिया गया प्रजातन्त्र के विस्तार का किन्तु मूल में यह अपने साम्राज्य की स्थापना की नीति थी क्योंकि इसमें अपना प्रभुत्व स्थापित करने के लिए सभी राजनीतिक हथकंडे अपनाये गये थे।

ई. पू. 478-77 में एथेन्स के प्रस्ताव पर देलियाई गठबन्धन (देलियन लीग) की स्थापना हुई । यह एक सैनिक संगठन था और इसकी सदस्यता को बढ़ाने के लिए एथेन्स ने आग्रह और बलप्रयोग दोनों का उपयोग किया। इसका कोष शुरू में देलोस में रखा गया, बाद में ई. पू. 454-53 उसे एथेन्स ले आया गया। कहा यह गया कि यह स्थान अधिक सुरक्षित है किन्तु भीतर ही भीतर एथेन्स ने इसका उपयोग अपनी योजनाओं के लिए करना शुरू कर दिया। फिर उसने गठबन्धन वाले सभी नगर-राज्यों में अपना सिक्का चलाना शुरू कर दिया, विवादों को निपटाने की जिम्मेदारी भी अपने ऊपर ले ली। धीरे-धीरे गठबन्धन के सदस्य राज्यों, एथेन्स और अन्य नगर-राज्यों, के बीच बराबरी का सम्बन्ध न रह कर आश्रयी और आश्रित के सम्बन्ध में परिणत हो गया। अब एथेन्स का व्यापार सुदूर राज्यों तक फैल गया जहाँ से उसे अपार धनराशि मिलने लगी किन्तु इसका लाभ सामान्य नागरिक को कम उच्च वर्ग को अधिक हो रहा था।

आलोच्यकाल में एथेन्स के सन्दर्भ मे अभिजात वर्ग एक विशेष अर्थ, चारित्रिक विशेषताएँ, लिये हुए है। अंधकार युग के समाप्त होते न होते इजीअन सागर के पूर्वी द्वीपों और लघु एशिया के नगरों का अभिजात समाज सैन्य परिवारों का वंशज होने के बावजूद अब शुद्ध व्यापारी बन गया था। इससे उसकी आर्थिक स्थिति तो सुदृढ़ हुई किन्तु तलवारें जंग खा गयीं। 'ओदिसी' में इस समाज का बड़ा सुंदर वर्णन आया है। उधर पश्चिम में स्पार्ता नगर का अभिजात वर्ग पूरी तरह तलवार के बल पर पूरी ज़मीन पर कब्जा जमाये बैठा था। इससे उसकी आर्थिक स्थिति बहुत अच्छी हुई किन्तु इसके वावजूद किसी चुनौती को दूर रखने के लिए यहाँ के पुश्तैनी कुलीन परिवार सब से अलग हो कर अपने में ही सिमेट कर रह गये।

एथेन्स के अभिजात समाज की स्थिति दोनों के बीच की थी। यहाँ का

ज़मींदार वर्ग अभी भी सशक्त था, नगर की शासन व्यवस्था उसके हाथ में थी। किन्तु नौ सेना का महत्त्व बढ़ जाने से अर्थव्यवस्था में व्यापारियों की भागीदारी का दबाव बढ़ जाने से उसका आसन डगमगाने लगा था। अपनी शक्ति को पूर्ववत् बनाये रखने के लिए संविधान में पहले से ही पर्याप्त व्यवस्था थी। इसका जन्मदाता भी क्लायस्थनीज़ ही था। जैसे, लोकसभा के लिए जो सूची तैयार की जाती थी उसका उत्तरदायित्व 500 सदस्यों वाली वृहत् परिषद् पर था जिसकी सदस्यता का अधिकार केवल अत्तिका (एथेन्स के आसपास का क्षेत्र) के मूल दस वंशों का प्राप्त था। ये वंश अपने 50-50 प्रतिनिधि चुन कर परिषद् में भेजते थे और इन्हीं में से 50 सदस्यों वाली लघु परिषद् गठित होती थी जो दैनन्दिन कार्यों की देख-रेख करती थी। कार्यवाही अध्यक्ष बनने का अधिकार भी केवल दस सेना नायकों को मिला हुआ था। इसी पद्धति पर 'ऐरियोपेगस' जैसी शक्तिशाली संस्था की सदस्यता भी वर्ग विशेष तब सीमित थी। कुल मिला कर देखें तो पूरी शासन व्यवस्था वंशवाद की नीति पर आधारित थी।[27] यह क्रम पेरिक्लीज़ की मृत्यु पर्यंत चलता रहा, उसके बाद कहीं जा कर मध्यम वर्ग (मुख्यतः व्यापारी) के लोग सार्वजनिक कार्यों के महत्त्वपूर्ण पदों पर नियुक्त होने लगे। सारांश यह कि तब तक प्रजातन्त्र के नाम पर सामान्य नागरिक (स्वतन्त्र नागरिक) राजनीतिक अधिकार (जैसे लोकसभा की सदस्यता, या पक्ष-विपक्ष में बोलने-मत देने का अधिकार) कहने को अवश्य भोग रहा था किन्तु अर्थ व्यवस्था में उसका कोई योगदान नहीं था। हो सकता है वह बार-बार इसी की माँग करता हो और इसके लिए दबाव बढ़ा रहा हो। ज़मींदार अभिजात समाज की चिन्ता एवं भय का विषय यही था कि सांविधानिक ढाँचे को वह अपने अनुकूल कब तक बनाये रख सकेगा? अतः जन मानस को अपने पक्ष में करने के लिए, अपने आदर्शों को प्रचारित-प्रसारित करने के लिए (ताकि बहुसंख्यक समाज उसे ही शासन का योग्य अधिकारी मानता रह सके) उसने कला का, विशेष रूप से नाटकों का सहारा लिया। इस दृष्टि से देखें तो ये नाटक भी पिंदर के गीतिकाव्य की भाँति राजनीतिक प्रचार तथा नीतिशास्त्र का समन्वित रूप हैं। आश्चर्य है कि काव्य-प्रयोजन के नाम पर प्रच्छन्न राजनीतिक उद्देश्य की पूर्ति के लिए नाटककारों ने भी अभिजात वर्ग की पश्चगामी दृष्टि (वंशवादी आदर्शों का प्रचार) का समर्थन किया।

नाट्य स्पर्धाएँ दियोनाइसुस को समर्पित धार्मिक अनुष्ठान का कलात्मक रूप थीं। इस उत्सव को टायरेंट पाइसिसत्रेतुस ने शुरु किया था। देखा जाय तो शुरू से ही इस नाट्योत्सव में धार्मिक भावना के साथ राजनीतिक उद्देश्य जुड़ा हुआ था। आलोच्यकाल तक आते-आते धार्मिक तत्त्व कुछ विधि-विधानों तक सीमित रह

गया, राजनीतिक रंग प्रधान हो गया। 'फिनीशियाई नारियाँ' थेमिस्तोक्लीज़ की सहायता से मंचित हुआ था, 'फारसवासी' के लिए पेरिक्लीज़ ने आर्थिक सहायता दी थी। उन दिनों यह नियम था कि नाटक को स्पर्धा में सम्मिलित करने की अनुमति मिल जाने के बाद उसके मंचन का खर्च उठाने की ज़िम्मेदारी किसी धनिक व्यक्ति को सौंप दी जाती थी। दूसरा नियम यह था कि दिन-दिन भर चलनेवाली नाट्य प्रतियोगिताओं को देखने के लिए यदि कोई दिहाड़ीदार मज़दूर आता था तो उसे उस दिन की मज़दूरी राजाकोष से दी जाती थी। इससे हमें समझ लेना चाहिए कि सत्ता पक्ष यदि किसी आयोजन पर खर्च कर रहा है (नाटकों को खर्च उठानेवाले धनी व्यक्ति सत्ताधारी ही हुआ करते थे) तो वह नहीं चाहेगा कि उसमें कोई ऐसी बात कही जाये जो उसकी नीतियों अथवा हित के विरुद्ध हो। 'माइलीतुस का पतन' के लिए फ्रिनिखुस को दंड भुगतना पड़ा था। कहने को तो कहा गया कि उसने राजनीति को कला का विषय क्यों बनाया, अपने नाटक को इतना कारुणिक क्यों बनाया कि सारे प्रेक्षक रोने लगे। पर वास्तविकता यह थी कि विषय ऐसे दृष्टिकोण से प्रस्तुत किया गया था जो वर्ग विशेष के दृष्टिकोण अर्थात् सरकारी संस्करण से मेल नहीं खाता था। एरिस्तोफ़ेनीज़ के साथ भी कुछ ऐसा ही हुआ था। राज्यतन्त्र की नीतियों का पूरा-पूरा ध्यान रखने के कारण ही हाउज़र ने त्रासदीकारों पर सरकारी कार्यवाहक का लेबल चिपका दिया।[28] और इसी सन्दर्भ में उसकी यह टिप्पणी भी महत्त्वपूर्ण है कि उस समय के अनेक कवि तथा दार्शनिक स्वयं अभिजात वर्ग के होने के कारण मध्यम वर्ग से कोई सहानुभूति नहीं रखते थे। पिंदर, एस्खिलुस, हिरेक्लाइतुस, पारमेनिदीज़, एंपीदोक्लीज़, हिरोदोतुस अभिजात वर्ग के थे और उनका उस ओर झुकाव होना स्वाभाविक था किन्तु मध्यम वर्ग के सोफ़ोक्लीज़ और प्लेटो भी उन्हीं के पक्षधर थे। एस्खिलुस शुरू में प्रजातन्त्र समर्थक अवश्य था, बाद में इसमें घोर परिवर्तन की झलक देखकर वह इसके विरुद्ध हो गया।[29] टायरेंटों की तुलना में प्रजातन्त्र से सहानुभूति रखना या उसका समर्थन करना एक बात है किन्तु हृदय से स्वीकार करना दूसरी बात है। जनता का सच्चा प्रतिनिधि यूरिपिदीज़ था। सत्तापक्ष ने, इसलिए, सदैव उसकी उपेक्षा की किन्तु उसने कभी इसकी चिन्ता नहीं की और लगातार लिखता रहा। पुरस्कार उसे भले ही कम मिले हों पर लोकप्रियता में वह आगे था क्योंकि वह जनता का नाटककार था।

नियमतः त्रासदी का कथानक देवताओं अथवा आनुश्रुतिक वीरों के जीवन पर प्रकाश डालनेवाले आख्यानों से लिया जाता था और घटनाओं का विस्तार कुछ इस तरह से किया जाता था जिससे समसामयिक समस्याओं और सत्तापक्ष द्वारा

अनुमोदित उसके समाधान का संकेत भी मिल जाय। समसामयिक प्रकरण त्रासदी जैसे गम्भीर काव्यरूप के लिए हलके-फुलके माने जाते थे। इन्हें स्वाँग के लिए उचित माना जाता था। विषय-भेद करनेवाला यह दृष्टिकोण कुछ और बातें भी कह रहा है :

(क) प्राचीनकाल के महानायकों के चरित्र को अंकित करने का प्रयोजन होता था जनता को शिक्षित करना। शिक्षा से तात्पर्य था प्रेक्षकों के सामने आभिजात्य आदर्श (चारित्रिक गुणों की श्रेष्ठता) रखना। सामान्य व्यक्ति उनके जैसा भले न बन सके, उनके प्रति सम्मान का भाव तो अनुभव कर सकता है, उनसे प्रेरणा तो ले सकता है। परोक्ष उद्देश्य यह था कि जिस उच्च कुल का प्रतिनिधित्व ये नायक कर रहे थे उसी से जुड़े होने के कारण आलोच्ययुगीन अभिजात वर्ग को भी जनता उसी आदरभाव से देखे और–

(ख) उनकी अपनी युवा पीढ़ी भी उन गुणों को आत्मसात् करे जो उसके अपने कुलीन वंश की पहचान हैं। ये गुण तीन नामों से जाने जाते थे–आरेती, कालोकागाथिया और सोफ्रोज़्युनी।* त्रासदियों के नायक-नायिकाएँ–ओरेस्तीज़, ईदिपुस, प्रमथ्यूस, हिप्पोलितुस, एंतिगॉनि आदि इन गुणों के मूर्त रूप हैं। ये वे पात्र हैं जिन्होंने निजी संघर्ष को सार्वजनिक रूप दिया।[30] फलस्वसरूप देवता भी इनसे प्रसन्न हुए और समाज में भी इन्हें विशिष्ट स्थान मिला। प्रजातन्त्र प्रत्येक व्यक्ति को उसके वंश और जाति के सम्बन्धों को नकारते हुए उसके निजी गुणों तथा उपलब्धियों के आधार पर मूल्यांकित करता है। इस अर्थ में वह व्यष्टिवादी है। वह प्रत्येक व्यक्ति को प्रतिस्पर्धा [संघर्ष] के लिए आमंत्रित करता है तथा उसकी समस्त शक्तियों को विकास का अवसर देता है। इस अर्थ में ये नाटक प्रजातांत्रिक भावना के अनुरूप हैं। समाज में संघर्षशील नायक के आदर्श की स्थापना करना उसका घोषित संदेश–शिक्षा–है। दूसरी ओर, प्रजातन्त्र वंश और जाति के आधार पर व्यक्ति-व्यक्ति में भेद न करते हुए उत्पादन और वितरण से सम्बन्ध को ले कर पूरे वर्ग को पहचानता है। इस अर्थ में ये नाटक प्रजातंत्र विरोधी हैं। इनका अघोषित संदेश केवल अभिजात वर्ग के लिए है। आरेती आदि गुणों पर बल देने के कारण ये सीधे-सीधे वंश और जाति से जुड़े हुए हैं, या कहें, वंश और जाति से उद्भूत हैं। इन गुणों पर बल दे कर ये नाटक मानों अभिजात वर्ग को कह रहे थे कि समाज में तुम्हारा विशिष्ट स्थान है और इस अलग पहचान को तुम्हें बनाये रखना है।

---

* आरेती–वंश और जाति से प्राप्त स्वस्थ शरीर तथा सैन्य अनुशासन।
कालोकागाथिया–शारीरिक एवं मानसिक, दैहिक एवं नैतिक गुणों का सन्तुलन।
सोफ्रोज़्युनी–संयम, आत्मानुशासन तथा समभाव।

अतः, हे कुलीनो उठो, अपने पूर्व गौरव को पुनः प्राप्त करो।

(ग) शिक्षा का दूसरा पक्ष सर्वसामान्य के लिए था। सूत्र रूप में यह नीति वाक्य है– 'मिथ्याभिमान व्यक्ति के पतन का कारण होता है। यूनान में यह धारणा पहले से चली आ रही थी कि देवता गर्व का खंडन करते हैं, हिंसा का दंड देते हैं। इसकी व्याख्या के लिए लेखकों ने नाटक के तीनों अंगों–कथानक का विस्तार, वृंदगान तथा संवाद–का उपयोग किया है। सूत्र को कलात्मक रूप देने के लिए इसके विकास को तीन चरणों में दर्शाया जाता था :

(i) ह्युब्रिस–पात्र के कार्य अथवा कथन द्वारा उसके मिथ्याभिमान की अभिव्यक्ति;

(ii) एती–देवताओं की प्रेरणा से आवेश में आ कर पात्र द्वारा ऐसा काम करना जो उसके विनाश का कारण बन जाय; और

(iii) अंत में पात्र को अपनी भूल का ज्ञान होना जो एक प्रकार से दर्शकों को चेतावनी मानी जाती थी। 'प्रार्थयिता कुमारियाँ' (दि सप्लांयट मेडेन्स) के आरंभिक अंश में एस्खिलुस ने वृंदगान में इस पूरी प्रक्रिया पर विस्तृत टिप्पणी दी है। ह्युब्रिस वस्तुतः सोफ्रोज़्युनी का विलोम है। बड़बोलापन और निरीह व्यक्ति की हत्या इसका सामान्य रूप है। 'फारसवासी' में फारसी सेना की हार का कारण भी यही दर्शाया गया है। दारा की आत्मा द्वारा इसकी चेतावनी पहले से ही दे दी गयी थी। अपने बेटे के लिए वह पत्नी से कहता है–"उसे सलाह दो कि वह बुद्धि से काम ले, समझदार बने, घमंड में आकर देवताओं के विरुद्ध काम करना छोड़ दे।" 'ओरेस्तेइया' शीर्षक से लिखी नाट्यत्रयी में लेखक को इस सूत्र के विस्तार का विशेष अवसर मिला है। सोफ़ोक्लीज़ ने भी ईदिपुस से संबंधित नाट्यत्रयी में इसी सूत्र का व्याख्यान किया है। दुर्भाग्य से इन दोनों नाटिकाओं का एक-एक अंश ही बचा है फिर भी ये उपलब्ध अंश इस विचारधारा को पोषित करते प्रतीत होते हैं।

निष्कर्ष यह कि इन नाटकों के प्रणेता होमर की तरह केवल तथ्यों की जानकारी नहीं दे रहे थे। वस्तुतः इसकी आवश्यकता भी नहीं थी क्योंकि सभी कथाएँ प्रेक्षकों को पहले से ही ज्ञात थीं। 'फारसवासी' के मंचन के समय दर्शकों में बड़ी संख्या उन लोगों की भी थी जिन्होंने मैराथन और सलामिस के युद्धों में स्वयं भाग लिया था। अतः नाटक अब एक प्रबोधक का उत्तरदायित्व निभा रहा था। नाटकों को देखने के लिए बंदी गृह से अपराधियों को भी लाया जाता था। अन्य राज्यों के राजनियक, व्यापारी आदि भी प्रेक्षकों के बीच बैठे होते थे। सभी अपनी-अपनी मनोवृत्ति के अनुसार उस चेतावनी को ग्रहण करते थे। उस समय यह सर्वमान्य विश्वास था कि नाटक सामज को शिक्षित करने का एक सशक्त माध्यम हे। 'मेंढक' नाटक में एस्खिलुस के मुँह से कहलाया गया है–"पाठशाला में

जानेवाले लड़कों को उनके अध्यापक शिक्षा देते हैं, जो बड़े हो गये हैं उन्हें कवि शिक्षा देता है।"[31] बड़ों को दी जानेवाली शिक्षा थी दैवी नियमों के प्रति आदर भाव जगाना। वैसे तो किसी राज्य के नियमों और दैवी नियमों में विरोध नहीं होना चाहिए किन्तु, यदि ऐसा हो तो वरीयता दैवी नियमों को दी जानी चाहिए। इस रूप में कवि पुनः पुराकाल के पुरोहित की भूमिका में पहुँच जाता है और दैवी इच्छा का व्याख्याता होने के साथ-साथ देवता के प्रतिनिधि के रूप में समाज का अभिभावक भी बन जाता है।

(घ) सर्वसामान्य को दी जानेवाली शिक्षा में एथेन्स के उस रूप का ज्ञान कराना भी आवश्यक समझा जाने लगा था जो उसे अन्य राज्यों से भिन्न दर्शाता था और सर्वश्रेष्ठ भी सिद्ध करता था। यह था यहाँ का प्रजातन्त्र। ऐसा करके वे अपने समाज में नगर के प्रति आस्था तथा प्रेम भाव जगाना चाहते थे और शायद बाहर से आये हुए प्रेक्षकों पर भी इसकी छाप छोड़ना चाहते थे। इसके लिए उन्होंने नगर की जिन विशेषताओं पर ध्यान दिया वे थीं–(*i*) जनता में दैवी तथा मानवीय नियमों के प्रति सम्मान का भाव, (*ii*) एथेन्सवासियों पर दैवी कृपा होना, (*iii*) देवताओं का एथेन्स की भूमि से प्यार करना, (*iv*) इसका वीर-भूमि होना, (*v*) यहाँ कमज़ोर वर्ग को शरण तथा सुरक्षा मिलना, और (*vi*) यहाँ के राजा तथा प्रजा के बीच मधुर [प्रजातान्त्रिक] सम्बन्ध होना।

फारसी सेनाओं पर जीत के बाद एथेन्सवासियों की प्रजातन्त्र में आस्था और बढ़ गयी थी, उन्हें विश्वास हो गया था कि देवताओं ने उन्हें यह व्यवस्था प्रदान कर सचयमुच उन पर बहुत बड़ी कृपा की है। यह तन्त्र दैवी वरदान है जिससे यहाँ का प्रत्येक नागरिक अपनी शारीरिक तथा मानसिक शक्तियों का विकास कर सके। उनके लिए यह ऐसी व्यवस्था थी जहाँ सभी परस्पर समानता का भाव अनुभव करते हुए अपना-अपना उत्तरदायित्व निभाते हैं। 'फारसवासी' में एक संवाद आया है।[32]

[फारस की] रानी–कौन उनको [एथेन्स के सैनिकों को] आज्ञा देता है? कौन उनकी सेना का स्वामी है?

सहगायक–वे किसी के दास नहीं हैं, वे किसी की प्रजा नहीं हैं।

इन पंक्तियों पर दर्शकों ने कितनी तालियाँ बजायी होंगी हम कल्पना कर सकते हैं। फारसी साम्राज्य में इसका ठीक उलटा था। वहाँ का सम्राट् निरंकुश शासक था। शरीर के साथ-साथ अपनी प्रजा के मन-प्राण पर भी उसका अधिकार होता था। इधर, यूनान में भी अन्य नगर-राज्यों के अभिजाततन्त्र तथा टायरेंटों के दोष उनके सामने थे। वे स्वयं भी टायरेंटों के शासन से गुज़र चुके थे।

इन सबसे तुलना करने पर उन्हें अपना प्रजातन्त्र ही सर्वोत्तम लग रहा था। वे अनुभव कर रहे थे कि सभ्यता के विकास में मनुष्य जैसे-जेसे ऊँचा उठता जाता है समाज में समता का भाव भी बढ़ता जाता है। प्रजातन्त्र उसी का परिणाम है। 'युमेनिदीज़' में अथीना (एथेन्स की अधिष्ठात्री देवी) कहती है कि वह स्वयं ओरस्तीज़ के अपराध पर निर्णय लेने में असमर्थ है इसलिए एथेन्सवासियों में से ही न्याय-परिषद् का गठन कर रही है जो दोनों पक्षों को सुन कर अपना निर्णय देगी। इस परिषद् के सदस्यों को शपथ लेनी होगी कि वे कोई ऐसा निर्णय नहीं लेंगे जो न्यायपूर्ण न हो।[33] इसके बाद अन्त में वृन्दगान की पंक्तियों में एथेन्स की शांति के लिए जिस जिस तरह से प्रार्थना की गयी है उसे प्रजातन्त्र के शुभ-परिणामों का सारांश कहा जा सकता है। इस अंश को एस्खिलुस ने कितना अपनी प्रेरणा से और कितना पेरिक्लीज़ के प्रभाव में आ कर लिखा होगा कहना कठिन है। बाद में यही लेखक प्रजातन्त्र में आस्था खो बैठा। इसी से अनुमान लगाया जा सकता है कि अभिजात समाज के लिए प्रजातन्त्र का क्या अर्थ था और वह इसका कितना समर्थक था।

ई. पू. 5 वीं शताब्दी के नाटककार प्रजातन्त्र की अवधारणा से इतने अभिभूत थे कि उन्होंने इसे अन्य नगर-राज्यों की पुराकाल की कथाओं पर भी आरोपित करना शुरू कर दिया। 'प्रार्थयिता कुमारियाँ' का दृश्य पटल आर्गोस नगर का है और जो काल लेखक ने चुना है उसमें स्वयं उसने राजतंत्र का उल्लेख किया है, फिर भी वहाँ का राजा प्रजा की इच्छा के बिना कोई निर्णय लेने को तैयार नहीं है–[34]

राजा– जब तक मैं अपने प्रजाजनों से विचार-विमर्श न कर लूँ मैं कोई वचन नहीं दूँगा।

× × ×

राजा– मुझे न्यायाधीश मत बनाओ। मैं पहले ही कह चुका हूँ कि यद्यपि मैं शास्ता हूँ फिर भी अपनी प्रजा से स्वतन्त्र अकेले कोई काम नहीं करूँगा।

इन पंक्तियों में व्यक्त प्रजातान्त्रिक भाव एथेन्स की राज्य व्यवस्था से प्रेरित है। इस नाटक के पात्र भले ही आर्गोस के हों प्रेक्षक एथेन्स के हैं और यह संदेश भी उन्हीं के लिए है।

सोफ़ोक्लीज़ और यूरिपिदीज़ ने भी ऐसी कल्पनाएँ की हैं अर्थात् ऐसी व्यवस्था में विश्वास व्यक्त किया है जहाँ प्रजा के हितों तथा इच्छाओं का सम्मान किया जाता है, नियमों का पालन किया जाता है और प्राण दे कर भी न्याय की रक्षा की जाती है। न्याय-रक्षा का एक पक्ष है शरणागत की रक्षा करना। 'कोलोनुस में ईदिपुस' नाटिका में एथेन्स का राजा थीस्यूस क्रियोन से कहता है–"तुम ऐसे नगर-राज्य में आये हो जहाँ न्यायपूर्ण व्यवहार किया जाता है। यहाँ राजनियम से

ही शासन होता है।"[35] इससे कुछ पहले ही एक अनजान व्यक्ति ईदिपुस से कहता है—"मैं लोगों को सूचना दे दूँगा, वे ही निर्णय करेंगे कि तुम्हें यहाँ रहना चाहिए या नहीं।"[36] एंतिगोनि में क्रियोन (थीब्ज़ का शासक) से उसी का पुत्र कहता है—"कोई भी नगर किसी एक आदमी की जागीर नहीं है।"[37]

प्रजातन्त्र का सच्चा समर्थक युरिपिदीज़ था। उसकी 'हिरेक्लाइदी' नाटिका ई. पू. 429 में मंचित हुई। तब तक पेरिक्लीज़ जीवित था। उसकी शासन पद्धति की झलक इस नाटिका में मिलती है। इसमें एथेन्स के राजा देमोफोन का कथन है—"मैं किन्हीं जंगलियों का निरंकुश शासक नहीं हूँ। अच्छे शासन में आदान-प्रदान दोनों का होना आवश्यक है।"[38] इस वाक्य में लगता है जैसे एस्खिलुस ही फिर से बोल रहा हैं 'युमेनिदीज़' में अथीना आसुरी स्वभाववाली देवियों से कहती है—"भला करो, बदले में तुम्हारा भी भला होगा, सम्मान होगा क्योंकि अच्छे लोगों का सदैव सम्मान होता है।"[39]

निरीह निराश्रितों को आश्रय देने में भी एथेन्स कभी पीछे नहीं हटा है। युरिपिदीज़ की दो नाटिकाओं 'मिदीआ' और 'हिरेक्लाइदी' में एथेन्स ऐसी ही शरणस्थली के रूप में चित्रित हुआ है। मिदीआ कोरिंथ्र से बहिष्कृत हो कर यहाँ आती है और यहाँ का राजा ईज्यूस हर कीमत पर उसकी रक्षा करने का वचन देता है। एक अन्य घटना क्रम में आर्गोस और माइसीनी के राजा के डर से हिरेक्लीज़ की बूढ़ी माँ और बच्चों को जब कोई शरण नहीं देता तो एथेन्स ही आगे आता है। यह मानव धर्म है और न्याय भी। एथेन्स वीर-भूमि है, धर्म क्षेत्र है इसीलिए देवताओं को प्रिय है। देवता स्वयं इन कामों में सहायता करने आते हैं। ऐसे राज्य का नागरिक होना अभिमान की बात है।

प्रजातन्त्र की अवधारणा को व्याख्यायित करनेवाला इसी का एक अन्य उज्ज्वल पक्ष है राज्य के नियमों के साथ-साथ दैवी नियमों का भी पूरी तरह से पालन किया जाना। राज्य के नियम मानव निर्मित हैं किन्तु ये दैवी नियमों का अनुसरण करके ही बनाये गये हैं। फिर भी स्वार्थी मनुष्य निज हित में इनकी गलत व्याख्या करते हैं। इस कारण से मानवीय नियमों और दैवी नियमों में विरोध पैदा हो जाता है। विरोध की स्थिति में दैवी नियमों का पालन होना चाहिए क्योंकि ये किसी एक व्यक्ति के नहीं पूरी प्रजा, पूरी मानव जाति के हित में है। एथेन्स सदैव इनका पालन करने में अग्रणी रहा है इसलिए भी देवताओं को यह प्रिय है। इस सन्दर्भ में 'युमेनिदीज़' में अथीना का यह वाक्य महत्त्वपूर्ण है—"...सच्चे लोगों की यह आचारयुक्त पीढ़ी मुझे सबसे अधिक प्रिय है। दुनिया की नज़रों में मैं इसे कभी नहीं गिरने दूँगी।"[40]

एथेन्स में सांविधानिक प्रजातन्त्र की नींव सोलोन (ई. पू. 640-560) द्वारा छठी शताब्दी के आरम्भ में ही रख दी गयी थी। व्यवहारिक स्तर पर इसे स्थापित होने में पूरे सौ साल लग गये। फिर आम आदमी तक इस व्यवस्था के पहुँचने में सौ साल और लग गये।[41] इस बीच यहाँ के नागरिक अन्य नगरवासियों के साथ अपनी तुलना लगातार करते आ रहे थे। परम्परा और आधुनिकता, धार्मिक आस्था और विश्लेषणात्मक बुद्धि का जैसा संगम यहाँ हुआ अन्य नगरों में नहीं हो पाया। आज भी यूनान की बात चलने पर एथेन्स के योगदान पर ही दृष्टि जाती है। त्रासदीकारों के सामने भी यह अन्तर स्पष्ट था, अपने नाटकों के माध्यम से वे इसी का ज्ञान अपने प्रेक्षकों को करा रहे थे। प्रकारान्तर से यह आदर्श की स्थापना थी और परिस्थितिवश इस शताब्दी में यह विषय अत्यन्त महत्त्वपूर्ण हो गया था।[42] त्रासदियों में संवाद तथा अभिनय की तुलना में वृन्दगान की अधिमान्यता (प्रिफरेंस) यह सिद्ध करती है कि इनमें आनन्द की अपेक्षा शिक्षा को अधिक महत्त्व दिया जा रहा था। एस्खिलुस और सोफ़ोक्लीज़ दोनों ही आदर्शवादी लेखक थे। सोफ़ोक्लीज़ स्वयं मानता था कि उसने अपने पात्रों को आदर्श रूप प्रदान किया है।[43] युरिपिदीज़ जैसा यथार्थवादी लेखक भी वृंदगान के मोह को नहीं छोड़ सका यद्यपि उसके नाटकों में यह पुछल्ले के सिवाय और कुछ नहीं है।

युरिपिदीज़ समाज में वस्तुस्थिति का चित्रण करना चाहता था। वह देख रहा था कि बहुसंख्यक समाज, कमज़ोर वर्ग–स्त्रियाँ, बच्चे, नौकर, दास, बंदी–निरन्तर उपेक्षित हो रहा है। वह उसी का पक्षधर बन कर खड़ा हुआ। युरिपिदीज़ सोफ़िस्तों का साहित्यिक संस्करण है। उसने परम्परा को बिना प्रश्नचिह्न लगाये स्वीकार नहीं किया। यह ठीक है कि वह उसके स्थान पर कोई अधिक स्वीकार्य समाधान नहीं दे सका किन्तु उसके औचित्य को चुनौती देना भी बड़ी बात थी। एस्खिलुस और सोफ़ोक्लीज़ दोनों ही ऐसा नहीं कर पाये। उन्होंने अनेक जनविश्वासों और मान्यताओं को चुपचाप स्वीकार कर लिया था।

स्त्रियों के अधिकारों को युरिपिदीज़ ने मुख्य रूप से उठाया। अमीर आदमी के लिए कई-कई स्त्रियाँ रखना साधारण बात थी। किसी नगर को जीत लेने के बाद वहाँ की सम्पत्ति की लूट में स्त्रियाँ भी शामिल कर ली जाती थीं। सामाजिक जीवन में स्त्रियों के कोई अधिकार कभी थे ही नहीं। उनकी दो ही जिम्मेदारियाँ थीं, घर में काम करना और बच्चे पैदा करना। इसी में उनका जीवन बीत जाता था। पेरिक्लीज़ कहा करता था–"स्त्रियों के लिए सबसे अच्छी बात यही है कि पुरुष उनके बारे में कम से कम बात करें, चाहे वह प्रशंसा हो या निन्दा।" प्रजातांत्रिक व्यवस्था में भी उन्हें घर की चार-दीवारी से बाहर आने की अनुमति नहीं मिली।

विवाह के बारे में भी उनकी पसंद-नापसंद, इच्छा-अनिच्छा का कोई मूल्य नहीं था। नारी की इस पीड़ा को युरिपिदीज़ ने अत्यन्त कारुणिक अभिव्यक्ति दी है :

> "हम स्त्रियाँ बहुत बदकिस्मत हैं। पहले तो खूब धन दे कर हमें पति खरीदना पड़ता है, फिर, वह हमारे शरीर का स्वामी बन जाता है...पति अच्छा हो या बुरा एक स्त्री विवाह के लिए मना कर ही नहीं सकती।"[44] ऊपर से पुरुष ऐसा दिखावा करते थे मानों स्त्रियों पर बड़ी कृपा कर रहे हों, उनके लिए घर के हलके-फुलके काम ही तो छोड़ रखे हैं। इस मनोवृत्ति का विरोध करते हुए मिदीआ करती है—"तीन बार युद्ध के मोर्चे पर जाना और एक बच्चा पैदा करना एक बराबर है।"[45]

अधिकार वंचित स्त्रियों तथा दलितों की स्थिति को उन्हीं के दृष्टिकोण से प्रस्तुत करके युरिपिदीज़ ने अपनी पैनी प्रजातांत्रिक दृष्टि का परिचय दिया है। इसलिए, आश्यर्च तब होता है जब वह एस्खिलुस और सोफ़ोक्लीज़ की भाँति ही आदर्शवादी नायकों और पेरिक्लीज़ के चश्मे से देखते हुए एथेन्स को एक आदर्श नगर के रूप में चित्रित करता है। एथेन्स के राजा की प्रजा के साथ आदान-प्रदान की बात हम कह आयें हैं। 'मिदीआ' की नायिका विद्रोहिणी है, ईंट का जबाब पत्थर से देती है किन्तु हिरेक्लीज़ की पुत्री ने नारी का जो आदर्श रखा है उसमें पेरिक्लीज़ के दृष्टिकोण की अनुगूँज है—"मैं जानती हूँ एक स्त्री को चुप रहना चाहिए, संयम बरतना चाहिए, और उसकी जगह घर में ही है।"[46] फिर दूसरे ही क्षण यह भी कहती है— मैं अपनी इच्छा से उनके लिए प्राण देने को तैयार हूँ लेकिन कोई मुझ पर दबाव नहीं डाल सकता।"[47]

स्वेच्छा से कष्ट भोगना, प्राण देना यही वह आदर्श है जो उसके पहले के नाटककारों ने भी रखा है। ईदिपुस शापग्रस्त नायक है किन्तु वह शाप को निष्क्रिय भाव से स्वीकार नहीं करता, उसे अंतिम बिन्दु तक पहुँचाने के लिए स्वयं पहल करने का साहस दिखलाता है। वह अपनी आँखें स्वयं फोड़ लेता हैं। सोफ़ोक्लीज़ के इस नायक की भाँति युरिपिदीज़ का नायक हिप्पोलितुस शापग्रस्त नहीं है, हाँ एफ्रोदाइति के षड्यन्त्र का शिकार अवश्य है। सौतेली माँ के प्रणय निवेदन को ठुकराने के दंडस्वरूप वह जिस तरह से मृत्यु का वरण करता है उसमें पूरी तरह से आदर्शवादी परम्परा का निर्वाह हुआ है। वस्तुतः युरिपिदीज़ में कोई एक स्थिर दृष्टिकोण नहीं मिलता, सम्भवतः यह आदर्श और यथार्थ में ठीक-ठीक मेल न करा पाने का परिणाम था। किन्तु, वह अपने समय के यथार्थ से आँखें नहीं चुरा रहा था इस तथ्य को अस्वीकार नहीं किया जा सकता। उसके नायक सामान्य जीवन जीते हैं। यह बात अभिजात वर्ग को पसंद नहीं थी। यथार्थवादी चित्रण के दायरों में

सामान्य विषय लाने में उन्हें कोई आपत्ति नहीं थी पर उनके आदर्श नायक-नायिकाओं को भी उसी शैली में चित्रित किया जाय यह उन्हें स्वीकार्य नहीं था। इसलिए वह कई बार पुरस्कार पाते-पाते रह गया।

त्रासदीकारों के लिए काव्य-प्रयोजनों में आनन्द निश्चित रूप से दूसरे क्रम पर था। यह विधा मूलतः धार्मिक अनुष्ठान से जुड़ी हुई थी। देवताओं और आनुश्रुतिक नायकों की यश गाथा इसका विषय था, इसकी गम्भीरता और पवित्रता में सबकी आस्था थी। इस अनुष्ठान में भाग लेने वालों के लिए स्वच्छ आचरणशील होना आवश्यक था और माना जाता था कि इसमें दी जानेवाली बलि दर्शकों को भी तन-मन से शुद्ध करती है। धर्म विरुद्ध आचरण करनेवाले को मृत्युदंड तक का विधान था।[48] तात्पर्य यह कि इसे मनोरंजन की वस्तु कभी नहीं समझा गया। इससे प्राप्त होनेवाला आनन्द धार्मिक अनुष्ठान में भाग लेने जैसा मानसिक सन्तोष था जो उसकी प्रकृति से स्वतः उद्‌भूत था। उस पर अलग से ध्यान देने की आवश्यकता नहीं थी। इसलिए, एस्खिलुस और सोफ़ोक्लीज़ यदि जीवन के शाश्वत और समसामायिक गम्भीर प्रश्नों में उलझे रहे तो यह उचित ही था। त्रासदियों में तथा कामदियों में भी वृंदगान का उद्देश्य समस्याओं का विश्लेषण करना हुआ करता था और यही प्रधान होता था। इसी से इनके वास्तविक लक्ष्य का अनुमान लगाया जा सकता है। युरिपिदीज़ की दृष्टि यथार्थवादी थी किन्तु लक्ष्य उसका भी वही था—अपने युग की ज्वंलत समस्याओं का विश्लेषण एवं समाधान। अब यदि वह आनन्द को वरीयता देता तो निश्चित ही त्रासदी की मूल भावना के विरुद्ध होता। अतः समझौतावादी दृष्टिकोण अपनाते हुए उसने स्वतन्त्र रूप से लिखे गीतों में ही आनन्द की मुख्य भूमिका को स्वीकार किया है। इनके उसने दो वर्ग किये। एक वे जो दावतों में मौज-मस्ती के वातावरण को और रंगीन बनाते हैं। ऐसे गीत लिखना मूर्खता है। पुराने कवियों से उसकी यह शिकायत थी। भला सुख का जीवन जीनेवालों को मधुर ध्वनियों की क्या आवश्यकता है? सार्वजनिक प्रीतिभोज के अवसरों पर तो वैसे ही मन प्रसन्न रहता है, उनके लिए गीत क्या लिखना? गीत वस्तुतः ऐसे होने चाहिए जो दुःख भुलाने में सहायक हों। कितना अच्छा होता यदि संगीत दुःख की दवाई बन सकता।[49] सम्भवतः उसके सामने हीसियोद का उदाहरण था किन्तु निष्कर्ष उसका यह है कि ऐसे गीत अब तक लिखे ही नहीं गये हैं।

उपर्युक्त काव्य मूल्य त्रासदियों के रचना विधान का अंग बन कर आये हैं। ऊपर से देखने में ये लेखक होमर और हीसियोद की परम्परा को ही आगे बढ़ाते हुए दिखाई देते हैं किन्तु दोनों की काव्य दृष्टियों में अंतर यह है कि उस समय के

कवियों ने किसी सिद्धान्त के अन्तर्गत एक विशेष समीक्षात्मक दृष्टि नहीं अपनायी थी, वह किसी विचार-विश्लेषण का परिणाम नहीं थी। 5 वीं शताब्दी के त्रासदीकारों की काव्य दृष्टि का एक वैचारिक आधार है। उस समय तक काव्य-प्रयोजन पर पर्याप्त चिन्तन हो चुका था और हो रहा था। विचार गोष्ठियों में काव्य के विभिन्न पक्षों पर चर्चाएँ हुआ करती थीं और उनके अपने-अपने स्कूल बनने लगे थे। इसीलिए हमारी स्थापना है कि त्रासदीकारों की काव्य दृष्टि को शास्त्रीय काव्य दृष्टि कहना उचित है। काव्य-प्रयोजनों के रूप में शिक्षा को आग्रहपूर्वक समाविष्ट करना इसका प्रमाण है।

शिक्षा के प्रयोजन को अधिमान्यता देने के कारण नाटक के रूपाश्रयी मूल्य की कितनी उपेक्षा हुई यह चर्चा का विषय बन सकता है पर यह नहीं कहा जा सकता कि वे इसके प्रति सचेत नहीं थे। इसके विकास की रेखाएँ धुँधली हैं क्योंकि बहुत सा साहित्य नष्ट हो चुका है। तो भी बची हुई त्रासदियों में रूप तत्त्व में आया परिवर्तन दर्शाता है कि इनके लेखकों में रंचमंच की पूरी समझ थी और उनमें उसे विकसित करने, अधिकाधिक पूर्णता प्रदान करने की भावना भी थी। इतिहासज्ञों की मान्यता है कि त्रासदी डिथिरैंब से विकसित हुई। प्लेटो और अरस्तू दोंनों ने इसकी पुष्टि की हैं। यह वृंदगान प्रकृति देवता दियोनाइसुस के जन्म की खुशी में वसंत ऋतु में होनेवाले अनुष्ठान के अवसर पर नाच-नाच कर गाया जाता था। हो सकता है इसमें उसके जीवन के कतिपय प्रसंगों को भी हावभाव से दर्शाया जाता है। अभिनययुक्त होने के कारण इसे नाट्यगीत कहा जा सकता है। इस काव्य रूप में बड़ा परिवर्तन तब आया जब नाचने-गानेवाली टोली का मुखिया (जो हो सकता है इस गीत का रचयिता ही रहा हो) कुछ समय के लिए दूसरों से अलग हो कर कुछ कहने और अभिनय करने लगा। इस तरह नाट्यगीत में एक पात्र का प्रवेश हो गया। यह विकास का प्रथम चरण था। त्रासदी के जनक थेसपिस ने नाट्यगीत की विषय वस्तु में परिवर्तन करके उसे करुण रसपूर्ण बना दिया। रचना विधान—एक पात्र तथा शेष सहगायक—ज्यों का त्यों बना रहा। इस चरण में इसे नाट्यगीत के स्थान पर गीतिनाट्य कहना अधिक उचित होगा। फ्रिनिखुस तक रचना की बाह्य रूप-रेखा में कोई विशेष परिवर्तन नहीं हुआ। एस्खिलुस ने पात्रों की संख्या एक से दो कर दी। परिणाम यह हुआ कि कथानक के कुछ अंश संवादों के माध्यम से प्रस्तुत किये जाने लगे और उसी अनुपात में वृंदगान का महत्त्व कम हो गया। इसी क्रम में सोफ़ोक्लीज़ ने पात्रों की संख्या तीन कर दी,[50] और फिर यह चार हो गयी। इसी अनुपात में वृन्दगान का उपयोग भी कम होता गया किन्तु अस्तित्व बना रहा, सम्भवतः इसलिए क्योंकि इसका कार्य संवादों से लेना कठिन

था या इस ओर अधिक ध्यान न दिया गया हो। इतने बड़े परिवर्तन के लिए सम्भवतः लेखक और प्रेक्षक दोनों ही तैयार नहीं थे।

परिवर्तन की उपर्युक्त प्रक्रिया का प्रभाव मंच के तंत्र पर भी पड़ा। पहले ऑर्केस्ट्रा बस एक गोल मैदान था। जिसमें वृन्दगायक इधर से उधर, संगीत की थाप पर नृत्य करते चलते थे। दृश्य विधान के नाम पर ऑर्केस्ट्रा के एक ओर छोटी झोंपड़ी या तम्बू होता था जिसका उपयोग कपड़े बदलने के लिए किया जाता था। फिर यह बदल कर ऊँचा चबूतरा हो गया जिस पर महल या मंदिर का दृश्य खड़ा कर दिया जाता था। धीरे-धीरे आर्केस्ट्रा का वृत्त आधा रह गया, आधे पर दृश्य विधान ने अधिकार कर लिया और उसमें परदों की सहायता से यथार्थ को मूर्त रूप देने का प्रयत्न किया जाने लगा। दृश्य विधान अथवा प्रस्तुतीकरण के साधन[51] कितने महत्त्वपूर्ण हो गये थे इसकी कल्पना इसी से की जा सकती है कि अरस्तू को कथानक, पात्र आदि अंगों के साथ-साथ इसे भी शामिल करना पड़ा। अगाथाखुर्स समोस का रहनेवाला था। उसने एस्खिलुस के बाद के नाटकों के लिए ऐसे परदे चित्रित किये जिनमें पर्सपेक्टिव के प्रयोग से यथार्थ का भ्रम होता था तथा इन पर एक टिप्पणी भी तैयार की। बाद में अनेक्सागोरस और दिमोक्रितुस ने उसी का आधार ले कर पर्सपेक्टिव के नियम निर्धारित किये।[52] आगे चल कर सोफ़ोक्लीज़ ने ऐसे परदों का खूब इस्तेमाल किया। तात्पर्य यह कि चिन्तन के क्षेत्र के समानान्तर कलाओं के क्षेत्र में भी भौतिक विश्व और भौतिक जीवन प्रधानता ग्रहण करता जा रहा था। इसी के परिणामस्वरूप गोचर विश्व का अनुकरण (चित्रण) करने के लिए नये-नये प्रयोग हो रहे थे। नाटककार परम्परा के प्रति जितने सचेत थे उतने ही अपने प्रयोगों तथा योगदान के प्रति भी जागरूक थे। कहा जाता है कि सोफ़ोक्लीज़ अपनी शैली के विकास में निरन्तर प्रयत्नशील रहता था। एस्खिलुस के प्रभाव से मुक्त हो जाने पर भी उसकी शैली भारी-भरकम और कृत्रिम बनी रही। बहुत बाद में जा कर वह कहीं सन्तोषजनक शैली का विकास कर पाया।[53] अकेले वही नहीं अन्य कवि भी निजी शैली के विकास के लिए निरन्तर प्रयत्न करते रहते थे। विचार गोष्ठियाँ भी होती रहती थीं और समीक्षात्मक पुस्तिकाएँ भी प्रकाशित होने लगीं थीं।[54] इन सब प्रयासों का शुभ परिणाम यह हुआ कि समीक्षा के लिए विभिन्न काव्यरूपों के अंगो-तत्त्वों आदि के नाम तथा उनकी परिभाषाएँ स्थिर हो गयीं, अर्थात् एक परिभाषिक शब्दावली तैयार हो गयी। एरिस्तोफ़ेनीज़ पर विशेष चर्चा के अन्तर्गत इन नाटककारों की समीक्षा-दृष्टि के अन्य पक्षों पर भी विचार करने का अवसर मिलेगा। यहाँ, बस इतना समझ लें कि ये लेखक स्वतन्त्र समीक्षक की भूमिका नहीं निभा रहे थे फिर भी इन्होंने काव्यशास्त्र की नींव अवश्य

तैयार की। व्यावहारिक भूमि पर उनकी दृष्टि में रूपाश्रयी मूल्य उतना ही महत्त्वपूर्ण था जितना उपयोगिताश्रयी मूल्य और सम्बन्धाश्रयी मूल्य। संयोग से तीनों मूल्यों में ऐसा सन्तुलन स्थापित हो गया जो न पहले था न बाद में रह सका। सन्तुलित अभिव्यक्ति की यह स्थिति काव्य और दृश्य कलाओं में समान रूप से दिखलायी पड़ती है। इस कारण से बाद के काव्यशास्त्रियों को इनसे सिद्धान्त प्रतिपादन के लिए मार्ग निर्देशन भी मिला और उदाहरण भी।

## संदर्भ एवं टिप्पणियाँ

1. पृ. 607[ब]
2. इस विषय पर अधिक जानकारी के लिए देखिये हैरियट की 'पोएट्री ऐंड क्रिटिसिज़्म बिफोर प्लेटो'
3. 'काव्यशास्त्र;' अ. 19, पं. 5
4. 'कवि और स्त्रियाँ'
5. 'मेंढक'
6. 'काव्यशास्त्र;' अ. 25, पं. 6
7. रोज़मेरी हैरियट, पोएट्री ऐंड क्रिटिसिज़्म बिफोर प्लेटो, पृ. 143
8. वही, पृ. 98-9
9. वही, पृ. 98-9
10. एटकिन्स, जे. डब्लू. एच., लिटरेरी क्रिटिसिज़्म इन ऐंटिक्विटी, प्रथम खंड, पृ. 21
11. वेब्सटर, टी. बी. एल., ग्रीक आर्ट ऐंड लिटरेचर- 530-400 ई. पू., पृ. 171
12. रोज़ेमेरी हैरियट, पोएट्री ऐंड क्रिटिसिज़्म बिफोर प्लेटो, पृ. 143
13. ऐटकिन्स, जे. डब्लू. एच., लिटरेरी क्रिटिसिज़्म इन ऐंटिक्विटी, प्रथम खंड, पृ. 19
14. ग्रीक आर्ट ऐंड लिटरेचर, 530-400 ई. पू., पृ. 94
15. वही, पृ. 139
16. अरस्तू के अनुसार एंपीदेक्लीज़ अलंकारशास्त्र का प्रवर्तक है। उसने काव्य में अलंकारों के सौंदर्य को पहचाना और सार्वजनिक भाषण को भी उनके उचित प्रयोग द्वारा सुंदर बनाने का प्रयत्न किया। गोर्जियास ने उसी परम्परा को आगे बढ़ाया।

    एटकिन्स, जे. डब्लू.एच., लिटेरी क्रिटिसिज़्म इन ऐंटिक्विटी, प्रथम खंड, पृ. 20
17. इस मतभेद से संकेत मिलता है कि 'आरेती' के सम्बन्ध में अलग-अलग धारणाएँ प्रचलित थीं और ये निश्चित ही वर्गीय चेतना से निःसृत रही होंगी। इसका सामान्य अर्थ था नगर-राज्य में अपने उत्तरदायित्वों का सफलतापूर्वक निष्पादन किन्तु इसकी अर्थ छटा (शेड ऑफ मीनिंग) में भिन्नता थी। अभिजात वर्ग इसका अर्थ लेता था जन्म, वंश जाति पर आधारित शरीर सौष्ठव तथा उनकी परम्पराओं पर आधारित अनुशासन के नियम। यह संकेत था कि राज्य शासन का संचालन करने में केवल अभिजात वर्ग ही सक्षम है। प्रोतेगोरस इसका दूसरा अर्थ ले रहा था, क्योंकि जो गुण अर्जित किया जा सकता है वह जन्म और जाति के संस्कारों से बाहर होना चाहिए।

दूसरे, सोफ़िस्त ऐसी शिक्षा पर बल दे रहे थे जो सामाजिक जीवन में उपयोगी हो अर्थात् व्यावहारिक हो। इसलिए वह 'आरेती' का अर्थ जीवन की पूर्णता ले रहा था जिसे मनुष्य अपने प्रयासों से प्राप्त कर सकता है और समाज उसमें सहयोग दे सकता है। प्रोतेगोरस व्यक्तिगत जीवन और सामाजिक जीवन में अन्योन्याश्रित सम्बन्ध मानता था। –सी. एम. बावरा, पेरिक्लिअन एथेन्स, पृ. 180

18. जोवेट ने इस उद्धरण में आये 'सत्य' शब्द के लिए 'करेक्ट' शब्द का प्रयोग किया है। –'प्रोतेगोरस', पृ. 339-48
19. प्रोतगोरस के सूत्र की इस व्याख्या की पुष्टि प्लेटो और दिमोक्रितुस भी करते हैं। –जॉन बर्नेट, ग्रीक फिलॉसोफी : थेलीज़ टु प्लेटो, पृ. 115-16
20. वही, पृ. 117
21. ग्रीक आर्ट ऐंड लिटरेचर बिफोर प्लेटो, ई. पू. 530-400, पृ. 48
22. वही, पृ. 145
23. रोज़मेरी हैरियट, पोएट्री ऐंड क्रिटिसिज़्म बिफोर प्लेटो, पृ. 116
24. कहते हैं अपिलीज़ ने एक मोची की आलोचना को ध्यान में रखते हुए जूते के चित्र में तस्मे के छेदों की संख्या को ठीक किया था। –जॉन अनियन्स, दि हेलेनिस्टिक एज, पृ. 41
25. वही, पृ. वही
26. वेब्सटर, टी. बी. एल., ग्रीक आर्ट ऐंड लिटरेचर–700-530 ई. पू., पृ. 55
27. अरस्तू के काव्यशास्त्र पर विचार करते समय हम देखेंगे कि वह ज़मीदार वर्ग को ही सर्वोत्तम शासक वर्ग मानता था और उसे इसी वर्ग की सर्वाधिक चिन्ता थी।
28. दि सोशल हिस्ट्री ऑफ आर्ट, प्रथम खंड, पृ. 77
29. वही, पृ. 74
30. इनकी तुलना पाइसिसत्रेतुस, थेमिस्तोक्लीज़ आदि से करने पर त्रासदियों का निहितार्थ स्पष्ट हो जाता है। इन्होंने भी निजी संघर्ष को सार्वजनिक रूप दिया। कहा यह कि वे जो भी निर्णय ले रहे हैं समाज के हित में ले रहे हैं, जब कि वास्तविकता यह थी कि वे किसी न किसी तरह सत्ता में बने रहना चाहते थे।
31. अंक दो, एस्खिलुस और युरिपिरीज़ की प्रतिस्पर्धा के अन्तर्गत।
32. पंक्ति 242-243
33. पं. 470-89
34. पं. 368-99
35. पं. 913-14
36. पं. 78-80
37. पं. 737
38. पं. 422-24
39. पं. 868-69

40. पं. 911-15
41. 'युमेनिदीज़'–(*i*) जैसे-जैसे समय बीतेगा इस नगर के लोगों की प्रतिष्ठा बढ़ती जाएगी। (–पं. 851-53) (*ii*) समय के साथ-साथ यह नगर और सभ्य होता जाएगा। (–पं. 1000)
42. आदर्श की स्थापना इस शताब्दी का सबसे बड़ा लक्ष्य था, इतना बड़ा कि होमर और हीसियोद के काव्य भी इसी दृष्टि से देखे जाने लगे। दार्शनिकों द्वारा होमर की आलोचना अवश्य की जाने लगी थी किन्तु सामान्य श्रोता वर्ग में उसकी साख अक्षुण्ण थी। एरिस्तोफ़ेनीज़ के नाटकों से पता चलता है कि जनमानस में उसके काल में भी यह धारणा प्रबल थी कि होमर ज्ञान का भंडार है इसीलिए वह सर्वश्रेष्ठ है।
43. अरस्तू, 'काव्यशास्त्र', पृ. सं. 1460 बी, पं. 33-35
44. मिदीआ, पं. 231-37
45. वही, पं. 250-51
46. हिरेक्लाइदी, पं. 476-77
47. वही पं. 550-51
48. ई. ई. साइकस, दि ग्रीक व्यू ऑफ पोएट्री, पृ. 40
49. मिदीआ, पं. 190-203
50. अरस्तू, 'काव्यशास्त्र', iv-13
51. इसके अन्तर्गत परिधान और मुखौटों आदि के साथ-साथ देवताओं को ऊपर से नीचे उतारने के साधन तथा रथ में आने-जाने की प्रक्रिया भी सम्मिलित है।
52. वेब्सटर, टी. बी. एल., ग्रीक आर्ट ऐंड लिटरेचर–530-400 ई. पू., पृ. 48, 74
53. रोज़मेरी हैरियट, पोएट्री ऐंड क्रिटिसिज़्म बिफोर प्लेटो, पृ. 138-39
54. 'मेंढक' नाटक के वृंदगान में एक पंक्ति आयी है–"इन सब [प्रेक्षकों] के पास पाठ्य पुस्तकें हैं।" यह उक्ति कटाक्षपूर्ण होते हुए भी ऐतिहासिक दृष्टि से महत्त्वपूर्ण है।

## 2.2 शास्त्रीय समीक्षा को एरिस्तोफ़ेनीज़ की देन

(ऐरिस्तोफ़ेनीज–ई. पू. 449–386/380)

### 2.2.1 साहित्यिक परिचय

ई. पू. 5वीं शताब्दी में त्रासदी के साथ-साथ कामदी ने भी विकास के नये कीर्तिमान् स्थापित किये। कामदी को हँसने-हँसाने की विधा मान कर बहुत कम महत्त्व दिया जाता था। किन्तु, इसे एरिस्तोफ़ेनीज़ की प्रतिभा का चमत्कार ही कहा जाएगा जिससे उसने सिद्ध कर दिया कि युगीन लक्ष्य की प्राप्ति में यह त्रासदी की तुलना में एक अंश भी कम नहीं है। उसका लेखन प्रारम्भ होने से पहले ही कामदी विधा के रूप में स्थापित हो चुकी थी। इसके नियम स्थिर हो चुके थे और इसकी स्पर्धाएँ अपना स्थान बना चुकी थीं। फिर भी समाज़ में उसे उचित आदर नहीं मिल पाया था। इसका कारण सम्भवतः यह था कि त्रासदी में जो गम्भीर संदेश निहित था, कामदी में उसका अभाव था। एरिस्तोफ़ेनीज़ ने इस कमी को पूरा कर कामदी को प्रौढ़ता तथा गौरव प्रदान किया। 'मेंढक' (दि फ्रॉग्ज़) नाटक इसका सबसे बड़ा प्रमाण है। ई. पू. 405 में यह पहली बार खेला गया। इसकी कुछ पंक्तियों में एथेन्स नगर-राज्य के प्रजातन्त्र को सुदृढ़ करने का सुझाव दिया गया था।[1] कुछ महीनों के बाद परिस्थितियों ने ऐसी करवट ली कि लोगों को उन पंक्तियों का सार समझ में आने लगा। तब लोकसभा ने उस सुझाव को कार्यान्वित करने का प्रस्ताव पारित किया तथा सामाजिक एकता को प्रोत्साहित करने के प्रयासों के लिए एरिस्तोफ़ेनीज़ को सम्मानित किया। इस अवसर पर 'मेंढक' का पुनः मंचन भी किया गया।

इस दृष्टान्त से समाज पर उसकी कामदियों के प्रभाव का अनुमान लगाया जा सकता है। जैसे लोकसभा में कोई भी नागरिक अपनी बात कहने के लिए स्वतन्त्र था बशर्ते उसके पास कुछ कहने के लिए हो उसी तरह रंगभूमि कवियों के लिए लोगों तक अपनी बात पहुँचाने का खुला मंच थी।[2] एरिस्तोफ़ेनीज़ अपने नागरिक

उत्तरदायित्व के प्रति सजग था, इसके लिए उसने रंगमंच की सुविधा का भरपूर उपयोग किया। वह जानता था कि अपनी बात सफलतापूर्वक कहनेवाले का नगर आदर करता है। नागरिक जीवन में कवियों के विचारों का सम्मान था। आवश्यकता होने पर उसे प्रशासनिक कार्यों से जुड़ी परिषदों का सदस्य भी चुना जाता था। सोफ़ोक्लीज़ नगर का कोषाध्यक्ष रह चुका था। ई. पू. 411 में एथेन्स ने जब प्रजातांत्रिक नियमों के विरुद्ध राज्य की सत्ता एक परिषद् को सौंपी तो उसके मार्ग दर्शन के लिए विशेष अधिकारों वाली दस सदस्यों की एक समिति बनायी। सोफ़ोक्लीज़ उस समय 85 वर्ष का वृद्ध था फिर भी इस समिति में सम्मिलित किया गया। इतना विश्वास था जनता को उसकी विचारधारा में।

एरिस्तोफ़ेनीज़ की साहित्यिक देन कई दृष्टियों से आँका गया है। उसका लेखन काल मुख्यतः 5 वीं शताब्दी का अंतिम चरण रहा। यद्यपि चौथी शताब्दी में भी उसने चार नाटक लिखे किन्तु उन्हें अधिक महत्त्व नहीं मिला। शैली की दृष्टि से 5 वीं शताब्दी के अंत तक पुरानी कामदी का ही प्रचलन था। वृंदगान इसका प्रमुख घटक था जो त्रासदी की भाँति ही इसकी धार्मिक प्रकृति तथा उद्‌बोधनात्मक प्रवृत्ति दोनों का स्पष्ट प्रमाण है। व्यक्ति के स्तर पर एरिस्तोफ़ेनीज़ कभी-कभी अत्यन्त कटु हो गया है किन्तु सामाजिक स्तर पर आलोचना में व्यापकता ला कर उसने पुरानी कामदी को पूर्णता प्रदान की। 4 थी शताब्दी में उसके द्वारा मंचित अंतिम नाटक 'संपत्ति' (प्लुतुस) है जो ई. पू. 388 में खेला गया था। इसके बाद के दो नाटक उसके पुत्र द्वारा मंचित किये गये थे। 'संपत्ति' के बारे में यह कहना कठिन है कि उसने इसे नयी पीढ़ी की स्पर्धा में आ कर लिखा या पुरानी शैली की सम्भावनाओं के चुक जाने पर नया प्रयोग किया। इतना अवश्य कहा जा सकता है कि नयी कामदी में भौतिकता की जो प्रवृत्ति विशेष रूप से उभरी उसके बीज इसमें विद्यमान हैं। नये लेखकों में उस समय कोई ऐसा नाम नहीं मिलता जिसने नयी कामदी को पहचान दी हो, इसलिए आलोचक एरिस्तोफ़ेनीज़ को ही नयी कामदी का जनक मानने के पक्ष में है। नये-नये प्रयोग करना उसकी प्रकृति थी। पुरानी परम्परा को आगे बढ़ाने के लिए उसने जो नये प्रयोग किये उसी दिशा में 'संपत्ति' भी एक प्रयोग था जिससे एक नयी शैली शुरू हो गयी।

कामदी प्रकृति से आलोचनात्मक विधा है। इसके माध्यम से समाज अपने भीतर की विकृतियों को पहचानता है। ऐरिस्तोफ़ेनीज़ का महत्त्व दूसरों की अपेक्षा इसलिए अधिक है क्योंकि उसने समाज में लगे हुए घुन को पहचाना ही नहीं उसका उपाय भी सुझाया है। उसके सुझाये गये उपायों की व्यवहारिकता पर बहस हो सकती है किन्तु सन्देह नहीं कि वह आदर्शवादी लेखक था और उसकी

आलोचना रचनात्मक थी। इसी तरह यह भी विवाद का विषय हो सकता है कि समाज में व्याप्त जिस दोष पर वह प्रहार कर रहा था वह, वास्तव में दोष ही था अथवा सामाजिक परिवर्तन की अनिवार्यता। उदाहरणार्थ, उसकी धारणा थी कि सोफ़िस्तों का प्रभाव समाज को भ्रष्ट कर रहा है, उन्होंने समाज के हर क्षेत्र में अराजकता की स्थिति पैदा कर दी है। 'बादल' (ई. पू. 423 में मंचित) नाटक का कथानक इसी विचार का विस्तार है। हो सकता है कुछ लोग उससे सहमत रहे हों किन्तु उस समय भी समाज का बड़ा वर्ग (जिसमें युरिपिदीज़ जैसे कवि भी शामिल थे) सोफ़िस्तों को इस रूप में नहीं देख रहा था। इसी तरह कुछ विशिष्ट व्यक्तियों को भी वह समाज का शत्रु मानता था। उनकी कठोरतम आलोचना करना वह अपना कर्तव्य समझता था। 'बेबीलोनवासी' (ई. पू. 426 में मंचित) और 'दि नाइट्स' (ई. पू. 424 में मंचित) इन दोनों नाटकों को यद्यपि प्रथम पुरस्कार मिला था फिर भी इनमें उच्च अधिकारियों तथा प्रभावशाली राजनीतिज्ञ क्लियोन की आलोचना करने के कारण उसे नगर की साख गिराने के लिए कठोर कार्रवाई की धमकी दी गयी थी। तब उसने कुछ जुर्माना भर कर किसी तरह अपनी जान बचायी थी। इसके बाद उसका स्वर कुछ बदला अवश्य किन्तु सामाजिक विकृतियों पर प्रहार का क्रम रुका नहीं। कुछ प्रभावशाली लोग कैसे स्वार्थ सिद्धि के लिए पूरे समाज को गुमराह करते हैं, कचहरियों में पैसे के बल पर कैसे उलटे-सीधे निर्णय लिये जाते हैं, या पेशेवर राजनीतिज्ञ कैसे एक दूसरे के साथ मिल कर अपना हित साध लेते हैं, तात्पर्य यह कि हर क्षेत्र में छल-प्रपंच करनेवालों के मुखौटे वह उतारता रहता था। कभी-कभी ऐसा भी लगता था मानों पश्च दृष्टि रखनेवाला वह कोई पुराणपंथी है पर वस्तुतः ऐसी दृष्टि रखनेवाला वह अकेला नहीं था, एक पूरा वर्ग था। इस पर हम आगे विचार करेंगे, यहाँ समीक्षा की दृष्टि से केवल इतना कहना चाहेंगे कि उसकी आलोचना की सीमा के भीतर राजनीति और समाज के साथ-साथ युगीन साहित्य भी आ गया था। आलोचना के इतिहास में वह तिहरी भूमिका निभा रहा था। एक, विधागत परम्पराओं के बारे भी वह अनेक सूचनाएँ देता चलता है, दूसरे, समसामयिक साहित्य की सामाजिक प्रासंगिकता को ले कर उसने तत्कालीन मानसिकता का विश्लेषण किया है, अर्थात् उसके सामाजिक मूल्य पर अपना निर्णय दिया है, तथा, साहित्य के रूप पक्ष को ले कर उसने जो भी चर्चाएँ प्रस्तुत हैं उनमें हमें भावी अलोचना के विविध प्रकार अपने बीज रूप में मिल जाते हैं।

### 2.2.2 काव्य-प्रयोजन

ई. पू. 5 वीं शताब्दी के अन्त तक भी यूनानी मानसिकता ने रूपाश्रयी मूल्य

को कभी स्वतन्त्र महत्त्व नहीं दिया, वह सदैव उपयोगिताश्रयी मूल्य के साथ अभिन्न रूप से जुड़ा रहा किन्तु विश्लेषण के लिए उसे अलग घटक का स्थान अवश्य मिला। यदि ऐसा न होता तो उसका विकास कैसे सम्भव हो पाता। हम जानते हैं कि होमर के काल तक आते-आते आख्यानक काव्य का रूप और भाषा रूढ़ हो चुली थी, सिमोनिदीज़ व पिंदर ने गीतिकाव्य को प्रौढ़ता प्रदान की, सैफ़ो अपने गीत-माधुर्य के कारण दसवीं म्यूज़ कहलाती थी। फिर भी सामान्य नागरिक यह प्रश्न अवश्य करता था कि अमुक कवि ने समाज का क्या हित किया? दूसरे शब्दों में कृति का मूल्य निर्धारण करने के लिए उस पर नैतिकता के प्रकाश में ही विचार किया जाता था। कृति में आनन्द देने का गुण महत्त्वपूर्ण होने पर भी माना जाता था कि वह सामाजिक मूल्य से युक्त होने पर ही वरेण्य है। आज यह विवाद का विषय हो सकता है कि इनमें से किस प्रयोजन पर अधिक बल दिया जाना चाहिए किन्तु उस समय की यूनानी मानसिकता ने इसे विवादास्पद नहीं माना। उसने इस तथ्य को तो अवश्य स्वीकार किया कि कविता का तात्कालिक प्रयोजन आनन्द है किन्तु बात जब मूल्यांकन की हो तो शिक्षा देना उसका सबसे बड़ा धर्म बन जाता था। दोनों में युगपत् सम्बन्ध को स्वीकार करते हुए भी ऐरिस्ताफ़ेनीज़ ने अपने नाटकों में शिक्षा पर पहले से कहीं अधिक बल दिया है। इसका मुख्य कारण यही था कि उसके जीवनकाल में एथेन्स जिस संकट से जूझ रहा था उसको देखते हुए यहाँ के समाज को प्रत्यक्ष (अभिधा द्वारा) और अप्रत्यक्ष (व्यंजना द्वारा) दोनों प्रकार से कर्तव्याकर्तव्य की शिक्षा देने का महत्त्व बढ़ गया था। उसने इस आवश्यकता को कहीं बहुत गहरे अनुभव किया इसलिए हम उसकी समीक्षा-दृष्टि में प्रयोजन पक्ष को पहले ले रहे हैं।

कामदी के प्रेक्षक हँसी-मज़ाक वाली रचना को देखने के लिए पहले से ही तैयार रहते थे। वे अपेक्षा रखते थे कि जाने-पहचाने चेहरों पर खूब छींटाकशी होगी जिसका वे भरपूर आनन्द लेंगे। एक मान्यता थी कि इस विधा का जन्म ही हर्षोन्मादयुक्त धार्मिक अनुष्ठान से हुआ है। इसमें मौज-मस्ती करनेवालों का दल, कोमोस, नाचता-गाता था और आसपास खड़े तमाशबीनों के साथ हास-परिहास, उत्तर-प्रत्युत्तर का क्रम चलाये रखता था। इसमें सभी प्रकार के हँसी-मज़ाक की छूट थी। एरिस्ताफ़ेनीज़ की कामदियों में जिस प्रकार के दृश्य आये हैं और जैसी भाषा का प्रयोग हुआ है उसकी तुलना में शायद हिन्दी प्रदेश का स्वाँग भी काफ़ी पीछे छूट जाता है (इससे अनुमान लगाया गया है कि इन्हें देखने के लिए प्रेक्षागृह में स्त्रियाँ नहीं होती थीं)। शायद वह मान कर चल रहा था कि उसका जन्म ही समाज को हँसाने के लिए हुआ है।[3] 'मेंढ़क' नाटक में वृन्दगान के नेता के रूप में

वह घोषणा करता है— हम वृन्दगायक दो कार्यों को प्रधानता देते हैं :

आपका, हे नागरिको, मनोरंजन करना, और आपको मन्त्रणा देना।

—अंक एक, दृश्य दो।

'काव्य का उद्देश्य मनोरंजन करना है' इस अवधारणा के सूत्र म्यूज़ की कल्पना से जुड़े हुए हैं। म्यूज़ बहनें गीत-संगीत से अपने पिता ज़्यूस का मनोरंजन करती हैं, उन्हीं का अनुसरण करते हुए वह भी अपनी रचना द्वारा देवताओं के साथ-साथ प्रेक्षकों का भी मनोविनोद करता है। 'कवि और स्त्रियाँ' (ई. पू. 411 में मंचित) में वृन्दगान का नेता बना हुआ आगाथॉन कहता है—

"आओ, हे कुमारिकाओ, मशालें लो
- - - -
नाचो उन्मुक्त उच्च स्वर में गाओ
ठीक उसी तरह जैसे अपने पीहर में करती हो।"

—अंक एक, दृश्य एक।

यही भाव 'मेंढक' के वृन्दगान में भी आया है—

"हे म्यूज़ अपनी पवित्र नृत्य-गीत मंडली के साथ आओ
और हमारे गीतों को विदग्धता तथा मोहकता से सजाओ।"

—अंक एक, दृश्य दो।

इन उद्धरणों से स्पष्ठ है कि म्यूज़ कवि को शक्ति और प्रेरणा तो देती ही है आवश्यकतानुसार उसकी रचना को अनेक काव्य गुणों से सँवारती भी है। कवि अवसरानुकूल रचना कर सके इसके लिए वह म्यूज़ का आवाहन करता है। 'अखर्नियावासी' के वृन्दगायक कोयला बनानेवाले हैं, वे म्यूज़ की स्तुति अपने व्यवसाय के अनुरूप करते हैं :

"हे अखर्निया की म्यूज़ आओ, अपने जाज्वल्यमान् भावावेग से हमें प्रोत्साहित करो....
तुम आओ और हमारे गाने के लिए एक शक्तिदायक गीत लेती आओ,
नस-नस को जगानेवाला ऐसा गीत जो हमें और हमारे नगरवासियों को उल्लास से भर दे।"

—पं. 665-675

कहा जा चुका है कि 'म्यूज़' को कवियों ने आवश्यकतानुसार विविध रूपों में देखा है। काव्य-हेतु से ले कर स्वयं कविता तक उसके अनेक रूप हैं। 'ततैये' में एस्तिोफ़ेनीज़ ने अपनी कामदी और उसके पात्रों को म्यूज़ों का दल कह कर एक

रथ का रूपक बाँधा है जिसका संचालन वह स्वयं (म्यूज़ों की प्रेरणा तथा सहमति से) कर रहा है। अति उत्साह में आ कर वह इस रथ को सबसे आगे तो हाँक ले गया किन्तु निशाना चूक गया। दूसरे शब्दों में, उसकी कामदी सबसे अच्छी थी पर पुरस्कार न पा सकी। कविता के लिए ऐसे रूपक पहले से चले आ रहे थे। इनका उद्देश्य होता था अपनी उद्भावना शक्ति का प्रदर्शन करना जिससे प्रेक्षक चमत्कृत हो कर आनन्द का अनुभव कर सकें।

नाट्य स्पर्धा आरम्भ होने से पहले दियोनाइसुस की पूजा की जाती थी। नाट्य रचना में म्यूजों और अपोलो की स्तुति समाविष्ट करने की प्रथा थी। इन दोनों विधानों के पीछे भावना यह थी कि रंगभूमि में जो कुछ भी हो रहा था वह देवता को समर्पित है, उसकी प्रसन्नता हेतु किया जा रहा है। दूसरे क्रम पर लोक हेतु है। दोनों में अंतर केवल इतना है कि देवताओं के निए यह मनोविनोद है, इसमें निहित ज्ञान उनके लिए नहीं है क्योंकि वे स्वयं समस्त ज्ञान के अधिष्ठाता हैं। उधर मनुष्य के निए ज्ञान की सबसे बड़ी आवश्यकता है। वह भविष्य को तो जानता ही नहीं, वर्तमान को भी ठीक से नहीं पहचानता। उसे शिक्षित करने का भार देवताओं ने कवि को सौंपा है। 'ततैये' के आरम्भ में एक पात्र (नौकर) का कथन है–

"यह एक छोटी-सी उपेदश प्रधान कहानी है। आपके [प्रेक्षकों के] लिए अधिक जटिल नहीं किन्तु सामान्य कहानियों की अपेक्षा अधिक विदग्धतापूर्ण है।"

इसी तरह 'मेंढक' नाटक का पहला अंक समाप्त होते न होते वृन्दगान का नायक कहता है–

"आज का यह पवित्र दिन हँसी-खुशी का है, [फिर भी हँसी-खुशी के बीच] हम गम्भीर हो कर आपसे कुछ आवश्यक बातें कहेंगे।"

इसके बाद वाद-विवाद प्रतियोगितावाला अंश शुरू हो जाता है जिसमें युरिपिदीज़ (इस नाटक के एक पात्र के रूप में) अच्छे कवि के गुणों को रेखांकित करते हुए कहता है–

"[कवि में] अपने कौशल का ज्ञान हो और इसके साथ-साथ ऐसी शिक्षा दे जो लोगों को अच्छा नागरिक बनाये।" एस्खिलुस उससे सहमत है और इसकी पुष्टि में उसका अपना विचार है–"बच्चों को पाठशाला के अध्यापक शिक्षा देते हैं, बड़ों को कवि शिक्षित करता है। अतः यह देखना हमारा कर्तव्य है कि हम जो भी शिक्षा दें वह ठीक हो, उचित हो।"

उपर्युक्त उद्धरणों से कला चिन्तन की इस दिशा को बल मिलता है कि यूनानी मानसिकता दोनों प्रयोजनों–आनन्द और शिक्षा–को एक दूसरे का पूरक

मानती थी। इनमें से किसी एक की उपेक्षा सम्भव नहीं थी, हाँ अधिमान्यता की बात और है। शिक्षा वस्तु तत्त्व से निःसृत प्रयोजन है, यह उपयोगिताश्रयी मूल्य है। आनन्द रचना कौशल से उद्‌भूत प्रयोजन है, यह रूपाश्रयी मूल्य है। काव्य में दोनों का सहअस्तित्व अनिवार्य है। परिस्थितिवश कभी एक पर अधिक बल दिया गया कभी दूसरे पर। इसी तरह किसी क्षेत्र में आनन्द को तो किसी में शिक्षा को अधिक महत्त्व मिला। हम देख आये हैं कि आयोनियाई मनोवृत्ति आनन्द प्रधान थी तथा स्पार्ता में मूल्यों के कोटिक्रम में शिक्षा सर्वोपरि थी। एथेन्स की भौगोलिक स्थिति यूनान की मूख्य भूमि के मध्य में होने के कारण यहाँ आकर दोनों प्रवृत्तियाँ एक दूसरे में घुल-मिल गयी थीं। ई. पू. 5 वीं शताब्दी में दोनों धाराओं के संगम से जिस नयी रचना शैली का जन्म हुआ उसे सौन्दर्यशास्त्रियों ने क्लासिकल स्टाइल (हिन्दी में अभिजात्य शैली) का नाम दिया। एरिस्तोफ़ेनीज़ एथेन्स का रहनेवाला था इसलिए उसके नाटकों से आयोनियाई और स्पार्ता के डोरियाई मूल्यों का संतुलन मिलता है। ऐतिहासिक घटनाक्रम को देखते हुए एरिस्तोफ़ेनीज़ को उपदेश देने की प्रत्यक्ष पद्धति अपनानी पड़ी थी जिससे आज हमें लगता है कि उपयोगिताश्रयी मूल्य उसके लिए अधिक महत्त्वपूर्ण था। किन्तु कामदी विधा में (और एक सीमा तक त्रासदी में भी) इस तरह से सीधे-सीधे प्रेक्षकों को सम्बोधित करने की प्रथा पहले से चली आ रही थी, उसने बस उसी का पालन किया है। उस काल के प्रेक्षकों को भी इसमें कुछ असामान्य नहीं लगा होगा। वस्तुतः वृन्दगान का अस्तित्व ही इस आवश्यकता पर निर्भर था। सच पूछा जाय जो सोफ़ोक्लीज़ की रचनाओं में उपयोगिताश्रयी तथा रूपाश्रयी मूल्यों का जैसा सन्तुलन मिलता है वैसा ही सन्तुलन एरिस्ताफ़ेनीज़ की कामदियों मे मिलता है। कामदी विधा में एरिस्ताफ़ेनीज़ को सर्वाधिक पुरस्कार मिले उसका कारण है उसकी रचनाओं में रूप और वस्तु का सन्तुलन। गम्भीरता में उसका सन्देश त्रासदीकारों की तुलना में रंच मात्र भी हलका नहीं है, हास्य प्रधान शैली में लिपटा होने पर भी उसकी गम्भीरता में कोई कमी नहीं आयी है। कुछ स्वार्थी तत्त्व एथेन्स को कैसे विनाश की ओर धकेल रहे हैं इसी विषय को उसकी कामदियाँ व्याख्यायित करती हैं। उसकी व्याख्याएँ आभिजात्य समाज के आदर्श से प्रेरित हैं जिसके लिए तत्कालीन परिस्थितियाँ अधिक उत्तरदायी हैं। गत पृष्ठों पर इन परिस्थितियों का उल्लेख किया जा चुका है, यहाँ उसके रचनाकाल के घटनाक्रम को विशेष रूप से इसलिए ले रहे हैं क्योंकि यह उसके चिन्तन की पृष्ठभूमि बन कर आया है।

एरिस्तोफ़ेनीज़ का साहित्यिक जीवन आरम्भ होने तक[4] एथेन्स में प्रजातन्त्र जड़ें जमा चुका था। यह ऐसा प्रजातन्त्र था जिसकी विदेशनीति साम्राज्यवादी थी,

अपने लिए स्वतन्त्रता का भाव किन्तु अन्य नगर-राज्यों को अपने अधीन रखने की कामना। एथेन्स की राजनीति में यह अंतर्विरोध पूरी 5 वीं शताब्दी में लगतार दिखलायी पड़ता है। अत्तिका के ज़मींदार अभिजात समाज को पहला झटका तब लगा जब क्लायस्थनीज़ के प्रयासों से यहाँ की जनता ने प्रजातान्त्रिक विधान को स्वीकार कर लिया। यही वह प्रस्थान बिन्दु है जहाँ से समाज की आभिजात्य व्यवस्था और प्रजातांत्रिक व्यवस्था अपने-अपने वर्चस्व के लिए शक्ति संचित करना शुरू कर देती है। फारसी साम्राज्य की सेनाओं को परास्त करने के बाद जब एथेन्स ने अपने सम्राज्य का विस्तार करना शुरु किया तो उसे नौ सेना और व्यापारी वर्ग को भी आवश्यक सुविधाएँ देनी पड़ीं। ई. पू. 458 में पाइरीयुस बन्दरगाह तक परकोटा बनाकर बंदरगाह को एथेन्स का उपनगर बना लिया गया। अब, यहाँ के नागरिक भी लोकसभा में शामिल होने, अपनी बात कहने और प्रस्ताव के पक्ष-विपक्ष में मत देने के अधिकारी हो गये। ज़मीदार अभिजात वर्ग को यह दूसरा झटका लगा क्योंकि अब वह अल्पमत में आ गया था। दूसरे, नवधनाढ्य वर्ग भी उसी के बगल में आ खड़ा हुआ था। दोनों के संस्कारों और रुचि-अरुचि में बहुत अंतर था फिर भी दोनों साथ-साथ रहने के लिए विवश थे। एरिस्तोफ़ेनीज़ की अपनी ज़मीदारी थी इसलिए वह स्वयं को ज़मीदार आभिजात समाज के अधिक निकट अनुभव करता था। इतना ही नहीं एथेन्स का यह अभिजात वर्ग स्पार्ता के अभिजात समाज से (राजनीति के स्तर पर विरोध होते हुए भी) इसलिए आत्मीयता का भाव रखता था क्योंकि वहाँ के राज्यतन्त्र पर इसी वर्ग का अधिकार था। एक ओर प्रजातन्त्र के मुक्त वातावरण के प्रति प्रशंसा का भाव तथा दूसरी ओर आभिजात्य वर्ग के पदच्युत होने पर उसके प्रति सहानुभूति का भाव यह द्वैध उसके द्वारा स्थापित काव्य-प्रयोजनों में स्पष्टतः दिखलायी पड़ता है।

यूनानी इतिहास में आभिजात्य युग (क्लासिकल पीरियड) पेरिक्लीज़ के शासनकाल के साथ जुड़ा हुआ है। ई. पू. 460 से लेकर 429 तक एथेन्स ने जो भी कीर्तिमान् स्थापित किये वे उसकी नीतियों तथा प्रेरणा के परिणामस्वरूप सम्भव हुए। उसकी वक्तृत्वशक्ति तथा दूरदर्शिता की प्रशंसा उसके विरोधी (एरिस्तोफ़ेनीज़ भी उनमें से एक था) भी करते थे। उसका स्वप्न था—समस्त यूनान पर एथेन्स की पताका फहराना। इसी स्वप्न को पूरा करने के लिए उसने स्पार्ता के साथ युद्ध छेड़ दिया। वह जानता था कि स्पार्ता को पराजित करने के बाद अन्य कोई राज्य उसका सामना नहीं कर सकता। इतिहास में यह पेलोपोनीशियाई युद्ध के नाम से विख्यात है। यह ई. पू. 431 में शुरू हुआ और 404 में एथेन्स की पराजय में समाप्त हुआ। एरिस्तोफ़ेनीज़ की सभी प्रसिद्ध कामदियों का लेखन काल भी यही

है। इससे स्पष्ट है कि इन नाटकों में व्यक्त उसकी विचारधारा की पृष्ठभूमि में इस युद्ध की विभीषिका ही कार्य कर रही थी।

पेलोपोनीशियाई युद्ध के लिए एरिस्तोफ़ेनीज़ पूरी तरह से पेरिक्लीज़ को ज़िम्मेवार ठहराता है। यह माना कि युद्ध की पहल एथेन्स ने नहीं की थी फिर भी इस अपार जन-धन की हानि से बचा जा सकता था। किन्तु पेरिक्लीज़ ने इसे अपनी महत्वाकांक्षा की पूर्ति के लिए सुनहरा अवसर समझ कर चुनौती मान कर स्वीकार किया। दुर्भाग्य से दो वर्ष बाद ही उसकी मृत्यु हो गयी। उसके बाद युद्ध-नीति की बागडोर जिनके हाथों में गयी उनके पास न दूरदृष्टि थी न स्वार्थ से ऊपर उठने की शक्ति। क्लियोन चमड़ा बनानेवाले परिवार में पैदा हुआ था। वह अच्छा वक्ता था, साहसी भी था किन्तु धूर्त था। युद्ध के वातावरण ने उसे जन-नायक बना दिया था। अपने तर्कों से उसने बहुमत अपने पक्ष में कर लिया और युद्ध जारी रखने का प्रस्ताव पारित करवा लिया। इतिहासज्ञ थूसीदिदीज़ ने लिखा है कि क्लियोन इसलिए शांति नहीं चाहता था ताकि उसकी चालाकियों और हेरा-फेरी की ओर से जनता का ध्यान हटा रहे। मूलतः वह अत्यन्त क्रूर युद्ध प्रेमी था। ई. पू. 428 में मितलीनि नगर जब एथेन्स की अधीनता से मुक्त होना चाहता था तो उसने लोकसभा में प्रस्ताव पारित करवा लिया कि वहाँ से सभी वयस्क पुरुषों को मौत के घाट उतार दिया जाय। सौभाग्य से दूसरे दिन ही सभा ने अपना निर्णय बदल देने की बुद्धिमता दिखलायी और एक बड़ा नरसंहार टल गया।

एरिस्तोफ़ेनीज़ ने 'बेबिलोनवासी' और 'दि नाइट्स' में क्लियोन पर ही नहीं अन्य अधिकारियों पर भी प्रहार किया था जिसके लिए उस पर कानूनी कार्रवाई हुई (इसका उल्लेख उसने स्वयं 'अखर्नियावासी' नाटक में किया है)। अब यदि इन नाटकों में निहित शिक्षा का विश्लेषण करें तो पायेंगे कि वह लीक से हट कर एकदम नयी भूमि पर खड़ा है। वह न तो होमर तथा हीसियोद की तरह देव परिवार और उसके क्रिया-कलापों का ज्ञान करा रहा है और न त्रासदीकारों की भाँति दैवी विधान या मनुष्य की नियति पर प्रकाश डाल रहा है। उसके द्वारा दिया जा रहा ज्ञान पूर्णतया भौतिक है तथा एथेन्सवासियों के उसी समय के सुख-दुःख एवं दैनन्दिन समस्याओं से जुड़ा हुआ है। कामदी प्रकृत्या दोष-दर्शन है किन्तु दोष-दर्शन का स्तर तथा व्यापकता उसका मूल्य निर्धारित करती है। एरिस्तोफ़ेनीज़ उन प्रभावशाली व्यक्तियों के मुखौटे उतार रहा है जो स्वार्थ का खेल खेल रहे थे और बहुसंख्यक समाज से कह रहा है कि इनकी असलियत को पहचानो और इन्हें सत्ता से हटा दो। 'अखर्नियावासी' में उसका स्पष्ट कथन है—"हम इसके [पेलोपोनीशियाई युद्ध] लिए स्पार्ता को क्यों दोष दें? ये कुछ एथेन्सवासी ही थे

जिन्होंने इसकी शुरुआत की—कुछ एथेन्सवासी, ध्यान रहे, पूरा एथेन्स नहीं, याद रखो पूरा नगर नहीं—थोड़े से नाकारा लोग, निकम्मे जाली विदेशी, एकदम खोटे सिक्के...और इस कारण यह युद्ध छिड़ गया...” इसके बाद वह पूरा दोष पेरिक्लीज़ और उसकी रखैल[5] पर थोप देता है। —पं. 515-530

क्लियोन और उसके जासूसों पर भी ऐसा ही कठोर प्रहार उसके ‘बादल’ (पं. 581-594) और ‘ततैये’ (पं. 1031-41) नाटकों में किया। क्लियोन को नगर का सबसे बड़ा दैत्य घोषित करते हुए वह उसके जासूसों से सावधान रहने के लिए कहता है क्योंकि ये नगर के मूल निवासी न होने के कारण एथेन्स का भला चाहनेवालों में से नहीं है। ठीक इसी तरह ‘दि नाइट्स’ में भी प्रेक्षकों को वह क्लियोन का असली चेहरा दिखलाता है। लोगों ने इन नाटकों को खूब सराहा, ‘दि नाइट्स’ को प्रथम पुरस्कार भी मिला। फिर भी उसे दुःख इस बात का हुआ कि क्लियोन को पद से हटाने के बजाय उसकी पदोन्नति कर दी गयी। इसके पहले ‘अखर्नियावासी’ में वह सेनापति लामाखुस की तीखी आलोचना कर चुका था क्योंकि वह स्वयं को सुरक्षित रख कर दूसरों को खतरा मोले लेने के लिए भेज देता था। फिर भी लोकसभा ने उस पर कोई ध्यान नहीं दिया और अनेक सैन्य अभियानों का नेतृत्व करने का उसे लगातार अवसर दिया जाता रहा। इसीलिए, ‘ततैये’ में वह प्रेक्षकों से आग्रह करता है—“ज्ञान के मोतियों को यों ही धरती पर मत बिखर जाने दो...कवि को यह शिकायत है कि आप लोगों ने उसके साथ न्याय नहीं किया है।”

शिक्षा के अन्तर्गत भ्रष्ट लोगों की पहचान कराने के बाद, दूसरे क्रम पर है शांति-स्थापना के लिए जन-मानस को अनुप्रेरित करना। शांति-संधि हो जाने से न केवल जन-धन ही हानि से बचा जा सकता है बल्कि एक दूसरे के सहयोग से देश समृद्ध भी होता है। इस सन्दर्भ में एरिस्तोफ़ेनीज़ को विशेष श्रेय दिया जाना चाहिए क्योंकि उसने शांति के लिए निवेदन करने के साथ-साथ उसके उपाय भी सुझाये। ध्यान रहे, यह ऐसा विषय था जो युद्ध की पृष्ठभूमि पर बार-बार जन-मानस के सामने आ खड़ा होता था। यह नगर के अस्तित्व का प्रश्न भी था। देखना यह था कि क्या यह धर्म-युद्ध है या षड्यन्त्र? ऐरिस्तोफ़ेनीज़ की दृष्टि में यह षड्यन्त्र था जो कुछ स्वार्थी तत्त्वों द्वारा विशाल साम्राज्य का लोभ दिखला कर जनता पर थोपा गया था और इसका कहीं अन्त नज़र नहीं आ रहा था। कहीं-कहीं एथेन्स को सफलता भी मिलती थी किन्तु कुल मिलाकर हानि अधिक हो रही थी। ‘अखर्नियावासी’ (ई. पू. 425) ‘शांति’ (ई. पू. 421), ‘पक्षी’ (ई. पू. 414) और ‘लाइसिसत्रेता’ (ई. पू. 411) में शांति-स्थापना मुख्य विषय बन कर आया है। ई.

पू. 422 में क्लियोन की मृत्यु के बाद एथेन्स और स्पार्ता के बीच शांति-संधि हुई थी, उसी का जश्न मनाने के लिए 'शांति' नाटक का मंचन किया गया था। इसके पहले 'अखर्नियावासी' में वह दिखला चुका था कि शांति के क्या लाभ हैं। नाटक में दिकायापोलिस ने स्पार्ता और उसके राज्यों के साथ 30 वर्षों के लिए शांति-अनुबन्ध किया और व्यापार करना शुरू कर दिया। फलस्वरूप, उसे खाने-पीने की तथा अन्य वस्तुएँ कम कीमत पर मिलने लगीं और वह सुखी जीवन बिताने लगा। उसी की ओर संकेत करते हुए वृंदगायक प्रेक्षकों को सम्बोधित करते हुए कहते हैं–

"नागरिको, आपने उसकी बुद्धिमानी का पुरस्कार देखा,
शांति के द्वारा कैसे लेन-देन करके अच्छा लाभ कमाया,
घर की बहुत सी चीज़ें उसे सस्ते दामों पर मिल गयीं,
और वे चीज़ें भी जो गरमागरम भोजन के लिए उचित हैं।"

–पं. 973-76

दिकायापोलिस के दरवाज़े के सामने लामाखुस सेनापति के कनटोप से गिरी कलगी की ओर संकेत करते हुए वे फिर कहते हैं–

'समझौता सभी प्रकार के झगड़ों का उपचार है।" –पं. 989

'लाइसिसत्रेता' में उसने इसी दिशा में एक कदम और आगे बढ़ाया है। 'शांति' में वह पहले ही स्पष्ट कर चुका था कि यूनानी राज्य यदि इसी तरह आपस में लड़ते रहे तो पूरा राष्ट्र कमज़ोर पड़ जाएगा और इसका सीधा लाभ फारस के सम्राट को मिलेगा। क्लियोन की मृत्यु के बाद एल्सीबाइयादीज़ जन-नेता बन कर उभरा। वह भी एक क्रूर सेना नायक था। ई. पू. 419 में उसने फिर से स्पार्ता के साथ छिट-पुट लड़ाइयाँ शुरू कर दीं और बहाना यह बनयाया कि स्पार्ता ने शांति-संधि की शर्तों का उल्लंघन किया है। इसके एक वर्ष बाद ही एथेन्स स्पार्ता से बुरी तरह पराजित हुआ। ई. पू. 416-15 में मेलोस ने एथेन्स के साम्राज्य का अंग बनने से मना कर दिया तो एथेन्स की सेना ने वहाँ के सभी वयस्क पुरुषों को मार डाला और शेष को दास बना लिया। किन्तु इसी घमंड में आ कर एथेन्स ने ई. पू. 413 में जब सिरेक्यूज़ की घेराबन्दी की तो उसका अपना ही नौ सैनिक बेड़ा नष्ट कर डाला गया और सारे सैनिकों को या तो मार डाला गया या बंदी बना लिया गया। 'लाइसिसत्रेता' नाटक की यही पृष्ठ भूमि है। नाटक की नायिका लाइसिसत्रेता एथेन्स और स्पार्ता के प्रतिनिधियों को सम्बोधित करते हुए कहती है–"बर्बर शत्रुओं (फारसी सेनाओंद्ध का खतरा सामने होने पर भी तुम यूनान के नगरों को नष्ट कर रहे हो, लोगों की हत्या किये जा रहे हो।" –पं. 1133-34

इस वाक्य का अर्थ है कि चालाक राजनेताओ के चंगुल में फँसा पुरुष वर्ग

शांति-संधि नहीं कर सकता, इसके लिए सभी युद्धरत राज्यों की स्त्रियों को एकजुट हो कर पुरुषों को शांति के लिए बाध्य करना होगा। उन पर दबाव डालने के लिए उन्हें पुरुषों से दूर रहना होगा। नाटक में उसने यही घटते हुए दिखाया है। युगीन परिस्थितियों के प्रकाश में इस सुझाव की व्यावहारिकता पर प्रश्न चिह्न लगाना व्यर्थ है क्योंकि यह कामदी विधा के माध्यम से दिया गया है। एरिस्तोफ़ेनीज़ भी इस बात को समझता रहा होगा किन्तु इसी आधार पर इस विचार की मौलिकता की अनदेखी नहीं की जा सकती। यह एक क्रांतिकारी सुझाव था। आज के युग में महिलाओं का प्रधानमन्त्री तथा राष्ट्राध्यक्ष होना क्या इस सुझाव की व्यावहारिकता का प्रमाण नहीं है। उस काल के सामाजिक और राजनीतिक जीवन में स्त्रियों की कोई भागीदारी नहीं थी (अस्पेसिया जैसी स्त्रियाँ इसका अपवाद थीं)। घर की चारदीवारी ही उनकी कर्म भूमि थी। उन्हें किस तरह दबाकर रखा जाता था इसके प्रमाण्ण तत्कालीन भाषणों, साहित्य और दृश्य कलाओं में मिलते हैं। समाज के आधे अंग को परदे में रख कर पुरुष वर्ग निरंकुश हो गया था। पेलोपोनीशियाई युद्ध उसी का परिणाम था। यह एक प्रकार से गृह युद्ध था। लाइसिसत्रेता दोनों नगरों के पुरुषों को सम्बोधित करते हुए कहती है—"मैं स्त्री हूँ, पर मूर्ख नहीं हूँ, मेरे पास स्त्रियोचित बुद्धि है।" —पं. 1124-25

इसके पहले ऊन ओटने और कातने की क्रिया के रूपक द्वारा वह बतला चुकी है कि अलग-अलग राज्यों को आत्मीयता के भाव से जोड़ कर कैसे एक सुखद भविष्य का निर्माण किया जा सकता है और यह काम स्त्रियों की भागीदारी से ही पूरा हो सकता है। उन दिनों प्रेक्षकों को यह कल्पना अवश्य हास्यास्पद और कपोल-कल्पना लगी होगी किन्तु आज के परिप्रेक्ष्य में, जब अनेक महिला संगठन समाज की समस्याओं को सुलझाने के लिए आगे आ रहे हैं, क्या लाइसिसत्रेता की इस घोषणा "समस्त यूनान की मुक्ति हम स्त्रियों के हाथ में है" (—पं. 30) को हँसी में टाला जा सकता है।

शिक्षा का स्वरूप क्या हो? किस प्रकार की जानकारी (ज्ञान्) देने को सच्ची शिक्षा कहा जाना चाहिए? इस सम्बन्ध में सभी कवियों की अपनी-अपनी धारणाएँ थीं जो उनकी रचनाओं में प्रत्यक्ष और परोक्ष रूप से व्यक्त हुई हैं। किन्तु दूसरों की धारणाओं का तुलनात्मक अध्ययन करना समीक्षा का नया क्षेत्र था। इसके अन्तर्गत एरिस्तोफ़ेनीज़ का योगदान अत्यन्त महत्त्वपूर्ण इसलिए हो जाता है क्योंकि उसने केवल तुलना ही नहीं की अपनी तुला को परिभाषित भी किया। अब हम इस विषय पर विचार करेंगे कि समसामयिक नाटककारों, उनमें भी विशेष रूप से युरिपिदीज़[6] के साहित्य में निहित शिक्षा तथा सोफ़िस्तों द्वारा दी जानेवाली शिक्षा

को वह किस दृष्टि से देखता था। यहाँ, एक बात और हम फिर से कहना चाहेंगे कि वह स्वयं ज़मीदार अभिजात समाज का अंग था, वह समाज जो स्वयं को अत्तिका के मूल निवासियों का वंशज मानता था। नगर के बाहर उनके बड़े-बड़े खेत व बाग़ीचे थे। वे ही उनकी आय का मुख्य स्रोत थे। साहसी, योद्धा और आचरणवान् पूर्वजों द्वारा स्थापित परम्पराओं और उनके दिये हुए संस्कारों के प्रति वे आस्थावान् थे। और उनका आदर्श समष्टिवाद था व्यष्टिवाद नहीं।

'परम्परागत शिक्षा बनाम नयी शिक्षा' यह विषय शुरू से ही एरिस्तोफ़ेनीज़ के दिमाग में घूम रहा था। उसके सबसे पहले नाटक 'महाभोजी' का विषय भी यही है। इसमें दो भाइयों के बीच स्पर्धा है। एक परम्परागत शिक्षा का प्रतिनिधि है दूसरा नयी शिक्षा का। 'बादल' में फिर यही विषय नये रूप में आया है। इस नाटक में सुकरात सोफ़िस्तों (नयी शिक्षा देने वाले अध्यापक) का प्रतिनिधि बन कर आया है।[7] वह विचारों की दुकान चलाता है। दुकान इसलिए क्योंकि धन ले कर व्यावहारिक शिक्षा देने की परम्परा सोफ़िस्तों ने शुरू की थी। इसी दुकान में दो शिक्षक हैं—श्रीमान् सही और श्रीमान् गलत। पिता चूँकि उधार लिया हुआ धन लौटाना नहीं चाहता इसलिए वह अपने बेटे को श्रीमान् गलत, अर्थात् सोफ़िस्त से शिक्षा दिलवाता है। श्रीमान् गलत की प्रसिद्धि इस रूप में है कि वह तर्क-कुतर्क द्वारा ऐसे मुकद्दमे जितवा सकता है। पुत्र शिक्षित हो कर घर आता है किन्तु वह पिता की सहायता करने के बजाय उससे दुर्व्यवहार, मार-पीट तक करने लग जाता है तब पिता को अपनी भूल का ज्ञान होता है।[8] नयी शिक्षा के परिणाम सामने आने पर वह समझ गया कि यह शिक्षा मानव मूल्यों को नहीं स्वार्थ साधन को महत्त्व देती है। नयी पीढ़ी, चूँकि इसी को महत्त्व दे रही है इसलिए वह पतनोन्मुखी है। इसके एक वर्ष बाद 'ततैये' नाटक में एथेन्स के (विशेष रूप से अत्तिका के मूल निवासी) बूढ़े वृंदगायकों के मुँह से कहलाया गया है—

"एक समय था जब हम अपनी शक्ति औा स्फूर्ति के लिए जाने जाते थे। आज हम बूढ़े भले हो गये हों, फिर भी हममें साहस औ पुरुषत्व की कमी नहीं है. ..हममें से कोई भाषण नहीं दे सकता...हममें से किसी ने यह कला सीखने का प्रयास ही नहीं किया...हमारे सामने एक ही प्रश्न होता था, कैसे अपने जहाज़ को तीव्र गति से ले जाएँ और दूरवर्ती अपने नगरों को फारसी सेनाओं से मुक्त कराएँ। और अभी भी कर की राशि यदि राजकोष में आती तो वह हमारे श्रम का परिणाम है।" —प्रथम अंक का अंतिम अंश

तात्पर्य यह कि सोफ़िस्त भाषण देना सिखलाते हैं दूसरों पर आरोप लगाना भी सिखलाते हैं किन्तु देशभक्ति नहीं सिखलाते। आज सबसे अधिक आवश्यकता है

देश पर मर मिटने की, और इसी गुण की वे उपेक्षा करते हैं। 'मेंढक' नाटक के मूल में भी यही भाव निहित है। इसमें एस्खिलुस ओर यूरिपिदीज़ के बीच करवायी गयी बहस द्वारा इसे पल्लवित किया गया है।[9] एस्खिलुस परम्परागत आदर्शों और शिक्षा का प्रतिनिधि है, यूरिपिदीज़ नयी शिक्षा का समर्थक है। स्पर्धा का निर्णय स्वयं देवता दियोनाइसुस को करना है। एथेन्स को बरबादी से बचाने के लिए वह मृत्युलोक से किसी एक कवि को वापिस लाना चाहता है। एस्खिलुस और युरिपिदीज़ अपने-अपने नाटकों के उस पक्ष को रखते हैं जिससे प्रेक्षकों को शिक्षा मिलती है। युरिपिदीज़ सिद्धान्ततः यह स्वीकार करता है कि लोगों को अच्छा नागरिक बनने की शिक्षा देना नाटक का प्रयोजन होना चाहिए। यह काम उसने अपने नाटकों में कैसे किया इस पर उसका कहना है–

"मैंने उन्हें कुछ नियम सिखलाये हैं ताकि वे ठीक से देख सकें और जो देखा है उसे ठीक से समझ सकें। जो चीज़ जैसे दिख रही है उसे ज्यों का त्यों स्वीकार न कर लें (क्योंकि हो सकता है उसकी वास्तविकता कुछ और हो)। अपनी बात को स्पष्टता से रख सकें। प्रेक्षकों ने मुझसे चिन्तन करना सीखा है। यह सीखा है कि अपना घर कैसे चलायें। प्रश्न करना सीखा है।"

शिक्षा का यह स्वरूप एस्खिलुस के दृष्टिकोण से मेल नहीं खाता। दियोनाइसुस भी युरिपिदीज़ के दृष्टिकोण से सहमत नहीं हैं। हमें याद रखना चाहिए कि इस नाटक में दियोनाइसुस एरिस्तोफ़ेनीज़ का प्रतिरूप है, अर्थात् आभिजात्य समाज का प्रतिनिधि है। वह जिस प्रकार से युरिपिदीज़ का मज़ाक उड़ाता है उससे स्पष्ट है कि वह पहले से ही यह माने बैठा था कि युरिपिदीज़ की शिक्षा ने ही समाज को भ्रष्ट किया है। सामान्य नागरिकों में अब बात-बात पर बहस करने या प्रश्न उठाने की प्रवृत्ति बढ़ गयी है और समाज को एकजुट रखने में यही सबसे बड़ी बाधा बन गयी थी। यह सब सोफ़िस्तों की शिक्षा का परिणाम था। इसके विपरीत सच्ची शिक्षा के स्वरूप पर प्रकाश डालते हुए एस्खिलुस का कथन है–

"पुराकाल से ही सच्चे महान् कवियों ने कोई न कोई काम आनेवाली (व्यावहारिक) शिक्षा दी है...हीसियोद न यह समझाया है कि कृषि और मौसम के अनुसार फसल कैसे उगायें। स्वयं होमर को इतना आदर क्यों दिया जाता है, केवल इसीलिए न कि उसके काव्य से सैन्य प्रशिक्षण की शिक्षा मिलती है..."

यह परम्परा को आदर्श मानकर पकड़ रखने की प्रवृत्ति है। एस्खिलुस ने इसी दृष्टिकोण से काव्य रचना की थीं। उसकी रचनाओं मे यह प्रयोजन कैसे सिद्ध हुआ इस ओर संकेत करते हुए वह कहता है–

"मैंने होमर के चरण चिह्नों पर चलते हुए सिंह जैसे साहसी और वीर पात्रों का निर्माण किया है ताकि युद्ध का समय आने पर प्रेक्षक उनसे तादात्म्य स्थापित

करके, उनका अनुसरण करते हुए युद्ध के लिए तैयार हो जाएँ।"

'थीब्ज़ के विरुद्ध सात' नाटक का उल्लेख करते हुए इसी विचार की पुष्टि करते हुए वह कहता है—"जिसने भी उसे देखा है उसे सीधे जाकर शत्रु को मार डालने की प्रेरणा मिली है।"

काव्य-प्रयोजन को उपर्युक्त सीमित रूप में देखना आज हमारे लिए सम्भव नहीं है। हम सम्भवतः युरिपिदीज़ को अपने अधिक निकट अनुभव कर सकते हैं। 4 थी शताब्दी के नाटककारों ने भी उसी से मार्ग दर्शन लिया। स्वयं एरिस्तोफ़ेनीज़ अपने नाटकों में अप्रत्यक्ष रूप से उसी का समर्थन करता प्रतीत होता है। ई. पू. 5 वीं शताब्दी के अंतिम दशक में एथेन्स का समाज बहुत कुछ भाग्यवादी हो चला था। वह इस मनः स्थिति में पहुँच चुका था कि जो हो रहा है उसे होने दो क्योंकि उसे बदला नहीं जा सकता। सोफ़ोक्लीज़ के नाटकों में दैवी विधान को बिना किसी ऊहा के जिस तरह भय और श्रद्धा के साथ स्वीकार कर लिया गया है व्यवहार में वहीं स्थिति इस शताब्दी के अंत में पूरे समाज की हो गयी थी। लगता है इस आलस्यपूर्ण निद्रा से जगाने के लिए ही एरिस्तोफ़ेनीज़ बार-बार कह रहा था कि भाषण देनेवालों की असली शक्ल पहचानो उनकी बात ज्यों की त्यों न मान कर उनसे प्रश्न करना सीखो। यह देखो कि तुम्हें अपना घर (नगर) कैसे चलाना है? लाइसिसत्रेता अपने ढंग से उसकी व्याख्या भी कर चुकी थी। एस्खिलुस ने जब लिखना शुरू किया था तब एथेन्स का मनोबल बहुत ऊँचा था। दो बड़े युद्धों में वह फारस की विशाल सेना को परास्त कर चुका था। फारस के साथ हुए युद्ध में एस्खिलुस स्वयं कई मोर्चों पर लड़ चुका था। 'फारसवासी' के मंचन के समय प्रेक्षकों में वे सैनिक भी थे जो उसके साथ कंधे से कंधा मिला कर लड़ चुके थे तथा युद्ध की घटनाओं के प्रत्यक्षदर्शी थे। एरिस्तोफ़ेनीज़ के समय में स्थिति बदल चुकी थी। लम्बे अर्से तक चले पेलोपोनीशियाई युद्ध में एथेन्स कई बार हार चुका था। सिसली में नौसेना का बड़ा हिस्सा नष्ट हो चुका था। बची-खुची नौसेना ई. पू. 405 में तहस-नहस हो गयी। इसके एक ही वर्ष बाद उसने पूर्ण पराजय स्वीकार कर ली। पराजय के अनेक कारण हो सकते हैं पर एरिस्तोफ़ेनीज़ यही मानता था कि सोफ़िस्तों के प्रभाववश (युरिपिदीज़ को वह साहित्य में सोफ़िस्तों का प्रतिनिधि मानता था जो सत्य से दूर नहीं था) लोगों में देशभक्ति का भाव रह ही नहीं गया है। वस्तुतः वे कायर हो गये हैं और अपनी कायरता छिपाने के लिए तर्क का सहारा लेते हैं। किन्तु, यदि देश ही पराधीन हो गया तो साहित्य का क्या मूल्य रह जाएगा। 'मेंढक' नाटक के अंत में प्लूतो एस्खिलुस को धरती पर वापिस भेजते हुए कहता है।

"एस्खिलुस जाओ और अपनी सच्ची सलाह से [एथेन्स] नगर को हमारे लिए बचा लो, मूर्खों को शिक्षिति करो..." जिस समय यह नाटक खेला गया उस समय की परिस्थितियों (इनके अन्तर्गत पराजय के पूर्वाभास को भी लिया जा सकता है) पर विचार करने से समझा जा सकता है कि उस समय देशभक्ति, सामाजिक एकता (इसमें कुछ लोगों को पुनः नागरिकता प्रदान करने का सुझाव अत्यन्त समयोचित था), साहस, युद्ध के लिए तत्पर रहना आदि प्रत्येक नागरिक का उत्तरदायित्व था। यह उस समय की माँग थी। यदि कोई अपना उत्तरदायित्व न सँभालकर बस तर्क करता रहे, लच्छेदार भाषण देता रहे तो क्या यह आत्मप्रवंचना न होगी। उस समय नगर के भविष्य की बागडोर जिनके हाथ में थी वे अच्छे वक्ता थे, अच्छे तार्किक थे किन्तु स्वार्थी थे। वे समाज के हित से नहीं अपनी महत्त्वाकांक्षा से परिचालित थे। इनकी सच्चाई सामने ला कर और करणीय की ओर संकेत करके एरिस्तोफ़ेनीज़ ने कवि धर्म का निर्वाह अत्यन्त निष्ठा से किया। त्रासदीकारों की अपेक्षा उसकी दृष्टि अधिक सूक्ष्म, अधिक व्यापक थी। 'ततैये' में उसने स्पष्ट संकेत दिया है कि प्रजातन्त्र यद्यपि राजशाही और टायरेंटों के शासन की अपेक्षा श्रेष्ठ है फिर भी जनता यदि जागरूक नहीं है तो थोड़े से स्वार्थी तत्त्व जनता का शोषण करते ही रहेंगे। इसी तरह लाइसिसत्रेता का पुरुष वर्ग को सम्बोधित करते हुए यह कहना कि, फारसी सेनाओं से लूटा हुआ सोना तो तुमने लुटा दिया (व्यर्थ कामों में खर्च कर दिया) और अब टैक्स पर पल रहे हो (क्योंकि लड़ाई ज़ारी रखने के लिए जनता पर कर का बोझ बहुत बढ़ गया था)[10] तत्कालीन वस्तु स्थिति की अत्यन्त सटीक समीक्षा है।

एरिस्तोफ़ेनीज़ की कामदियों में अब तक हमने शिक्षा के जिस स्वरूप पर विचार किया है वह सामान्य को सम्बोधित है। शिक्षा का एक पक्ष वह भी है जो वर्ग विशेष को सम्बोधित है, उसका अपना वर्ग जिसकी चिन्ताएँ उसे विचलित किये हुए थीं। यही उसके असमंजस का कारण भी था। युरिपिदीज़ की तरह वह खुल कर तत्कालीन प्रगतिशील तत्त्वों की स्वीकार नहीं कर पा रहा था। विधा के रूप में कामदी त्रासदी की अपेक्षा अधिक प्रगतिशील होती है क्योंकि वह समसामयिक समस्याओं और व्यक्तियों को अपना विषय बनाती है किन्तु एरिस्तोफ़ेनीज़ बीते दिनों के आदर्श में ही खोया रहा। उस समय प्रजातन्त्र का जो रूप उभर रहा था उसकी त्रुटियाँ उसके सामने थीं पर उसके धन पक्ष को, प्रतीत होता है, वह पूरी तरह समझ नहीं पा रहा था। सोफ़ोक्लीज़ आदर्शवादी त्रासदीकार था पर एरिस्तोफ़ेनीज़ उससे भी पहले के त्रासदीकार एस्खिलुस में अधिक विश्वास रखता था। सम्भवतः, उसकी दृष्टि में सोफ़ोक्लीज़ उस आदर्श का पूर्ण प्रतिनिधित्व करने में असमर्थ था

जो आभिजात्य वर्ग का अभीष्ट था। पश्च दृष्टि रखने के कारण वह नहीं देख पा रहा था कि एथेन्स का प्रजातन्त्र, कमियों के बावजूद, भविष्य में भी लगातार व्यापक और शक्ति सम्पन्न होने की दिशा में बढ़ रहा है। उसने 'अखर्नियावासी' में मुख्य पात्र को सहानुभूतिपूर्वक स्पार्ता का बचाव करते हुए दिखाया है और 'लाइसिसत्रेता' के अन्त में एथेन्स और स्पार्ता को मिलकर उत्सव मानते दिखाया है। इससे संकेत मिलता है कि वह अपनी कल्पना में एथेन्स और स्पार्ता का संयुक्त शासन पूरे यूनान पर देख रहा है। वह सोच ही नहीं पा रहा था कि स्पार्ता, जहाँ धनिक तन्त्र है, प्रजातांत्रिक एथेन्स से कभी मित्रता नहीं कर सकता। हमारे निष्कर्ष को इस अर्थ में नहीं लेना चाहिए कि एरिस्तोफ़ेनीज़ का अपने नगर से लगाव नहीं था। उसकी नगर-भक्ति (= देश-भक्ति) पर सन्देह नहीं किया जा सकता। उसके विचलित होने का सबसे बड़ा कारण यह था कि अपने वर्ग के हितों पर होनेवाले प्रहारों को वह सह नहीं पा रहा था और यह भी वह देख रहा था कि इस वर्ग की नयी पीढ़ी पुराने आदर्शों से दूर होती जा रही है। फारसी युद्ध के बाद अस्तित्व में आये सैन्य संगठन के माध्यम से एथेन्स में बहुत धन आ रहा था। संगठन का कोष देलॉस से एथेन्स ले आया गया था जिसका लाभ यहाँ के प्रशासनिक अधिकारी उठा रहे थे। उधर, यहाँ के व्यापारी दूर-दूर से सुखोपभोग की वस्तुएँ ला-ला कर एथेन्स के बाज़ार को पाटे दे रहे थे। पेरिक्लीज़ के शासनकाल में एथेन्स केवल नगर-राज्य नहीं रह गया था एक विशाल सम्राज्य की राजधानी बन गया था। चारों ओर सुख-समृद्धि बिखरी पड़ी थी। बस इसका ऋण पक्ष यह था कि अभिजात वर्ग की नयी पीढ़ी पुराने आदर्शों–आरेती, कालोकागाथिया और सोफ्रोज़्युनी–को भूलने लगी थी। प्रजातन्त्र आ आधार व्यापक हो जाने से उसका अपना समाज अल्पमत में आ गया था। पहले, नगर व्यवस्था में छोटे-मोटे पदों को छोड़कर मुख्य अधिकार इसी वर्ग के हाथ में थे, अब प्रशासन में अन्य वर्गों का प्रतिनिधित्व बढ़ रहा था तथा वे और अधिक अधिकारों की माँग कर रहे थे। अधिकारों की इस खींचतान में उसके अपने वर्ग के सामने अपने अस्तित्व को बचाये रखने का प्रश्न उठ खड़ा हुआ था। इसी संकट को भाँप कर 'ततैये' में एरिस्तोफ़ेनीज़ ने सलाह दी कि नयी पीढ़ी औरतों की तरह फैशन करने और मौज-मस्ती में डूबे रहने की आदते छोड़, बुज़ुर्गों का आदर करना सीखे, उनके आदर्शों को अपनाये और ततैयों की तरह एकजुट बनी रहे तभी सुरक्षित रह सकती है। 'बादल' नाटक का संदेश भी यही है। परम्परावादी पिता ठोकर खा कर अपनी भूल महसूस करता है और पुराने आदर्शों के मूल्य को पहचान लेता है। अन्त में जीत उसी की होती है। ध्यान रहे, जिस शिक्षा की बात वह कर रहा है वह

परम्परागत नहीं वंशपरम्परागत है। वह आरेती आदि आदेर्शों की शिक्षा को अभिजात वर्ग की बपौती मान कर चल रहा था क्योंकि यह उन्हीं को दी जा सकती थीं जो जन्मतः उसके पात्र होते थे।

शिक्षा का उपर्युक्त स्वरूप होमर अथवा हीसियोद की शिक्षा से एकदम भिन्न है। उनके लिए देव चरितों तथा पौराणिक आख्यानों अथवा आनुश्रुतिक इतिहास से सामाजिक को परिचित कराना ही ज्ञान-दान था। यहाँ, इसके विपरीत, शिक्षा उद्‌बोधनात्मक है। एरिस्तोफ़ेनरज़ बीच-बीच में अत्तिका के मूल निवासियों की, उनके विशिष्टि गुणों के लिए, प्रशंसा करता चलता है।[11] इसका परोक्ष संदेश यह है कि जिन गुणों से एथेन्स पुराकाल में सर्वोच्च स्थान पर था वहीं फिर से पहुँच सकता है यदि नयी पीढ़ी उन्हीं संस्कारों, आदर्शों में पुनः दीक्षित हो।

काव्य-प्रयोजन के प्रसंग को समाप्त करने के पहले हम दो उदाहरण प्रस्तुत कर रहे हैं जो हमारे लिए विशेष अर्थगर्भ हैं :

(*i*) म्यूज़, इस भयानक युद्ध को दूर भगा देने के बाद
[अब] मेरे साथ इस वृंदगान में सम्मिलित हो जाओ।

—'शांति', पं. 775-76

(*ii*) (म्यूज़ पक्षी बन कर वृंदगायिकाओं के रूप में)
हम तुम्हें स्वास्थ्य और सम्पत्ति उदारतापूर्वक देंगी,
तुम्हें ही नहीं तुम्हारे पुत्रों को और उनके पुत्रों को भी
तुम सबको सुख, समृद्धि और शांति मिलेगी;
[इसके साथ ही तुम्हें मिलेंगे] उत्सव, नृत्य, हास, यौवन...।

—'पक्षी' पं. 730-33

इसमें से पहले उद्धरण का भाव परम्परागत है। पिंदर पर विचार करते समय इस विषय के सन्दर्भ में स्तेसीखोरुस और युरिपिदीज़ के उद्धरण दे आये हैं। स्तेसीखोरुस का रचना काल ई. पू. छठीं शताब्दी का प्रथमार्ध है और यूरिपिदीज़ का 'प्रार्थयिता नारियाँ' ई. पू. 424 में मंचित हुआ। यहाँ एरिस्तोफ़ेनीज़ भी म्यूज़ को युद्ध को दूर भागाने वाली देवी के रूप में देख रहा है। अंतर केवल यह है ई. पू. 424 में शांति की केवल कामना की जा सकती थी। उस समय क्लियोन पिछले साल की जीत के घमंड में अधिकांश एथेन्सवासियों की इच्छा के विरुद्ध लड़ाई जारी रखे हुए था किन्तु 421 में शांति-संधि हो चुकी थी, उसी के उपलक्ष्य में 'शांति' लिखा भी गया था। एरिस्तोफ़ेनीज़ धड़ल्ले से कह सकता था कि म्यूज़ ने

युद्ध को भगा दिया है। इसका, दूसरा लाक्षणिक अर्थ यह भी हो सकता है कि काव्य में [म्यूज़ के वरदानस्वरूप] वह शक्ति है जो लोगों को युद्ध से विमुख कर शांति की ओर प्रेरित करती है। शांति स्थापित होने पर जीवन कितना सुखमय हो सकता है इसकी झलक दूसरे उद्धरण में मिलती है। इस नाटक का रचनाकाल ई. पू. 414 है। म्यूज़ों को वृन्दगायिकाओं की भूमिका में प्रस्तुत करके कवि संदेश देना चाहता है कि म्यूज़ जो भी वरदान दे रही हैं कविता के माध्यम से दे रही हैं। दूसरे शब्दों में, काव्य के रचयिता और उसका अनुशीलन करनेवाले सामाजिक दोनों को ही इस लोक में जो भी काम्य है वह सब कुछ मिल सकता है। भारतीय काव्यशास्त्र में काव्य-प्रयोजन के अन्तर्गत मोक्ष पुरुषार्थ को छोड़कर (क्योंकि यह अवधारणा वहाँ थी ही नहीं) शेष सभी का यहाँ समाहार हो गया है। कहा जा चुका है कि ई. पू. 5 वीं शताब्दी तक कवि और सामान्य जन दोनों ही कलाओं को जीवन की पृष्ठभूमि पर रख कर ही देख रहे थे। जीवन और काव्य में इस अन्योन्याश्रित सम्बन्ध को देखने का ही परिणाम था कि उपर्युक्त उद्धरण में प्रयोजन के अन्तर्गत समस्त लौकिक जीवन समा गया है।

### 2.2.3 काव्य-हेतु

म्यूज़ को नये-नये रूपों में देखना कवियों का प्रिय विषय था। इसके माध्यम से उन्होंने अपने कई लक्ष्य सिद्ध किये। उनमें से एक था सामाजिक को यह विश्वास दिलाना कि वे समाज में विशेष स्थान के अधिकारी हैं और समाज का मार्ग दर्शन करना उनका एकाधिकार है। एरिस्तोफ़ेनीज़ भी अपने इस अधिकार, जन्म सिद्ध अधिकार (क्योंकि काव्य प्रतिभा उसे संस्कार रूप में प्राप्त हुई है), को छोड़ने के लिए तैयार नहीं है। उधर, कुछ दार्शनिक छठी शताब्दी से ही देवताओं के पौराणिक रूप को नकारने लगे थे। इसके फलस्वरूव जब देवताओं के मानवीय रूप पर ही प्रश्नचिह्न लग गया तो कवियों को अपने पाँव तले की ज़मीन खिसकती नज़र आने लगी। परिस्थितियाँ चाहे जो भी रही हों ई. पू. 5 वीं शताब्दी के आरम्भ से ही कविगण अभ्यास को काव्य-हेतु के रूप में स्वीकार करने लगे थे। फिर सोफ़िस्तों के आन्दोलन से इसमें व्युत्पत्ति का तत्त्व भी जुड़ गया। अब, अभ्यास और व्युत्पत्ति ने मिल कर जन्मजात प्रतिभा को चुनौती दे डाली।

काव्य-हेतुओं की लड़ाई में एरिस्तोफेनीज़ पिंदर का पक्षधर हे। कई स्थलों पर वह अपनी मौलिकता का डंका बजाता दिखायी देता है–

“मैं हमेंशा नये विचार सोच कर लाता हूँ, एक भी ऐसा नहीं होता जिसकी पुनरुक्ति हुई हो और सब के सब विदग्धतापूर्ण होते हैं।” –‘बादल’, पं. 547-48 ‘ततैये’ में वृदगायकों का नेता कहता है–” गत वर्ष उसने नये विचारों की फसल

लगायी थी" (–पं. 1043) और नाटक के अन्त में वृन्दगान की पंक्तियाँ हैं–"अब तक किसी भी कामदी नाटककार ने अपने नाटक का इतना चातुर्यपूर्ण अन्त नहीं किया है।" ठीक इसी भाव को व्यक्त करनेवाली 'मेंढक' नाटक के वृन्दगान की पंक्ति है–"क्या तुमने कभी बुद्धिमत्ता युक्त विचार सुना है, इतना सरल फिर भी इतना विचित्र?"

जन्मजात प्रतिभा को नवनवोन्मेवशलिनी प्रज्ञा का रूप देकर एरिस्तोफ़ेनीज़ ने नवीनता को ही काव्य मूल्य के रूप में स्थापित करने का प्रयास किया है। कवियों और श्रोताओं में नवीनता के प्रति रुचि होना स्वाभाविक है क्योंकि यह आनन्द का स्रोत है। ओदिसी के सन्दर्भ में इसकी चर्चा हो चुकी है किन्तु उसके माध्यम से कवि द्वारा स्वयं को स्थापित करना या फिर उसे काव्य मूल्य की श्रेणी में ले आना एक नयी दृष्टि का संकेत है। पिंदर ने नवीनता के माध्यम से स्वयं को स्थापित करने का प्रयास किया था किन्तु इसे काव्य मूल्य के रूप में पहचान दिलाने का श्रेय एरिस्तोफ़ेनीज़ को जाता है। 'बादल', 'ततैये' और 'मेंढक' में जिस तरह नयेपन का ढिंढोरा पीट-पीट कर उसने प्रेक्षकों का ध्यान खींचा है उससे लगता है जैसे कह रहा हो–'हे निर्णायको, अपना निर्णय देते समय नाटक के नवीन कथानक, नये विचार, अभिव्यक्ति की नवीन शैली आदि पर भी अवश्य विचार कर लेना।' आत्मश्लाधा के ये अंश हमें विचित्र लग सकते हैं पर उन दिनों यह विधागत परम्परा थी। नाटक के विशिष्टि स्थलों में कवि सीधे प्रेक्षकों को सम्बोधित किया करता था और नाटक की विशेषताओं की ओर उनका ध्यान आकर्षित करता था ताकि पुरस्कार की घोषणा उसके पक्ष में हो सके। एरिस्तोफ़ेनीज़ ने बस इतना ही किया कि विशेषताओं की सूची में नवीनता का पक्ष और जोड़ दिया। ध्यान रहे, उन दिनों निर्णायक मंडल में कोई नाट्य विशेषज्ञ नहीं नियुक्त हुआ करते थे। जब नाट्यशास्त्र ही विकसित नहीं हुआ था तो नाट्य विशेषज्ञ कहाँ से आते। अतः इस काम के लिए प्रक्षकों में से ही कुछ लोगों को चुन लिया जाता था। खेद है कि इस विषय पर अधिक विचार करने के लिए सामग्री अत्यन्त सीमित है। कामदियों के विशाल भंडार में से केवल एरिस्तोफ़ेनीज़ के नाटक ही मुख्य रूप से बचे हैं। फिर भी, इतना कहा जा सकता है कि अभ्यास और व्युत्पत्ति के सम्बन्ध में एरिस्तोफ़ेनीज़ ने जो बातें कहीं हैं वे युगीन दृष्टि को स्पष्ट करने के लिए पर्याप्त है। इसके लिए 'कवि और स्त्रियाँ' को आधारभूत नाटक माना जा सकता है। इसका मंचन ई. पू. 411 में हुआ था।

नाटक के आरम्भिक अंश में ही आगाथॉन का नौकर नाट्य रचना की पैरोडी करता है। "पक्षियो, मौन हो जाओ....क्योंकि आगाथॉन...एक नये नाटक [रूपी

पोत] की धरन रखनेवाला है। यह भारी-भारी कैंची नुमा शहतीरों से बनाया जाएगा, शब्दों की नयी-नयी मेहराबें बनायी जाएँगी। देखो वह छन्दों को खराद पर तराश रहा है और आपस में जोड़ रहा है। हथौड़े से पीट-पीट कर रूपकों को तैयार कर रहा है। पिघलाये हुए मोम में वह अपनी रचना को रूप प्रदान कर रहा है। चरखी पर चढ़ा कर वह इसमें गोलाई ला रहा है।"*

नाव बनाने के शिल्प से ली गयी शब्दावली इस बात का संकेत देती हे कि उस समय के नाटककार कुछ बँधे-बँधाये नुस्खों को काम में ला कर नाटक लिख रहे थे।[12] ऐसी जोड़-तोड़ करनेवालों को एरिस्तोफ़ेनीज़ कवि मानने के लिए तैयार नहीं हैं। 'मेंढक' में दियोनाइसुस शुरू से ही इनके बारे में बड़ी घटिया राय रखता है। वे वस्तुतः इस कला को लज्जित करते हैं। यह सम्भव है कि कुछ कवि निरन्तर अभ्यासरत रह कर कुछ आगे बढ़ जाएँ और अपने लिए एक जगह बना लें किन्तु जन्मजात प्रतिभा सम्पन्न कवियों के आगे वे टिक नहीं पाते।[13] बार-बार म्यूज़ों का आवाहन करके तथा अपने पुरस्कारों की चर्चा करके वह इसी तथ्य को स्थापित करने का प्रयास करता प्रतीत होता है। किन्तु यह स्वीकार करने में भी कोई दुविधा नहीं होनी चाहिए कि उसने प्रतिपक्ष के विचारों को भी वस्तुनिष्ठ भाव से प्रस्तुत किया है। इस सन्दर्भ में आगाथॉन का उदाहरण उल्लेखनीय है :

'कवि और स्त्रियाँ' का प्रथम अंक, प्रथम दृश्य, आगथॉन स्त्रियों की वेश-भूषा में मंच पर उपस्थित है और स्त्रियों के कंठ-स्वर में गा रहा है। इस सम्बन्ध में प्रश्न किये जाने पर उसका उत्तर है–"मैं ये कपड़े अपनी प्रेरणा के साथ ताल-मेल बैठाने के लिए पहनता हूँ। नाटककार जिस [विषय] का चित्रण करना चाहता है उसमें उसे अपना सम्पूर्ण व्यक्तित्व डुबो देना पड़ता है। यदि वह एक नारी की भूमिका चित्रित कर रहा है तो उसके लिए तन-मन से नारी की अनुभूतियों में सहभागी होना आवश्यक है...जो उसे प्रकृति ने (फ़िज़िस = स्वभाव, जन्मजात गुणों अदि के रूप में ) नहीं दिया है उसका अनुकरण (चित्रण) वह कला[14] (कौशल = अभ्यास) द्वारा कर सकता है...देखो आइबिकुस, एनाक्रियोन और अल्सीउस की कविता कितनी मृदु है–वे सभी कवियों पर शोभा देनेवाला उत्तरीय धारण करते थे और उनका चलना भी कितना शोभामय था। और [illegible]खुस...वह कितना सुन्दर था और कितने सुन्दर कपड़ पहनता था इसीलिए उसके नाटक भी कितने सुन्दर हैं। तुम्हें मालूम होना चाहिए कि तुम (अर्थात् कवि) जो भी लिखते हो वह बहुत कुछ इस पर निर्भर करता है कि तुम स्वयं कैसे हो।"

* कुछ विद्वानों ने इस अंश को नयी समीक्ष की पैरोडी के रूप में भी देखा है। इस पर हम आगे विचार करेंगे।

इस उद्धरण में समीक्षा के विभिन्न सिद्धान्तों का स्पर्श करनेवाली अनेक टिप्पणियाँ एक साथ आ गयी हैं। सबसे पहले आगाथॉन का यह वाक्य लें–"जो उसे प्रकृति ने नहीं दिया है...।" इसका अर्थ है कि किसी कवि को यदि जन्मजात संस्कार (जिस पर अभिजात वर्ग अपना एकाधिकार मानता था) से कोई गुण नहीं मिला है तो भी अभ्यास द्वारा वह उसे अर्जित कर सकता है। यह विचार सोफ़िस्तों के दर्शन से जुड़ा हुआ है और आभिजात्य दर्शन के विरोध में खड़ा है। इसके पहले तक अभ्यास को काव्य-हेतुओं में स्वीकृति अवश्य मिल चुकी थी पर चर्चा उसकी बहुत कम होती थी। भला किसी सहयोगी, गौण तत्त्व के बारे में अधिक क्या कहना। वह जन्मजात प्रतिभा का स्थान ले ले ऐसा सोचा भी नहीं जा सकता था।[15] काव्यशास्त्र में इसे सिद्धान्ततः स्थापित करने का श्रेय सोफ़िस्तों को जाता है। वे भौतिकवादी थे, उनका तर्क था कि कोई कला, अर्थात कौशल, ऐसी नहीं है तो सिखलायी न जा सके और सीखी न जा सके। आवश्यकता है श्रम की, अभ्यास की, जन्मजात संस्कार हों चाहे न हों। यदि भाषण कला सीखी और सिखलायी जा सकती है तो काव्य कला क्यों नहीं? 'कुल मिलाकर मैं कविता को छन्दोबद्ध भाषण मानता हूँ' गोर्जियास का यह सूत्र उन दिनों उसके शिष्यों में खूब सराहा जाता था। हो सकता है उनमें से कुछ नाटक भी लिखते रहे हों। जहाँ तक एरिस्तोफ़ेनीज़ का प्रश्न है वह सोफ़िस्तों के प्रभाव को दुष्प्रभाव मानता था। वह इस विचार के विरुद्ध था कि काव्य सीखने अथवा सिखलाये जा सकने वाला कौशल है। जब न तब म्यूज़ों का आवाहन करके वह प्रेक्षकों को स्मरण कराता रहता है कि म्यूज़ों की उस पर भी कृपा है और प्रेक्षकों पर भी है।[16] उसकी कविता दैवी प्रेरणा से उद्भूत है, इसलिए सर्वकल्याणकारी है, सर्वश्रेष्ठ है।

### 2.2.4 समीक्षा के प्रकार

आगाथॉन का दूसरा वाक्य है–"तुम जो कुछ भी लिखते हो वह...।" इसका अर्थ है, नाटक लेखक की मानसिक प्रवृत्तियों का प्रतिबिम्ब है। अतः यदि किसी कृति का सम्पूर्ण अध्ययन करना हो तो उसके लेखक के स्वभाव, उसके अंतरंग जीवन, उस की परिस्थितियों आदि का अध्ययन भी अवश्य किया जाना चाहिए क्योंकि इन सब का सम्मिलित रूप ही उसके रचना संसार का आधार बनता है। प्रकारान्तर से यह कथन इस मनोवैज्ञानिक सिद्धान्त की पुष्टि करता है कि व्यक्तित्व और कृतित्व में अभिन्न सम्बन्ध होता है। इसी को हम मनोवैज्ञानिक आलोचना का नाम देते हैं। यहाँ वह बीज रूप में विद्यमान है। हमारा अनुमान है कि उस समय भी साहित्यिक गोष्ठियों में कवि-स्वभाव और उसके जीवन के प्रकाश में उसके पात्रों पर चर्चाएँ हुआ करती होंगी। एरिस्तोफ़ेनीज़ के बारे में यह कहना कठिन है

कि वह स्वयं इस विचार से कहाँ तक सहमत था किन्तु वह इस विचार से परिचित अवश्य था। प्रस्तुत नाटक में आगाथॉन के इस कथन के बाद ही दूसरा पात्र कहता है—"हाँ, अब बात समझ में आयी कि उस विचित्र फ़िलोक्लीज़ की कविता सुनकर जी धक् से क्यों रह जाता है? ज़ेनोक्लीज़ का लेखन भद्दा क्यों है? और थियोगनिस की त्रासदियाँ इतनी ठंडी क्यों है?" यह एक रिपोर्टिंग भर है समाज में प्रचलित मान्यता की, और यही उसके लिए कटाक्ष करने का विषय बन गया है। युरिपिदीज़ की परिवारिक पृष्ठभूमि को ले कर भी उसने 'मेंढक' में कई बार कटाक्ष किया है। इन कटाक्षों के आधार पर यह कहना कठिन है कि वह स्वयं साहित्य और जीवन के परस्पर सम्बन्ध को ले कर कितना गम्भीर था किन्तु इस विषय पर चर्चाएँ अवश्य होती होंगी अन्यथा नाटक में इन्हें स्थान कैसे मिलता।

उपर्युक्त सैद्धान्तिक विचार के साथ एक अन्य दृष्टि, यथार्थवादी दृष्टि, भी घनिष्ठ रूप से जुड़ी हुई थी। यह दृष्टि होमर में भी थी किन्तु उस पर सजग हो कर बल देने की कभी आवश्यकता नहीं पड़ी थी। उस काल में जीवन देवताओं की देन था और देवताओं को ही समर्पित था। जीवनोल्लास में उत्साहपूर्वक सम्मिलित होना ही जीवन का धर्म था। कलाएँ उसी उत्सव का विविध रूपों में अनुकरण (चित्रण) थीं। अतः यथार्थवादी शैली में तत्कालीन आभिजात्य जीवन (क्योंकि यह जीवनोत्सव उसी समाज के लिए था न कि दासों के लिए) सहज रूप में व्यक्त हुआ है। टायरेंटों के काल में और उसके बाद अभिजात समाज को अपनी स्थिति संकट ग्रस्त दिखायी दे रही थी, इस कारण से एक आदर्श आचार संहिता की आवश्यकता अनुभव की जाने लगी थी। तब कवियों ने अपनी रचना को आचार संहिता के साँचे में ढालना शुरू कर दिया। प्रजातान्त्रिक एथेन्स में बहुसंख्यक समाज ऐसे आदर्श के प्रति उदासीन था, फलतः यथार्थवादी शैली अधिक लोकप्रिय होने लगी। धीरे-धीरे, ई. पू. 5 वीं शताब्दी के उत्तरार्ध में, कुछ कलाकार सचेत हो कर इसे आग्रहपूर्वक स्थापित करने की दिशा में प्रवृत्त हुए और फिर शीघ्र ही यह आदर्शवादी शैली के विरोध में उसके सामने डट कर खड़ी हो गयी।

यथार्थवादी शैली को दार्शनिक चिन्तन से भी प्रोत्साहन मिल रहा था। प्रकृति दर्शन के चिन्तकों द्वारा विश्व की भौतिक पदार्थ के रूप में व्याख्या करने से यूनानी समाज अपने परिवेश को नयी दृष्टि से देखने लगा था। अनेक्सागोरस ने सूर्य और चन्द्रमा को भौतिक पदार्थ घोषित करके उनके देवत्व को एकदम नकार दिया था। इस तरह, प्रकृति के भौतिक स्वरूप की व्याख्या को समाज में जैसे-जैसे मान्यता मिलती गयी अभिव्यक्ति के विभिन्न रूपों में भी यथार्थवादी प्रवृत्ति प्रबल होती गयी। कलाओं में इसके कुछ-कुछ लक्षण ई. पू. 460 के भी पहले से दिखाई

देने लग जाते हैं। एस्खिलुस जैसे कुछ कवियों ने इस परिवर्तन को सहज ढंग से स्वीकार कर लिया था। हो सकता है आगाथार्खुस द्वारा उसके नाटकों के लिए बनाये गये परदों पर यथार्थवादी शैली में चित्रित दृश्यविधान में उसकी भी सहमति रही हो। युरिपिदीज़ अनेक्सागोरस का घनिष्ठ मित्र था। दोनों ही विश्व के गोचर रूप की भौतिक व्याख्या कर रहे थे। युरिपिदीज़ के नाटकों में समाज का यथार्थ चित्रण ही था जो प्रेक्षकों को मोहित करता था और आलोचना के लिए भी बाध्य करता था। ऐरिस्तोफ़ेनीज़ यहाँ दोराहे पर खड़ा प्रतीत होता है। उसका चेतन मन आदर्शवादी है और अचेतन मन यथार्थवादी। जैसे वह सोफ़िस्तों का आलोचक होने पर भी स्वयं को उनके प्रभाव से बचा नहीं पाया है, उसी तरह यथार्थवादी शैली का विरोधी होने पर भी परोक्ष रूप से उसी का समर्थक है। यदि ऐसा न होता तो वह कामदी जैसी प्रगतिशील, यथार्थ चित्रण करनेवाली विधा को चुनता ही नहीं। उसने जितनी निर्ममता से समाज के प्रभावशाली लोगों के चेहरे पर से नक़ाब हटाया है, सामाजिक भ्रष्टाचार पर जितना सटीक प्रहार किया है उतना युरिपिदीज़ भी नहीं कर पाया है। किन्तु आश्चर्य है कि व्यवहारतः वह जिसे स्वीकार करता है, सिद्धान्ततः उसी का खंडन करता है। एक ओर आगाथॉन से वह कहलवाता है कि नाटकार जिस विषय का चित्रण करना चाहता है उसमें अपने व्यक्तित्व को डुबो देना चाहिए। यह शर्त विषय को यथार्थ रूप में प्रस्तुत करने के लिए रखी गयी थी। पात्रों की अनुभूतियों में सहभागी होने की बात भी इसीलिए कही गयी ताकि पात्र जीवन्त हो सकें। एरिस्तोफ़ेनीज़ आगाथॉन के चरण चिह्नों पर चल रहा है, उसके पात्र जीवन्त हैं, यथार्थ हैं। उसके नाटकों की लोकप्रियता का कारण भी यही था। किन्तु युरिपिदीज़ के नाटकों में यही प्रवृत्ति उसे अनुचित लगती है। युरिपिदीज़ ने समाज के व्यापक रूप को देखा और अपने नाटकों में नौकर-चाकरों, भिखारियों, स्त्रियों आदि को पर्याप्त स्थान भी दिया और उनसे संवाद भी बुलवाये ताकि वे अपना पक्ष अपने ढंग से, वास्तविक रूप में रख सकें। इस सम्बन्ध में ऐरिस्तोफ़ेनीज़ की धारणा थी कि यह साहित्य कुछ देर के लिए प्रेक्षकों का मनोरंजन भले ही कर ले उन्हें शिक्षा नहीं दे सकता। 'मेंढक' नाटक में एरिस्तोफ़ेनीज पहले से ही इस निष्कर्ष पर पहुँचा हुआ है कि युरिपिदीज़ ने समाज को ऊपर उठने की प्रेरणा देने के बजाय उसे नीचे की ओर धकेला है। एस्खिलुस ओर यूरिपिदीज़ के बीच चल रही प्रतियोगिता[17] जिस ढंग से आगे बढ़ती है उससे वह अपने पूर्व निर्णय को ही पुष्ट करता प्रतीत होता है। यह स्वीकार किया गया है कि युरिपिदीज़ ने अपने पात्रों के मुँह से जो कुछ कहलवाया है वह सच है पर क्या कड़वे सच को उजागर करना आवश्यक है? उत्तर होगा नहीं,' इसी की व्याख्या में एस्खिलुस कहता

है–"ऐसी बातें होती हैं, किन्तु कवियों को उन के बारे में चुप रहना चाहिए, लोगों के अनुकरण के लिए मंच पर नहीं लाना चाहिए।" तात्पर्य यह है कि मंच पर दर्शायी जानेवाली कृति अनुकरणीय होनी चाहिए, आदर्श रूप होनी चाहिए जो आदर्शवादी शैली में ही प्रस्तुत की जा सकती है।

समीक्षा की दृष्टि से एरिस्तोफ़ेनीज़ की सबसे महत्त्वपूर्ण कृति 'मेंढक' है। यह मुख्य रूप से तुलनात्मक समीक्षा का नाट्य रूप है किन्तु इसमें समीक्षा के अन्य प्रकारों का भी विदग्धतापूर्ण ढंग से समावेश कर लिया गया है। तुलना एस्खिलुस और युरिपिदीज़ के बीच है। इनमें कौन श्रेष्ठ है इस निर्णय तक पहुँचने के लिए दोनों के नाट्य साहित्य की तुलना की गयी है निर्णय की तुला के रूप में नाटक के विभिन्न अंगों–कथानक, पात्र, वाक्सरणि (डिक्शन), वृन्दगान पर आलोचनात्मक दृष्टि से विचार हुआ है। दोनों प्रतिस्पर्धी अपने-अपने नाटकों की विशेषताओं पर प्रकाश डालते हैं और एक-दूसरे पर टीका-टिप्पणी भी करते हैं। निर्णय करने का उत्तरदायित्व दियोनाइसुस (अर्थात् स्वयं एरिस्तोफ़ेनीज़) पर है। वह, एक अच्छे समीक्षक की तरह, संकेत देता चलता है कि दोनों कवियों में उनके किन-किन गुणों का वह प्रशंसक है या किन पक्षों से असहमत है। साथ ही एक अच्छे मित्र की तरह कभी उन्हें सलाह देता है तो कभी उन पर कटाक्ष करता है।[18]

इस तरह सम्पूर्ण प्रसंग में गुण-दोष विवेचन और व्याख्यात्मक आलोचना का क्रम तुलना एवं निर्णय को पुष्ट करता चलता है। इसमें सन्देह नहीं कि वर्गगत सहानुभूति के कारण उसका झुकाव पहले से ही एस्खिलुस की ओर है किन्तु युरिपिदीज़ के नाटकों में उन विशेषताओं की उसने प्रशंसा भी की है जिनसे नाट्यकला के विकास में सहयोग मिला है।

त्रासदीकारों के सामने पौराणिक आख्यानों और पुराकाल के नायकों के जीवन चरितों का विशाल भंडार था। नाटक के लिए उनमें से ही कोई एक वृत्तांत चुन लेने का नियम बन गया था। अतः दृष्टि विशेष को स्पष्ट करने के लिए घटनाओं के विस्तार में ही परिवर्तन किया जाता था। यथार्थ को अभिव्यक्ति देने के लिए युरिपिदीज़ ने भी यही किया। अभिजात समाज के लिए यही आलोचना का विषय बन गया, इस वर्ग के सदस्यों को लगता था मानों वह उनकी महान् परम्परा के साथ अन्याय कर रहा हे। इसी को ले कर एस्खिलुस की टिप्पणी है–

(*i*) ...तुम्हारी त्रासदियाँ क्या हैं, केवल साधारण घटनाओं का गठजोड़।

(*ii*) तुम अपने कथानकों मे ऐसे घटिया विषय लेते हो जैसे आचरणहीनता...

दूसरी ओर युरिपिदीज़ अपने कथानकों का बचाव करते हुए कहता है–"मैंने जाने-पहचाने विषय इसलिए चुने क्योंकि प्रेक्षक उनसे परिचित थे। आवश्यकता

पड़ने पर वे (यदि मैं यथार्थ के विरुद्ध जाता) मेरी आलोचना कर सकते थे। इस चर्चा से दोनों के दृष्टिकोणों का अन्तर सामने आ जाता है।

चरित्र चित्रण को ले कर यह भेद और गहरा हो कर उभरता है। एस्खिलुस युरिपिदीज़ पर दो आरोप लगाता है। एक, उसने लँगड़ों को, भिखारियों को, दुराचारियों को मंच पर लाने की धृष्टता की है, ऐसा करके उसने मंच का अपमान किया है। एथेन्स में नाट्य स्पर्धा एक धार्मिक अनुष्ठान के रूप में शुरू हुई थी। आरम्भ में दियोनाइसुस की पूजा मंच पर होती थी। बाद में रंगमंच के पास ही बाहर की ओर एक मंदिर बनवा दिया गया था। मंच के ठीक सामने मुख्य आसन पर पुजारी बैठता था। इसलिए, नियमतः कोई ऐसी घटना नहीं दिखलायी जाती थी, या ऐसा पात्र मंच पर नहीं लाया ज़ाता था, जिससे वहाँ की पवित्रता के नष्ट होने की आशंका हो। इस नियम का उल्लंघन करके युरिपिदीज़ ने एथेन्स के समाज की शालीनता को ठेस पहुँचायी है। उस पर दूसरा आरोप है कि उसने महान् नायकों को भी अति साधारण भिखारियों जैसा तथा नायिकाओं को वेश्या जैसा चित्रित किया है। उसके नायक सामान्य नागरिकों की तरह नाचते-गाते हैं। पात्रों को ले कर वस्तुतः उसने दुहरा अपराध किया। एक ओर ठगों, धूर्तों को प्रधान भूमिका दे कर नायक की गरिमा नष्ट की है, दूसरी ओर कुलीन पात्रों को घटिया रूप में प्रस्तुत करने की उद्दंडता की है। यह पूछे जाने पर कि उसे इसके लिए क्या दंड दिया जाना चाहिए, दियोनाइसुस बेहिचक उत्तर देता है–मृत्यु दंड।[19]

सबसे बड़े दंड की घोषणा जिस तरह से की गयी है उससे यह अंश निर्णायक समीक्षा का उदाहरण बन जाता है। और यह निर्णय अकेले दियोनाइसुस का नहीं है, पूरे आभिजात्य वर्ग का है, क्योंकि इसी वर्ग को युरिपिदीज़ अपना सबसे बड़ा शत्रु दिखायी दे रहा था।

नाटक के अन्य तत्त्वों पर विचार करते समय एरिस्तोफ़ेनीज़ की समीक्षा कुछ अधिक सन्तुलित है। शिल्प के विकास में वह युरिपिदीज़ का प्रशंसक है। भारी-भरकम वाक्सारणि को ले कर एस्खिलुस पर सदैव ही आरोप लगते रहे होंगे। युरिपिदीज़ उसकी आलोचना विषम, कर्कश विशेषणों के प्रयोग द्वारा करता है। शब्दों के प्रयोग में न उसमें संयम है न सूक्ष्मता, है तो केवल बड़-बड़े शब्दों का प्रवाह। आडंबर युक्त बड़े-बड़े वाक्य, [सुनने में] प्रभावशाली पर अर्थ की दृष्टि से समझ के बाहर। एस्खिलुस ऐसी शब्दावली के औचित्य को यह कह कर सिद्ध करता है कि महान् विषय और उदात्त भाव उसी के अनुरूप प्रौढ़, गरिमामय भाषा में व्यक्त किये जा सकते हैं। नाटक के पात्र यदि देवता हों या देवता समान मनुष्य हों तो उनकी वाणी से भी चरित्र के अनुरूप भाव व्यक्त होने चाहिए ठीक

वैसे ही जैसे उनका परिधान उनका दिव्य रूप प्रकट करनेवाला होता है। यदि राजा को चिथड़े पहना दिये जायँ तो उसकी स्थिति कैसी दयनीय हो जायगी। इसी तरह उनके मुख से यदि सामान्य भाषा में संवाद कहलवाये जाएँ तो उनका व्यक्तित्व घट जाएगा।

गरिमामय भाषा के औचित्य से सहमत होते हुए भी एरिस्तोफ़ेनीज़ क्लिष्ट शब्दावली के विरुद्ध है। नाट्य विधा को देखते हुए उसका यह दृष्टिकोण सर्वथा उचित था। दियोनाइसुस ऐसे ही एक अप्रचालित शब्द को ले कर एस्खिलुस की चुटकी लेता है। संवादों में सरल, प्रचलित भाषा के समर्थन में उसने युरिपिदीज़ की ओर से एक रूपक का बड़ा सटीक प्रयोग करवाया है :

"तुम्हारे [एस्खिलुस] पास से त्रासदी जब मेरे संरक्षण में आयी तो बेचारी बहुत बुरी हालत में थी। कला की कमी के कारण थुलथुली हो गयी थी। आडंबरयुक्त वाक्सरणि से उसका शरीर फूल गया था। मैंने तत्काल उसका वज़न कम किया और छोटे-छोटे वाक्यांशों के अल्पाहार पर रखा और उसमें थोड़ा सा तर्क मिला दिया...ताकि पाचन क्रिया में सुविधा हो। उसके बाद उसको [वृन्दगान के बजाय] एकल गान पर रखा।"[20]

नाट्य विधा के विकास में इस प्रयोग का प्रेक्षकों ने निश्चित ही स्वागत किया होगा। दियोनाइसुस ने इस पर कोई टिप्पणी नहीं की, केवल तार्किकता, के पुट पर आपत्ति उठायी। तार्किकता का पुट सोफ़िस्तों के प्रभाव के कारण था। वस्तुतः ऐसे संवादों पर उसकी आपत्ति का कारण मात्र उनका तर्कयुक्त होना नहीं था वरन् यह था कि ये ऐसे पात्रों के मुँह से कहलवाये गये थे जिन्हें तर्क करने का अधिकार नहीं था। वास्तविकता यह थी कि उन तर्कों को बहुसंख्यक समाज अब अस्त्र के रूप में इस्तेमाल कर रहा था। समाज के चित्र को प्रस्तुत करने के लिए, उसकी यथार्थता को अधिकाधिक विश्वसनीय बनाने के लिए युरिपिदीज़ ने स्त्रियों को भी महत्त्वपूर्ण भूमिकाएँ दीं और उनके साथ-साथ सामान्य नागरिकों को भी मंचर पर आने का अवसर दिया। इन दोनों ही वर्गों को उस समय का अभिजात समाज किसी भी प्रकार के अधिकार देने के पक्ष में नहीं था। एक बात और नाट्यकला की दृष्टि से युरिपिदीज़ ने अनुभव किया कि मंच पर उपस्थिति प्रत्येक पात्र के पास बोलने के लिए कुछ न कुछ होना चाहिए। अब तक साधारण जन मंच पर उपस्थिति होने के बावजूद चुप रहते थे, उनके पास बोलने के लिए कुछ होता ही नहीं था। युरिपिदीज़ के नाटकों में वे बोलने लगे और वह भी तर्कपूर्ण भाषा में (वे मुख्यतः अपने अधिकारों की बात करते थे) तो अभिजात वर्ग को आपत्ति होनी ही थी। सच्चाई यह थी कि एथेन्स में प्रजातांत्रिक व्यवस्था पर्याप्त उदार थी (या कहें

परिस्थितिवश उदार थी) इसलिए, सामान्य नागरिकों में अधिकारों की माँग आन्दोलन का रूप लेने लगी थी। अभिजात वर्ग के भय का यह मुख्य कारण था। युरिपिदीज़ इस स्थिति को अपने पक्ष के अनुकूल मानता है और इसका बहुत कुछ श्रेय अपने प्रयासों को देता है। उसे मानों यह कहने का अधिकार मिल गया कि मैंने लोगों को अपना दिमाग इस्तेमाल करने की शिक्षा दी है। उसका पक्ष था कि प्रजातन्त्र में प्रत्येक नागरिक को बोलने का अधिकार है और उस अधिकार को पाने के लिए उसे आवाज़ भी उठानी चाहिए। दियोनाइसुसु को इसी पर आपत्ति है। उसका यह कथन विशेष अर्थगर्भ है कि मैं तुम्हारी जगह होता तो इस विषय से दूर ही रहता। इसका ध्वन्यर्थ है कि यदि युरिपिदीज़ को प्रजातन्त्र इतना ही प्रिय था तो जीवन के अंतिम वर्षों में वह मकदूनिया के राजदरबार में क्यों चला गया?

उपर्युक्त चर्चा और उसके बीच-बीच में आयी व्यंग्योक्तियाँ यह सिद्ध करती हैं कि एरिस्तोफ़ेनीज़ का विरोध पात्रों को ले कर कम था उनके द्वारा कही गयी बातों (अपने अधिकारों के लिए की गयी माँग अथवा, अन्याय के विरुद्ध उठायी गयी आवाज़) को ले कर अधिक था। अर्थात्, आपत्ति का कारण रूप तत्त्व कम, वस्तु तत्त्व अधिक था। मान्यता यह थी कि नाटक प्रेक्षकों को शिक्षित करने का माध्यम है और युरिपिदीज़ के पात्र तथा संवाद दोनों ही इसके अयोग्य हैं। वे समाज को शालीनता की शिक्षा देने के बजाय उसमें अराजकता फैला रहे हैं। नाटक के रूप तत्त्व के विकास में युरिपिदीज़ के योगदान का सम्मान करते हुए भी जब बात मूल्यांकन की आती है तो वह वस्तु तत्त्व की सीमा का उल्लंघन नहीं कर पाता, नाट्यकला को कला के रूप में नहीं देख पाता। अंतिम निर्णय इसी आधार पर होता है कि सामाजिक जीवन, अभिजात वर्ग के सामाजिक जीवन, को उसकी क्या देन है?

### 2.2.5 समीक्षा की समीक्षा

अब तक हमने एरिस्तोफेनीज़ की समीक्षा के उन पक्षों पर विचार किया जिनके अन्तर्गत उसने अपने से पहले के तथा समसामायिक साहित्य एवं साहित्यकारों का मूल्यांकन किया है। उतना ही महत्त्वपूर्ण उसका वह पक्ष भी है जिसमें उसने अपने समय की समीक्षा, नयी समीक्षा, का विवेचन किया है। इस विवेचन का विषय सोफ़िस्तों की समीक्षा पद्धति है। इस दृष्टि से 'बादल' कालक्रम में सबसे पहले आता है। इस नाटक का मूल भाव यह है कि सोफ़िस्तों का समस्त आन्दोलन—लोगों को भाषा-प्रयोग के ऐसे गुर सिखलाना कि वे दूसरों को बहला-फुसला कर, अथवा, विवाद में सही को गलत और गलत को सही सिद्ध करके वांछित लाभ उठा सकें—स्वार्थ प्रेरित है। इस आन्दोलन के विवेचन की परिसीमा में साहित्य के

मूल्यांकन के वे मापदंड भी आ जाते हैं जिन्हें सोफ़िस्त अपना रहे थे। जैसे, मात्रा-ताल, शब्दों का सटीक प्रयोग, या, वह नयी शब्दावली जो नाट्य संरचना की व्याख्या के लिए रूढ़ होती जा रही थी और साहित्यिक मूल्यांकन के लिए भी सामान्यतः प्रयुक्त होने लगी थी। 'बादल' में सुकरात को जिस रूप में चित्रित किया गया है वह हम देख आये हैं। एक शिक्षार्थी से वह पूछता है—"तुम क्या सीखना चाहते हो? मात्राएँ, ताल या शब्द?

शिक्षार्थी—ये ताल रोटी-रोज़ी कमाने के किस काम आयेंगे?

सुकरात—ये तुम्हें समाज मे चपल मति बना देंगे।

इसके पहले पिता-पुत्र के संवाद में सोफ़िस्तों को सुकरात की तरह पीले चेहरेवाला, नंगे पाँव, दीन किन्तु मायावी कहा जा चुका है। इस पृष्ठभूमि पर सुकरात के ये शब्द उसकी छली मनोवृत्ति को प्रकट करनेवाले माने जाने चाहिए। इनका ताल-मेल उस छल विद्या से भी बैठता है जिसे सिखलाने में वह निपुण है। दूसरे शब्दों में, नयी समीक्षा जो मात्राओं तथा शब्द प्रयोग का विश्लेषण करके काव्य का मूल्यांकन करती है वस्तुतः एक छल है। लगता है उसकी स्मृति में सात साल पहले ई. पू. 430 की घटना बार-बार कौंध रही थी। प्रोतेगोरस अपने एक सम्पन्न मित्र के घर मेहमान बन कर ठहरा हुआ था। वहीं सुकरात से उसकी 'सद्गुण' विषय पर चर्चा छिड़ गयी। विषय की स्पष्टता के लिए सिमोनिदीज़ की एक कविता की व्याख्या करने पर सहमति बन गयी। सुकरात ने अपनी व्याख्या से प्रोतेगोरस पर विजय अवश्य पा ली थी किन्तु गइराई देखने पर उसका निष्कर्ष कुछ भी नहीं था इतिहासज्ञों ने इसके लिए सुकरात की आलोचना भी की है। ऐसी ही स्थिति की सम्भावना को ध्यान में रखते हुए एरिस्तोफ़ेनीज़ का पक्ष है कि ऐसी समीक्षा सुननेवाले को भले ही प्रभावित कर ले और समीक्षक चपल मतिवाला भी मान लिया जाय किन्तु इससे यह पता नहीं चलता कि कविता समाज के लिए कितनी हितकारी है। ऐसी समीक्षा मूल्यांकन का केवल दिखावा करती है वास्तविक मूल्यांकन नहीं। उसका तर्क था कि कवि ही नहीं समीक्षक को भी शिक्षक की भूमिका निभानी चाहिए। इसलिए समीक्षा का यह नया रूप व्यर्थ ही नहीं घातक भी था।

नयी समीक्षा में नाटकों का विश्लेषण तथा मूल्यांकन करने के लिए जिस नयी शब्दावली का प्रयोग होने लगा था उसकी आलोचना 'कवि और स्त्रियाँ' नाटक में हुई है। काव्य संरचना में शिल्प (तन्त्र, कारीगरी) का भाव निहित है। यह निहितार्थ बहुत पहले से चला आ रहा था। कला के लिए 'तेख्नी' शब्द का प्रचलन इसका प्रमाण है। हैरियट ने इसे स्वयं होमर में भी माना है।[21] कविगण

अपनी रचना की प्रशंसा में, उसके सौन्दर्य अथवा स्थायित्व को दर्शाने के लिए नये-नये शब्दों तथा रूपकों का प्रयोग करने लगे थे। नयेपन की झोंक में किसी भी शिल्प से शब्दावली ले लेने की होड़ सी लग गयी। 5 वीं शताब्दी की समीक्षा में बढ़ईगीरी, लोहारी, राज-मिस्त्री, दर्जी, नाव बनाने वाले, जूता बनानेवाले इन सभी की शब्दावली कविता से जुड़ गयी। बस ये ही शब्द एरिस्तोफ़ेनीज़ के व्यंग्य का विषय बन गये। इस सम्बन्ध में उपर्युक्त नाटक के शुरू में ही आगाथॉन के नौकर द्वारा नाट्य रचना की पैरोडी को लिया जा सकता है। वास्तव में यह जितनी नाट्य रचना की पैरोडी है उतनी ही नाट्य समीक्षा की पैरोडी भी भी है। जैसे, बँधे-बँधाये नुस्खों से नाट्य रचना नहीं हो सकती उसी तरह बँधे-बँधाये नुस्खे अपना कर, या, बँधी-बँधायी शब्दावली को उपयोग में लाकर काव्य का मूल्यांकन भी नहीं हो सकता। एरिस्तोफ़ेनीज़ इस नुस्खेवाली समीक्षा को सोफ़िस्तों के प्रभाव का परिणाम मानता था। उसका यह विचार निश्चित ही आधारहीन था। इस प्रकार की समीक्षा के लिए कोई एक सोफ़िस्त उत्तरदायी नहीं था और न सोफ़िस्तों ने इसमें कोई सक्रिय सहयोग दिया। उनका अपना विषय गद्य—सार्वजनिक भाषण, तर्कपूर्ण भाषण—था। वे वस्तुतः शब्द प्रयोग, अलंकार या पाठालोचन की शिक्षा देते समय कविताओं से उदाहरण लिया करते थे। बाद में, कविता के जिन उदाहरणों को वे लेते थे उनके प्रकाश में साहित्यिक गोष्ठियों में काव्य मूल्यांकन की एक नयी पद्धति शुरु हो गयी। इसमें विशेष रूप से शब्द और अर्थ का विश्लेषण ही रहा करता होगा। संभव है यह विश्लेषण कभी-कभी शुष्क तर्क-कुतर्क बन कर रह जाता हो। दूसरी बात यह कि ऐसा समीक्षक यदि मौलिक, श्रेष्ठ रचना और नुस्खेवाली रचना का भेद न करके घटिया कविता को समीक्षा का विषय बना ले (जिसे एक प्रकार से प्रोत्साहन भी कहा जा सकता है) तो यह निश्चित ही घातक प्रवृत्ति थी।

'मेंढक' में एरिस्तोफ़ेनीज़ ने अपने दृष्टिकोण को बड़े कलात्मक ढंग से प्रस्तुत किया है। नाटक के दूसरे अंक के आरम्भिक अंश में प्लूतो का नौकर दियोनाइसुस के नौकर से कहता है—"कविता तौलने के लिए वे तराजू ला रहे हैं।" इसके बाद तौलने और मापने के विचित्र उपकरण लाये जाते हैं। प्लूतो का नौकर फिर कहता है— "सब कुछ ठीक-ठीक मापा-तौला जायगा। शब्दों की माप के लिए गज, फुट, परकार और पता नहीं क्या-क्या?" तब, एस्खिलुस और युरपिदीज़ के बीच शब्द प्रयोगों का विश्लेषण करने की स्पर्धा शुरू होती है। बीच-बीच में मंचासीन साहित्यकार दर्शक तालियाँ बजाते हैं। दियोनोनाइसुस भी तालियाँ बजा कर उनका साथ देता है और उनकी प्रशंसा भी करता है। यह सब वह केवल दिखावे के लिए

कर रहा है क्योंकि वास्तव में दोनों की शब्दावली उसकी समझ में आ नहीं रही थी। वह स्वयं कहता भी है—"कितना अच्छा होता यदि मैं जान पाता कि वे क्या कह रहे हैं।" उसकी यह स्वीकारोक्ति नयी समीक्षा है जिसका निहितार्थ है—नयी समीक्षा केवल शब्दजाल है। सोफ़िस्तों में एक पद्धति प्रचलित थी जिसमें तर्क करने वाला अपने को अधिक बुद्धिमान् सिद्ध करने के लिए कोई ऐसी बात कह देता था जो दूसरे को उलझन में डाल देती थी। इसके लिए आवश्यक नहीं था कि तर्क प्रासंगिक ही हो। नये समीक्षक भी यही तरीका अपना रहे थे। वे अपनी प्रत्युत्पन्नमति का प्रभाव डालने के लिए बाल की खाल निकालते और कुतर्क का सहारा लेते जिसका कविता के सच्चे मूल्यांकन से दूर का भी रिश्ता नहीं होता था। इस प्रवृत्ति की पैरोडी स्पर्धा के कुछ बाद तराज़ू से कविता को तौलनेवाले दृश्य में हुई है। दियोनाइसुस दोनों को अपनी-अपनी कविता से एक-एक पंक्ति सुनाने के लिए कहता है। संयोग से एस्खिलुस की पंक्तियों में प्रयुक्त शब्दों—नदी, मृत्यु, रथ, शव आदि—द्वारा संकेतित वस्तुएँ भारी होने के कारण तराज़ू उसकी तरफ ज्यादा झुक जाता है। अन्त में एस्खिलुस चुनौती देता है कि युरिपिदीज़ अपने पूरे परिवार के साथ भी अपनी तरफ के पलड़े में बैठ जाय तो भी मेरी दो पंक्तियों के बराबर नहीं हो सकता।[23]

सम्पूर्ण दृश्य में दियोनाइसुस का पक्षपातपूर्ण व्यवहार और स्पर्धा का कटाक्ष एकदम साफ है। जब हमें किसी के पक्ष में निर्णय देना ही है तब उसके लिए चाहे जो रास्ता अपनाना पड़े। शब्दों की इस तरह की माप-तौल काव्य के मूल्यांकन के लिए अनावश्यक है, फिर भी उसे उचित और सार्थक मान लिया जाता है। किन्तु, प्रकारान्तर से यही बात एरिस्तोफ़ेनीज़ पर भी चरितार्थ होती है। वह एस्खिलुस के नाटकों का प्रशंसक है क्योंकि उनमें आभिजात्य आदर्शों का पालन हुआ है। किन्तु यह दृश्य उसकी जीत को सुनिश्चित करने के लिए नहीं लिखा गया है, यदि ऐसा होता तो दियोनाइसुस इसी दृश्य के अंत में अपना निर्णय सुना देता। यह दृश्य वस्तुतः नये समीक्षकों को उनके ही अखाड़े में पछाड़ने के लिए लिखा गया है। शब्द प्रयोग तक समीक्षा को सीमित रख कर, एक-एक शब्द को ले कर बाल की खाल उतारने की प्रवृत्ति किस छोर तक जा सकती है यह दृश्य उसी पर एक कटाक्ष है। जहाँ तक एस्खिलुस को विजयी घोषित करने का प्रश्न है दियोनाइसुस अभी भी असमंजस में है। वह कहता है—"मैं दोनों को ही पसंद करता हूँ। मैं समझ नहीं पा रहा हूँ कि दोनों के सम्बन्ध में क्या निर्णय दूँ। इनमें से एक (युरिपिदीज़) इतना चतुर है, और दूसरा (एस्खिलुस) इतना अच्छा।" एरिस्तोफ़ेनीज़ के लिए एस्खिुलस के पक्ष में निर्णय लेना इतना सरल नहीं था।

नाट्यकला को कला के स्तर पर विकसित करने में युरिपिदीज़ अपने प्रतिद्वन्द्वी से कहीं आगे है। एक ईमानदार रंगकर्मी होने के नाते एरिस्तोफ़ेनीज़ उसकी प्रतिभा का कायल है। उधर, आदर्शों की स्थापना में एस्खिलुस श्रेष्ठ है, और मूल्यांकन का आधार आदर्श ही है। नयी समीक्षा केवल पाठ तक सीमित रहने के कारण मूल्यांकन को किसी निर्णय तक पहुँचाने में असमर्थ है। वह भूल गया कि शब्द प्रयोग पर बल देनेवाली नयी समीक्षा वस्तुतः नाटक के रूप तत्त्व को अधिक महत्त्व दे रही है। इसका यह अर्थ नहीं लेना चाहिए कि वस्तु तत्त्व से वे कोई सम्बन्ध रखना ही नहीं चाहते। उसने सोफ़िस्तों पर एकांगी दृष्टिकोण (परम्परा को उचित महत्त्व न देना) रखने का आरोप लगाया है। यही आरोप एरिस्तोफ़ेनीज़ पर लगाया जा सकता है कि वह अंतिम निर्णय वस्तु तत्त्व के आधार पर ही ले रहा है। वस्तुतः उसने सोफ़िस्तों के दृष्टिकोण को समझने का समुचित प्रयास किया ही नहीं।

'मेंढक' का अंतिम अंश समीक्षा के उस समय तक कुछ एकदम अनुछुए पहलुओं की ओर भी ध्यान आकर्षित करने में सफल हुआ है। इसके लिए एरिस्तोफ़ेनीज़ की संवेदनशीलता तथा प्रतिभा की जितनी प्रशंसा की जाय कम है। यह ठीक है कि वह आभिजात्य मूल्यों के प्रति अत्यन्त आग्रहशील था किन्तु यहाँ प्रश्न यह नहीं है कि दियोनाइसुस एथेन्स के हित में आर्दशवादी एस्खिलुस को चुनता है और इसके लिए कोई कारण भी नहीं देता है तो उसका निर्णय एकांगी क्यों न मान लिया जाय। देखना यह है कि समीक्षा अपने अंतिम रूप में, जिसमें मूल्यांकन भी समाहित है, जिस गोपनीय पथ से होती हुई आगे बढ़ती है उसकी ओर कितनी सूक्ष्मता से संकेत किया गया है। निर्णायक समीक्षा पर इतनी सुन्दर टिप्पणी के लिए भावी समीक्षकों को उसका ऋणी होना चाहिए।

दियोनाइसुस सम्पूर्ण नाट्य परम्परा से परिचित है। उसकी समीक्षक की भूमिका सन्देह से परे है। वह दोनों नाटककारों का प्रशंसक है और दोनों के गुण-दोषों से भी परिचित है। उसके वाक्य में 'चतुर' तथा 'अच्छा' विशेषण उसकी उचित प्रतिक्रिया की अभिव्यक्ति हैं। उसने दोनों को कई प्रकार से परखने का प्रयास किया, फिर अन्त में, जब निर्णय लेने का समय आया तो समस्त बौद्धिक प्रक्रिया (जो सामान्यतः किसी भी समीक्षा का आधार मानी जाती है) को दरकिनार करते हुए कहता है—"मैं अपने दिल में बहुत गहरे हमेशा से महसूस करता आया हूँ, मेरे साथ [धरती पर वापिस चलने लायक] मनुष्य (नाटककार) निस्संदेह रूप से...एस्खिलुस, आओ चलें।"

ऊपर से देखने में यह प्रभावात्मक (इंप्रेशनिस्ट) समीक्षा है, जिसे परम्परावादी शायद निर्णायक समीक्षा की विरोधी मानें। एटकिन्स इस अंश पर अपनी प्रतिक्रिया

व्यक्त करते हुए लिखता है—उसका अंतिम निर्णय तार्किक न हो कर साहजिक (इन्सटिंक्टिव) है। वह न तो नैतिकता पर न उपयोगिता (शिक्षा, ज्ञान) पर आधारित है। इसके पीछे केवल सौन्दर्यबोधजन्य प्रभाव (एस्थेटिक अपील) है जो उसके मन पन पड़ा।[23] प्रश्न उठता है कि अंतिम निर्णय यदि मन पर पड़नेवाले प्रभाव के अनुसार ही करना था तो दोनों को स्पर्धा के लिए आमंत्रित ही क्यों किया गया? हमारे विचार से एरिस्तोफ़ेनीज़ ने स्पर्धा को एक विशिष्ट उद्देश्य से निर्णय की भूमिका के रूप में रखा है। वह जानता था कि प्रेक्षकों का एक वर्ग युरिपिदीज़ की आदर्श के प्रति उदासीनता का आलोचक है, फिर भी उसके नाटकों के रूप पक्ष का आनन्द सभी वर्गों के प्रेक्षक उठाते हैं। इतिहास साक्षी है कि नाट्य परम्परा को युरिपिदीज़ ने आगे बढ़ाया न कि एस्खिलुस ने। वैसे भी आभिजात्य युग का प्रतिनिधि नाटककार सोफ़ोक्लीज़ माना गया है एस्खिलुस नहीं। इस तथ्य से एरिस्तोफ़ेनीज़ भी परिचित था। अतः वह दर्शाना चाहता था कि सामान्य प्रेक्षक की सहज प्रतिक्रिया और प्रबुद्ध समीक्षक के निर्णय में अन्तर होता है।[24] थोड़ी देर के लिए यदि मान भी लिया जाय कि अंतिम निर्णय का आधार केवल सौन्दर्यबोधजन्य प्रभाव है तो भी यह देखना होगा कि किसके मन पर पड़ा प्रभाव अधिक विश्वसनीय है—सामान्य प्रेक्षक के अथवा किसी प्रशिक्षित सहृदय के? भारतीय काव्यशास्त्र में प्रतिभा के दो रूप माने गये हैं—कारयित्री और भावयित्री। भावयित्री प्रतिभा रखनेवाला व्यक्ति काव्यार्थ का सहृदयता से आस्वादन करता है। प्रतिभा के लिए संस्कार के साथ-साथ अभ्यास को भी आवश्यक माना गया है। प्रतिभा सम्पन्न प्रेक्षक, श्रोता या पाठक के लिए ही भावुक, सहृदय तथा सामाजिक शब्दों का प्रयोग किया गया है। ये तीनों ही पारिभाषिक शब्द हैं। अतः, निर्णय का अधिकार किसी प्रतिभा सम्पन्न सामाजिक को ही दिया जा सकता है। राजशेखर ने ऐसे सामाजिक के लिए 'तत्त्वाभिनिवेशी' शब्द का प्रयोग किया है। ऑस्टिन वारेन भी अपने 'मूल्यांकन' (इवैल्यूएशन) शीर्षक लेख के अन्त में[25] इसी बात पर बल देता है कि सच्चे निर्णायक में संवेदनशीलता (सेन्सीबिलिटी) और विमर्शी बुद्धि (रैशिसिनेशन) परस्पर सहयोगी रूप में विद्यमान् रहती है।

अधिकृत निर्णायक के उपर्युक्त शास्त्रीय गुण दियोनाइसुस के व्यक्तित्व पर पूरी तरह आरोपित हैं। वह नाट्य देवता है, नयी और पुरानी सम्पूर्ण नाट्य परम्परा उसके लिए हस्तामलकवत् है। नाटककारों के बारे में उसकी अपनी सम्मति है फिर भी स्वयं को और विश्वस्त कर लेने के लिए वह जाँचने-परखने की बौद्धिक प्रक्रिया की औपचारिकता का निर्वाह करने में संकोच नहीं करता (इससे प्रेक्षकों को भी निर्णय का थोड़ा-बहुत आभास पहले से ही हो जाता है)। किन्तु प्रक्रिया के

समाप्त होते न होते सहज संवेदनशीलता का पुट भी वह जिस तरह इसमें मिला देता है उससे हम इसी निष्कर्ष पर पहुँचते हैं कि एरिस्तोफ़ेनीज़ की दृष्टि में निर्णायक समीक्षा किन्हीं नियमों के आधार पर प्रथम, द्वितीय और तृतीय की घोषणा मात्र नहीं है।* ऐसी शुष्क समीक्षा तो दियोनाइसुस की समझ में आती ही नहीं है। सोफ़िस्तों की पद्धति पर की जानेवाली समीक्षा पर उसकी प्रतिक्रिया से यह पहले ही स्पष्ट हो चुका है। उसके मतानुसार समीक्षा में संवेदनशीलता की भूमिका भी उतनी ही महत्त्वपूर्ण है जितनी विमर्शी बुद्धि की। निर्णायक का संवेदनशील होना अत्यन्त आवश्यक है। इस दृष्टि से देखें तो यह समीक्षा और समीक्षक दोनों की समीक्षा है।

## संदर्भ एवं टिप्पणियाँ

1. नाटक की 686-705 पंक्तियों में यह सुझाव दिया गया था कि एथेन्स के प्रशासन ने कुछ वर्ष पहले जिनकी नागरिकता छीन ली थी वह बहाल की जाए इसी में नगर का हित है।
2. उन दिनों नाटकों को देखने के निलए चौदह-पंद्रह हज़ार लोग इकट्ठा होते थे। लगभग दो लाख की स्वतन्त्र आबादीवाले नगर में इतने प्रेक्षकों के आने से अनुमान लगाया जा सकता है कि नगर कार्यों से जुड़े सभी व्यक्ति वहाँ इकट्ठा होते थे। लकड़ी की बेंचों पर खुले में लोग इन नाटकों का आनन्द लिया करते थे।
3. 'परिचर्चा' (सिंपोज़ियम) संवाद में सुकरात, आगाथॉन, एल्सीबाइयादीज़ के साथ-साथ एरिस्तोफ़ेनीज़ भी भाग ले रहा है। ई. पू. 416 में आगाथॉन का एक नाटक पुरस्कृत हुआ था, उसी उपलक्ष्य में उसने प्रीतिभोज आयोजित किया था। किसी अतिथि ने प्रस्ताव रखा कि सब लोग 'प्रेम' विषय पर अपने-अपने विचार रखें। अपनी बारी आने पर एरिस्तोफ़ेनीज़ उपस्थित मित्रों को सावधान करते हुए कहता है—"मेरे विचारों को विनोद का विषय मान कर हँस भले ही लें, क्योंकि आपका मनोरंज करना मेरा धर्म है। किन्तु ऐसा न हो कि मेरी बात को मज़ाक समझ कर हँसी में टाल दें।" अर्थात् बात हास्पूर्ण होते हुए भी उद्देश्य में गम्भीर है, उसमें निहित सन्देश को समझने का प्रयत्न किया जाना चाहिए। इस नीति को वह बहुत पहले, ई. पू. 422 में ही, 'ततैये' नाटक में घोषित कर चुका था।
4. एरिस्तोफ़ेनीज़ ने अपना पहला नाटक 'महाभोजी' (दि बैंक्वेटियर्स) ई. पू. 428 में लिखा, उसका मंचन 427 में हुआ और उसे द्वितीय पुरस्कार प्राप्त हुआ था।
5. अस्पेसिया पेरिक्लीज़ की रखैल थी और उसके घर पर उसके साथ ही रहती थी। वह चूँकि माइलीतुस नगर की थी और एथेन्स ने उसे नागरिकता नहीं प्रदान की थी

---

*वह स्वयं प्रेक्षकों से इसकी शिकायत कर चुका होता है कि उसकी कामदी सबसे अच्छी होते हुए भी पुरस्कार के लिए नहीं चुनी गयी। शायद निर्णय करने के बँधे-बँधाये ढाँचे में फिट नहीं बैठी होगी।

इसलिए पेरिक्लीज़ उससे विवाह नहीं कर पाया। कहा जाता है कि पेरिक्लीज़ घर से निकलते समय और घर लौटने पर उसे सैल्यूट करता था।

6. यहाँ युरिपिदीज़ का उल्लेख विशेष महत्त्वपूर्ण है क्योंकि उस समय के नाटककारों में युरिपिदीज़ के अतिरिक्त वह और किसी को कवि मानने के लिए तैयार ही नहीं था, हाँ, आगाथॉन को थोड़ा महत्त्व अवश्य देता था।—'मेंढक', प्रथम अंक, प्रथम दृश्य।

7. सुकरात सोफ़िस्त नहीं था। एरिस्तोफ़ेनीज़ को ऐसा जाना-पहचाना चरित्र चाहिए था जिस पर वह सोफ़िस्तों का मुखौटा चढ़ा सके। सुकरात की शक्ल-सूरत हास्य प्रधान नाटक के उपयुक्त थी। फिर वह जाना-पहचाना चेहरा भी था क्योंकि लोग उसे सुबह से शाम तक सार्वजनिक स्थानों पर बहुधा देखा करते थे। उसका व्यवहार भी असामान्य हुआ करता था, हमेशा किसी न किसी से बहस करते रहना उसका शौक था। हर परम्पराभुक्त ज्ञान पर उसने प्रश्न चिह्न लगाया। इसका यह अर्थ नहीं कि उसने उसे नकारा, पर परखा अवश्य। कई बार ऐसा भी हुआ कि उसने विश्लेषण की पद्धति भर अपनायी, निष्कर्ष सबको अपने-अपने लिए छोड़ दिया।

   एरिस्तोफ़ेनीज़ का सुकरात ऐतिहासिक पात्र नहीं है, फिर भी ऐसा कोई प्रमाण नहीं है जिससे कहा जा सके कि वह सुकरात को सोफ़िस्त नहीं मानता था। इस नाटक में सुकरात की सोफ़िस्तोंवाली जो छवि बनी उसी का लाभ उठा कर बाद में उसके विरोधियों ने उस पर मुकदद्मा चला दिया जिसकी अंतिम परिणति उसके मृत्यु दंड में हुई। एरिस्तोफ़ेनीज़ ने कभी सोचा भी नहीं होगा कि उसकी भूल का कभी इतना भयंकर परिणाम निकलेगा। 'प्रतिवक्तव्य' संवाद में सुकरात ने 'बादल' में हुई इस भूल का उल्लेख किया है।

8. श्रीमान् गलत को शिक्षक नियुक्त करने से पहले वह दोनों श्रीमानों की बहस करवा चुका होता है, उस पर टिप्पणी करते हुए वृन्दगायकों ने कहा था—

   "मित्रो, इस बहस से यह महत्त्वपूर्ण विषय निश्चित होना है कि—
   भावी शिक्षा का क्या रूप होगा और हमारी संस्कृति में आगे क्या लिखा है।"

   —पं. 955-56

9. 'मेंढक' पं. 955-1050
10. पं. 653-54
11. 'ततैये,' पं. 775-76
12. 'ततैये' में पिता-पुत्र के बीच बहस चल रही है उसी के अन्तर्गत नाटक की कहानी गढ़ने का प्रसंग भी आया है। पुत्र पिता को समझाता है कि आजकल लोग पौराणिक आख्यान नहीं पसंद करते। उन्हें वास्तविक जीवन की घटना चाहिए जिसमें घरेलू वातावरण का पुट भी मिला हुआ हो। (—अंक दो)। किसी नुस्खे के अनुसार कथा गढ़ने की प्रवृत्ति पर ऐसी ही एक टिप्पणी 'मेंढक' में भी आयी है। हिरेक्लीज़ नाम का पात्र कहता है—

   "ऐसे दर्जनों युवा नाटककार (जो नाटककार होने का दंभ अवश्य भरते हैं पर उनमें इसकी प्रतिभा होती नहीं) आजकल थोक में त्रासदियाँ गढ़ रहे हैं। भारी-भरकम

शब्दावली के प्रयोग में, यदि तुम यही चाहते हो, वे युरिपिदीज़ को भी पीछे छोड़ देते है। (—अंक एक, दृश्य एक)

13. यह संकेत सम्भवतः आगाथॉन की ओर ही है। 'मेंढक' में दियोनाइसुस उसके बारे में केवल इतना ही कह कर रह जाता है—"वह अच्छा कवि था। उसके मित्रों को उसकी कमी खलेगी।" अर्थात् उसके रंगकर्मी मित्र ही उसे याद रखेंगे, जनता उसे भूल चुकी है।
14. यूनानियों के लिए कला शब्द कौशल (जो अभ्यास द्वारा प्राप्त किया जा सकता है) का पर्यायवाची था। इसके लिए सामान्यतः तेख्नी शब्द का प्रयोग होता था।
15. इस विषय से सम्बन्धित पिंदर से दो उद्धरण द्रष्टव्य हैं। एक में वह स्वयं को म्यूज़ों का सहयोगी कहता है (—ओलिं 13.94-6) तथा दूसरे में वह गीत रचना में अपने मानसिक कौशल की सहायता लेने की चर्चा करता है (—पीअन, 9.34-7)। वैसे कई स्थलों पर वह जन्मजात प्रतिभा के बिना केवल अभ्यासगत कौशल को हेय मान चुका है इसलिए इन स्थलों की व्याख्या करते समय कवि का अपना कौशलगत योगदान भी दैवी कृपा के रूप में ही लिया जाना चाहिए। इन उद्धरणों के प्रकाश में उसके अनुसार काव्य हेतुओं का समीकरण यों होगा—

$$\text{म्यूज़} - \left[\begin{array}{l}\text{प्रेरणा + शक्ति}\\ \text{मानसिक कौशल}\end{array}\right] = \text{कविता}$$

16. 'पक्षी' नाटक का अंतिम अंश।
17. दे. पं. 1026-1084
18. जैसे युरिपिदीज़ से उसका यह कहना—"तुम्हारा यह कथन अति सामान्य है।" ऐसे ही एस्खिलुस से भी कहता है—"दिखावा करने की आवश्यकता नहीं है और न ऐसी बातें कहो जो समझनी मुश्किल हो जायँ।" या दोनों को यह समझाना—"दूर की कौड़ी लाने की ज़रूरत नहीं है, सिर्फ मतलब की बात करो" तथा यह कि "दोनों शांत रह कर एक दूसरे की आलोचना करें।"
19. पं. 990-1010
20. पं. 930-40
21. पोएट्री ऐंड क्रिटिसिज़्म बिफोर प्लेटो, अ. V
22. पं. 1400-15
23. लिटरेरी क्रिटिसिज़्म इन ऐंटिक्विटी, प्रथम खंड, पृ. 31
24. यूनानी भाषा में समीक्षक का अर्थ है जो निर्णय लेने में कुशल हो।
25. थियेरी ऑफ लिटरेचर, पृ. 250-51

## 2.3 सुकरात का प्रजातान्त्रिक काव्यशास्त्र

(सुकरात—ई. पू. 470/469—399)

### 2.3.1 दृष्टि और पद्धति

सुकरात का पिता पत्थर तराशने का काम करता था और माता दाई थी। पिता की इच्छा थी कि उसका बेटा व्यायामशाला या संगीतशाला में जाये, कुछ काम सीखे किन्तु सुकरात ने जीवन भर आजीविका के लिए कोई काम नहीं किया। सम्भ्रान्त समाज में उसका उठना-बैठना था। मित्रों के साथ वार्तालाप में वह पूरा-पूरा दिन बिता देता था। समय आने पर इस परस्पर के संवाद से 'सत्य का संधान' उसके जीवन का लक्ष्य बन गया। इस लक्ष्य की कोई पूर्व निश्चित दिशा या सीमा नहीं होती थी। जब जैसी समस्या हो उसके विश्लेषण में जुट जाता, उसकी तह तक पहुँचने का प्रयत्न करता। इसके लिए एकान्त चिन्तन की अपेक्षा लोगों से प्रश्न पूछ-पूछ कर उनका दृष्टिकोण समझने और जानकारी इकट्ठा करना वह अधिक उपयोगी समझता था। अपनी खोजों के निष्कर्षों को उसने लिपिबद्ध करने का कोई प्रयास नहीं किया। उसके लिए यही पर्याप्त था कि अपनी धारणाओं को मित्रों[1] (जिनमें से कुछ स्वयं को उसका शिष्य समझते थे) के साथ चर्चा का विषय बना ले। ऐसे ही कुछ अवसरों पर कवि और कविता भी उसकी चर्चा का विषय बने। हम उन्हीं के सन्दर्भ में उसकी काव्य विषयक मान्यताओं पर विचार कर रहे हैं। प्लेटो ने अपने तीन संवादों—'आयन', 'प्रतिवक्तव्य' (एपॉलोजी) और 'प्रोतेगोरस'—में इनका विस्तार से उल्लेख किया है। 'फीदो' से यह जानकारी अवश्य मिलती है कि उसने स्वयं भी कुछ कविताएँ रची थीं पर विद्वानों मे उनकी चर्चा नहीं के बराबर हुई है।

सुकरात ने स्वयं कुछ नहीं लिखा—न अपने बारे में न दूसरों के बारे में। उसके और उसके विचारों के बारे में हम केवल उतना ही जानते हैं जितना दूसरों ने इस सम्बन्ध में लिखा है। ऐसे स्रोतों में प्लेटो के उपर्युक्त शुरू-शुरू के संवाद

सर्वाधिक महत्त्व रखते हैं। इनके बारे में यह सन्देह अवश्य किया जाता रहा कि इनमें जो बातें सुकरात से एक पात्र के रूप में कहलवायी गयी हैं क्या वे सचमुच उसी के विचार मानी जाएँ? हो सकता है प्लेटो ने उन्हें कुछ भिन्न रूप में रखा हो। ऐसा करने के लिए उसके पास कारण भी थे। जैसे, संवाद शैली में उन्हें तराशा या सँवारा जाना, अपने 'गणराज्य' जैसे महत्त्वपूर्ण संवादों के साथ उनका तालमेल बैठाना और अपने विचारों का मूल्य बढ़ाने के लिए सुकरात के मुँह से कहलवाना। इसलिए, कुछ काव्यशास्त्री इन संवादों में व्यक्त विचारों को प्लेटो के काव्यशास्त्र का ही विकासशील भाग मान कर उसका मूल्य निर्धारित करते हैं। इसके विरोध में दूसरा वर्ग अपने खोजपूर्ण निष्कर्षों के आधार पर मानता है कि इन शुरू-शुरू के संवादों मे प्लेटो के अपने विचार परिपक्व नहीं हुए थे, इसलिए, उसने इनमें सुकरात के विचारों को अत्यन्त वस्तुनिष्ठ रूप में रखा है, इन्हें बाद के संवादों में व्यक्त विचारों से अलग करके देखा जाना चाहिए। हम इसी विचार का अनुमोदन करते हैं। इन संवादों में स्पष्ट ही सुकरात के प्रजातान्त्रिक विचारों की झलक मिलती है, इसलिए इनमें प्रतिपादित उसकी काव्य मान्यताओं को हम 'प्रजातान्त्रिक काव्यशास्त्र' कह रहे हैं। काव्यदृष्टि के स्थान पर काव्यशास्त्र कहने से हमारा तात्पर्य इतना ही है कि उसने पहले वैचारिक धरातल पर मूल्यांकन की तुला निश्चित की फिर उस पर काव्य तथा अन्य कलाओं को तौला। इस पद्यति को बाद में प्लेटो तथा अरस्तू ने भी अपनाया।

कवि, कविता और ज्ञान का समीकरण बहुत पहले से चला आ रहा था। कुछ दार्शनिकों ने इसमें सेंध लगाने का प्रयास अवश्य किया (पिंदर जैसे कुछ कवियों ने भी उनका साथ दिया) किन्तु उनकी आपत्तियाँ केवल देवताओं के चरित्र-चित्रण तक ही सीमित होने के कारण समाज पर व्यापक प्रभाव डालने में असफल रहीं। ज्ञान पर कवि का अधिकार ज्यों का त्यों बना रहा क्योंकि ज्ञान का मूल स्रोत म्यूज़ है और कवि म्यूज़ों के कृपापात्र हैं, उनके प्रतिनिधि हैं। समाज पर अपना वर्चस्व बनाये रखने के लिए कवियों ने म्यूज़ से अपने सम्बन्धों का उपयोग कैसे किया यह बात हम गत पृष्ठों में देख आये हैं। हमने यह भी देखा कि एरिस्तोफ़ेनीज़ जैसे कवि प्रजातन्त्र की बात तो करते हैं किन्तु अपना विशेषाधिकार छोड़ने के लिए तैयार नहीं हैं। सोफ़िस्तों ने ज्ञान पर कवि के एकाधिकार को चुनौती दी तो वह उन्हें अपना शुत्र मानने लग गया। सोफ़िस्तों ने कविता की शर्तें ही बदल दी थीं। उनके मत से कवि को म्यूज़ पर निर्भर रहने की बिल्कुल भी आवश्यकता नहीं है, उसकी अपनी बुद्धि और अभ्यास ही पर्याप्त हैं। वे व्यक्ति को व्यक्ति के रूप में पहचान दिलाने के पक्ष में थे जिसके लिए वंश या जाति की बैसाखियों की नहीं

कठोर परिश्रम तथा निरंतर अभ्यास की आवश्यकता है। सोफ़िस्तों के दर्शन में व्यष्टिवाद अपनी चरम सीमा पर पहुँच गया। दोनों में परस्पर विरोध की जड़ भी यही थी। ऐरिस्तोफ़ेनीज़ की दूसरी भूल यह थी कि उसने सुकरात को भी सोफ़िस्तों को मुखौटा पहना दिया।[2] सुकरात चाहता तो इस पर आपत्ति उठा सकता था, उस पर मुकद्मा कर सकता था पर उसके जीने का ढंग ही अलग था। जीवन के अंतिम समय में वह केवल इतना कह कर रह गया कि ऐरिस्तोफ़ेनीज़ ने अपनी कामदी में जिस पात्र को सुकरात का नाम दिया है वह मैं नहीं हूँ।[3]

प्लेटो के संवादों में व्यक्त सुकरात के काव्यशास्त्रीय दृष्टिकोण को समझने के लिए उसके द्वारा उठाये गये प्रश्नों को ध्यान में रखना होगा। जैसे–

1. कवि किन परिस्थितियों (मनः स्थिति) में रचना करता है?
2. क्या कविता में ज्ञान निहित है? यदि है तो–
3. क्या कवि का उस पर एकाधिकार है?
4. कविता मे निहित ज्ञान की व्याख्या पर क्या सोफ़िस्तों का एकाधिकार है (जैसा कि वे प्रचारित करते हैं)?
5. कविता में निहित ज्ञान तक पहुँचने, अर्थात् उसकी व्याख्या का अधिकारी कौन है? और उसे वहाँ तक पहुँचने के लिए क्या पद्धति अपनानी चाहिए?
6. क्या ज्ञान का एकमात्र स्रोत कविता ही है?

ऊपर के पहले तीन प्रश्न उसने 'आयन' में उठाये हैं। आयन उस रहैपसोड का नाम है जो सार्वजनिक उत्सवों पर होमर की रचनाओं का पूरे हावभाव के साथ सस्वर पाठ करता है। वह एपिदोरुस से एक स्पर्धा में भाग ले कर लौटा है। उसे पुरस्कार भी मिला है इसलिए प्रसन्न है। उसे सम्पूर्ण होमर कंठस्थ है, इस पर उसे गर्व है। इससे भी बड़ी बात यह कि होमर की व्याख्या करने में वह दूसरों (जैसे, मीत्रोदोरूस, स्तेसींब्रोतुस, ग्लाउकोन) की अपेक्षा श्रेष्ठ है। यहीं से सुकरात और आयन की चर्चा शुरू हो जाती है। इसके पहले सुकरात कह चुका होता है कि कविता के भावार्थ की व्याख्या वही कर सकता है जो उसके भावार्थ को ठीक-ठीक समझता हो। आयन उसके कथन के सूक्ष्म संकेत को पकड़ नहीं पाता। वह समझता है कि सुकरात उसकी व्याख्या करने की कला का प्रशंसक है और उसके प्रदर्शन के लिए वह व्यग्र हो उठता है, किन्तु सुकरात उसे दूसरी ही चर्चा में उलझा लेता है। उनकी चर्चा का निष्कर्ष है–

"वह (आयन) जो भी व्याख्या करता है बुद्धि को उपयोग करके नहीं करता। इसलिए, यह उसका भ्रम है कि वह होमर को दूसरों की अपेक्षा अधिक

समझता है।" संक्षेप में चर्चा का रूप इस प्रकार है :

आयन स्वीकार करता है कि वह होमर की व्याख्या जितनी कुशलता से कर लेता है अन्य कवियों की नहीं कर पाता। अन्य कवियों की चर्चा होने पर वह ऊँघने लगता है फिर जैसे ही होमर की बात उठती है वह एकाएक जाग उठता है। उसका पूरा ध्यान चर्चा पर केन्द्रित हो जाता है। उसके पास होमर के बारे में कहने के लिए बहुत सी बातें है। ऐसा क्यों होता है वह स्वयं नहीं समझ पाता। उत्तर में सुकरात समझाता है कि कौशल (तेख्नी) के नाम पर उसके पास एकमात्र पूँजी है सम्पूर्ण काव्य का कंठस्थ होना। व्याख्या करते समय उसकी प्रतिभा किसी 'कौशल = ज्ञान' पर आधारित नहीं है। यदि व्याख्या करने की कला उसके ज्ञान से निःसृत होती तो वह उसका उपयोग अन्य कवियों की व्याख्या करने में भी कर सकता था। इससे सिद्ध होता है कि होमर के बारे में वह जो भी कहता है दैवी प्रेरणा के वशीभूत हो कर कहता है, वही दैवी प्रेरणा जो कवियों को काव्य रचना के लिए विवश कर देती हे। म्यूज़ उन्हें अपने वश में करके अपनी इच्छानुसार किसी से डिथिरैंब, किसी से स्तोत्र, किसी से आख्यानक काव्य तो किसी से वृन्दगान कहलवाती है। यदि कोई कवि अपने कौशल का उपयोग करके रचना कर रहा होता तो वह हर विषय पर और काव्य के सभी रूपों में रचना करता जब कि स्थिति यह है कि सभी के अपने-अपने प्रिय विषय हैं तथा अपने-अपने काव्य रूप हैं। इसका कारण यही है कि वास्तव में वे म्यूज़ के माध्यम हैं। एक बात और। म्यूज़ों के प्रभाव में आनेवाले अकेले वे ही नहीं हैं। दूसरे क्रम पर आयन जैसे रहैपसोड हैं, फिर अभिनेता हैं और अन्त में श्रोता/प्रेक्षक हैं। जैसे चुम्बक के साथ लोहे का टुकड़ा छू जाता है तो वह भी चुम्बक बन जाता है और फिर उस टुकड़े के सम्पर्क में आनेवाला दूसरा लोहे का टुकड़ा भी उससे चिपक जाता है। इस तरह से जो श्रृंखला बनती है उसकी अंतिम कड़ी हैं श्रोता/प्रेक्षक। काव्य सुनते या देखते समय उनका भावाविभूत हो जाना दैवी प्रेरणा का परिणाम है।

सुकरात की यह व्याख्या कवियों पर अनेक दिशाओं से प्रहार करती है। शताब्दियों से यह मान्यता चली आ रही थी और कवि स्वयं इसका प्रचार करते थे कि वे म्यूज़ की प्रेरणा से रचना करते हैं। म्यूज़ तीनों कालों की घटनाओं की ज्ञाता हैं, ज्ञान का भंडार हैं। उन्हीं की कृपा से कवि भी ज्ञानी बन जाते हैं। ज्ञान उन्हीं के माध्यम से सामाजिक तक पहुँचता है। कवियों ने इस क्रम को कई रूपों में चित्रित किया जिसका लक्ष्य था अपने बारे में दो विशेषताओं को रेखांकित करना। एक, वे म्यूज़ के सर्वाधिक निकट हैं, उनकी बिरादरी म्यूज़ को प्रिय है। इस नाते वे समाज में विशेष स्थान के अधिकारी हैं। दूसरी, इस धरती पर वे ही ज्ञान के मूल

स्रोत हैं। काव्य में निहित ज्ञान पर उनका एकाधिकार है, इसलिए, उस ज्ञान की व्याख्या करने का अधिकार भी अकेले उन्हें को है। समाज के मार्ग निर्देशन का पूर्ण अधिकार अकेले उन्हें ही है। ई. पू. 5 वीं शताब्दी में भी इस परम्परागत जन धारणा का प्रभाव कम नहीं हुआ था। कविगण अपनी रचनाओं में लगातार इसकी पुष्टि करते चले आ रहे थे और समाज भी सिर झुकाये इसे स्वीकार करता था। सुकरात ने इस स्थिति को चुनौती के रूप में स्वीकार किया।

सुकरात ने स्वीकार किया कि कविता म्यूज़ की प्रेरणा का परिणाम है। उसे यह भी मान्य है कि काव्य में ज्ञान निहित है। किन्तु कवि का उस ज्ञान से कुछ लेना-देना नहीं है। अन्तःप्रेरणा की जिस मनःस्थिति में वह काव्य रचना करता है वह न-संज्ञानात्मक (नॉन कॉग्निटिव) है। उसे जब सुधबुध ही नहीं है, यह चेतना हीं नहीं है कि क्या कह रहा है क्या नहीं, तब उस रचना में निहित ज्ञान पर उसका अधिकार कैसे माना जा सकता है। वास्तव में वह म्यूज़ का मेगाफोन है जिसमें से पीछें आनेवाली हलकी सी आवाज़ ऊँची होकर दूर-दूर तक सुनायी देती है। इस तरह, ज्ञान का घटाटोप फैला कर कवि जिस ऊँचे आसन पर बैठा हुआ था वहाँ से सुकरात ने उसे अपदस्थ कर दिया। कवि न काव्य में निहित ज्ञान से परिचित है, न उसे जानने में सक्षम है और न उसकी व्याख्या करने में समर्थ है। समाज के गुरु बनने का उसका दंभ मात्र भ्रम है। ध्यान रहे यह बात आयन रहैपसोड से कही जा रही है क्योंकि वह स्वयं को होमर का उत्तराधिकारी मानता था। होमर की रचनाओं का सर्वश्रेष्ठ व्याख्याता होने के कारण वह अपने लिए भी समाज में विशेष स्थान की कामना रखता था। सुकरात ने उसकी समझ, उसके ज्ञान, उसके कौशल पर प्रश्न चिह्न लगा कर उसके माध्यम से होमर और अन्य सभी कवियों की इस योग्यता को नकार दिया।

उपर्युक्त आलोचना के तीन लक्ष्य हैं। पहला आयन जो छोटा मोहरा है। रहैपसोडों का समाज के मार्ग-दर्शन में कोई योगदान नहीं जाना जाता था। वे साभिनय काव्यपाठ करके लोगों का मनोरंजन किया करते थे। काव्य का एक प्रयोजन आनन्द प्रदान करना है, इसकी सिद्धि रहैपसोडों द्वारा होती थी। इसे लेकर सुकरात को कोई आपत्ति नहीं है। वह अपने नाटकीय प्रदर्शन द्वारा श्रोताओं को भावविभूत कर देता है यह भी उसे मान्य है। उसे आपत्ति आयन की इस घोषणा पर है कि वह होमर के काव्य को सबसे ज्यादा समझता है और अपनी व्याख्या द्वारा उसमें निहित ज्ञान को श्रोताओं तक सम्प्रेषित भी करता है। ज्ञान को ग्रहण करना और उसे सम्प्रेषित करना अंतस की संज्ञानात्मक स्थिति में ही सम्भव है। यदि आयन यह सब संज्ञानात्मक स्थिति में कर रहा होता तो अन्य कवि भी

उसकी व्याख्या के विषय बन सकते थे। चूँकि वह स्वयं को केवल होमर तक ही सीमित किये हुए है, अर्थात् ज्ञान का सामान्यीकरण करने में असमर्थ है, इससे प्रमाणित होता है कि उसके द्वारा होमर का साभिनय पाठ तथा व्याख्या आदि म्यूज़ के वशीभूत होने की स्थिति में ही सम्भव है, म्यूज़ ही उससे यह सब करवाती है। इस स्थिति को हम ऊपर न-संज्ञानात्मक कह आये हैं।

आलोचना का दूसरा लक्ष्य स्वयं होमर है। उन दिनों एथेन्स में (तथा अन्य नगरों में भी) सार्वजनिक उत्सवों में होमर के पाठ का कार्यक्रम अवश्य रखा जाता था। ऐसे आयोजन समाज़ को शिक्षित करने के लिए उपयोगी माने जाते थे। राज्य व्यवस्था का यह सामाजिक उत्तरदायित्व था। इन्हीं में भाग लेने के लिए कुछ लोग पूरा का पूरा होमर कंठस्थ किये हुए थे। इन आयोजनों से अनुमान लगाया जा सकता है कि पूरे यूनान में होमर का कितना सम्मान था। उसके लिए दिव्य विशेषण इसका दूसरा प्रमाण है। इस संवाद में सुकरात भी उसे दिव्य कह कर सम्बोधित करता है। उसकी रचनाएँ ज्ञान का भंडार मानी जाती थीं। किसी भी विषय पर विवाद उठने पर निर्णय के लिए उनसे उद्धरण दिये जाते थे। इस स्थिति के ठीक विपरीत सुकरात यह सिद्ध करता है कि होमर ज्ञानी नहीं है। अंतः प्रेरणा की जिस मनः स्थिति में उसके महाकाव्यों की रचना हुई है वह होमर को म्यूज़ से उपहारस्वरूप प्राप्त हुई है। किन्तु इस उपहार में काव्य निहित ज्ञान पर अधिकार, अर्थात् निहितार्थ की व्याख्या की क्षमता भी सम्मिलित है इसे वह स्वीकार नहीं करता। उसका तर्क है कि कवि एक पवित्र आत्मा है। जब तक वह अंतः प्रेरित नहीं होता—न-संज्ञानात्मक स्थिति में नहीं पहुँच जाता—वह शक्तिहीन बना रहता है (यहाँ शक्ति से तात्पर्य है काव्य रचना का प्रथम हेतु अर्थात् प्रतिभा), उसके मुख से देववाणी [कविता] फूटती ही नहीं। काव्य रचना के समय भगवान् उससे सुधबुध छीन लेता है तथा उसका उपयोग एक माध्यम की तरह करता है। कवि कविता करता है यह लोक प्रचलित मान्यता है। वास्तविकता यह है कि उसके माध्यम से भगवान् ही हमसे वार्तालाप करता है।

इस तर्क को वह दूसरे ढंग से भी पुष्ट करता है। सब जानते हैं कि प्रत्येक कवि के अपने-अपने विषय और काव्य रूप होते हैं। इनका चुनाव स्वयं म्यूज़ करती है। यदि कवि ज्ञान की सहायता से कविता कर रहे होते तो किन्हीं सीमित विषयों पर नहीं, तथा एक ही काव्य रूप में नहीं वरन् सभी विषयों पर तथा सभी काव्य रूपों में रचना कर सकते होते क्योंकि कविता (काव्यानुशासन) कुल मिलाक़र एक ही है। दूसरे शब्दों में कविता तथा कला विशेष की जानकारी होना ज्ञान का अधिकारी होना है। इस तर्क का संकेतार्थ है (इसमें 'प्रतिवक्तव्य' के अंश भी

सम्मिलित हैं) कि चित्रकार आदि शिल्पियों को तो अपने-अपने क्षेत्र के अनुशासन [तेख्नी] की जानकारी है किन्तु कवियों में इस ज्ञान का अभाव है। इसका एकमात्र कारण है कि कवि न-संज्ञानात्मक मनः स्थिति मे रचना करते हैं जब कि शिल्पी संज्ञानात्मक (चेतनावस्था) स्थिति में रचना करते हैं।[4] इस तुलना के द्वारा कवियों के पक्ष में एक दृष्टिकोण यह भी उभरता है कि म्यूज़ उन्हें जब कविता का उपहार देती है तो उसके अनुशासन का ज्ञान होना उनके लिए आवश्यक नहीं है। बस यही वह दुर्बल पक्ष है जिस पर सुकरात ने प्रहार किया है। उसका कहना है कि यह धारणा 'कवि सामाजिक को ज्ञान देने के प्रयोजन से रचना करते हैं' मिथ्या है। ज्ञान से उनका दूर-दूर का रिश्ता नहीं है फिर उसे सम्प्रेषित करने का तो प्रश्न ही नहीं उठता। उनके काव्य में ज्ञान का जितना भी अंश है उसका स्रोत वे स्वयं नहीं है। आयन और होमर के माध्यम से उसने इस तथ्य को सामान्य सत्य (यूनिवर्सल ट्रूथ) के रूप में स्थापित किया है। अतः उपर्युक्त आलोचना का तीसरा लक्ष्य सम्पूर्ण कवि समाज है।

सुकरातीय आलोचना ने कवियों को जिस कगार पर ला खड़ा किया उसके लिए वे स्वयं कम दोषी नहीं थे। वे अपनी रचनाओं में निरन्तर प्रतिपादित करते आ रहे थे कि वे म्यूज़ की प्रेरणा से, उसकी सहायता से, उसके आदेश से या उसके वशीभूत हो कर रचना कर रहे हैं। इस तरह वे स्वयं ही ज्ञान की संज्ञानात्मक स्थिति का खंडन कर रहे थे। म्यूज़ के साथ अपने सम्बन्धों का अलग-अलग ढंग से वर्णन करने की कवियों में होड़ सी लग गयी थी। यह ठीक ही है कि इसका एक लक्ष्य काव्य सौन्दर्य की अभिवृद्धि भी था किन्तु श्रोता/प्रेक्षक पर अपने महान् होने का प्रभाव डालना भी कम महत्त्वपूर्ण नहीं था। वे चाहते थे कि सामाजिक उनके विराट् व्यक्तित्व से इतना अभिभूत हो जाये कि उनकी बात को सच मानने के अतिरिक्त उसके पास कोई उपाय ही न रह जाय। उसके ज्ञान वलय से उसकी आँखें चौंधिया जाएँ। सुकरात ने इस प्रवृत्ति का लाभ उठाकर यह स्थापित करने का प्रयास कि कवियों का म्यूज़ पर इतना निर्भर रहना स्वयं ही इस धारणा का प्रतिकार कर देता है कि कवि ज्ञानी हैं और समाज के गुरु होने का अधिकार मात्र उन्हें ही है।[5] उसने म्यूज़, कवि, अन्तः प्रेरणा तथा ज्ञान की चतुष्टयी को छिन्न-भिन्न करके ज्ञान संधान के लिए भिन्न दृष्टिकोण अपनाने पर बल दिया। उसका निष्कर्ष था कि परम्परागत दृष्टिकोण के स्थान पर ज्ञान संधान के लिए अन्य स्रोतों की ओर उन्मुख होने की आवश्यकता है। उसका विश्वास था कि नये स्रोत अधिक व्यापक होंगे, अधिक उपयोगी होंगे। इस चिन्तन के पीछे उसकी प्रजातान्त्रिक दृष्टि काम कर रही थी।

होमर आदि के सन्दर्भ में हम देख आये हैं कि काव्य की व्याख्या को ले कर ये विशेष मानसिकता का परिचय दे रहे थे। वे नहीं चाहते थे कि सामाजिक उनसे भिन्न कोई स्वतन्त्र दृष्टि रखे। सुकरात ने काव्य रचना के समय न-संज्ञानात्मक मनः स्थिति पर बल दे कर और कवि के ज्ञानी होने को नकार कर सामाजिक को कवि के इन्द्रजाल से मुक्त कर दिया। अब वह काव्य को अपनी दृष्टि से परखने के लिए स्वतन्त्र था। यह उसकी स्वतन्त्रता का पहला चरण था। दूसरे चरण में वह इस खोज़ में निकल पड़ा कि ज्ञान प्राप्ति के लिए काव्य के अतिरिक्त और कौन-कौन से स्रोत हो सकते हैं। दूसरे चरण में उसकी पहली उपलब्धि यह थी कि वह ज्ञान के लिए काव्य की सँकरी सीमा में ही बँधा न रह कर अन्य स्रोतों—भौतिक विज्ञान, गणित, दर्शन आदि—में भी उसका संधान करने लगा।

ज्ञान के क्षेत्र में कवि के एकाधिकार को चुनौती देने का काम सोफ़िस्त भी कर रहे थे। वे सुकरात के इस तर्क से सहमत थे कि कवि अपनी रचना के निहितार्थ को स्पष्ट करने या उसकी व्याख्या करने में असमर्थ हैं। किन्तु कवि के स्थान पर यह अधिकार उन्होंने स्वयं को दिया। इतना ही नहीं वे समाज को ज्ञान देने, शिक्षित करने, के बदले में धन भी ऐंठने लगे। जो शिक्षा अब तक सेंत से मिल रही थी उसके लिए सामाजिक को धन देना पड़े बस यहीं आ कर सुकरात और सोफ़िस्तों का टकराव हो गया। वह नहीं चाहता था कि ज्ञान का अधिकार किसी एक वर्ग के हाथ में चला जाय। 'प्रोतेगोरस' संवाद में प्लेटो ने यही दिखलाया है कि सुकरात ने कैसे सोफ़िस्तों को उनके ही अखाड़े में, उनके ही दाँव-पेंच से हराया है। वस्तुतः वह किसी के भी एकाधिकार के विरुद्ध था क्योंकि यह प्रजातन्त्र की भावना को निरस्त करता है।

प्रोतेगोरस (ई. पू. 485-411) मक़दूनिया में अबदीरा का एक वयोवृद्ध सोफ़िस्त है। एथेन्स में वह अपने मित्र (जो वहाँ का सम्पन्न नागरिक है) के यहाँ ठहरा हुआ है। सुकरात का मित्र हिप्पोक्रितीज़ उसका शिष्य बनना चाहता है और इसके लिए पर्याप्त धन देने को तैयार है। सुकरात उसकी ओर से प्रोतेगोरस की स्वीकृति लेने के लिए वहाँ पहुँचता है। संयोग से वहाँ दो ओर सोफ़िस्त हिप्पियास और प्रोदिकुस भी मिल जाते हैं। इन चारों के बीच, मुख्य रूप से सुकरात और प्रोतेगोरस के बीच, हुई चर्चा 'प्रोतेगोरस' संवाद का विषय है।

प्रोतेगोरस ने अपने बारे में प्रचारित कर रखा है कि जो भी मेरे संभाषणों को सुनता है वह दिन पर दिन अधिक बुद्धिमान् तथा पहले की अपेक्षा अधिक अच्छा नागरिक बन कर लौटता है। यह पूछे जाने पर कि अच्छा नागरिक बनने के लिए वह उन्हें क्या सिखाता है, उसने उत्तर दिया सामाजिकता।[6] इसे वह ऐसा ज्ञान

मानता है जिससे आदमी अपने घर का संचालन भी अच्छे ढंग से कर सकता है और अपने नागरिक होने के उत्तरदायित्व का भी सुचारु रूप से निष्पादन कर सकता है।[7] इस शब्द के भावार्थ को और स्पष्ट करते हुए वह कहता है कि यह ऐसा सद्गुण (वर्चू) है जिसमें न्याय और ज्ञान अंगभूत होकर आते हैं। बाद में वह इनके साथ धैर्य और पवित्रता के गुण भी जोड़ देता है। सामाजिकता का गुण सीखा जा सकता है यह उसकी मान्यता थी। वह स्वयं यह गुण लोगों को सिखलाता है और इसकी शिक्षा देने के लिए ही अपने शिष्यों से धन लेता है। यह बात सुकरात के गले नहीं उतर रही थी। दोनों ने अपने-अपने तर्क रखे। अंत में प्रोतेगोरस जब सुकरात के प्रश्नों का उचित उत्तर नहीं दे पाया तो उसने सुझाया कि किसी कविता का आधार ले कर शायद विवाद का निर्णय करना अधिक सुगम होगा। इसके लिए सिमोनिदीज़ की कविता चुनी यगी जिसमें मनुष्य के अच्छे होने की बात दो जगहों पर आयी है। दोनों जगहों पर शब्दावली एक ही है, अन्तर केवल क्रियापद में है। एक जगह कहा गया है–'मनुष्य का अच्छा बनना (बिकम) बड़ा कठिन है।' दूसरी जगह कहा गया है–'मनुष्य का अच्छा होना (बी) बड़ा कठिन है।' किन्तु, पहली जगह कवि उसका समर्थन करता है, दूसरी जगह विरोध।[8] इन पंक्तियों का विश्लेषण करते हुए उनके अर्थ में विसंगति दिखला कर प्रोतेगोरस कवि के ज्ञान पर प्रश्न चिह्न लगाता है। उत्तर में सुकरात सोफ़िस्तों की ही शब्द विश्लेषण करनेवाली पद्धति से इसका प्रतिकार करता है। वाक्यों में संगति बैठ जाने से यह सिद्ध हो जाता है कि कविता में ज्ञान निहित है।

'प्रातेगोरस' के उपर्युक्त अंश का विश्लेषण करने पर सुकरात के काव्यशास्त्र का जो रूप उभरता है उसे 'आयन' की पृष्ठभूमि पर समझने की आवश्यकता है। प्रोतेगोरस दोनों वाक्यों में विसंगति रेखांकित करके इस निष्कर्ष पर पहुँचता दीखता है कि जब कविता में ही विचार शृंखला उलझी हुई हो तो उसकी रचना करनेवाले को ज्ञानी कैसे कहा जा सकता है। सिमोनिदीज़ (ई. पू. 556-468) एक स्थापित कवि था। उसकी यह कविता भी उन दिनों पर्याप्त चर्चित थी। इस कविता को उदाहरणस्वरूप ले कर उसके निष्कर्ष को प्रोतेगोरस सर्वसामान्य सत्य (जनरल ट्रूथ) बना कर अन्य कविताओं/कवियों पर भी आरोपित कर रहा है। दूसरे शब्दों में वह सिद्ध कर रहा है कि ज्ञान देने का अधिकार केवल सोफ़िस्तों को है क्योंकि वे ही इस कला में प्रवीण हैं। सुकरात इस निष्कर्ष से सहमत नहीं है। हाँ इसके एक अंश 'कवि ज्ञानी नहीं है' से वह अवश्य सहमत है। 'आयन' में वह इसे स्थापित भी कर चुका है। अब प्रश्न उठता है कि सिमोनिदीज़ की कविता में अर्थ संगति सिद्ध करके, उसमें ज्ञान के अस्तित्व को स्वीकार करके कहीं परोक्ष रूप से वह यह

तो नहीं मान रहा है कि सिमोनिदीज़ ज्ञानी है। 'आयन' संवाद के निष्कर्षों के प्रकाश में इसका उत्तर 'हाँ' में नहीं हो सकता। वहाँ उसकी स्थापना है कि कविता में निहित ज्ञान का स्रोत म्यूज़ है कवि नहीं, न रचना प्रक्रिया के समय न उसके बाद, क्योंकि बाद में भी वह अपनी कविता की व्याख्या नहीं कर पाता। व्याख्या वाले पक्ष को उसने 'प्रतिवक्तव्य' में भी दुहराया है और 'प्रोतेगोरस' में उसने कहीं यह संकेत नहीं दिया कि कविता में अर्थ संगति का श्रेय सिमोनिदीज़ को दिया जाना चाहिए। 'आयन' में त्युन्निखुस का उदाहरण देकर स्पष्ट किया गया है कि ऐसे अति साधारण कवि के मुख से एक ही असाधारण स्त्रोत का जन्म लेना प्रमाणित करता है कि वह केवल म्यूजों की ही रचना हो सकती है। ऐसे दृष्टान्तों के द्वारा भगवान् संकेत देता है कि सुन्दर रचनायें मनुष्य की नहीं भगवान् की होती हैं।[9] अतः मान कर चलना चाहिए कि यहाँ भी उसके दृष्टिकोण में कोई अन्तर नहीं आया है।

अब देखना यह है कि कविता मे अर्थ संगति बैठाने का लक्ष्य क्या उसमें केवल ज्ञान के अस्तित्व को सिद्ध करना है या कुछ और? इस संवाद के दो ही मुख्य पात्र हैं सुकरात और प्रोतेगोरस, इसलिए हमारे विचार से इसे सुकरात और सोफ़िस्तों की विचार सरणियों की प्रतिद्वंद्विता के रूप में देखना अधिक उचित है। सम्भवतः इसी बात को ध्यान में रखकर ग्रेस लैडबैटर ने सुझाया है कि प्रकरण में सुकरात ने जो कुछ कहा है वह वास्तव में सोफ़िस्तों द्वारा अपनायी जानेवाली व्याख्या की पद्धति की पैरौडी है।[10] कविता पर विवाद शरू करने के पहले ही प्रोतेगोरस ने बड़े गर्व से कहा था–"हे सुकरात, मेरे मत से, शिक्षा का सबसे महत्त्वपूर्ण पक्ष है काव्य कौशल पर अधिकार, अर्थात् यह समझने की शक्ति कि कवि की कौन सी रचना ठीक है कौन सी नहीं, [सुसंगत और विसंगत] रचनाओं में भेद करना तथा उस भेद का विश्लेषण करना।[11] अपने इसी कथन को सिद्ध करने के लिए उसने सिमोनिदीज़ की कविता में विसंगति को रेखांकित कर अपने पांडित्य का प्रदर्शन किया। साथ ही यह भी जतला दिया कि कवि को समाज का शिक्षक मानने की परम्परा कितनी आधारहीन है। यह अधिकार केवल सोफ़िस्तों का है क्योंकि वे कविता को कवियों से भी ज्यादा अच्छी तरह समझते हैं। अब पांडित्य, अर्थात् ज्ञान, का सम्बन्ध कविता की व्याख्या से जुड़ गया तो सुकरात ने सोफ़िस्तों की ही विश्लेषणात्मक पद्धति से कविता में सुसंगति और ज्ञान को सिद्ध कर दिया। ऐसा करते समय वह वस्तुतः सिमोनोदीज़ का सर्मथन नहीं सोफ़िस्तों का विरोध कर रहा था, उनके ज्ञानी होने के अह्म को ध्वस्त कर रहा था। साथ ही, परोक्ष रूप से, श्रोताओं का ध्यान भी इस ओर आकर्षित कर रहा था कि काव्य में

निहित ज्ञान को खोजने की वह पद्धति उपयुक्त नहीं है जो सोफ़िस्त अपनाते हैं। एरिस्तोफ़ेनीज़ की काव्य दृष्टि पर विचार करते समय हम देख आये हैं कि वह भी शब्द-शब्द का विश्लेषण करके काव्य का मूल्यांकन करने के पक्ष में नहीं था। सोफ़िस्तों के विरोध ने, इस तरह से दो ध्रुवों को पास ला दिया था। ये बातें चूँकि कविता के समर्थन में कही गयी थीं इसलिए श्रोताओं ने इनका स्वागत किया। सुकरात ने सोफ़िस्तों के एकाधिकार को चुनौती दी और वह विजयी हुआ, यह उसके प्रजातांत्रिक दृष्टिकोण की विजय थी।

सुकरात द्वारा किसी भी एक के पूर्ण प्राधिकार का विरोध कितना उचित था इसका प्रमाण भी इसी प्रसंग में कुछ और आगे मिल जाता है। प्रोतेगोरस यह मान कर चल रहा था कि वह जो कह रहा है वही एकमात्र सत्य है। वह यदि कविता में संगति माने तो संगति है, न माने तो नहीं है। सुकरात ने ऐसी एकांगी दृष्टि के विरोध में उससे भी अधिक सशक्त व्याख्या प्रस्तुत करके इस तथ्य की ओर ध्यान आकर्षित किया कि एक ही रचना की एकाधिक व्याख्याएँ हो सकती हैं और वे सभी सही हो सकती हैं। व्याख्या का रूप क्या हो यह व्याख्याता के दृष्टिकोण पर निर्भर करता है। इस धारणा की पुष्टि भी तत्काल हो जाती है। वहाँ उपस्थित एक अन्य सोफ़िस्त, हिप्पियास, इस चर्चा का श्रोता बना हुआ था। सुकरात की व्याख्या लगभग पूरी हो जाने पर वह कहता है—"सुकरात, तुमने कविता की बहुत सुन्दर व्याख्या की है; किन्तु मैंने भी इसकी एक अच्छी व्याख्या तैयार की है, यदि तुम चाहो तो तुम्हारे सामने रख सकता हूँ।" इस तरह, एह ही कविता की तीन व्याख्याएँ हो जाती हैं। प्रोतेगोरस जैसे वयोवृद्ध सोफ़िस्त के सामने उसने यह बात कही तो हमें समझ लेना चाहिए कि उसका उद्देश्य केवल कहने भर के लिए नयी व्याख्या प्रस्तुत करना नहीं रहा होगा। उस गम्भीर वातावरण में उसने जितनी गम्भीरता से यह बात कही उससे संकेत मिलता है कि वह सचमुच उस कविता में निहित किसी अन्य सत्य को देख रहा था।

'प्रोतेगोरस' संवाद का अंत जिस अनिश्चितता में हुआ है उससे शंका होती है कि कहीं यह कविता में निहित ज्ञान के अस्तित्व पर प्रश्न चिह्न तो नहीं है। यदि सभी अपने-अपने विचारों की छवि उसमें देख रहे हैं तब यही कहा जा सकता है कि या तो उसमें ज्ञान का अंश है ही नहीं, अथवा, वह किसी भी पकड़ में आ नहीं रहा है। तीसरी स्थिति यह हो सकती है कि व्याख्यावाली पद्धति को ही वह ग़लत मान रहा हो। सुकरात ने स्वयं इस बारे में स्पष्टतः कुछ नहीं कहा है। फिर भी, इस विषय पर उसके विचार क्या रहे होंगे इसका कुछ अनुमान 'प्रतिवक्तव्य' में व्यक्त उसकी विचारधारा से लगाया जा सकता है।

मिलीतुस[12], एनितुस[13] और लाइकॉन ने मिल कर सुकरात पर आरोप लगाया था कि वह युवा पीढ़ी को पथभ्रष्ट कर रहा है। यह आरोप अकेले उन्हीं का नहीं था वरन् उन वर्गों का था जिनका वे प्रतिनिधित्व कर रहे थे। मिलीतुस कवियों का प्रतिनिधित्व कर रहा था, एनितुस शिल्पियों का और लाइकॉन भाषाशास्त्रियों (सोफ़िस्तों) का।[14] पूरे प्रकाण की पृष्ठभूमि कुछ इस प्रकार है :

सुकरात स्वीकार करता है कि उसे बचपन से ही दैवी प्रेरणाएँ मिलती रही हैं। सत्य जानने के लिए, अथवा, किसी समस्या के समाधान के लिए वह किसी को भी पकड़ कर उसका दृष्टिकोण जानने का प्रयास किया करता था। ज्ञान प्राप्ति की यह उसकी अपनी पद्धति थी और इस लक्ष्य को उसने देवता की आज्ञा से ही निर्धारित किया था। इसी क्रम में एक बार उसके मित्र खीरिफॉन ने उसे सूचना दी कि देल्फाई के देवता अपोलो के अनुसार वह [सुकरात] सबसे बुद्धिमान् व्यक्ति है। इस देववाणी ने उसके सामने बड़ी समस्या खड़ी कर दी। वह समझता आ रहा था कि वह अज्ञानी है, या, बहुत कम ज्ञानी है तभी तो दूसरों से पूछ-पूछ कर जानकारी लेता रहता है। फिर भला वह सर्वाधिक बुद्धिमान् कैसे हो सकता है? किन्तु देवता झूठ नहीं बोल सकता। उसके कथन की सत्यता जानने के लिए वह अपने चिर परिचित अभियान पर निकल पड़ता है। उसने उन लोगों से मिलने की योजना बनायी जिनके बारे में समाज की, और उनकी अपनी भी, धारणा थी कि वे बुद्धिमान् हैं। उनसे चर्चा करके वह जानना चाहता था कि अपोलो ने कहीं भूल से तो उसे सर्वाधिक बुद्धिमान् नहीं कह दिया है। सबसे पहले वह एक राजनीतिज्ञ से मिला। बहुत से लोग उसे बुद्धिमान् मानते थे, पर बातचीत करने पर उसने पाया कि वह ज्ञानी नहीं है तो उसने उसके मुँह पर ही कह दिया। परिणाम यह हुआ कि वह सुकरात से घृणा करने लगा, उसे शत्रु समझने लगा। उसके पास से लौटने पर सुकरात सोचने लगा कि हम दोनों में क्या अन्तर है। ज्ञानी तो हम दोनों ही नहीं है। हाँ, वह ज्ञानी न होते हुए भी स्वयं को ज्ञानी समझता है जब कि मुझे अपने अज्ञानी होने का भान है। इस दृष्टि से मैं थोड़ा ज्ञानी हूँ क्योंकि मैं अपनी अज्ञानता से परिचित हूँ और वह अपरिचित। फिर, वह इसी वर्ग के कुछ और लोगों से मिला। परिणाम वही निकला और वे सभी उसके शत्रु बन गये।[15] इतने पर भी सुकरात अपने अभियान में रुका नहीं क्योंकि उसे लगा यही देवता की इच्छा है। यहाँ, वह ऐथेन्सवासियों से शपथपूर्वक कहता है कि सभी घोषित बुद्धिमान् मूर्ख निकले। इनसे अधिक बुद्धिमान् और अच्छे तो वे थे जिनके बुद्धिमान् होने की कोई चर्चा नहीं होती।

दूसरे क्रम पर वह कवियों से मिला। उनसे उन्हीं की कविताओं के अर्थ पूछे

किन्तु वे भी कोई उचित उत्तर नहीं दे पाये। इन साक्षात्कारों का उल्लेख करते हुए वह कहता है—"[एथेन्सवासियों] तुम विश्वास नहीं करोगे, मुझे भी यह सत्य कथन में शर्म महसूस हो रही है कि यहाँ उपस्थित लोग भी [उन कविताओं के बारे में] उन लोगों से अच्छा बोल लेते। तब मुझे पता चला कि कवि बुद्धि वृत्ति का उपयोग करके कविता नहीं लिखते वरन् विशेष प्रकार की प्रतिभा और अन्तः प्रेरणा (जो म्यूज़ की देन है) के वशीभूत हो कर लिखते हैं। वे उन भविष्य वक्ताओं की तरह हैं जो बहुत सी सुन्दर बाते कहते हैं पर उनका अर्थ नहीं समझते।"[16] इससे सुकरात फिर यही निष्कर्ष निकालता है कि जिस अर्थ में वह राजनीतिज्ञों से श्रेष्ठ है उसी अर्थ में कवियों से भी श्रेष्ठ है।

अन्त में वह शिल्पियों के पास जाता है। उसे विश्वास था कि वे बहुत सी बातों का अच्छा ज्ञान रखते हैं और उसे निराश नहीं होना पड़ेगा। उनसे उसे काफी कुछ सीखने को मिला भी। फिर भी उसने अनुभव किया कि अपने शिल्प के बारे में अच्छा ज्ञान रखने के कारण ये इस भ्रम में पड़ गये हैं कि उन्हें सभी विषयों का ज्ञान है। इस मति-दोष ने उनके ज्ञान को ढँक लिया है। अब इन सभी वर्गों के लोग उसके शत्रु बने गये थे क्योंकि वह उनकी अज्ञानता से परिचित हो चुका था। ज्ञान की खोज में निकला सुकरात यदि अकेला होता तो उसके विरोधियों को अधिक चिन्ता न होती। हुआ यह कि उसके सम्पर्क में आनेवाले समृद्ध परिवारों के कुछ युवक भी इसी प्रकार से प्रश्न-प्रतिप्रश्न करके ज्ञान की खोज में निकल पड़े थे। जिसका परिणाम यह हुआ कि ऐसे पांखडियों का असली चेहरा अधिक से अधिक लोगों के सामने आने लगा था और समाज पर इनकी पकड़ ढीली होने लगी। यही भय था जो उन्हें लगातार सता रहा था और उन्होंने तीन मोहरों को आगे करके सुकरात के मृत्यु दंड की घोषणा कर दी। वह मर गया। त्रासदियों के महानायकों की भाँति उसने स्वयं मृत्यु का वरण किया। प्रोतेगोरस की भविष्यवाणी सच सिद्ध हुई। पश्चात्य दर्शन का ऋषि पद अकेले उसे ही प्राप्त है।

उपर्युक्त प्रकरण में काव्य के अतिरिक्त कुछ अन्य विषय भी जुड़ गये हैं। सुकरात की दृष्टि को समझने के लिए ये आवश्यक हैं। वह काव्य को अन्य सन्दर्भों से अलग करके स्वतन्त्र रूप से देखने के पक्ष मे नहीं था। उस समय तक इसकी परम्परा भी नहीं थी। सत्य की खोज उसके जीवन का प्रधान लक्ष्य था क्योंकि इसे ही वह चरित्र निर्माण का मूल आधार मानता था। इसकी सीमा में श्रव्य और दृश्य कलाएँ भी सहयोगी विषय बन कर समा गयी थीं। अतः इन पर विचार करते हुए ज्ञान संधान की उसकी पद्धति वही रही जो जीवन के अन्य क्षेत्रों में थी। देखना यह है कि इस प्रजातांत्रिक पद्धति ने उसकी काव्यशास्त्रीय दृष्टि की

क्या दिशा निर्धारित की। अब तक की चर्चा से निम्न निष्कर्ष निकलते हैं–

1. कवि न- संज्ञानात्मक मनःस्थिति में काव्य रचना करता है, इसलिए उसे काव्य निहित ज्ञान का अधिकारी नहीं माना जा सकता;
2. न कवि ज्ञानी है, न श्रोता उससे ज्ञान प्राप्त करता है;
3. पूर्ण चेतनावस्था में आने पर भी कवि काव्य के निहितार्थ की व्याख्या नहीं कर पाता;
4. सोफ़िस्त भी काव्यार्थ के सच्चे ज्ञाता नहीं हैं;
5. काव्य में ज्ञान निहित है क्योंकि उसका स्रोत स्वयं देवता है।

अब प्रश्न यह है कि श्रोता को काव्य निहित ज्ञान तक पहुँचाने में यदि कवि और सोफ़िस्त दोनों ही असमर्थ हैं तो वह उस तक कैसे पहुँच सकता है? 'प्रतिवक्तव्य' में संकेतित इसका उत्तर है प्रश्न-प्रतिप्रश्न (क्रास एग्ज़ामिनेशन) की पद्धति से। कविता अन्ततः देववाणी है। देल्फाई के मंदिर की पुजारिन के मुख से निकलनेवाली वाणी की भाँति ही कवि मुख से निकली कविता भी गूढ़ अर्थ युक्त देववाणी है। दोनों ही स्थितियों में उसमें छिपे सत्य को जानने के लिए व्यक्ति को स्वयं प्रयत्नशील होना पड़ता है। प्रयत्न के अन्त में उसे जो प्राप्त होता है वह वास्तव में दैवी ज्ञान नहीं अपने ही ज्ञान का उच्चतर, श्रेष्ठतर रूप होता है।[17] नयी दृष्टि से देखे-जाने के कारण इसे नया सत्य भी कह सकते हैं। 'प्रतिवक्तव्य' के कुछ अंशों के प्रकाश में यह तथ्य और स्पष्ट हो जाता हे।

खीरिफॉन द्वारा देल्फाई से लायी गयी सूचना, देववाणी, एक तथ्य का प्रतिपादन कर रही है। तथ्य है–"सुकरात सबसे बुद्धिमान् व्यक्ति है।" यह देववाणी है इसलिए सुकरात इसे स्वीकार करता है। यह उसकी तर्क पद्धतिका पूर्व पक्ष (प्रेमाइस) है। अब तक वह यही मानता आ रहा था कि वह बुद्धिमान् नहीं है। पूर्वपक्ष की इससे संगति बैठ नहीं रही है। इसलिए, देववाणी की सत्यता तक पहुँचने के लिए वह जो जानकारी इकट्ठा करता है वह उत्तर पक्ष है। राजनीतिज्ञों, कवियों और शिल्पियों के प्रतिपरीक्षण के बाद वह इस निष्कर्ष पर पहुँचता है कि इनकी अपेक्षा वह सचमुच अधिक ज्ञानी है किन्तु उस अर्थ में नहीं जिस अर्थ में सामान्यतः इस शब्द को समझा जाता है। अपनी अज्ञानता का बोध ही उसका ज्ञान है जब कि अन्य अज्ञानी होते हुए भी इस भ्रम में हैं, कि वे ज्ञानी हैं। उन्हें अपने मिथ्या ज्ञान का बोध नहीं है। ज्ञान का यह स्वरूप दैवी ज्ञान से साक्षात्कार की ओर नहीं वरन् अपने ही ज्ञान के उच्चतर भूमि पर साक्षात्कार की ओर संकेत कर रहा है। साथ ही यह उसके अपने प्रयत्नों का परिणाम है। इसमें किसी अन्य की भूमिका केवल पूर्व पक्ष तक सीमित है। वैसे यह भी कहा जा सकता है कि

सम्भवतः देवता उसे सत्य के इसी रूप से परिचित कराना चाहता रहा हो। कवियों आदि से साक्षात्कार के बाद सुकरात का कथन है—"...मेरे श्रोता सोचते हैं कि जिस ज्ञान की कमी मैं दूसरों में देखता हूँ वह [ज्ञान] मेरे पास है, किन्तु हे एथेन्सवासियो, सत्य यह है कि केवल ईश्वर ही ज्ञानी है। [पिथीयाई पुजारिन द्वारा दिये गये] उत्तर से देवता केवल यह दर्शाना चाहता है कि मनुष्य के पास जो ज्ञान है उसका कोई मूल्य नहीं है, या बहुत कम मूल्य है।"[18]

यह प्रक्रिया काव्य निहित ज्ञान तक पहुँचने के लिए भी अपनाई जा सकती है। 'आयन' संवाद में हम देख आये हैं कि आयन होमर की कविताओं का ज्ञानी नहीं है, यदि ऐसा होता तो वह अपने ज्ञान का उपयोग अन्य कवियों की चर्चा में भी कर सकता था। यही तथ्य होमर पर भी घटाया गया है। होमर से यदि कोई उसकी कविताओं की समुचित व्याख्या (सम्यक् ज्ञान पर आधारित व्याख्या) करने को कहता तो वह निश्चित ही असमर्थ रहता। 'प्रतिवक्त्व' में सुकरात सीधे-सीधे कवियों से उनकी ही कविताओं के बारे में पूछता है और वे उचित उत्तर नहीं दे पाते हैं।

दूसरे क्रम पर भाषाशास्त्री (सोफ़िस्त) हैं। वे जिस पद्धति से व्याख्या करते हैं उससे काव्य के लक्षित अर्थ तक नहीं पहुँचा जा सकता। यहाँ हम स्मरण करा दें कि 'प्रोतेगोरस' में सुकरात द्वारा सिमोनिदीज़ की कविता की व्याख्या सोफ़िस्तों की व्याख्या पद्धति की पैरोडी है। इसे वास्तविक सुकरातीय पद्धति नहीं कहा जाना चाहिए। वैसे 'प्रोतेगोरस' का एक निष्कर्ष यह भी है कि अकेले व्याख्या द्वारा काव्य सत्य तक पहुँचना अशक्य है क्योंकि इस पद्धति द्वारा हम जिस भी निष्कर्ष पर पहुँचें उसका मूल्यांकन किये बिना, उसकी सत्यता प्रमाणित होने तक, उसे कैसे स्वीकार किया जा सकता है। मूल्यांकन की सुकरातीय पद्धति श्रोताओं द्वारा कविता के सन्दर्भ में परस्पर प्रतिपरीक्षण है। इसके द्वारा वे जिस सत्य तक पहुँचेगे वही उनकी उपलब्धि होगी। यह सत्य काव्य निहित दैवी ज्ञान नहीं होगा। दैवी ज्ञान केवल मार्ग-दर्शक बनेगा, वास्तविक ज्ञान मानवीय होगा तथा एक व्यक्ति की सीमा से परे (क्योंकि इसमें सभी श्रोता समान रूप से प्रतिभागी भी होंगे) होने के कारण अधिक व्यापक एवं उच्चतर होगा। दूसरे, यह कवि अथवा किसी सोफ़िस्त की मध्यस्थता के बिना पूरी तरह श्रोताओं के प्रयत्नों के फलस्वरूप प्राप्त होगा। इस पद्धति से किसी भी वर्ग विशेष –कवि/सोफ़िस्त– की मध्यस्थता के वर्चस्व, जो परोक्ष रूप से आभिजात्यवादी प्राधिकार का द्योतक है, के समाप्त हो जाने से श्रोता/प्रेक्षक का म्यूज़ से सीधा सम्बन्ध जुड़ जाता है। सुकरात ने, इस तरह, काव्य मूल्यांकन का पूरा अधिकार सामाजिक को सौंप कर एक क्रांतिकारी दिशा निर्देश किया।

ऊपर की समस्त चर्चा का केन्द्र बिन्दु सामाजिक है। उसे मध्यस्थों की अनिवार्यता से मुक्त कराना इसका मुख्य उद्देश्य है। इससे उसे अपने दोनों अधिकार पुनः प्राप्त हुए। पहला, ज्ञान पर उसका मौलिक अधिकार है, दूसरा, म्यूज़ से सीधा सम्बन्ध रखना भी उसका अधिकार है। अब यह चर्चा शेष रह जाती है कि सुकरात बार-बार जिस ज्ञान की बात करता है उसके बारे में उसकी क्या अवधारणा है। निश्चित ही वह इतना मूल्यवान् होना चाहिए कि उसने सारा जीवन ही उसको समर्पित कर दिया, मृत्यु भी उसके सामने तुच्छ थी। इसी मापदंड से उसने मनुष्यों को भी मापा तथा कविता का मूल्यांकन भी किया। काव्य को ले कर, यद्यपि उसने इस सामान्य नियम का प्रतिपादन अवश्य किया कि म्यूज़ कवियों के माध्यम से काव्य में ज्ञान का प्रतिपादन करवाती है, पर सभी कविताओं को वह देववाणी मानता हो ऐसा हमें प्रतीत नहीं होता। तुकबंदी करनेवालों को उसने इस श्रेणी से अलग रखा है। त्युन्निखुस इसका उदाहरण है। उसकी काव्य सम्बन्धी अवधारणा ज्ञान की अवधारणा से निःसृत थी। अतः उसकी ज्ञान की अवधारणा तक पहुँचने के लिए उसकी काव्य की अवधारणा पर कुछ और विचार कर लेना आवश्यक है।

'प्रतिवक्तव्य' में सुकरात ने कहीं भी यह स्पष्ट नहीं किया है कि उसने राजनीतिज्ञों कवियों तथा शिल्पियों से क्या प्रश्न पूछे, हाँ इतना अवश्य कहा है कि शिल्पियों को अपने विषय का ज्ञान है। इससे कुछ-कुछ अनुमान लगाया जा सकता है कि उसने इन लोगों से क्या जानना चाहा होगा। उसकी खोज का निष्कर्ष है कि शिल्पियों को अपनी कला के अनुशासन (नियम, तकनीक) का ज्ञान है, कवि और राजनीतिज्ञ अपेन-अपने क्षेत्र के अनुशासन के ज्ञान से अनभिज्ञ हैं। शिल्पियों के सन्दर्भ में उसका कथन है कि अपने शिल्प के अनुशासन का ज्ञान रखने पर भी अन्य विषयों से वे अनभिज्ञ हैं। अतः प्रश्न उठता है कि ये अन्य विषय क्या हैं, वह अतिरिक्त ज्ञान क्या है जिसके बारे में शिल्पी, राजनीतिज्ञ ओर कवि तीनों ही अनभिज्ञ हैं? वह निश्चित ही कोई सामान्य ज्ञान नहीं हो सकता जिसके लिए वह पूरा जीवन समर्पित कर दे और फिर भी यह अनुभव करे कि वह इसके थोड़े से अंश से ही परिचित हो सका है। उसकी इच्छा थी कि और लोग भी इसके महत्त्व को समझें और उसके साथ मिल कर इसकी खोज में आगे बढ़ें। लोगों को इसकी आवश्यकता का अनुभव कराने की उसकी पद्धति कुछ विचित्र थी जो उन्हें रास नहीं आ रही थी इसलिए वे उसके शत्रु बन गये। एथेन्स (= एथेन्सवासी) की तुलना वह ऐसे घोड़े से करता है जो हमेशा ऊँघता रहता है। उसे जगाने के लिए वह कुत्ता मक्खी बन कर जगह-जगह काट रहा है।[19] वह

जानता है कि इसका परिणाम उसकी मृत्य है फिर भी देवता के आदेश से वह ऐसा करने को विवश है। टेलर ने इसे आत्मज्ञान की संज्ञा दी है। सुकरात के सामने ई. पू. 5 वीं शताब्दी का एथेन्स था जो फारसी युद्ध के बाद यूनान का सबसे समृद्ध नगर बन गया था किन्तु उसका नैतिक प्रतन उसे कष्ट दे रहा था। अपने चारों ओर फैले भ्रष्टाचार को विवश होकर देखते रहने के पक्ष में वह नहीं था। वह अपने ढंग से लोगों को जागरूक कर रहा था, वह बतला रहा था कि व्यक्तिगत जीवन और सार्वजनिक जीवन में भी सद्गुण, सच्चरित्रता या भौतिक साधनों को जुटाने के स्थान पर आत्मोत्थान कितना आवश्यक है। 'प्रोतेगोरस' में सद्गुण की चर्चा के अंतर्गत इसके महत्त्व पर भी कुछ विचार हुआ है। इसे प्राप्त करने के लिए व्यक्ति को स्वयं प्रयत्नशील होना पड़ता हैं और सारा जीवन इसके साँचे में ढालना पड़ता है। यह ऐसा ज्ञान नहीं है जिसकी शिक्षा दी जा सके, जो स्मृति के किसी कोने में पड़ी रहे और आवश्यकता होने पर ही काम में लायी जा सके। उसका प्रसिद्ध सूक्त है–'ज्ञान ही सद्गुण है' (नालेज इज़ वर्चू), यही उसका सर्वोच्च दर्शन था। अतः वह चाहता था कि लोग अपनी आत्मा पर ध्यान दें, उसे पूर्ण बनाने के लिए प्रयत्नशील हों। पर हो यह रहा था कि लोग धन-दौलत, यश, अधिकार आदि पर ही सारा ध्यान केन्द्रित किये हुए थे।

हम उसके काव्यशास्त्र पर विचार कर रहे हैं इसके लिए पहले उसकी काव्य की अवधारणा स्पष्ट होनी चाहिए। इसका कुछ अनुमान उसकी अपनी कविता से लगाया जा सकता है। उसकी कविताएँ अनुपलब्ध हैं, 'फीदो' में केवल उनके विषय का उल्लेख मिलता है। 'फीदो' प्लेटो का वह संवाद है जिसमें सुकरात के जीवन के अंतिम दिन की घटनाओं और मित्रों के साथ हुई दार्शनिक चर्चा का उल्लेख है। उसी में सुकरात एक प्रश्न के उत्तर में कहता है कि एक आकृति बहुधा स्वप्न में विभिन्न रूपों में आ कर एक ही बात कहती है–"सुकरात! संगीत रचना का प्रयत्न करो।" पहले मैं सोचता था कि दार्शनिक का जीवन जी रहा हूँ यही सर्वोत्तम संगीत है। सम्भवतः इसी दिशा में लगातार आगे बढ़ने के लिए वह मुझे प्रेरित कर रही है। किन्तु, मृत्युदंड की घोषणा के बाद यहाँ बंदीगृह में आ जाने के बाद भी जब उसने मुझसे यही कहा तो मुझे लगा कि वह मुझे कविता लिखने की प्रेरणा तथा आज्ञा दे रही है।* तब सबसे पहले मैंने उस देवता की स्तुति की जिसके सम्मान में यह मास पवित्र माना जाता है और इस अवधि में किसी भी प्रकार की हिंसा वर्जित है।[20] उसके बाद मैंने सोचा कि वास्तविक कविताएँ तो

*सुकरात के ये वाक्य उस काल में संगीत और काव्य को मिश्र कला (कांपोजिट आर्ट) के रूप में देखने का प्रमाण हैं।

कल्पित होती हैं न कि ऐतिहासिक तथ्य पर आधारित। मुझमें ऐसी कल्पना करने की प्रतिभा नहीं है, इसलिए मैंने ईसप की बोध कथाओं (फ़ेबल्स) को पद्यबद्ध करना शुरू किया।

इस प्रसंग में कविता के विषय पक्ष का उल्लेख है रूप पक्ष का नहीं। प्रातेगोरस के साथ हुई चर्चा में सिमोनिदीज़ की कविता के विश्लेषण को छोड़ कर रूप पक्ष पर कहीं विचार हुआ भी नहीं है। अतः कहना कठिन है कि वह इसे कितना महत्त्व देता था। वैसे भी इस पक्ष को अलग से महत्त्व न देना उस युग का सामान्य दृष्टिकोण रहा है। यहाँ, विषय आधारित काव्य का मूल्यांकन दो तरह से प्रतिपादित है। एक यह कि देवता की स्तुति करना कवि का प्रथम कर्तव्य है क्योंकि मानव जीवन तथा उसमें प्राप्य सभी भौतिक वस्तुएँ उसी के द्वारा प्रदत्त उपहार हैं। इसके लिए कृतज्ञता ज्ञापन करना हमारा कर्तव्य है। अपोलो की स्तुति करने के पीछे यही भावना काम कर रही थी। दूसरे, स्व को पहचानने, उसे पूर्णत्व प्रदान करने के लिए मनुष्य को जिस नैतिक आचरण की अवश्यकता है उस दिशा में उसे प्रवृत्त करना भी कवि का कर्तव्य है या उसका सामाजिक उत्तरदायित्व है। ईसप की नैतिक उपदेश देनेवाली बोध कथाओं को पद्यबद्ध करना भी इसी उत्तरदायित्व का निर्वाह करना था। इनके अतिरिक्त यहाँ एक और दिशा का भी संकेत मिलता है। कविताओं का विषय काल्पनिक होना चाहिए ऐतिहासिक नहीं। किसी वास्तविकता को आवश्यकतानुसार तोड़ा-मरोड़ा नहीं जा सकता। ऐसा करने से उसकी ऐतिहासिकता समाप्त हो जाती है और यदि उसे ज्यों का त्यों रख दिया जाय तो लक्ष्यार्थ का बोध कराना असम्भव हो जाता है। इस नियम के द्वारा वह वस्तुतः इतिहास और कविता का विषयगत अन्तर रेखांकित कर रहा था। उसके मत से कविता कल्पना का उत्पाद है। त्रासदी के कथानकों के सन्दर्भ में अरस्तू के चिन्तन का यह पूर्वाभास है।

हमें स्मरण रखना चाहिए कि सुकरात काव्यशास्त्री की भूमिका नहीं निबाह रहा था। उसने अकेले काव्य को चिन्तन का विषय कभी नहीं बनाया। उस काल में मूल्यांकन् का समान्य मानदंड सार्वजनिक हित था। इसकी सीमाओं को स्पष्ट करने के उद्देश्य से उसने आत्मोत्थान, नैतिक आचरण एवं स्व की शुद्धता का उल्लेख करना आवश्यक समझा। इस कसौटी पर जो काव्य खरा उतरे वही मूल्यवान् है। यह प्राकृतिक दर्शन (नैचुरल फ़िलॉसोफ़ी) से भिन्न नैतिक दर्शन (मॉरल फ़िलॉसोफ़ी) था। वह देख रहा था कि लोग इसके प्रति उदासीन हैं इसलिए इससे अनभिज्ञ भी हैं। राजनीतिज्ञों से चर्चा करते समय वह जानना चाहता रहा होगा कि शासन व्यवस्था को सँभालते समय, मित्र राज्यों से संधि करते समय अथवा शत्रु राज्यों के विरुद्ध युद्ध की घोषणा करते समय (ये तीनों स्थितियाँ ऐसी हैं जिनसे

नागरिक जीवन सीधे-सीधे प्रभावित होता है, इनसे जुड़े निर्णय नागरिक के लिए जीवन-मरण का प्रश्न बन जाते हैं) क्या वे नैतिक मूल्यों को ध्यान में रखते हैं, या अपनी अन्तरात्मा से भी मार्ग निर्देशन लेते हैं। इसी तरह कवियों तथा शिल्पियों से पूछता होगा कि उसकी कृतियाँ नागरिक जीवन को उदात्त एवं सुन्दर बनाने के लिए किस रूप में सहायक होती हैं, उनके सामने क्या आदर्श रखती हैं। हमें यह नहीं भूलना चाहिए कि उस युग में व्यष्टिवादी मनोवृत्ति के पर्याप्त प्रबल हो जाने पर भी व्यक्तिगत जीवन और सामाजिक जीवन के बीच आज की जैसी खाई नहीं थी। व्यक्ति के कार्यों का मूल्यांकन मुख्यतः सामाजिक हित की दृष्टि से होता था। सुकरात के लिए आत्मोत्थान सर्वोपरि लक्ष्य था। वह सामाजिक जीवन (इसके भीतर राजनीतिक जीवन भी समाहित था) और आध्यात्मिक जीवन को एक ही सिक्के के दो पहलुओं के रूप में देखता था। उसका अपने लिए भी कथन था कि वह आत्मोत्थान के दर्शन[21] का ज्ञाता नहीं है किन्तु उसके महत्त्व को समझता अवश्य है।[22] बस इसी अर्थ में वह ज्ञानी है, यही उसकी योग्यता है जिसे देख कर देवता ने उसे औरों को भी इस ज्ञान के महत्त्व से परिचित कराने का कार्यभार सौंपा है।[23] इसके महत्त्व को जान लेने के बाद वे स्वयं ही इसे पाने के लिए प्रयत्नशील हो उठेंगे। ईसप की बोध कथाओं को पद्यबद्ध करने का यही लक्ष्य था।

यहाँ तक की चर्चा के दो विषय रहे हैं–(*i*) काव्य की व्याख्या का अधिकारी कौन है? और (*ii*) काव्य के मूल्यांकन का मानदंड क्या होना चाहिए? दोनों पर विचार करने के बाद निष्कर्ष यही रहा कि कविता अभिजात वर्ग की बपौती नहीं है। समाज का प्रत्येक सदस्य व्याख्या करने का अधिकारी है और जो ज्ञान इस व्याख्या (खोज) का लक्ष्य है उस पर भी प्रत्येक नागरिक का अधिकार है। इस तरह, अब तक जो सम्पत्ति केवल अभिजात वर्ग की मानी जाती थी उस पर पूरे समाज का अधिकार हो गया। आगे हम इस विषय पर विचार करेंगे कि काव्य रचना के अधिकार को भी उसने कैसे वर्ग विशेष की सीमा से निकाल कर सार्वजनिक कर दिया। इसके बारे में जो तथ्य उपलब्ध हैं उनके संकेतार्थ समझने के लिए उनके मिथकीय रूप के नीचे दबे ऐतिहासिक स्वरूप को ठीक-ठीक ग्रहण करने के लिए कहीं-कहीं अनुमान की सहायता भी लेनी पड़ेगी। प्लेटो अथवा जीवनी लेखकों के सुकरात और ऐतिहासिक सुकरात के अंतर को स्पष्ट करना विद्वानों के लिए एक बड़ी समस्या रही है।

### 2.3.2 एक प्रजातांत्रिक का आभिजात्यवादी अंत

ऐतिहासिक सुकरात की जीवनी अस्पष्ट है। उसके सम्पर्क के आनेवाले मित्र-शिष्यों में प्लेटो, ज़ेनोफ़ॉन और इस्खिनीज़ ऐसे हैं जिन्होंने उसके बारे में अपने संस्मरण

लिखे हैं। उधर विरोधियों में ऐरिस्तोफ़ेनीज़, एमिप्सियास और युपोलिस वे नाटककार हैं जिन्होंने अपनी रचनाओं में उसे उपहास का पात्र बनाया है। विद्वानों ने पर्याप्त विचार करने के बाद यह निष्कर्ष निकाला है कि अकेले प्लेटो पर सबसे अधिक भरोसा किया जा सकता है। पर, उसके संवादों को पढ़ते समय भी यह सावधानी बरतनी होती है कि वास्तविक घटनाओं और विचारों को संवादों के साहित्यिक रूप को ध्यान में रखते हुए तथा लक्ष्य से तारतम्य बनाये रखने के लिए, कितना बदला गया होगा। विशेषतः उन घटनाओं के बारे में यह सतर्कता और भी आवश्यक हो जाती है जिनका ब्यौरा प्लेटो ने दूसरों से सुना था। जैसे, 'प्रतिवक्तव्य' के अवसर पर वह स्वयं उपस्थित था, किन्तु मृत्यु के दिन वह कहीं दूर बीमार पड़ा हुआ था। 'फीदो' संवाद में विष पीने वाली घटना का विस्तृत वर्णन है। उसमें सारी बातें फीदो के मुख से कहलायी गयी हैं क्योंकि वही वहाँ उपस्थित था। ये दोनों संवाद सुकरात के अंतिम दिनों के अभिलेख हैं। देखना यह है कि इन्हें किस सीमा तक वस्तुपरक दृष्टिकोण से तैयार किये गये साक्ष्य के रूप में स्वीकार किया जा सकता है।

सुकरात पर चलाया गया मुकद्दमा और उसे दिया गया मृत्यु दंड ऐसी घटनाएँ नहीं थी जिन्हें रोका न जा सकता हो। कुछ लोग उसे बचाना चाहते थे, वह स्वयं भी चाहता तो बच सकता था। किन्तु उसने ऐसे सारे प्रयत्नों को ठुकरा दिया। यह एक तरह से उसकी इच्छा-मृत्यु थी। उसके मित्र-शिष्यों के लिए यह अपूरणीय क्षति थी अतः स्वभाविक था कि अपने संस्मरणों में वे उसे जीवन्त कर लेना चाहते थे। ऐसे अधिकांश संस्मरण नष्ट हो गये हैं केवल प्लेटो और ज़ेनोफ़ॉन के संस्मरण ही बचे हैं। दोनों ही उसे महानायक की ऊँचाई देने के लिए प्रयत्नशील हैं फिर भी उनकी अपनी रुचि-अरुचि का रंग साफ झलकता है।

सुकरात की कुछ चारित्रिक विशेषताएँ अत्यन्त स्पष्ट हैं। वह सिद्धान्तों का पक्का और सच्चा मानवतावादी दार्शनिक था। युद्ध भूमि में भी प्राणों की चिन्ता किये बिना अपने मित्रों की रक्षा के लिए तत्पर रहता था। भौतिक सुखों की उसे कोई कामना नहीं थी, ठंड में, गर्मी में बिना जूतों के ही चला रहता था। उसका चरित्र उज्जवल था। फिर भी 'प्रतिवक्तव्य' और 'फीदो' में उसके अंतिम दिनों का खींचा गया चित्र कितना वास्तविक है कितना मिथकीय यह चर्चा का विषय अवश्य है। कुछ तथ्य निर्विवाद हैं। जैसे, उसका किसी से भी बहस करने लग जाना, बहस में हार जाने पर प्रतिपक्ष का शत्रु बन जाना, युवकों को भटकाने के आरोप में उस पर मुकद्दमा चलना, मुकद्दमें में अपना पक्ष रखते समय ऐसी बातें कहना कि सहानुभूति रखनेवाले भी विरोधी हो गये और अंत में स्वयं विष माँग कर पीना आदि पर किसी ने अँगुली नहीं उठायी है। उसकी मृत्यु के पश्चात् एथेन्सवासियों

को अपनी भूल का ज्ञान हुआ और उसके पश्चात्तापस्वरूप उन्होंने उसकी प्रतिमा स्थापित की। यह सम्पूर्ण घटनाक्रम सत्य होते हुए भी इसके साथ अन्य विषयों को जिस तरह से जोड़ा गया वह पूरी तरह से सुकरात को आनुश्रुतिक आख्यानों के अभिजातवर्गीय नायकों की कोटि में ला खड़ा करता है। टॉड कॉम्पटन ने 'व्यंग्यकार पर अभियोग"[24] शीर्षक लेख में ईसप, अर्खिलोखुस और होमर के उदाहरण दे कर सिद्ध किया है कि 'प्रतिवक्तव्य' संवाद लिखते समय प्लेटो के मस्तिष्क में इन कवियों (ईसप आदि) की काव्यत्मक जीवनियाँ[25] पृष्ठभूमि का काम कर रही थीं। उसके अनुसार ई. पू. 5 वीं शताब्दी के आरम्भ में ही ईसप का आख्यान[26] पर्याप्त लोकप्रिय हो चुका था। उस पर चित्र भी बनने लग गये थे और साहित्य भी लिखा जाने लगा था। इससे अनुमान लगाया जा सकता है कि उसकी मूल कथा की मौखिक परम्परा काफ़ी पहले से चली आ रही होगी। टॉड कॉम्पटन ने दर्शाया है कि इसी साँचे में परोस द्वीप के अर्खिलोखुस और खियोस द्वीप के होमर की जीवनियाँ भी ढली हुई हैं। प्लेटो इन मिथकीय जीवनियों से अवश्य परिचित रहा होगा। अधिक सम्भावना इस बात की है कि ईसप की जीवनी ही उसकी प्रेरणा का स्रोत रही होगी। दोनों की तुलना करने से उभरनेवाली समानताएँ इसी का संकेत देती हैं। सुकरात के सदर्भ में ये मूलतः तथ्यात्मक होते हुए भी विस्तार में अवश्य मिथकीय हैं। जैसे–

(*i*) वह चरित्रवान् नीतिवान् निर्भीक और स्पष्ट वक्ता था। अभिजात वर्ग के उन व्यक्तियों का वह कटु आलोचक था जो जनहित का मुखौटा लगा कर स्वार्थ साध रहे थे। वह प्रजातन्त्र का समर्थक था किन्तु इसके ऋण पक्ष (वोटों की राजनीति) से तथा उसका अनुचित लाभ उठानेवालों से भी परिचित था। ऐसे लोगों के मुखौटे उतार कर वह जनता को सावधान करना चाहता होगा।[27] किन्तु इस अभियान पर निकल पड़ने के लिए जो कारण दिये गये हैं उनकी ऐतिहासिकता संदिग्ध है। इसका मिथकीय रूप है–"खीरिफॉन ने देल्फाई के मंदिर में अपोलो से पूछा कि क्या कोई सुकरात से अधिक बुद्धिमान् है? देवता ने पुजारिन के मुँह से उत्तर दिलवाया, 'नहीं'। बस इसी सत्य का पता लगाने के लिए वह राजनीतिज्ञों, कवियों और शिल्पियों से मिलने निकल पड़ा। मिलने पर उनकी अज्ञानता की पोल खुल गयी और वे उसके शत्रु बन गये। ईसप भी देल्फाई के लोगों (राज्य के प्रभावशाली सम्पन्न व्यक्ति) की अभद्रता को सार्वजनिक करना चाहता था जिससे वह उनकी आँखों में खटकने लगा।

(*ii*) सुकरात पर युवकों को पथभ्रष्ट करने का आरोप मिथ्या था। 'प्रतिवक्त्य' में उसने वहाँ उपस्थिति कई व्यक्तियों के नाम लिये जिनके भाई, भतीजे या पुत्र

उसके मित्र-शिष्य थे, उनमें से किसी ने भी इस आरोप का समर्थन नहीं किया। ईसप की भाँति वह भी अपने ऊपर आरोप लगानेवालों पर लघु कथा के माध्यम से व्यंग्य करता है—एथेन्स एक आलसी घोड़ा है जिसे जगाने के लिए वह कुत्ता-मक्खी बन कर जगह-जगह काट रहा है। वह उनके दिमाग में यह बात बैठा देना चाहता था कि अपनी अज्ञानता से परिचित होने से या अपने भ्रष्ट व्यवहार की स्वीकृति से ही अपना तथा एथेन्स का हित कर सकते हैं। इस काम को वह स्वार्थवश नहीं उत्तरदायित्व समझ कर कर रहा है, स्वयं देवता ने ही उसे यह भार सौंपा है और उसे पूरा करने के लिए वह अपने प्राण देने के लिए भी तैयार है। कुत्ता-मक्खीवाले रूपक और स्वयं को देवता का प्रतिनिधि घोषित करने से 'प्रतिवक्तव्य' का मिथकीय स्वरूप स्पष्ट हो जाता है।

(*iii*) मृत्यु दंड की घोषणा हो जाने के बाद सुकरात ईसप की भाँति ही भविष्यवाणी करता है—"मुझे मृत्यु दण्ड देने वालो, मेरे मरते ही, बदले में तुम्हें मृत्यु से भी कहीं अधिक पीड़ादायक दंड मिलेगा। तुम्हें विश्वास है कि मेरे बाद तुम्हारे आचरण की आलोचना करनेवाला कोई नहीं होगा, किन्तु वास्तविकता ठीक इसके विपरीत होगी। तुम्हारा भंडाफोड़ करनेवाले और बहुत से होंगे। वे चूँकि युवा होंगे इसलिए कहीं अधिक कठोर होंगे।" इस घोषणा के पहले वह भूमिकास्वरूप कहता है कि मृत्यु के निकट मनुष्य सहज ही भविष्य को देख लेता है और उसकी सूचना दे देता है। अर्थात् उसकी वाणी सच हो कर रहेगी।

भविष्यवाणी वाली घटना का स्रोत ईसप की कथा के अतिरिक्त तत्कालीन काव्य परम्परा भी हो सकती है। होमर ने पेत्रोक्लुस के मुख से हेक्तर की मृत्यु की पूर्व सूचना दिखलवायी है। सुकरात ने स्वयं क्या कहा होगा हम नहीं जानते। इसके पहले भी वह कह चुका था कि उसे बचपन से ही दैवी प्रेरणाएँ मिलती रही हैं जो उसे अकरणीय से सावधान करती रही हैं। कुछ अन्य स्रोत भी यह सूचना देते हैं कि वह कभी भी, कहीं भी, यहाँ तक कि युद्ध भूमि में भी, ध्यान की अचेतावस्था में पहुँच जाता था। हो सकता है ऐसी स्थिति में उसे करणीय-अकरणीय का ज्ञान होता हो। वास्तविकता जो हो, हमारा निष्कर्ष है कि प्लेटो ने इन तथ्यों का उपयोग सुकरात के चरित्र को मिथकीय रूप देने तथा साहित्यिक सौन्दर्य की अभिवृद्धि के लिए किया है।

(*iv*) जीवन के अन्तिम दिन सुकरात तथा उसके मित्रों का वार्तालाप 'फीदो' संवाद का कथ्य है। नैतिक तथा आध्यात्मिक मूल्यों की चर्चा करते हुए सुकरात ने इसमें आत्मा की अमरता का प्रतिपादन किया है। यहीं वह अपने पार्थिव शरीर के प्रति पूर्ण विरक्ति का भाव भी व्यक्त करता है। सम्पूर्ण चर्चा उसके परम ज्ञानी

होने का संकेत देती है। अपने बचाव के किसी भी प्रस्ताव को ठुकराते हुए उसने एक सूत्र वाक्य कहा है—"सच्चे दार्शनिक सदैव मृत्यु का वरण करने की तैयारी करते रहते हैं।" इसके प्रत्यक्ष उदाहरणस्वरूप वह क्रीतो से कहता है—"यदि विष तैयार हो गया हो तो मँगवा दो, यदि न तैयार हुआ हो तो तैयार करवा दो।" फिर विष का प्याला हाथ में आने पर निर्विकार भाव से, शान्तिपूर्वक एक ही साँस में पी गया मानों आत्मा को शरीर के बन्धन से शीघ्रातिशीघ्र मुक्त कराना चाहता हो। इस तरह से मृत्युदंड को उसने इच्छा मृत्यु का उदाहरण बना दिया। स्वयं विष का प्याला माँग कर उसने सिद्ध कर दिया कि ज्ञान यदि आचरण में व्यक्त नहीं होता तो ज्ञान नहीं है।

काव्यशास्त्र की दृष्टि से 'फिदो' में दो महत्त्वपूर्ण विषय समायुक्त हैं। एक, स्वप्न में आयी आकृति की प्रेरणा से सुकरात का काव्य रचना करना; दूसरा, आत्मा एक आदि रूप (फॉर्म, इसकी विस्तृत चर्चा प्लेटो के काव्यशास्त्र के अन्तर्गत करेंगे) है तथा वह केवल बुद्धिगम्य है। इन विषयों पर विचार करने के पहले अभी हमें यह कहना है कि प्लेटो ने अपने संवादों मे सुकरात को महामानव की आभा से मण्डित कर दिया है। वह महामानव था या नहीं हम इसका विश्लेषण नहीं कर रहे हैं। वह वस्तुतः महामानव था शंका इस पर भी नहीं है। हमारी आपत्ति इस विषय को ले कर है कि अभिजातवर्गीय लेखकों ने एक प्रजातान्त्रिक को अभिजातवर्गीय नायक की वेशभूषा में मंच पर प्रस्तुत किया है। हम समझ सकते हैं कि सुकरात ने बिना किसी दुविधा के विष पीया होगा किन्तु उसके बारे में पूछताछ करना, उसे मँगवा देने का आग्रह करना उसके चरित्र को नया मोड़ दे देता है। पहले एक दार्शनिक के जीवन के सिद्धान्त का प्रतिपादन करना फिर अपने आचरण द्वारा उसे सिद्ध करना वस्तुतः मृत्यु के अर्थ को बदल देना है। इस घटना ने उसे आनुश्रुतिक नायकों की कोटि में ला खड़ा किया है। जैसे, अखिलीज़, हिप्पोलितुस, ईदिपुस आदि ने अपने दंड को विनम्रता पूर्वक स्वीकार किया और साहसपूर्वक स्वयं आगे बढ़ कर मृत्यु का वरण किया वैसे ही सुकरात ने भी किया। ये सभी नायक अभिजातवर्गीय थे। चरित्र के जिन उच्च गुणों—आरेती, कालोकागाथिया, सोफ्रोज़्युनी—को आख्यानों में उभारा गया है उन सभी को सुकरात के चरित्र में भरपूर मात्रा में दर्शा कर प्लेटो ने उसे इसी वर्ग का प्रतिनिधि चरित्र बना दिया है। प्रजातांत्रिक व्यक्तित्व और आभिजात्य बाना इन दोनों के अन्तर्विरोध की ओर प्लेटो का ध्यान ही नहीं गया। सुकरात के प्रति पूर्ण निष्ठाभाव रखने के कारण वह स्वभावतः उसे आदर्श नायक के रूप में चित्रित करना चाहता था। दूसरी ओर प्रजातन्त्र के प्रति उसका उपेक्षा भाव भी सर्वविदित है। ऐसा प्रजातन्त्र किस काम का जिसमें हेराफेरी

करने वाले फले-फूलें और सज्जन कष्ट भोगते रहें, फाँसी पर चढ़ाये जाते रहें। इस अन्तर्विरोध की सिद्धान्ततः और व्यवहारतः उपेक्षा नहीं की जा सकती। काव्य मान्यताओं के सन्दर्भ में भी दोनों को एक ही धरातल पर ले आना असम्भव है। सुकरातीय काव्यशास्त्र का यह खेदजनक पक्ष है।

आदर्श एवं यथार्थ का द्वन्द्व इतिहास को निरन्तर गतिशील बनाये रखता है। सुकरात के जीवन में इसकी ठीक-ठीक पहचान अत्यन्त कठिन है क्योंकि उसके जीवन के तथ्यों पर श्रद्धा भाव का आवरण चढ़ा हुआ है। उसकी प्रजातांत्रिक यर्थाथवादी दृष्टि उस काल की प्रगतिशील चेतना के अनुरूप थी। उधर प्लेटो आदर्शवादी परम्परा का समर्थक होने के कारण आभिजात्य मनोवृत्ति को पुष्ट कर रहा था। सुकरात ने परम्परा का विरोध करते हुए व्याख्या का एकाधिकार कवियों से छीन कर सामाजिक को दे दिया। सोफ़िस्त इस अधिकार को अपने पास रखना चाहते थे। उसने इसका भी विरोध किया। सोफ़िस्तों ने व्याख्या का अधिकार छीना तो यह कह कर कि कोई भी व्यक्ति अपने परिश्रम के बल पर इस ज्ञान (कौशल) को पा सकता है, सीख सकता है पर उसके साथ शर्त यह लगा दी कि इसके लिए किसी सोफ़िस्त को ही गुरु बनाओ और धन भी दो। यह शब्द-छल सुकरात की प्रतिआलोचना के आगे ठहर नहीं पाया। किन्तु जन सामान्य का ऐसा प्रहरी जब यह कहता है कि उसे एथेन्स की रखवाली के लिए देवता ने नियुक्त किया है तो एकाएक चित्र बदल जाता है, जनता का प्रतिनिधि देवता का प्रतिनिधि बन जाता है। इस घोषणा के साथ ही प्लेटो का सुकरात होमर, हीसियोद और पिंदर की पंक्ति में आ बैठता है। होमर वही कहता है जो म्यूज़ उसे दिखलाती है या बतलाती है। हीसियोद भी वह कहता है जिसका आदेश म्यूज़ देती है। सुकरात भी देवता की आज्ञा से अपने जीवन की दिशा निर्धारित करता है। बंदीगृह में दिव्य शक्ति की प्रेरणा से ही पहले वह अपोलो की स्तुति करता है फिर ईसप की लघु कथाओं को पद्यबद्ध करता है। इसमें सन्देह नहीं कि वह जो कुछ भी कर रहा है जन हित में कर रहा है (होमर आदि की रचनाओं का उद्देश्य–प्रयोजनगत आनन्दानुभूति तथा ज्ञान–भी सामाजिक हित ही था) किन्तु इस दिशा में देवता की प्रेरणा से प्रवृत्त होना ऐसा कारण है जिससे हमें कहना पड़ता है कि वह होमर के ही पदचिह्नों पर चल रहा है। प्रजातान्त्रिक शक्तियों की स्थापना में उनका समर्थक होने के बावजूद जहाँ ज्ञान के प्राधिकार की बात आती है वह स्वयं को जन सामान्य के अलग एक मार्ग दर्शक, स्वयंभू गुरु के रूप में देखता है। बचपन से ही देवता ने उसे अपने कार्य-सहायक के रूप में चुना है (पिंदर ने भी स्वयं को म्यूज़ का सहायक कहा है)। बड़े होने पर अपोलो ने उस पर एथेन्स की रखवाली,

दूसरे शब्दों में मार्ग निर्देशक का उत्तरदायित्व सौंप दिया। लगता है जैसे वह देवदूत है[28] जिसे विशेष योजना के अन्तर्गत धरती पर भेजा गया है। उसके साथ यदि समाज दुर्व्यवहार करता है तो उसे दण्ड तो भुगतना ही पड़ेगा, यह उसकी भविष्यवाणी है। म्यूज़ भी कवियों को आगत घटनाओं की सूचना दे देती है। सुकरात को इस रूप में देखने पर उसमें और उसके पहले के आभिजात्य कवियों में कोई अन्तर नहीं रह जाता।

प्लेटो का सुकरात इसी विषय से सम्बद्ध एक और तथ्य भी उजागर करता है। 'आयन' और 'प्रतिवक्तव्य' में सुकरात का निष्कर्ष है कि काव्य रचना के समय सच्चे कवि अपनी सुध-बुध खोये रहते हैं। उस समय वे देवता के माध्यम का काम कर रहे होते हैं। काव्य की उत्पत्ति के इस सिद्धान्त को यदि उस पर घटायें तो निष्कर्ष निकलेगा कि उसके द्वारा रचित अपोलो की स्तुति तथा ईसप की कहानियों का पद्यानुवाद देवी शक्ति के वशीभूत हो कर ही हुआ है और वह स्वयं अन्य कवियों की भाँति उनमें निहित ज्ञान से अपरिचित है। किन्तु 'फीदो' में किसी भी स्थिति में ऐसा अर्थ निकालने की सम्भावना नहीं है। सुकरात ने स्वप्न में दिव्य मूर्ति के आने और प्रेरणा देने की बात अवश्य कही है, पर उसने कहीं भी यह संकेत नहीं दिया है कि काव्य रचना करते समय वह अपनी सुधबुध में नहीं था। काव्य के विषय और उद्देश्य का स्पष्ट निर्देश कर उसने इस स्थिति का खण्डन किया है।

उपर्युक्त विश्लेषण से निम्न निष्कर्ष निकलते हैं :

(*i*) काव्य-हेतु और काव्य-प्रयोजन के सम्बन्ध में सुकरात और परम्परागत दृष्टिकोण समान हैं।

(*ii*) परोक्षतः वह स्थापित करता है कि काव्य रचना के समय कवि भले ही दैवाविष्ट स्थिति में हो किन्तु कवि यदि ज्ञानी है तो बाद में काव्य निहित ज्ञान की व्याख्या तटस्थ भाव से कर सकता है। उसने कहीं भी यह संकेत नहीं दिया है कि कवि व्याख्या करने की योग्यता प्राप्त नहीं कर सकता। उधर सामाजिक को भी यह योग्यता प्राप्त करने और उसे व्यवहार में लाने का पूरा अधिकार है।

(*iii*) आयन के सन्दर्भ में यह बात उठी है कि उस पर म्यूज़ की कृपा इसीलिए हुई क्योंकि उसने होमर को कण्ठस्थ कर लिया है। यह संकेत है कि म्यूज़ किसी को अपनी कृपा के लिए चुनते समय उसकी पात्रता को अवश्य ध्यान में रखती है। पात्रता वह गुण है जिसे अर्जित करने के लिए व्यक्ति को श्रम करना पड़ता है। काव्य रचना के प्रति उसकी रुचि

या अन्य कोई लक्ष्य इसका प्रस्थान बिन्दु माना जा सकता है।

(*iv*) सुकरात में काव्य के प्रति रुचि थी। उसे अनेक कविताएँ कण्ठस्थ थीं, ईसप की कथाएँ भी मुखाग्र थीं और देवताओं में उसकी आस्था थी। यह उसकी तैयारी मानी जा सकती है। यह स्पष्ट नहीं है कि रचना करते समय पूर्ण चैतन्यावस्था में था या नहीं। यदि वह अवश भाव से रचना कर रहा था तो मानना पड़ेगा कि म्यूज़ ने उससे वही कहलवाया जो वह चाहती थी। ऐसी स्थिति में वह अन्य कवियों पर अज्ञानी होने का आरोप लगाने का अधिकारी नहीं रह जाता। अब यदि उसके ज्ञानी होने के सत्य को स्वीकार करना हो तो कहना पड़ेगा कि वह रचना के अस्तित्व में आने पर उसकी व्याख्या—उसके उद्देश्य, विषय-चयन आदि पर प्रकाश डालना—करने में सक्षम है, अन्य कवि ऐसा नहीं कर पा रहे थे।

दूसरी स्थिति यह मानी जा सकती है कि रचना करते समय वह चैतन्य अवस्था में है। वह अपने काव्य कौशल—काव्यज्ञान (तेख्नी = नॉलेज)—का उपयोग करते हुए रचना कर रहा है और म्यूज़ एक उदात्त लक्ष्य की प्राप्ति में परोक्ष रूप से उसकी सहायता कर रही है। यह स्थिति, 'आयन' में व्यक्त विचारधारा से मेल नहीं खाती किन्तु एक नयी दिशा का संकेत अवश्य दे रही है, और इसे अनपेक्षित भी नहीं कहा जा सकता। हमारे मत से इसमें उसके प्रजातान्त्रिक भाव की अभिव्यक्ति देखी जानी चाहिए। 'प्रतिवक्तव्य' में खीरिफॉन के प्रश्न के उत्तर में अपोलो ने जो कहा और मृत्यु के निकट की गयी अपोलो की स्तोत्र रचना के बीच 30 वर्षों का दीर्घ अन्तराल है। इस काल खंड में विचार में आये परिवर्तन को विकास क्रम का नया सोपान कहना चाहिए। विचार करने पर यह पहले के दृष्टिकोण का ही व्यापक रूप दिखलायी पड़ता है। सुकरात को यह स्वीकार करने में कोई झिझक नहीं है कि अभ्यास द्वारा प्रत्येक कवि अपनी रचना की व्याख्या करने में सक्षम हो सकता है। इसी तरह से समाज का कोई भी व्यक्ति विषय और कौशल का ज्ञान प्राप्त करने के बाद (सोफ़िस्तों की भाषा में यह शिक्षा प्राप्त करना है और इसके लिए वंश विशेष में जन्म लेना आवश्यक नहीं है) म्यूज़ की कृपा से काव्य रचना का अधिकारी हो सकता है। म्यूज़ इस सम्बन्ध में परिवार अथवा बिरादरी के आधार पर कोई भेद-भाव नहीं करती, वह बस तैयारी देखती है। इसके लिए 'आयन' में त्युन्निखुस का उदाहरण महत्त्वपूर्ण है। वह जीवन भर काव्य रचना का अभ्यास करता रहा, तब म्यूज़ ने कृपा कर उससे ऐसा गीत गवाया कि वह अमर हो गया। हमारा तर्क है कि 'प्रतिवक्तव्य' में सुकरात ने व्याख्या का अधिकार जैसे सामाजिक को दिया उसी तरह जाते-जाते रचना का अधिकार भी

वंश-परम्परा अथवा वर्ग विशेष से छीन कर जन सामान्य को दे गया। इतने बड़े परिवर्तन के लिए यूनान तैयार नहीं था यहाँ तक कि उसका पट्ट शिष्य प्लेटो भी इसे आत्मसात् न कर सका। परिस्थितियाँ भी इस विचारधारा के अनुकूल नहीं थीं। सुकरात को दिया गया मृत्यु दण्ड प्रबुद्ध वर्ग के लिए इतनी बड़ी घटना थी कि उनमें से बहुतों के लिए प्रजातन्त्र का अर्थ ही बदल गया। प्लेटो उन्हीं में से एक था। उसका काव्यशास्त्र ई. पू. चौथी शताब्दी की यथार्थवादी कला शैली तथा आभिजात्य आदर्शवाद के द्वन्द्व की कहानी कहता है।

## संदर्भ एवं टिप्पणियाँ

1. ए. ई. टेलर ने सुकरात की जीवनी में इस तथ्य का उद्घाटन किया है कि लगभग ई. पू. 430 या उसके भी पहले से वह पाठशाला पद्धति पर चलने वाले एक संस्थान का निदेशक था। संस्थान के छोटे सदस्यों की शिक्षा की देख-रेख करना उसका उत्तरदायित्व था। संस्थान के निदेशक और छोटे सदस्यों के बीच अध्यापक और शिष्य जैसा सम्बन्ध नहीं होता था निदेशक अपने कार्य के लिए कोई धन भी नहीं लेता था, न व्यवसाय से वह अध्यापक होता था। इसी लिए पाठशाला की पद्धति पर कार्य करने पर भी यह संस्थान पाठशाला नहीं कहलाता था। इसके सभी दसस्यों को निदेशक साथी या मित्र कह कर सम्बोधित करता था।
2. सन्दर्भ, 'बादल' नाटक
3. 'प्रतिवक्तव्य', अनु. जोवेट, पृ. 18-19
4. 'आयन', अनु. जोवेट, पृ. 533-34
5. 'बादल' कामदी में एरिस्तोफ़ेनीज़ का प्रतिपाद्य यही है कि सोफ़िस्तों की नयी शिक्षा पद्धति युवकों को बिगाड़ रही है, वे संस्कारहीन होते जा रहे हैं। उनके सच्चे मार्ग दर्शन के लिए कवियों द्वारा दी जाने वाली परम्परागत शिक्षा पर ही विश्वास किया जाना चाहिए। सुकरात के तर्क का लक्ष्य वस्तुतः कवियों का यह मिथ्याभिमान ही था।
6. यहाँ अंग्रेज़ी में 'पोलितिकुस' शब्द का प्रयोग हुआ है। इसका सम्बन्ध मूलतः 'पोलिस' अर्थात् नगर से है। उन दिनों नगर छोटा होने के कारण समाज का भाव अधिक जगाता था। इसमें लोग परस्पर हितों की दृष्टि से अत्यन्त निकटता से जुड़े होते थे। शासन तन्त्र उन हितों को साधने का माध्यम माना जाता था। वह राजनीति का भाव कम समाजनीति का भाव अधिक जगाता था। इसलिए हमने 'राजनीति' के स्थान पर 'सामाजिकता' शब्द का प्रयोग किया है।
7. प्रोतेगोरस के इस कथन की गूँज 'मेंढक' कामदी में युरिपिदीज़ के मुँह से कहलाये गये उस वाक्य में भी मिलती है जिसमें वह अपने नाटकों के धन पक्ष की विशेषताएँ गिनाता हुआ कहता है—"प्रेक्षकों ने मुझसे सोचना सीखा है, घर चलाना सीखा है, प्रश्न पूछना सीखा है।" —पृ. 192

8. अनु. जोवेट, पृ. 339
9. वही, पृ. 534
10. पोएटिक्स बिफोर प्लेटो, पृ. 102-3
11. जोवेट, पृ. 339
12. मिलीतुस का पिता त्रासदी लेखक था। सुकरात लेखकों से प्रश्न पूछ-पूछ कर जिस तरह से उन्हें परेशान करता था तथा उनकी आलोचना करता था उससे कवि उससे चिढ़े हुए थे। अपना गुब्बार निकालने के लिए उन्होंने नाटकों में सुकरात को उपहास का विषय बनाया। एरिस्तोफ़ेनीज़ का 'बादल' नाटक इसी उद्देश्य से लिखा गया था। इसी तरह के नाटक एमिप्सियास और युपोलिस ने भी लिखे थे।
13. एनितुस राजनीति के क्षेत्र में सर्वाधिक प्रभावशाली व्यक्ति था। वह सोफ़िस्तों का घोर विरोधी था। सुकरात के प्रति उसका घृणाभाव इसलिए भी था क्योंकि वह प्रच्छन्न सोफ़िस्त समझा जाता था। दूसरे, जब उसने अपने बेटे को चमड़े के कारोबार में डाला तो सुकरात ने उसकी कड़ी आलोचना की थी।
14. अनु. जोवेट, पृ. 23-24
15. वही, पृ. 21-22
16. वही, पृ. वही
17. ग्रेस लैडबैटर, पोएटिक्स बिफोर प्लेटो, पृ. 118
18. अनु. जोवेट, पृ. 23
19. 'प्रतिवक्तव्य', पृ. 30-31
20. सुकरात को मृत्यु दंड की घोषणा जिस दिन हुई उसके एक दिन पहले ही अपोलो के सम्मान में शुरू किया गया पवित्र मास प्रारम्भ हो चुका था, इसलिए उसे एक मास तक बंदी बना कर रखा गया। यह पवित्र मास अकेले एथेन्स ही मानता था।
21. इस सन्दर्भ में सुकरात की यह मान्यता कि आत्मा अमर है एक महत्त्वपूर्ण तथ्य है।
22. इसकी पुष्टि चित्रकार पार्हासिउस और मूर्तिकार क्लायतन से सुकरात के वार्तालाप से होती है। —ज़ेनाफॉन, मेमोरेब्लिया, III X.1
23. टेलर, सुकरात, पृ. 80-81
24. टॉड कॉम्पटन, दि ट्रायल ऑफ दि सैटायरिस्ट, ग्रीक लिटरेचर, खंड VI, सं. ग्रेगरी नैगी।
25. ये जीवनियाँ बहुत कम तथ्यात्मक हैं। कवियों (लोक प्रचलित कथाओं के मूल उद्भावकों को भी यहाँ कवि—शब्द कला में प्रवीण—कहा जा रहा है। कुछ लेखकों ने सुकरात को इसी अर्थ में कवि कहा है क्योंकि वह इस कला में प्रवीण था। शब्दों के अत्यन्त चामत्कारिक प्रयोगों के कारण उसके मित्र उसे जादूगर कहा करते थे (दे. 'प्रतिवक्तव्य' संवाद) ने उन्हें आदर्श के रंग में रँग कर काव्यात्मक रूप दे दिया। ज़नमानस ने उसे ही तथ्य समझ कर ग्रहण कर लिया।
26. ईसप बेबिलोन के राजा का दरबारी था। अपनी कूट कथाओं (पहेलियों) के द्वारा उसने अनेक पड़ोसी राजाओं से कर वसूली की थी। देल्फाई की प्रसिद्धि सुनकर वह

वहाँ जा पहुँचा। वहाँ के लोग उसकी बातें बड़े चाव से सुनते थे पर देते कुछ नहीं थे। इससे आहत हो कर उसने घोषणा कर दी कि पूरे यूनान में देल्फाई के निवासियों को इस अभद्र व्यवहार के लिए बदनाम कर देगा। अपनी पोल खुल जाने के डर से अधिकारियों ने उसे चोरी के झूठे आरोप में फँसा कर चट्टान से गिरा कर मार डालने का दंड सुना दिया। इस अन्याय के विरोध में उसने भविष्यवाणी की—"मेरी मृत्यु तुम्हारे लिए अभिशाप बन जाएगी।" फिर मरने के ठीक पहले वह अपोलो को साक्षी बनाता है और स्वयं ही चट्टान से कूद कर प्राण त्याग देता है। उसके मरते ही उसकी भविष्यवाणी सच हो जाती है। नगरवासियों को इस पाप से मुक्ति पाने के लिए देवता ईसप की नायक के रूप में पूजा करने की आज्ञा देता है।

27. एरिस्तोफ़ेनीज़ के साथ भी ऐसा ही हुआ था। उसे भी इसी अपराध का दण्ड भुगतना पड़ा था, यहाँ तक कि नागरिकता छिन जाने की नौबत आ गयी थी।

28. 'प्रतिवक्तव्य' में अनेक स्थलों पर उसने अपनी अन्तः प्रेरणा को देववाणी कहा है और स्वयं को देवदूत।

# 3. प्लेटो

(ई. पू. 429/427—347)

## आदर्शवादी तत्त्वशास्त्रीय समीक्षा-दृष्टि

# 3.1 प्लेटो का कलादर्शन

## 3.1.1 ऐतिहासिक परिदृश्य

आभिजात्य काव्यशास्त्र में काव्य अथवा अन्य किसी कला की चर्चा सदैव सामाजिक की पृष्ठभूमि में हुई है। कवि के सामने श्रोता या प्रेक्षक अदृश्य रूप में उपस्थित रहता ही था, उसकी रचनाएँ वस्तुतः उसी को सम्बोधित थीं। अतः स्वाभाविक था की समीक्षा-दृष्टि जब शास्त्रीय दृष्टि का रूप लेने लगी तो उसके केन्द्र में भी सामाजिक हो। प्लेटो इसका अपवाद नहीं है। वह समाज के चारित्रिक उत्थान में सुकरात से प्रेरित था। दार्शनिक चिन्तन को प्रकृति से हटा कर समाजोन्मुखी करने में सुकरात का विशेष योग रहा है। प्लेटो उसी के चरण चिह्नों पर चला। परिणामस्वरूप, सामाजिक जीवन के सन्दर्भ मे उसने कला मूल्यांकन की जो तुला निर्धारित की उसे देखते हुए कभी-कभी ऐसा लतगा है जैसे कलात्मक सौन्दर्य से, उसके आनन्द से, उसका दूर-दूर तक कोई सम्बन्ध नहीं है। इसका कारण यह है कि उसने कला के आनन्द और उसके मूल्यांकन–सामाजिक प्रासंगिकता–दोनों में अन्तर रखा है और हृदय की अपेक्षा बुद्धि को वरीयता दी। उसके जीवन काल में वस्तुतः सामाजिक सन्दर्भ कुछ इस तरह से बदले कि वे ही उसके चिन्तन का मुख्य विषय बन गये। एथेन्स, उसकी जन्म भूमि और कर्म भूमि, का तत्कालीन समाज जिस दौर से गुज़र रहा था उसका सूत्रपात यद्यपि ई. पू. छठीं शताब्दी में ही हो गया था किन्तु 5वीं शताब्दी के दो-दो भयंकर युद्धों ने परिवर्तन की गति को और तीव्र कर दिया था। समाज व्यवस्था, नैतिक चरित्र, राजनीतिक दृष्टि, कला शैली, मूल्यांकन के मानदण्ड सब के सब नया रूप लेने लगे थे। परम्परा का आग्रही प्लेटो उन्हें शंकित दृष्टि से देख रहा था। उसका इतिहासबोध कह रहा था कि एथेन्स विनाश की ओर अग्रसर हो रहा है। उसकी कलाशास्त्रीय अवधारणाएँ इसी मानसिकता से ग्रस्त थीं। आज हम भले ही उनसे सहमत न हों किन्तु उनकी अर्थ व्यंजना का उचित आकलन ऐतिहासिक पृष्ठभूमि पर ही हो सकता है।

प्लेटो का कलाचिन्तन अभिजातवर्गीय है केवल इतना कह देना पर्याप्त नहीं है। वह स्वयं को जिस समाज से जोड़ कर देख रहा था वह मुख्यतः अत्तिका तथा सीमित अर्थ में एथेन्स नगर-राज्य का था। इसके सदस्य स्वयं को यहाँ का मूल निवासी मानते थे तथा इस क्षेत्र को अपनी जागीर समझते थे (यही दृष्टि अन्य नगर-राज्यों के अभिजात समाज की भी थी)। इसीलिए, नगर की व्यवस्था तथा सुरक्षा को यह समाज अपना उत्तरदायित्व मानता था तथा इस अधिकार को अपने पास ही बनाये रखना चाहता था। यहाँ की भूमि अधिक उपजाऊ नहीं थी, अतः अनय नगर-राज्यों से व्यापारिक सम्बन्ध रखना यहाँ के निवासियों के लिए आवश्यक था। फिर भी परिस्थितिवश आत्मनिर्भरता–संयमित जीवन जीते हुए थोड़े में गुज़ारा कर लेना–को उन्होंने सिद्धान्त बना लिया था। इस समाज के आनुश्रुतिक स्वरूप की झलक प्लेटो ने 'तिमयूस' तथा 'क्रितियास' संवादों में दी है।

उन दिनों देवताओं ने भी धरती पर अपने-अपने क्षेत्र बाँट लिये थे। हिफेस्तुस और अथीना भाई-बहन थे, दर्शन और कला प्रेमी थे। उन्होंने अपने लिए अत्तिका की धरती चुनी क्योंकि यह बुद्धि विवेक एवं सत् आचरण के लिए उपयुक्त थी। यहाँ उन्होंने वीर बाल बसाये और उनके मन में स्वच्छ शासन की भावना भर दी। इस व्यवस्था के नियम यहाँ पीढ़ी-दर-पीढ़ी सम्मानपूर्वक अपनाये जाते रहे। अथीना इस नगर की अधिष्ठात्री देवी थी। आत्मरक्षा के लिए युद्ध उन दिनों दिनचर्या का अंग था, इसलिए कालांतर में यहाँ रहनेवालों ने अपनी देवी को भी शस्त्र सुसज्जित कर दिया। एक्रोपोलिस पर पार्थेनॉन में अथीना की प्रतिमा ज़िरह-बकतरवाली थी।

इस क्षेत्र में बसने वालों में एक वर्ग योद्धाओं का था, दूसरे वर्ग में खेतों-खानों में काम करनेवाले श्रमिक तथा कारीगर सभी आ जाते थे। योद्धाओं को देवताओं ने शुरू से ही अलग रखा था। उनकी बस्ती अलग थी। उनका रहन-सहन संयुक्त था। खाने-पीने तथा अन्य आवश्यकताओं के लिए अलग-अलग भवन थे किन्तु सादे थे, उनमें सोने-चाँदी की कोई सजावट नहीं थी। उन्होंने जीने के लिए बहुत कम और बहुत अधिक के बीच का मार्ग अपनाया था। सच्चाई और न्यायपरायणता उनका जीवन सिद्धान्त था और इसी भावना से वे अपनी भूमि तथा शेष हेलास (यूनान का पुराना नाम) पर शासन करते थे। पूरे यूरोप और ऐशिया में वे अपने शारीरिक सौन्दर्य तथा सत् आचरण के लिए प्रसिद्ध थे।[1] उनकी यशोगाथा से अभिभूत मिस्र का पुजारी सोलोन (ई. पू. 640-560) से कहता है, "तुम नहीं जानते कि तुम्हारे देश में सर्वश्रेष्ठ तथा सर्वाधिक चरित्रवान् जाति रहती थी।

तुम्हारे नगरवासी* उसी जाति के बचे हुए लोगों की सन्तान हैं।[2] खण्ड प्रलयों में नष्ट होने से पहले एथेन्स का शासन सभी नगरों में श्रेष्ठ माना जाता था। एथेन्सवासियों ने अनेक महान् कार्य किये जिनमें मुख्य था अतलांतिकों से अकेले युद्ध करना, उन्हें परास्त करना और सभी नगरों को भयमुक्त करना।[3]

एथेन्सवासियों के पूर्वजों पर की गयी उपर्युक्त टिप्पणी संक्षिप्त होते हुए भी महत्त्वपूर्ण है। इसमें संयम, सदाचार, न्यायपरायणता पर बल दिया गया है। यह बहुत कुछ भौतिक परिस्थितियों का परिणाम था किन्तु प्लेटो ने इसे नैतिक आचरण से जोड़ कर मानवीय दर्शन के मूलभूत सिद्धान्तों का रूप दे दिया। संवादों में इन पौराणिक आख्यानों को समाविष्ट करने का उद्देश्य यह था कि उसके अपने समय का अभिजात समाज परम्परागत आदर्शों से प्रेरित हो और अपने पूर्वजों की जीवन शैली अपना कर अपने पूर्व गौरव को पुनः प्राप्त करने की दिशा में प्रयत्नशील हो। एथेन्सवासियों के पूर्वज आदर्श जीवन जीते हुए इतने शसक्त हो गये थे कि अपने से कहीं अधिक विशाल अतलांतिक सम्राज्य से टक्कर ले सके और विजयी हुए। इसका कारण था कि अतलांतिकवासी भौतिक साधन सम्पन्न तो थे किन्तु चारित्रिक विकास में पिछड़ गये थे, वे दुष्ट प्रवृत्ति के हो गये थे। जिससे देवता उनसे रुष्ट हो गये। एथेन्स से पराजित होने के बाद एक बड़े भूकम्प में उनका पूरा साम्राज्य समुद्र में विलीन हो गया। उधर एथेन्सवासी सदाचारी होने के कारण अनेक खण्ड प्रयत्नों में भी अपनी जाति को बचाये रख सके। प्लेटो देख रहा था कि उसके नगरवासी बहुत कुछ आतलांतिकों के पदचिह्नों पर चल रहे थे। उपर्युक्त संवाद उन्हें ही सम्बोधित है। उसका प्रसिद्ध संवाद 'गणराज्य' उसी प्राचीन आदर्श को पुनः स्थापित करने का प्रयास है। हम देखेंगे कि उसके कुछ संवादों में चर्चा का विषय अभिजात समाज ही है। वह मानों इस समाज को चेतावनी दे रहा था कि भौतिकवादी जीवन की अंतिम परिणति अतलांतिकों की कथा के अन्त से भिन्न नहीं हो सकती। उसकी भविष्यवाणी सच हुई उसकी मृत्यु के कुछ ही वर्षों के बाद सिकंदर के पिता के आक्रमण ने एथेन्स की प्रभुसत्ता का अन्त कर दिया।

अतलांतिकों की अनुश्रुति के सूत्र माइसीनी सभ्यता के काल से जुड़े हुए हैं। डोरियाइयों के आक्रमण से यूनान का पश्चिमी भाग विशेष प्रभावित हुआ था। अत्तिका अपनी भौगोलिक परिस्थिति के कारण उनके आक्रमण का प्रतिकार करने में सफल हुआ था। मूलतः यहाँ की सभ्यता भी माइसीनी ही थी इसलिए पश्चिम से भाग कर आने वाले परिवारों ने पहले अत्तिका और उसके आसपास के क्षेत्रों में

---

*यहाँ 'नगरवासी' से तात्पर्य है मूल निवासी, स्वतन्त्र अभिजात समाज के सदस्य।

शरण ली, फिर धीरे-धीरे आयोनिया की ओर बढ़ गये जहाँ उन्होंने एक नयी सभ्यता का विकास किया। किन्तु बाद में भी, एक ही सभ्यता के उत्तराधिकारी होने के कारण आयोनिया और एथेन्स के बीच आत्मीयतापूर्ण सम्बन्ध बने रहे।

डोरियाई आक्रमणकारी पश्चिम में पेलोपोनीसुस के मैदानी भाग तक बस गये और स्पार्ता को उन्होंने मुख्य नगर-राज्य बना लिया। वहाँ के मूल निवासियों को लगातार अपने अधीन रखने के उद्देश्य से स्पार्ता नगर शताब्दियों तक सैन्य शिविर ही बना रहा। वहाँ की शासन व्यवस्था और कला-कौशल में नियमों का अत्यन्त कठोरता से पालन करवाया जाता था। परिणामस्वरूप, हर क्षेत्र में उनकी परम्पराओं का स्परूप शताब्दियों तक ज्यों का त्यों बना रहा। अपने आदर्शों को बचाये रखने की उनकी इस प्रवृत्ति से प्लेटो बहुत प्रभावित था। उसके 'गणराज्य' की कल्पना स्पार्ता की राजनीतिक और सामाजिक व्यवस्था को प्रतिबिंबित करती है। वह अपने नगर के लिए पूरी तरह समर्पित था फिर भी स्पार्ता का प्रशंसक था। और ऐसा प्रशंसा भाव रखने वाला वह अकेला नहीं था। एरिस्तोफ़ेनीज़ के 'लाइसिसत्रेता' में भी स्पार्ता और एथेन्स के मेल से एक महानगर-राज्य की कल्पना की गयी है। यद्यपि दोनों नगर-राज्य परस्पर शत्रुभाव रखते थे, दोनों में लगभग सत्ताईस वर्षों तक लगातार युद्ध होता रहा जिसका अंत एथेन्स की घोर पराजय में हुआ, फिर भी उसी स्पार्ता के प्रति प्रशंसा भाव रखने के प्रश्न का उत्तर इतिहास के पन्ने देते हैं।

आयोनियाई नगर व्यापारिक केन्द्र बन गये थे। आयातित सुख-सुविधाओं के बढ़ जाने से वहाँ के समाज की जीवन-दृष्टि भोगवादी हो गयी थी। वहाँ का अभिजात समाज कल की अपेक्षा आज में विश्वास करने लगा था। कठोर परिश्रम आत्म संयम, चारित्रिक श्रेष्ठता के आदर्श अतीत की वस्तु हो गये थे। वर्षों तक कोई बड़ा युद्ध न होने के कारण तलवारें जंग खा यगी थीं। परिणाम यह हुआ कि फ़ारसी सेनाओं से लड़ने के लिए वहाँ के सैनिकों को जब एथेन्स के सैनिक प्रशिक्षण देने लगे तो एक की सप्ताह में उनके हाल बेहाल हो गये और वे भाग खड़े हुए। हिरोदोतुस के अनुसार उन्होंने यहाँ तक कह दिया कि इससे अच्छी तो फ़ारसवासियों की गुलामी होगी। तात्पर्य यह कि उस समय तक कोमलता, शृंगारिकता तथा एक सीमा तक स्त्रैणभाव उनकी संस्कृति की पहचान बन गये थे।

इंद्रिय सुख मुख्य हो जाने के कारण कलाओं में रूपाश्रयी मूल्य प्रधान हो गया और उपयोगिताश्रयी (सामाजिक प्रासंगिकता) मूल्य गौण। हाउज़र का निष्कर्ष है कि 'कला कला के लिए' की अवधारणा सबसे पहले आयोनियाई कला जगत् में ही दिखाई देती है।[4] इसमें कला रूपों से खेलना स्वयं में एक लक्ष्य बन जाता है।

यह वस्तुतः कला सृजन की स्वायत्तता है। कलाकार इस बात पर अधिक ध्यान देने के लिए स्वतन्त्र है कि उसकी कृति उपभोक्ता के मन को भा जाय। इसके अतिरिक्त किसी और लक्ष्य को पाना आवश्यक नहीं रह जाता। उस समय की परिस्थितियों में इसकी परिणति यथार्थवादी शैली में हुई। अनुकरण स्वयं में एक लक्ष्य बन गया और प्लेटो ने इसी पर कठोरतम प्रहार किया।

आयोनिया में जन्मी इस प्रवृत्ति का प्रभाव एथेन्स के कला जगत् पर भी पड़ा। अब तक एथेन्स ने आयोनियाई नगरों को सांस्कृतिक दृष्टि से कभी अपने समकक्ष नहीं माना था। इसलिए कला शैली में भी ओयानियाई तत्त्व गौण ही बने रहे। पार्थेनॉन के मंदिर में अपनी पूर्व परम्परा पर ही बल है। किन्तु स्पार्ता के साथ युद्ध होने पर उसे आयोनियाई नगरों के साथ की कुछ अधिक आवश्यकता महसूस होने लगी, तब एकएक यहाँ के नेताओं को याद आया कि उनके और आयोनिया के पूर्वज एक ही थे।[5] तत्काल, लगभग ई. पू. 420 में एक्रोपोलिस पर इरेख्थ्यूस का मंदिर बनना शुरु हो गया ठीक उसी जगह जहाँ पहले कभी माइसीनी राजाओं के महल थे। इस मंदिर में, एथेन्स के इतिहास में पहली बार, आयोनियाई शैली के स्तम्भ बनाये गये। दूसरी बात यह कि इसमें डोरियाइयों का प्रवेश वर्जित कर दिया गया। इतना ही नहीं, पार्थेनॉन जो पहले डोरियाई शैली में बनाया गया था, उसके भीतर भी आयोनियाई शैली के स्तम्भ जोड़ दिये गये। फिर अथीना नाइकी का मंदिर भी शुद्ध आयोनियाई शैली में बना। आयन को मुख्य पात्र बनाकर युरिपिदीज़ ने एक नाटक ही लिख डाला जिसका मंचन लगभग ई. पू. 418 में हुआ। युरिपिदीज़ युगीन समस्याओं का सूक्ष्म अध्येता था। राजनीतिक स्तर पर आयोनियाइयों को निकट लाने के जो प्रयास हो रहे थे हो सकता है उन्हीं से उसे यह नाटक लिखंने की प्रेरणा मिली हो। इन्हीं प्रयासों की महत्त्वपूर्ण कड़ी के रूप में ई. पू. 410 में एथेन्स के राजनीतिज्ञों ने एक और बड़ा कदम उठाया। उन्होंने निर्णय लिया कि अब से एथेन्स के राजकीय अभिलेखों के लिए आयोनियाई लिपि का प्रयोग किया जाएगा।

आयोनियाई लिपि और कला रूपों को साग्रह आयातित करने के पीछे केवल राजनीतिक कारण थे और उनके भी पीछे आर्थिक कारण थे। एथेन्स के व्यापारिक साम्राज्य में आयोनिया की मुख्य भूमिका थी, फिर भी यहाँ के नेताओं को ये निर्णय लेने इतने सरल न होते यदि सामाजिक स्तर पर पहले से ही इसके उपयुक्त वातावरण तैयार न होता। वैसे तो एथेन्स का समाज उदारवादी था। वहाँ सभी नगरों से विद्वान्, कवि तथा कलाकार आते-जाते रहते थे। किन्तु आयोनियाइयों की ओर उनका झुकाव कुछ अधिक था क्योंकि उन्हें वे अपना जाति-भाई मानते

थे। दूसरे, अब एथेन्स राजनीतिक केन्द्र के साथ-साथ व्यापारिक राजधानी भी बन गया था। यहाँ के व्यापारियों की अपनी-अपनी पेढ़ियाँ (बैंक) थीं और वे ब्याज पर धन उपलब्ध करवाते थे। फलतः, वह जीवन को बहुत-कुछ आयोनियाई दृष्टि से देखने लगे थे। पेलोपोनीशियाई युद्ध के समय अनेक निर्णय व्यापारिक कारणों से लिये गये थे क्योंकि उन निर्णयों को लेने वाले राजनीतिज्ञ स्वयं व्यापारी थे। अधिक से अधिक सम्पन्न होना और सम्पन्नता का खुल कर प्रदर्शन करना उनकी प्रवृत्ति थी। ई. पू. 349 में दिमोस्थनीज़ ने ठीक ही कहा था कि कुछ लोगों के घर सार्वजनिक भवनों से अधिक भव्य हैं। खुदाई में निकले उस समय के भवनों के अवशेष अपने ऐश्वर्य की कहानी स्वयं कहते हैं।

मूर्तिकला में एकाएक नारी रूपों के प्रति आकर्षण बढ़ गया। नारी भाव को रूपायित करने के लिए कोमलता, शृगांरिकता, मांसलता आदि पर अधिक ध्यान दिया जाने लगा। प्रैक्सितलीज़ की 'एफ्रोदाइति' (प्रेम की देवी) दर्शक में कामुकता जगांने में सफल थी। बाद में उसे ऐसी जगह रखा गया जहाँ दर्शक उसे आगे और पीछे दोनों ओर से देख सकते थे। 'अथीना नाइकी' के मंदिर में अथीना अपना सैंडल उतार रही है किन्तु इस उत्थित शिल्प (रिलीफ) में उसके झीने वस्त्रों में से उसकी माँसल देह स्पष्ट उभरती दिखाई देती है। चित्रों में ऐसी मांसलता और जीवन्तता लाना कठिन था फिर भी अनुकरण द्वारा प्रतिकृति अथवा प्रतिमा—रचना (आइकॉन मेकिंग) का भाव अधिक से अधिक जग सके इसके लिए रंगों की संख्या बढ़ गयी। तात्पर्य यह कि कला में बुद्धि ग्राह्य तत्त्वों की अपेक्षा इंद्रिय ग्राह्य तत्त्वों तथा संवेदनशीलता को अधिक महत्त्व मिलने लगा।* एल्सीबाइयादीज़ एक बार ओलिंपियाई खेलों मे विजयी हुआ था। उसकी जीत को दर्शानेवाला एक चित्र बना है जिसमें उसे अप्सराओं से भी अधिक सुन्दर दिखलाया गया है।[6] प्लेटो समाज और कलाकारों की इस रुग्ण मानसिकता से खिन्न था। वह अनुभव कर रहा था कि अभिजात समाज ने आरेती के आदर्श को भुला दिया है।[7] उसका निष्कर्ष था कि आयोनियाई जीवन दृष्टि एवं संस्कृति को अपनाने से एथेन्स की शक्ति क्षीण हुई है। स्पार्ता के साथ चले दीर्घकालीन युद्ध में उसकी घोर पराजय इसका प्रमाण है। उधर स्पार्ता इसलिए विजयी हुआ क्योंकि उसने अपने पूर्वज़ों के आदर्श को बचाये रखा है। उसके तथा एरिस्तोफ़ेनीज़ जैसे कवियों की रचनाओं में स्पार्ता को प्रशंसा से देखने के मूल में यही धारणा काम कर रही थी।

कवि आरम्भ से ही स्वयं को अभिजात समाज के अभिन्न अंग के रूप में देखते आ रहे थे। और वे यह मान कर चल रहे थे कि इस समाज पर आया संकट

*पार्हासिउस और ज़्युक्सिस के चित्रों में अश्रुपूरित नेत्रोंवाली आकृतियाँ दर्शायी गयी हैं।

एथेन्स पर आया हुआ ही समझा जाना चाहिए। इसलिए इसके प्रति जन सामान्य को सचेत करना वे अपना कर्तव्य मानते थे। परिणामस्वरूप, वे पहले से भी कहीं अधिक आग्रहपूर्वक शिक्षक तथा प्रबोधक की भूमिका में आ गये। होमर आदि कवि आँखें बंद करके म्यूज़ की कृपा से जो देख रहे थे वही समाज को दिखला रहे थे, किन्तु एरिस्तोफ़ेनीज़ जैसे कवि खुली आँखों से कुछ नेताओं का असली चेहरा देख रहे थे और वही समाज को दिखला रहे थे। कुछ विषयों पर प्लेटो एरिस्तोफ़ेनीज़ का समर्थक था। वह नहीं चाहता था कि उसका नगर भी उपभोक्तावाद के दलदल में फँस कर रह जाय, आर्थिक सम्पन्नता ही उसके समाज की पहचान बन जाय। साथ ही उसे इस बात पर भी आपत्ति थी कि बिना उचित प्रशिक्षण के कोई भी लोकसभा में बोलने का अधिकारी बन जाय। सुकरात ऐसे ही अशिक्षित तथा स्वार्थी तत्त्वों के षड्यन्त्र का शिकार हुआ था। अब प्रश्न था कि समस्या का स्थायी तथा व्यापक समाधान क्या हो?

प्लेटो अपने अध्ययन से इस निष्कर्ष पर पहुँचा था कि किसी भी भू क्षेत्र में कला के विकास और वहाँ के राजनीतिक तथा आर्थिक ढाँचे में अन्तरंग सम्बन्ध है। दोनों एक दूसरे को प्रभावित करने की क्षमता रखते हैं। आयातित प्रभावों को एकदम रोका नहीं जा सकता न नकारा जा सकता है किन्तु इससे पहली स्थिति का महत्त्व कम नहीं हो जाता। उसने अपने संवाद ई. पू. लगभग 390 में लिखने शुरू किये थे, तब तक एथेन्स को स्पार्ता की दासता से मुक्त हुए चौदह वर्ष बीत चुक थे। फिर भी समाज सच्चे आदर्शों की ओर उन्मुख होता नहीं दिखायी दे रहा था। भौतिकवाद अपनी जड़ें जमाने के लिए नयी-नयी ज़मीन तलाश रहा था। अब तक कलाकृतियाँ समाज की सम्पत्ति थीं, व्यापारी वर्ग ने उसे निजी सम्पत्ति बना लिया। पहले, जैसे आर्थिक सम्पन्नता समाज में सम्मान पाने का साधन थी, उसी तरह अब कलाकृतियों को खरीदना भी गौरव की बात हो गयी। कला मंदिरों तथा अन्य सार्वजनिक स्थलों के बजाय अभिजात वर्ग के घरों की शोभा बढ़ाने लगी। इसके लिए कला का पारखी होना भी आवश्यक नहीं रह गया था, बस पैसा होना पर्याप्त था। हम अनुमान लगा सकते हैं कि कलाकृतियों की इस बढ़ती माँग के दौर में उसको पूरा करनेवाली कृतियों में कारीगारी तो रही होगी, उसमें और निखार भी आया होगा किन्तु अर्थगाम्भीर्य और संज्ञानात्मक मूल्य में अवश्य कमी आ गयी होगी। सादृश्य के बिम्ब-प्रतिबिम्ब भाव को दर्शानेवाले अनुकरण का खण्डन करके प्लेटो ने वस्तुतः उस घटिया कलावाद को नकारा है जो उस समय के सिद्धान्तहीन व्यापारियों की रुग्ण मानसिकता का प्रतीक बन गया था। वह कला को पुनः नैतिकता की उच्च भूमि पर प्रतिष्ठित करना चाहता था जहाँ से वह प्रकाश स्तम्भ

की भाँति पूरे समाज को दिशा निर्देश दे सके।

लक्ष्य की ऊँचाई को ले कर प्लेटो की सदाशयता पर सन्देह नहीं किया जा सकता किन्तु अपनी प्रतिगामी दृष्टि के कारण वह उपयोगिताश्रयी मूल्य और रूपाश्रयी मूल्य में संगति नहीं बैठ पाया। उसके चिन्तन में उपयोगिता को सर्वोपरि स्थान मिलने के कारण तथा अन्य पक्षों के किंचित उपेक्षित रह जाने के कारण वह कला विरोधी मान लिया गया। कला पर विचार करते समय उसकी मानसिकता परम्परागत विचारधारा तथा सुकरात के कतिपय निष्कर्षों से अधिक प्रभावित थी। सुकरात का स्पष्ट मत था कि जो उपयोगी है, लक्ष्य (उचित लक्ष्य) सिद्ध करने वाला है, वही सुन्दर भी है। इसे हम समाज पर भी घटा सकते हैं। प्लेटो ने वही किया। उसकी दृष्टि में ई. पू. छठी शताब्दी से भी पहले का समाज आदर्श रूप था क्योंकि वह अपने लक्ष्य को सफलतापूर्वक सिद्ध कर पाया था। उसकी झलक उसे अपने जीवन काल में स्पार्ता के समाज में दिखायी देती थी इसलिए वह सदैव ही उसकी प्रेरणा का स्रोत बना रहा। उसे लगता था कि स्पार्ता अपनी भीतरी शक्ति के कारण ही उस उपभोक्तावाद का प्रतिकार कर सका है जिसके आगे पहले आयोनिया ने और फिर अत्तिका ने घुटने टेक दिये हैं। अपने निष्कर्षों को उसने दैवी सिद्धान्त का रूप अवश्य प्रदान किया किन्तु उसके भीतर से उसका अतीत का मोह झाँकता दिखाई देता है। इसे विडम्बना नहीं तो और क्या कहेंगे कि 'गणराज्य' संवाद के प्रारूप के मूल सूत्र रुढ़िवादी स्पार्ता से जुड़े हुए हैं, उस स्पार्ता से जिसने पेलोपोनीशियाई युद्ध के बाद एथेन्स के प्रजातन्त्र को नष्ट-भ्रष्ट करने के लिए उस पर 'तीस प्रजापीड़कों का शासन' थोप दिया था। उन निरंकुश शासकों ने शासन कम किया हत्यायें अधिक कीं। जहाँ तक कला के मूल्यांकन का प्रश्न है प्लेटो निश्चित ही स्पार्ता की रूढ़िवादी मनोवृत्ति का अनुसरण कर रहा था। जैसे स्पार्ता का समाज अपने समय के यथार्थ को पहचानने से इनकार कर रहा था उसी तरह प्लेटो भी वर्तमान को भविष्य की ओर न ले जा कर दो शताब्दी पीछे ले जाना चाहता था। आश्चर्य इस बात का है कि चिन्तन के धरातल पर परम यथार्थ (अल्टिमेट रियेलिटी) को प्रतिमान मान कर जिस यर्थार्थवाद की उसने भर्त्सना की अपने लेखन में उसी शैली को उसने गले लगाया। इस विसंगति को उसने क्यों कभी महसूस नहीं किया यह एक बड़ा प्रश्न है। उसकी शैली को युरिपिदीज़ की शैली का पूर्ण विकास कहें तो अत्युक्ति न होगी। चिन्तन और व्यवहार का द्वैध उसके कलाशास्त्र में लगातार दिखायी देता है। सिद्धान्ततः वह होमर को नकारता है किन्तु सहृदय के रूप में उसका प्रशंसक है, सैफ़ो उसके लिए दसवीं मयूज़ है।

### 3.1.2 वैचारिक पृष्ठभूमि

प्लेटो के संवादों को उत्कृष्ट गद्य साहित्य होने का गौरव प्राप्त है, यह अलग बात है कि उसकी प्रसिद्धि काव्य विरोधी के रूप में अधिक है। किन्तु वास्तविकता यही है कि वह सच्चा काव्य प्रेमी था, स्वयं भी कवि था और काव्य की शक्ति को अंतस से अनुभव करता था। उसके संवादों में तत्कालीन गद्य की मानक शैली के दर्शन होते हैं। अतः उसके काव्य विरोध को उचित परिप्रेक्ष्य में देखना आवश्यक है। साथ ही यह भी देखा जाना चाहिए कि चालीस वर्षों के दीर्घ लेखन काल में उसकी दृष्टि क्या एक जैसी ही रही है? यदि नहीं तो अंतिम मूल्यांकन करते समय उसकी उत्तर दृष्टि को ही अधिक महत्त्व दिया जाना चाहिए।

एक ओर भावुक कवि मन दूसरी ओर निस्संग तत्त्व चिन्तक यही है उसके खंडित व्यक्तित्व की त्रासदी। सृजन के क्षेत्र में समसामयिक प्रगतिशील प्रवृत्ति की संवाहक यथार्थवादी शैली का पुरोधा होते हुए भी मूल्यांकन के क्षेत्र में वह पश्चगामी आभिजात्यवादी विचारधारा का पक्षधर था। ऊपर से यह आत्मविरोध विडम्बना की स्थिति तक पहुँचा हुआ दीखता है किन्तु युगीन पृष्ठभूमि पर विचार करने के बाद इसकी तीव्रता उतनी नहीं रह जाती। उसके चिन्तन की भूमिकास्वरूप एक बात और यहाँ कह देना चाहते हैं कि एक सच्चा मानवतावादी होने के कारण 'कला कला के लिए' का सिद्धान्त उसकी दृष्टि में कोई मूल्य नहीं रखता था। आज भी कला स्वातंत्र्य के नाम पर अतिचार होते रहते हैं और उन पर अंकुश लगते रहते हैं। वह सम्पूर्ण यूनान पर सांस्कृतिक संकट मँडराता हुआ देख रहा था। उससे सुरक्षा के लिए वह उन प्रवृत्तियों पर कठोर अंकुश लगाना चाहता था जो उसकी दृष्टि में भ्रष्ट थीं, संस्कृति विरोधी थीं। उसने जीवन के मूल्यांकन की एक पद्धति अपनायी, उसी की परिधि में कला का मूल्यांकन भी समाया हुआ है, फिर जो भी निष्कर्ष निकला उसे उसने साहसपूर्वक स्वीकार किया।

प्लेटो की काव्य मान्यताओं पर विचार करते समय दो कठिनाइयों का सामना करना पड़ता है। उसकी मान्यताएँ दर्शन के अन्य प्रश्नों से अत्यन्त निकटता से जुड़ी हुई हैं तथा संवादों में यत्र-तत्र बिखरी हुई है। उनको इकट्ठा करना, उनमें एक सूत्रता लाना पहली कठिनाई है। दूसरी कठिनाई यह है कि उसके चिन्तन ने सुकरात के मार्गदर्शन में यद्यपि शुरू से ही एक निश्चित दिशा अपना ली थी फिर भी उनमें परिवर्तन और परिवर्धन होता ही रहा। इसका कारण था कि वह सामाजिक जीवन के कुछ ज्वलंत प्रश्नों से लगातार जूझता रहा। समस्याओं और समाधान के सूत्र तत्कालीन परिस्थितियों में अवश्य हैं किन्तु उन्हें खोजना सरल नहीं है।

प्लेटो के माता पिता की आर्थिक स्थिति साधारण थी किन्तु उनके पूर्वज एथेन्स के प्रतिष्ठित कुलीन घरानों से थे।[8] खरमिदीज़ और क्रितियास दोनों ही उसके मामा लगते थे। उसके पिता की मृत्यु के बाद उसकी माता ने दूसरा विवाह कर लिया था। यह व्यक्ति पेरिक्लीज़ का घनिष्ठ मित्र था और उसकी नीतियों का प्रबल समर्थक भी था। इससे सिद्ध होता है कि प्लेटो को एथेन्स के प्रभावशाली सम्पन्न घरानों के व्यवहार-विचार को निकट से देखने और समझने का अवसर मिला था। उसकी शिक्षा भी कुलीन समाज की परम्परानुसार संगीत, व्याकरण, शारीरिक व्यायाम आदि सभी में हुई थी। खरमिदीज़ और क्रितियास चाहते थे कि वह राजनीति में सक्रिय भाग ले। चूँकि वह परिस्थिति को अच्छी तरह समझ लेना चाहता था इसलिए उसने तत्काल कोई निर्णय नहीं किया। इस बीच ई. पू. 407 में उसकी मित्रता सुकरात से हो गयी। उधर स्पार्ता से चले आते युद्ध की समाप्ति पर कुछ धनिक परिवारों ने स्पार्ता की सहायता से एथेन्स की बागडोर अपने हाथ में ले ली। यह 'तीस' प्रजापीड़क' का शासन काल कहलाता है। उन्होंने चुन-चुन कर अपने विरोधियों और प्रजातन्त्र समर्थकों से बदला लिया। क्रितियास टायरेंटों का नेता था। खरमिदीज़ भी इस षड्यन्त्र में उसके साथ था। विरोधियों को झूठे आरोप में फँसाने, उनकी जायदाद हड़पने और फिर ज़रूरत हो तो उन्हें मौत के घाट उतारने की उनकी नीति ने चारों ओर त्राहि-त्राहि मचा दी। इस नीति के घेरे में उन्होंने सुकरात को भी फँसा लिया था। बाद में जब प्रजातन्त्र की पुनः स्थापना हुई तो उसमें भी प्रतिक्रियावादी तत्त्वों का ही बोलबाला रहा। उन्होंने टायरेंटों से भी एक कदम आगे बढ़ कर सुकरात पर देव विरोधी होने का आरोप लगाया और मृत्युदंड की घोषणा कर दी। इस घटनाचक्र से विरक्त हो कर प्लेटो ने सक्रिय राजनीति में भाग लेने का विचार सदैव के लिए त्याग दिया। अब प्रश्न था कि बहुसंख्यक समाज को भाग्य के भरोसे ऐसे ही छोड़ दिया जाय या उज्जवल भविष्य की दिशा में ले चलने का प्रयत्न किया जाय? सच्चा मानवतावादी होने के नाते समाज का मार्ग दर्शन करने की उसने एक बड़ी योजना बनायी। ई. पू. 388-87 में अकादमी की स्थापना करके उसने योजना को मूर्त रूप दिया। सुकरात के नैतिक विचार और उसका पवित्र जीवन उसके आदर्श बन गये। उसके दार्शनिक चिन्तन में इसकी स्पष्ट छाप दिखाई देती है। एक वाक्य में कहें तो उसका दर्शन मानव समाज को परम शिव के लक्ष्य तक पहुँचने का मार्ग है। वही स्थिति परम आनन्द की भी है। सभी व्यक्ति उस अंतिम सोपान तक नहीं पहुँच सकते किन्तु निज सामर्थ्यनुसार उस मार्ग पर कुछ दूर तक चला तो जा सकता है। उसका 'गणराज्य' ऐसे ही आदर्श समाज की कल्पना है, सिर्फ कल्पना ही नहीं वस्तुतः उसे

वास्तविकता में बदलने की योजना है। इसमें समाज के सभी वर्ग–आभिजात्य शासक वर्ग, सैनिक, व्यापारी, कारीगर, कृषक–एक ही लक्ष्य से अनुप्रेरित हैं और समवेत रूप से उसे पाने में परस्पर सहयोगी हैं। यह किसी एकान्तवासी का तत्त्व दर्शन नहीं है, वरन् व्यवहारिक जीवन से पूरी तरह जुड़ा है, राज्य के प्रत्येक सदस्य को उसकी क्षमतानुसार जीने की कला सिखलाता है। कलाओं में यही सबसे बड़ी कला भी है। साहित्य, संगीत तथा अन्य कलाएँ इसमें क्या सहयोग कर सकती हैं इन्हीं प्रश्नों के उत्तरों की खोज में उसने अपनी काव्य मान्यताएँ, व्यापक अर्थ में कलादर्शन, प्रस्तुत की हैं।

सुकरातीय काव्य दृष्टि के सन्दर्भ में हम देख आये हैं कि प्लेटो के शुरू-शुरू के संवादों में जो स्थापनाएँ हैं वे सुकरात की हैं। इसका यह अर्थ नहीं लेना चाहिए कि प्लेटो के अपने विचार उनसे भिन्न हैं। वह उनसे पूरी तरह सहमत है। उन्हें व्यावहारिक रूप देने के लिए उनमें जो भी नये आयाम जुड़े हैं उनसे उनका मूल भाव प्रभावित नहीं हुआ है। मूल भाव है–अनुकरण कला की प्रकृति है किन्तु अनुकरण मूल तत्त्व का होना चाहिए न कि गोचर रूप का, और मूल तत्त्व बुद्धि ग्राह्य है न कि इंद्रिय ग्राह्य।[9] प्लेटो ने इस सूत्र का परित्याग कभी नहीं किया बल्कि इसकी अर्थ व्यंजना को और गहरी तथा स्पष्ट करता गया। इसका परिचय हमें उन टिप्प्रणियों से मिलता है जो उसने समय-समय पर कला के उत्स तथा प्रयोजन आदि के सन्दर्भ में की है।

प्लेटो का कला चिन्तन उसकी दार्शनिक दृष्टि से प्रभावित है इसलिए उसे ठीक से समझने के लिए हम तत्कालीन दार्शनिक परिदृश्य पर विहंगम दृष्टि डाल लेना चाहते हैं। यह इसलिए भी आवश्यक है क्योंकि वह सारग्राही था। उसने सभी विचारधाराओं से जो उचित लगा निःसंकोच ग्रहण किया। मार्गदर्शक के रूप में सुकरात की विचारधारा तो थी ही।

दर्शन के विकास क्रम में सबसे पहले आयोनियाई आते हैं। इनमें से मुख्य हैं थेलीज़, अनेक्सिमांदर और अनेक्सिमिनीज़। संयोग से ये तीनों ही लघु एशिया में माइलीतुस नगर के रहने वाले थे। तीनों के सामने एक ही महत्त्वपूर्ण प्रश्न था कि संसार की विविधता के पीछे क्या कोई एकता है? प्रश्न पदार्थमय जगत् से सम्बद्ध था इसलिए उत्तर भी पदार्थमय जगत् में ही ढूँढ़ा जा रहा था। थेलीज़ ने जल को मूल तत्त्व माना। अनेक्सिमांदर ने इसे कोई नाम न दे कर सभी पदार्थों का असीम अरूप मिश्रण कहा। अनेक्सिमिनीज़ ने यह स्थान वायु को दिया। ये पहले दौर के चिन्तक थे। दूसरे दौर के भौतिकवादी (जिनके चिन्तन का विषय भूत तत्त्व था) अलग-अलग नगरों से आये थे। इनमें से हिरेक्लाइयतुस लघु एशिया में इफिसुस

नगर का रहने वाला था। उसकी स्थापना थी कि परिवर्ती जगत् का ही अस्तित्व है। इसकी सभी वस्तुएँ नित नवीन रूप लेती रहती हैं। स्थायित्व केवल भ्रम है। क्षण-प्रतिक्षण होते रहने वाले परिवर्तन को ध्यान में रखते हुए उसने कहा कि मूल तत्त्व अग्नि है। इसी की अधोगति से पहले वायु, फिर जल और जल से धरती बनती है। ऊर्ध्व गति द्वारा धरती पुनः अग्नि बन जाती है। इसी स्थापना को किचिंत् व्यापक बनाते हुए सिसलीवासी एंपीदोक्लीज़ ने चार मूल तत्व माने—धरती, आकाश, अग्नि और जल। उसका कहना था कि भिन्न गुण रखने वाले तत्त्व किसी भी स्थिति में एक-दूसरे का रूप नहीं ले सकते, इसलिए, दन चारों को मूल तत्त्व माने बिना प्रकृति की विविधता का रहस्य नहीं सुलझाया जा सकता।

ल्युकिप्पुस और दिमोक्रितुस इस दौर के अंतिम महत्त्वपूर्ण दार्शनिक हैं। ये आधुनिक वैज्ञानिकों के सर्वाधिक निकट हैं। इनके अनुसार अणु ही पदार्थमय जगत् के मूलतत्त्व हैं। एक पदार्थ के अणुओं में और दूसरे पदार्थ के अुणओं में कोई गुणात्मक अन्तर नहीं होता। अणुओं का परिमाण ही पदार्थों का रूप और गुण निर्धारित करता है। वे वस्तुतः ईलियाई चिन्तन की अंतर्निहित उलझनों को सुलझा रहे थे। इनमें मुख्य थी एकता और अनेकता की जिसे नकारना कठिन हो रहा था। दूसरी थी अस्तित्व और अनस्तित्व की। अणु न नाशवान् हैं और न एक सीमा के आगे विभाज्य। वस्तुएँ अवश्य अस्तित्व में आती हैं और फिर नष्ट हो जाती हैं। यह घटना अणुओं के संघटन और विघटन से होती है। अणु स्वयं कभी नष्ट नहीं होते। आत्मा भी सर्वाधिक छोटे (इन्होंने अणुओं में छोटे-बड़े का अन्तर अवश्य माना है) और स्निग्ध अणुओं का संयोग है और मनुष्य को इसे भय, पक्षपात अथवा आवेग से मुक्त रखना चाहिए तभी यह सन्तुलित और शांत रह पायेगी।[10]

मूल तत्त्व या तत्त्वों से जुड़ा एक और प्रश्न था गति के स्रोत और उसकी प्रकृति का। यदि एक ही प्रदार्थ परिवर्तित हो कर विभिन्न रूप लेता है तो उसे गति कहाँ से मिलती है? इसी समस्या का दूसरा पक्ष यह भी था कि यदि मूल तत्त्व एक से अधिक हैं तो उनके संयोग-वियोग, जो गति का ही दूसरा नाम है, का कारण क्या है? और इनके साथ ही यह जानना भी आवश्यक है कि इस परिवर्तन या गति में क्या कोई क्रम, ताल या लय है?

गति के स्रोत के सम्बन्ध में भौतिकवादियों में दो मत प्रचलित थे। एक के अनुसार गति पदार्थ का स्वधर्म है। जैसे, थेलीज़ मानता था कि प्रकृति की सभी सजीव और निर्जीव वस्तुओं में आत्मा है, यही उसको गतिमान् बनाये रखती है। चुम्बक में आकर्षण शक्ति का उदाहरण देते हुए वह कहता है कि सम्पूर्ण प्रकृति को एक इकाई मानें तो गति उसकी अन्तःप्रवृत्ति (इनर प्रिसिंपल) है। इसी को वह

देवता की संज्ञा भी देता है जिसके सहज उच्छलन का गोचर रूप गति है। यह देवता कोई आध्यात्मिक शक्ति नहीं है वरन् प्रकृति की भौतिक शक्ति है।

गति की ताल के सम्बन्ध में थेलीज़ की खोज और भी महत्त्वपूर्ण है। नक्षत्रों की पृष्ठभूमि पर सूर्य की गति का अध्ययन करके उसने सिद्ध किया कि 365 दिनों में यह एक चक्र पूरा कर लेता है। वही एक वर्ष की अवधि मानी जानी चाहिए। सूर्य की गति से उसने निष्कर्ष निकाला कि प्रकृति में व्याप्त गति (पिंड छोटा हो चाहे बड़ा) एक निश्चित नियम का पालन करती है।

अनेक्सिमांदर की सोच इस विषय में अस्पष्ट है। वह केवल इतना कह कर रह गया कि गुण-धर्म विहीन आदि तत्त्व अपनी ही शक्ति से ठण्डे-गर्म, सूखे-गीले द्वन्द्वों में विभक्त हो जाता है। जैसे यह व्याप्ति में असीम है वैसे ही इसकी गति भी शाश्वत है। निष्कर्ष यह कि गति इसका स्वधर्म है। अनेक्सिमिनीज़ लगभग इसी का समर्थन करते हुए कहता है कि गति वायु तत्त्व में अन्तर्निहित है। इसी के परिणामस्वरूप वायु विरल या घनीभूत हो कर वस्तुओं को गोचर रूप प्रदान करती है।

आयोनियाई भौतिकवादी चिन्तन का परिपक्व रूप हिरेक्लाइतुस में मिलता है। वह माइलीतुस के चिन्तकों की अवधारणाओं से अवश्य परिचित रहा होगा। उसका मूल तत्त्व अग्नि अनेक गुण-धर्मों से युक्त है। आयोनियाई दर्शन की यह विशेषता रही कि इसमें पार्थिव जगत् को नकारा नहीं गया और इन्द्रियानुभूति को सत्य माना गया। अग्नि को मूल तत्त्व मानने का सबसे बड़ा लाभ यह था कि इसके लगातार बदलते रूप द्वारा उन परिवर्तनों को भी सरलता से समझा जा सकता था जो गोचर न हो कर बुद्धिगम्य हैं। किन्तु यह परिवर्ती मूल तत्त्व नियम विहीन नहीं है। उसने साफ कहा–"यह व्यवस्थित सृष्टि भगवान् या मनुष्य की बनायी हुई नहीं है। यह अग्नि रूपा है, सदा थी और सदैव रहेगी। अग्नि सदैव निश्चित परिमाण में प्रकट होती है और उसी परिमाण में शांत होती है।[11] यहाँ 'निश्चित परिमाण' महत्त्वपूर्ण संकेत है। अर्थात् अग्नि अपने भीतरी नियम का पालन करती है। इसका एक यह अर्थ भी लिया जाना चाहिए कि सृष्टि को भी यह नियमानुसार ही शासित करती है। इस तरह अग्नि और विचार शक्ति (रीज़न) में अभेद (आइडेंटिटी) स्थापित करते हुए वह इसे ही विश्व व्यवस्था का स्रोत भी मानता है। अग्नि अपने ही भीतर विशिष्ट नियम (लोगोस) का पालन करते हुए वस्तुओं का प्रकटन और विलयन करती रहती है। इसी को विश्व संचालन कहा जाता है। प्रकटन और विलयन की समय सीमा इसका प्रमाण है। सामान्य भाषा में इसे युग की संज्ञा दी जाती है। उसने 10800 वर्षों का एक युग माना था। इस

सम्पूर्ण विवेचन का एक निष्कर्ष निर्विवाद है कि हिरेक्लाइतुस ने परिवर्तन के क्रम में प्रकृति की व्यवस्था को पहचाना। मूल तत्त्व के भीतर का विशिष्ट नियम वस्तुओं और घटनाओं में वह अन्तः सम्बन्ध है जो अनिवार्य रूप से होता है। इसके बिना विश्व का अस्तित्व ही सम्भव नहीं है ठीक ऐसे ही जैसे बिना संहिता के नगर का होना सम्भव नहीं है। अग्नि यदि विश्व के गुण-धर्म—संसरण—का प्रतिनिधित्व करती है तो लोगोस उसके सरंचनात्मक स्थायित्व का प्रतीक है। इसके महत्त्व को रेखांकित करते हुए उसने लिखा है, "लोगोस वह शब्द है जो प्रकृति द्वारा मनुष्य को सम्बोधित है किन्तु अपनी मूर्खता के कारण वह इसे समझ नहीं पाता। इसी का निष्कर्ष है कि सृष्टि के विविध रूप सतही हैं, भीतर से वह एक इकाई है।[12]

भौतिकवादियों में एंपीदोक्लीज़ ने अपनी अलग पहचान बनायी। उसका परम यथार्थ द्वैत भाव लिये हुए है। उसके एक पक्ष के अन्तर्गत अग्नि, जल, क्षिति और वायु ये चारों मूल पदार्थ आते हैं। एक के स्थान पर चार मूल पदार्थ मानने का विशेष कारण था। वह पारमेनिदीज़ की इस स्थापना को स्वीकार करता था कि शून्य का कोई अस्तित्व नहीं है। अब उसके सामने समस्या थी कि इन्द्रियानुभूत गति और अनेकता की व्याख्या कैसे की जाय। पारमेनिदीज़ तो इन दोनों को अस्वीकार करके इनसे मुक्ति पा गया था। अब उसके सामने एक ही मार्ग बचा था कि मूल पदार्थों के साथ-साथ ऐसा शक्ति केन्द्र भी माने जो इन चारों से स्वतन्त्र हो तथा इन्हें गतिमान् बनाता हो।* इस तरह उसके परम यथार्थ के दूसरे पक्ष के अन्तर्गत उपर्युक्त चारों जड़ पदार्थों को पास लाने और दूर ले जाने वाली बाह्य शक्तियाँ हैं। उसने इन्हें प्रेम और घृणा—आकर्षण और विकर्षण—ये दो नाम दिये हैं। ये शक्तियाँ पदार्थों को संघटित और विघटित करती रहती हैं। जब संघटन (मिश्रण) पूरा हो जाता है तो विघटन (अलगाव) शुरू हो जाता है। विघटन पूरा हो जाने पर फिर संघटन शुरु हो जाता है। यहाँ ध्यान रखने की बात यह कि शक्ति का बाह्य स्रोत किसी भी रूप में अपार्थिव अथवा अभौतिक नहीं है। आकर्षण और विकर्षण का क्रम समय सीमा के भीतर ही लगातार चलता रहता है। सामान्यतः जिसे उत्पत्ति और विनाश कहा जाता है उसे एंपीदोक्लीज़ ने भ्रम कहा है। गोचर रूप वस्तुतः सम्पूर्ण प्रक्रिया के बीच की स्थिति है। चारों पदार्थ जब पूरी तरह अलग होते हैं तब गोचर रूप नहीं होते और जब चारों पदार्थ घुले-मिले होते हैं तब

* गति को आधार माने तो दार्शनिकों के दो वर्ग हो जाते हैं। एक इसे पदार्थ का धर्म मानने के पक्ष में है, दूसरा वर्ग इसका स्रोत पदार्थ के बाहर मानता है। एंपीदोक्लीज़ दूसरे वर्ग का प्रतिनिधित्व करता है।

भी गोचर रूपों का अस्तित्व नहीं होता। तात्पर्य यह कि इस समय विश्व बीच की स्थिति में है। प्रेम और घृणा के बीच शक्ति सन्तुलन बना हुआ है। जिससे सम्पूर्ण सृष्टि में एक लयात्मक इकाई स्थापित हो गयी है।

गति के स्रोत की समस्या को सुलझाने के लिए एंपीदोक्लीज़ को परम यथार्थ द्विपक्षीय मानना पड़ा किन्तु प्रेम और घृणा का वह कोई वैज्ञानिक आधार नहीं प्रस्तुत कर सका। ऐसे ही कुछ और प्रश्न भी थे जिनके उत्तर भौतिकवाद की सीमा के भीतर रह कर ही ढूँढ़ने आवश्यक थे। ल्युकिप्पुस ओर दिमोक्रितुस के प्रयास इस दिशा में एक बड़ी उपलब्धि सिद्ध हुए। उनके समय तक यूनानी चिन्तन (आयोनियाई और पाइथागोरी दोनों) जिस सोपान पर पहुँच चुका था उसकी सीमाओं का उन्होंने अनेक दृष्टिकोणों से विश्लेषण किया। भौतिकवादी होने के कारण उनकी प्रथम अभिस्वीकृति (फंडामेंटल एज़म्पशन) थी–गोचर विश्व सत्य है, इसमें होनेवाला परिवर्तन सत्य है, इसकी विविधता के मूल में निहित एकता भी सत्य है। परिवर्तन के दो रूप हैं : एक ही वस्तु में कालक्रमानुसार होने वाला परिवर्तन और एक से अनेक होनेवाला परिवर्तन। दोनों में ही गतिभाव निहित है इसलिए गति भी सत्य है। इन सभी सत्यों में समीकरण स्थापित करते हुए उन्होंने अणु और शून्य के समन्वित रूप को यथार्थ माना अणु मूल भौतिक तत्त्व है, निरन्तर गतिमान् रहना उसका स्वभाव है। उसकी गति का विस्तार शून्य में होता है इसलिए अणु और शून्य की युति ही यथार्थ है। इससे पारमेनिदीज़ की अनादि, अनन्त, अविनाशी, अपरिवर्तनीय, अविभाज्य मूल सत्ता (बींइग) का भाव भी खण्डित नहीं होता और एक से अनेक होने का सत्य भी पुष्ट होता है। अणु का अनादि अनन्त होना और अणुओं के संयोजन से अनेक रूपों की उत्पत्ति इनमें कोई विरोध नहीं है। दोनों का सहभाव गोचर सृष्टि का कारण है।

अणुवादी पहले चिन्तक थे जिन्होंने कारण-सम्बन्ध (कॉज़ेलिटी) की अवधारणा को स्थापित किया तथा इसकी आधार भूमि पर नियतवाद (डिटरमिनिज़्म) का तन्त्र विकसित किया। अब तक दार्शनिक मूल पदार्थ की अभिगृहीत धारणा (पोस्टयूलेट) की व्याख्या या उसे सिद्ध करने तक ही स्वयं को सीमित रखते थे। इन्होंने ने इससे आगे बढ़ कर पदार्थ में होने वाले परिवर्तन तथा उससे उत्पन्न रूपों के कारण में भेद भी स्थापित किया और उस कारण का स्वरूप भी निर्धारित किया। दिमोक्रितुस का यह वाक्य अत्यन्त महत्त्वपूर्ण है कि कुछ भी अकस्मात् यों ही नहीं हो जाता, वह किसी अनिवार्यता और कारण के परिणामस्वरूप होता है। कारण-सम्बन्ध द्वारा घटना और गोचर रूप की उत्पत्ति कैसे प्रभावित होती है इसको स्पष्ट करते हुए अणुवादियों का कथन है कि अणुओं की गति सर्वतोमुखी

होती है और वे परस्पर घात-प्रतिघात करते रहते हैं। फलस्वरूप अणुओं का एक वर्तुल बन जाता है जो समानधर्मी अणुओं को परस्पर संयोजित करता है। संयोजन जितने प्रकार को होगा उतने ही प्रकार के गोचर रूप जन्म लेंगे। व्यवहार के स्तर पर चाहें तो कह सकते हैं कि अनिवार्यता और कारण में कोई भेद नहीं है।

उपर्युक्त विवेचन से निम्न निष्कर्ष निकलते हैं–

(*i*) सृष्टि को जीवन्त और सुशासित होने के लिए किसी दिव्य शक्ति की आवश्यकता नहीं होती। यह कार्य प्रकृति की भौतिक शक्तियाँ ही करती हैं।

(*ii*) अनिवार्यता और कारण-सम्बन्ध जिस नियतवाद को स्थापित करते हैं वह नियतिवाद से भिन्न है। सृष्टि की प्रत्येक घटना चूँकि किसी अनिवार्यता के वशीभूत हो कर घटती है इसलिए संयोग अथवा अहेतु नाम की कोई चीज़ नहीं है। सामान्य मनुष्य जिस घटना का कारण जानने में असमर्थ होता है उसे संयोग का नाम दे देता है। यह उचित नहीं है। मनुष्य समाज का जन्म भी अनिवार्यतावश ही हुआ है। जैसे समानधर्मी पशु-पक्षी अपने-अपने झुंड में रहते हैं उसी तरह, दिमोक्रितुस के अनुसार मनुष्यों के लिए भी अन्य प्राणियों से सुरक्षा पाने के लिए परस्पर मिल कर रहना अनिवार्य हो गया था।

इस शृंखला की अंतिम कड़ी अनेक्सागोरस है। वह दार्शनिकों के तीसरे वर्ग का प्रथम चिन्तक है जो गति का स्रोत पदार्थ के बाहर मानता है और गुण-धर्म में उससे एमदम भिन्न भी मानता है। एथेन्स में दार्शनिक गतिविधि शुरू करने का श्रेय भी उसे ही दिया जाता है। वह लघु एशिया से आ कर यहाँ बस गया था। उसका कार्यकाल वही है जो एंपीदोक्लीज़ और दिमोक्रितुस का है। एथेन्स में उसकी मित्रता अनेक गण्मान्य लोगों से थी। पेरिक्लीज़ भी उसका मित्र और प्रशंसक था। बाद में यही मित्रता उसके एथेन्स छोड़ने का कारण भी बनी।

गोचर जगत् के मूल पदार्थ को ले कर उसने कोई नयी बात नहीं कही है। उसके अनुसार पदार्थों की संख्या अनगिनत है और वे सभी शाश्वत हैं। आरम्भ में वे सभी बेतरतीब ढंग से घुले-मिले थे, अब जैसे-जैसे समान धर्मी कण परस्पर इकट्ठे होते जा रहे हैं गोचर रूप सामने आते जा रहे हैं। यह प्रक्रिया अनंत काल तक चलती जायेगी क्योंकि मूल मिश्रण अनन्त था। यहाँ तक उसमें और एंपीदोक्लीज़ तथा दिमोक्रितुस में कोई विशेष अंतर नहीं है। तीनों ही परिवर्तन को संयोग और वियोग द्वारा व्याख्यायित कर रहे हैं। उसकी मौलिकता के दर्शन तब होते हैं जब वह समान गुण-धर्मी कणों के मिलने की प्रक्रिया पर आता है। एंपीदोक्लीज़ के चिन्तन में प्रेम और घृणा की शक्तियाँ पदार्थ के बाहर अवश्य हैं पर हैं भौतिक ही। इनसे व्यवस्थित गोचर विश्व कैसे व्यक्त होता है इसका कोई स्पष्ट उत्तर नहीं

मिलता। इधर अनेक्सागोरस देख रहा था कि सृष्टि में निश्चित क्रम है, लय है, सौन्दर्य है जो किन्हीं अंध शक्तियों की देन नहीं हो सकता। इस गुत्थी को सुलझाने के लिए उसने ऐसे आपार्थिव स्रोत की अवधारणा की जो पदार्थ को किसी निश्चित आकार-कल्पना (डिज़ाइन) की दिशा में गति देता है। उसने इस तत्त्व को 'नूस' कहा। यदि प्रकृति में कोई परिवर्तन हो रहा है तो वह एक अव्यवस्था (केयोस) से दूसरी अव्यवस्था की दिशा में नहीं हो सकता। यदि ऐसा होता तो हमें कोई भी व्यवस्था दिखलायी ही नहीं देती। इससे सिद्ध होता है कि परिवर्तन सोद्देश्य है। दर्शन में पहली बार 'प्रयोजन' को प्रविष्ट कराने के लिए स्टेस ने अनेक्सागोरस का अभिवादन किया है।[13] अब तक गति के कारण पर तो चर्चा होती थी किन्तु उसका कोई प्रयोजन भी हो सकता है इस पर किसी ने ध्यान नहीं दिया था। 'नूस' चैतन्य है, प्रज्ञाधर्मी है, स्वशासित है इसका प्रमाण प्रयोजन है। एक निश्चित प्रयोजन से 'नूस' ने आदि मिश्रण को बस एक बार अपनी शक्ति से चक्राकार घुमा दिया। उस भँवर का प्रथम वर्तुल 'नूस' की देन है, उसके बाद प्रथम से द्वितीय, द्वितीय से तृतीय तथा इसी तरह शेष सभी वर्तुल यन्त्रवत् जन्म लेते जा रहे हैं जिनसे सृष्टि में नये-नये रूप सामने आते जा रहे हैं और वर्तुलाकर गतियाँ उनमें व्यवस्था लाती जा रही हैं।

अनेक्सागोरस ने 'नूस' का जिस तरह से वर्णन किया है उससे बर्नेट ने निष्कर्ष निकाला है कि वह पार्थिव तत्त्व है।[14] किन्तु सुकरात और अरस्तू की टिप्पणियों से स्पष्ट है कि 'नूस' उनके लिए निश्चित ही चैतन्य स्वरूप है। अनेक्सागोरस की इस सन्दर्भ में कोई विस्तृत व्याख्या नहीं मिलती। वह केवल इतना कह कर रह गया कि यह जीवन्त प्राणियों और वनस्पति में भी विद्यमान् है। इनमें पाया जाने वाला अन्तर 'नूस' के कारण नहीं उनके आवरण, शरीर, के कारण है। आवरण 'नूस' के काम में कभी सहायक बनता है कभी बाधक।[15] सुकरात की अनेक्सागोरस से शिकायत है कि उसने 'नूस' का अत्यन्त सीमित उपयोग किया। यह संकेत शायद उस भूल की ओर है जिसके कारण उसने यह मान लिया था कि प्रथम के अतिरिक्त शेष सभी वर्तुल यांत्रिक अथवा प्रथम वर्तुल की भौतिक शक्ति से उत्प्रेरित हैं।

यहाँ से यूनानी दर्शन में वह दौर शुरू होता है जिसमें मनस्तत्व अथवा बुद्धि द्वारा पदार्थ के अनुशासित होने की धारणा स्थिर हो गयी थी। 'चेतना द्वारा पदार्थ का नियमन' इस सिद्धान्त को चिन्तकों ने केवल विश्व प्रकृति के सन्दर्भ में ही स्थापित नहीं किया आवश्यकता होने पर व्यक्ति, समाज, राज्य पर भी घटाया। प्लेटो का दर्शन इसका सबसे बड़ा उदाहरण है। इसे उसकी अपनी प्रवृत्ति कहें या

सुकरात का शिष्यत्व, अणुवादियों के विरुद्ध लड़ाई लड़ने में 'नूस' का उसने भरपूर उपयोग किया। अणुवादियों ने भौतिकवादी चिन्तन को एक ठोस आधार दे कर चरम सीमा पर पहुँचा दिया था। यह कहना अनुचित नहीं होगा कि वे अपने समय से बहुत आगे बढ़ गये थे। उनके सिद्धान्त का खंडन करना इतना सरल नहीं था फिर भी, उनके नाम का उल्लेख किये बिना ही, प्लेटो ने चैतन्यवाद के पक्ष में और अणुवाद के विरुद्ध युद्ध घोषित कर दिया। युद्ध तो घोषित कर दिया किन्तु भीतर ही भीतर उससे प्रभावित भी था। अपने दर्शन का स्वरूप निर्धारित करने समय अणु सिद्धान्त की अनेक मान्यताएँ उसके चिन्तन की पृष्ठभूमि में थीं।[16] कलादर्शन के विवेचन के समय हम देखेंगे कि उसके अनेक अभिगृहीत तथ्यों का स्रोत भौतिकवादी चिन्तन में है। किन्तु उसके पहले 'विचारों के मित्र'*और सोफ़िस्तों की विचारधारा पर संक्षेप में चर्चा कर लेना उचित होगा।

सुकरात और प्लेटो को विशेष प्रभावित करने वाला पाइथागोरी दर्शन धार्मिक विश्वास और वैज्ञानिक चेतना का विचित्र मिश्रण लिये हुए था। इसके सूत्र एक ओर आयोनिया के प्रारम्भिक चिन्तन से जुड़े हुए थे और दूसरी ओर यूनानी उपनिवेशों की राजनीतिक परिस्थतियों में भी ढूँढ़े जा सकते हैं। जहाँ तक धार्मिक विश्वासों का प्रश्न है उसकी जड़ें आयोनिया के अपोलो पूजकों में व्याप्त रहस्य भावना तक भी पहुँची हुई हैं तथा दूसरी ओर इतालवी उपनिवेशों के मूल निवासियों के धार्मिक अनुष्ठानों में भी मिलती हैं। आश्चर्य यही है कि इतनी दूर-दूर तक के विचार और विश्वास ग्रहण करने के बाद भी वे उनमें पर्याप्त एकसूत्रता लाने में सफल रहे। जो अंतर्विरोध बचे रहे उनको दूर करने के लिए पाइथागोरी दर्शन में लगातार कुछ न कुछ परिवर्तन होता रहा। अंतिम परिणति में वह प्लेटो के रंग में रँग गया।

इस चिन्ताधारा का संस्थापक पाइथागोरस आयोनिया में समोस द्वीप का रहनेवाला था। अध्ययन के उद्देश्य से उसने मिस्र और बेबिलोनिया की यात्राएँ कीं। वहाँ गणित ओर खगोलशास्त्र में उसने अच्छी योग्यता प्राप्त की। पोलिक्रेतीज़ के शासन काल में अपनी जान बचाने के लिए उसे इटली में अखिया के यूनानी उपनिवेश क्रोतोन में शरण लेनी पड़ी। इटली और सिसली में यूनानी उपनिवेश ई. पू. आठवीं शताब्दी के समाप्त होते न होते बसने लगे थे। यूनान के सभी प्रान्तों

* प्लेटो ने पाइथागेरियों और ईलियाइयों को 'विचारों के मित्र' कह कर सम्बोधित किया है। विचार शब्द यहाँ सामान्य अर्थ में प्रयुक्त नहीं है। यह अवधारणाओं के वस्तुनिष्ठ अस्तित्व और ज्ञान के मूल स्रोत की ध्वनि दे रहा है। अतः, यह पारिभाषिक शब्द के रूप में प्रयुक्त किया जा रहा है।

के अपने-अपने उपनिवेश थे। इनमें से कई आयोनिया के भी थे। आर्थिक व्यवस्था तथा समाज के विभिन्न वर्गों के परस्पर सम्बन्धों की दृष्टि से आयोनियाई नगर-राज्यों तथा उनके उपनिवेशों में अन्तर था। आयोनिया के आर्थिक विकास का मुख्यस्रोत था समुद्री व्यापार, पोत बनाना तथा धातु उद्योग। हस्त कौशल का विकास बिकाऊ माल के रूप में हुआ। मूल निवासियों के साथ लम्बे संघर्ष के कारण उनका सांस्कृतिक दृष्टिकोण भी बदला जिससे उनके धार्मिक-पौराणिक प्रतीक भी प्रभावित हुए और प्रकृति को देखने की दृष्टि भी कुछ बदल गयी। प्रकृति को वस्तुनिष्ठ रूप में देखना बहुत कुछ इसी का परिणाम था।

इटली के उपनिवेशों की व्यवस्था कृषि प्रधान थी। यूनान की मुख्य भूमि की अर्थ व्यवस्था भी कृषि पर आधारित थी किन्तु उपनिवेशों का कृषि क्षेत्र व्यापारिक क्षेत्र में परिणत हो गया था। अनाज, तेल, शराब आदि के निर्यात से ये उपनिवेश पर्याप्त समृद्ध हो गये थे। सम्भवतः व्यापारिक दृष्टिकोण एक जैसा होने के कारण आयोनियाई इन उपनिवेशों को अपने बहुत निकट मानते थे। दोनों में अच्छे सम्बन्धों का परिणाम यह हुआ कि आयोनिया के मूल अपोलो सम्प्रदाय से जुड़े धार्मिक विश्वासों और यहाँ के प्रचलित धार्मिक सम्प्रदायों (जिनमें दियोनाइसुस के माननेवाले भी पर्याप्त संख्या में थे) के मेल से एक नयी मिथकीय दृष्टि विकसित हुई जिससे उनका, अर्थात् उपनिवेशवासियों का, सृष्टिशास्त्र (कॉस्मोलॉजी) भी प्रभावित हुआ। अब वे सृष्टि को नये रूप—पदार्थ और चेतना का सहभाव—में देखने लगे। किन्तु दोनों का सम्बन्ध बराबरी का नहीं था, चेतना पदार्थ की अपेक्षा अधिक महत्त्वपूर्ण थी।[17] दर्शन के इतिहास में इस चिन्तन की विशेषता यह थी कि इसमें धार्मिक विश्वास और वैज्ञानिक दृष्टि दोनों का सम्मिश्रण था।

पाइथागोरी संगठन राजनीति में भी सक्रिय था। कुछ समय के लिए आसपास के कई नगर-राज्यों की सत्ता भी उन्हीं के हाथ में थी। इससे यह नहीं समझ लेना चाहिए कि यह संगठन एक स्वतन्त्र राजनीतिक दल था। हाँ, इसके कुछ सदस्य उस अभिजात वर्ग से जुड़े हुए थे जिनका सक्रिय राजनीति में प्रभाव था। कुछ सदस्य वैज्ञानिक थे, कुछ चिकित्सक। कुछ महिलाएँ भी इसकी सदस्य थीं। प्रतीत होता है कि पाइथागोरस का व्यक्तित्व और शिक्षा ही ऐसी थी कि वहाँ का अभिजात वर्ग उससे प्रभावित हुए बिना न रह सका और अनायास ही उसके सम्पर्क में आने वालों का एक अलग संगठन बन गया। इसलिए यह कहना असंगत नहीं होगा कि पाइथागोरी संगठन शुरू से ही अभिजात वर्ग का अभिन्न अंग था और शासन में रुचि लेना तथा अवसर मिलने पर शासन करना उसकी प्रवृत्ति थी।

राजनीति के क्षेत्र में पाइथागोरी इस विश्वास से प्रेरित थे कि सत्ता थोड़े से चुने हुए लोगों के हाथ में होनी चाहिए जो तन, मन और बुद्धि में सर्वश्रेष्ठ हों। वस्तुतः इन नगर-राज्यों का ज़मीदार वर्ग योद्धा था, न्यायप्रिय भी था किन्तु सत्ता लोभी भी था। वह समाज को ऐसी व्यवस्था में बाँध लेना चाहता था जो उसके हित में अधिक हो और उसे सत्ता में बनाये रखने में सहायक हो। पहले से चली आती दास प्रथा ने इस मानसिकता को और पुष्ट किया। कालान्तर में व्यापार के दूर-दूर तक फैल जाने से पूर्व और पश्चिम की दूरियाँ कम हो गयीं तथा सांस्कृतिक क्षितिज विस्तृत होने लगे। ऐसे में बौद्धिक चेतना अपनी अलग पहचान बना रही थी। शास्त्र ज्ञान, गणित, खगोलशास्त्र, तत्त्व चिन्तन आदि का समाज में आदर बढ़ रहा था। अभिजात वर्ग साधन सम्पन्न होने के कारण इसमें निपुणता प्राप्त कर श्रेष्ठता का अनुभव करने लगा था। कविता, संगीत, नृत्य जैसी कलाएँ भी इसमें समाहित थीं। बुद्धिविलास और शारीरिक श्रम का भेद वास्तव में अभिजात वर्ग और श्रमिक वर्ग के बीच का भेद था। भेद की दूरी ने संघर्ष को जन्म दिया। यह सत्य है कि पाइथागोरियों ने इस संघर्ष में सत्तापक्ष का साथ दिया, वह उसे और सुदृढ़ करना भी चाहते थे किन्तु उनका लक्ष्य पुरानी ज़मीदारी को पुनर्जीवित करना नहीं था। जाति-वंश पर आधारित पुराने आदर्शों को फिर से स्थापित करना सम्भव भी नहीं था। वे वस्तुतः इस लक्ष्य से प्रेरित थे कि उनके सदस्यों एवं समर्थकों में नीतिशास्त्र, तत्त्वज्ञान, विज्ञान आदि के अध्ययन से ऐसी चेतना विकसित हो जिससे उनके द्वारा शासित राज्य आदर्श आभिजात्य राज्य कहला सके। अरस्तू के शिष्य अरिस्तोज़ेनुस के अनुसार पाइथागोरी मानते थे कि जन शासन (यह उनकी दृष्टि में अराजकता का ही दूसरा नाम है क्योंकि इसमें निर्णय बहुमत से लिये जाते हैं) मनुष्य के लिए सबसे हानिकर स्थिति है। जब तक मनुष्यों के कार्यों को नियन्त्रित करनेवाला कोई न हो उनका कल्याण नहीं हो सकता। देवता सबसे बड़े न्यायाधिकारी हैं, उनके कार्य को चुनौती नहीं दी जा सकती। उनके बाद पाइथागोरस जैसे अतिमानव आते हैं। फिर प्रशासक वर्ग तथा राजकीय नियम। राजकीय नियमों को वे देवता द्वारा बनाये नियम ही मानते थे। किन्तु इसका व्यवहार पक्ष सम्भवतः सबके लिए समान नहीं था। इसका संकेत पाइथागोरी समाज में आचरण संहिता के पालन में अलग-अलग वर्ग से आये लोगों के लिए अलग-अलग नियमों से मिलता है। अच्छी सन्तान के लिए वैद्यकीय प्रयोग थे, संगीत का अध्ययन और शारीरिक व्यायाम भी करवाया जाता था। इनसे तन और मन शुद्ध होता है। एक ओर यह अपेक्षा की जाती थी कि मनुष्य इन दैवी नियमों का पालन निर्लिप्त भाव से करे ओर दूसरी ओर सत्ता में भागीदारी के लिए उनका सदैव तत्पर रहना उनके

सिद्धान्त और व्यवहार के द्वैध को उजागर करता है। प्लेटो का दर्शन भी इस द्वैध से मुक्त नहीं है।

बर्नेट की मान्यता है कि आयोनिया में रहते हुए अपोलो पूजकों के प्रभाव से पाइथागोरस में जो धर्मभाव स्थिर हो चुका था उसके दो पक्ष थे : आत्मा के प्रति रहस्यमय दृष्टि तथा तापसी आचरण में आस्था।[18] इटली में आने के बाद वह ओर्फीय सम्प्रदाय के सम्पर्क में आया जिससे उसके पहले के विश्वास को और बल मिला। इसी के फलस्वरूप जब उसने अपने समाज का गठन किया तो बहुत कुछ ओर्फीयों की पद्धति पर ही किया। संस्थापक के प्रति पूर्ण आस्था, उसका वचन देवता का वचन है ऐसा समर्पण भाव इस समाज में वहीं से आया। पाइथागोरस को उनकी दो अवधारणाओं ने विशेष आकर्षित किया–

(*i*) आत्मा एक शरीर से दूसरे शरीर में संक्रमण करती है। शरीर उसके लिए कारागारस्वरूप है जिससे मुक्त होने के लिए वह सदैव व्याकुल रहती है। इसलिए,

(*ii*) यदि आत्मा का शुद्धीकरण किया जाय तो कई जन्मों के बाद वह फिर से निर्दोष हो कर पूर्णत्व को प्राप्त हो सकती है, दिव्य शक्ति में विलीन हो सकती है, मुक्त हो सकती है। खान-पान में, दिनचर्या में विधि-निषेधों का पालन तथा धार्मिक अनुष्ठान शुद्धीकरण के साधन हैं। इन्हें और पुष्ट करने के लिए संगीत तथा गणित का अध्ययन भी अनिवार्य माना गया।

दार्शनिक चिन्तन में तर्क की सीमा से परे विश्वास की युति एक विचित्र स्थिति थी दोनों में समीकरण बैठाने का प्रयास भौतिकवादी चिंतन को नयी दिशा देने का प्रयास था। इसे ठीक-ठीक समझने के लिए यह जान लेना आवश्यक है कि उन दिनों यूनानियों के लिए आत्मा का वही अर्थ नहीं था जो भारतीय दर्शन में लिया जाता है। यूनानी शब्द स्युखे है जिसके लिए अंग्रेज़ी में सोल शब्द का प्रयोग होने लगा और हिन्दी में उसी का अनुवाद 'आत्मा' शब्द प्रचलित हो गया। वेसे अंग्रेजी में साइकी शब्द का भी प्रयोग हो सकता था किन्तु सोल शब्द ही प्रचलन में आ गया शायद इसलिए क्योंकि प्लेटो ने आत्मा का जो रूप निर्धारित किया वह सोल के अर्थ के अधिक निकट है। इसमें पदार्थमय जगत् का विरोधी भाव प्रमुख है।

यूनानी समाज में आत्मा सम्बन्धी प्रचलित अवधारणा की एक झलक ओदिसी की ग्यारहवीं पुस्तक में मिलती है। वहाँ होमर ने तत्कालीन विश्वास के आधार पर मृतात्माओं का वर्णन किया है। वहाँ आत्मा जीवन्त शरीर की छाया मात्र है। मनुष्य की मृत्यु हो जाने पर यह मृतात्माओं के लोक 'हेदीज़' में चली जाती है। यह लोक इतनी दूर नहीं है कि आवश्यकता होने पर वहाँ पहुँचा न जा सके और मृतात्माएँ भी आसानी से पहचान में आ जाती हैं। अविवाहितों की आत्माएँ, दुल्हनों की

आत्माएँ, वृद्धों की आत्माएँ, सैनिकों (जिनके भालों के घाव खुले हैं ज़िरह-बकतर रक्तरंजित हैं) की आत्माएँ सभी तत्काल पहचानी जा सकती हैं। पूरे प्रकरण से यह बोध नहीं होता कि आत्मा शरीर से भिन्न तथा उससे श्रेष्ठ कोई शक्ति है। पार्थिव और अपार्थिव का द्वैत यहाँ नहीं है। यदि दार्शनिकों की बात करें तो अनेक्सिमांदर और हिरेक्लाइतुस जैसे भौतिकवादी ही नहीं अनेक्सागोरस भी आत्मा को हवा जेसी कोई सूक्ष्म वस्तु मानते थे। दिमोक्रितुस भी विश्वासपूर्वक कहता है कि आत्मा की रचना गेंद की तरह गोल अणुओं से होती है। यह अग्निरूपा है। आत्मा और शरीर दोनों मूलतः पदार्थमय हैं। अन्तर केवल इतना है कि शरीर स्थूल है आत्मा सूक्ष्म है। अधिक से अधिक इसे शरीर का सूक्ष्म विस्तार कह सकते हैं। दोनों को तत्त्वतः भिन्न मानना और आत्मा को उच्चतम तत्त्व मानना ओर्फीयों की देन है। ग्रूब ने यह विचार व्यक्त किया है कि पार्थिव-अपार्थिव का भेद पूर्व से (सम्भवतः भारत से) आयातित है।[19] इसके परिणामस्वरूप यह धारणा विकसित हुई कि शरीर आत्मा के लिए बंदीगृह के समान है और इसे मुक्त किया जा सकता है। पाइथागोरस पहले से ही आत्मा के रहस्यमय स्वरूस्प में विश्वास करता था इसलिए ओर्फीयों की इन मान्यताओं को स्वीकार करने में उसे कोई कठिनाई नहीं हुई और आत्मा की मुक्ति के लिए तापसी आचरण उसके दर्शन का मुख्य अंग बन गया।

पाइथागोरस की आत्मा की अवधारणा ओर्फीयों से भिन्न थी। उसने इसे एक नया अर्थ दिया। ग्रूब के अनुसार वह वह इसे 'प्रज्ञाशक्ति' के रूप में देखता था। इसी कारण से इसकी शुद्धि के लिए यदि एक ओर तापसी जीवन, विधि-निषेधों का कठोरता से पालन, धार्मिक अुनष्ठान आदि आवश्यक थे तो दूसरी ओर इसे स्व-रूप प्रदान करने के लिए वैज्ञानिक चिन्तन भी उतना ही, या उससे भी अधिक महत्त्वपूर्ण था। इसमें संगीत तथा गणित की भूमिका विशेष मानी गयी। यह स्वाभाविक था क्योंकि प्रज्ञा की शुद्धि (जिसका एक अर्थ विकास भी लिया जा सकता है) शास्त्रज्ञान में अधिकाधिक पैठ बनाने से ही सम्भव है, शास्त्र भी वह जो बुद्धि की सूक्ष्मता की अपेक्षा रखता हो। सम्भवतः इसी से यह धारणा भी विकसित हुई कि मनुष्य का श्रेष्ठतम एवं वास्तविक रूप (एक सीमा तक दिव्य रूप) उसकी बुद्धि है। यह अमर है और इसकी मुक्ति ज्ञान द्वारा ही सम्भव है।[20] प्लेटो के 'फीदो' संवाद में इस विचार की विस्तृत चर्चा हुई है। सुकरात अपने बाद के जीवन में इसी विश्वास को आचरण के स्तर पर जी रहा था। प्लेटो ने अपने दर्शन का भवन इसी विश्वास की नींव पर खड़ा किया।

आत्मा की संक्रमणशीलता को पाइथागोरस ने एक रूपक के माध्यम से समझाया है। आत्मा एक यात्री है। इसका गोचर जगत् में आना ऐसे ही जैसे

ओलिम्पियाई खेलों में लोगों का आना। सब एक ही उद्देश्य ले कर वहाँ नहीं पहुँचते। कुछ माल बेचने और खरीदने आते हैं। ये निम्न कोटि के यात्री हैं। खेलों में भाग ले कर यश अर्जित करने की कामना रखने वाले इनसे उच्चतर कोटि के हैं। श्रेष्ठतम वे हैं जो केवल दर्शक बन कर आते हैं। पाइथागोरियों की इस कोटिक्रम की धारणा से प्लेटो को त्रिगुणात्मिका आत्मा की अवधारणा मिली।[21] संक्रमणशीलता की धारणा से निःसृत दूसरी महत्त्वपूर्ण धारणा यह है कि नये शरीर में प्रवेश करने के पहले आत्मा उन सत्यों (रियेलिटीज़) के सम्पर्क में आती हे जो इन्द्रियगम्य नहीं हैं फिर भी जितना अस्तित्व है तथा बौद्धिक प्रक्रिया द्वारा जिसे सिद्ध किया जा सकता है। सुकरात के स्मृति के सिद्धान्त का स्रोत यही धारणा है।[22]

पाइथागोरी चिन्तन में बुद्धिगम्य सत्य भले ही इन्द्रियगोचर नहीं हैं किन्तु वे गोचर विश्व से तत्वतः भिन्न नहीं हैं। इसका प्रमाण है उनका गोचर तथ्यों द्वारा सत्यापित होना। इस प्रमाण को स्वीकार कर लेने पर शंका उठती है कि नये शरीर में प्रवेश करने से पहले आत्मा बुद्धिगम्य सत्यों के जिस लोक से गुजरती है उसे समचमुच कहाँ तक गोचर विश्व का विस्तारित रूप माना जा सकता है। पाइथागोरस ने इस सम्बन्ध में अपना मत स्पष्ट नहीं किया है। इस भेद को बलपूर्वक स्थापित करने का श्रेय बाद के दार्शनिकों को जाता है। वे उन समस्याओं को अधिक महत्त्व दे रहे थे जो पार्थिव जगत् को समझने में अभी भी पहेली बनी हुई थीं। संयोग से इनका समाधान उन्हें उन बौद्धिक गतिविधियों में मिला जो आत्मा की शुद्धि के लिए आवश्यक समझी जाती थीं : संगीत, वैद्यक और गणित।

आत्मिक शुद्धि अधिक महत्त्वपूर्ण थी किन्तु शरीर की शुद्धि की भी उपेक्षा नहीं की जा सकती थी[23]। अनेक पाइथागोरी चिकित्सा संस्थानों से जुड़े हुए थे। शरीर को निरोग रखने के लिए उनके पास बँधे-बँधाये सूत्र थे। इनमें मुख्य था ठंडे और गर्म का सन्तुलन जिसे सम्मिश्रण कहना अधिक उचित होगा। इसका निहितार्थ था परस्पर विरोधी तत्त्वों में ऐसा मेल बैठाना कि दोनों का भिन्न अस्तित्व होते हुए भी एक इकाई (यूनिटी) का बोध हो। इसका सूत्र उन्हें संगीत के अध्ययन से मिला था। इस क्षेत्र में उन्होंने जो खोज की उसकी दो उपलब्धियों ने चिन्तन को नयी गति प्रदान की। उनकी पहली खोज थी लायर के तन्तुओं से निकलनेवाली लय (हार्मनी) को अंकों में व्यक्त करना। इससे उन्हें विश्वास हो गया कि विश्वव्यापी 'लय भी अंकों में निरूपित की जा सकती है, समझी-समझायी जा सकती है। उन्होंने स्थापित किया कि नक्षत्रों की गति में वही अनुपात है जो संगीत की 'ऑक्टेव' ताल में है। अर्थात्, विश्व ऐसी पूर्ण इकाई है जिससे वस्तुएँ परस्पर मैत्री भाव से जुड़ी हुई हैं। उनके परस्पर सम्बन्धों और गति में एक

निश्चित ताल और लय है। आवश्यकता है उसकी आकृति (पैटर्न) को समझने की। बाद के दार्शनिक उनकी इस अवधारणा से लगार आकर्षित होते रहे।

लय को अंको में समझने के बाद उन्होंने देखा कि अनुपात, क्रम आदि भी अंकों में व्यक्त किये जा सकते हैं। और तब उन्होंने घोषणा कर दी कि गणित के सिद्धान्त ही विश्व के सिद्धान्त हैं। अंक ही गोचर वस्तुओं का मूल तत्त्व हैं (थिंग्ज़ आर नंबर्ज़)। इस सिद्धान्त को व्यावहारिक रूप देते हुए उनकी दूसरी महत्त्वपूर्ण खोज है आकृति (फिगर)। संगीत के आरोह-अवरोह के क्रम विन्यास (अरेंजमेंट) को उन्होंने आकृति नाम दिया और इसी पद्धति को विश्व की हर वस्तु के मूल रूप को समझने के लिए भी अपनाया।[24] उन्होंने विश्व की हर गोचर-अगोचर वस्तु के लिए एक आकृति—रेखागणित की आकृति[25] जिसे सरल करते-करते अंक ही बचे रह जाते हैं—की खोज की। आज हम इसे सनक कह सकते हैं किन्तु महत्त्व की बात यह है कि उन्होंने विश्व व्यवस्था को नियम की सीमा के भीतर लाने का एक बड़ा काम किया था।

संगीत से जुड़ी हुई उनकी दूसरी उपलब्धि थी 'मध्यम स्वर' की खोज जिसे अंकों द्वारा निर्धारित किया जा सकता था। एक ओर यह गणित के मध्यम (एरिथमैटिक मीन जिसे सामान्य भाषा में औसत कहा जाता है) का आधार बना तो दूसरी और कुछ अनसुलझी गुत्थियों का समाधान भी इसमें दिखायी दिया। 'मध्यम' की अवधारणा को उन्होंने दो परस्पर विरोधी तत्त्वों के मिलन बिन्दु—समभाव—के रूप में देखा, ठीक वैसे ही जैसे स्वास्थ्य का सिद्धान्त गर्म-सर्द, सूखे-गीले के उचित मिश्रण—समभाव के रूप में दिखायी दिया। प्लेटो के काल में नयी पीढ़ी के पाइथागोरी इसी धारणा के प्रकाश में आत्मा को भी शरीर के उचित सुर (ट्यून) के रूप में देखने लगे थे। 'फीदो' संवाद में यह प्रसंग आया है और सुकरात ने वहाँ प्रर आत्मा के शरीर धर्मी रूप का खंडन किया है। हो सकता है वहाँ पर सिम्मियास अपनी बात को संगीत के रूपक द्वारा समझाना चाह रहा हो (वास्तव में आत्मा जैसे तत्त्व को रूपक द्वारा की समझाया जा सकता है) और सुकरात ने भूल से उसका अभिधेयार्थ ले लिया हो। कोपल्सटन ने इस ओर संकेत करते हुए लिखा है पाइथागोरी सम्भवतः आत्मा को शरीर के भीतर प्राण और व्यवस्था के आधारभूत तत्त्व, एक सिद्धान्त के रूप में ग्रहण करते थे।[26] आयोनियाई पहले से ही विश्व में विरोधी तत्त्वों के निरन्तर द्वन्द्व की चर्चा करते आ रहे थे।*

---

* प्रतीत होता है कि यूनान में सामान्य विश्वास के धरातल पर यह धारणा प्रचलित थी कि गर्म और ठंडे तथा सूखे और गीले का द्वन्द्व विश्व को रूप भी प्रदान करता है और उसे गतिमान् भी बनाये रखता है।

यह द्वन्द्व तभी शांत हो सकता है जब दोनों किसी ऐसे बिन्दु पर आ कर मिलें जहाँ उन्हें सम्यक् प्रतिनिधित्व मिल सके। पाइथागिरियों का 'मध्य स्वर' वही केन्द्र है जहाँ पूरा विश्व एकतान (प्रॉपर्ली ट्यूण्ड) हो जाता है।

पाइथागोरियों ने दस प्रकार के परस्पर विरोधी तत्त्वों की सूची तैयार की। इनमें से परिमित-अपरिमित की चर्चा अधिक हुई है। कुछ अन्य द्वन्द्वों को भी इन पर घटाने का प्रयास हुआ है। अनेक्सिमांदर ने मूल पदार्थ को अनाम, गुणहीन (गुणों का ऐसा मिश्रण जिसे किसी एक गुण द्वारा संकेतित न किया जा सके) और पूरे देश (स्पेस) में फैले होने के कारण अपरिमित कहा था। अब प्रश्न था कि ऐसे पदार्थ से रूप गुण-युक्त विश्व कैसे विकसित हुआ? उत्तर में वह केवल द्वन्द्व की बात कह कर रह गया। किसी एक तत्त्व के किसी दूसरे के क्षेत्र में अनधिकार प्रवेश को वह अन्याय कहा करता था जिसकी भरपायी भी उस तत्त्व को करनी पड़ती है। उसका संकेत था कि विरोधी तत्त्वों के अलग-अलग होने से विभिन्न रूप जन्म लेते हैं। यह कोई तर्क सम्मत उत्तर नहीं था। इससे रूपों के पार्थक्य को समझने में भी कोई सहायता नहीं मिली। इसकी अपेक्षा अनेक्सिमिनीज़ का दृष्टिकोण अधिक युक्तिसंगत (रैशनल) है। वायु मूल तत्त्व है और विश्व को चारों ओर से घेरे हुए हैं। सारे प्राणी श्वास-प्रश्वास में इसी का प्रयोग करते हैं। सदैव गतिमान् रहना इसका स्वभाव है। इसी के संघटन और विघटन से गोचर रूप बनते और बिगड़ते हैं। इस प्रक्रिया में परिमाण और गुण आधार-आधेय के सम्बन्ध से कार्य करते हैं। जैसे, कम देश में अधिक परिमाण में वायु के इकट्ठा हो जाने से वह ठोस रूप ले लेगी, और कम-कम होते जाने से पहले तरल फिर वाष्प रूप बन जाएगी।

उपर्युक्त विवेचन से पदार्थों की प्रकृति पर तो किंचित् प्रकाश पड़ता है किन्तु समस्या का पूर्ण समाधान नहीं हो पाया। पाइथागोरी इस तथ्य से परिचित थे। उन्होंने देखा कि अनेक्सिमांदर अन्याय के रूपक द्वारा जो बात कह रहा है वह अनुभूत सत्य है क्योंकि कोई तो ऐसा मिलन बिन्दु होना चाहिए जहाँ दोनों विरोधी तत्त्व मित्र भाव से रह सकें। अनेक्सिमांदर के पास ऐसी कोई वैज्ञानिक पद्धति नहीं थी।[27] उन्होंने चूँकि गणित की सहायता से मध्यम स्वर स्थिर कर लिया था इसलिए उन्हें विश्वास हो गया कि इसकी सहायता से पदार्थ के रूप में परिणत होने के रहस्य को भी सुलझाया जा सकता है, हाँ, हर रूप का 'मध्यम' अलग होगा। जैसे, हर मनुष्य के शरीर की प्रकृति भिन्न होती है तो उसी के अनुसार उसके स्वास्थ्य का 'मध्यम' भिन्न होगा। 'मध्यम' वस्तुतः पूरी लय को निश्चित करने का आधार है। प्रत्येक वस्तु की लय को अंको की व्यवस्था (अरेंजमेंट) द्वारा

निश्चित किया जा सकता है और वही उसकी (आकृति आयदॉस = फिगर) है। दूसरे शब्दों में 'मध्यम' वह सीमा (परिमिति) है जिसकी छाप पड़ने से अनेक्सिमिनीज़ का अपरिमित और अनेक्सिमांदर का अनाम पदार्थ रूप और गुण ग्रहण करता है।[28] दो छोरों के मध्यमान से जो आकृति बनती है उसकी जैसी प्रकृति होगी वही उस रूप की पहचान भी बन जाती है। संगीत की अलग-अलग तालों और मनुष्य के स्वास्थ्य को 'मध्यम' की आकृति से पहचानने के बाद पाइथागोरी विश्व के रहस्यों को उनके 'मध्यम' की आकृति द्वारा समझाने में जुट गये। गणित के क्षेत्र में उन्होंने जो प्रगति की वह इसी प्रयत्न का परिणाम था। अंकों का सिद्धान्त इसी खोज का निष्कर्ष है।

दर्शन के इतिहास में पाइथागोरी चिंतन के मूल 'अंक गोचर विश्व का मूल तत्त्व हैं' का विशेष स्थान है। उनका तर्क था कि हम बिना रंग, बिना स्वादवाली प्रकृति की कल्पना कर सकते हैं, किन्तु ऐसे संसार की नहीं जिसमें संख्या न हो, और उसकी इकाई है अंक। वास्तविक अंक बुद्धिगम्य है। संसार में जो भी इकाइयाँ हैं उसी की प्रतिकृति हैं। गणित उसका मूर्त रूप है। बिन्दु की गुणन प्रक्रिया से रेखा बनती है। यह एक आयाम है। रेखा की गुणन प्रक्रिया से सतह (सर्फ़ेस) बनती है जिसके दो आयाम होते हैं। सतह की गुणन प्रक्रिया से घन (सॉलिड या क्यूब) जन्म लेता है। इसके तीन आयाम होते हैं। घन की सीमा के भीतर संसार की सभी वस्तुएँ समाहित हैं। निष्कर्ष यह कि संसार की सभी वस्तुओं का रूप अंकों का गुणनफल है। यही यथार्थ (रियेलिटी) है जिसे गणित के अभ्यास द्वारा ही जाना जा सकता है। यहाँ हम फिर स्मरण करा दें कि यह यथार्थ बुद्धिगम्य होने पर भी देश व्यापी है, पार्थिव है।

मध्यमान की स्थापना पाइथागोरियों की बड़ी उपलब्धि थी। इसके दोनों पक्षों ने भावी दार्शनिकों को बहुत दूर तक प्रभावित किया। इसका एक पक्ष यह है कि इस नाम-रूपधारी जगत् में दोनों विरोधी तत्त्व साथ-साथ रहने को बाध्य हैं। यदि सभी कुछ अपरिमित होता तो हमें जानने के लिए भी कुछ नहीं होता। इसी तरह, यदि सभी कुछ परिमित होता तो सीमित करने के लिए हमारे पास कुछ बचता ही नहीं। इससे सिद्ध है कि सभी गोचर रूप असीम और ससीम का संयुक्त रूप हैं। इसी तर्क को और आगे बढ़ाते हुए उन्होंने विश्व लय को सीमित होने और असीम होने की प्रक्रिया का मुख्य घटक बनाया। यह इसका दूसरा पक्ष है। दो विरोधी तत्त्वों के द्वन्द्व की अवधारणा बहुत पहले से चली आ रही थी किन्तु उनके परस्पर सम्बन्ध को लय द्वारा व्याख्यायित करना पाइथागोरियों की खोज है। उन्होंने मध्यम स्वर के सिद्धान्त का उपयोग विश्व विकास में द्वन्द्वों की स्थिति स्पष्ट करने के लिए

किया। उनका कहना था कि यदि द्वन्द्व न होता तो विश्व का विकास भी नहीं होता। यदि सभी इकाइयाँ एक जैसी होतीं तो लय की आवश्यकता ही न होती। वे चूँकि परस्पर विरोधी हैं इसलिए, 'मध्यम' उनमें लय स्थापित कर रहा है। गोचर जगत् में इसी रूप में रहना उनकी नियति है। गोचर रूपों में जो अनुपात, क्रम आदि दिखायी देता है उसका उद्देश्य असंगत तत्त्वों में संगति बैठाना है।[29]

द्वन्द्वों की उपर्युक्त व्याख्या पाइथागोरियों की उस पीढ़ी की देन है जो 5 वीं शताब्दी के मध्य में सक्रिय थी। इसका स्रोत वस्तुतः पाइथागोरस की यह दृष्टि थी कि विश्व व्याप्त विरोधी तत्वों की युति तभी सम्भव होती है जब वे एक दूसरे के पूरक (कॉम्पलीमेंटरी) बन जाते हैं–मित्र बन जाते हैं। यही समरसता है, पूर्ण एकता है। एक पाइथागोरी उसे उद्धृत करते हुए लिखता है–"अस्तित्वमान् कोई भी वस्तु शुद्ध नहीं है सभी कुछ मिश्रित है, धरती अग्नि से, अग्नि जल से, वायु इन दोनों से और ये दोनों वायु से, रूप कुरूप से और न्याय अन्याय से।[30]" समस्त सृष्टि को एक करके देखने की दृष्टि सबसे पहले पाइथागोरस ने दी यही उसका सबसे बड़ा योगदान है। शायद यह कहना और भी उचित होगा कि भौतिक जगत् को मानवीय दृष्टिकोण से देखने की नींव उसी ने डाली। इसका सबसे बड़ा प्रमाण है द्वन्द्वों (जिनकी संख्या उन्होंने दस मानी है) को ऐसे दो वर्गों में बाँटना जिससे तत्त्व और मूल्य का सम्बन्ध स्पष्ट हो जाता है। जैसे, अच्छे को परिमित के वर्ग में रखना बुरे को अपरिमित के साथ रखना। इसी तरह प्रकाश को परिमित के साथ जोड़ कर देखना तथा अंधकार को अपरिमित के साथ। लगता है जैसे वे नैतिक मूल्यों को ठोस आधार देने का प्रयास कर रहे थे। यह वर्ग विभाजन भले ही स्वयं पाइथागोरस का न हो किन्तु उसके विचारों का परिवर्धित रूप अवश्य है। यहाँ वह समाज सुधारक के रूप में भी खड़ा दिखायी देता है। इसी की पुष्टि करते हुए आल्कमियोन (5वीं शताब्दी में क्रोतोन निवासी चिकित्सक और चिन्तक) शरीर में विरोधी शक्तियों के परस्पर सम्बन्धों को स्पष्ट करने के लिए राजनीतिक शब्दावली 'समान अधिकार' और 'एकाधिकार' का प्रयोग करता है।[31] लगता है उस समय वहाँ अभिजात वर्ग तथा बहुसंख्यक समाज में टकराव कुछ अधिक बढ़ गया था, इसीलिए वह समान अधिकार के मानदंड से विश्व लय को समझाने की बात कह कर प्रकारान्तर से सामाजिक समन्वय की भावना को पुष्ट कर रहा है। हो सकता है पाइथागोरिस के मन में भी यह बात रही हो कि वह समाज के विरोधी तत्त्वों के बीच समन्वय स्थापित करने के लिए ऐसा सूत्र खोजे जो समाज पर ही नहीं पूरे विश्व पर भी घटता हो, अथवा अपने संगठन का विस्तार करके पूरे समाज को ही पाइथागोरी संगठन का रूप दे देना चाहता हो।

प्लेटो के काल तक आते-आते पाइथागोरी चिन्तन का कायाकल्प हो चुका था। वह निस्न्देह फल-फूल रहा था, किन्तु एकदम नये रूप में। भावी चिन्तन की दृष्टि से उसकी निम्न उपलब्धियाँ विशेष महत्त्वपूर्ण हैं :

(*i*) आत्मा संक्रमणशील है, शरीर बंदीगृह है। शुद्धीकरण द्वारा आत्मा को मुक्ति की ओर ले जाना मनुष्य का धर्म है।

(*ii*) आत्मा बुद्धिस्वरूपा है। उसकी शुद्धि के लिए संगीत, गणित आदि का अभ्यास आवश्यक है।

(*iii*) अंक सृष्टि का यथार्थ हैं, वे बुद्धिगम्य हैं। संसार की सभी वस्तुएँ अंक रूपा हैं। अंकों की गुणन प्रक्रिया से जो आकृतियाँ बनती हैं वे ही वस्तुओं का मूल रूप हैं।

(*iv*) सृष्टि की गति में (जिसमें नक्षत्रों की गति भी सम्मिलित है) संगीत की जैसी लय है। संगीत की तालों मैं 'मध्यम' गणित द्वारा निर्धारित किया जा सकता है। 'मध्यम' का सिद्धान्त ही पूरी सृष्टि की व्यवस्था का निर्धारण करता है।

(*v*) सृष्टि में द्वन्द्वों के परस्पर विरोधी तत्त्व 'मध्यम' के बिन्दु पर मिल कर इकाई को पूर्ण करते हैं।

(*vi*) पदार्थमय जगत् और मानवीय जगत् को एक इकाई मानकर ही ठीक से समझा जा सकता है क्योंकि विश्व की परिधि मानवीय केन्द्र से ही खिंची हुई है।

पाइथागोरी दर्शन द्वारा संकेतिक दिशा में आगे बढ़ने का काम ईलिया के पारमेनिदीज़ ने किया। वह पहले पाइथागोरी ही था, बाद में उसने अपनी स्वतन्त्र मान्यताएँ स्थापित कीं जो ईलियाई दर्शन के नाम से जानी जाती हैं। अब तक इन्द्रियानुभव सर्वस्वीकृत तथ्य था। चाहें तो उसे आधार भूमि भी कह सकते हैं क्योंकि पाइथागोरी परम यथार्थ को बुद्धिगम्य मानते हुए भी उसकी सत्यता इन्द्रियानुभव द्वारा ही सत्यापित करते थे। पारमेनिदीज़ ने इस अन्तर्विरोध को पहचाना। उसने पहली बार परिवर्ती भासमान् जगत को इन्द्रिय-भ्रम (इल्यूज़न) कह कर नकारा। उसका निष्कर्ष था कि शाश्वत एकल (वन) ही परम सत्ता है। वही एकमात्र सत्य है। उसका तर्क था कि इंन्द्रियाँ हमें सत्य का साक्षात्कार करा ही नहीं सकतीं। वे केवल विश्वासों और जनमत को जन्म देती हैं ज्ञान को नहीं। यहाँ तक पारमेनिदीज़ के साथ सहमत होने में कोई कठिनाई नहीं है। किन्तु जब वह परम सत्ता के, एकल सत्ता के पक्ष में तर्क देता है तो कोई निश्चित निष्कर्ष निकालना कठिन हो जाता है कि उसे भौतिकवादी कहें या चैतन्यवादी। यही

कारण है कि इन दोनों ही वर्गों के विचारक उसे अपना-अपना पूर्वज मानते हैं। फिर भी भौतिकवादी इतना अवश्य मानते हैं यहाँ से चैतन्यवादी चिन्तन अपनी अलग राह बनाता दीखता है जिसे प्लेटो ने एक निश्चित पड़ाव तक पहुँचाया।

प्लेटो ने कला के मानवीय पक्ष पर सर्वाधिक बल दिया है। इसकी जड़ें सोफ़िस्तों के आन्दोलन में खोजी जा सकती हैं। जिस समय उसका चिन्तन एक निश्चित रूप-रेखा ले रहा था उसकी समय एथेन्स में सोफ़िस्त भी सर्वाधिक सक्रिय थे। ई. पू. 427 में गोर्जियास के यहाँ आने से यह नगर उनकी शिक्षा का केन्द्र बन गया था। यूनान में यह धारणा बहुत पहले से चली आ रही थी कि कला केवल आनन्द प्रदान करने तक ही सीमित नहीं रहनी चाहिए उसका कोई गम्भीर लक्ष्य, मुख्यतः सामाजिक शिक्षा, भी होना चाहिए। सोफ़िस्तों ने तर्क द्वारा इसकी पुष्टि की और इस दृष्टिकोण को अधिकाधिक व्यवहारशील बनाने पर बल दिया। परिणाम हुआ कि इनकी कला, तर्क करने की कला, समाज में सफलता पाने की कुंजी बन गयी।

सोफ़िस्त आन्दोलन की ऐतिहासिक परिस्थितियों पर विचार हो चुका है किन्तु उनके दर्शन की एक और व्यापक पृष्ठभूमि भी रही। ई. पू. 5वीं शताब्दी में यूनान में दो महत्त्वपूर्ण घटनाएँ घटीं। पहली थी यूनान का अपने आसपास की अन्य सभ्यताओं के निकट सम्पर्क में आना। अब तक यूनानी मानते चले आ रहे थे कि सभ्यता का विकास अकेले उन्हीं के यहाँ हुआ है। व्यापार के सिलसिले में दूर-दूर तक जाने से उनका यह भ्रम टूटा। इससे कुछ विचारक समाज संरचना का गहराई से अध्ययन करने की दिशा में प्रवृत्त हुए। इन अध्येताओं ने अत्यन्त तटस्थ भाव से मानवीय क्रिया-कलापों, उनकी सांस्कृतिक परम्पराओं तथा राजनीतिक व्यवस्थाओं पर तुलनात्मक दृष्टि से विचार करना शुरू किया। उनके सामने एक बड़ा प्रश्न यह था कि यूनान का सामाजिक विधान, जिसकी व्यापक सीमा के भीतर राज्य व्यवस्था भी आ जाती है, क्या सचमुच दैवी है और इसी आधार पर अपरिवर्तनीय है? अथवा, मनुष्य निर्मित है और इसी आधार पर परिवर्तनीय है? इतिहास और समाजशास्त्र का उत्तर है कि कवियों ने इसे भले ही दैवी विधान कहा हो पर है यह मानव निर्मित ही और इस आधार पर यह परिवर्तनीय है। देवी-देवताओं का स्वरूप और आचरण कवि कल्पना का परिणाम है। जन सामान्य में प्रचलित देवी-देवताओं के स्वरूप पर छींटा कसते हुए ज़ेनोफ़ेनीज़ पहले ही कह-चुका था—"यदि बैलों, घोड़ों और शेरों के हाथ होते और वे चित्र बना सकते होते तो वे देवी-देवताओं को अपने जैसा ही बनाते।"[32] उनका निष्कर्ष था कि विभिन्न देशों के विधानों में जो अन्तर दिखायी देता है उसके पीछे उन देशों की अलग-अलग

परिस्थितियाँ हैं। मानव समाज परिस्थिति विशेष के अनुसार ही उससे अपना संवाद स्थापित करता है। फलस्वरूप, कालक्रमानुसार विभिन्न नियम और परम्पराएँ विकसित होती गयीं। उन्होंने इस बात की आवश्यकता अनुभव की कि यूनान की परिस्थितियाँ भी (विशेषतः एथेन्स की) पहले की अपेक्षा बहुत बदल चुकी है अतः उसे भी अब नये विधान की आवश्यकता है।

दूसरी घटना का केन्द्र स्वयं एथेन्स था। यहाँ प्रजातन्त्र की जड़ें लगातार मज़बूत होती हा रही थीं। फारसी सेनाओं का आक्रमण हो या उसकी भीतरी उथल-पुथल, हर संकट की घड़ी में अन्त में प्रजातन्त्र में लोगों का विश्वास और गहरा हुआ। इसके लिए व्यवस्था में निरन्तर परिवर्तन भी होते रहे। बीच-बीच में आभिजात्य वर्ग प्रजातन्त्र को उखाड़ फेंकने का प्रयास भी करता रहा किन्तु जन सामान्य को अन्ततः प्रजातन्त्र में ही अपना कल्याण दिखाई देता रहा। बार-बार भटक कर वह इसी रास्ते पर आता रहा।

सोफ़िस्तों का चिन्तन अन्य दार्शनिकों की तुलना में दो विशेषताएँ लिये हुए था। एक, यह प्रधानतः आगमन प्रणाली (इंडक्टिव सिस्टम) पर आधारित था। उन्होंने अनेक संस्कृतियों, धर्मों, राज्य व्यवस्थाओं का अध्ययन करके कुछ तथ्य इकट्ठा किये फिर उनकी सहायता से कुछ उपपत्तियाँ (थियेरीज़) निर्धारित कीं। विशेष से सामान्य की ओर जाने के कारण ही हम इसे आगमन प्रणाली कह रहे हैं। दूसरी विशेषता यह थी कि उनकी खोज प्रयोजनमूलक (टीलियोलॉजिकल) थी, सैद्धान्तिक की अपेक्षा व्यवहारिक अधिक थी। वे किसी वस्तुनिष्ठ सत्य की खोज नहीं कर रहे थे, उनके अध्ययन का विषय मानव समाज था जिनमें विभिन्न वर्गों के समीकरण बनते-बिगड़ते रहते हैं। ऐसे गतिमान् समाज में किसी सार्वकालिक अथवा सार्वजनीन सत्य की खोज व्यर्थ थी। इसलिए उनका सत्य आत्मनिष्ठ था, चाहे वह एक व्यक्ति का हो, एक वर्ग का हो या पूरे समाज का। दूसरे शब्दों में इसे समय-समय पर उभरनेवाली मानवीय समस्या का समाधान भी कह सकते हैं। एथेन्स के सन्दर्भ में वहाँ की तत्कालीन पृष्ठभूमि पर इसका विश्लेषण निम्न प्रकार से किया जा सकता है।

ई. पू. 5वीं शताब्दी में वहाँ की शासन व्यवस्था जो रूप ग्रहण कर रही थी वह पूरे यूनान के लिए रोचक विषय बन गयी थी। स्वयं एथेन्सवासी अपनी उपलब्धियों (जिन्हें वे प्रजातन्त्र की देन मानने लगे थे) पर आश्चर्य चकित थे तथा गौरवान्वित भी थे।[33] प्रजातन्त्र को सफल बनाने के लिए समय-समय पर नये-नये नियमों की घोषणा होती रहती थी। इसमें सहयोग देने के लिए निष्ठापूर्वक मानव हित में कार्य कर रहे सोफ़िस्तों ने अपना ध्यान सामाजिक सत्य पर केन्द्रित किया। इसका मूर्त

रूप था ऐसी राज्य व्यवस्था जो सर्वजन हिताय, सर्वजन सुखाय हो। इसका सैद्धान्तिक पक्ष था सद्गुण उसका स्वरूप और विकास। प्रोतेगोरस और सुकरात के बीच विवाद का यही विषय था। इसके वस्त्वर्थ और संपृक्तार्थ को ले कर दोनों चिन्तकों की दृष्टि में अन्तर था। प्रोतेगोरस इसे राजनीति के सन्दर्भ में समझ रहा था और व्याख्यायित कर रहा था, सुकरात इसे आध्यात्म के रंग में रगा हुआ देख रहा था। सोफ़िस्तों का लक्ष्य व्यक्ति के बहिर्मुखी जीवन, सामाजिक गतिविधियों से जुड़ा हुआ था और उसे पाने का साधन भी उतना ही व्यावहारिक था। वे समझ रहे थे कि प्रजातन्त्र का भवन आभिजात्य वर्ग की पुरानी आदर्शवादी परम्पराओं पर खड़ा नहीं हो सकता। राजनीति की विकासमान् अवधारणा को ध्यान में रखते हुए प्रजा को इसमें दीक्षित करने के लिए उन्होंने जो पाठ्यक्रम बनाया उसमें मुख्य विषय थे व्याकरण और धर्म की दीक्षा देनेवाले पौराणिक आख्यानों की समीक्षा। आवश्यकता होने पर इसमें कविता की समीक्षा भी सम्मिलित कर ली जाती थी। इसका मुख्य उद्देश्य था अपने विद्यार्थी को भाषणकला में पारंगत बनाना क्योंकि इस कला में दक्ष व्यक्ति ही सफल राजनीतिज्ञ हो सकता था। पेरिक्लीज़ का उदाहरण सबके सामने था।

इसमें सन्देह नहीं कि कुछ स्वार्थी तत्त्वों ने सोफिस्तों के तन्त्र का दुरुपयोग किया, फिर भी स्वीकार करना होगा कि उनकी मानवतावादी दृष्टि ने कला समीक्षा को नयी दिशा दी। वे अपने ढंग के समाजशास्त्री थे और तत्कालीन समस्याओं से पूरी तरह जुड़े हुए थे। सामाजिक को केन्द्र बनाकर कला पर विचार करना इस क्षेत्र में नया प्रयोग था, नया दृष्टिकोण था। यह उस दृष्टिकोण से भिन्न था जिसके अनुसार सामाजिक को शिक्षा देना कविता का मुख्य उद्देश्य माना जाता था। पुराने कवियों के सन्दर्भ में हम देख आयें हैं कि सामाजिक को कविता की आलोचना करने का अधिकार ही नहीं है। कवि उसे जो दे दे उसे वह कृतज्ञ भाव से ग्रहण करे और घर चला जाय। इसके विपरीत सोफ़िस्तों की आलोचना का विषय ही सामाजिक पर पड़ने वाला प्रभाव था। काव्य मूल्यांकन की प्रक्रिया में इसकी उपादेयता आज सर्वमान्य है। प्रभावात्मक आलोचनला का वर्ग ही अलग बन गया है। प्लेटो ने इस सच्चाई को समझा। उसके काव्यशास्त्र में यह आधारभूत तत्त्व बन कर आया है।

### 3.1.3 कलाशास्त्रीय समीकरण

प्लेटो ने कलादर्शन में उपर्युक्त तीनों चिन्ताधाराओं–भौतिकवादी, पाइथागोरी एवं ईलियाई तथा मानवतावादी–का समीकरण हुआ है। इस संश्लिष्ट विचारधारा के विश्लेषण में हम सबसे पहले कला की उत्पत्ति पर विचार कर रहे हैं। भौतिकवादियों

के अनुसार गति विश्व-यथार्थ का गुण-धर्म है। इसका स्रोत स्वयं पदार्थ में भी हो सकता है और उसके बाहर भी। मनुष्य इस नियम का अपवाद नहीं है। उसमें सहज रूप से पायी जाने वाली गति से कला का जन्म होता है। दूसरे, जो भी मानव निर्मित आकार कल्पना (पैटर्न या डिजाइनें) दिखाई देती है उसका मूल रूप, अर्थात् नित्यरूप प्रकृति में पहले से ही विद्यमान है। जीवित रहने के लिए प्राकृतिक शक्तियों के अनुरूप, अर्थात् उनसे सहयोग करते हुए मनुष्य की गतिविधियों में जो ताल-क्रम आ जाता है वही उसकी कलात्मक अभिव्यक्ति बन जाता है। प्लेटो स्वीकार करता है कि प्रकृति में ताल तथा एकता की ओर बढ़ने की सशक्त प्रवृत्ति है। यह बहुधा स्पष्ट नहीं होती फिर भी कलाकार यदि सूक्ष्मता से अध्ययन करे तो उससे मार्गदर्शन प्राप्त कर सकता है। आर. सी लॉज ने इसकी पुष्टि में यूनानी शास्त्रीय संगीत में स्वरानुपात और यूनानी खगोल विद्या में मान्य नक्षत्रों के बीच आनुपातिक सम्बन्ध में परस्पर समानता की ओर संकेत किया है। इसी तरह डोरियाई संगीत और युवा व्यक्ति के मुँह से युद्धोत्साह में निकलनेवाली वाणी के स्वरानुपात में भी निकट का सम्बन्ध देखा है। युद्ध का भाव और शांति का भाव जगानेवाले नृत्यों तथा विशिष्ट अवसरों पर किये जानेवाले नृत्यों में भी प्रकृति की छाप स्पष्ट देखी जा सकती है।[34]

प्रकृति शब्द जन्मजात स्वभाव के अर्थ में भी प्रयुक्त किया जाता है। उन दिनों इस पर कुछ अधिक ही बल था। प्लेटो ने इसका लाभ उठाते हुए इसे एक सिद्धान्त का रूप दे दिया। उसका कहना था कि मनुष्य अपनी जन्मजात शक्तियों को पहचाने और वही काम (केवल एक ही काम) हाथ में ले जो उसकी प्रकृति के अनुकूल हो तभी समाज में समभाव (व्यक्तिगत जीवन और सामूहिक जीवन के बीच तालमेल) बना रह सकता है। ध्यान रहे प्लेटो के लिए 'शिवम्' के निर्देशन में जीना सबसे बड़ी कला थी।[35] समाज में सुवर्ण, रजत, ताम्र, लौह (अल्फा = गोल्डन, बेटा = सिलवर, गामा = कॉपर, डेल्टा = आयरन) नामों से पहचाने जाने वाले वर्ग भेद उनकी प्रकृति, जन्मजात स्वभाव को ले कर ही किये गये थे। वह अपने गणराज्य में इस वर्ग भेद और उसके अनुसार व्यवसाय भेद को बनाये रखना चाहता था। इसके कारण उनमें जो ऊँच-नीच का भेद उभरता है उसे उसने सहज रूप से स्वीकार कर लिया था। पर, साथ ही यह भी स्पष्ट कर दिया था कि ये सीमाएँ अनुलंघ्य नहीं हैं। यदि कोई बालक ताम्रवर्ग में पैदा हुआ है और गुण उसमें रजतवर्ग के हैं तो उसे रजतवर्ग में स्थान मिलना चाहिए। उसका विश्वास था कि प्रकृति हमें सम्भावित बुनकर, बढ़ई, कुम्हार, सैनिक, व्यापारी और प्रशासक देती है। समाज और राज्य व्यवस्था का उत्तरदायित्व है कि उन्हें उनकी शक्तियों के

भरपूर विकास के लिए अवसर तथा प्रशिक्षण प्रदान करे। इस प्रक्रिया को प्रकृति के साथ सहयोग करना कहा गया है। प्लेटो ने ऐसे गणराज्य की कल्पना नहीं की जहाँ किसी को बलपूर्वक लोहार, जुलाहा, व्यापारी या सैनिक बनाया जाता हो। वे तो जन्मजात संस्कारों से ही ऐसे हैं। व्यवस्था उन्हें अपनी प्रकृति के अनुसार कार्य करने की सुविधा भर दे रही है। एक व्यक्ति अनुकूल वातावरण में अपनी शक्तियों का पूर्ण विकास कर पूरे समाज के विकास में सहयोग दे सकता है और इस तरह गणराज्य को उसके नित्यरूप (आयदॉस = फॉर्म, जो शिवम् का ही पर्यायवाची है) के निकट पहुँचाने में सहायक बनता है। यदि हम इस उपपत्ति को स्वीकार कर लेते हैं तो इसके निष्कर्षस्वरूप इस तथ्य को भी स्वीकार करना होगा कि सर्वाधिक महत्त्वपूर्ण उत्तरदायित्व सँभालने वोले (प्रशासनाधिकारी) गिने-चुने ही होंगे। यही सुवर्ण वर्ग है। छोटा-मोटा अकुशल काम करनेवाले सबसे ज्यादा होंगे, यह लौह वर्ग है। दोनों वर्गों की संख्या में कम-अधिक का अनुपात प्रकृति की देन है। हमें इसे इसी रूप में स्वीकार करना चाहिए।

वृहत्तर समाज में स्वभाव एवं शक्ति के आधार पर जो वर्ग-भेद है वह छोटे पैमाने पर कवि समाज के भीतर भी दिखायी पड़ता है। उसका तर्क है कि कवियों में कुछ ने केवल आख्यानक काव्य लिखे, कुछ ने गीतिकाव्य में विशेष प्रगति की, कुछ त्रासदीकार हुए तो कुछ ने केवल कामदियाँ लिखीं। इससे सिद्ध होता है कि म्यूज़ (दूसरे शब्दों में प्रकृति) कवि की क्षमता को देख कर ही विशेष प्रकार की रचना करने का वरदान देती है। केवल अभ्यास के बल पर यदि कविता की जा सकती होती तो गीतकार नाटककार भी बन जाता, या त्रासदीकार कामदी लेखक भी बन जाता। त्युन्निखुस का उदाहरण इस तर्क की पुष्टि करता है। वह केवल एक सच्ची कविता (जब वाग्देवी उस पर किन्हीं विशेष कारणों से प्रसन्न रही होगी) को छोड़ कर जीवन भर तुकबंदियाँ ही करता रहा। तात्पर्य है कि यदि हम प्रकृति के विरुद्ध काम करते हैं तो सफ़ल नहीं हो सकते।

कला के क्षेत्र में प्रकृति के साथ सहयोग करने के सिद्धान्त को म्यूज़ की कल्पना द्वारा आसानी से समझा जा सकता है। होमर, हीसियोद, पिंदर के सन्दर्भ में यह चर्चा हो चुकी है कि तीनों ही म्यूज़ के साथ अपने सम्बन्ध को रेखांकित करते चलते हैं। तीनों ने ही कवि कर्म में म्यूज़ को प्राथमिकता दी है। यह सर्वविदित तथ्य है कि सभ्यता के प्रथम चरण में प्राकृतिक शक्तियों के प्रति मनुष्य के मन में जो भय मिश्रित श्रद्धा का भाव रहा उसी के परिणामस्वरूप स्थानीय देवी-देवताओं की कल्पना हुई। दूसरे चरण में वे और व्यापक हुए। मानवीय गतिविधियों के साथ उनका मिथकीय जीवन भी विस्तार पाने लगा। फिर

कुछ और देवी-देवताओं की कल्पना हुई। काव्य की देवियाँ म्यूज़ और उसकी अन्य बहनों की भी कल्पना हुई जिन्हें विभिन्न कलाओं की अधिष्ठात्री देवियाँ मान लिया गया और यह विश्वास किया जाने लगा कि कलाएँ देवताओं की देन हैं, मनुष्य—कलाकार—केवल निमित्त कारण है। हाँ निमित्त बनने के लिए भी उसमें पात्रता—जन्मजात संस्कार, गुण, स्वभाव आदि—अवश्य होनी चाहिए। कवियों ने म्यूज़ का जिस ढंग से वर्णन किया है उससे स्पष्ट है कि परम्परागत धारणा के अनुसार काव्य रचना में देवता का वरदान प्रधान तत्त्व है। इसकी पुष्टि में उनकी दो मान्यताएँ ली जा सकती हैं एक, सच्चा कवि आगत घटनाओं का वर्णन तभी कर पाता है जब म्यूज़ उसे इसकी सूचना देती है। दूसरी, वह दूर घटी घटनाओं का भी प्रत्यक्षदर्शी हो कर वर्णन कर सकता है क्योंकि म्यूज़ उसे घटनाओं का प्रत्यक्ष दर्शन करा देती है। होमर के काव्य से अनेक अंश इसके प्रमाणस्वरूप उद्धृत किये जा सकते हैं।[36] उदाहरणार्थ, इलियद से निम्न पंक्तियाँ ली जा सकती हैं—

> "ओलिंपुस पर रहनेवाली म्यूज़ो मुझे बताओ,
> क्योंकि तुम देवियाँ हो और सम्पूर्ण घटनाओं की प्रत्यक्षदर्शी हो"

या फिर ओदिसी की ये पंक्तियाँ—

> "मैं म्यूज़ से प्रार्थना करता हूँ कि वह मेरी सहायता करें...
> मैं म्यूज़ से इस कहानी को कहने की प्रार्थना करता हूँ।
> हे देवी, तुम जहाँ से भी चाहो शुरू कर सकती हो।"

उपर्युक्त सन्दर्भ में इन पंक्तियों का भावार्थ होगा—"हे देवी म्यूज़ मैंने स्वयं को तुम्हारे योग्य पात्र बना लिया है, अब तुम मेरे माध्यम से अपनी बात कह सकती हो। होमर की काव्य दृष्टि का विश्लेषण करते हुए हम देख आये हैं कि उसका लक्ष्य श्रोताओं पर यह छाप छोड़ना है कि वे जो कुछ भी सुन रहे हैं वह कवि नहीं स्वयं म्यूज़ ही कह रही है। फीमिउस के मुँह से कहलाया गया है—"सभी प्रकार के गीत बिना किसी योजना के मेरे होठों पर आ जाते हैं।" यह तभी सम्भव है जब उन होठों का उपयोग स्वयं म्यूज़ कर रही हो।

"देववंशावली" का आरम्भ करते हुए हीसियोद ने भी यही पद्धति अपनायी है। वह लिखता है—[उन्होंने] मेरे अन्तस में दिव्य वाणी का प्रवेश कराया ताकि मैं भूत और भविष्य की घटनाओं का गान कर सकूँ; और उन्होंने मुझे देववंशावली का आख्यान करने की आज्ञा दी।" (—पंक्तियाँ 32-34) जहाँ यह घटना घटी वह म्यूज़ों का वासस्थान होलिकॉन पर्वत है। वह वहाँ अपनी भेड़ें चराने गया हुआ है। एक सीमा तक हम इसे कवि की अपनी तैयारी कह सकते हैं किन्तु उसके बाद मयूज़ उसे पूरी तरह अपने वश में कर लेती हैं। क्या कहना, कैसे कहना इसका निर्णय वे ही लेती हैं कवि नहीं।

सहयोग की भावना को रेखांकित करने में पिंदर इन दोनों केवियों से भी आगे बढ़ जाता है। उसका यह वाक्य–"म्यूज़ तुम मेरे लिए दिव्य सन्देश बनो, और मैं तुम्हारा व्याख्याता बन जाऊँगा (–खण्डित अंश 150) प्रकृति और कवि के परस्पर सम्बन्ध की वास्तविकता को स्पष्ट कर देता है। म्यूज़ गुह्य भाषा में सन्देश दे रही है, कवि मानवीय भाषा में उसकी व्याख्या कर रहा है। ध्यान रहे कि गुह्य भाषा में सन्देश ग्रहण करना अन्तः प्रेरणा की ओर संकेत कर रहा है। यह बहुत कुछ उस स्थिति जैसी ही है जिसमें कवि म्यूज़ के वशीभूत होता है। हाँ, व्याख्या करते समय वह सचेत अवश्य होता है। इससे यह अर्थ निकलता है कि काव्य रचना अन्तः प्रेरणा और कवि कौशल दोनों के एक हो जाने का परिणाम हैं। क्या कहना यह म्यूज़ निश्चित करती है। यह प्रथम काव्य हेतु है। कैसे कहना यह व्युत्पत्ति और अभ्यास, द्वितीय एवं तृतीय काव्य-हेतु, पर निर्भर करता है। आयोनियाई दर्शन की भाषा में कवियों की इस दृष्टि को यों रखा जा सकता है–

मनुष्य सदैव प्रकृति के साथ संवाद की स्थिति में रहता है। यह उसका स्वभाव है जो जीवित रहने के लिए आवश्यक भी है। इस प्रक्रिया में जब वह स्वयं को प्रकृति के अनुकूल बना लेता है, उसके साथ तादात्म्य सम्बन्ध स्थापित कर लेता है, उन्हीं विलक्षण क्षणों में प्रकृति अपना रहस्य उसके माध्यम से व्यक्त करती है, तभी कला (कविता) का जन्म होता है। कला निर्माण की सम्पूर्ण प्रक्रिया में प्रकृति की भूमिका प्रधान होती है, कवि की गौण। कलाकार, विशेषतः कवि का समाज में स्थान इसलिए महत्त्वपूर्ण है क्योंकि वह प्रकृति का माध्यम है, दूत है।

सुकरात की चर्चा के अन्तर्गत कहा जा चुका है कि उसने कवियों के ज्ञानी होने पर तो प्रश्नचिह्न लगाया है किन्तु उसकी अन्तः प्रेरणा पर नहीं। इतना ही नहीं, उसने अन्तः प्रेरणा (म्यूज़) की प्रभाव-सीमा का भी विस्तार किया है। उसकी स्थापना है कि कवि ही नहीं, उनकी कविता का पाठ करने वाले आयन जैसे रहैपसोड, अभिनेता तथा श्रोता एवं दर्शक (सामाजिक/उपभोक्ता) ये सभी म्यूज़ के वशीभूत हो जाते हैं। उसने स्वीकार किया है कि अन्तः प्रेरणा के इन क्षणों को उसने स्वयं भी अनुभव किया है। इन क्षणों में बुद्धि काम करना बंद कर देती है और यही उसकी आपत्ति का सबसे बड़ा कारण है। प्लेटो ने भी इस दृष्टिकोण को अपनाया है। वह भी स्वीकार करता है कि कविता के क्षेत्र में पागलों (अन्तः प्रेरणा के वशीभूत होकर रचना करने वाला कवि) की तुलना में होशो-हवास में रह कर रचना करने वाला (अभ्यास के बल पर रचना करनेवाला) टिक नहीं पाता।[37]

कवि पर की गयी उपर्युक्त टिप्पणी प्लेटो के काव्यशास्त्र की आधार भूमि है। अर्थात् 'गणराज्य' में कवि की उपस्थिति की स्वीकृति तथा अस्वीकृति दोनों इसी

धारणा से निस्सृत हुई हैं। तत्कालीन परम्परानुसार उसने भी काव्य को अन्य कौशलों के समकक्ष रखा है,[38] तथापि प्रत्येक कौशल का अपना अनुशासन (तेख्नी = डिसिप्लिन) होता है जो उसे अन्य कौशलों से भिन्न करता हैं। यह अनुशासन उसके माध्यम द्वारा निर्धारित होता है। काव्य का माध्यम शब्दार्थ हैं। यह उसके रूप को अनुशासित करता है। यदि केवल माध्यम भेद की बात करें तो कविता भी अन्य कलाओं/शिल्पों के साथ एक ही भूमि पर रखी गयी है। कवि को पोइईतीज़ = मेकर (बनानेवाला) कहने के पीछे यही धारणा काम कर रही थी। उसे भिन्न भूमि पर स्थापित करने वाला तत्त्व उसमें निहित अंतः प्रेरणा है। किन्हीं अन्य कलाओं के साथ इसकी चर्चा नहीं की गयी है। 'प्रतिव्यक्तव्य' संवाद में सुकरात के कवियों के साथ-साथ अन्य कलाकारों से भी मिलने की चर्चा हुई हैं और उसका निष्कर्ष था कि कवियों की तुलना में अन्य कलाकारों को कुछ ज्ञान है। उसका तात्पर्य था कि उन्हें अपने अनुशासन का ज्ञान है पर, वह स्वयं जिस ज्ञान की खोज में भटक रहा था उसमें वे भी शून्य हैं। उधर कवि शिल्पियों से भी गये-बीते हैं क्यों कि उन्हें अपने अनुशासन का भी ज्ञान नहीं हैं। इसका अर्थ यह नहीं लेना चाहिए कि काव्य में कोई अनुशासन नहीं होता, होता है किन्तु उसका स्रोत म्यूज़ है न कि कवियों का ज्ञान। अतः प्लेटो की काव्यशास्त्रीय दृष्टि पर विचार करते समय हमें ध्यान रखना होगा कि उसके लिए कविता अन्य कलाओं जैसी भी हैं और उनसे भिन्न भी।

प्लेटो ने भौतिकवादियों की कतिपय स्थापनाओं को निस्संकोच ग्रहण किया है। जैसे, इस अवधारणा पर दृढ़ रहते हुए भी कि परिवर्ती जगत् ज्ञान की दृष्टि से कोई मूल्य नहीं रखता वह स्वीकार करता है कि गोचर विश्व और इंद्रियानुभव का अपना महत्त्व है।[39] प्रकृति और मनुष्य एक ही बड़ी इकाई की छोटी इकाइयाँ हैं। दोनों की अर्न्तनिहित गतियो में संवाद चलता रहता हैं। प्रकृति अधिक सशक्त होने के कारण मानवीय गतिविधियों को नियंत्रित किये रहती है। किन्तु प्रकृति की अंध शक्तियाँ एकदम अनियंत्रित नहीं हैं। उनकी गति एक लय का आभास अवश्य देती हैं। मनुष्य उससे मार्गदर्शन ले सकता है। जब तक वह अवश भाव से प्रकृति के दबाव में जीता रहेगा तब तक उसकी आवश्यकताओं की पूर्ति तो होती रहेगी, कला की उत्पति नहीं हो सकती। जब वह अपनी बुद्धि का उपयोग करते हुए प्रकृति की आकार-कल्पनाओं को समझते हुए, उसमें व्याप्त गति के ताल सिद्धांत को आत्मसात् करते हुए, उसके साथ सहयोग, अर्थात् उसकी गति के साथ अपनी गति को साधते हुए, जीवन जीने लगता हैं तभी उसके विभिन्न क्रिया-कलापों में कला–नृत्य, संगीत आदि–का जन्म होता है। जो कला प्रकृति प्रदत्त गोचर

रूपों के अनुकरण पर अधिक बल देती है वह केवल वहीं तक सीमित होकर रह जाती है, वह यर्थार्थवादी है। भौतिकवाद की यही सीमा है। प्रकृति में सत्य, शिव और सुन्दर के मूल्य अत्यंत सीमित अंश में व्यक्त हुए रहते हैं। यथार्थवादी कलाकार को उनका बोध नहीं हो पाता। प्रकृति का अनुकरण करते समय चूँकि उसका ध्यान गोचर रूपों पर ही रहता है, साथ ही माध्यम का नियन्त्रण भी रहता है, इसलिए उसकी कला में ये मूल्य बहुत कम अंश में, नहीं के बराबर ही व्यक्त हो पाते हैं। ऐसी कला मनोरंजन करके ही रह जाती हैं, ज्ञान नहीं दे पाती।

उपर्युक्त चर्चा, अर्थात् भौतिकवादी दृष्टिकोण, प्लेटो के कलादर्शन में निम्न तीन निष्कर्षों के रूप में समाहित है–

(*i*) कला का जन्म सृष्टि में अंतर्निहित गतिशीलता से होता हैं;

(*ii*) विश्व व्याप्त लय-ताल को वस्तुनिष्ट सिद्वांत के रूप में अपनाने से, अर्थात अनुकरण से कला का जन्म होता है;

(*iii*) प्रकृति (जिसका मनुष्य अभिन्न अंग है) इसका उपादान कारण है। उसके गुण-दोषों को देखते हुए उसे एक सीमा तक ही अभीष्ट साँचे में ढाला जा सकता है। उसका रूप-प्रद गुण (प्लास्टिक क्वालिटी) कला रूपों को नियन्त्रित करता है।

उपर्युक्त तीनों निष्कर्ष प्लेटो के कलादर्शन में अभिस्वीकृत तथ्यों (अश्यूम्ड फैक्टस) के रूप में विद्यमान हैं किन्तु इनका सम्बन्ध केवल कला की उत्पत्ति से है। यथार्थवादी कला की पहुँच केवल यहीं तक है। इन्द्रियानुभव उसका प्रारम्भ भी है अन्त भी है। इस शैली में अत्यन्त निचले स्तर पर गोचर रूपों का अधूरा अनुकरण होता है इसलिए, यह त्याज्य है।*

कला की उत्पत्ति के सम्बन्ध में दूसरा दृष्टिकोण पाइथागोरियों का है। उनका चिन्तन ओर्फीयों के इस विश्वास को पुष्ट करता है कि मनुष्य के जीवन का लक्ष्य आत्मा की मुक्ति होनी चाहिए। इसके लिए जिन संस्कारों की आवश्यकता है वे धार्मिक अनुष्ठान और नैतिक आचरण से प्राप्त होते हैं। ये साधन आत्मा को शुद्ध करके मुक्ति की दिशा में ले जाते हैं। अतः कला का स्रोत भी मनुष्य के उन क्रिया-कलापों तथा कौशलों में निहित है जो उसे मुक्ति प्राप्त करने सहायक होते हैं। वे अपने ढंग के कपड़े पहनते थे, खाने-पीने में संयम बरतते थे। उनकी कुछ विशेष सामूहिक क्रियाएँ हुआ करती थीं तथा नैतिक आचरण के कुछ अत्यन्त

* उस काल में होमर को ज्ञान का भण्डार माना जाता था। उसके काव्य से पंक्तियाँ प्रमाण के रूप में उद्धृत की जाती थीं। प्लेटो ने इस तर्क के द्वारा तत्कालीन जन विश्वास का खण्डन किया है।

कठोर नियम थे। उनकी दृष्टि में वे हस्तकौशल, व्यायाम, नृत्य, संगीत आदि ही सच्ची कलाएँ हैं जो पवित्र जीवन की प्रेरणा देनेवाली या उसे पुष्ट करने वाली हों। संगीत की ताल और लय को वे गणितीय अनुपात द्वारा व्याख्यायित करने में सफल हुए थे और मानने लगे थे कि सम्पूर्ण विश्व में एक ही लय व्याप्त है और उसे गणित द्वारा समझा जा सकता है। मनुष्य को अपना जीवन भी उसी ताल और लय के अनुरूप जीना चाहिए। अतः कलाएँ एक ओर इन्द्रियानुभूति के स्तर पर जीये जानेवाले जीवन की निरर्थकता दर्शाने की आवश्यकता से जन्म लेती हैं, तथा दूसरी ओर पाइथागोरी आचार संहिता को पुष्ट करने वाले कौशल से उत्पन्न होती हैं। इन कौशलों मे गणितीय आकार-कल्पनाओं का अनुकरण होता है न कि गोचर रूपों का।[40] विश्व पदार्थों के छोटे-छोटे कण भी रेखागणित की आकृतियों में ढले हुए हैं। ये आकृतियाँ उपद्रवी, विप्लवी पदार्थों को सीमा में बाँधे रखती हैं। इनका अनुकरण करने वाली कलाएँ आत्मा को बन्धन-मुक्त करा सकने वाले जीवन का संबल बनती हैं। हम फिर स्मरण करा दें कि ये आकृतियाँ भौतिक होती हुई भी केवल बुद्धिगम्य हैं। केवल यही विशेषता पाइथागोरियों के अनुकरण को यथार्थवादी अनुकरण से भिन्न करती है। ईलियाई दार्शनिक भी अगोचर आदर्श रूप (आइडियल फॉर्म) के अनुकरण की बात कह कर पाईथागोरियों का समर्थन कर रहे थे। जब गोचर विश्व स्वयं भ्रम है तो उसके अनुकरण का भला क्या मूल्य हो सकता है। अतः आदर्श रूपों का अनुकरण ही मूल्यवान् बन सकता है। यह स्थापना एक प्रश्न को जन्म देती है। यदि अनुकार्य बुद्धिगम्य है तो उसका गोचर रूप में अनुकरण कैसे हो सकता है? उत्तर है प्रतीकों द्वारा। प्रतीक स्वयं गौण हैं, वे जिस ओर इंगित करते हैं मुख्य वही है।

यहाँ तक पाइथागोरियों और ईलियाइयों से सहमत होने में प्लेटो को कोई कठिनाई नहीं है। उसकी शिकायत इतनी ज़रूर है कि उन्होंने इसकी अत्यन्त सीमित उपयोग की कल्पना की है। पाइथागोरी इसे केवल अपने समाज तक ही सीमित मान कर चल रहे थे। जैसे वे स्वयं बहुसंख्यक समाज से कटे हुए थे वैसे ही वे कला को भी शेष समाज से अलग रखना चाहते थे। ईलियाई इसमें से भाव तत्त्व निकाल कर इसे शुष्क बना देना चाहते थे। यदि गोचर विश्व केवल भ्रम है तो गणराज्य में भी उसकी आवश्यकता कहाँ रह जाएगी। तब प्रश्न उठता है कि क्या जीवन में कला का कोई मूल्य नहीं है। प्लेटो ऐसा नहीं मानता। गोचर विश्व से सम्बनध न रखनेवाली आदर्शवादी कला यथार्थवादी कला से अधिक मूल्यवान् होने पर भी अपने अंतिम लक्ष्य को नहीं पा सकती। वस्तुतः उसने इन दोनों चिन्ताधाराओं के एकांगी दृष्टिकोण की सीमाओं को पहचान लिया था, इसलिए

उसने 'गणराज्य' में इन दोनों के समन्वित रूप की प्रतिष्ठा की। सोफ़िस्त चूँकि व्यापक मानवता से जुड़े हुए थे इसलिए उनके दृष्टिकोण का उपयोग उसने इन दोनों छोरों को मिलाने के लिए किया। प्रशासक वर्ग की योग्यता पर विचार करते समय प्लेटो का मानवीय दृष्टिकोण बहुत स्पष्ट है। इस विषय में वह सुकरात का अनुयायी था और सुकरात सोफ़िस्तों से सहमत था। ये दोनों सोफ़िस्तों के इस विचार के समर्थक थे कि सच्चे दार्शनिक को पूरे समाज के हित के लिए समर्पित होना चाहिए, इसी में उसके जीवन की सार्थकता है। 'गणराज्य' और 'संविधान' (लॉज़) संवादों मे यह विषय बार-बार उभर कर आया है कि कला अच्छे नागरिक जीवन को प्रोत्साहित करनेवाली तथा पुष्ट करनेवाली होनी चाहिए। उसकी दृष्टि में 'राज्यकला' (स्टेट क्राफ्ट) अर्थात नगर प्रशासन सभी कलाओं में श्रेष्ठ है। इसी के माध्यम से समाज का प्रत्येक सदस्य परस्पर हित की भावना से जीता है और पूरा नगर भौतिक, नैतिक तथा आध्यात्मिक सभी क्षेत्रों में उन्नति करता है। अन्य सभी कलाएँ उसके अधीन रह कर, उससे सहयोग करती हुई उसे पुष्ट करती हैं। उनके अस्तित्व का एकमात्र यही उद्देश्य होना चाहिए। निष्कर्ष यह कि प्लेटो के लिए मानव मूल्य सभी कलाओं का प्रयोजनमूलक कारण है। यह दृष्टि उसे सोफ़िस्तों के चिन्तन से मिली।

'गणराज्य' को लेकर कभी-कभी शंका की जाती है कि यह केवल कल्पना लोक की वस्तु है। ध्यान से पढ़ने पर यह शंका निर्मूल सिद्ध होती है। इसमें समाज व्यवस्था की छोटी-छोटी बातों पर भी जितनी चर्चा हुई है उससे सिद्ध होता है कि प्लेटो के लिए यह लक्ष्य कठिन अवश्य था, असम्भव नहीं। उसके मन के किसी कोने में स्पार्ता और एथेन्स की मिली-जुली समाज व्यवस्था का रूप उभर रहा था। सिरेक्यूज़ के निमन्त्रण पर वह बार-बार इसीलिए वहाँ गया ताकि अपने गणराज्य की कुछ अवधारणओं का वहाँ प्रयोग कर सके। उसका दुर्भाग्य था कि परिस्थितियों ने उसका साथ नहीं दिया। जीवन के उत्तरकाल में वास्तविकता से समझौता करते हुए अपने विचारों को संशोधित अवश्य किया किन्तु आदर्श का त्याग सम्भव नहीं था। यदि ऐसा हुआ होता तो प्लेटो कभी का मर गया होता।

जहाँ तक राज्यकला का प्रश्न है उसका स्रोत शुद्ध ज्ञान में ही सम्भव है। इस कला को जन्म देने वाला कलाकार केवल दार्शनिक ही हो सकता है। व्यावहारिक स्तर पर इसके दो रूप हैं। एक, जिसमें वह प्रबुद्ध लोगों (सम्भावित दार्शनिक) के ज्ञान चक्षु खोलता हुआ उनके सम्पूर्ण जीवन को कलामय बनाता है। इसी का आनुषंगिक पक्ष है राज्यकला का अभ्यास। यह वर्ग चूँकि प्रबुद्ध है इसलिए इसके साथ तर्कयुक्त संवाद करना सम्भव है। इसके दूसरे रूप के अन्तर्गत दार्शनिक

(सर्वोच्च प्रशासक) समाज के शेष वर्गों के साथ बिम्बों, मिथकों तथा कल्पना जगत् के अन्य गोचर रूपों के माध्यम से सम्पर्क करता है क्योंकि वे इसी भाषा को समझते हैं। यही वह क्षेत्र है जहाँ दार्शनिक सोफ़िस्तों का दृष्टिकोण अपनाता है।

सोफ़िस्त भाषण कला के शिक्षक के रूप में विख्यात थे। भाषण कला का अर्थ था जनता की भावनाओं को उभार कर किसी विषय के पक्ष या विपक्ष में जनमत तैयार करना। प्लेटो उनके इस दृष्टिकोण से सहमत था कि बहुसंख्यक समाज के उपयोग में आनेवाली कला का जन्म समाज के घटकों को पूरे समाज के हित की प्रेरणा देनेवाली क्रिया में होता है। काव्य, संगीत, नृत्य उसी के व्यक्त रूप हैं। वह कला में कल्पना—मिथ्या तत्त्व—की विशिष्ट भूमिका को स्वीकार करता है। दार्शनिक होने के नाते मिथ्या उसके लिए त्याज्य है किन्तु उसके उपयोग से समाज यदि आत्मसंयम तथा मुक्ति की ओर बढ़ सके तो वह काम्य है। सिद्धान्त के मंच पर प्लेटो और सोफ़िस्त साथ-साथ खड़े दिखायी देते हैं, दोनों 'कांता सम्मित उपदेश' के समर्थक हैं किन्तु व्यवहार के स्तर पर दोनों में धरती-आकाश का अन्तर है। सोफ़िस्त स्वयं को केवल राजनीति से जोड़े रखना चाहते थे। उनमें से अधिकांश के सामने केवल कचहरी के मुकदमे जीतने या भीड़ को अपने पक्ष में कर लेने का लक्ष्य होता था। उनकी शिक्षा केवल इस विषय पर बल देती थी कि अपनी बात को, चाहे जैसे भी, सच कैसे सिद्ध किया जाय। केवल भौतिकता के निम्न स्तर पर ही रह जाने के कारण उनके ज्ञान को मत, कल्पना या विश्वास (= दोक्सा) कहा गया, सच्चा ज्ञान नहीं। सच्चा ज्ञानी सुकरात है, पेरिक्लीज़, सिमॉन या थेमिस्तोक्लीज़ नहीं। अतः प्रशासन का सर्वोच्च अधिकारी या तो स्वयं दार्शनिक हो या दार्शनिक के मार्गनिर्देशन में काम करने वाला हो। ऐसा प्रशासक ही पूरे नगर को सुखी बनाने के लक्ष्य से कार्य करेगा। वह नागरिकों की भौतिक आवश्यकताओं के साथ-साथ उनके आत्मिक उत्थान पर भी ध्यान देगा। उसकी कामना होगी कि वह स्वयं जैसे मुक्तचेता है वैसा ही बनने के लिए समाज के अन्य सदस्य भी उत्प्रेरित हों। उसकी कला निर्मिति में सभी नगरवासी सहभागी होंगे। उसकी कला का वृत्त समग्र नागरिक जीवन को घेर लेनेवाला होगा। यह उच्चतम कलाकृति उसके मार्गनिर्देशन में सबके सम्मिलित प्रयास का परिणाम होगी। इसकी उत्पत्ति प्राकृतिक परिस्थितियों (जीवन की आवश्यकताएँ और उनकी पूर्ति के साधन) और मानवीय शक्तियों (नागरिकों की शारीरिक तथा स्वभावजन्य क्षमताएँ) को ऐसी एकता में ढालने की प्रक्रिया से होगी जो उसे आदर्श गणराज्य की ओर ले चलेगी। स्पष्ट है कि प्लेटो कला की उत्पत्ति में मानवीय इकाई की महत्त्वपूर्ण भूमिका को हृदय से स्वीकार करता है किन्तु इसके लक्ष्य में सोफ़िस्तों से कहीं आगे निकल जाता है।

चिन्तन की तीनों धाराओ में कला की उत्पत्ति के स्रोतों को एकीकृत करने पर निष्कर्ष निकलता है कि प्लेटो के कला-भवन के तीन आधार स्तम्भ हैं–सृष्टि विज्ञान, आत्मवादी चिन्तन और समाज कल्याण की भावना। इनके परस्पर सम्बन्ध से उसका कलासूत्र निम्न रूप लेता दिखाई देता है :

**मनुष्य जब अपनी सहज गतिविधियों में सृष्टि के अस्फुट छंद (ताल एवं लय) का अनुकरण करते हुए समाज को शिवम् की ओर ले चलने में प्रवृत्त होता है तो कला जन्म लेती है।**

## संदर्भ एवं टिप्पणियाँ

1. 'क्रितियास' संवाद, पृ. 109-112
2. यूनानी अनुश्रुति के अनुसार एथेन्स की स्थापना नौ हजार साल पहले हुई थी। बीच-बीच में खंड प्रलयों में इस जाति के लोग नष्ट होते रहे, जो बचे रहे वे अपने वंश को सँभाले रहे। अत्तिका के ज़मींदार उन्हीं के वंशज हैं।
3. 'तिमयूस' संवाद, पृ. 23
4. दि सोशल हिस्ट्री आर्ट, प्रथम खंड, पृ. 70
5. एक अनुश्रुति के अनुसार इरेख्थ्यूस एथेन्स का राजा था। संयोग से उसका वंश नष्ट हो गया। बस अकेली क्र्यूसा बची रही। उसके और अपोलो के सम्बन्ध से आयन का जन्म हुआ। बाद में क्र्यूसा ने जूथुस से विवाह किया और अनेक वर्षों तक एथेन्स पर राज किया। आयोनियाई स्वयं को आयन का ही वंशज मानते थे।
6. वेब्सटर, टी. बी. एल, ग्रीक आर्ट ऐंड लिटरेचर–530-400 ई. पू., पृ. 135
7. 'आरेती' मूल में पुरुष भाव का बोधक था। इसमें यह अर्थ भी निहित था कि मनुष्य जन्म से, शरीर से और मन से श्रेष्ठ होना चाहिए। मान्यता यह थी कि यूनान के अभिजात समाज पर देवताओं की विशेष कृपा रही है। इसलिए वह अन्य भू क्षेत्रों के मनुष्य समाज से तथा अपने ही प्रदेश में अन्य वर्गों से श्रेष्ठ है।
8. टेलर, ए. ई., प्लेटो–दि मैन ऐंड हिज़ वर्क।
9. यहाँ मूल तत्त्व आत्मा की प्रकृति के अर्थ में प्रयुक्त है। ज़ेनोफ़ॉन ने अपने संस्मरणों में सुकरात और चित्रकार पार्हासिउस तथा मूर्तिकार क्लायतन के बीच हुए वार्तालाप के अंश उद्धृत किये हैं। इनसे सुकरात की आत्मवादी दृष्टि का परिचय मिलता है। वह पार्हासिउस से कहता है तुम चित्रकार रंगों की सहायता से आकृति को युवा एवं वृद्ध, कठोर एवं कोमल, छाया तथा प्रकाश में अंकित करते हो। इतना ही नहीं, सौन्दर्य निरूपण के लिए जब कोई आदर्श व्यक्ति नहीं मिलता तो अलग-अलग व्यक्तियों के सुन्दर अंगों के मेल से एक आदर्श, सुन्दर आकृति का निर्माण करते हो। पर क्या कभी आत्मा की प्रकृति के अंकन का भी प्रयास किया है। यही वह वस्तु है जो सर्वाधिक आकर्षक, मोहक तथा आनन्ददायक है। उत्तर में पार्हासिउस कहता है कि जो वस्तु दृश्यमान नहीं है, जिसका न रंग है न आकार उसका अनुकरण (अर्थात अंकन) कैसे हो सकता है? प्रत्युत्तर में सुकरात कहता है कि

लोगों का चरित्र उनके मुख के भावों तथा शरीर की भंगिमा में प्रतिबिम्बत होता है और इनका अनुकरण किया जा सकता है।

इसी तरह वह क्लायतन से कहता है कि जीवित मनुष्य की शक्ल का हूबहू प्रतिरूपण करके तुम अपनी मूर्तियों को जीवन्त बना देते हो...तब क्या योद्धाओं की आँखों में भयानक तथा विजेता के मुख पर विजयोल्लास को उसके यथार्थ रूप में अंकित नहीं किया जाना चाहिए। मूर्तिकार द्वारा इसका समर्थन किये जाने पर सुकरात निष्कर्ष निकालता है कि मूर्तिकार का वास्तविक उद्देश्य आत्मा की गतिविधियों का प्रतिरूपण होना चाहिए। —संस्मरण, III X.1

10. बोगोमोलोव, ऐ. एस., हिस्ट्री ऑफ एनशेंट फिलॉसोफ़ी, पृ. 153
यहाँ ध्यान रहे कि इन भौतिकवादियों के लिए आत्मा का वही अर्थ नहीं था जो भारतीय विचारधारा में है।
11. वही, पृ. 53
12. वही, पृ. 55
13. ए क्रिटिकल हिस्ट्रीं ऑफ फिलॉसोफ़ी, पृ. 104
14. ग्रीक फिलॉसोफ़ी, पृ. 79
15. कोपल्सटन, एफ., ए हिस्ट्री ऑफ फिलॉसोफ़ी, पृ. 70
16. बोगोमोलोव, ए. एस., हिस्ट्री ऑफ एनशेंट फिलॉसोफ़ी, पृ. 171
17. वही, पृ. 65
18. ग्रीक फिलॉसोफ़ी, पृ. 40
19. प्लेटो'ज़ थॉट, पृ. 121
20. वही, पृ. वही
21. जॉन बर्नेट, ग्रीक फ़िलॉसोफ़ी, पृ. 42
22. वही, पृ. 43
23. बर्नेट के अनुसार यह निश्चित रूप से नहीं कहा जा सकता कि पाइथागोरस को शरीर की शुद्धि से आत्मा की शुद्धि की प्रेरणा मिली या आत्मिक शुद्धि से शारीरिक शुद्धि की। हाँ, उसने संगीत द्वारा आत्मिक शुद्धि की चर्चा पहले की। इसी से माना जाने लगा कि अपने धार्मिक विश्वासों के कारण वह आत्मिक शुद्धि को अधिक महत्त्व देता था और यही शारीरिक शुद्धि की प्रेरणा भी बनी।
24. यूनानी भाषा में आकृति के लिए 'आयदॉस' शब्द का प्रयोग होता है। इसी का बहुवचन है 'आयदे'। प्लेटो ने इसी का प्रयोग अपने ढंग से किया जो अंग्रजी में 'थियेरी ऑफ आइडियाज़' के नाम से प्रसिद्ध हुआ। इस पर विचार करते समय विद्वानों ने स्पष्ट किया है कि यहाँ 'आइडिया' सामान्य अर्थ में नहीं 'मूल (आदि) रूप = आकृति अर्थात् फॉर्म' के अर्थ में समझना चाहिए।
—ग्रूब, जी. एम. ए., : प्लेटो'ज़ थॉट, पृ. 1
25. इस प्रक्रिया के पीछे धारणा यह थी कि अंके देश व्यापी (स्पेशल) हैं। वे बुद्धिग्राह्य अवश्य हैं किन्तु अपार्थिव नहीं। दर्शन की परम्परा में पाईथागोरियों को इसीलिए

चैतन्यवादी (आईडियेलिस्ट) नहीं कहा जा सकता। कोपल्सटन ने इस पर टिप्पणी करते हुए लिखा है कि पाइथागोरियों का वस्तुओं और अंकों में तादाम्य स्थापित करना वास्तव में वस्तुओं को अपार्थिव बनाना नहीं है वरन् अंकों को पार्थिव रूप देना है। —ए हिस्ट्री आफ़ फिलॉसोफ़ी, पृ. 37

26. वही, पृ. 32
27. जॉन बर्नेट, ग्रीक फिलॉसोफ़ी, पृ. 48
28. पाइथागोरी व्यवस्था के अनुसार अंधकार वायु का ही एक रूप है। वायु को वे पहले ही अपरिमित कह चुके थे इसलिए अंधकार भी अपरिमित हुआ। इसी तर्क को आगे बढ़ाएँ तो प्रकाश परिमिति का दूसरा नाम बन जाता है। प्रकाश वह मध्यम है जो अंधकार को परिमित करता है। इस सिद्धान्त के अनुसाार अंधकार पर प्रकाश रूप परिमिति की छाप पड़ने से गोचर रूपों को जन्म होता है।
29. बोगोमोलोव, ए. एस., हिस्ट्री ऑफ़ एनशेंट फ़िलॉसोफ़ी, पृ. 74-5
30. वही, पृ. 72-3
31. वही, पृ. 73
32. कोपल्सटन, एफ़, ए हिस्ट्री ऑफ़ फिलॉसोफ़ी, पृ. 47
    ज़ेनोफ़ेनीज़ की आलोचनाओं से काव्य और दर्शन के बीच रस्साकशी शुरु हो चुकी थी जिसका उल्लेख प्लेटो ने भी किया है।
33. इस काल के नाटकों के अनेक अंश इसके प्रमाण हैं।
34. प्लेटो'ज़ थियेरी ऑफ़ आर्ट, पृ. 40
    प्लेटो के 'गणराज्य' में 400-01 तथा 530-31 पृष्ठों पर इस विषय से सम्बन्धित अंश आये हैं।
35. 'गणराज्य' में 370-71 तथा 412-13 पृष्ठों पर इस विषय की चर्चा हुई है।
36. बौद्धिक विकास के इस चरण में देवता परिवर्तमान् जगत के आधारभूत स्थायी तत्त्व का प्रतीक है। यहाँ आकर प्रकृति और देवता एक ही सिक्के के दो पहलू हो जाते हैं।
37. बट ही हू, हैविंग नो टच आफ दि म्यूज़िज़' मैडनैस इन हिज़ सोल, कम्ज़ टु दि डोर ऐंड थिंक्स दैट ही विल गैट इंटू दि टैंपल बाइ दि हैल्प ऑफ आर्ट—ही , आई से, ऐंड हिज़ पोएट्री आर नॉट एडमिटिड;...'फिद्रुस' संवाद, पृ. 245
    इन पंक्तियों की तुलना पिंदर की ओलिं. 9, 100-111 तथा पीअन 1 बी, 18-22 से कीजिये।
38. रोज़मेरी हैरियट, पोएट्री ऐंड क्रिटिसिज़्म बिफोर प्लेटो, पृ. 104
39. इस विषय पर 'गणराज्य' की 7 वीं पुस्तक विशेष द्रष्टव्य है।
40. तर्क यह है कि गोचर रूप परिवर्तनशील हैं और गणितीय रूप स्थायी हैं। इसलिए, अनुकरण स्थायी रूपों होना चाहिए।

## 3.2 काव्य–एक कौशल, एक वरदान

वर्ष 1938 में आर. जी कॉलिंगवुड की पुस्तक 'दि प्रिसिंपल्ज़ ऑफ़ आर्ट' प्रकाश में आयी। इसकी भूमिका में 'आर्ट' शब्द के अर्थ की स्पष्टता के लिए उसके इतिहास पर दृष्टिपात करते हुए उसने लिखा–

"आर्स इन एनशेंट लैटिन, लाइक तेख्नी इन ग्रीक, मीन्स समथिंग क्वाइट डिफ़रेंट। इट मीन्स ए क्राफ्ट ऑर स्पेशेलाइज़्ड फ़ॉर्म आफ़ स्किल, लाइक कारपेंट्री ऑर स्मिथीइंग ऑर सर्जरी...व्हॉट वी कॉल आर्ट दे रिगार्डेड मियर्ली ऐज़ ए ग्रुप ऑफ़ क्राफ्ट्स, सच ऐज़ दि क्राफ़्ट ऑफ़ पोएट्री (पोईईतिके तेख्नी, आर्स पाएतिका), व्हिच दे कन्सीवूड, समटाइम्स नो डाउट विद मिसगिविंग्ज़, ऐज़ इन प्रिंसिपल जस्ट लाइक कारपेंट्री ऐंड दि रेस्ट, ऐंड डिफ़रिंग फ्रॉम ऐनी वन ऑफ़ दीज़ ओन्ली इन दि सॉर्ट ऑफ़ वे इन व्हिच ऐनी वन ऑफ़ दीज़ डिफ़र्स फ्राम वन एनदर।"[1]

इस स्पष्टीकरण पर टिप्पणी करते हुए उसने फिर लिखा–"इफ़ पीपल हैव नो वर्ड फ़ॉर ए सर्टन काइंड ऑफ़ थिंग, इट इज़ बिकॉज़ दे आर नॉट अवेयर ऑफ़ इट ऐज़ ए डिस्टिंक्ट कांइड।"[2] कालान्तर में इस स्थापना की मिश्रित प्रतिक्रिया हुई, कुछ सहमत हुए कुछ असहमत। आधुनिक युग के अधिकांश सौन्दर्यशास्त्रियों की मान्यता है कि उपयोगी तथा ललित कलाओं का भेद इसी युग की देन है। किन्तु, आर. सी. लॉज जैसे विद्धान् मानते हैं कि प्लेटो ने अपने युग की परम्परागत दृष्टि का समर्थन करते हुए भी काव्य, संगीत, नृत्य तथा चित्रकला को अन्य शिल्पों से अलग रखा है। काव्य (तथा अन्य तीनों को भी) को शिल्प मानते हुए भी उसके भेदक (डिफ़रैनशिया) तत्त्व को उसने सदैव ध्यान में रखा है। एस.एच., बुचर को भी लॉज इसी दृष्टि का पक्षधर मानता है। उसके अनुसार बुचर ने 'एरिस्टॉटल्स थियेरी ऑफ़ पोएट्री ऐंड फ़ाइन आर्ट' में 'फ़ाइन आर्ट' का प्रयोग बिना किसी हिचकिचाहट के किया है यह जानते हुए भी कि आभिजात्य युग में 'फ़ाइन आर्ट' जैसा शब्द कभी रहा ही नहीं। उसका तर्क है कि 'मिमीसिस' शब्द से जिन अनुकरण प्रधान शिल्पों का बोध होता था बह आधुनिक युग की ललित कलाओं

का ही बोध कराता था।[3] आगे के पृष्ठों में हम इन दोनों विचारधाराओं के स्रोतों पर विचार कर रहे हैं।

यूनानियों के लिए काव्य भी एक शिल्प था यह दर्शाने के लिए कॉलिंगवुड ने एक कसौटी तैयार की।[4] कसौटी के मूल में उसने 'तेख्नी' शब्द रखा। यूनानियों के लिए इसका अर्थ था—अत्यन्त सावधानी से की गयी क्रिया द्वारा पूर्व निर्धारित फल को प्राप्त करने की शक्ति। शिल्प में इस क्रिया को मानने के उसके तर्क हैं—

(*i*) शिल्प की क्रिया में साधन और साध्य में स्पष्ट भेद होता है। साध्य तक पहुँचने के बाद साधन व्यर्थ हो जाते हैं;

(*ii*) शिल्प में योजना बनाना और उसे व्यावहारिक रूप देना इन दोनों सोपानों में क्रम भेद है। शिल्पी में इन दोनों का ठीक-ठीक ज्ञान होना आवश्यक है।

(*iii*) योजना सोपान में साध्य पहले आता है साधन बाद में, कार्यान्वयन के सोपान में साधन पहले आता है साध्य बाद में।

(*iv*) शिल्प में उत्पाद् (फिनिश्ड प्रोडक्ट) के उपादान (मैटर) और रूप तत्त्व (फॉर्म) के अलग-अलग धर्म होते हैं। उत्पाद के उपादान-धर्म में पहले और बाद की स्थिति में कोई अन्तर नहीं आता जब कि रूप तत्त्व क्रिया के बाद एक दम बदल जाता है।

शिल्प की उपर्युक्त कसौटी निर्धारित करने के बाद उसकी घोषणा है कि यूनानी दार्शनिकों (सुकरात, प्लेटो, अरस्तू) ने शिल्प को वैचारिक पृष्ठभूमि दी। यूनानी मानसिकता काव्य और अन्य शिल्पों को एक ही वर्ग के अन्तर्गत बहुत पहले से रखती चली आ रही थी किन्तु उसका आधार क्या है इसका विश्लेषण किसी ने नहीं किया था। प्लेटो ने अपने संवादों में इसका विश्लेषण किया और इसे सिद्धान्त का रूप दिया। अरस्तू ने इसे और पुष्ट किया। कॉलिंगवुड ने इस बात पर भी विचार किया है कि इन चिन्तकों का शिल्प-सिद्धान्त क्या था।

सबसे पहले उसने शिल्पों के तीन वर्ग किये। पहले वर्ग के अन्तर्गत चर्म शिल्प, काष्ठ-शिल्प, वस्त्र-शिल्प आदि आते हैं, क्योंकि इनका उत्पाद एक ठोस रूप लिये होता है। पशु-पालन दूसरे प्रकार का शिल्प है क्योंकि इसका लक्ष्य पशुओं की प्रजाति सुधारना है। चिकित्सा, सामान्य शिक्षा तथा सैन्य प्रशिक्षण तीसरे प्रकार के शिल्प हैं। इनका लक्ष्य मनुष्य के मन और शरीर को एक विशेष स्थिति में ढालना होता है। इन तीनों वर्गों के शिल्पी पूर्व निर्धारित लक्ष्य को प्राप्त करने के लिए प्रयत्नशील होते हैं। उनकी क्रिया केवल क्रिया के आनन्द के लिए नहीं होती वरन् निश्चित फल प्राप्त करने के उद्देश्य से प्रेरित होती है। उनके उत्पाद का रूप चाहे जो हो, उसका मुख्य लक्षण है बाज़ार में उसकी माँग का होना और उस माँग को

पूरा करने के लिए शिल्पी क्रियाशील होता है। उत्पाद माँग के अनुरूप होता है, उत्पाद के अनुरूप शिल्पी की क्रिया होती है। तात्पर्य यह कि शिल्प-क्रिया स्वयं साध्य नहीं है, किसी साध्य का साधन है।

साधन और साध्य का भेद जैसे अन्य शिल्पों में स्पष्ट है वैसे ही काव्य में भी है। कवि एक कुशल उत्पादक है। वह कुछ उपभोक्ताओं—सामाजिक, दर्शक या श्रोता—के लिए उत्पादन करता है। उसका कौशल अपने उपभोक्ताओं को पूर्व निर्धारित अभिलषित मनःस्थिति में लाना है। कवि अपने ज्ञान द्वारा पहले से निश्चित कर लेता है कि सामाजिक पर उसे क्या प्रभाव डालना है। प्लेटो और अरस्तू ने काव्य क्रिया का विश्लेषण करते समय मूलतः इन्हीं प्रश्नों का उत्तर दिया है कि कवि इस ज्ञान को कैसे अर्जित करता है? इसके विभिन्न सोपान क्या हैं? और वे कौन-से तत्त्व हैं जिनके प्रभाव से उसके ज्ञान का स्वरूप निर्धारित होता है?

इस चर्चा के अन्त में कॉलिंगवुड निष्कर्ष निकालता है कि इन काव्यशास्त्रियों के प्रभाव से हम आज भी मुक्त नहीं हो पाये हैं। इसे सौभाग्य कहो या दुर्भाग्य, सिद्धान्त एवं व्यवहार दोनों ही स्तरों पर यह दृष्टि आज भी हमें जकड़े हुए है। नयी-नयी विचारधाराएँ इससे अलग हटने के बजाय प्रकारान्तर से इसी की पुष्टि कर रही हैं। कलाक्षेत्र में आने वाली समस्याओं का समाधान खोजते समय उसका विश्लेषण अर्थशास्त्र और मनोविज्ञान की भूमिका पर करते हैं और ऐसा करते समय मन की गहराइयों में 'कलाकृति क्रय-विक्रय की वस्तु (कोमोडिटी) है वाली धारणा ही काम कर रही होती है। यह दर्शन वस्तुतः शिल्प का दर्शन है, कला का नहीं।

प्लेटो के संवादों में शिल्प-क्रिया के अर्जन की परिस्थितियों पर विस्तार से विचार हुआ है। 'प्रतिवक्तव्य' में सुकरात ने शिल्पियों की इस बात के लिए सराहना की है कि उन्हें अपने विषय का ज्ञान है। कवि भी इस योग्यता को पाने के लिए उन्हीं परिस्थितियों से गुज़रता है। यदि होमर के काव्य को ध्यान से पढ़े तो यह समझते देर नहीं लगेगी कि उसके समय में भी यह माना जाता रहा होगा कि कवि-प्रतिभा दैवी वरदान भी है और अर्जित शक्ति भी है। और, यदि यह अर्जित शक्ति है तो कवि भी अन्य शिल्पियों की श्रेणी में आ खड़ा होता है। हो सकता है बाद में इसी धारणा से कविता और अन्य शिल्पों के उत्पाद में तुलना करने की प्रवृत्ति भी उपजी हो। इसमें सन्देह नहीं कि ई. पू. 5वीं शताब्दी में तुलना करने की प्रवृत्ति परिहास की सीमा तक पहुँच गयी थी जिससे कामदी लिखनेवालों को परिहास का एक और विषय मिल गया। फिर भी विश्लेषण के लिए उन सन्दर्भों पर एक दृष्टि डाल लेना उचित होगा जिसमें काव्य प्रतिभा को अर्जित शक्ति के रूप में देखा गया है।

ओदिसी की 22वीं पुस्तक में कवि फीमिउस ओदिस्यूस से प्राणों की भिक्षा माँगते हुए कहता है–"मेरा कोई गुरु नहीं रहा, मैं स्वयं शिक्षित हूँ और देवता की कृपा से सभी प्रकार के गीत अपने आप मेरे होठों पर आ जाते हैं।" इस पंक्ति पर हैरियट की टिप्पणी है कि "स्वयं शिक्षित" का अत्यन्त सीमित अर्थ लेना चाहिए। उन दिनों अपने से पहले के कवियों की रचनाएँ कण्ठस्थ करने की परम्परा थी। उन्हीं रचनाओं का अनुसरण करते हुए फीमिउस ने कविता करना शुरू कर दिया होगा, न कि किसी गुरु से उसके चरणों में बैठ कर उससे दीक्षा ले कर।[5] इस वाक्य को उद्धृत करने का उद्देश्य केवल यह संकेत देना है कि बार-बार म्यूज़ से सहायता की गुहार करने वाला होमर भी इस तथ्य से परिचित था कि कवि का स्वयं प्रयत्नशील होना, अपनी तैयारी करना, भी उतना ही आवश्यक है जितना देवता की कृपा प्राप्त होना। जैसे बढ़ई का बालक अपनी शिक्षा के प्रथम चरण में अपने पिता का अनुकरण करता है, ठीक वैसा ही सम्बन्ध नौसिखिये कवि और कंठस्थ की गयी कविताओं के बीच होता है।

होमर की उपर्युक्त पंक्ति केवल उसी के दृष्टिकोण को व्यक्ति नहीं कर रही है, हम कहेंगे कि पूरी कवि परम्परा ही इस तथ्य को स्वीकार करती थी कि कवि प्रतिभा दैवी प्रेरणा और मानवीय प्रयत्न दोनों का संयुक्त रूप है। ई. पू. 7वीं शताब्दी का कवि आल्कमन बड़े साफ़ शब्दों में स्वीकार करता है, "लगातार प्रयत्न करने और प्रयोग करते रहने से मनुष्य सीखता है।" इसी का समर्थन करते हुए ज़नोफेनीज़ (ई. पू. 6 शताब्दी) ने लिखा "देवताओं ने शुरु में ही सब कुछ प्रकाशित नहीं कर दिया। समय आने पर मनुष्य ने अपने प्रयत्न से उससे कुछ अधिक ही पाया।[6] इसी सन्दर्भ में एस्खिलुस की त्रासदी 'बँधुआ प्रमथ्यूस' की कुछ पंक्तियाँ भी महत्त्वपूर्ण हैं क्योंकि उनमें एक ओर होमर के दृष्टिकोण का समर्थन किया गया है तो दूसरी ओर उनसे यह भी सिद्ध होता है कि 5वीं शताब्दी में भी इस मान्यता में कोई बदलाव नहीं आया था। नाटक का नायक प्रमथ्यूस कहता है कि मनुष्यों को सभी शिल्पों का ज्ञान मुझसे ही मिला है। मैंने ही मनुष्य को अपनी बुद्धि का उपयोग करना सिखलाया और फिर शिल्पों की शिक्षा दी। तात्पर्य यह कि शिल्प सीखे और सिखलाये जाते हैं। प्रमथ्यूस ने यह नहीं कहा कि उसने अपनी दिव्य शक्ति से मनुष्यों को एकाएक शिल्पी बना दिया। शिल्पियों में जन्मजात प्रतिभा हो सकती है किन्तु मूलतः यह एक प्रक्रिया है जिसे प्रत्येक शिल्पी को सीखना पड़ता है। कवि भी उन्हीं में से एक है।

इस शृंखला में दिमोक्रितुस के विचारों को हम महत्त्वपूर्ण कड़ी के रूप में देखते हैं। वह भौतिकवादी दार्शनिक था। उसने शिल्पों को सभ्यता के विकास की

पृष्ठभूमि पर समझने का प्रयास किया। यह कलाओं के वर्गीकरण का एक प्रकार से नया दृष्टिकोण था। उसके अनुसार कुछ कलाएँ मनुष्य की आवश्यकताओं की पूर्ति के लिए बहुत पहले ही प्रचलन में आ गयी थीं, कुछ का जन्म तब हुआ जब मनुष्य के पास उपभोग की सामग्री प्रभूत मात्रा में जमा हो गयी थी। संगीत को वह सभ्यता की सजावट के रूप में, विलास के उपकरण के रूप में देखता है। स्पष्ट है कि वह संगीत को, और उसके साथ कविता को भी शिल्प ही मानता था। उसका यह विश्लेषण कॉलिंगवुड के दृष्टिकोण का पूर्व रूप है। भौतिक सुविधाओं के बढ़ जाने से मनुष्य की मानसिकता बदल गयी और उसकी आवश्यकताओं के नये आयाम खुल गये। उन्हीं की पूर्ति के लिए नये-नये शिल्पों ने जन्म लिया। प्लेटो कहीं भी दिमोक्रितुस का नाम ले कर चर्चा नहीं करता है किन्तु उसके विचारों से वह निस्संदेह परिचित था। प्रच्छन्न रूप में कहीं वह उसका प्रतिकार तो कहीं समर्थन करता मिलता है। तथा कथित ललित कलाओं को शिल्प की श्रेणी में रखने के लिए यदि वह दिमोक्रितुस से प्रेरित हुआ हो तो आश्चर्य नहीं।

काव्य क्रिया के लिए 'तेख्नी' शब्द शुरू में प्रचलित नहीं था, हाँ, 'एपिस्तामाई' और 'ओइदा' शब्दों में इसका भाव अवश्य निहित था। ये तीनों शब्द सैद्धान्तिक ज्ञान का अर्थ सम्प्रेषित करते हैं, ऐसा ज्ञान जिसमें क्या करना और कैसे करना ये दोनों पक्ष आ जाते हैं। आज की भाषाा में यह 'टेक्निकल नो हाउ' है। इस सन्दर्भ में यूनानी भाषा में कवि और कविता के लिए प्रचारित शब्द भी ध्यान देने योग्य हैं। कवि को 'पोइईतीज़' अर्थात् बनाने वाला कहने से बोध होता है कि वह एक शिल्पी है। उसी से आगे चल कर 'पोइईमा' और 'पोइईसिस' शब्द बने।[7] शिल्पशास्त्र में प्रयुक्त होनेवाले शब्द लेना यह सिद्ध करता है कि काव्य भी शिल्प की सीमा के भीतर ही देखा जा रहा था। एक विचारधारा यह भी है कि ऐसे शब्दों का प्रयोग उस युग की विवशता थी क्योंकि कविता की विशेषताओं पर विचार करने के लिए तब तक स्वतन्त्र शब्दावली तैयार नहीं हुई थी। स्वयं कवि भी इस कठिनाई को अनुभव कर रहे थे इसलिए उन्हें बार-बार अन्य शिल्पों से शब्द आयातित करने पड़ते थे।

अब इस विषय के दूसरे पक्ष को लें। काव्य के किन्हीं विशिष्ट गुणों को व्यक्त करने के लिए किसी शिल्प से उसकी तुलना करना यूनानी साहित्य की प्रवृत्ति रही है, शायद इसलिए क्योंकि इसमें कवियों को अपनी कल्पना शक्ति दिखलाने का भरपूर अवसर मिलता है। इस प्रवृत्ति का आरम्भ खोजना तो सम्भव नहीं है, हाँ पिंदर के समय में ये शिल्प-रूपक गीति काव्य के लिए बहुधा प्रयुक्त होने लगे थे। किसी ने कविता को सोने व हाथीदाँत की माला कहा, किसी ने मूर्ति

तथा किसी ने महल की संज्ञा दी। हैरियट की धारणा है कि इसके पीछे कवि को शिल्पी मानने का भाव नहीं है वरन् काव्य में सौन्दर्य, स्थायित्व की ओर इंगित करना है। किसी स्वतन्त्र शब्दावली के अभाव में इन रूपकों का प्रयोग हुआ है। आगे चल कर वक्तृत्व कला सिखलानेवालों ने भी इस प्रवृत्ति को प्रोत्साहित किया जो अन्त में भदेस की सीमा तक पहुँच गयी। बढ़ईगिरी, लोहारी, जूते बनाना, नाव बनाना, पत्थर का काम, दर्जी का काम, पाक कला आदि सभी शिल्प इसकी सीमा के भीतर समा गये। एरिस्तोफ़ेनीज़ ने आगाथॉन की नाटक रचना की तुलना नाव बनाने की क्रिया से की है। जिस पर कितनी तालियाँ बजी होंगी इसकी कल्पना की जा सकती है।

हैरियट का यह कथन उचित है कि शिल्प-रूपकों का लक्ष्य कविता के गुण-धर्मों को रेखांकित करना था और उसमें आया अतिवाद नवीनता के प्रति अत्यधिक मोह का संकेत देता है। ई. पू. 5वीं शताब्दी में नयापन भी एक काव्य मूल्य बन गया था। एक कवि ने इसकी वकालत करते हुए लिखा है—"मैं पुराने गीत नहीं गाता, नये अच्छे हैं...पुरानी मयूज़ को [मैंने] दूर भगा दिया है।"[8] नयेपन की दौड़ में तुकबंदी करने वाले भी शामिल हो गये थे। जोड़-तोड़ करने वाले रोज़ कुछ इधर से कुछ उधर से चुराकर नयी-नयी कृतियाँ प्रकाश में ला रहे थे। ऐसे ही एक नाटककार पर छींटा कसते हुए एरिस्तोफ़ेनीज़ ने लिखा कि उसने मेरे बड़े लबादे में से तीन छोटे बना लिये।[9] ऐसे रूपकों का लक्ष्य चाहे जो हो मुख्य प्रश्न यह है कि क्या स्वयं कवियों ने रचना-प्रक्रिया को लेकर अपने और अन्य शिल्पियों के बीच भेद किया है? उनके मौन रहने का अर्थ कि उन्होंने इसकी आवश्यकता ही अनुभव नहीं की। सच पूछा जाय तो उन्होंने अपने लिए और अपनी रचना के लिए जिन शब्दों का प्रयोग किया है वे सीधे-सीधे उन्हें शिल्पी ही घोषित करते हैं। पोईतीस और तेख्नी आदि शब्दों का उल्लेख हम कर आये हैं। हीसियोद ने 'प्लास्सेन' (साँचें में ढालना) शब्द का प्रयोग किया है। उसके सामने मिट्टी की मूर्तियों को साँचें में ढालने की क्रिया का उदाहरण था। ज़ेनोफ़ेनीज़ ने इसी अर्थ बोध के लिए 'प्लासमाता' का प्रयोग किया है। 'रूहैपसोड' शब्द भी इसी का संकेत देता है। इसका शाब्दिक अर्थ है सिलाई के टाँके लगा कर जोड़ना। सम्भव है यह उन घुमक्कड़ कवियों के लिए विशेष रूप से बना हो जो कुछ अपनी, कुछ दूसरों की रचनाएँ जोड़-तोड़ कर भीड़ का मनोरंजन करते हों और अपनी दाल-रोटी कमाते हों। प्लेटो ने यायावर कवि (होमर भी उनमें से एक है) के लिए भी इस शब्द का व्यवहार किया है ('गण्राज्य' पृ 600)। सारांश यह कि अन्य शिल्पों की शब्दावली का काव्य में निःसंकोच प्रयोग तभी सम्भव था जब सामाजिक (सामान्य श्रोता)

और विशेषज्ञ तथा स्वयं कवि की दृष्टियों में पूर्ण तालमेल हो। प्लेटो ने काव्य, संगीत और नृत्य के क्षेत्र में अपने जीवन काल में बढ़ती व्यावसायिक प्रवृत्ति पर चिन्ता प्रकट की हैं। कवियों का ध्यान रचना की श्रेष्ठता पर कम श्रोताओं की तालियों पर अधिक होता था क्योंकि उन दिनों तालियाँ भी पुरस्कार का एक मानदंड बन गयी थीं। स्पष्ट है कि यह दृष्टि काव्य को भी क्रय-विक्रय की वस्तु मान रही थी। प्लेटो ने इस दृष्टि में सुधार लाने के सुझाव अवश्य दिये किन्तु काव्य और शिल्प में उसने तात्त्विक अन्तर माना हो इसके संकेत नहीं मिलते।

प्रस्तुत चर्चा के मूल में मुख्यतः 'तेख्नी' शब्द है। हिन्दी में इसका समानार्थी शब्द कौशल है। किसी काम को विधिपूर्वक निपुणता से करना कौशल है। यह योग्यता जिसमें है वह कलाकार (शिल्पी) है। वह कोई भी हो सकता है। कलाकार शब्द की इस व्याख्या को ध्यान में रख कर ही प्लेटो ने विधि-रचयिता (लॉ गिवर) को भी कलाकार कहा है बशर्ते वह अपने काम में कुशल हो।[10] अतः यह जानना आवश्यक है कि प्लेटो के अनुसार कौशल की प्रकृति क्या है? और कलाकार उसे कैसे अर्जित करता है? तथा कैसे उसका उपयोग करता है? ध्यान रहे इस सम्पूर्ण चर्चा में उसका संवाद पूर्वोक्त तीनों चिन्ताधाराओं के प्रतिनिधियों से चल रहा है जिननी चर्चा कला उत्पत्ति के सन्दर्भ में की जा चुकी है। उस समय की इन प्रधान दार्शनिक प्रवृत्तियों की सार्थक स्थापनाओं को स्वीकार करते हुए उसने, उनकी सीमाओं को रेखांकित करते हुए, उनमें समीकरण स्थापित करने का प्रयास किया है। साथ ही यह संकेत भी दे दिया है कि किसी भी कौशल का वास्तविक मूल्य तभी है जब वह आदर्श गणराज्य की चेतना से अनुप्राणित हो।

विषय प्रतिपादन की आधारभूत अभिस्वीकृति है कि प्रकृति हमें सम्भावित लोहार, बढ़ई, चित्रकार आदि देती है। यह एक सामान्य धारणा है कि बालक जिस परिवार में जन्म लेता है उसके गुण-धर्म उसके खून में समाये होते हैं। प्लेटो ने इसे तार्किक आधार दे कर शास्त्रीय नियम का रूप दे दिया। इसके प्रथम चरण की स्थापना है कि व्यक्ति का परिवार विशेष (ऐसा परिवार जो किसी विशिष्टि व्यवसाय द्वारा अपनी आजीविका कमा रहा हो और समाज में उसके व्यवसाय से जुड़े अन्य परिवारों के साथ मिलकर उस वर्ग की इकाई के रूप में काम कर रहा हो) में जन्म लेना अपने आपमें उसकी प्रवृत्ति को सुनिश्चित करने वाला महत्त्वपूर्ण घटक है। यद्यपि गर्भस्थ शिशु की देखभाल के प्रति भी वह जागरूक है किन्तु व्यवसाय से जुड़े तकनीकी कौशल का स्वरूप बाल्यकाल में पारिवारिक वातावरण ही निर्धारित करता है। इसलिए, पहले से चली आती हुई मान्यता तथ्य परक है कि पंडित का बेटा पंडिताई करेगा और बढ़ई का बेटा बढ़ई बनेगा। इसके कारण

को स्पष्ट करते हुए वह लिखता है कि बढ़ई का बेटा बचपन में ही उन छोटे-छोटे औज़ारों का उपयोग सीख जाता है जो उसके पिता उसके खेलने के लिए बना देते हैं। इन औज़ारों से (जो खिलौने भी हैं) वह खेलता भी है और अपने पिता की गतिविधियों का अनुकरण भी करता है। ठीक ऐसे ही बालिकाएँ भी छोटे-छोटे चकला-बेलनों से खेल-खेल में अपनी माँ का अनुकरण करती हैं। यह खेल और शिक्षा का समन्वित रूप है। वह हथौड़ा अपने पिता की तरह पकड़ेगा, पट्टी से मापेगा, रंदा मारेगा आदि-आदि। इस तरह अपनी कल्पना मे वह कुशल कारीगर ही बना हुआ होता है। खेल सहज, प्रवृत्ति है अनुकरण इस सहज प्रवृत्ति की प्रधान इकाई है। दोनों के समीकरण से उसमें यह निश्चयात्मक बुद्धि विकसित होने लगती है कि किस क्रिया का क्या फल होता है। औज़ारों के उपयोग पर अधिकार तथा निश्चयात्मक बुद्धि ये दोनों तकनीकी कौशल के आधार स्तम्भ हैं। बेटे में इन दोनों गुणों को देख कर पिता उसे सहायक बना लेता है। धीरे-धीरे यह निपुणता पुष्ट होने लगती है और समय आता है जब बेटा पिता का स्थान ले लेता है। तब वह स्वतन्त्र होकर कार्य करने लगता है, अपने निर्णय स्वयं लेता है और समाज उसे कार्य-कुशल शिल्पी के रूप में जानने लगता है। प्लेटो ने कार्य-कुशलता के तीन चरण माने हैं। पहला, औज़ारों के ठीक-ठीक उपयोग करने की शारीरिक सामर्थ्य; दूसरा, निश्चयात्मक बुद्धि का विकास, अर्थात जो भी वस्तु बनानी है उसे अंतिम रूप देने तक की क्रिया श्रृंखला की पूर्व योजना; तीसरा, मस्तिष्क और शरीर की गतिविधियों में पूरा तालमेल बैठना। वह जैसा चाहे उसके हाथ औजारों का वैसा ही उपयोग करें ओर उत्पाद का जो खाका उसने मस्तिष्क में तैयार कर रखा है वस्तु ठीक उसी तरह की बन कर तैयार हो।

प्रशिक्षण का यह प्रथम सोपान है जो पारिवारिक वातावरण के साँचें में ढलता है। दूसरे सोपान में उसकी शिक्षा वृहत्तर समाज के वातावरण में विकसित होती है और उसके द्वारा नियन्त्रित भी होती है। एक व्यवसायी होने के नाते वह केवल अपने परिवार का सदस्य नहीं है, पूरे समाज का अभिन्न अंग है। समय आने पर उसका अलग परिवार होता है, परिवार की निजी आवश्यकताएँ होती हैं जिन्हें पूरा करने के लिए उसे समाज की आवश्यकताएँ पूरी करनी होती हैं। अपना उत्पाद बेचकर किसी दूसरे का उत्पाद खरीदना होता है। समाज के साथ लेन-देन का यह प्रशिक्षण उसे तीन तरह से मिलता है—अपने पिता के व्यवहार को देखर कर या उसकी मन्त्रणा द्वारा, अन्य बढ़ईगीरों के मार्ग निर्देशन से, तथा ग्राहकों से सीधे सम्पर्क द्वारा। यह अनेक पक्षों से जुड़ा हुआ मिश्र ज्ञान है। जैसे, ग्राहकों से कैसे व्यवहार करना, उत्पाद का मूल्य कैसे तय करना। यदि किसी सहायक को रखना

हो तो उससे कितना काम लेना, कितनी मज़दूरी देना। विभिन्न वर्ग के परिवारों की आवश्यकताएँ क्या होती है, उनकी रुचि कैसी होती है, परम्परागत और नयी प्रचलित आकार-कल्पनाओं का भेद समझना तथा ग्राहकों में अपनी पहचान बनाने के लिए कुछ एकदम नये नमूने तैयार करना आदि-आदि। उसकी क्षमता तथा व्यवहारशीलता को यदि समाज विशेष स्तर का स्वीकार कर लेता है तो उसे कोई बड़ी जिम्मेदारी भी सौंपी जा सकती है। कोई ऐसा काम जो पूरे समाज की सम्पत्ति हो, भावी पीढ़ी के लिए यादगार बनने वाली हो। बड़े काम के लिए बड़ी योजना तैयार करना और उसे कार्यान्वित करना एक अलग प्रकार की दक्षता की अपेक्षा रखता है क्योंकि इसमें अन्य परिवारों के सहयोग की भी आवश्यकता होती है। इसमें हाथ का कम बुद्धि का उपयोग अधिक करना होता है। प्रशिक्षण के निचले सोपान पर भी यद्यपि थोड़े-बहुत गणित के ज्ञान की आवश्यकता रहती ही है, जोड़ बैठाने के लिए नापना-जोखना, किन्तु दूसरे सोपान पर वह शिल्पी से अधिक यन्त्रविशारद (इंजीनियर) बन जाता है। अब उसका मुख्य कार्य होता है अंकगणित और रेखागणित की भाषा में सोचना। वह सामान्य शिल्पी से ऊपर उठ कर विशेषज्ञ, उपपत्तिकार (थियेरिस्ट), शिल्प-वैज्ञानिक या शिल्पशास्त्री बन जाता है। इस तरह जो बढ़ई या शिल्पी प्रथम सोपान में पदार्थशास्त्री (भौतिकवादी वैज्ञानिक) था वह विकास के दूसरे सोपान पर आकर पाइथागोरी बन जाता है। पहले उसकी गतिविधियों का केन्द्र उसके औज़ार थे, उनकी प्रकृति क्या है? उनका श्रेष्ठतम उपयोग क्या है? उनमें परस्पर सम्बन्ध क्या है? दूसरे सोपान में उसके चिन्तन, विश्लेषण का विषय दृश्यमान के स्थान पर अदृश्यमान (किन्तु बुद्धि ग्राह्य) गणितीय आकार-कल्पनाएँ होती हैं।[11] उसके प्रशिक्षण का आरम्भ होता है इन्द्रियानुभव से जहाँ उसकी गतिविधि प्रकृति की शक्तियों द्वारा नियन्त्रित होती है। इस प्रकृति का रूप वे औज़ार हैं जो उसे खेलने के लिए मिले हैं जिनसे वह पिता का अनुकरण करता है, तथा वे स्टूल, मेज़ आदि जिन्हें वह बनाना चाहता है। इस चरण में उसकी क्रियाओं में जो क्रम, ताल या लय होती है उसकी अभिव्यक्ति अत्यन्त अस्पष्ट होती है और वह पिता का अनुकरण करने के कारण स्वयमेव आ जाती है। ये तत्त्व अलग-गलग या समवेत रूप में उसकी क्रियाओं का आधार होते अवश्य हैं किन्तु वह इनके प्रति सचेत नहीं होता, और इनके गणितीय आधार से भी अनभिज्ञ होता है। इसलिए यह ज्ञान का सबसे निचला सोपान है। इस स्तर पर की जाने वाली क्रिया की प्रकृति गोचर बिम्बों के साथ क्रीड़ा करने की होती है, और यह कर्ता तथा दर्शक दोनों का मनोरंजन करती है। विशेषतः दर्शक के सन्दर्भ में कहा जा सकता है कि शिल्पी की क्रिया और क्रियाफल (उत्पाद) दोनों ही उसके

मनोरंजन का विषय होते हैं। ज्ञान के सन्दर्भ में वे केवल गोचर अनुभव, अर्थात् मिथ्या ज्ञान, तक ही सीमित रहते हैं। इसके लिए 'आयकासिया' शब्द का प्रयोग हुआ है।[12]

इन्द्रियानुभवजन्य ज्ञान के बाद दूसरा चरण है व्यावहारिक ज्ञान को तकनीकी दक्षता का रूप देना, अर्थात् काम करने की ऐसी पद्धति अपनाना जिससे काम व्यवस्थित हो तथा जिसे सीखा और सिखलाया जा सके। इसमें काम करने की अड़चनों को पहले से ही समझ लिया जाता है और कार्य पद्धति को, सम्भावित दोषों का परिहार करके पूर्णता प्रदान की जाती है। इस पद्धिति से तैयार उत्पाद आवश्यकता की पूर्ति अधिक से अधिक तो करता ही है साथ में उसका आकार (रूप) पहले ही यह विचार भी जगाने में भी समर्थ होता है कि उत्पाद विशेष सचमुच आवश्यकता पूरी कर सकता है। जैसे, कुर्सी को देखते ही हम अनुभव करने लगें कि इस पर सचमुच आराम से बैठ सकते हैं। प्रयोजन को अभिव्यक्त करनेवाला रूप उस रूप से श्रेष्ठ होता है जो व्यावहारिक स्तर पर प्रयोजन सिद्ध करने पर भी वैचारिक स्तर पर उसे अभिव्यक्ति नहीं दे पाता। इन्द्रियानुभव की अपेक्षा ज्ञान का वह सोपान ऊँचा है जिसमें चिन्तन का कुछ अंश जुड़ जाता है। इस ज्ञान को 'पिस्तिस', विश्वास या धाारणा, कहा गया है। तीसरे चरण में जहाँ कारीगर शिल्प वैज्ञानिक या उपपत्तिकार या बुद्धिजीवी बन जाता है उसके ज्ञान को 'दियानोइया' अर्थात् तर्क संगत ज्ञान (रीज़न) कहा गया है। इस स्तर पर जिन रूपों का अनुकरण होता है वे बुद्धिगम्य होने पर भी इन्द्रियानुभव द्वारा सत्यापित होने के कारण भौतिक जगत् का ही अंश होते हैं। भौतिक स्तर पर यह उच्चतम ज्ञान है। इसके बाद वास्तविक ज्ञान का अंतिम सोपान आता है। इसे 'नोइसिस' कहा गया है। इस पर विचार करने से पहले शिल्प-कौशल के मानवीय पक्ष, सोफ़िस्तों के पक्ष, को समझ लेना उचित होगा।

अब तक की चर्चा बढ़ई की कारीगरी, कौशल, के उस पक्ष तक सीमित थी जो उसके माध्यम (लकड़ी) और औज़ारों द्वारा नियन्त्रित है। इसके विरुद्ध वह जा ही नहीं सकता। प्रकृति ऐसा घटक है जो उसकी कार्य पद्धति और उसके कार्य परिणाम, अर्थात् उत्पाद के आकार, दोनों को प्रभावित करता है। इसमें वे गणितीय सूत्र उसके सहायक होते हैं, जो या तो पिता द्वारा सिखलाये गये होते हैं, या जिन तक वह स्वयं व्यवहार-ज्ञान के निष्कर्षस्वरूप पहुँचा है। प्रकृति की सीमा के भीतर रहते हुए भी उसके उत्पाद के रूप को प्रभावित करने वाले दो अन्य घटक हैं उसका अपना बढ़ई समाज और वृहत्तर समाज (उसके ग्राहक), उसकी आवश्यकताएँ, उसकी रुचि-अरुचि आदि। इन दोनों समाजों की सीमा के बाहर वह नहीं जा

सकता। ध्यान रहे उन दिनों किसी भी शिल्पी के लिए, 'कला कला के लिए' वाली अवधारणा अकल्पनीय थी। शिल्पी और समाज अपनी-अपनी आवश्यकताओं के लिए एक दूसरे पर निर्भर थे। यह अन्योन्याश्रित सम्बन्ध दोनों को एक इकाई में बाँधे हुए था। कवि के सन्दर्भ में भी यह सम्बन्ध ज्यों का त्यों बना रहता है। इस अर्थ में कवि भी शिल्पी ही है और शिल्पी का उत्पाद सामाजिक आवश्यकता से निरपेक्ष हो यह स्थिति सामान्यतः अस्वीकार्य थी। प्लेटो इस तथ्य से परिचित था, इसे वह हृदय से स्वीकार करता है और इस पर सर्वाधिक बल भी देता है।[13] उसके आग्रह के सूत्र यदि खोजें तो वे 5वीं शताब्दी के कला जगत् में आयी नयी प्रवृत्ति में मिल जाते हैं। उस समय कलाकारों में यह भावना जागने लगी थी कि क्यों न वस्तु की गतिशीलता को अनुकरण या लक्ष्य बनाया जाय। वे प्रकृति के परिवर्तनशील रूपों में क्षण भर को झलक दिखलाने वाले बिम्बों को अंकित करने की दिशा में प्रवृत्त हुए। लगता था जैसे कलाकार विलुप्त होते क्षण को रोक लेना चाहता है, स्थिर कर लेना चाहता है। यथार्थ के प्रति यह नया दृष्टिकोण कला के स्थायी मूल्य को नष्ट कर रहा था। बिम्बों की इस क्रीड़ा ने कला को केवल मनोरंजन की वस्तु बना दिया था। चौथी शताब्दी में यह प्रवृत्ति और मुखर होने लगी थी। इस पर नियन्त्रण रखने के लिए प्लेटो ने सबसे पहले मानव मूल्य को स्थापित करने का प्रयत्न किया। यह उसकी सैद्धान्तिक अवधारणा थी कि कारीगरी, कौशल, वही मूल्यवान् है जो वृहत्तर समाज की अपेक्षाएँ पूरी करे।

बढ़ई अपनी कारीगरी सीखने के लिए, उस पर पूर्ण अधिकार पाने के लिए, जिस दौर से गुज़रता है उसी दौर से लायर बजाने वाला भी गुज़रता है। वह भी अपने शिक्षक के पास बैठ कर उसका लायर बजाने का ढंग ध्यान से देखता है, तन्तुओं से निकलने वाली ध्वनि का उसके साथ ताल-मेल बैठाता है, फिर उसी का यथानुरूप अनुकरण करता है। यदि वह साधारण प्रतिभा का छात्र है तो गीत और नृत्य का साथ देने तक ही सीमित रह जाता है। किन्तु प्रतिभावान् छात्र आगे बढ़कर ध्वनि-भेदों को गणित के सूत्रों में बाँधकर परम्परागत संगीत के विभिन्न प्रकारों का अध्ययन करता है। यह समझने का प्रयास करता है कि कौन-सा संगीत किस भाव—उत्साह, रति, शम आदि—को जगाता है। अवसरानुकूल संगीत की विशेषताएँ भी पहचानने का प्रयास करता है, या यह भी कि किस प्रदेश में कौन-सा संगीत विकसित हुआ और क्यों। वहाँ की जीवनशैली और संगीत की प्रकृति के अन्तः सम्बन्धों का अध्ययन करता है। यूनान में डोरियाई, फ्रीजियाई और लिडियाई शैलियों से सामान्य नागरिक भी परिचित हुआ करता था। कुछ और प्रतिभावान् छात्र इन सब के साथ-साथ कुछ जटिल तालों का भी आविष्कार करता है।

जहाँ तक संगीत के मानवीय पक्ष का प्रश्न है संगीतकार की स्थिति बढ़ई जैसी ही है। कौशल के रूप में वह पुत्र को पिता से विरासत में मिलता है या फिर शिष्य को गुरु से अनुकरण करने से मिलता है। पुत्र को प्राप्त विरासत में भी अनुकरण प्रमुख घटक है किन्तु इसके अतिरिक्त भी उसे बहुत कुछ अनायास मिल जाता है। उत्पाद के रूप में समाज संगीत को भिन्न रूप में देखता था। इतिहास साक्षी है कि उस समय के आभिजात्य वर्ग के लड़के-लड़कियाँ शुल्क देकर केवल शौक के लिए संगीत सीखा करते थे।[14] हो सकता है इनमें से कुछ विशेष दक्षता प्राप्त करने के भी इच्छुक रहे हों किन्तु अधिकांश केवल इसलिए संगीत तथा नृत्य सीखा करते थे ताकि अवसर मिलने पर लायर या किथारा पर किसी का साथ दे सकें या फिर सामूहिक नृत्य-गान में सम्मिलित हों तो उसकी तालों को आसानी से समझ सकें। उस काल की संस्कृति में संगीत, नृत्य और काव्य सामूहिक भावनाओं की त्रिपक्षीय अभिव्यक्ति की अखण्ड इकाई के रूप में देखे जाते थे। अर्थात्, जो अर्थ शब्द दे रहे हैं उन्हीं की स्वरमय अभिव्यक्ति संगीत में तथा नृत्य में भाव भंगिमाओं द्वारा होनी चाहिए। दूसरी बात यह कि यूनानी समाज बहुधा ऐसे अवसरों की खोज में रहता था जब वृन्दगान में सभी युवा सम्मिलित हो सकें।[15]

प्लेटो वृन्दगान की इस प्रथा को युवाओं को प्रशिक्षित करने के अवसर के रूप में देखता है। वह जानता है कि सामूहिक उत्सव के ताल-क्रम में मनुष्य की सहज वृत्ति निहित है। यदि इसे उचित ढंग से संयमित किया जा सके तो युवा वर्ग के चरित्र को भी संयमित किया जा सकता है। वस्तुतः परम्परागत वृन्दगान में भी समाज को प्रशिक्षित करने का भाव निहित था। विभिन्न अवसरों के अनुकूल भाव व्यक्त करने वाले वृन्दगानों के स्वरूप निश्चित हो गये थे। ये सामाजिक जीवन के अभिन्न अंग बन गये थे क्योंकि इनमें निहित शिक्षा समाज के लिए अनिवार्य मान ली गयी थी। सामाजिक शिक्षा के महत्त्व को देखते हुए ही नाटकों में वृन्दगान रखने की प्रथा नियम बन गयी थी। युरिपिदीज़ ने भी इसका निर्वाह किया है भले ही नाट्य तत्त्व के रूप इसकी आवश्यकता नहीं रह गयी थी। चौथी शताब्दी शुरू होते न होते वृन्दगान के प्रति समाज के दृष्टिकोण में परिवर्तन होने लगा था। प्लेटो ने अपने समय के और परम्परागत संगीत की तुलना करते हुए इस तथ्य की ओर ध्यान आकर्षित किया है कि संगीतकार को श्रोताओं की भावनाओं का भी सम्मान करना चाहिए। यह कला ऐसी नहीं है कि अकेले में मनचाही रागिनी बजा कर संगीतकार अपना मन बहला कर अपने कर्तव्य की इतिश्री समझ ले। जब तक समाज के सामने वह अपने कौशल का प्रदर्शन न कर ले तब तक उसके

कौशल का कोई मूल्य नहीं है। इस मूल्य को समाज निश्चित करता है, अतः उसके निर्देशों का पालन करना, उसकी आवश्यकताओं को पूरा करना तथा उसकी अनुशंसा-प्रशंसा की अपेक्षा रखना वे परिस्थितियाँ हैं जो उसके कौशल की प्रकृति को निश्चित करती हैं। संगीत के क्षेत्र में भी सामाजिक–मानवीय पक्ष–कला की प्रकृति का निर्णायक घटक है। इतिहास के परिप्रेक्ष्य में इसकी व्याख्या करते हुए उसने लिखा है–

सबसे पहले हम संगीत के नियमों की चर्चा करें ताकि यह देख सकें कि इसमें स्वतन्त्रता (नियमों की उपेक्षा) का अतिरेक कैसे होता गया। पहले संगीत कुछ वर्गों में विभाजित था। जैसे, देवताओं को समर्पित प्रार्थनाएँ जो स्त्रोत कहलाती थीं, शोकगीत, विजयगीत और दियोनाइसुस के जन्मोत्सव के गीत जो डिथिरैम्ब कहलाते हैं...ये सब तथा अन्य [वर्ग] नियम-भेद से जाने जाते थे। ये अत्यन्त स्पष्ट थे और संगीतकारों को इन्हें मिश्रित करने की अनुमति नहीं थी। इन सबके सम्बन्ध में निर्णय लेने वाले अधिकारी डंडे के ज़ोर पर श्रोताओं को भी शांत रखते थे और संगीत के छात्रों एवं उनके शिक्षकों को भी नियन्त्रण में रखते थे। उनका प्रयत्न होता था कि श्रोतागण अन्त तक कार्यक्रम को शांति पूर्वक सुनें। आज की तरह श्रोताओं के चीखने-चिल्लाने और तालियों की गड़गड़ाहट से निर्णय नहीं होता था। इतनी अच्छी व्यवस्था होती थी और जनता स्वेच्छा से इसे स्वीकार करती थी। शोर करके [अच्छे या बुरे का] निर्णय देने का वह साहस नहीं करती थी। फिर, जैसे-जैसे समय बीतता गया कवियों ने स्वयं नियमें का उल्लंघन करके नये-नये घटिया प्रयोग करने शुरू कर दिये (उन दिनों कवियों द्वारा स्वयं लायर अथवा अन्य किसी वाद्य पर अपनी रचनाओं को सुनाने का प्रचलन था। बहुधा वृन्दगान की धुनें भी रचयिता स्वयं निश्चित करते थे। सैफ़ो अपनी धुनें बनाने के लिए प्रसिद्ध थी। होमर में भी इस तरक के प्रसंग आये हैं)। वे प्रतिभा सम्पन्न अवश्य थे किन्तु उन्हें इस बात का विचार नहीं था कि संगीत में क्या उचित है और नियमों की सीमाएँ क्या हैं। वे शोकगीत को स्तोत्र के साथ और विजयगीत को डिथिरैम्ब के साथ मिला देते थे। वे रँगरेलियाँ मनाने वालों की तरह मौज-मस्ती में डूबे रहना चाहते थे। वे लायर पर वंशी की धुनों का अनुकरण कर सब कुछ गड्डमड्ड करने लगे थे।*और [उन्होंने यह भी] कहना शुरू कर दिया कि

* यूनान का अभिजात वर्ग वंशी को असभ्य जातियों अथवा गडरियों का वाद्य मानता था। अपने तीव्र स्वरों से संवेगों को उभारने की उसमें अधिक शक्ति थी। दूसरे उसके मंद्र और तीव्र स्वरों के बीच अधिक विस्तार होने के कारण उसमें प्रकृति की धुनों का अनुकरण करने की क्षमता अधिक थी। इसलिए उसे लायर और किथारा की तुलना में

संगीत का सत्य से क्या लेना देना। संगीत अच्छा है या बुरा इसका निर्णय केवल इस बात से होना चाहिए कि वह श्रोताओं का कितना मनोरंजन करता है। और ऐसी विषयी संगीत-धुनों की रचना करके और उनके साथ वैसी ही विलासी शब्द-रचना जोड़ कर उन्होंने जनता में अराजकता तथा लज्जाहीनता को प्रोत्साहित किया है। अब जनता यह समझने लगी है कि वह स्वयं अच्छे-बुरे गीत, अच्छी-बुरी धुन का निर्णय कर सकती है। वे लोग जो पहले शान्त रह कर नाटक देखा करते थे अब वाचाल हो गये हैं मानों उन्हें अच्छे-बुरे संगीत तथा कविता की खूब समझ आ गयी है। फलतः आभिजात्य व्यवस्था के स्थान पर भ्रष्ट नाट्य व्यवस्था ने अधिकार कर लिया है.।..वे लोग जिस विषय को नहीं जानते उसे भी जानने की कल्पना करने लगे हैं, अब वे निडर हो गये हैं जिसकी परिणति लज्जाहीनता में हुई है। यह लज्जाहीनता इतनी अनिष्टकर क्यों है? क्योंकि इसमें स्वछन्दता के अतिरेक से मनुष्य बुद्धि से प्राप्त श्रेष्ठतर विचार या धारणा को नकारने लगा है।[16]

प्लेटो कला के लगातार गिरते स्तर से चिन्तित था। नवीनता के प्रति आग्रह की चर्चा हो चुकी हैं कुछ नया करना यह कल्पना शक्ति की सहज गति है किन्तु नयेपन की झोंक में काव्य सौन्दर्य की उपेक्षा को किसी भी तरह उचित नहीं ठहराया जा सकता। प्लेटो एकरसता (मोनोटनी) को भंग करने के लिए किये गये परिवर्तनों के विरुद्ध नहीं है। किसी एक वर्ग में नये-नये प्रयोग अवश्य होने चाहिए किन्तु वर्गों का एक-दूसरे में घालमेल नियम का उल्लंघन है, अनुचित है, अराजकता[17] है। और यदि हम संगीत को शिक्षा का सशक्त माध्यम मानते हैं तो ऐसी प्रवृत्ति पर अंकुश लगना ही चाहिए। नवीनता के लिए नवीनता, अथवा प्रयोग के लिए प्रयोग कला जगत् तथा समाज में उच्छृंखलता को प्रोत्साहित कर रहा था। वह देख रहा था कि ऐसे वातावरण में राज्य व्यवस्था की बागडोर भी समझदार एवं अनुशासित व्यक्तियों के हाथ से निकल कर स्वार्थी तत्त्वों के हाथ में जा रही है जिन्हें यह प्रशिक्षण मिला ही नहीं कि अपने मताधिकार का उपयोग कैसे करना। अरस्तू ने भी ऐतिहासिक परिस्थितियों का विश्लेषण करते हुए ऐसी स्थिति पर खेद व्यक्त किया है। राजनीतिशास्त्र की 8वीं पुस्तक के छठे अध्याय में वह

---

घटिया वाद्य माना जाता था। वह दियोनाइसुस के सेवक सैटिर (आधा पुरुष आधा बकरी) का वाद्य थी। उधर लायर और किथारा अपोलो का वरदान थे। इ. पू. 4 थी शताब्दी में प्रैक्सितलीज़ के एक शिल्प में अपोलो को लायर के साथ और सैटिर को वंशी के साथ प्रतिस्पर्धा की मुद्रा में दिखलाया गया है। प्रतिस्पर्धा में सैटिर हार गया था और अपोलो ने उसकी खाल खिंचवा ली थी। अभिजात वर्ग द्वारा वंशी को नापंसद करने की यही पृष्ठभूमि है। प्लेटो ने इस दृष्टि का समर्थन किया है।

लिखता है कि फारसी युद्ध के कुछ पहले और बाद में यूनानियों (खासतौर पर एथेन्सवासी) के पास पर्याप्त सुख-साधन आ गये थे। अपनी श्रेष्ठता दर्शाने के उनके माप बदल गये थे। नयी खोजों के अति उत्साह में आ कर उन्होंने हर क्षेत्र को अध्ययन का विषय बना लिया। उन्हीं में एक था शिक्षा के लिए वंशी का प्रयोग। बाद में बुद्धिमान् वर्ग यह अनुभव करने लगा कि इससे सद्गुण के विकास में कोई सहयोग नहीं मिलता। बस इसी आधार पर इसका बहिष्कार कर दिया। वंशी तथा अनेक तारोंवाले लायर (शुरू-शुरू में लायर मे अधिक तार नहीं होते थे। कालान्तर में प्रकृति की अधिकाधिक ध्वनियों के अनुकरण के लिए उसमें तारों की संख्या बढ़ा दी गयी) के बजाने में अपेक्षाकृत दक्षता तो अधिक है किन्तु उसका उद्देश्य श्रोता को केवल आनन्द (जिसे भोगवादी संस्कृति का प्रतीक भी कह सकते हैं) देना होता है। इसलिए, उन्होंने ऐसे वाद्यों पर प्रतिबन्ध लगा दिया।[18] तात्पर्य यह कि नवीनता के नाम पर नये-नये प्रयोगों द्वारा अराजकता फैलाने वालों के बारें गुरु और शिष्य एक मत हैं।

'संविधान' का उपर्युक्त अंश पहले और बाद की स्थितियों की तुलना द्वारा यही सिद्ध कर रहा है कि संगीत जिस मानव समूह के सामने प्रस्तुत किया जा रहा है उसकी रुचि-अरुचि तथा विचारधाराओं की उपेक्षा नहीं की जा सकती। परिस्थितियों ने इसकी निर्णायक शक्ति को अत्यन्त प्रबल बना दिया था। यूनान के सन्दर्भ में यह तत्त्व इसलिए भी महत्त्वपूर्ण बन जाता है क्योंकि वहाँ जितने भी सार्वजनिक उत्सव हुआ करते थे संगीत उनका अभिन्न अंग होता था और यह बहुधा मुक्त स्पर्धा का रूप लिये हुए होता था। परम्परागत (जिसके लिए प्लेटो ने आभिजात्य शब्द का प्रयोग किया है) व्यवस्था में इसके कौशल का स्वरूप उन लोगों द्वारा निर्धारित होता था जो इसके सिद्धान्तों तथा शैलियों आदि से परिचित थे इसलिए उस समय का संगीत किन्हीं नियमों में बँध कर चलता था। बाद का, 4थी शताब्दी का, संगीत नाट्यगृह के प्रेक्षकों की [बहुधा भ्रष्ट] रुचि को ध्यान में रखते हुए दिशाहीन प्रयोगों का स्वरूप ले रहा था। यह ठीक वैसा ही था जैसे सार्वजनिक सभा में भाषण करने वाला अपने भाषण की सफलता के लिए इस बात पर ज़्यादा ध्यान दे कि वहाँ किस तरह की भीड़ जुटी है। इस दृष्टि से प्लेटो ने अपने समय की संगीत कला और भाषण कला में कोई भेद नहीं किया है। दोनों ही सामने बैठे जन-समूह की भावनाओं को उभाड़ने के लिए अपने कौशल का उपयोग करते हैं। उपभोक्ता की रुचि-अरुचि द्वारा निर्दिष्ट कला किसी उच्च लक्ष्य को प्राप्त नहीं कर सती। इसलिए आदर्श गणराज्य में उसे निश्चित स्थान देने में उसे आपत्ति है। वह संगीत की सामाजिक उपयोगिता का पक्षधर था। युद्ध का अवसर हो तो संगीत पूरे

समाज को उसके लिए प्रोत्साहित करे, तथा शांति के दिनों में उसमें शांति की भावना जगाये। लोगों को सभी दृष्टियों से अच्छा नागरिक बनाने में योग देना उसका लक्ष्य होना चाहिए।[19]

वृन्दगान के दूसरे घटक नृत्य को भी प्लेटो ने इसी दृष्टि से देखा है, इसलिए उस पर अलग से विचार न करते हुए अब हम काव्य कला की प्रकृति पर विचार कर रहे हैं। कविता मानवीय कला का अत्यन्त श्रेष्ठ रूप है। वह ज्ञान का भंडार मानी जाती थी। किन्तु प्लेटो के लिए कविता को इस रूप में स्वीकार करना सम्भव नहीं था और इसका बोध वह समाज को भी कराना चाहता था। इसी कारण से समय-समय पर विभिन्न दृष्टिकोणों से कविता का विश्लेषण करना उसके लिए आवश्यक हो गया था। इसकी पृष्ठभूमिस्वरूप उस समय के समाज की काव्य सम्बन्धी मान्यताओं पर एक दृष्टि डाल लेना उचित होगा। सामान्यतः हम आज की परिभाषाओं को उस समय के चिन्तन में खोजने का प्रयत्न करते हैं और यहीं से हम भटक जाते हैं। उस समय के साधारण नागरिक के लिए कविता धार्मिक तथा सामाजिक कार्यक्रमों में सामूहिक रसास्वादन की वस्तु थी। होमर के काव्य में जब भी किसी कवि का प्रसंग आया है वह एक समूह के सम्मुख पाठ करते हुए ही दिखलाया गया है। इसमें थोड़ा बहुत पद संचार भी रहता होगा। बहुधा वह प्रीतिभोज के समय बुलाया जात है।[20] सभी बड़े कार्यक्रमों में काव्य स्पर्धाएँ एक प्रथा बन गयी थी। काव्य पाठ के लिए कोई भी अवसर अनुपयुक्त नहीं था। एफ़िदमस की मृत्यु पर उसके प्रति सम्मान प्रकट करने के लिए काव्य स्पर्धा रखी गयी थी जिससे हीसियोद के भाग लेने का उल्लेख मिलता है।[21] ऱ्हैपसोडों और जनकवियों (बार्डज़) द्वारा काव्यपाठ की स्पर्धाओं में भाग लेने के प्रसंगों के भी उल्लेख मिलते हैं। 'आयन' संवाद का प्रारम्भ ही इस चर्चा से होता है। राज्यस्तरीय उत्सवों में सम्पूर्ण होमर का पाठ आयोजित करने की परम्परा ने स्थायी रूप ले लिया था। बच्चे पढ़ते समय हाव-भाव के साथ कविताओं को कंठस्थ किया करते थे। सारांश यह कि कविता पूरे समाज की धरोहर थी और उसके साथ यह भावना भी जुड़ गयी थी कि उसकी प्रकृति ऐसी हो जिससे पूरा समाज उसका उपयोग कर सके। परिस्थितियाँ भी कुछ ऐसी थी कि उसका श्रव्य रूप ही उसकी पहचान बन गया था। कविता का श्रव्य रूप प्रधान होने से उसे श्रव्य काव्य कहना समीचीन अवश्य है किन्तु इसकी पहचान को केवल इसी नाम तक ही सीमित रखना सम्भवतः पर्याप्त नहीं है। तथ्य यह है कि कवि स्वयं तथा उसकी कविता को जीवित रखनेवाले ऱ्हैपसोड काव्य का प्रस्तुतीकरण पूरी नाटकीय भंगिमाओं के साथ, स्वर के उतार-चढ़ाव के साथ किया करते थे।[22] काव्यपाठ को देखते हुए हम

कहना चाहेंगे कि उस युग में कविता का स्वरूप श्रव्य कम दृश्य अधिक था। उसका सार्वजनिक पाठ उसे मिश्रकला (कोंपोज़िट आर्ट) का रूप धारण करने के लिए बाध्य किये हुए था। कवि स्वयं अथवा रूहैपसोड जब जनता के सामने काव्यपाठ करते थे तो उसका रूप बहुत कुछ एक पात्री नाटक जैसा हुआ करता था। इससे समझा जा सकता है कि काव्य को कौशल के रूप में देखने और मूल्यांकित करने के माप उन दिनों कितने भिन्न रहे होंगे। इसका प्रत्यक्ष उदाहरण है कविता और भाषण कला को समान दृष्टि से देखना। कविता के छन्दोमय रूप को छोड़ कर दोनों को हर प्रकार से एक जैसा माना गया है। इससे स्पष्ट हो जाता है कि कविता की भाषा सम्बन्धी प्लेटो की अवधारणा क्या थी। उसके पहले ही प्रसिद्ध सोफ़िस्त गोर्जियास कह चुका था–"समग्र कविता को मैं छन्दोबद्ध वाणी का नाम देता हूँ।"[23] इसके बाद वह वाणी की शक्ति और उसके प्रभाव की चर्चा करता है जिसका निष्कर्ष है कि कवि और सार्वजनिक वक्ता में छन्द (यह रूप तत्त्व है ओर सम्भवतः मूल्यांकन की दृष्टि से महत्त्वपूर्ण नहीं माना जाता रहा होगा) को छोड़ कर और कोई अन्तर नहीं है। इसे केवल सोफ़िस्तों का विशिष्ट दृष्टिकोण नहीं मानना चाहिए क्योंकि प्लेटो के संवादों में भी ऐसे स्थल हैं जो व्यवहारतः कविता और भाषण के बीच किसी सीमा रेखा के न होने का संकेत देते हैं।[24] कुछ ऐसे स्थल भी हैं जहाँ भाषण कला के दायरे में कविता भी आ गयी है। 'गोर्जियास' संवाद इसका अच्छा उदाहरण है। पूरे संवाद में भाषण कला की विशेषताओं–प्रयोजन, उसके अच्छे-बुरे रूपों आदि–की ही चर्चा है। गोर्जियास और सुकरात के बीच चल रहे संवाद का निम्न अंश सिद्ध करता है कि वे सार्वजनिक भाषण और काव्य की प्रकृति में कोई अन्तर नहीं कर रहे हैं :

गो. – उस शब्द से महान् और क्या वस्तु हो सकती है जो न्यायालयों में न्यायमूर्तियों को, परिषद् में पार्षदों को, साधारण सभा अथवा किसी अन्य राजनीतिक सभा में नागरिकों को वशीभूत (पर्सुएड) करता है।

सु. – भाषणकर्ता भुलावे (पर्सुएशन) की निर्मिति करता है...और वही [भाषण का] लक्ष्य है।

गो. – प्रेरित करना (पर्सुएशन) ही भाषण का मुख्य लक्ष्य है।

सु. – भाषण कला, ऐसा प्रतीत होता है, उस भुलावे की निर्मिति करती है जो न्याय और अन्याय के बारे में विश्वास तो पैदा करता है, उसका ज्ञान नहीं देता।[25]

............

सु. — वह सब कुछ [शब्द क्रियाएँ] जिसका एक अंग भाषण कला है, कला है ही नहीं। यह एक साहसी प्रत्युत्पन्नमति होने का अभ्यास है जिससे सामने खड़ी भीड़ को वशीभूत करने की शक्ति मिलती है। इस अभ्यास को मैं 'चापलूसी' शब्द की सीमा के अन्तर्गत रखता हूँ।

.............

सु. — यह राजनीति की छाया (घोस्ट) है, या उसी का दूसरा नाम है।

..............

सु. — और त्रासदी की म्यूज़ (अर्थात् स्वयं त्रासदियाँ) की आकांक्षा क्या है? क्या उसका लक्ष्य और इच्छा दर्शकों को केवल आनन्द देना है, या उन बातों को कहने से मुँह मोड़ लेना है जो ग़लत हैं फिर भी जिनके बारे में सुनना उन्हें (दर्शकों को) अच्छा लगता है? क्या वह स्वतः शब्दों (गद्य) अथवा गीतों में मीठी-कड़वी सच्चाइयों को प्रकट करती है?

कलीक्लीज़ — सुकरात इसमें सन्देह नहीं कि त्रासदी दर्शकों को आनन्द और तुष्टि प्रदान करने का ही प्रयास करती है।

सु. — क्या हमने इसी बात को चापलूसी नहीं कहा है?

कली. — एकदम सच है।

सु. — अच्छा यह बताओ कि हम कविता में से गीत (गेय तत्त्व), ताल और छन्द निकाल दें तो क्या सम्भाषण (स्पीच) ही नहीं बचा रह जाता?

कली. — निस्सन्देह।

सु. — और यह सम्भाषण लोगों की भीड़ को सम्बोधित है?

कली. — हाँ।

सु. — तब कविता भी एक प्रकार का सम्भाषण ही हुई?

कली. — सचमुच।

सु. — और क्या तुम्हें नाट्यगृहों में कवि भाषणकर्ता जैसे ही नहीं लगते।?[26]

इसके बाद सुकरात ने भाषण के दो प्रकारों पर टिप्पणी करते हुए कहा कि इनमें से एक मात्र चापलूसी है और निन्दनीय है। इसमें वक्ता सच्चाई की परवाह किये बिना श्रोताओं को केवल प्रभावित करने के लिए भाषण करता है। दूसरे प्रकार के भाषणों का लक्ष्य उदात्त होता है। ऐसा भाषण नागरिकों की उन्नति के

लिए दिया जाता है। स्पष्ट है कि वह कविता का वर्गीकरण भी इसी तरह करता था अन्यथा कविता को छन्दोबद्ध सम्भाषण कहने का कोई अर्थ नहीं रह जाता। दोनों की प्रकृति समान है। दोनों श्रोताओं के मन को वशीभूत करके यह विश्वास दिलाना चाहते हैं कि जो कहा जा रहा है वही एकमात्र सच है तथा उसे स्वीकार कर लेने में ही उनकी भलाई है। जनता को प्रभावित करने के लक्ष्य की बात करें तो सार्वजनिक कार्यक्रमों में प्रस्तुत किये जानेवाले नृत्य और संगीत भी इसी से प्रेरित दिखलायी पड़ते हैं जिससे इस धारणा को बल मिलता है कि काव्य, संगीत और नृत्य एक ही मिश्र कला के विभिन्न पक्ष हैं। इनकी पूर्ण अभिव्यक्ति (वस्तु तत्त्व और रूप तत्त्व का सम्यक् सहभाव) परस्पर सम्बद्ध रूप में ही सम्भव है।

काव्य और सम्भाषण के वस्तु तत्त्व में तादात्य सम्बन्ध को रेखांकित कर तथा उसे मिश्र कला का एक घटक मानकर प्लेटो ने यह स्थापित करने का प्रयास किया है कि काव्य किसी फलक पर उत्कीर्ण शब्द-चिह्नों का समूह मात्र नहीं है, एक अभिव्यक्ति है जिसका सच्चा सार्थक स्वरूप स्वर के उतार-चढ़ाव के साथ उच्चरित हो कर, भावोद्बोधक संगीत की ताल में बँध कर तथा हाथ-पाँव के लयमय संचालन के साथ मिलकर ही बनता है। इसका एक दूसरा अर्थ यह भी है कि काव्य में शब्द-प्रयोग व्याकरण सम्मत अर्थ निष्पादन के लिए नहीं किया जाता (और यदि कवि इस दृष्टि से शब्द-प्रयोग कर ही नहीं रहा है तो श्रोता को भी उस दृष्टि से अर्थ-ग्रहण करने का यत्न नहीं करना चाहिए)। इसका उद्देश्य किसी सत्य का साक्षात्कार कराना नहीं, सामाजिक की भावनाओं को उभारना है। इसी कारण से भाषा-प्रयोग में तर्क-संगति के स्थान पर शब्द की उत्प्रेरणा शक्ति, उसकी संगीत में ढल सकने की क्षमता, छन्द में प्रयुक्त हो सकने का सामर्थ्य तथा नृत्य-मुद्राओं के साथ उसके मेल खाने पर अधिक ध्यान दिया जाता है। गोर्जियास ने 'हेलेन की स्तुति' में लिखा ही था कि वाणी का मन पर ठीक वैसा ही प्रभाव पड़ता है जैसा ओषधि का शरीर पर। शब्द पीड़ा पहुँचाते हैं, हर्षाते हैं, भय जगाते हैं तथा कुछ शब्द साहस प्रदान करते हैं। प्लेटो स्वीकार करता है कि काव्य में शब्द भाषण क्रिया की भाँति ही उत्प्रेरणा (एवोकिशन) का साधन है न कि व्याकरण सिद्ध अर्थ के निष्पादन का। अर्थ-निष्पादन उसका गौण लक्ष्य है। संगीत और नृत्य के ताल, लय आदि तत्त्व भी प्रत्यक्षतः संवेग उत्तेजक हैं न कि तर्क प्रेरक। इसलिए उनकी मैत्री भाषा के उस स्वरूप से होती है, जिसमें कवि शब्द का उपयोग संज्ञात्मक (कॉग्निटिव) अर्थ सम्प्रेषण के लिए नहीं संवेग-उत्प्रेरणा के लिए करता है। प्रयोजन यह नहीं है कि श्रोता कविता सुन कर मनन करने के लिए प्रेरित हो, प्रयोजन है सामने बैठे जन समूह को संवेग के प्रवाह में बहा ले जाना, उसे अभीष्ट प्रतिक्रिया

के लिए विवश कर देना।

भाषा के न-तर्कसंगत (नॉन-लॉजिकल) रूप की उत्पत्ति मनुष्य की सहज वृत्ति (इन्सटिंक्ट) से होती है। इस अर्थ में वह प्रकृति की देन है क्योंकि यह एक प्रकार की प्रतिक्रिया है जो प्रकृति की उत्तेजना (स्टिमुलेशन) के परिणामस्वरूप होती है। गोद का बच्चा भूख लगने पर रोता है, हाथ-पाँव पटकता है, प्रसन्न होने पर मुस्कराने के साथ-साथ कण्ठध्वनि भी करता है। इसी तरह अन्य संवेग-स्थितियों में भी उसके हाथ-पाँव की हलचल और कंठध्वनि परस्पर मेल खाती चलती है। बड़े होने पर शिकार करते समय, युद्ध करते समय, प्रणय क्रीड़ा के अवसर पर तथा अन्य जैविक आवश्यकताओं की अनुभूति होने पर प्रत्युत्तर में की जानेवाली क्रियाओं में कायिक और वाचिक अभिव्यक्तियों में घनिष्ठ सम्बन्ध होता है। सहज वृत्ति से जुड़ा होने के कारण काव्य भाषा का यह रूप प्रथमतः मन में चल रही हलचल का अभिव्यंजक होता है। इसकी अभिव्यक्ति प्रतिपक्ष में भी उसी के अनुरूप मानसिक और कायिक अभिव्यक्ति (प्रतिक्रिया) की अपेक्षा रखती है। अर्थात्, दर्शक तालियाँ-सीटियाँ बजा सकते हैं या चीख-चिल्लाकर अपनी स्वीकृति-अस्वीकृति दे सकते हैं। अथवा, केवल 'वाह' कह कर, सिर हिलाकर हाथ-पाँवकी हलकी-सी हलचल करके भी अपनी प्रतिक्रिया व्यक्त कर सकते हैं। अन्तर यह होगा कि प्रथम प्रतिक्रिया में कोई नियन्त्रण या व्यवस्था नहीं होगी दूसरी में ताल-लय का क्रम होगा। गतिशीलता में ताल लय होने से व्यक्ति एक सीमा तक तनाव मुक्त होता है। प्लेटो का भाषा सम्बन्धी यह दृष्टिकोण उसकी उत्पत्ति के मनोवेगाभिव्यंजक सिद्धान्त का प्रतिपादन कर रहा है।[27]

इसके साथ ही उसने अनुकरणमूलक सिद्धान्त को भी गहराई से पकड़ा है। 'क्रेतिलुस' संवाद लगभग पूरा का पूरा इसी को समर्पित है। प्रकृति की अनेक वस्तुओं के नामों की चर्चा करते हुए सुकरात कहता है कि देवताओं और सृष्टि की सामान्य वस्तुओं का नामकरण करते समय उनकी तत्त्वगत विशेषताओं (एसेन्स) के वाचिक तथा कायिक अनुकरण पर विशेष ध्यान दिया जाता रहा होगा।[28] अनुकरणजन्य बोध के बिना किसी नाम पर आम सहमति बन ही नहीं सकती। अपना पक्ष पुष्ट करने के लिए उसने अनेक नाम उदाहरणस्वरूप लिये और उनकी व्याख्या भी की।

ऊपर के इन दोनों सिद्धान्तों को आधारभूत (फ़ंडामेंटल) मान लेने पर निष्कर्ष निकलता है कि काव्य भाषा की प्रकृति अनुकरणमूलक और भावाभिव्यंजन प्रधान है। और, प्लेटो के कला चिन्तन को ध्यान में रखते हुए यह मान लिया जाना चाहिए कि सृष्टि की जिस वस्तु का नामकरण किया जा रहा है तथा ऐसा करते

समय उसकी जिस तत्त्वगत विशेषता का अनुकरण किया जा रहा है उसमें ताल-लय का सहज गुण विद्यमान है। अनुकरणमूलक संज्ञाओं में यह गुण स्वयंमेव आ जाता है। कला के रूप में सजने-सँवरने पर भी उनका यह गुण नष्ट नहीं होता। उलटे और निखर उठता है। इसी का लाभ उठाकर काव्य और उसकी सहभागी कलाओं, संगीत एवं नृत्य, का उपयोग शिक्षा के लिए किया जाना चाहिए। 'संविधान' में प्लेटो ने लिखा है "हमें स्वीकार कर लेना चाहिए कि शिक्षा का पहला पाठ अपोलो और म्यूज़ (संगीत और काव्य) ही पढ़ाते हैं।[29]

वृन्दगान के सन्दर्भ में कहा गया ऊपर का वाक्य यूनानी संस्कृति की एक अन्य मान्यता कर ओर भी संकेत कर रहा है। मान्यता यह है कि वृन्दगान—कला की त्रिपक्षीय सामूहिक प्रस्तुति—में देवता भी भाग लेते हैं। चर्चा में भाग लेनेवाला एथेन्सवासी इसी का स्मरण कराता हुआ कहता है, "देवताओं ने दया करके हमारा श्रम हरने के लिए उत्सव नियत किये और उसमें हमारा साथ देने के लिए तथा हमारे मार्ग निर्देशन के लिए म्यूज़ों, उनके नेता अपोलो और दियोनाइसुस को नियुक्त किया।...[इन उत्सवों में उन] देवताओं ने, जिन्हें नृत्य में हमारा साथी नियुक्त किया गया है, हमें लय और ताल में सुखद अनुभूति की चेतना दी है। इस तरह वे हमें [वास्तविक, सच्चा] जीवन जीने की प्रेरणा देते हैं, हम नृत्य तथा गीतों (= संगीतमय काव्य प्रस्तुति) में हाथ के साथ हाथ जोड़े उन्हीं का अनुसरण करते हैं, यही वृन्दगान है जिसका निहितार्थ है आनन्दानुभूति की सहज अभिव्यक्ति।[30]

उद्धृत अंश का विश्लेषण करने पर प्लेटो की कलादृष्टि का एक और पक्ष सामने आता है। स्पष्ट किया जा चुका है कि उसकी काव्य भाषा सम्बन्धी अवधारणा केवल शब्द प्रयोग, अर्थ गाम्भीर्य या अलंकारों के समावेश तक सीमित नहीं थी। उसका वास्तविक रूप वह वाचिक और कायिक अभिव्यक्ति में ही देखता था। स्वर, ताल, लय आदि इसकी अनिवार्य इकाइयाँ हैं। ताल और लय देवताओं की देन हैं, वे ही हमें इसकी चेतना भी देते हैं और प्रशिक्षण भी। दोनों तत्त्वों को काव्य भाषा का अभिन्न अंग मान लेने से निष्कर्ष यह निकलता है कि भाषा की, विशेषतः काव्य भाषा की, उत्पत्ति दैवी है। काव्य भाषा स्वयं भी दिव्य है, अतः उसका उपयोग भौतिक सुखों का उपभोग करने-कराने के लिए नहीं, देवताओं द्वारा निर्दिष्ट तथा हमारे लिए सर्वश्रेष्ठ मार्ग का अनुसरण करने-कराने के लिए होना चाहिए।[31] यह निस्संदेह भाषा के दैवी सिद्धान्त का समर्थन है। अन्त में, निष्कर्षस्वरूप कहा जा सकता है कि काव्य भाषा की उत्पत्ति के सम्बन्ध में प्लेटो की अवधारणा के अनेक स्रोत हैं किन्तु अनुकरण उसकी प्रकृति का प्रधान तत्त्व है, चाहे वह

आन्तरिक संवेग की अभिव्यक्ति हो, बाह्य जगत् की किसी वस्तु का बोध कराने की स्थिति हो अथवा देवताओं के अनुकरण की प्रेरणा रूप में हो।

काव्य भाषा की एक अन्य विशेषता है उसका प्रयोक्ता के संवेगों से रंजित होना। यह किसी वैज्ञानिक की भाषा नहीं है जिसका तथ्यपरक होना अधिक आवश्यक होता है। हो सकता है वैज्ञानिक तथ्य एकदम भिन्न हो। उदाहरणार्थ, रस्सी को साँप समझ कर डरा हुआ व्यक्ति जिस संवेग रंजित वाचिक और कायिक भाषा का प्रयोग करता है उसका प्रयोजन यही होता है कि वह स्वयं जो देख रहा है, वह जो उसके विश्वास की वस्तु है तथा उससे उद्भूत जो संवेग उसे उद्वेलित कर रहा है दूसरा भी उसे उसी रूप में देखे और वैसा ही अनुभव करे। यही स्थिति उस कवि की है जो मिथ्या ज्ञान रखते हुए (सम्भव है उसका विश्वास सत्य हो किन्तु ज्ञानजन्य न होने के कारण उसे ज्ञान के समकक्ष नहीं रखा जा सकता) न-तर्कसंगत भाषा का प्रयोग करके श्रोता-दर्शक का विश्वास अर्जित करता है। इसीलिए, प्लेटो का निष्कर्ष है कि काव्य संवेग सम्प्रेषित करता है (कभी-कभी अधिक ही करता है जिससे उसका मूल्य कम हो जाता हैं), विश्वास पैदा करता है, ज्ञान नहीं देता। उसने कभी यह नहीं कहा कि होमर का काव्य आनन्द नहीं देता या कोई भाव नहीं जगाता। उसके समस्त तर्क केवल यह सिद्ध करने के लिए हैं कि होमर को ज्ञानी मानना, उसके काव्य को ज्ञान प्राप्ति के लिए पढ़ना-पढ़ाना अथवा अपनी बात को सत्य सिद्ध करने के लिए उसे उद्धृत करना गलत है।

आलोच्ययुगीन काव्य धारणा (उसकी भाषा, उसका लक्ष्य) को यहाँ किंचित विस्तार से प्रस्तुत करना इसलिए आवश्यक था ताकि इस सम्बन्ध में प्लेटो की टिप्पणियों पर विचार करते समय उसके तात्पर्य को ठीक-ठीक समझा जा सके। वस्तुतः कविता को यह रूप प्रदान करने में स्वयं कवियों का अधिक योगदान रहा। उन्होंने स्वयं संकेत दिये कि काव्य रचना के समय वे शब्द के व्याकरण सम्मत अर्थ को ही ध्यान में नहीं रखते। यह मूलभूत तत्त्व होते हुए भी लक्ष्य प्राप्ति की दृष्टि से गौण है। उनका ध्यान शब्दों के भावोद्बोधन, कल्पना को उत्प्रेरित करने की शक्ति पर अधिक रहता है क्योंकि वे सामने बैठे सामाजिक को भीतर तक झिंझोड़ देना चाहते हैं। इसके लिए वे शब्देतर माध्यमों–सस्वर पाठ, लायर पर संगीत की धुन, नाटय् मुद्राएँ, हाथ-पाँव का नृत्य की ताल में संचालन–को अपनाने में भी संकोच नहीं करते। शब्द के साथ अभिव्यक्ति के इन अन्य माध्यमों का मेल एक प्रकार से अनिवार्य हो गया था (यह तथ्य भी स्मरण रखने योग्य है कि श्रोताओं की भीड़ में कविता के साहित्यिक मूल्य को समझने वाले बहुत थोड़े

होते थे जिनकी कवि उपेक्षा कर सकता था; एरिस्तोफ़ेनीज़ का 'बादल' नाटक मंच पर असफल हो गया तब उसकी शिकायत यही रही कि उसके लक्ष्यार्थ को लोग समझ ही नहीं पाये)। इसी कारण से कवि का उल्लेख बहुधा शब्द-कलाकार के रूप में कम नाटककार (संगीतात्मक नाटक के रचयिता), गीतकार, स्तवक तथा भावाभिव्यंजक नृत्य के सर्जक के रूप में अधिक हुआ है।[32] कवि का यह बहुआयामी व्यक्तित्व ही प्लेटो की अलोचना का मुख्य विषय है। उसकी स्थापना है कि एक व्यक्ति एक ही काम ठीक से कर सकता है जो उसकी प्रकृति और क्षमता के अनुकूल हो।

अब काव्य भाषा के उस पक्ष को लें जिसका सम्बन्ध केवल शब्दार्थ से है। यद्यपि यह पक्ष संगीत और नृत्य के साथ अभिन्न रूप से सम्बद्ध है फिर भी एक सीमा तक उसके स्वतन्त्र रूप का विश्लेषण किया जा सकता है। देखना यह है कि शब्दार्थ का प्रयोग कवि को अन्य शिल्पियों की पंक्ति में कैसे ला खड़ा करता है।

कौशल के रूप में काव्य भाषा को प्रभावित करने वाले तीन तत्त्व हैं :

(*i*) प्रकृति जिसके ताल-सुरों से कवि का सतत संवाद चलता रहता है, जिसे वह वस्तुनिष्ठ रूप में समझना चाहता है, अनुकरण करना चाहता है। यह भौतिकवादी दृष्टिकोण है।

(*ii*) गणितीय सूत्र जो कौशल को पूर्णता प्रदान करने में सहायक होते हैं। थोड़ा अधिक प्रतिभा सम्पन्न कवि केवल व्यावहारिक ज्ञान से उत्पन्न नियमों पर निर्भर न रहते हुए युक्तिजन्य सूत्रों का उपयोग कर नये-नये प्रयोग करता है तथा इन्द्रियानुभव से सत्यापित करता रहता है। यह पाइथागोरी पद्धति है।

(*iii*) तीसरा तत्त्व है वह समाज जिसकी आशाएँ, आकांक्षाएँ, अपेक्षाएँ उसकी कला में प्रतिबिम्बित होती हैं या होनी चाहिए। कवि यदि समाज में अपने लिए जगह बनाना चाहता है तो उसे कविता के सामाजिक मूल्य पर अधिक ध्यान देना होगा। यह सोफ़िस्तों का दर्शन है। प्लेटो की एतद्विषयक अवधारणा को ठीक से समझने के लिए इन तीनों दृष्टिकोणों पर कुछ विस्तार से विचार कर लेना उचित होगा।

भाषा की अनुकरणमूलक उत्पत्ति के सिद्धान्त की चर्चा में हम देख आए हैं कि इसमें प्रकृति को ही अनुकार्य माना जाता है और यह दृष्टि इसी में मानव हित देखती है। 'तिमयूस' संवाद में सृष्टि की उत्पत्ति पर विस्तार से प्रकाश डाला गया है। उसी सन्दर्भ में तिमयूस कहता है कि मनुष्य को देखने, बोलने और सुनने की शक्ति इनका बुद्धिमत्तापूर्ण उपयोग करने के लिए दी गयी हैं। संगीत में लय वाणी और श्रवण के अनुरूप होनी चाहिए। म्यूज़ों ने लय इसलिए नहीं दी है कि इसका उपयोग विवेकहीन आनन्द के लिए हो। आत्मा जब कभी अपनी दिशा में भटक

जाती है तब उसे फिर से लय के अनुरूप लाने में [शब्दबद्ध संगीत की] लय का उपयोग होना चाहिए। ताल भी, मयूज़ों का बुद्धिमान् पुजारी (अर्थात् कवि) जानता है कि उन्होंने हमें विवेकहीन सुखोपभोग के लिए नहीं वरन इस उद्देश्य से दी है ताकि मनुष्य अशोभनीय व्यवहार से बचा रह सके।[33] जोवेट के अनुसार प्लेटो ने यहाँ इस बात पर बल दिया है कि मनुष्य अपनी बुद्धि का उपयोग करते हुए दिव्य वस्तु की गतिशीलता--लय, ताल आदि--का अनुकरण करे तो आत्मा में संयोगात् आ गयी अनियमितता को सुधार सकता है। अनुकरणमूलक सिद्धान्त के अनुसार शब्दों की उत्पत्ति प्रकृति की ताल-लय का अनुकरण करने से होती है और कवि का कर्तव्य है कि काव्य की रचना करते समय शब्दों के इन मूल गुणों को नष्ट होने देने के बजाय इनका और विकास करे।

अनुकरण अभिव्यक्ति की सहज प्रवृत्ति है। जब भी हम किसी वस्तु का सटीक अंकन (रीप्रेज़ेंटेशन) करना चाहते हैं तो उसमें अनुकार्य की अनुरूपता होने से ही सफलता मिल सकती है। भाषा भी इसका अपवाद नहीं है। इसलिए, किसी वस्तु का नाम उसका ठीक-ठीक अंकन तभी कर पायेगा जब उसके नाम के वर्ण वस्तु के अनुरूप हों।[34] प्लेटो का यह सिद्धान्त कुछ अतिवादी अवश्य प्रतीत हो सकता है किन्तु उसके विश्वास का विषय था। सुकरात एक पात्र के रूप में बार-बार नाम के वर्ण और अक्षरों में अनुकरण पर बल देते हुए कहता है, "कोई भी नाम किसी अस्तित्वमान वस्तु के अनुरूप तब तक नहीं हो सकता जब तक वे मूल इकाइयाँ जिनसे वह बना है (अर्थात् वर्ण) एक सीमा तक उस वस्तु से साम्य न रखती हों जिसका अनुकरण वह नाम है।[35] उसका तर्क है कि समस्त ज्ञान, किसी वस्तु का पूर्ण ज्ञान, का मूल आधार अक्षर से अधिक वर्ण हैं और एक वर्ग के रूप में लोगों के अधिक निकट हैं।[36]

'क्रेतिलुस' में वर्णों की अनुकरणमूलता को विस्तार से समझाने के पीछे सुकरात (वस्तुतः प्लेटो) का उद्देश्य यह था कि भाषा मूलतः अनुकरणात्मक है। सामान्य व्यक्ति और कवि दोनों ही भाषा में अनुकरण क्रिया का उपयोग करते हैं। इस सम्बन्ध में उसका यह वाक्य अत्यन्त रोचक है कि बोलते समय क्रिया पदों और संज्ञा पदों के प्रवाह में वक्ता के विचार अर्थ के माध्यम से इसी तरह अभिव्यक्त (स्पष्ट) होते हैं जैसे दर्पण अथवा जल में बिम्ब उभरता है।[37] अपनी बात को समझाने का और कोई माध्यम हो ही नहीं सकता। बालक इस भाषा को अपने परिवार में ही सीखना शुरु कर देता है ठीक ऐसे ही जैसे बढ़ई का बालक अपने पिता के औज़ारों के छोटे-छोटे नमूनों से उनका उपयोग सीखता है। बड़े होने पर वृहत्तर समाज के सम्पर्क में आने से उसकी भाषा में व्यापकता आ जाती है।

और जिन बच्चों को पढ़ने की सुविधा मिलती है वे साहित्य के अध्ययन से शब्दों को सटीक प्रयोग करना भी सीख जाते हैं। कहा जा चुका है कि होमर के काव्य पाठ्यक्रम का अनिवार्य विषय थे। उन्हीं को पढ़-पढ़ कर प्रतिभा सम्पन्न छात्र कविता करने लग जाते थे, वक्ता बन जाते थे, प्रशासन का भार सँभालने योग्य बन जाते थे, शिक्षक बन जाते थे। शब्दों में शक्ति सम्पन्न प्रयोग को ले कर प्लेटो ने हमेशा होमर की प्रशंसा की है। 'कविता अनुकरणात्मक है' इस आधार पर उसने कभी काव्य को खण्डित नहीं किया न कवियों की बिरादरी को गणराज्य से बहिष्कृत किया। उलटे छोटी कक्षाओं के पाठ्यक्रम में चुनी हुई रचनाओं की उपादेयता का सदैव समर्थन किया है। अनुकरण मनुष्य का प्राकृतिक धर्म है। वह इसके विरुद्ध जा ही नहीं सकता था। व्यापक सृष्टि और मनुष्य की आत्मा के बीच लय-ताल साधारण धर्म (कॉमन फैक्टर) हैं। प्रकृति के दर्शाये मार्ग से भटक जाने पर आत्मा को पुनः उचित मार्ग का दिशा निर्देश करनेवाले ये ही सिद्धान्त हैं।

अनुकरण कलाओं का सहज धर्म है और काव्य भाषा का अनिवार्य गुण भी है, यह तथ्य स्थापित हो जाने पर अब प्रश्न यह रह जाता है कवि शब्दिक रचना करते समय सृष्टि के बाह्य रूपों, जो निरन्तर परिवर्तमान हैं, का अनुकरण करता है अथवा उनके मूल रूपों, नित्यरूपों (एटर्नल फॉर्म्स) का? अथवा, वह केवल अनुकरण के आनन्द के लिए यह क्रिया कर रहा है अथवा उससे कोई गम्भीर सन्देश भी देना चाहता है? अर्थात् अनुकरण साध्य है अथवा साधन? प्लेटो अपने समय में जिन समस्याओं से जूझ रहा था उनको देखते हुए आयोनियाई भौतिकवादी दृष्टि रखनेवाले कलाकारों से उसकी यह शिकायत उचित थी कि वे इन्द्रियानुभव का आधार ले कर केवल प्रकृति का अनुकरण करने तक सीमित रह जाते हैं। ये कवि प्रकृति के बाह्य रूपों को उकेरने में ही अपने कर्तव्य की इतिश्री मान बैठे थे। उनके बिम्ब प्रकृति के गोचर रूपों के अनुरूप अवश्य होते थे किन्तु उनसे वस्तुओं के तत्त्व (एसेन्स) की झलक तक नहीं मिलती थी, यही उनकी कृतियों में सबसे बड़ा दोष था। वह दो टूक शब्दों में कहता है, "कवि चित्रकार की भाँति मोची के पेशे की जानकारी न रखते हुए मोची से साम्य रखनेवाला रूप प्रस्तुत करता है...कवि अपने शब्दों तथा वाक्यांशों (संज्ञाओं और क्रिया पदों) की सहायता से अनेक कलाओं के गुण-धर्म से साम्य रखनेवाले चित्र प्रस्तुत करता है। यह चित्र छन्द और लय के कारण अत्यन्त सुन्दर बन जाते हैं–स्वर माधुर्य और ताल अपने सहज गुण के कारण [श्रोता पर] सुखकर प्रभाव डालते हैं।"[38] इनसे प्राप्त होनेवाला ज्ञान, आयकासिया, कोटिक्रम में निम्नतम श्रेणी को होता है। ऐसी कविता संवेग तो जगाती है, ज्ञान नहीं देती। काव्य की भाषा यद्यपि तत्त्व की

अभिव्यक्ति में सक्षम है क्योंकि इसकी इकाइयों का निर्धारण ही उसके अनुरूप हुआ है (दे. टिप्पणियाँ 34 व 35), फिर भी कवि के अज्ञान और इस विषय में उसकी उदासीनता के कारण (क्योंकि वह बिम्बों के सौंदर्य में ही उलझा रह जाता है), उसकी कविता एकांगी हो कर रह जाती है। उसका रूप तत्त्व तो बन जाता है किन्तु वस्तु तत्त्व में अनके न्यूनताएँ रह जाती हैं। इस कारण से प्लेटो के गणराज्य में उसका प्रवेश संवेगों के प्रशिक्षण के लिए तभी हो सकता है जब उसका वस्तु तत्त्व उसके आदर्शों के अनुरूप हो अथवा उन आदर्शों के अनुरूप वह फिर से लिखी जाए।

प्लेटो के कलादर्शन में आयोनियाई भौतिकवादियों की अपेक्षा पाइथागोरी इसीलिए श्रेष्ठ हैं क्योंकि ज्ञान के क्षेत्र में वे उच्चतर भूमि पर स्थित हैं। उनके अनुसार अंक ही संसार का मूल तत्त्व हैं। उनके इस निष्कर्ष वह से सहमत है कि कला और विज्ञान का कोई भी ढाँचा बिना गणित का आधार लिये खड़ा ही नहीं हो सकता।[39] उन्होंने गणित की सहायता से संगीत के ताल-सुरों में जो अनुपात ढूँढ़ा था उसे उन्होंने सूत्रबद्ध कर लिया था। उनके अनुसार उन सूत्रों का अनुसरण करनेवाला संगीत ही वास्तविक संगीत है। कवि के शब्द भी उन्हीं सुरों में बँध कर सच्चा गीत अथवा कविता बनते हैं, और नृत्य में भी उन्हीं का अनुसरण होना चाहिए। प्लेटो स्वीकार करता है कि गणित का आधार किसी भी कला को उच्च भूमि पर स्थापित करने में सहायत होता है। कला के रूप पक्ष में जो भी दोष रह जाते हैं उनका परिहार केवल गणित द्वारा ही हो सकता है। साथ ही यह भी स्मरणीय है कि पाइथागोरियों के लिए शुद्धीकरण केंद्रीय लक्ष्य था इसलिए उन्होंने इसके विषय भी ऐसे रखे थे जो उनके समाज के सदस्यों को वैसी प्रेरणा दे सकें, आदर्श की दिशा में आगे बढ़ने के लिए प्रोत्साहित कर सकें। इनके विषयों में धार्मिक अनुष्ठान, पवित्र आचरण, समाज के विशिष्ट व्यक्तियों का जीवन चरित आदि सम्मिलित थे।

यहाँ तक प्लेटो उनसे एकमत है। आपत्ति का आधार केवल उनका सीमित दृष्टिकोण है। यह मानते हुए भी कि उनके सूत्र अन्ततः इन्द्रियानुभव से सत्यापित हैं उसे यह उचित नहीं प्रतीत होता था कि पाइथागोरी एक ओर यथार्थ को केवल गणितीय सूत्रों से जानने की बात करें और साथ ही इन्द्रियानुभव का पर्याप्त वर्चस्व भी बनाए रखें। इसी तरह उसे यह कहना भी ठीक नहीं लगा कि जो संगीत (संगीत + कविता) केवल उनके गणितीय सूत्रों में बँधा है केवल वही संगीत है, अथवा, यह कहना कि उनके सदस्य जिन विषयों में रुचि लें केवल वे ही काव्योचित हैं शेष सभी त्याज्य हैं। कविता की सीमा को इतना संकुचित कर देना

किसी भी दृष्टि से व्यापक समाज के हित में नहीं था और प्लेटो का लक्ष्य पूरे समाज का उत्थान था। उसकी मान्यता थी कि ज्ञान यदि पूरे समाज के उपयोग में नहीं आता या व्यापक सामाजिक भावना को नहीं जगाता तो सच्चा ज्ञान नहीं है। सामाजिक व्यवहार के साथ ज्ञान का समीकरण बैठे तभी उसी सार्थकता है। किन्तु पाइथागोरियों पर ऐसा कोई बन्धन नहीं था। वे शेष समाज से कटे रह कर बस नये-नये गणितीय सूत्रों की खोज में ही सारा जीवन बिता सकते थे। समस्त जीवन केवल गणितीय सूत्रों को ही समर्पित हो जाय यह प्लेटो को स्वीकार्य नहीं था।

समाज के व्यापक हित, शिवत्व, की दृष्टि से प्लेटो ने कविता में सोफ़िस्तों के मानवीय दर्शन के मूल्य को भी परखा है। मानवीय दृष्टि काव्य कौशल का अभिन्न अंग है किन्तु पहले इसे परिभाषित करना आवश्यक है। कह आए हैं कि उन दिनों कविता प्रथमतः उसके श्रव्य रूप का ही बोध कराता था। इसका लिखित रूप तो किसी-किसी के पास होता था। समाज इसके उसी रूप से परिचित था जो ताल-लय में सस्वर उच्चारित था और हाव-भाव में व्यक्त हो कर दृश्यमान था। इससे समझा जा सकता है कि इसके इस व्यक्त रूप की प्रकृति में ही सामाजिक उपयोगिता, अर्थात सम्बन्धाश्रयी मूल्य (ऐसोसियेशनल वैल्यू) का भाव निहित था। आदिवासी जीवन में जिस प्रकार चीत्कार अथवा आवेगाभिव्यक्ति का अन्य कोई रूप (चाहे वह बालक, युवा या वृद्ध किसी का भी हो), जिसका उपयोग संवेग सम्प्रेषित करने के लिए किया जाता है, जाति विशेष के सार्वजनिक रूप को लिये होता है, कालान्तर में उससे विकसित होनेवाली भाषा भी, एक सीमा तक, उन संवेगों को अभिव्यक्ति देने, सम्प्रेषित करने, अतिरेक के विरेचन की क्षमता रखती है। कवि और वक्ता अपने श्रोताओं में भाव जगाने और उसके उफान के विरेचन के लिए भाषा की इसी क्षमता का उपयोग करते हैं। सामूहिक रूप से मनाये जाने वाले उत्सव, धार्मिक अनुष्ठान अथवा स्पर्धाएँ ऐसा अवसर प्रदान करती थीं जिनमें पूरा समाज भाग लेकर, भीतर की घुटन से मुक्त हो कर दैनन्दिन जीवन के लिए फिर से स्वस्थ हो जाता था। प्लेटो ने बाक्खस की पूजा में भाग लेनेवाली स्त्रियों का उदाहरण देते हुए लिखा है कि जैसे इन स्त्रियों का पागलपन बाक्खस को समर्पित आवेशपूर्ण नाच और गाने से ठीक हो जाता है ठीक वैसा ही प्रभाव बालक पर संगीत और बाँहों के आलोड़न का पड़ता है।[40] ताल और लय में बँधी गति का मन पर शुभ प्रभाव पड़ता है इस अर्थ का बोध करानेवाले उपर्युक्त उदाहरण को प्लेटो वस्तुतः एक सिद्धान्त के रूप में प्रस्तुत कर रहा है।

अब, यदि कवि को समाज में अपना स्थान बनाना है तो उसे समाज की अपेक्षा तथा आवश्यकता पर अवश्य ध्यान देना होगा ठीक वेसे ही जैसे बढ़ई ध्यान

देता है। यदि बढ़ई समाज की आवश्यकता, रुचि-अरुचि की चिन्ता किये बिना अपनी पसंद की ही चीज़ें बनाता रहेगा तो वह अकेला पड़ जाएगा। हो सकता है एक संगठित समाज में फिर उसके अस्तित्व पर ही प्रश्न चिह्न लग जाय। इस सम्बन्ध में पेरिक्लीज़ के एक भाषण का अंश उल्लेखनीय है। ई. पू. 431-30 के जाड़ों की बात है। पेलोपोनीशियाई युद्ध को शुरू हुए एक वर्ष बीत चुका था। मृतकों के सम्मान में आयोजित एक सभा को सम्बोधित करते हुए पेरिक्लीज़ ने कहा, "हमारा संविधान प्रजातान्त्रिक है...यहाँ व्यक्ति केवल अपने ही काम में नहीं राज्य के कामों में भी रुचि रखता है। जो व्यक्ति केवल अपने तक ही सीमित रहता है हम उसके बारे में यह नहीं कहते कि वह अपने मतलब से मतबल रखता है, हम कहते हैं कि उसे यहाँ रहने की आवश्यकता ही नहीं है।" उन दिनों देश निष्कासन सबसे बड़ा दण्ड समझा जाता था। देश (नगर-राज्य) भक्ति और सामाजिक संपृक्ति का भाव पूरे समाज को एक सूत्र में बाँधे रखता था। इसीलिए 'कला कला के लिए' जैसा विचार उस समय के कलाकरों के लिए अपरिचित था, कोई कलाकार कितना महान् है इसका फैसला सिर्फ इस बात से होता था कि उसने समाज को क्या दिया।

आलोच्यकाल में काव्य शिल्प-कौशल के रूप में यद्यपि अन्य कलाओं के समकक्ष ही था फिर भी अन्य कलाकारों की तुलना में समाज उससे कुछ अधिक अपेक्षा रखता था। उसकी कला में समाज अपने जातीय जीवन, संस्कृति, इतिहास, प्रेरणा, मार्ग दर्शन आदि सब कुछ एक साथ देखना चाहता था। युद्ध के समय कविता वीर भाव जगाने वाली और शांतिकाल में आनन्द देनेवाली, बीते दिनों की याद दिलाने वाली, जातीय गौरव जगाने वाली होनी चाहिए। ऐसे गीत वह तभी लिख सकता है यदि वह स्वयं अपने नगर की रक्षा के लिए लड़ा हो।[41] तात्पर्य यह कि कवि को अपने नगर के लिए पूरी तरह समर्पित होना चाहिए। जब तक वह स्वयं को समाज का अभिन्न अंग नहीं बना लेता, उसकी आशाओं-आकांक्षाओं को अपनी आशाएँ-आशंकाएँ नहीं मान लेता तब तक उसके गीतों में वह चेतना नहीं आ सकती जो समाज में प्राण फूँकने की क्षमता रखती हो। इसी पक्ष को ले कर प्लेटो का सोफ़िस्तों से मतभेद है। उस समय प्रत्येक नगर का अपना-अपना चरित्र था। स्पार्ता का वातावरण एक युद्ध शिविर जैसा था जिसने तर्तियुस की वीर रस पूर्ण कविताओं को जन्म दिया। उधर एथेन्स का खुला वातावरण प्रजातन्त्र के अधिक अनुकूल था। यहाँ के कवि जिस स्वतन्त्रता का उपभोग करते आ रहे थे उनकी रचनाओं में उसी का समर्थन मिलता है। तीनों मुख्य त्रासदीकारों ने वृन्दगानों में प्रजातन्त्र की भूरि-भूरि प्रशंसा की है। प्रशासन के ऊँचे पदों पर बैठे

भ्रष्ट अधिकारियों पर तीखे प्रहार करने वाली एरिस्तोफ़ेनीज़ की कामदियाँ एथेन्स के खुले वातावरण में ही मंचित हो सकती थीं। युरिपिदीज़ की अभिजात विरोधी त्रासदियाँ एथेन्स में आयोजित नाट्य स्पर्धाओं में ही सम्मिलित की जा सकती थीं। उसे जो भी थोड़े बहुत प्रशंसक मिले यहीं मिले। वह स्वयं भले ही यहाँ के समाज में घुल-मिल न सका हो किन्तु उसके प्रताड़ित पात्रों–स्त्री, भिखारी, सेवक आदि ने–अपनी समस्याएँ स्वयं उठाकर बुद्धिमान् दर्शकों को कुछ पुरानी प्रथाओं पर पुनर्विचार के लिए प्रेरित अवश्य किया। उसके यथार्थ की कठोरता से टकरा कर आभिजात्य आदर्श विखर रहे थे, उस आराजकता को अधिकार प्राप्त कुलीन समाज सहन नहीं कर पा रहा था फिर भी उसे कुछ पुरस्कार देने की उदारता यहाँ के समाज ने अवश्य दिखलायी।

समाज के आदर्शों को आत्मसात् करने की भावना यदि कविता जगा सके तो वही प्लेटो के लिए महत्त्वपूर्ण था।[42] वह कुछ पुराने आदर्शों को जी रहा था इसके लिए हम उसकी आलोचना कर सकते हैं किन्तु समाज बिना आदर्शों के जी भी तो नहीं सकता। सोफ़िस्तों में यह भावना नहीं थी इसलिए वह उन्हें समाज का मार्ग निर्देशन करने के आयोग्य मानता था। यही स्थिति वह उन कवियों की भी मानता था जो समाज का मनोरंजन करना ही अपना लक्ष्य समझते थे।

समाज काव्य का मूल्यांकन करके निश्चित ही रचना प्रक्रिया के धरातल पर उसको प्रभावित करता है। यहाँ प्रश्न उठता है कि क्या पूरे समाज को मूल्यांकन का अधिकार दिया जाना चाहिए अथवा थोड़े से गिने-चुने लोगों को जो सचमुच इसके योग्य हों? और क्या यह देखना भी आवश्यक नहीं है कि कवि स्वयं कितनी स्वच्छ मानवीय दृष्टि रखता है? उसका समाज से सरोकार रखना कहीं केवल दिखावे की बात तो नहीं है? प्लेटो की धारणा थी कि सोफ़िस्त जनता के हित-अहित का ज्ञान नहीं रखते। वे केवल धन कमाने के लिए बहुसंख्यक समाज की पाशविक वृत्तियों (संवेगों) को कलात्मक ढंग से उभारने का काम करते हैं। ठीक यही काम अधिकांश कवि करते है।[43] ऐसे कवि सभाओं और नाट्यग्रहों में जनता की सहज प्रतिक्रियाओं (चीखना, चिल्लाना, सीटी बजाना, तालियाँ बजाना) को ही काव्य का मूल्यांकन मान बैठते हैं। इसके परिणामस्वरूप उनकी कला जनता की अपेक्षाओं तथा रुचि-अरुचि के अनुरूप ढल जाती है। इसका उदाहरण देते हुए वह लिखता है कि इटली और सिसली में प्रेक्षक स्वयं ही हाथ उठा कर अच्छे और बुरे नाटकों का निर्णय किया करते थे। तब कवियों ने भी उन्हीं की रुचि के अनुरूप नाटक लिखने शुरु कर दिये। अधिक से अधिक तालियाँ बटोरने के चक्कर में समाज का मार्ग निर्देशन का लक्ष्य न जाने कहाँ खो गया। उधर

प्रेक्षक भले ही अच्छे बुरे की पहचाने न रखते हों फिर भी वे स्वयं को ज्ञानी मानने लग गये। स्थिति कुछ ऐसी हो गयी जैसे वे स्वयं अपने को ही उपदेश दे रहे हों। इस तरह नाट्य परम्परा लगातार भ्रष्ट होती गयी।[44] एथेन्स में भी निर्णायकों को जनता में से से चुने जाने की प्रथा थी। स्पष्ट है कि उनकी समझ और रुचि को किसी विशेषज्ञ की समझ और रुचि के समान स्तर पर नहीं रखा जा सकता।

मानवीय सरोकार को यदि मूल्यांकन के मानदंड के रूप में ग्रहण करना हो तो देखना होगा कि जन सामान्य का निर्णय क्या कला को सही दिशा दे सकता है? प्लेटो इसे एक समस्या के माध्यम से स्पष्ट करता है। उसने एक बहु विध स्पर्धा की कल्पना की है। घोषणा की जाती है कि इस स्पर्धा में कोई भी व्यक्ति किसी भी कला का प्रदर्शन कर सकता है। जो व्यक्ति श्रोताओं/दर्शकों को सर्वाधिक आनन्द देगा वही विजयी माना जाएगा। निर्णय का समय आने पर छोटे बच्चों ने पुतली का तमाशा दिखलाने वाले को चुना। उधर बड़े बच्चों ने कामदी नाटककार को श्रेष्ठ कहा, वयस्क स्त्री-पुरुषों ने त्रासदी का पक्ष लिया और बुजुर्गों ने होमर तथा हीसियोद की कविताएँ सुनाने वाले रहैपसोड को विजयी घोषित किया। चार वर्गों मे बँटे निर्णायकों ने चार अलग-अलग निर्णय दिये और इसका आधार था आनन्द देने की क्षमता। इन चारों निर्णयों में से किसी एक का चुनाव करते समय देखना होगा कि निर्णायक का अपना चरित्र कैसा है और उसके निर्णय के पीछे आनन्द के अतिरिक्त क्या कोई अन्य आधार भी है। यदि केवल आनन्द तत्त्व को ही लें तो भी प्लेटो का मत है कि किसी भी राह चलते व्यक्ति के आदन्द को मूल्यांकन का आधार नहीं बनाया जा सकता। एक सुसंस्कृत, सुशिक्षित, चरित्रवान्, साहसी, ज्ञानी व्यक्ति (दूसरे शब्दों में सच्चा दार्शनिक) को प्राप्त होने वाला आनन्द ही श्रेष्ठता की कसौटी बन सकता है[45], क्योंकि उसके आनन्द का चरित्र व्यक्ति की संकुचित सीमा से बाहर निकल कर पूरे समाज के सच्चे हित का भाव लिये होने के कारण अत्यन्त व्यापक होगा। सच पूछा जाय तो मूल्यांकन का मूल आधाार शिवत्व ही होना चाहिए। प्लेटो के सत्य और सुन्दर शिव का अभिन्न अंग हैं।

काव्य-कौशल को प्रभावित करने वाले मानवीय सरोकारों का यह बाह्य पक्ष है। इसमें मानवीय परिवेश का प्रभाव इतना प्रबल होता है कि किसी भी युवा का इससे बच पाना देवता की कृपा पर ही निर्भर करता है। सामाजिक शक्ति (प्रजातन्त्र में मताधिकार) शब्दों के असफल हो जाने पर दण्ड भी देती है। इस तरह कलाकार प्रत्यक्ष और परोक्ष दोनों तरह से एक विशिष्टि दिशा ग्रहण करने को विवश हो जाता है। वह समाज को शिक्षित करने के स्थान पर स्वयं ही उससे शिक्षित होने लगता है।[46] यहीं आ कर प्लेटो का यह तर्क पुष्ट होता है कि बच्चों

में कम उम्र में ही संगीत के माध्यम से, उसकी लय और ताल द्वारा, श्रेष्ठ से प्रेम और निकृष्ट से घृणा का भाव स्थापित किये जाने की आवश्यकता है, तभी उनमें वह आस्था जागेगी जिससे समाज के दृष्टिकोण की चिन्ता किये बिना वह सच्ची बात, सर्व हित की बात पूरी शक्ति के साथ कह सकेगा। काव्य रचना करते समय कवि में अपनी भीतरी शक्ति, समझ (जिसमें सामाजिक सरोकार अपने आप आ जाते हैं) तथा उसका सद्व्यवहार उतना ही आवश्यक और महत्त्वपूर्ण है जितना समाज से मार्ग दर्शन पाना।[47] सोफ़िस्त मानव मूल्यों की बातें बड़ी-बड़ी करते हैं किन्तु भीतर से आस्थाहीन हैं, मूल्यहीन हैं, यह सिद्ध करने के लिए प्लेटो ने उनकी कथनी और करनी के अन्तर को रेखांकित किया है। बात वह कवियों से शुरू करता है क्योंकि कौशल के धरातल पर दोनों एक जैसे हैं:

"....कवियों की जाति का मुख्य लक्षण है अनुकरण करना और वे उसी जीवन का ठीक-ठीक अनुकरण कर सकते हैं जिसमें वे पले-बढ़े हैं, जिसे अब तक जीते आ रहे हैं। जो उनकी शिक्षा के बाहर रहा है उसे व्यवहार में उतारना कठिन हो जाता है और भाषा में उसका प्रस्तुतीकरण (रिप्रेज़ेंटेशन)–अनुकरण–और भी कठिन होता है। मैं जानता हूँ कि सोफ़िस्तों के पास बहुत से बहादुरी के शब्द और अच्छे विचार हैं किन्तु मुझे भय है कि एक नगर से दूसरे नगर में घूमते रहने के कारण, अपना कोई स्थायी निवास (अर्थात् ऐसा नगर जिसे वे अपना देश कह सकते हों तथा जिसके लिए जान भी दे सकते हों) न होने के कारण, उनके दार्शनिक विचारों और राजनीति का कोई ठोस आधार हो। उन्हें शायद इस बात का ज्ञान ही न हो कि युद्ध के समय उन्हें क्या करना चाहिए, क्या कहना चाहिए।"[48]

उपर्युक्त उद्धरण सोफ़िस्तों और प्लेटो की मानवीय दृष्टि के अन्तर को स्पष्ट करता है। सोफ़िस्त घुमक्कड़ प्रकृति के शिक्षक थे। उन्होंने किसी नगर-राज्य को अपना नहीं समझा, जहाँ पैसेवाले शिष्य मिले वहीं डेरा जमा दिया। न उन्होंने युद्ध की विभीषिका से सरोकार रखा, न शांति के समय किसी नगर के विकास में अपनी सेवाएँ अर्पित कीं। वे यदि वीरता की बात करें, राजनीति के दर्शन का पाठ पढ़ाएँ तो उसमें कितनी गहराई होगी इसका अनुमान लगाया जा सकता है। इस तथ्य को ध्यान में रखते हुए काव्य कला की दिशा निर्धारण करनेवाले सामाजिक परिवेश को प्लेटो ने दो कोणों से देखा है। सोफ़िस्तों के मानव मूल्य स्थायी नहीं थे, वे परिस्थिति के अनुसार बदलते रहते थे। अतः उनके लिए कला की प्रकृति हुई भीड़ का मनोरंजन कर सकने की क्षमता। उधर प्लेटो की मान्यता थी कि भीड़ अज्ञानी है, उसका मनोरंजन तो केवल उसके भावों को उद्वेलित करने से हो जाता

है किन्तु सच्चे ज्ञान से वह वंचित ही रह जाती है। इसलिए, सुधी सहृदय समाज को आनन्द देने की शक्ति ही काव्य की वास्तविक प्रकृति मानी जानी चाहिए। यह शक्ति उसमें तभी आयेगी जब कवि स्वयं बचपन से ही ऐसे वातावरण में प्रशिक्षित हुआ हो* जिससे सामाजिक संपृक्ति उसके जीवन का सहज धर्म बन जाय। वह जो भी रचना करे लोक हित का लक्ष्य सामने रख कर करे। सोफ़िस्त इस सम्बन्ध में मौन हैं।

काव्य, संगीत और अन्य शिल्पों की रचना प्रक्रिया में अर्जित कौशल का तत्त्व एक जैसा होने के कारण यूनानियों का कवि और अन्य शिल्पियों में भेद न करना स्वाभाविक था। रही बात लक्ष्य की तो उस सन्दर्भ में भी काव्य तथा अन्य शिल्पों को सहधर्मी मानते थे। उनके अनुसार शिल्प की सामान्य परिभाषा काव्य पर घटती थी। इसलिए, कवि को शिल्पी माने लेना किसी भी दृष्टि से अनुचित नहीं था। आगे चर्चा में हम इसी मानसिकता का विश्लेषण कर रहे हैं। भूमिका स्वरूप एक बात सदैव स्मरण रखनी होगी उस काल का नगर समाज कोई बहुत बड़ा और बिखरा हुआ नहीं था। लोकसभा में, मुकद्दमों में, नगरोत्सवों में तथा विभिन्न स्पर्धाओं में स्वतन्त्र नागरिक बहुधा एक-दूसरे से मिलते रहते थे। इससे उत्पन्न परस्पर निकटता का भाव पूरे समाज को एकता के सूत्र में बाँधे हुए था। यह सच था कि कुछ महत्वांकाक्षी धनाढ्य परिवारों में व्यष्टिवाद की भावना जड़ें जमा चुकी थी फिर भी कुल मिलाकर सामान्य जन एक दूसरे के हितों से जुड़ा हुआ था। प्लेटो इस स्थिति के धन पक्ष से परिचित था और इसे शिवम् का ठोस आधार दे कर और दृढ़ करना चाहता था। परस्पर हित की भावना में उसकी दृढ़ आस्था थी, यही उसके आदर्श गणराज्य की सफलता का मूल मन्त्र भी था।

आलोच्यकालीन परिवेश में सामान्य नागरिक की बुद्धि शायद इस बात को आसानी से पकड़ पा रही थी कि काव्य रचना एक क्रिया है। यह क्रिया, जिसका फलीभूत रूप काव्य है, प्रकृति और लक्ष्य में अन्य शिल्पों के जैसी ही है। 'कला' अथवा 'शिल्प' वर्ग के अन्तर्गत आने वाली क्रियाओं को एक जैसा समझने के पीछे धारणा यह थी कि ये सभी उत्पादन के उद्देश्य से की जाती हैं। 'उत्पादक' होना उनका साधारण धर्म है। जैसे, बढ़ईगीरी का उत्पाद कुर्सी-मेज हैं, जूते चर्म शिल्प का उत्पाद हैं, चित्र कला से चित्र बनते हैं, उसी तरह काव्य कला से स्तोत्र, नाटक

---

* प्लेटो को विश्वास था कि वातावरण के निर्माण में कुछ चुनी हुई साहित्यिक कृतियाँ महत्त्वपूर्ण भूमिका निभा सकती हैं। ऐसी रचनाएँ या तो पुराने साहित्य से ली गयी हों अथवा आवश्यकतानुसार उनका पुनर्लेखन किया गया हो।—'गणराज्य', 'पृ. 377'; 'संविधान', पृ. 801, 802

आदि बनते हैं। संगीत कला उन ताल-सुरों को जन्म देती है जो गीत और नृत्य के सहयोगी बनते हैं।[49] यहाँ तक कि किसी नियम को बनानेवाला (लैजिसलेटर) भी शिल्पी है। प्लेटो के लिए तो अच्छा प्रशासन ही सबसे बड़ी कला थी। वह दार्शनिक-प्रशासक को ही सबसे बड़ा कलाकार मानता था। ऐसी दृष्टि रखने वाला व्यक्ति यह अवश्य जानना चाहेगा कि कला का उत्पाद उसके किस काम आ सकता है। यदि वह उसकी रुचि और अपेक्षा पर खरा उतरता है तो अच्छा है, श्रेष्ठ है, अन्यथा घटिया है। किन्तु दार्शनिकों का दल यह भी खोज कर रहा था कि इस क्रिया की प्रकृति क्या है और इसके मार्ग दर्शन के लिए क्या किया जाय ताकि इसके उत्पाद की गुणवत्ता को सुधारा जा सके। प्लेटो के संवादों में इसके स्पष्ट संकेत मिलते हैं कि श्रेष्ठ कला का मानदंड क्या होना चाहिए। 'गणराज्य' के कुछ स्थलों को प्रसंग से विच्छिन करके देखने पर भ्रम हो जाता है कि वह कला विरोधी है। वस्तुतः वह ऐसी कला का पक्षधर था जो सद्गुणों को पुष्ट करनेवाली हो। ऐसी कला के लिए उसके 'गणराज्य' के द्वार सदैव खुले थे।

कला के उत्पाद पर विश्लेषणात्मक दृष्टि डालने से यह तथ्य सामने आता है कि इसके लिए कलाकार एक सीमा तक प्रकृति पर निर्भर करता है, जैसे किसान फसल उगाने के लिए प्रकृति पर निर्भर करता है। मिट्टी, पत्थर, लकड़ी आदि साधन रूप में उसे प्रकृति से ही प्राप्त होते हैं। इस तरह बढ़ई, चित्रकार, संगीतकार तथा कवि भी प्राकृतिक उपादानों पर निर्भर हैं। प्रकृति प्रदत्त उपादानों के बिना कलाकार कुछ भी नहीं बना सकता। अब, देखना यह है कि क्या कलाकार इन उपादानों का उपयोग, इसके गुण-धर्मों को बनाये रखते हुए, केवल प्रकृति के रूपों की प्रतिकृति तैयार करने के लिए कर रहा है? अर्थात्, क्या उसका अधिक बल अनुकरण पर है? प्लेटो के कलादर्शन में यह तथ्य आधार भूत अभिस्वीकृति बन कर उभरा है कि कलाकार प्रकृति के बाहर जा ही नहीं सकता। होता यह है कि जब वह प्रकृति को वस्तुनिष्ठ रूप में अपने से बड़ी सत्ता के रूप में देखता है तो वह उससे सहयोग करने में ही कर्तव्य की इतिश्री मान बैठता है। ऐसी स्थिति में वह प्रकृति के रूपों में उन्मीलित ताल का अनुसरण करना अपना लक्ष्य बना लेता है।[50] अथवा, क्या उसके ध्यान में कोई मानवीय आवश्यकता है जो अधिक महत्त्वपूर्ण होकर उसके उत्पाद को प्रभावित कर रही है? जैसे, पिंदर धन ले कर स्पर्धा में जीतनेवाले की प्रशंसा में गीत लिखता था, हीसियोद स्पर्धा में भाग लेने के लिए कविता लिखता था। किसी विशिष्ट भोज के अवसर पर लिखी जानेवाली कविताओं की तो परम्परा ही चल पड़ी थी। एस्खिलुस आदि भी नाट्य स्पर्धाओं में भाग लेने के लिए नाटक लिखा करते थे। उनकी दृष्टि सामाजिक, काव्य का उपभोक्ता, पर हुआ करती थी। उन्हें इस बात की चिन्ता नहीं थी कि

उनकी रचना में वस्तुनिष्ठ भौतिक यथार्थ प्रतिबिंत होता है या नहीं। उनका लक्ष्य प्रेक्षक की प्रशंसा अर्जित करना था। उसके अहंभाव को पुष्ट करना तथा पुरस्कार पाना था। आज की भाषा में कहें तो वह बिकाऊ माल बनाता है, ठीक बढ़ई या जुलाहे की तरह। तीसरा दृष्टिकोण यह हो सकता है कि रचना-तन्त्र पर अधिक बल दिया जाय। जैसे, कविता में अलंकारों पर अधिक बल देना, छन्द की शुद्धता को हर कीमत पर बचाये रखना, तुक मिलाने को ही सब-कुछ मान लेना, चित्रकाव्य आदि की रचना करना। ऐसी प्रवृत्ति रखनेवाला कलाकार कविता नहीं तर्कशास्त्र की रचना करता है। यह रचना-तन्त्र (भाषा की मूल इकाइयों से रचा गया स्वतन्त्र संसार) पूरी तरह बौद्धिक जगत की देन है और इसका अलग ही आनन्द होता है। इन तीनों प्रकारों में पूर्वोल्लिखित दर्शानिक दृष्टियों (आयोनियाई भौतिकवादी, सोफ़िस्तों की मानवीय तथा पाइथागोरियों की गणितीय) के मूल प्रवृत्ति-धर्म निहित हैं। इनके अनुसार कवि या तो अनुकर्ता है, या सार्वजनिक वक्ता है, या तर्कशास्त्री।

प्लेटो की व्यवहारिक दृष्टि ने इन तीनों प्रकार की रचना पद्धतियों की शैक्षिक उपादेयता को पहचाना और इनके मिश्रित रूपों को नये साँचे में ढाला जिससे वह 'गणराज्य' के लक्ष्य को पूरा कर सके। उस काल में यूनान नगर-राज्यों में बँटा हुआ था और सामान्यतः प्रत्येक नगर की कोई एक विशेषता स्वीकार कर ली गयी थी। जैसे, कोरिंथ व्यापारियों का नगर था, स्पार्ता सैनिकों का नगर था, एथेन्स प्रजातान्त्रिक नगर-राज्य था। प्लेटो सिद्धान्तः स्वीकार करता था कि किसी भी नगर की चारित्रिक पहचान बनाने में वहाँ की जलवायु, प्राकृतिक वातावरण का बहुत बड़ा योग होता है।[51] अच्छे-बुरे तथा सही-गलत के बारे में वहाँ के रहनेवालों की स्वतन्त्र धारणाएँ बन जाती हैं। उन्हीं से उनके विश्वास, रीति-रिवाज़, धर्म-कर्म सभी कुछ प्रभावित होते हैं। इसे उस नगर का ईथॉस कहा जाता था (अंग्रेज़ी में यह शब्द यूनानी भाषा से ही आया है)। इसका अर्थ था उस नगर का सांस्कृतिक चरित्र। आगे चल कर ईथॉस ही सामाजिक परिवेश बन जाता है जो बच्चे की मानसिकता को एक विशेष साँचे में ढालने की भूमिका निभाता है।[52]

भौतिक वातावरण और सामाजिक परिवेश व्यक्ति के चरित्र को कैसे प्रभावित करता है संवादों में इस पर विस्तार से विचार हुआ है जिससे पता चलता है कि वह कितना व्यावहारिक था। मनुष्य की शारीरिक आवश्यकताएँ हैं क्षुधा, तृषा और काम। ये सार्वजनीन सहज वृत्तियाँ हैं। इनके उद्वेग को रोका नहीं जा सकता क्योंकि ये जीवन के अस्तित्व का मूल आधार हैं। हाँ, इन्हें नियन्त्रित कर, उचित दिशा दे कर, मानवीय विकास में सहयोगी अवश्य बनाया जा सकता है। समाज

का प्रबुद्ध, वयोवृद्ध नागरिक जिसे उचित समझता है उसके प्रति सकारात्मक प्रवृत्ति रखना और अनुचित से घृणा करना, सामान्य नागरिक में ऐसी मनोवृत्ति पैदा करके तथा पुष्ट करके कला अपनी सार्थकता सिद्ध कर सकती है। 'गणराज्य' और 'संविधान' में प्लेटो ने इस विषय को बार-बार उठाया है और आदर्श गणराज्य में ऐसे काव्य और कला के महत्त्व को साग्रह स्वीकार किया है। इसका प्रमाण हैं वृन्दगान और नृत्य पर की गयी उसकी वे टिप्पणियाँ जिनमें चरित्र निर्माण में इनकी भूमिका पर प्रकाश डाला गया है।[53]

चरित्र निर्माण की प्रक्रिया को अलग-अलग विचारधारा वाले अलग-अलग दृष्टि से देख सकते हैं। उदाहरणार्थ, आयोनियाई कहेगा कि भौतिक परिवेश मनुष्य को विशिष्ट जीवन शैली अपनाने को विवश करता है। इससे पूरे समाज की जो आचरण संहिता बन जाती है कला अपनी सम्मोहक शक्ति से उसी को पुष्ट करती है। यह पुष्टि अनुकरण का ही दूसरा नाम है। उनके अनुसार यह सब कुछ यन्त्रवत् होता है।[54] किन्तु मानवतावादी इस यान्त्रिकता को नकारते हुए मनुष्य की स्वतन्त्र चेतना को अधिक महत्त्व देता है। वह कहेगा कि बालक अपने माता-पिता की आज्ञा का पालन श्रद्धा भाव के दबाव में आ कर अथवा दंड के भय से नहीं करता, इसमें उसकी भीतरी इच्छा का सहयोग अधिक रहता है क्योंकि वह उनका बालक है। उनके जैसा बनने की उसकी कामना सहज है। इसी तरह, कोई व्यक्ति अपने समाज के नियमों का पालन बाहरी दबाव के कारण नहीं अपने अंतस की प्रेरणा से करता है क्योंकि वह समाज का अभिन्न अंग है। समाज की आशाएँ, आकांक्षाएँ, विश्वास, आदर्श आदि उसके अपने भी हैं। ऐसा व्यक्ति जब अपने नगर की गौरवशाली परम्परा का गुणगान करता है तो केवल दिखावे के लिए नहीं करता। श्रोताओं के साथ-साथ वह स्वयं भी गौरव का अनुभव करता है क्योंकि वह भी उसी परम्परा का उत्तराधिकारी है। इस तरह स्पष्ट है कि मानवतावादी के लिए कला समाज और व्यक्ति के बीच चल रहे संवाद का परिणाम है[55] जब कि आयोनियाई दृष्टि में यह भौतिक जगत् और व्यक्ति के बीच चल रहे संवाद का परिणाम है।

तीसरी दृष्टि पाइथागोरी और ईलियाई आदर्शवादियों की है जो सभी मानवीय समस्याओं के उत्तर गणितीय सूत्रों में खोजते हैं। वे मानते हैं कि जैसे प्रकृति के गुण-धर्म अंकों द्वारा समझे जा सकते हैं, उनका रूप रेखागणित की आकृतियों द्वारा स्पष्ट किया जा सकता है उसी पद्धति पर मानव समाज को भी कुछ गणितीय सूत्रों की सहायता से समझा जा सकता है। उसकी समस्याएँ भी उन्हीं सूत्रों द्वारा सुलझायी जा सकती हैं। यह एक आदर्श स्थिति है जो किन्हीं बँधे-बँधाएँ नियमों

का पालन करती है। ऐसा समाज कुछ अति विशिष्टि बुद्धिजीवियों द्वारा संचालित होता है और संचालन का कार्य कुछ आदर्श गणितीय सूत्रों की सहायता से किया जाता है। उनके लिए ये आदर्श ही वास्तविकता हैं और समाज उसी दिशा में अग्रसर होना चाहिए। सभी कलाएँ गणितीय सूत्रों का पालन करते हुए इन आदर्श रूपों को मूर्त रूप प्रदान करें तभी वे सफल मानी जा सकती हैं। काव्य भी इनके लिए छन्द के नियमों में बँधा तर्कमय वक्तव्य है जो श्रोताओं को प्रभावित करने के लिए नहीं आदर्श स्थिति को स्पष्ट करने के लिए दिया जा रहा है। प्लेटो ने इन 'विचारों के मित्रों' के प्रति सदैव आदर भाव व्यक्त किया है।

उपर्युक्त तीनों कलादर्शनों की सीमाओं को पहचानते हुए प्लेटो ने अपने कलादर्शन में इनमें मैत्री भाव स्थापित करने का प्रयास किया है। उसके संवादों में इनकी सुकरातीय आलोचना का लक्ष्य इनमें दोष देखना नहीं है वरन् यह देखना है कि उनके अनुसार अच्छे समाज के निर्माण में क्या अड़चने आ सकती हैं और उन्हें कैसे दूर किया जा सकता है।[56] उसका वास्तविक लक्ष्य इन तीनों का सुसंस्कृत (इंप्रूव्ड) समन्वित आदर्श प्रस्तुत करना था। जो कला ऐसी आदर्श स्थिति से प्रेरणा ले वह उसे पूरी तरह ग्राह्य थी। वह पहले की कला का नया संस्करण भी हो सकती है अथवा एकदम नयी कृति भी। 'गणराज्य' के रजत वर्ग और 'संविधान' के आदर्श नागरिक के प्रशिक्षण में उसके बचपन से ले कर युवा होने तक कला ही वह माध्यम है जो उचित वातावरण प्रदान कर सकती है।[57] कला का मुख्य उद्देश्य उसके गोचर बिम्बों का अनुकरण करना नहीं होना चाहिए, सामाजिक को उसके भावावेग में बहा ले जाना नहीं होना चाहिए, किसी विशिष्ट वर्ग को तन्त्र की बौद्धिक क्रिया का आनन्द भर देना नहीं होना चाहिए वरन् मनुष्य की सहज तथा सामाजिक वृत्तियों को ऐसी दिशा देना होना चाहिए जो पूरे समाज के लिए कल्याणकारी हो; उसकी क्षुधा, तृषा तथा काम वासना को ताल और लय में बाँध कर उदात्त बनाने में सहायक हो। जैसे हम यह मानते हैं कि स्वस्थ समाज वही है जिसमें सभी वर्ग अपने-अपने धर्म का निर्वाह करते हुए, अपना वर्चस्व स्थापित करने में नहीं पूरे समाज को आगे बढ़ाने में विश्वास करते हों। उसी तरह, आदर्श कला वही हो सकती है जिसमें आयोनियाई, प्रोतेगोरी (सोफ़िस्त) और पाइथागोरी दृष्टियों का सन्तुलन हो। ऐसी कला किसी प्रवृत्ति का बहिष्कार नहीं करती, उसका संस्कार करके उसे आत्मसात् कर लेती है। शिवम् के उद्देश्य से सृजित सभी अनुकरणधर्मी कलाओं को 'गणराजय' में अपना-अपना स्थान प्राप्त है। वस्तुतः आदर्श गणराज्य स्वयं में सर्वश्रेष्ठ कलाकृति है जिसमें अन्य सभी कलाएँ समाहित हैं।

अब तक जितने भी दृष्टिकोणों से काव्य और अन्य शिल्पों अथवा कलाओं की परस्पर तुलना हमने की है निष्कर्ष यही निकला है कि उनमें केवल माध्यम का भेद है। जिस अर्थ में बढ़ईगीरी लोहारी से भिन्न है बस उसी अर्थ में वह काव्य क्रिया से भिन्न है। शिल्प क्रिया के अच्छे-बुरे का आधार उत्पाद का उपादान कारण नहीं है वरन् यह है कि वह कितना उपयोगी है। काव्य यदि कुर्सी-मेज़ की तरह व्यावहारिक जीवन में उपयोगी है तो मूल्यवान् है अन्यथा नहीं। प्लेटो का कलादर्शन यदि यहीं तक सीमित रहता तो कहा जा सकता था कि आलोच्ययुगीन यूनानी मानसिकता के बारे में कॉलिंगवुड की स्थापना शत-प्रतिशत सत्य है, अर्थात् उसके लिए काव्य भी एक शिल्प था। किन्तु संवादों में कुछ स्थानों पर प्लेटो की जो स्थापनाएँ हैं उनसे निश्चित रूप से कहा जा सकता है कि उसके लिए काव्य शिल्प जाति (जेनस) की उपजाति (स्पिशीज़) अवश्य है किन्तु उसके दो भेदक (डिफ़रेंशिया) हैं—माध्यम और अंतः प्रेरणा।* अंतः प्रेरणा का मिथकीय रूप है मयूज़ देवी का वरदान। 'बिना म्यूज़ की कृपा कोई कवि नहीं बन सकता' प्लेटो ने इस परम्परागत विश्वास को सिद्धान्त का रूप दे कर अपने कलाशास्त्र में समाहित किया है। 'आयन' संवाद इसी को शास्त्रीय रूप देने के लिए लिखा गया है। उसमें सुखद आश्चर्य की एक बात यह भी है कि म्यूज़ के वरदान की सीमा इतनी संकुचित नहीं है कि केवल कवि ही उसमें समा सके। वह इतनी विस्तृत है कि उसके भीतर आयन जैसा रहैपसोड, श्रोता, दर्शक सब के सब अर्थात् पूरा समाज ही समाया हुआ है। वैसे तो यह संवाद सुकरात की धारणा को अभिव्यक्ति देने के लिए लिखा गया था किन्तु वह स्वयं भी इसका प्रबल समर्थक था। अपनी वृद्धावस्था के संवाद 'संविधान' में यही बात उसने दूसरे ढंग से दुहराई है[58] जिससे सिद्ध हो जाता है कि अन्तः प्रेरणा को उसने काव्य के मूल तत्त्व के रूप में स्वीकार कर लिया था और काव्यशास्त्र का एक अंग बना लिया था। उसने कहीं भी इस परम्परागत विश्वास पर उँगली नहीं उठायी है उलटे इस बात के लिए देवताओं का

* यह ध्यान देने योग्य है कि प्लेटो ने काव्य के गुण-धर्मों का उल्लेख इस ढंग से कहीं नहीं है जिससे यह निष्कर्ष निकाला जा सके कि इनके कारण काव्य अन्य शिल्पों की तुलना में श्रेष्ठ है। यह सच है कि संवादों में काव्य की चर्चा अपेक्षाकृत अधिक हुई है। इसका कारण यह था कि उस समय व्यावसायिकता के दबाव में आ कर नाटकों, गीतों, संगीत और नृत्य का स्तर लगातार गिर रहा था। ये केवल मनोरंजन का साधन बन कर रह गये थे। नवीनता के नाम पर इनमें जो नये-नये प्रयोग हो रहे थे उनसे समाज पुराने आदर्शों से हटता जा रहा था। वह भीतर ही भीतर महसूस कर रहा था कि यदि कवि सच्ची राह पर आ जाते हैं तो श्रोता (समाज) भी सच्चे रास्ते पर आ ही जायँगे।

आभार व्यक्ति किया है कि उन्होंने कृपा करके मनुष्यों को वृन्दगान का वरदान दिया है।[59] संगीत वृन्दगान का महत्त्वपूर्ण घटक है और उसकी एक स्थापना यह भी हैं कि संगीत के माध्यम से मनुष्य की पाशविक वृत्तियों को नियन्त्रित किया जा सकता है।[60] काव्य, संगीत और नृत्य इन तीनों को अलग-अलग भी और समवेत रूप में भी शिक्षा का अनिवार्य विषय बनाने का एक कारण यह भी है।

यहाँ प्रश्न उठाया जा सकता है कि केवल दैवी वरदान होने मात्र से क्या काव्य को अन्य शिल्पों को अपेक्षा श्रेष्ठ माना जाना चाहिए? अथवा, दैवी कृपा का पात्र होने के कारण क्या कवि को समाज में ऊँचा स्थान मिलना चाहिए? व्यवहारतः कवि को समाज में ऊँचा स्थान प्राप्त था। वह पूरे समाज का शिक्षक था, उसकी कविताएँ सत्य का भण्डार थीं। होमर दिव्य मानव के रूप में स्थापित था। किन्तु दार्शनिकों की दृष्टि भिन्न थी।[61] उसने 'गणराज्य' में दर्शन और काव्य के बीच चले आ रहे पुराने विवाद का उल्लेख किया है। यह द्वन्द्व उसके अन्तस में भी चल रहा था। प्रकृति से वह कवि था। उसने छन्दोबद्ध रचनाएँ भी की थीं। उसकी संवाद-शैली संसार के श्रेष्ठतम साहित्य के समकक्ष है। हृदय से वह होमर का प्रशंसक था किन्तु एक बार ज्ञान को काव्य का मूल्य मान लेने पर भावों के आवेग में बह जाना उसके लिए सम्भव नहीं था।

एक दुविधा और थी। कविता में निहित ज्ञान को उसने स्वीकार किया है क्योंकि उसका मूल स्रोत स्वयं म्यूज हैं किन्तु कवि स्वयं उस ज्ञान से अनभिज्ञ है। रचना करते समय वह म्यूज़ के वश में होता है, उसे इस बात का भान ही नहीं होता कि वह क्या कह रहा है, क्या नहीं। इसी आधार पर 'प्रतिवक्तव्य' संवाद में अन्य शिल्पियों को कवि की तुलना में ज्ञानी माना गया है क्योंकि उन्हें अपने तन्त्र का ज्ञान तो है।[62] इस संवाद में कवि और शिल्पी की तुलना में जो विचार व्यक्त किये गये हैं वे यद्यपि सुकरात के माने जाते हैं फिर भी चूँकि प्लेटो ने आगे कहीं उनका खण्डन नहीं किया है इसलिए वे उसके अपने भी हैं ऐसा मान लेना अनुचित नहीं होगा। अतः प्रश्न उठाया जा सकता है कि यदि कोई ज्ञानी अपने पूरे होशोहवास में, पूरी सजगता के साथ, ज्ञान सम्प्रेषित करने के उद्देश्य से काव्य रचना करता है तो ऐसे कवि की क्या स्थिति होगी? इसका उत्तर 'फिद्रुस' संवाद में दिया गया है जो उसने जीवन के परिपक्व काल में लिखा था। यहाँ उसकी घोषणा है कि ऐसा व्यक्ति काव्य रचना कर ही नहीं सकता। फिद्रुस को समझाते हुए सुकरात कहता है, "स्वस्थ चित्त की अपेक्षा[दैवी] पागलपन श्रेष्ठ है क्योंकि एक मानवीय है दूसरा दिव्य....तीसरे प्रकार का पागलपन उन लोगों का है जिन्हें म्यूज़ अपने वश में कर लेती हैं; वे उनकी कोमल, कुँआरी आत्मा को अपने वश में

करके, उनमें प्रेरणा का ऐसा वेग जगाती हैं जिससे गीतिकाव्य तथा अन्य प्रकार की कविताएँ फूट पड़ती हैं; इनमें भावी पीढ़ी को शिक्षा देने के लिए प्राचीन नायकों का चरित-गान होता है। यदि कोई यह सोचे कि मयूज़ द्वारा प्रेरित पागलपन के बिना केवल कौशल के बल पर [काव्य] मंदिर में प्रवेश पा जाएगा, तो मैं कहूँगा कि ऐसा व्यक्ति स्वयं और उसकी कविता दोनों ही [काव्य मंदिर में] प्रवेश नहीं पा सकते। स्वस्थ चित्रवाला व्यक्ति पागल के साथ स्पर्धा करे तो कहीं टिक नहीं सकता।[63]

अब 'संविधान' के कुछ अंश देखें। यह उसकी वृद्धावस्था की देन है। इसमें एक ओर वह लिखता है, "कवि जब म्यूज़ की तिपायी पर बैठता है तो वह होशोहवास में नहीं होता; धरती से फूट पड़नेवाले स्रोत की तरह उसके मन में जो कुछ भी उमड़-घुमड़ रहा होता है उसे वह निर्बाध रूप से बाहर आने देता है। और चूँकि उसकी कला अनुकरणात्मक होती है इसलिए परस्पर विरोधी चरित्रवाले पात्रों को चित्रित करने के लिए वह विवश हो जाता है, वह स्वयं ही अपना खण्डन करने लगता है।"[64] इसमें आयी जल स्रोत की उपमा क्या उसे स्वच्छन्दतावादियों के निकट नहीं ला बैठाती। फिर अन्य स्थान पर वह यह भी लिखता है, "सच्चा विधि रचयिता कवि को प्रेरित करता है कि वह सुन्दर और शिष्ट शब्दावली में, ताल में, अलंकारों में, गीतों में संयमी साहसी और हर दृष्टि से उत्तम मनुष्यों के संगीत को अभिव्यक्ति दे। यदि प्रेरणा से काम न चले तो वह कवि को विवश करे।"[65] इसी भाव को दुहराते हुए वह आगे फिर लिखता है, "उसे [विधि रचयिता] विचार करके पता लगाना चाहिए कि कौन सा विश्वास सर्वाधिक जनहित में है तब अपनी सारी शक्ति उसे ही प्राप्त करने के लिए लगा देनी चाहिए जिससे पूरा समाज एक ही बात को अपने गीतों, कहानियों और वार्तालाप में जीवन भर बोलता रहे।"[66] प्लेटो इस विषय को ले कर अत्यन्त सावधान है कि पाठ्यक्रमों में जो काव्य पढ़ाये जायँ किसी भी दृष्टि से मन पर अनुचित प्रभाव डालनेवाले न हों। उसके गणराज्य में इस नियम का अत्यन्त कठोरता से पालन होना चाहिए। कवि ऐसी रचना न करे जो औचित्य, सुन्दर अथवा कल्याणकारी भावना के विरुद्ध हो। उसकी रचना जब तक विशेषज्ञ समिति द्वारा अनुमोदित न हो जाय तब तक वह किसी एक व्यक्ति को अकेले में भी न सुनाई जाय (फिर सार्वजनिक पाठ का तो प्रश्न ही नहीं उठता)।[67] ठीक यही स्थिति संगीत और नृत्य की भी है। वृन्दगान का समाज पर सीधा प्रभाव पड़ता है इसलिए उस पर कठोर नियन्त्रण होना चाहिए ऐसा उसका विश्वास था।

'आयन', 'प्रतिवक्तव्य' 'फिद्रुस' 'गणराजय' और 'संविधान' में काव्य विषयक विचारों की तुलना करने पर सामान्य पाठक असमंजस में पड़ जाता है। यदि कवि

म्यूज़ द्वारा आविष्ट होने की स्थिति में ही कविता करता है तब विधि रचयिता द्वारा दर्शाये मार्ग के अनुसार कविता करने का प्रश्न ही कहाँ उठता है। सजग हो कर, सावधानी पूर्वक सच्ची कविता रची नहीं जाती और घटिया रचना के लिए 'गणराज्य' में जगह नहीं है तो समाज को शिक्षित करने के लिए कविता आयेगी कहाँ से? इसका उत्तर स्पष्ट शब्दों में प्लेटो ने कहीं नहीं दिया है। हाँ, उसके दिशा निर्देशों के अनुसार खोज करने पर एक समाधान की स्थिति अवश्य उभरती है।

एक ओर काव्य को कौशल मानना तथा दूसरी ओर काव्य को अन्तः प्रेरणा से उद्भूत एक दैवी वरदान कहना परस्पर विरोधी मान्यताएँ हैं। इन दोनों में समीकरण तभी स्थापित हो सकता है जब दोनों में से किसी एक को अथवा दोनों को नया आयाम दिया जाय। वेर्देनिउस ने संवादों के कतिपय वाक्यों के प्रकाश में अंतः प्रेरणा और कवि कौशल दोनों में ताल-मेल बैठाने का प्रयास किया है।[68] उसका दृष्टिकोण है कि प्लेटो ने दैवी प्रेरणा से काव्य की उत्पत्ति अवश्य मानी है किन्तु अपने प्रकाशित रूप में पूरा का पूरा वह दैवी वरदान है ऐसा मानने का कोई आधार नहीं है। 'आयन' में उसने सुकरात के मुँह से कहलाता है, कवि जिस देवता की शक्ति से आविष्ट होते हैं उसके वे व्याख्याता बन जाते हैं।"[69] यह वाक्य संकेत देता है कि उसने काव्य की दैवी उत्पत्ति को स्वीकार अवश्य किया है किन्तु कवि की मानवीय भूमिका के लिए भी गुंजाइश रखी है। इसके पहले भी कुछ कवि दोनों के समन्वित रूप की वकालत कर चुके थे। पिंदर स्वयं को म्यूज़ का व्याख्याता कहा ही करता था। इससे अनुमान लगाया जा सकता है कि उन दिनों यह सर्वस्वीकृत धारणा रही होगी कि कवि म्यूज़ की कृपा से जो कुछ भी पाता है उसे मानवीय भाषा में स्पष्ट करना, व्यवस्थित रूप देना उसके कौशल पर निर्भर करता है। यह भी सम्भव है कि कौशल और अन्तः प्रेरणा की मान्यताएँ कवियों के अलग-अलग खेमों में प्रचलित रही हों और प्लेटो ने उनमें अन्योन्याश्रय भाव दर्शाकर उस समय की कुछ समस्याओं के समाधान का प्रयास किया हो।

उस समय यह एक बड़ी समस्या थी कि न्याय परषिदों में लोग काव्य के पात्रों की उक्तियों के उदाहरण दे कर अपने पक्ष की पुष्टि किया करते थे। काव्य में यथार्थ का अनुकरण होने के कारण विरोधी पात्रों का समावेश आवश्यक था, अतः उनके तर्क भी परस्पर विरोधी होते थे। काव्य की दैवी उत्पत्ति के सिद्धान्त को मान लेने से इस समस्या का एक समाधान यह निकला कि कवि ने जिन वाक्यों को सोच-समझकर कर लिखा ही नहीं उन्हें प्रमाण कैसे माना जा सकता है। दूसरे, कवि ज्ञानी भी नहीं हैं। वे ज्ञान उतने निकट भी नहीं है जितने कि अन्य शिल्पी हैं। इसलिए, सत्य तक पहुँचने के लिए काव्य को आधार नहीं बनाया जा सकता।

'कवि ज्ञानी है' इस धारणा को नकार कर प्लेटो ने वस्तुतः एक तीर से दो निशाने साधे हैं । उसका पहला लक्ष्य स्वयं कवि थे जो इस भ्रम में जी रहे थे कि समाज के मार्ग दर्शन का ठेका उन्होंने ही ले रखा है, थोड़ी-बहुत तुकबंदी करके स्वयं को होमर की बिरादरी का घोषित करके समाज के गुरु होने के भ्रम में जी रहे थे। दूसरा लक्ष्य वे लोग थे जो काव्य की संरचना, उसकी प्रकृति से अनभिज्ञ थे फिर भी स्वार्थ साधने के लिए काव्य के प्रत्येक वाक्य का उल्टा-सीधा अर्थ निकाल कर उसे प्रमाण की तरह इस्तेमाल कर रहे थे। इन्हीं को सम्बोधित करते हुए 'गणराज्य' में उसने लिखा कि जिनके पास काव्य की वास्तविक प्रकृति के ज्ञान का कवच नहीं है ऐसे श्रोताओं की समझ को काव्यात्मक अनुकरण नष्ट कर देता है।[70] इसी आशय का एक वाक्य 'फीदो' में भी सुकरात के मुख से कहलाया गया है। बंदीगृह में लिखी गयी अपनी कविताओं के बारे में वह कहता है, "शब्दों को जोड़ कर सुख देने मात्र से कोई कवि नहीं बन जाता, सच्चा कवि [कल्पना की सहायता से] कहानियों का आविष्कार करता है।"[71] इस वाक्य में काव्य रचना की प्रक्रिया में कल्पना के महत्त्व को रेखांकित किया गया है। अरस्तू ने भी अपने 'काव्यशास्त्र' में कल्पना की महत्त्वपूर्ण भूमिका की पुष्टि की है। यह सोचना गलत है कि सत्य घटनाओं को छन्दोबद्ध कर देने मात्र से कविता बन जाती है। इस पृष्ठभूमि पर यदि हम 'गणराज्य' के वाक्य को समझें तो दो बातें स्पष्ट हो जाती हैं। एक, काव्य की संरचना (उसका रूप पक्ष) उसका विशिष्ट तत्त्व है जिसके लिए रचयिता को विशेष योग्यता, कौशल, की आवश्यकता होती है। इसका अर्जन वह अपनी साधना द्वारा करता है। इसके साथ कल्पना तत्त्व भी उतना ही महत्त्वपूर्ण है किन्तु इसका स्रोत म्यूज़, अर्थात् अन्तःप्रेरणा है। दूसरी बात यह, कि जो लोग काव्य के कल्पनाजन्य होने के तथ्य से अपरिचित हैं वे कल्पना को ही सत्य मान कर भ्रम में पड़े रहते हैं।

प्लेटो की एक बड़ी समस्या उन प्रतिभाहीन कवियों को ले कर थी जो इधर-उधर से जोड़-जाड़ कर पद्य रचनाएँ कर रहे थे। कुछ इस धोखे में थे कि उपदेश प्रधान वाक्यों में तुक मिला देने से कविता बन जाती है। ऐसे कवियों के लिए उसकी सीख थी कि अन्तः प्रेरणा काव्य-रचना की पहली शर्त है। 'आयन' में म्यूज़ को काव्य का मूल स्रोत स्थापित करने का यही निहितार्थ है। बिना उसके अनुग्रह के कवि उस ध्यान की स्थिाति में पहुँच ही नहीं सकता जो काव्य के प्रस्फुटन के लिए आवश्यक है।[72] इसी बात को उसने 'फिद्रुस' में भी दुहराया है।[73] हमें लगता है कि इसके पीछे यह कारण भी रहा होगा कि उस समय कुछ यथार्थ चित्रण के नाम पर फोटोग्राफ़ी शैली अपना कर स्वयं को बहुत बड़ा कवि

मानने लग गये होंगे। इनको नकार कर प्लेटो वस्तुतः यह दर्शाना चाहता था कि कोई लेखक थोड़े बहुत अभ्यास से छोटी-छोटी मूल्यहीन वस्तुओं का सटीक वर्णन करके अपने सामाजिक का मनोरंजन कर सकता है किन्तु उसे आदर्श की ओर प्रेरित नहीं कर सकता। क्या काव्य का लक्ष्य बस ऐसे अर्थहीन ब्योरे देना ही है? अतः यह दैवी प्रेरणा ही है जो काव्य को ज्ञान समृद्ध और मूल्यवान् बनाती है।

अब उस समस्या को लेते हैं जो अन्तःप्रेरणा और कौशल के परस्पर विरोधी फिर भी उनके अन्योन्याश्रित होने की स्थिति से जुड़ी हुई है। इसका एक समाधान वेर्देनिउस द्वारा सुझाया गया है और उसका एकमात्र आधार है कवि का व्याख्याता होना। 'आयन' में सुकरात काव्य में सत्यांश के अस्तित्व को स्वीकार करता है। ये वे अंश है जिनमें म्यूज़ सीधे सामाजिक से संवाद करती है।[74] इनके अतिरिक्त जो अंश कवि व्याख्याता के रूप में जोड़ता है वे या तो मिथ्या हैं या अस्पष्ट। वेर्देनिउस के अनुसार इसके दो कारण हो सकते हैं : (*i*) म्यूज़ ने कवि को जो बिम्ब दिखलाये उनमें वह अक्षमता के कारण उचित क्रम नहीं बैठा पाया; अथवा, (*ii*) कवि ने अपनी रुचि के अनुकूल बिम्ब चुन कर अपना काम चला लिया। प्लेटो सदैव यह स्वीकार करता रहा कि काव्य में यत्र-तत्र सत्य का उद्‌घाटन होता है और उतने अंश को शिक्षा के पाठयक्रम में सम्मिलित किया जाना चाहिए।[75] जब बात सम्पूर्ण काव्य की आती है तो उसे सत्य का प्रतिबिम्ब नहीं माना जा सकता क्योंकि सत्य पर कवि की पकड़ होती ही नहीं है।[76] कविता की रहस्यात्मक उत्पत्ति के कारण कवि स्वयं अपने शब्दों का ठीक-ठीक अर्थ नहीं कर पाता। इसलिए, उचित होगा कि हम उन अस्पष्ट स्थलों की व्याख्या करने से बचें।

उपर्युक्त निष्कर्ष काव्य को दो भागों में बाँटने का परिणाम है। एक, सम्मोहन की स्थिति में म्यूज़ के वरदान स्वरूप अंश जो सत्य है, मूल्यवान् है, ग्रहणीय है। दूसरा व्याख्यावाला अंश जो अस्पष्ट है परखने पर वह उचित प्रतीत होता हो तो स्वीकार कर लिया जाय अन्यथा छोड़ दिया जाय। अस्पष्टता के विषय में अपने विश्लेषण को और आगे बढ़ाते हुए वेर्देनिउस कहता है कि म्यूज़ की प्रेरणा की व्याख्या में अस्पष्टता आना उसका धर्म है। अनुकरण में अस्पष्टता आना स्वाभाविक है क्योंकि काव्यात्मक अनुकरण प्रकृति को ज्यों का त्यों प्रस्तुत कर ही नहीं सकता। प्रकृति के रूपों के माध्यम से वह जिस यथार्थ की ओर संकेत करना चाहता है उससे वह बहुत कम परिचित है। कवि अपनी सीमाओं के कारण परम यथार्थ को उसकी सम्पूर्णता में ग्रहण नहीं कर पाता इसलिए उसकी स्पष्ट अभिव्यक्ति भी उसके लिए असम्भव है, उसमें त्रुटियाँ रह जाना स्वाभाविक है। अन्तः प्रेरणा और कौशल, दिव्यानुभूति और कवि चातुर्य का यह समीकरण प्लेटो की दार्शनिक

दृष्टि (संसार की जो वस्तु सत्य के जितने निकट या दूर है मूल्यक्रम में उतनी ही श्रेष्ठ अथवा निकृष्ट है) के अनुरूप है। इसका मुख्य लक्ष्य था कवि की उस प्रतिमा को ध्वस्त करना जिसे वह म्यूज़ का कृपापात्र बन कर लिये-लिये घूमता था। एक दार्शनिक ने कवि को उसके ही अखाड़े में पटकनी दे डाली।

दिव्यानुभूति से काव्य की उत्पत्ति को सिद्धान्ततः स्थापित करके प्लेटो ने भावी काव्यशास्त्रियों का बड़ा उपकार किया है। काव्य का दैवी वरदान के फलस्वरूप अस्तित्व में आना उसे निश्चित रूप से शिल्प की सीमा (उसे अर्जित क्रिया के उत्पाद अथवा क्रय-विक्रय की वस्तु के रूप में देखना) से बाहर ले आता है। इसका दूसरा शुभ पक्ष है कि काव्य में मनुष्य की सहज वृत्ति और दैवी प्रेरणा में तालमेल बैठ जाने से वह और अधिक मूल्यवान् बन जाता है। अन्य शिल्पों में सहजवृत्ति तो कार्य करती है दैवी प्रेरणा नहीं,* इसलिए उनका शैक्षिक मूल्य उतना नहीं आँका गया है। समाज का संरक्षक वर्ग (रजत वर्ग) सभी दृष्टियों से सद्‌गुणी बने इसके लिए बचपन से ही उसे जो वातावरण मिलना चाहिए उसमें काव्य का सर्वाधिक योग माना गया है। सद्‌गुण की व्याख्या करते हुए एथेन्सवासी कहता है, "सुख और दुःख, प्रेम ओर घृणा जब उचित रूप में आत्मा में स्थिर हो जाते हैं, आत्मा के साथ एकतान हो जाते हैं तो वही सद्‌गुण कहलाता है।"[77] लगभग इसी आशय को दुहराते हुए वह शिक्षा की भी व्याख्या करता है। उसकी दृष्टि में शिक्षा का सिद्धान्त है सुख-दुःख की उचित व्यवस्था, अर्थात् जिससे प्रेम होना चाहिए उससे प्रेम करना सीखें, ओर घृणास्पद से घृणा करना सीखें। जीवन में बहुधा इस अनुशासन में ढिलाई आ जाती है और व्यक्ति भ्रष्ट हो जाता है। देवताओं ने मनुष्य जाति को उत्सव इसलिए दिये कि मनुष्य म्यूज़ों और अपोलो और दियोनाइसुस के साथ इन्हें मनाते हुए अपनी आत्मा की लय को भ्रष्ट होने से बचा सकें। उत्सवों में देवताओं के साहचर्य से मनुष्य को आध्यात्मिक पोषण मिलता है।[78] कलाएँ नागरिकों की आध्यात्मिक उन्नति में सहायक हों, काव्य पर इसका उत्तरदायित्व सर्वाधिक है। उसने काव्य को इसी दृष्टि से परखा है। सभी स्थलों पर इस विषय की चर्चा में यही मानदंड रखा है। इस मानदण्ड पर खरा उतरने के लिए पहली शर्त है ताल और लय में अव्यवस्था न आये तथा घटिया वस्तुओं का अनुकरण न हो। काव्य को 'गणराज्य' में शिक्षा के पाठ्यक्रम में सम्मिलित करने के लिए इनके अतिरिक्त

---

* कुछ विद्वानों के अनुसार प्लेटो ने काव्य और चित्र कला दोनों को अन्तः प्रेरणा से उद्‌भूत माना है। इसका आधार है अनुकरण के क्षेत्र में दोनों को समान भूमि पर रख कर देखना। किन्तु सिद्धान्त रूप में चित्र कला की दैवी उत्पत्ति अरस्तू के बाद स्थापित हुई।

भी उसने जो-जो सुझाव दिये हैं उन सबसे यही निष्कर्ष निकलता है कि काव्य को उसने अन्य शिल्पों से अलग भी रखा है और वरीयता भी दी है। इनमें अंतः प्रेरणा की भूमिका स्पष्ट है। अतः यदि कोई प्रश्न करे कि क्या दैवी वरदान होने मात्र से कोई शिल्प मूल्यवान् हो जाता है तो उत्तर होना 'हाँ'। बाद के कलाशास्त्र में उपयोगी कला और ललित कला जैसा भेद इसी धारणा से जुड़ा हुआ है कि एक हमारी भौतिक आवश्यकताओं की पूर्ति करती है दूसरी आत्मिक आवश्यकताओं की। प्लेटो भी काव्य के शैक्षिक मूल्य पर विचार करते समय इसी अवधारण से प्रेरित था कि यह मनुष्य के चरित्र को सीधे प्रभावित करता है। देवताओं ने इसका वरदान मनुष्य को इसीलिए दिया ताकि इसकी सहायता से वह कोई ऊँचा लक्ष्य प्राप्त कर सके।

## संदर्भ एवं टिप्पणियाँ

1. पृ. 5
2. पृ. 6
3. प्लेटो'ज़ थियेरी ऑफ़ आर्ट, पृ. 143
4. दि प्रिंसिपल्ज़ ऑफ़ आर्ट, पृ. 15-19
5. पोएट्री ऐंड क्रिटिसिज़्म बिफ़ोर प्लेटो, पृ. 92
6. वही, पृ. 101
7. वही, पृ. 93
8. वही, पृ. 99
9. वही, पृ. 100
10. (*i*) .....नो स्टेट कैन बी हैप्पी व्हिच इज़ नॉट डिज़ाइंड बाइ दि आर्टिस्ट्स हू इमिटेट दि हैवन्ली पैटर्न। —'गणराज्य', पृ. 500

    (*ii*) ...ऐंड दिस इज़ दि लैजिसलेटर, हू ऑफ ऑल दि स्किल्ड आर्टिज़न्ज़ इन दि वर्लड इस दि रेयरेस्ट। —'क्रेतिलुस', पृ. 389
11. 'गणराज्य,' पृ. 524, 527; 'संविधान', पृ. 747
12. 'सोफ़िस्त', पृ. 266
13. 'गणराज्य', पृ. 369, 372, 377, 386
14. संगीत में संस्कार डालने की क्षमता को देखते हुए प्लेटो चाहता था कि उसके गणराज्य में किशोरावस्था के प्रत्येक लड़के-लड़की के लिए तीन साल का संगीत का पाठ्यक्रम अनिवार्य होना चाहिए। —'संविधान', पृ. 812
15. देखिये 'इलियद' पृ. 8 में राजा आल्किनूस के महल में खेलों का प्रसंग।
16. 'संविधान', पृ. 700-01

17. 'गणराज्य' में ओदिसी की पहली पुस्तक से उसने एक पंक्ति उद्धृत की है–
'लोग हमेशा सबसे नया गीत पसंद करते हैं।'
इसकी व्याख्या करते हुए वह लिखता है कि इसका यह अर्थ नहीं लेना चाहिए कि लोग नये प्रकार का गीत पसंद करते हैं। गीत का विषय नया होना चाहिए न कि नयी शैली।...संगीत और साहित्य में होनेवाला परिवर्तन और राजनीति में भारी उलट-फेर का चोली-दामन का सम्बन्ध है। ...पृ. 424
18. इस सन्दर्भ में एक पौराणिक आख्यान अत्यन्त प्रासंगिक है। कहा जाता है कि वंशी का आविष्कार अथीना ने किया था किन्तु जब वह उसे बजाने लगी तो मुँह फूलने से उसकी शक्ल भद्दी हो गयी। बस उसने तत्काल वंशी फेंक दी। दूसरे, उसने यह भी महसूस किया कि इससे बुद्धि के विकास में कोई सहयोग नहीं मिलता जब कि वह स्वयं बुद्धि की देवता है। प्लेटो के लिए यह विषय इतना महत्त्वपूर्ण था कि वह बार-बार इसकी चर्चा करता है। देखिये 'गणराज्य', पृ. 399, 324, 424, 'संविधान', पृ. 650, 655, 657, 659, 667, 668, 669
19. 'गणराज्य', पृ. 397; 'संविधान' पृ. 802
20. देखिये ओदिसी में फीमिउस (पु. एक) ओर देमोदोकुस (पु. आठ) के प्रसंग।
21. स्टोबार्ट, जे. सी., दि ग्लोरी दैट वॉज़ ग्रीस, पृ. 84
22. इसी बात को ध्यान में रखते हुए प्लेटो ने काव्य में घटनाओं के वर्णन को मुख्यतः दो वर्गों में बाँटा है–सामान्य वर्णन और अनुकरणमूलक वर्णन। तीसरा वर्ग इनका मिश्रित रूप है। अनुकरणमूलक वर्णन वह है कि जिसमें वर्णन के लिए पात्रों का सहारा लिया जाता है। –'गणराज्य', पृ. 392-93
23. 'हेलेन की स्तुति'
24. 'फिद्रुस', पृ. 237, 258, 277-78
25. इस वाक्य में निहित तात्पर्य को ठीक-ठीक समझने के लिए प्लेटो के चिन्तन के इस पक्ष को ध्यान में रखना होगा कि उसने धारणा (ओपीनियन), विश्वास और ज्ञान के अन्तर को कभी धुँधला नहीं होने दिया है। उसने लगातार ऐसी कविता को नकारा है जो वास्तविक ज्ञान तो नहीं देती, हाँ अन्य साधनों के द्वारा ज्ञान देने का भ्रम अवश्य पैदा करती है, श्रोता/दर्शक में यह विश्वास पैदा करती है कि जो कुछ कहा जा रहा है वही सच है, उचित है।
26. (अ) पृ. 452, 453, 455, 463, 502
(ब) सुकरात की यह टिप्पणी अत्यन्त तथ्यपरक है क्योंकि नाटकों में कई बार स्वयं कवि मंच पर आ कर अपनी बात भाषण के रूप में ही कहा करते थे भले ही उसका रूप छन्दोबद्ध हो। एरिस्तोफ़ेनीज़ ने इस अवसर का भूरपूर लाभ उठाया है।
27. 'संविधान', पृ. 653-54
28. इस विषय पर 'क्रेतिलुस' संवाद में सुकरात के मुख से कहलवाये गये निम्न वाक्य विशेष द्रष्टव्य हैं:

(*i*) यदि हमारे पास वाणी न होती तो हम हाथों, सिर और शरीर से ही अपनी बात सम्प्रेषित करते। —पृ. 422

(*ii*) हमें वस्तु की प्रकृति का अनुकरण करना चाहिए...दौड़ते हुए घोड़े या अन्य किसी पशु का वर्णन करते समय हमारा शरीर एवं मुद्राएँ उसी तरह की हो जानी चाहिए। —पृ. 423

(*iii*) शरीर का अनुकरण शरीर द्वारा ही हो सकता है...और जब हम स्वयं को अभिव्यक्त करना चाहते हैं, चाहे वाणी द्वारा, चाहे जिह्वा द्वारा अथवा मुख द्वारा, तो हमारी अभिव्यक्ति ठीक उसी का अनुकरण होती है जिसे हम अभिव्यक्त करना चाहते हैं। —पृ. वही

(*iv*) तब नाम उस वस्तु का वाचिक अनुकरण हुआ जिसका वाचिक अनुकर्ता नाम रखता है या अनुकरण करता है (अर्थात् नामकरण और अनुकरण दोनों पर्यायवाची हैं) —पृ. वही

(*v*) अब हम इस सिथिति में हैं कि उन नामों पर विचार कर सकें जिनके बारे में तुम पूछ रहे थे; और अब हम देख सकते हैं कि नामकरण करनेवाला उन वस्तुओं की प्रकृति को नाम के वर्णों (लेटर्ज़) और अक्षरों (सिलेबल्ज़) में अनुकरण द्वारा पकड़ पाया है या नहीं (अर्थात् उन-उन वस्तुओं के तत्त्व (एसेन्स) का बोध [नाम के] अनुकरण द्वारा हो रहा है या नहीं)। —पृ. 424

(*vi*) ...तत्त्व का अनुकरण अक्षरों ओर वर्णों द्वारा किया जाता है...। —पृ. वही

29. 'संविधान' पृ. 654
30. वही, पृ. 653-54
31. 'तिमयूस', पृ. 47
32. लॉज, आर. सी., प्लेटो'ज़ थियेरी आफ़ आर्ट, पृ. 62-3
33. 'तिमयूस', पृ. 47
34. 'क्रेतिलुस', पृ. 434; इसी संवाद में विषय की व्याख्या के लिए दो और महत्त्वपूर्ण टिप्पणियाँ भी ली जा सकती हैं–(*i*) हमारा विधिकर्ता (लैजिसलेटर) यह जानकारी रखनेवाला होना चाहिए कि प्रत्येक वस्तु के स्वधर्मी नामकरण के लिए किन ध्वनियों और अक्षरों का उपयोग किया जाय...(–पृ. 389); (*ii*) क्रेतिलुस का यह कथन बिल्कुल सही है कि वस्तुओं के नाम प्रकृति प्रदत्त होते हैं, ओर हर व्यक्ति इसमें (बुद्धि द्वारा प्रकृति प्रदत्त नाम का अभिग्रहण) सक्षम नहीं होता (–पृ. 390)
35. वही, पृ 434
36. 'थीतितुस', पृ. 206
37. वही, पृ. वही
38. 'गणराज्य', पृ. 601
39. (*i*) सभी कलाएँ और विज्ञान अनिवार्य रूप से गणित में भागीदार बनते हैं। —'गणराज्य', पृ. 522

(*ii*) कलाओं में से गणित, रेखागणित, माप-तौल निकाल दिया जाय तो कुछ भी काम का नहीं बचा रहता। —'फिलेबुस', पृ. 55

(*iii*) किन्तु जब समस्त विश्व में व्यवस्था स्थापित होने लगी...देवता ने उसे [विश्व को] व्यवस्थित करने के लिए नित्यरूप और अंकों की सहायता ली। —'तिमयूस', पृ. 53

40. 'संविधान', पृ. 790-91
41. महान् त्रासदीकार एस्खिलुस फ़ारसी सेनाओं के साथ कई मोर्चों पर लड़ा था। अपनी समाधि पर लिखी जानेवाली पंक्तियों में उसने अपने सैनिक होने की बात तो बड़े गर्व से लिखी है पर नाटककार होने का उल्लेख नहीं किया है। स्वयं सुकरात एथेन्स की ओर से अनेक युद्धों में लड़ा था। उसके साथी उसकी वीरता की भूरि-भूरि प्रशंसा करते थे।
42. प्लेटो ने व्यवहारतः समाज के दो वर्ग किये हैं—शासक ओर शासित। शासक—संरक्षक वर्ग अर्थात् सैनिक—की शिक्षा-दीक्षा तथा संस्कार पर ही उसके काव्यशास्त्रीय विचार केंद्रित हैं।
43. 'गणराज्य', पृ. 493
44. 'संविधान', पृ. 659
45. वही, पृ. 658-59
46. 'गणराज्य', पृ. 492
47. 'संविधान', पृ. 829
48. 'तिमयूस', पृ. 19
49. लॉज, आर. सी., प्लेटो'ज़ थियेरी आफ़ आर्ट, पृ. 94
50. 'क्रेतिलुस' में भाषा की उत्पत्ति विषय के अन्तर्गत वस्तु के रूप में व्यक्त ताल-लय के अनुकरण की चर्चा की गयी है। यह ताल-लय काव्य रचना के अन्त तक बनी रहनी चाहिए तभी वह प्रभावशाली हो सकती है। काव्य अपने शब्द-चित्रों में प्रकृति में निहित ताल-लय प्रस्तुत करके ही अपना लक्ष्य प्राप्त कर सकता है। प्लेटो अन्य कलाओं में भी इसी प्रक्रिया को अपनाने का पक्षधर था।
51. 'तिमयूस', पृ. 22, 24; 'क्रितियास', पृ. 109; 'संविधान', पृ. 679, 745
52. 'गणराज्य', पृ. 550
53. 'संविधान', पृ. 653-56
54. 'गणराज्य', पृ. 522
55. 'फिद्रुस', 261; 'परिचर्चा', पृ. 177; 'थीतितुस', पृ. 167
56. लॉज, आर. सी., प्लेटो'ज़ थियेरी ऑफ आर्ट, पृ. 120
57. 'गणराज्य', पृ. 401; 'संविधान', पृ. 801-02
58. 'संविधान', पृ. 719
59. वही, पृ. 653, 665, 670, 672
60. वही, पृ. 783

61. देखिये 'शास्त्रीय समीक्षा के प्रथम चरण' के अन्तगर्त ज़नोफेनीज़ और हिरेक्लाइतुस के विचार।
62. पृ. 22-23
63. पृ. 244-45
64. पृ. 719
65. पृ. 660
66. पृ. 664
67. पृ. 801
68. वेर्देनियुस, डब्लू. जे., प्लेटो'ज़ डॉक्ट्रिन ऑफ इमिटेशन
69. पृ. 534
70. पु. 10, पृ. 595
71. पृ. 61
72. पृ. 534
73. पृ. 245
74. पृ. 534
75. 'गणराज्य', पृ. 377
76. ...ऑल दीज़ पोएटिकल इंडिवीजुअल्स बिगिनिंग विद होमर, आर ओनली इमिटेटर्स, दे कॉपी इमेजिज़ ऑफ वर्चूज़ ऐंड दि लाइक, बट दि ट्रूथ दे नैवर रीच।
—'गणराज्य', पृ. 600
77. 'संविधान', पृ. 653
78. वही, पृ. वही

## 3.3 अनुकरण : नाट्याभिनय से जीवन दर्शन तक

'अनुकरण' शब्द युनानी भाषा के 'मिमीसिस' के लिए प्रयोग किया जा रहा है। अंग्रेजी में इसके लिए 'इमिटेशन' शब्द प्रयुक्त होता है। कुछ कलाशास्त्री इसके लिए 'रिप्रेज़ेंटेशन' शब्द अधिक उपयुक्त समझते हैं।[1] हिन्दी में भी अनुकरण के स्थान पर 'चित्रण', 'अंकन' या 'प्रतिरूपण' शब्द का प्रयोग किया जा सकता है। यह बहुत कुछ प्रसंग पर निर्भर करेगा। प्लेटो के सन्दर्भ में 'अनुकरण' शब्द अधिक उचित है। उसने 'मिमीसिस' का जितने विविध अर्थों में प्रयोग किया है उन सबको अभिव्यक्ति देने की क्षमता इसी शब्द में है। दूसरे, भारतीय काव्यशास्त्र में भी अनुकार्य, अनुकर्ता, अनुकृति आदिश शब्दों का प्रयोग होता है जो अनुकरण के ही परिजन हैं।

प्लेटो के कलाशास्त्र के अन्तर्गन 'अनुकरण' पर अलग से विचार करने के कारण स्पष्ट हैं। इनमें मुख्य है संवादों में इसका विविध अर्थों में प्रयोग, इसमें सन्देह नहीं कि उस काल में इसके अनेक शिथिल प्रयोग प्रचलित रहे होंगे किन्तु एक कलाशास्त्री बिना किसी भूमिका के कोई भी प्रचलित अर्थ ग्रहण कर ले तो असमंजस की स्थिति पैदा होगी ही। कुछ स्थलों पर अर्थ अस्पष्ट ही रह जाता है जिसके कारण विद्वानों में उसके कला सिद्धान्तों को लेकर इतने गहरे मतभेद हैं कि उनके अलग-अलग खेमे ही बन गये हैं। सामान्य पाठक के लिए भी यह बहुत बड़ी समस्या है कि 'अनुकरणात्मक' विशेषण द्वारा वह किस प्रकार की कला की ओर इंगित कर रहा है। कहीं अनुकरण कवियों और चित्रकारों पर प्रहार का कारण है तो कहीं उसी आधार पर उनका समर्थन भी किया जा रहा है। वह समझ ही नहीं पाता कि कहाँ प्लेटो का समर्थन करे और कहाँ विरोध। 'गणराज्य' की दसवीं पुस्तक के कुछ अंश अधीत विद्वानों के लिए भी पहेली बने हुए हैं। अनुकरण कहीं मूल्यांकन का मानदण्ड है तो कहीं कला सिद्धान्त। उसने कहीं भी अनुकरण को परिभाषित नहीं किया है, न कहीं ऐसी भूमिका बाँधी है जिससे उसका अर्थ निश्चित करने में सहायता मिल सके। किन्तु इतना निस्सन्देह कहा जा सकता है

कि अनुकरण उसके लिए कला सिद्धान्त ही नहीं दर्शन का सिद्धान्त भी है। इतने महत्त्वपूर्ण पारिभाषिक शब्द के प्रयोग में वह कुछ और सावधान रहा होता तो अच्छा था। हम प्रयत्न कर रहे हैं कि विभिन्न दृष्टिकाणे रखनेवाले कुछ विद्वानों की मान्यताओं के प्रकाश में उक्त उलझन कुछ कम हो सके।

कला और शिल्प के सन्दर्भ में कॉलिंगवुड के मत से हम परिचित हो चुके हैं। उसका निष्कर्ष था कि यूनानी चिन्तन में कला नाम की कोई अवधारणा नहीं थी। कविता और चित्र कला शिल्प का ही भेद थीं। इसी चर्चा में उसने 'इमिटेशन' और 'रिप्रेज़ेंटेशन' शब्दों पर भी विचार किया और उनके अर्थ सुनिश्चित किये। इमिटेशन अर्थात् हूबहू नकल करना, मूल का दूसरा प्रतिरूप तैयार करना। किन्तु रिप्रेज़ेंटेशन में मूल और उसके प्रतिरूप में इतने निकट का सादृश्य भाव नहीं होता। जैसे, प्राकृतिक पेड़-पौधों का चित्रण रिप्रेज़ेंटेशन कहलायेगा। इस अर्थ-भेद को स्पष्ट करने के बाद वह लिखता है कि प्लेटो के इमिटेशन के लिए मैं रिप्रेज़ेंटेशन शब्द का प्रयोग कर रहा हूँ।[2] ऐसा कहकर वह संकेत दे रहा है कि 'मिमीसिस' शब्द से प्लेटो का तात्पर्य हूबहू नकल से नहीं है।

कॉलिंगवुड की दूसरी स्थापना है कि विद्वानों की यह मान्यता कि प्लेटो [समस्त] कला को अपने नगर [गणराज्य] से निष्कासित करता है वस्तुतः एक मिथ, मिथ्याधारणा, है। तथ्य यह है कि–

(*i*) 'गणराज्य' में प्लेटो ने कविता के दो वर्ग किये हैं–एक, रिप्रेज़ेंटेटिव (अनुकरणात्मक) और दूसरी जो (रिप्रज़ेंटेटिव) नहीं है।[3]

(*ii*) रिप्रज़ेंटेटिव कविता में से कुछ को वह केवल मनोरंजन करने वाली तथा किन्हीं कारणों से अंवाछनीय मानता है। अतः केवल इसी प्रकार की (मनोरंजन करने वाली) रिप्रज़ेंटेटिव कविता को न केवल पाठ्यक्रम से वरन् पूरे नगर से ही निष्कासित कर देता है।[4]

(*iii*) बाद में इस वर्ग विभाजन को उचित समझ कर सन्तोष व्यक्त करता है[5]; तथा

(*iv*) अपने प्रहार को और कठोर बनाते हुए, नये तर्कों से उसकी सीमा के भीतर समस्त रिप्रेज़ेंटेटिव कविता को ला कर,[6]

(*v*) सभी प्रकार की रिप्रेज़ेंटेटिव कविता को राज्य से बहिष्कृत कर देता है, किन्तु कुछ विशेष प्रकार के काव्य, जो रिप्रेज़ेंटेटिव नहीं है, को रहने देता है। ये कविताएँ वे हैं जो रिप्रेज़ेंटेटिव नहीं है।[7] ये कविताएँ हैं देवताओं के लिए लिखे गये स्तोत्र और अच्छे लोगों की प्रशंसा में लिखे गये गीत या विजय गीत।

अपनें पक्ष के समर्थन मे कॉलिंगवुड 'गणराज्य' की तीसरी पुस्तक का सहारा लेते हुए कहता है कि इसमें जिस कवि को आदर्श नगर से बहिष्कृत करने की बात कही गयी है वह इतना घटिया है कि उसे कवि कहा नहीं जा सकता। वह मामूली वस्तुओं का अनुकरण करके (जैसे पशु-पक्षियों की आवाज निकालना या पहियों की चर्मराहट की नकल करना) मनोरंजन करता है।[8] दसवीं पुस्तक तक आते-आते उसकी नीति में केवल इतना परिवर्तन आया है कि पहले उसने कुछ प्रकार की रिप्रेज़ेंटेटिव कविता को अनुमति दे दी थी अब उसने सभी प्रकार की रिप्रेज़ेंटेटिव कविता को बहिष्कृत कर दिया। यह वाक्य इस पुस्तक के शुरु में ही आया है और भूल से पाठक इसका अर्थ लगा लेते हैं कि वह समस्त काव्य को बहिष्कृत कर रहा है। यदि ऐसा होता तो बाद में स्तोत्रों और जयगीतों को नगर-प्रवेश की अनुमति[9] का औचित्य ही नहीं रह जाता। अन्त में अपना निर्णय देते हुए कॉलिगंवुड कहता है कि प्लेटो की सबसे बड़ी भूल यह थी कि उसने सभी रिप्रेज़ेंटेटिव कविता को मनोरंजन करनेवाली मान लिया। मनोरंजन करनेवाली कला रिप्रेज़ेंटेटिव कला का एक प्रकार है और दूसरा प्रकार है सच्ची कला का। प्लेटो चाहता था कि उसके समय के कलाकार आर्षयुगीन तथा 5वीं शती की कला की ओर उन्मुख हों।[10]

ई.पू. 4 थी शताब्दी के प्रारम्भ से ही फोटोग्राफ़ी शैली की पकड़ काफ़ी मज़बूत हो गयी थी। लगता है 5वीं शती से ही लोग इसे काफ़ी पसन्द करने लगे थे। नाटक के पर्दों में पार्हासिउस द्वारा पर्सपैक्टिव का प्रयोग और युरिपिदीज़ द्वारा सामान्य व्यक्तियों को मंच पर लाना और अपनी समस्याओं को स्वयं कहना उस समय की जनता को चौंकाने वाले अवश्य प्रतीत हुए होंगे और परम्परावादियों ने इनकी भर्त्सना भी की होगी किन्तु जन सामान्य इनका प्रशंसक अवश्य रहा होगा तभी यह शैली व्यापक से व्यापकतर होती गयी। धीरे-धीरे अनुकरण करना ही इस शैली के कलाकारों का लक्ष्य बन गया, अनुकरण साधन से साध्य बना गया। इसके माध्यम से कोई गम्भीर सन्देश देना कलाकार भूल ही गये। इसलिए यदि आवेश में आकर प्लेटो ने समस्त रिप्रेज़ेंटेटिव कला को बहिष्कृत करने की बात कह दी हो तो समझा जा सकता है और यह भूल क्षम्य भी है। किन्तु मन में यह शंका अवश्य उठती है कि उसके जैसा गम्भीर दार्शनिक क्या सचमुच आवेश में आकर कोई निर्णय लेगा? हमें स्मरण रखना चाहिए कि 'गणराज्य' का अधिकांश, विशेष रूप से उत्तरार्ध, उसके जीवन की परिपक्वावस्था की देन है। यद्यपि उसके बाद भी उसका चिन्तन क्रम नयी-नयी दिशायें खोजता रहा और उसमें नये-नये

आयाम भी जुड़ते रहे किन्तु उसमें पहले की अवधारणाओं को छोड़ने अथवा उनमें आमूल परिवर्तन की स्थिति कभी नहीं आयी। इसलिए उचित होगा कि इस विषय पर हम अन्य दृष्टियों से भी विचार करें।

कॉलिगंवुड अपने समय के उन सौन्दर्यशास्त्रियों को उत्तर दे रहा था जिनका मत था कि प्लेटो अनुकरण को निंदनीय मानता है; समस्त कला अनुकरणात्मक है, इसलिए कला निदंनीय है। किन्तु उसने जो उत्तर दिया वह दो और प्रश्नों को जन्म देता है :

(*i*) क्या अनुकरण की व्याप्ति सीमित है? क्या उस समय कलाओं पर विचार करते समय रिप्रेज़ेंटेटिव और नॉन-रिप्रेज़ेंटेटिव जैसा भेद किया जाता था? जिन कविताओं को प्लेटो 'गणराज्य' में प्रवेश की अनुमति देता है क्या वह उन्हें न-अनुकरणात्मक (नॉन-रिप्रेज़ेंटेटिव) मानता था और इसी आधार पर उनका स्वागत करता है?

(*ii*) क्या कॉलिगंवुड अनुकरण का वही अर्थ ले रहा है जो प्लेटो भी ले रहा था?

पहले प्रश्न का उत्तर स्पष्ट है। जिन कविताओं को प्लेटो ने अपने नगर में अनुमति दी है उनके बारे में कहीं भी उसने यह नहीं कहा है कि इसका आधार उनका न-अनुकरणात्मक (नार्न-मिमेटिक) होना है। सच पूछा जाय तो उसने न-अनुकरणात्मक कला जैसे भेद की कोई चर्चा की ही नहीं है। स्वयं कॉलिंगवुड भी यह मानता है कि किसी युग में यदि किसी अवधारणा का अस्तित्व ही नहीं है तो उसके लिए शब्द भी कैसे होगा।[11] इससे प्रमाणित होता है कि उस काल में कलाओं का अनुकरणात्मक होना स्वतः सिद्ध तथ्य था। यूनानी इसे सहज रूप में स्वीकार करके चल रहे थे।

कॉलिगंवुड का यह कथन कि प्लेटो घटिया किस्म की रिप्रेज़ेंटेटिव कविता को बहिष्कृत कर रहा था एक अन्य समस्या को जन्म देता है। यह ठीक है कि मनोरंजन की दृष्टि से अति साधारण वस्तु का भी अनुकरण कवि को निम्नतम स्तर पर ले आया था, किन्तु यदि इसी आधार पर वह कविता को निष्कासित करता है तो उसे इस तरह की अन्य कलाओं की कृतियों को भी बहिष्कृत करना चाहिए था। अनुकरण का सर्वाधिक प्रत्यक्ष रूप चित्र कला में दिखायी पड़ता है और इसीलिए गोचर रूपों के अनुकरण पर बल देने वाले कवियों की तुलना उसने बार-बार चित्रकार से की है। इन सभी स्थलों पर[12] कविता और चित्र कला का सम्बन्ध उपमेय और उपमान का रखा गया है। फिर भी उसने चित्र कला को बहिष्कृत करने की बात कहीं नहीं की है। इसी तथ्य को आधार बना कर

अलेक्ज़ेंडर नेहमास ने विद्वानों की अनुकरण सम्बन्धी भ्रामक धारणा को दूर करने का प्रयास किया है।

चित्र कला और काव्य कला की घनिष्ठता के कारण कुछ अध्येताओं ने यह निष्कर्ष निकाल लिया था कि प्लेटो सभी ललित कलाओं को अपने गणराज्य में वर्जित मानता है। इस भूल को दूर करने के लिए नेहमास ने 'गणराज्य' की 10वीं पुस्तक से वे उद्धरण दिये हैं जो कविता और चित्र को अलग करते हैं। सबसे पहले इसका उपोद्घात लें। त्रासदीकारों के बारे में सुकरात कहता है–"मुझे यह कहने में कोई संकोच नहीं है कि सभी काव्यात्मक अनुकरण श्रोताओं की बुद्धि को भ्रष्ट करते हैं और ज्ञान का कवच (एंटिडोट) ही उन्हें इससे बचा सकता है।" (–जोवेट के अनुवाद से)

स्पष्ट है कि बहिष्कार का आधार अनुकरण नहीं बुद्धि पर पड़नेवाला प्रभाव है। यहाँ प्रश्न उठता है कि क्या सभी प्रकारं का अनुकरण (चाहे कविता में हो, या चित्र में, या मूर्ति में) हानिकर नहीं है? प्लेटो की दृष्टि में अन्य कलाओं की अपेक्षा काव्य (संगीत और नृत्य की सहयोगिनी कलाओं के साथ) ही बुद्धि घातक है। अब दूसरा प्रश्न, यदि समस्त काव्य अनुकरणात्मक है तक यह कैसे सम्भव है कि स्तोत्र आदि स्वीकार्य हैं और त्रासदी आदि अस्वीकार्य? जे. टेट* का तर्क है कि इसका आधार वस्तु तत्त्व है। तीसरी पुस्तक में वह स्वयं ही ऐसे काव्य की अनुशंसा कर आया है जिसका मुख्य विषय चरित्रवान् व्यक्ति हो[13] और वहीं इसका कारण भी स्पष्ट कर आया है, अर्थात्, संरक्षक वर्ग की शिक्षा में ऐसा काव्य महत्त्वपूर्ण भूमिका निभा सकता है।

विषय वस्तु के आधार पर साहित्य अथवा काव्य का वर्गीकरण तथा मूल्यांकन सामान्य परम्परा है। सभी आलोचक ऐसा करते आये हैं। शैक्षिक मूल्य की दृष्टि से तीसरी पुस्तक में प्लेटो ने जो कुछ कहा उसमें किसी को भी आपत्ति नहीं हो सकती। प्रश्न यह है कि इस विषय पर अन्तिम वाक्य कह देने पर भी दसवीं पुस्तक में इस विषय को फिर से उठाने की क्या आवश्यकता थी? पहले श्रोताओं के मन को दूषित करने जैसा अति गम्भीर आरोप लगा कर समस्त काव्य को अनुकरणात्मक कह कर बहिष्कृत करने की बात करना क्या वदतोव्याघात नहीं है? पहले कही हुई बात को क्या वह इतनी जल्दी भूल गया? इस दूसरे प्रश्न के उत्तर में ही नेहमास प्लेटो की विचारधारा को स्पष्ट करता है। उसकी मान्यता है कि तीसरी पुस्तक में जो कुछ भी कहा गया है उसे लोग प्लेटो की दृष्टि से नहीं अपनी

---

* नेहमास के लेख में उद्धृत

दृष्टि से देखते हैं और वहीं भ्रम पैदा हो जाता है। इस अंश में भ्रम का कारण यह मान लेना है कि अनुकरण अच्छा और बुरा दो प्रकार का है। अच्छे चरित्रों का अनुकरण अच्छा है और बुरे का बुरा। वास्तविकता यह है कि प्लेटो ने अनुकरण में ऐसा द्वैध माना ही नहीं है। अनुकरण विषय भेद के अनुसार अच्छा या बुरा नहीं हो सकता। वह अपने संरक्षक वर्ग की शिक्षा के लिए उचित साहित्य पर विचार कर रहा था। इस दृष्टि से उसे वर्णनात्मक शैली सर्वाधिक उचित प्रतीत हुई।[14] यदि मिश्रित शैली का उपयोग किया जाय तो उसमें वर्णन वाला अंश अधिक होना चाहिए और पात्रों के मुख से कहलाया गया अंश कम से कम। अब यदि दूसरी और तीसरी शैली का उपयोग अनिवार्य ही हो जाय तथा भावी संरक्षक पात्रों का अनुकरण करना ही चाहते हैं तो वे अच्छे पात्रों को चुनें। वे अपने जीवन के चरित्र निर्माण की अवस्था से गुज़र रहे हैं इसलिए अच्छे पात्रों की भूमिका उनके आचरण को उत्कृष्ट बनाने में सहायक होगी। अतः इन स्थलों पर अनुकरण की अनुशंसा संरक्षकों के आचरण को ध्यान में रखकर देखी जानी चाहिए। अनुकरण स्वयं अच्छा है या बुरा यह निष्कर्ष हम निकाल रहे हैं प्लेटो नहीं। उस पर तो यह थोपा जा रहा है। यही कारण है कि जब यह अंश 10वीं पुस्तक से मेल खाता हुआ नहीं दीखता तो वह दोषी ठहरा दिया जाता है।

नेहमास इस उलझन को दूसरे प्रकार से भी सुलझाने का प्रयास करता है। यद्यपि वह स्वीकार करता है कि विरोध पूरी तरह समाप्त नहीं हो जाता फिर भी उसकी तीव्रता कम अवश्य हो जाती है। उसका सुझाव है कि 10वीं पुस्तक में प्लेटो की काव्य दृष्टि को समझने के लिए उसकी पृष्ठभूमि के बारे में कुछ बातें याद रखनी चाहिए। जैसे, दूसरी-तीसरी पुस्तकों में कविता के गुण-अवगुण पर संरक्षक वर्ग की बचपन से किशोरावस्था तक को ध्यान में रखकर विचार किया गया है। उनके चरित्र का निर्माण अभी हो रहा है। उनकी आत्मा के अभी दो ही पक्ष या अनुभाग—ओज (स्पिरिट) और सहज वृत्ति (एपिटाइट्स)—कार्य कर रहे हैं। उन्हीं को प्रशिक्षित करना है। उसका विश्वास है कि उचित प्रशिक्षण द्वारा बालक में सहज ही सुन्दर (जो उचित और प्रिय भी है) के प्रति प्रेम और असुन्दर (अशिव) के प्रति घृणा पैदा की जा सकती है। बाद में तर्कना शक्ति के विकसित हो जाने पर वह पहचान सकेगा कि उसे जो शिक्षा मिली थी वह उचित थी।[15] 10वीं पुस्तक में कलाओं, विशेषतः काव्य, पर विचार करते समय सुकरात उन संरक्षकों को सम्बोधित कर रहा है जो बड़े हो गये हैं, अपना उत्तरदायित्व सँभाल रहे हैं, और जिनमें आत्मा का तीसरा पक्ष—तर्कना शक्ति—भी विकसित हो चुकी है। इसलिए उसकी आलोचनात्मक दृष्टि में भी अन्तर आना स्वाभाविक है। काव्य का जो

स्वरूप छोटी अवस्था में उपयोगी था युवावस्था में भी उपयोगी हो यह आवश्यक नहीं है। दूसरे, 10वीं पुस्तक में अनुकरण का विरोध करने का कारण है उसमें तर्कना शक्ति को भ्रष्ट करने की क्षमता। आत्मा की तर्कना शक्ति पर तीसरी पुस्तक तक विचार ही नहीं हुआ है। अब, जो चर्चा का विषय ही नहीं है और जिनको लक्ष्य करके काव्य पर विचार हो रहा है उनमें यह शक्ति विकसित ही नहीं हुई है तो उसको आधार बनाकर काव्य को बहिष्कृत करने की बात का औचित्य ही कहाँ रह जाता है। सामान्यतः यह मान लिया जाता है कि 'गणराज्य' में तीसरी पुस्तक के बाद छः पुस्तकों में इस विषय पर मौन रह कर (जब पाठक यह सोच लेता है कि उसने काव्य सम्बन्धी अन्तिम निर्णय दे दिया है) वह एकाएक इस विषय पर इसलिए लौटा है क्योंकि अपनी वैचारिक यात्रा में काव्य के प्रति उसका मन कठोर हो गया है और एक व्यापक व्यवस्था के अन्तर्गत उसे अपने अन्तिम वाक्य में कुछ और सुधार लाना अनावश्यक हो गया है। किन्तु, वास्तविकता यह थी कि काव्य का और गहराई से विश्लेषण करने का अवसर ही अब आया था। नेहमास का यह कथन अत्यन्त सटीक है कि प्रस्तुत विषय पर वह लौटा नहीं है वरन् अपनी नीति को तर्क सम्मत रूप दे रहा है।

तर्क सम्मत रूप से तात्पर्य है दार्शनिक विचारधारा के अनुरूप। सभी चिन्तकों की तरह प्लेटो ने भी परम सत्ता पर विचार किया है। उसका क्या रूप हो सकता है? गोचर प्रकृति की स्थिति क्या है? और परम सत्ता से सम्बन्ध क्या है? इस सम्पूर्ण व्यवस्था में कला का क्या स्थान है? क्या उसकी कोई स्वतन्त्र सत्ता है या, वह मात्र भ्रम है? साथ ही इस पर भी विचार किया है कि आत्मा का स्वरूप क्या है? उसकी उन्नति कैसे सम्भव है? चिन्तन की सम्पूर्ण प्रक्रिया में बहुधा उसने एक विशेष पद्धति अपनायी है। अवधारणा को स्पष्ट करने के लिए वह उसे बड़े पैमाने पर, पूरे नगर के सन्दर्भ मे देखता है फिर व्यक्ति के सन्दर्भ में। जैसे, न्याय क्या है इसे समझने के लिए उसने पहले विभिन्न नगरवासियों को अलग-अलग परिस्थितियों में रखकर परखा है। उनमें झगड़े का कारण क्या होता है और उसका समाधान कैसे किया जाय। फिर, एक व्यक्ति के अंतः संघर्ष को लिया और देखा कि वह कैसे शांत हो सकता है। 10वीं पुस्तक तक आते-आते वह नगर की एकता के विषय पर आ गया था। वे कौन से तत्त्व हैं जो नगर की एकता को भंग करते हैं, फिर उन निष्कर्षों को व्यक्ति की आत्मा पर घटाया। उसने देखा काव्य का अनुकरणात्मक, नाट्यशैली वाला रूप आत्मा की एकता को खण्डित करने की सर्वाधिक क्षमता रखता है। इसलिए, उसे नगर से बहिष्कृत करना अनिवार्य हो गया। यह निणर्य लेने में उसे कोई प्रसन्नता नहीं हुई थी क्योंकि होमर उसका

अत्यन्त प्रिय कवि था। इसलिए, आवश्यक है कि अनुकरण की जब वह चर्चा करता है तो हम उसका अर्थ उसकी दार्शनिक विचारधारा के अनुरूप करें, साथ ही प्रसंग का भी ध्यान रखें और इस बात का भी वह उस युग के अनुरूप हो।

'युगानुरूप अर्थ' ऐसा विषय है जिसके लिए अनुकरण शब्द की अर्थ-यात्रा पर एक विहंगम दृष्टि डाल लेना उचित होगा। बहुधा काल विशेष में किसी शब्द का अर्थ विशेष भी मुख्यार्थ बन जाता है। लेखक भी उसे सहज ही स्वीकार कर अपनी बात कह जाता है यह सोचकर कि सभी लोग उस अर्थ से परिचित हैं। बाद में उस अर्थ के विलुप्त हो जाने पर अथवा अन्य किसी अर्थ के प्रधान हो जाने पर लेखक के तात्पर्य को ठीक-ठीक समझना कठिन हो जाता है। प्लेटो द्वारा अनुकरण के प्रयोग की बदनामी का एक कारण यह भी है।

'गणराज्य' के पाठकों के लिए यह चौंकाने वाला तथ्य है कि अनुकरण की अवधारणा को स्पष्ट करने के लिए प्लेटो बार-बार कवि की तुलना चित्रकार से करता है। पहले वह चित्रकार को दूसरों की बनायी हुई वस्तुओं का अनुकर्ता (इमिटेटर) कहता है। पहले से ही किसी अन्य द्वारा बनायी गयी वस्तुओं का अनुकरण होने के कारण चित्र शाश्वत सत्य से तीसरे स्थान पर है। फिर इस निष्कर्ष को सामान्य अभिस्वीकृति (जनरल प्रिज़ंप्शन) बनाकर कवि पर घटाते हुए वह कहता है कि अन्य सभी अनुकारियों की भाँति कवि भी सत्य से तीसरे स्थान पर है। इसके बाद फिर एक प्रश्न उठाया गया है। सुकरात ग्लाउकोन से पूछता है कि चित्र कला में वस्तुओं का अनुकरण उसी रूप में होता है जो उनका वास्तविक रूप है या जिस रूप में वे भासमान होती हैं? उत्तर है, जिस रूप में वे भासमान होती हैं। इस उत्तर को पुनः सामान्य अभिस्वीकृति बनाकर सभी प्रकार के अनुकरण को सत्य से दूर बताया गया है। इस निष्कर्ष को स्थापित करने के उपरान्त अनुकारी पर एक और अरोप लगता है कि वह अनुकरण के द्वारा छल करता है, भासमान को दिखलाकर यथार्थ का भ्रम पैदा करता है (चित्रकार मोची या बढ़ई का चित्र दिखला कर बच्चों और सीधे-सादे लोगों को इस धोखे में डाल देता है कि उन्होंने असली मोची या बढ़ई देखा है)। यह आरोप भी सामान्य अभिस्वीकृति में बदल जाता है और अन्य अनुकारियों–अभिनेता आदि के साथ होमर तथा अन्य कलाकार–को भी धोखा देनेवाला कह दिया जाता है। चर्चा के अन्त में स्थापित किया जाता है कि सभी कवि, जिनमें होमर मुख्य है, केवल अनुकारी हैं। वे सद्‌गुण आदि के बिम्बों की नकल अवश्य करते हैं किन्तु सत्य तक कभी नहीं पहुँच पाते।[16] कवि उस चित्रकार जैसा है जो मोची की अनुरूपता (लाइकनैस) बनाता है यद्यपि मोची के काम के बारे में कुछ नहीं जानता। चित्र केवल उन्हीं

लोगों के काम का होता है, या उन्हीं को धोखा दे पाता है, जो विषय से अछूते हैं।

उपर्युक्त उद्धरणों से संकेत मिलता है कि उन दिनों चित्र कला अनुकरण का मानक समझी जाती रही होगी। दो आयामोंवाले फलक पर तीन आयामोंवाली वस्तु का आभास पैदा करने की क्षमता रखने के कारण यह कला विशेष रूप से अनुकरण को एक नया अर्थ–भ्रम पैदा करना, धोखा देना–भी देने लगी थी, और, यह अर्थ प्रर्याप्त सशक्त हो गया होगा तभी प्लेटो ने इसे कविता और चित्र कला में तुलना करने के लिए साधारण धर्म के रूप में प्रयुक्त किया है। सत्य का अनुसंधायी होने के नाते वह इस खतरे को देख रहा था और समाज को चेतावनी दे रहा था।

हमें लगता है कि कला के क्षेत्र में भ्रम पैदा करने की धारणा प्रवृत्ति के रूप में चित्र कला में पहले आयी अन्य कलाओं में बाद में। नाटकों के परदों पर पर्सपैक्टिव के माध्यम से गहरायी का आभास देने की प्रवृत्ति ई. पू. 460 के आसपास शुरू हो चुकी थी। साहित्य में यह प्रवृत्ति युरिपिदीज़ के नाटकों के माध्यम से लगभग बीस वर्षों के बाद आयी। यदि चित्रात्मक वर्णन की बात करें तो यह होमर में भी पर्याप्त मात्रा में है किन्तु उसका सम्बन्ध वातावरण निर्माण से अधिक है। युरिपिदीज़ अपने पात्रों को भी यथार्थ के कठोर धरातल पर ले आता है। प्लेटो को लग रहा था कि नाटककार भी चित्रकारों के पद चिन्हों पर चल रहे हैं। वास्तविकता यह अवश्य थी कि कविगण परम्परागत आभिजात्य आदर्शों से दूर जा रहे थे किन्तु जिस यथार्थ का वे चित्रण करने लगे थे वह अत्यन्त साधारण था, केवल मनोरंजन कर सकता था, प्रेरणास्पद बनने की सामर्थ्य उसमें नहीं थी। इस स्थिति का विश्लेषण करने पर प्लेटो ने पाया कि कवि और चित्रकार दोनों ही अपने-अपने माध्यमों की सीमा से बँधे हुए हैं और मात्र अनुकरण करने के लिए विवश हैं। जहाँ तक उनकी कृति के मनोवैज्ञानिक प्रभाव का प्रश्न है वह नाटक के क्षेत्र में अधिक गहरा है, शायद इसलिए कि उसका माध्यम जटिल है। यह आश्चर्य की बात है कि अनुकरण या उसके समानार्थी शब्द काव्य से जुड़े हुए थे, चित्र कला से नहीं। उस समय उसमें भ्रम पैदा करने का आयाम नहीं जुड़ा था। इसलिए किसी को भी न उसके मनोवैज्ञानिक प्रभाव की चिन्ता थी न उससे हानि होने की आशंका।

वृंदगान आरंभ में एक धार्मिक अनुष्ठान था जिसमें किसी देवता के जीवन से सम्बन्धित घटनाओं को उसे प्रसन्न करने के लिए दुहराया जाता था। इसमें अनुकरण का मिश्रित रूप व्यक्त होता था। जैसे, घटनाओं का अनुकरण, पात्रों का अनुकरण और यदि कवि स्वयं इसमें भाग नहीं ले रहा है तो उसकी भूमिका का

अनुकरण। यह लोक प्रचलित अथवा किसी आख्यान में वर्णित सम्पूर्ण कार्य व्यापार को पुनः प्रस्तुत करने की प्रकिया थी। इसमें मूल घटनाओं तथा पात्रों और वृंदगान में भाग लेने वालों तथा कार्यव्यापार के बीच अनुकार्य और अनुकर्ता का सम्बन्ध होता था। सम्पूर्ण व्यापार कभी केवल गीत तो कभी नृत्य या अभिनय के साथ मंचित होता था। इसमें महत्त्वपूर्ण बात यह थी कि इस प्रस्तुति के लिए प्रयुक्त 'मिमीसिस' (संज्ञापद) और 'मिमीस्थाइ' (क्रियापद) शब्दों में मूल को यथारूप में प्रस्तुत करने का भाव निहित था। दूसरे, प्रत्येक प्रस्तुति में मूल के साथ-साथ पहले की प्रस्तुतियाँ भी अनुकार्य बन जाती थीं। अतः यत्न किया जाता था कि उसके स्वरूप में कोई परिवर्तन न किया जाय। होमर के नाम से प्रचलित एक अपोलो-स्तुति में कहा गया है कि देलोस के गायक विभिन्न प्रदेशों की बोलियाँ बोल सकते थे और उन्हीं की शैली में नृत्य भी कर सकते थे। यह प्रस्तुति इतनी सटीक होती थी कि अलग-अलग जगहों से आये लोग अपने यहाँ के जैसी ही भंगिमाओं तथा उच्चारण को देख-सुनकर आश्चर्य में पड़ जाते थे।[17] अनुकरण में मूल से अधिक से अधिक निकटता से जुड़ने की भावना का मनोवैज्ञानिक पक्ष कला का महत्त्वपूर्ण तत्त्व है। अरस्तू ने इसे अपने काव्यशास्त्र में अनुकरण पर विचार करते समय लिया है।[18] 'वही ताल वही स्वर' वाला भाव पूरे समाज को एकता के सूत्र में बाँधता है, उसके वर्तमान को भूतकाल से, उसके पूर्वजों से जोड़ता है। यथास्थिति अपने आप में शाश्वतता का भाव लिये हुए होती है जिसमें से मूल—कोई देवता अथवा महामानव—का प्राधिकार (अथॉरिटी) झाँकता है।[19] अपने अस्तित्त्व के लिए उस मूल से जुड़े रहना पूरे समाज का धर्म था। यही कारण था कि सभ्यता के उस आरम्भिक युग में वृंदगान पूरे समाज के सांस्कृतिक चरित्र (ईथॉस) को व्यक्त करता था। उसमें परिवर्तन करने का अर्थ था अपनी पहचान खो देना। सम्भवतः इसीलिए वृंदगान में भाग लेनेवालों पर यह बन्धन था कि वे मूल में कोई परिवर्तन न करें। प्रधानतः यह उत्तरदायित्व गायकों के नेता, देवता अथवा कवि की भूमिका निभानेवाले पर हुआ करता था। उससे अपेक्षा की जाती थी उसके शब्द, गायन और नृत्याभिनय अनुकार्य का प्रत्यक्ष दर्शन करा दें। इस कसौटी पर खरा उतरने के लिए आवश्यक था कि वह अपने आप को अनुकार्य के साथ पूरे मन से जोड़े। अब तथ्य तो यह था कि न अभिनय करनेवाले ने न समाज ने उस देवता या महामानव को देखा होता था। फिर भी अनुश्रुति से अथवा वृंदगान के अन्य प्रयोगों को देखने-सुनने से सबके मन में उसका जो रूप बैठा होता था उसी के अनुरूप वे वृंदगान के पात्रों को देखना चाहते थे और पात्र भी स्वयं को उसी तरह का दिखाना चाहते थे। इस प्रकार की अनुकृति के लिए

'अनुकरण' शब्द का प्रयोग किया जाता था।[20]

उपर्युक्त चर्चा से दो तथ्य सामने आते हैं। एक, अनुकरण का सम्बन्ध वृंदगान में प्रस्तुत किये जाने वाले नाट्याभिनय से था। दूसरा, इसके अन्तर्गत अनुकर्ता और अनुकार्य में मानसिक सम्बन्ध वास्तविक था दिखावे का नहीं। अनुकर्ता अपने भीतर सचमुच ही अनुकार्य का अनुभव करता था। अर्थात् उसके अनुकरण का लक्ष्य प्रेक्षकों को दैवचरित भासमान करवाना न होकर स्वयं को उससे तद्रूप करना होता था। इसलिए इसके साथ कोई हेय भाव भी जुड़ा हुआ नहीं था। मनोरंजन के लिए केवल भासमान तक सीमित रहने की दृष्टि न अनुकर्ता की होती थी न इसकी उससे अपेक्षा की जाती थी। यह दृष्टि 5वीं शताब्दी की देन है। सुकरात के साथ वार्तालाप करते हुए पार्हासिउस स्वीकार करता है कि वह केवल उसी का अनुकरण करता है जो दृश्यमान है। आत्मा का चरित्र अगोचर है इसलिए उसका अनुकरण नहीं किया जा सकता।[21] यह उसके माध्यम की सीमा थी। प्लेटो ने वही सीमा काव्य के माध्यम में भी देखी। यह उसकी सुविचारित स्थापना थी कि कवि केवल भासमान का ही अनुकरण करता है क्योंकि उसके आगे वह जा ही नहीं सकता। प्रश्न उठाया जा सकता है कि कवि द्वारा भासमान के अनुकरण के प्रति वह इतना आशंकित, इतना कठोर क्यों हो गया कि उसकी पूरी की पूरी बिरादरी को ही देश निकाला दे दिया। चित्रकारों के बारे में उसने ऐसा कोई आदेश क्यों नहीं दिया? इसका उत्तर उसके सत्ताशास्त्रीय (ओंटोलॉजिकल) चिन्तन तथा तत्कालीन नाट्य परिवेश में मिलता है। 'नाट्य परिवेश' हम विशेषरूप से इसलिए कह रहे हैं क्योंकि उस काल के सामाजिक जीवन पर नाटक इतना छाया हुआ था कि काव्य शब्द से नाटक का ही बोध होता था और नाटक के बारे में कही गयी बात पूरे काव्य के अन्य रूपों पर भी घटती है ऐसा मान लिया जाता था।

प्लेटो के दर्शन में केवल नित्यरूपों (एटर्नल फॉर्म्स) की ही सत्ता है। बढ़ई द्वारा बनायी गयी वस्तुएँ स्वतन्त्र अस्तित्व नहीं रखतीं। वे सत्य से एक सीढ़ी नीचे हैं। उनकी रचना जिस सीमा तक नित्यरूपों में सहभागी बनती हैं उतने तक ही उनकी सत्ता है। अब यह कहना कि 'चित्रकार मोची के भासमान रूप का अनुकरण करता है' गलत होगा क्योंकि ऐसा कह कर हम भासमान रूप को स्वतन्त्र सत्ता प्रदान कर रहे हैं। इसलिए प्लेटो ने यह नहीं कहा कि चित्रकार मोची का चित्र बनाता है बल्कि उसकी अनुरूपता (लाइकनैस) बनाता है। अर्थात्, उसका अनुकरण करता है जो मोची जैसा लगता है। इसी प्रक्रिया का अनुसरण करते हुए होमर तथा अन्य कवि भी सद्गुण आदि के बिम्बों का अनुकरण करते हैं।[22] कवियों के सन्दर्भ में बिम्ब और चित्रकार के सन्दर्भ में अनुरूपता का प्रयोग

दोनों मे भेद दर्शाने के लिए नहीं हुआ है। इन दोनों को वह वस्तुतः समानार्थी मान रहा है। सत्ताशास्त्र की व्यवस्था के अन्तर्गत बिम्ब का स्वतन्त्र अस्तित्व केवल भासमान होने तक ही सीमित है क्योंकि यथार्थ में उसका कोई अस्तित्व है ही नहीं। इससे हम कल्पना कर सकते हैं कि स्वयं मोची अथवा पलँग सत्ता के दूसरे स्थान पर हैं तो उनके बिम्ब और भी दूर हुए और उनका अनुकरण उनसे भी दूर हुआ। ऐसी स्थिति में ज्ञान की खोज में भला अनुकरण से क्या सहायता मिल सकती है।

गणराज्य की व्यवस्था में काव्य के लिए कोई स्थान न होने का जो तर्क प्लेटो ने दिया उसकी पुष्टि उसके अन्य शब्द प्रयोगों से भी होती है। भासमान रूप (अपीयरेंस) और बिम्ब के साथ उसने कभी 'उत्पन्न करना' (टु प्रोड्यूस) कभी 'निर्माण करना' (टू मेक) तो कभी 'अनुकरण करना' क्रिया पदों का प्रयोग किया है। नेहमास के अनुसार यह प्लेटो की असावधानी का परिणाम है क्योंकि बिम्ब के उत्पादन अथवा निर्माण का अर्थ होगा यह एक नया तत्त्व है जो अनुकरण क्रिया के परिणामस्वरूप अस्तित्व में आया है। दूसरी ओर, अनुकरण क्रिया से यह अर्थ निकलता है कि बिम्ब पहले से ही अस्तित्व में था। यदि वह दोनों प्रकार के क्रिया पदों में कोई भेद नहीं कर रहा है तो इसका तात्पर्य हुआ कि बिम्ब के 'अनुकार्य रूप' (ऑबजेक्ट ऑफ इमिटेशन) और अनुकरण क्रिया के 'उत्पाद रूप' (प्रोडक्ट ऑफ इमिटेशन) में वह कोई भी भेद नहीं कर रहा है।[23] सत्ताशास्त्र के चिन्तन के अनुसार ऐसी स्थिति में अनुकार्य बिम्ब का जो अस्तित्व-मूल्य है वही अनुकृत बिम्ब का भी है। पहले बिम्ब के तीन आयाम में व्याप्त होने से और दूसरे के दो आयामी होने से उनके यथार्थ (रियेलिटी) में कोई अन्तर नहीं आता। इसकी पुष्टि में यह तर्क दिया जा सकता है कि जब कोई वस्तु दो आयामों की सीमा में अस्तित्वमान हो गयी है तो वही विकसित होते-होते तीन आयामों का रूप भी ले लेगी। 'क्रेतिलुस' संवाद में सुकरात ने इसी तर्क का सहारा लेकर क्रेतिलुस के बिम्ब को क्रेतिलुस का प्रतिरूप (डुप्लीकेट) माना है।[24] तात्पर्य यह कि अनुकरण ऐसी क्रिया है जिसका लक्ष्य प्रतिरूप बनाकर भ्रम पैदा करना है, धोखा देना है। चित्र कला में प्रतिरूप का भ्रम ज्यादा देर तक टिक नहीं पाता, दो आयामी होने के कारण जल्दी टूट जाता है। किन्तु मंच पर प्रस्तुत नाटक का भ्रम तीन आयामी होने के कारण अधिक सशक्त होता है। इसलिए वह जो हानि पहुँचा सकता है, या कहें उस समय पहुँचा रहा था वही प्लेटो की आशंका और कठोर निर्णय का कारण था। तात्त्विक दृष्टि से अनुकरण का उत्पाद कोई मूल्य नहीं रखता, वह प्राकृतिक वस्तु का बिम्ब मात्र है। इसी आधार पर अनुकरण प्रक्रिया भी छलावा है। दोनों ही

छल-रूप होते हुए भी परिणाम की दृष्टि से काव्य कहीं अधिक हानिकर है। ऐसी स्थिति में कवियों के लिए गणराज्य में कोई स्थान कैसे हो सकता है।

'अनुकरण परिणाम में हानिकर है' इस निष्कर्ष को प्लेटो के तत्त्वशास्त्र के प्रकाश में कुछ और समझ लेना आवश्यक है। 'गणराज्य' में कविता पर भ्रम पैदा करने का आरोप लगाने के बाद सुकरात ग्लाउकोन से कहता है, "कविता के विरुद्ध गंभीरतम अरोप अभी शेष है। कुछ अपवादों को छोड़ कर यह [कविता] श्रेष्ठ व्यक्तियों को भी भ्रष्ट करने की शक्ति रखती है।"[25] यहाँ श्रेष्ठ विशेषण का प्रयोग उन व्यक्तियों के लिए हुआ है जिनमें तर्कना शक्ति है। कहा जा चुका है कि तर्कना शक्ति आत्मा का वह पक्ष है जो संरक्षक वर्ग में बाद में प्रशिक्षण के परिणामस्वरूप विकसित होता है।* इस पक्ष के भी उसने दो भाग किये हैं। एक, जो शुद्ध तर्कशील है, प्रमाण के आधार पर काम करता है, जैसे गणना करना, मापना, जोखना आदि। यह पक्ष इन्द्रियों द्वारा भेजे गये सन्देश को अपने मानदण्डों पर कसकर, खरा उतरने के बाद ही स्वीकार करता है। दूसरा भाग अपेक्षाकृत कोमल है। यह इन्द्रियों के सन्देश को ज्यों का त्यों स्वीकार कर लेता है। जैसे, पानी में लकड़ी का टेढ़ा दिखायी देना, अथवा छाया-प्रकाश के कारण कोई वस्तु आगे आती हुई या पीछे हटती हुई जान पड़ती है। कला अपना प्रभाव आत्मा के इसी अंश पर डालती है।[26] यह कैसे होता है इसकी जटिल प्रक्रिया प्लेटो की दृष्टि से कुछ इस प्रकार है।

भूमिकास्वरूप इस सम्बन्ध में दो बातें ध्यान में रखने योग्य हैं। पहली, चित्र कला और कविता दोनों ही बिम्बों का अनुकरण करती हैं। इस अनुकृति को बुद्धि के स्तर पर मिथ्या जानते हुए भी अनुभूति के स्तर पर सहृदय सामाजिक सत्य मान लेते हैं। दूसरी, मंच पर कुछ व्यापार ऐसे भी होते हैं जिन्हें वहाँ घटते देखकर हम आनन्दित होते हैं। किन्तु व्यक्तिगत जीवन में उनसे जुड़ने में हम शर्म महसूस करते हैं। प्लेटो देख रहा था कि मंच पर पात्र अधिकाधिक भावनाओं में बहते दिखाये जा रहे हैं। यह प्रवृत्ति युरिपिदीज़ के नाटकों में 5वीं शताब्दी में ही जन्म ले चुकी थी। उसकी नायिका किसी घटना को अन्तिम रूप देने के लिए विचार-विमर्श से नहीं आवेग की तीव्रता से प्रेरित होती है। किन्तु वहाँ यह प्रवृत्ति सम्भावना और आवश्यकता के नियन्त्रण में दिखायी देती है जबकि 4थी शताब्दी में यह लक्ष्य बन गयी थी। यथार्थ के नाम पर अनेक अभिजातवर्गीय नायक-नायिकाएँ मुक्त भाव से अपने भावों को अभिव्यक्ति दे रही थीं। कहा यह जा रहा था कि वे अधिक मानवीय हो गये हैं किन्तु उनके भीतर की आसक्ति और घृणा संयम के

---

* आत्मा के उपर्युक्त विश्लेषण के लिए देखिए 'गणराज्य' की 4थी पुस्तक।

सारे बन्धन तोड़े कर व्यक्त हो रही थी। पात्रों को इस रूप में प्रस्तुत करना मनोरंजन का विषय हो सकता है किन्तु आत्मा के तर्कना शक्तिवाले भाग के विरुद्ध था। प्लेटो जानता था कि यह कवि की विवशता है। उसका माध्यम* ही ऐसा है कि उसे मनुष्यों के कार्यव्यापार का अनुकरण करना पड़ता है (वस्तुतः ये कार्यव्यापार ही उसका माध्यम हैं)। इन्हें अनुकार्य इच्छा या अनिच्छा से करते हैं फिर उनका अच्छा या बुरा परिणाम भुगतते हैं तथा उसी के अनुरूप सुखी या दुखी होते हैं।[27] ये कवि की सीमाएँ है जिनसे प्लेटो परिचित था। समाज में जो कुछ घट चुका है या घट रहा है यदि उसे चित्रित करना है तो उसमें व्याप्त विरोधों का अनुकरण करना ही होगा। विरोध सद्वृत्ति (जो तर्कना शक्ति का विषय है) और असद्वृत्ति (जो संवेग[28] तथा सहज वृत्ति दोनों का विषय है) के बीच होता है। हमारे विचार से काव्य पर प्लेटो के निर्मम प्रहार का कारण इतना ही नहीं है कि उसमें सत्-असत् का विरोध दर्शाना अनिवार्य था बल्कि यह था कि चौथी शताब्दी में असत् का प्रभाव दर्शाने की प्रवृत्ति दिनों-दिन बढ़ती जा रही थी, यथार्थ के नाम पर आदर्श विहीनता को चित्रित करने का चलन बढ़ रहा था। पुराने आदर्श तोड़े जा रहे थे किन्तु नये जन्म नहीं ले पा रहे थे। प्रजातन्त्र भीड़तन्त्र में बदल रहा था। चारों ओर आचरण की अराजकता (सुकरात को दिया गया मृत्यु दण्ड इसका सबसे बड़ा प्रमाण था) ने प्लेटो को भीतर तक हिला दिया था। कलाएँ भी इसी का पोषण कर रही थीं। काव्य कला उनमें मुख्य थी इसलिए उसे ही सबसे बड़ा दण्ड—देश निष्कासन—भुगतना पड़ा। उसमें जिस प्रकार के कार्यव्यापरों का अनुकरण हो रहा था वे आत्मा के अविवेकी भाग (इर्रैशनल पार्ट) से उद्भूत थे। उससे भी भयानक स्थिति यह थी कि सद्गुण का केवल भासमान रूप ही कवि को लेना था। परिणामस्वरूप, कुछ ऐसे चरित्र भी, जो वास्तव में सत्कृत नहीं थे, सत् रूप में प्रस्तुत किये जा रहे थे। उधर मंच पर उनका अनुकरण करने वाले अनुकर्ता भी, जिन्हें केवल दिखावा करना था, रहे होंगे ढोंगी किन्तु अभिनय कर रहे थे सत्पुरुष का। इसी तरह दर्शकों में विवेकी सामाजिक भी, जो यथार्थ और भ्रम में भेद कर सकते थे, उस अनुकरण का आनन्द उठा रहे थे। प्लेटो की चिन्ता थी कि ऐसे घटिया प्रयोगों को बार-बार देखने से विवेकी दर्शक कहाँ तक उसके दुष्प्रभावों से बचे रहे सकेंगे।

* माध्यम यहाँ विशिष्ट अर्थ में प्रयुक्त है। टी.एम.ग्रीन ने इसके दो वर्ग किये हैं। पहला है शब्दार्थ। यह प्राइमरी मीडियम है। दूसरा, यानी सेकंडरी मीडियम है विषय वस्तु।

यथार्थ और भ्रम, सत्य और छल का विरोध सबसे अधिक नाटक में स्पष्ट था। अतः, इस विषय में उसके समस्त चिन्तन का स्रोत नाटक ही हो तो आश्चर्य नहीं। कह आये हैं कि तत्कालीन मंच व्यवस्था के अनुसार मुख्य पात्र की भूमिका निबाहने वाले को कुछ अन्य पात्रों का रूप भी धारण करना पड़ता था। वह पेशेवर अभिनेता होता था और यही उसकी आजीविका का साधन होता था। प्रशासन मंच की व्यवस्था पर भी खर्च करता था और मुख्य भूमिका निबाहने वाले को शुल्क राशि भी देता था। स्वाभाविक था कि प्रशासन जितना खर्च करता था उसके भीतर अधिक से अधिक काम निकलवाना चाहता था। इसीलिए, उसे कुछ अन्य भूमिकाएँ भी दी जाती थीं। प्लेटो की आपत्ति भी यही थी कि एक व्यक्ति अनेक पात्रों की भूमिकाएँ ईमानदारी से कैसे निबाह सकता है। यह स्थिति सिद्धान्ततः उसकी इस स्थापना के विरुद्ध थी कि एक व्यक्ति अपनी शक्ति तथा गुण-धर्म (जो प्रकृति प्रदत्त हैं) के कारण केवल एक ही काम सफलतापूर्वक (इसमें श्रेष्ठता का भाव भी निहित है) कर सकता है। यदि कोई कई अनुकार्यों के अनुकरण का दम्भ भरता है तो उसकी यह घोषणा मिथ्या है। जैसे उसकी पहचान ऊपरी आवरण, परिधान और मुखौटा (अनुकरण के स्थूल साधन), से होती है, वैसे ही उसके चरित्र की अभिव्यक्ति भी ऊपरी-ऊपरी बातों, हाथों और शरीर की स्थूल भंगिमा, तक ही सीमित होती है। पूर्वकाल में वृंदगान का नेता देवता अथवा महामानव से जो मानसिक तादात्म्य स्थापित करता था वह यहाँ लुप्त था। इस पृष्ठभूमि पर प्लेटो का इस सबको छल मानना ठीक ही था।

'गणराज्य' की 10वीं पुस्तक में प्लेटो की दृष्टि का विश्लेषण करके नेहमास ने जो निष्कर्ष निकाले उन्हीं से मिलते-जुलते निष्कर्ष आर.सी. लॉज के भी हैं। उसने एक ओर यथार्थ में सहभागिता के आधार पर अनुकरण के विभिन्न सोपानों की व्याख्या की तो दूसरी ओर अनुकरण के प्रभाव का मनोविज्ञान के धरातल पर विश्लेषण किया। लक्ष्य दोनों का एक ही है। अनुकरण को लेकर की गयी असंगत स्थापनाओं मे संगति बैठाना। यहाँ भी उसकी दो आधारभूत मान्यताएँ कार्य कर रही हैं। एक, कला का मूल्य शाश्वत सत्ता में उसके सहभागी होने की भूमिका पर निर्भर करता है। दूसरी, संरक्षक वर्ग के प्रशिक्षण, उसके चरित्र निर्माण में उसका कितना सहयोग है।

अनुकरण शब्द को प्लेटो ने कई अर्थों में प्रयुक्त किया है। उसे पढ़ते समय यह कठिनाई हमेशा बनी रहती है कि कब कौन सा अर्थ लेना। सन्दर्भ के सूक्ष्म अध्ययन से ही इसका निणर्य हो पाता है। इसके समाधान के लिए लॉज ने सबसे पहले इसके दो वर्ग किये—सामान्य और विशेष। सामान्य अर्थ में सभी शिल्पी,

जिनमें कवि और चित्रकार भी सम्मिलित हैं, अनुकरण करते हैं। वे परमात्मा द्वारा बनायी गयी वस्तु की नकल करते हैं। यह नकल मूल से मिलती-जुलती होती है, कम या अधिक।[29] मूर्तिकार मनुष्य की तीन आयामों वाली प्रतिमा तैयार करता है जिसमें अंगों का अनुपात नाप-जोखकर रखा जाता है। मूल और अनुकृति में और अधिक साम्य लाने के लिए मूर्तिकार उन पर रंग लेपन भी किया करते थे। चित्रकार दो आयामों में चित्र तैयार करता है। तीसरे आयाम का आभास देने के लिए उसे पर्सपेक्टिव के नियमों का सहारा लेना पड़ता है। वह अंगों के अनुपात में परिवर्तन करके अनुकृति में मूल का आभास कराता है। पर्सपैक्टिव और अंगों के अनुपात में परिवर्तन, अर्थात् वक्रता, की प्रविधि से अनजान व्यक्ति चित्र को धोखे से मूल ही समझ बैठता है। कवि भी शब्द-चित्र के माध्यम से उस व्यक्ति अथवा अन्य किसी वस्तु की छाप हमारे मन पर अंकित करता है। वह भी कभी ऐसे शब्दों का प्रयोग करता है जिनका अर्थ बौद्धिक प्रक्रिया द्वारा स्पष्ट होता है तो कभी ध्वन्यर्थव्यंजक शब्दों के द्वारा छाप अंकित करने का प्रयास करता है। इस विषय पर सुकरात बार-बार कहता है कि काव्य में संगीत और ताल शब्द के अनुरूप होने चाहिए (संगीत और ताल की बात इसलिए उठती है क्योंकि उन दिनों संगीत काव्य का नित्य सहचर था और सामान्य जन काव्य के मौखिक रूप से ही परिचित था)। तात्पर्य यह कि शब्द जिस अर्थ का व्यंजक है उसी के अनुरूप संगीत और ताल भी होने चाहिए। अर्थ महत्त्वपूर्ण है, वह शब्द, संगीत और ताल तीनों से व्यक्त होना चाहिए। अच्छा कवि या भाषण कर्ता शब्द को अर्थ के अधीन रखता है।[30] इसके विपरीत ध्वन्यर्थव्यंजक शब्दों का प्रयोग वे कवि करते हैं या वे श्रोता इनमें रुचि लेते हैं जो चिन्तन के कठिन मार्ग का अनुसरण नहीं कर पाते। वे सबसे निचले स्तर के अनुकर्ता हैं।

उपर्युक्त तर्क मूल्यों के पूर्व निर्धारित कोटिक्रम (हायरार्की) का संकेत देता है। प्लेटो के अनुसार यह कोटिक्रम निम्न प्रकार से है :

(*i*) सबसे निचले स्तर के अनुकरण में केवल भासमान रूपों का अनुकरण होता है। इसमें वस्तु की वास्तविकता की उपेक्षा करके पूरा ध्यान इस बात पर होता है कि उसका गोचर रूप कैसा है? वह दिखती कैसी है? सुनने और स्पर्श करने में कैसी है? इस स्तर की अनुकृति तन्त्र की दृष्टि से बहुत अच्छी, सामान्य या घटिया हो सकती है।[31] जहाँ तक ज्ञान का प्रश्न है गोचर रूपों का अनुकरण सबसे निचले स्तर का है। प्लेटो ने इसे 'आयकासिया' कहा है। यह बिम्बों की सतही क्रीड़ा मात्र है। इस मनोरंजन प्रधान कला का आदर्श नागरिक जीवन में कुछ स्थान

तभी हो सकता है यदि वह हानि रहित हो।

(*ii*) इससे कुछ ऊपर के स्तर का अनुकरण वह है जिसमें ऐसा प्रतिरूप तैयार किया जाता है जो थोड़ा बहुत मूल का स्थान ले सके। यहाँ, कवि या चित्रकार की अपेक्षा वे शिल्पी श्रेष्ठ हैं जिनकी बनायी वस्तुएँ उपयोग में आती हैं।

(*iii*) इससे भी ऊपर के स्तर का अनुकरण प्राकृतिक वस्तुओं की संरचना के गणितीय सूत्रों के आधार पर होता है। इसमें बुद्धि के धरातल पर ग्रहणीय, किन्तु मानवीय कल्पना की मर्यादा के भीतर ही, सीमित फिर भी आदर्श रूप का अनुकरण होता है। इस आदर्श रूप के सूत्र कुछ कौशल और कुछ अतः प्रेरणा में ढूँढ़े जा सकते हैं। ऐसी कृतियाँ शिक्षा की दृष्टि से मूल्यवान् हैं।

(*iv*) चौथे प्रकार के अनुकरण में विश्व के शाश्वत रूपों का सीधे अनुकरण करने का प्रयास किया जाता है। इसमें आत्मा इन्द्रियातीत यथार्थ—परम सत्ता, पूर्ण सत्य—की ओर उन्मुख होती है, और जिस सीमा तक वह उसे आत्मसात् कर पाती है उसी सीमा तक हमारा जीवन भी यथार्थमय हो जाता है। इस प्रकार का अनुकरण कला का सर्वोच्च रूप है। यह जीवन जीने की कला है जिसमें नागरिक पूर्ण बनता है, पूर्ण समाज का पूर्ण सदस्य बनता है। प्लेटो के चिन्तन में सर्वश्रेष्ठ अनुकरण (= कला) वही है जिसमें कलाकार मिट्टी, पत्थर, लकड़ी आदि किसी भौतिक पदार्थ को कलात्मक रूप नहीं देता, अपना पूरा जीवन ही कलामय बना लेता है। यह स्थिति अनुकरण के ऊर्ध्वागामी सोपानों में अन्तिम है।

कलात्मक जीवन जीते समय वह पूर्वोल्लिखित तीनों चिन्ताधाराओं के उपयोगी सिद्धान्तों को अपनाता चलता है। भौतिक सत्ता को वस्तुनिष्ठ रूप में देखने की प्रेरणा उसे आयोनियाई दर्शन से मिलती है। सोफ़िस्तों के चिन्तन से वह मानव़ीय दृष्टिकोण अपनाने को प्रवृत्त होता है। इनकी अभिस्वीकृति है कि मनुष्य की सहजवृत्तियों को, उसके संवेगों को, शारीरिक आवश्यकताओं को, सामाजिक जीवन के आकर्षण को नकारा नहीं जा सकता, हाँ, उन्हें सन्तुलित करके ऊर्ध्वमुखी अवश्य बनाया जा सकता है। पाइथागोरी समाज से उसे दिव्य आकार-कल्पना (हैवनली डिज़ाइन) के रचना सिद्धान्तों की समझ मिलती है। उनके निर्देशन में अपने जीवन की वह ऐसी दिशा निर्धारित करता है जिससे उसका अपना जीवन समस्त सांस्कृतिक एवं वैज्ञानिक जीवन (जिससे उसका परिवेश निर्मित है) के भावी विकास का अभिन्न अंग बन सके। इस प्रकार के अनुकरण को अपनाने के

लिए प्लेटो सदैव आग्रहशील रहा।

अनुकरण के उपर्युक्त सोपान अनुकृति के मूल्य का भी संकेत दे रहे हैं। जिस कृति में जितनी सीमा तक परम सत्ता की अभिव्यक्ति होती है वह उतनी ही मूल्यवान् है। दूसरी बात यह कि जब किसी को अधिक मूल्य की वस्तु मिल जाती है तो कम मूल्य की वस्तु उसके लिए व्यर्थ हो जाती है। यही कारण है कि अन्तिम सोपान पर जीवन जीनेवालों के लिए इससे पहले का अनुकरण सारहीन हो जाता है। 'संविधान' की चर्चा में भाग लेनेवाला एथेन्सवासी इसका उदाहरण देते हुए कहता है:

"यदि गम्भीर रचना करनेवाला कोई कवि, जैसे त्रासदीकार, हमसे आकर कहे—हे अपरिचित महानुभावो, क्या हम आपके नगर में जा सकते हैं और क्या हम अपनी कविता भी साथ ले जा सकते हैं? तो हम कहेंगे—हे अपरिचित साधु पुरुषो, अपनी सामर्थ्यानुसार हम स्वयं ही त्रासदीकार हैं और हमारी त्रासदी सर्वश्रेष्ठ है; क्योंकि हमारा पूरा नगर-राज्य ही सर्वश्रेष्ठ जीवन का अनुकरण है, यही त्रासदी का सत्य है...यह मत सोचो कि हम तुम्हें अपने चौक में मंच खड़ा करके तुम्हारे अभिनेताओं को यहाँ के लोगों, महिलाओं और बच्चों के सामने भाषण करने की अनुमति देंगे।...पहले हमारे न्यायाधीश यह परखेंगे कि तुम्हारा काव्य हमारे राज्य में प्रकाशित होने योग्य है या नहीं?"[32] हमारे विचार से यह उद्धरण 'गणराज्य' के किसी भी वाक्य से उत्पन्न शंका का समाधान करने के लिए पर्याप्त है।

अनुकरण शब्द के सामान्य प्रयोगों पर विचार करने के बाद अब उसके विशिष्ट प्रयोगों को लें। लॉज के अनुसार अनुकरण का विशिष्ट प्रयोग करते समय प्लेटो की दृष्टि उसके मनोवैज्ञानिक प्रभाव पर रही है। यह स्पष्ट है कि वह गणराज्य में नागरिकों की शिक्षा के प्रति अत्यन्त जागरूक था क्योंकि यही उनको आदर्श नागरिक बनाने का उपयुक्त साधन थी। सच पूछा जाय तो 'गणराज्य' और 'संविधान' शिक्षा पर लिखे गये उसके प्रबन्ध हैं। उन दिनों शिक्षा का सामान्य रूप था होमर को कण्ठस्थ करना। हो सकता है सुकरात और प्लेटो भी इसी पद्धति से पढ़े हों, उन्होंने भी पूरे हाव-भाव के साथ ज़ोर-ज़ोर से बोलते हुए होमर, हीसियोद तथा अन्य कवियों के अंश कण्ठस्थ किये हों। प्लेटो ने स्वीकार किया है कि होमर उसका प्रिय कवि है। और इस सम्भावना को भी नकारा नहीं जा सकता कि अनुकर्ता अनुकार्य सम्बन्ध से इनमें आये वाक्यों को कण्ठस्थ करने के बाद किशोरावस्था के नागरिकों पर उसका क्या अनुचित प्रभाव पड़ा इसके उदाहरण भी उसके सामने रहे हों। आज कल सिनेमा और टी.वी. के दुष्प्रभावों की चर्चा बहुधा पढ़ने को मिलती है कुछ वैसी ही स्थिति उन दिनों पुराने कवियों को कण्ठस्थ करने

और नाटकों (जिनके कथानक बहुधा होमर से लिये जाते थे) को देखने से बन रही थी। इसके अतिरिक्त अपने सच्चे-झूठे तर्कों को पुष्ट करने के लिए पुराने कवियों को उद्धृत करने की परम्परा तो पहले से चली ही आ रही थी। इसलिए, सच्चा दार्शनिक होने के नाते उसका विश्लेषण करना उसने अपना धर्म समझा। अनुकरण के सामान्य प्रयोग के अन्तर्गत बिम्बों से क्रीड़ा करनेवाले चित्रकार और कवि की रचनाओं को उसने निम्नतम सोपान पर रखा। किन्तु उनके अनुकरण के इस पक्ष को लेकर वह इनके प्रति निर्मम नहीं है। हाँ, जब इनके अनुकरण के प्रभाव की बात उठती है तो वह अत्यन्त कठोर हो जाता है। वह देख रहा था कि अनुकरण करते समय अनुकर्ता एक विशिष्ट मनः स्थिति से गुज़रता है। और, उस स्थिति से यदि उसे बार-बार गुज़रना पड़े तो उसका प्रभाव अनुकर्ता के स्वभाव को स्थायी रूप से बदल देने की क्षमता रखता है। इसके कुछ प्रत्यक्ष उदाहरण उसके सामने अवश्य रहे होंगे। दूसरे, अनुकरण केवल अनुकर्ता को ही नहीं इस प्रक्रिया से जुड़े हर व्यक्ति को प्रभावित करता है। अर्थात्, अनुकरण के अच्छे-बुरे प्रभाव की व्याप्ति में कवि और अभिनेता के साथ-साथ श्रोता/दर्शक और इस नाते पूरा समाज ही समा जाता है। इस सन्दर्भ में 'आयन' संवाद में सुकरात का यह वाक्य स्मरण करें कि म्यूज़ का वशीकरण मन्त्र केवल कवि तक ही सीमित नहीं रहता रैहपसोड और अभिनेता के माध्यम से प्रेक्षकों तक भी पहुँचता है।[33] उस युग में मनोविज्ञान शास्त्र के रूप में अस्तित्व में नहीं आया था फिर भी विचारक उसके रहस्यों को अनुभव कर रहे थे और उसे म्यूज़ के प्रभाव से जोड़कर देख रहे थे। यह कहना गलत होगा कि प्लेटो सहृदय नहीं था, अथवा कविता के मर्म से अपरिचित था। सैफ़ो को दसवीं म्यूज़ कहने वाला व्यक्ति संवेदनशील न हो ऐसा हो ही नहीं सकता। यहाँ बात सिद्धान्त की थी। अनुकरण के विविध पक्षों का संकेत देकर उसे आत्मसात् करने की प्रक्रिया और उसके परिणाम का विश्लेषण करने पर वह जिस निष्कर्ष पर पहुँचा उसे तो स्वीकार करना ही था।

अनुकरण के प्रभाव के दो रूप हैं– अभिव्यंजक (एक्सप्रैसिव) और अभिग्रहणशील (एसिमिलेटिव)। अनुकरण क्रिया की विशेषता है कि उसमें वस्तुनिष्ठ और आत्मनिष्ठ दोनों तत्त्व साथ-साथ प्रभाव डालते चलते हैं। किसी वस्तु का अनुकरण करने के लिए कलाकार को उससे संवाद स्थापित करना पड़ता है। यह संवाद जब कलाकृति का रूप लेता है तो उसमें अनुकृत वस्तु के साथ-साथ कलाकार का व्यक्तित्व–उसके गुण-धर्म, दृष्टिकोण आदि–भी समाहित होता है। इसका सामान्य नाम है शैली। किसी व्यक्तिचित्र को देखकर हम जान जाते हैं कि यह अमुक चित्रकार ने बनाया है। उस व्यक्तिचित्र की पहचान वह व्यक्ति ही नहीं होता जिसका वह चित्र है,

उससे भी अधिक वह चित्रकार की पहचान है जिसने उसे बताया है।* तात्पर्य यह कि कोई भी कलाकृति पूर्णतः वस्तुनिष्ठ नहीं होती। कृति में अभिव्यक्त इस आत्मनिष्ठ तत्त्व को लॉज ने कलाकार द्वारा अनुकृत वस्तु की व्याख्या, अथवा अनुकार्य के व्यक्तित्व में अनुकर्ता के प्रवेश (इंपर्सनेशन) की संज्ञा दी है। इसका अभिप्राय यह है कि अनुकरण करते समय कलाकार अनिवार्यतः स्वयं को भी अभिव्यक्त करता चलता है। आत्माभिव्यक्ति कलाकृति का अभिन्न अंग है।[34] इस सम्बन्ध में दूसरा तथ्य यह है कि आत्माभिव्यक्ति का स्वरूप निर्धारण कलाकार का चेतन मन अथवा तर्क बुद्धि नहीं करती। यह सब कुछ अनजाने ही होता चलता है। इससे एक अर्थ यह भी निकलता है कि रचयिता के आत्म तत्त्व में से केवल उसका व्यक्तित्व ही नहीं उसका सम्पूर्ण परिवेश झाँकता दिखायी देता है। किसी कृति को देश-काल से जोड़नेवाला तत्त्व यही है।

अनुकरण का अभिग्रहणशील पक्ष उपर्युक्त प्रक्रिया को दूसरी दिशा से दुहराता है। अनुकर्ता जब अनुकार्य के व्यक्तित्व में प्रवेश करता है तो स्वयं भी उससे प्रभावित हुए बिना नहीं रह पाता। वह भले ही यह कहे कि जो कुछ भी हो रहा है कल्पना के क्षेत्र में हो रहा है (जैसे, वह कह सकता है कि स्वयं को कल्पना में अनुकार्य मानकर चल रहा है) किन्तु मनोविज्ञान कहता है कि वह अनुकार्य के गुण-धर्म से प्रभावित हुए बिना नहीं रह सकता। उसके अपने व्यक्तित्व में कुछ नये तत्त्व अवश्य जुड़ जाते हैं। और ऐसा यदि बार-बार होता है तो यह परिवर्तन स्थायी हो जाता है जिसके आगे उसका पहले का व्यक्तित्व क्षीण पड़ जाता है। इसी कारण से कलाकार को, विशेष रूप से नाट्याभिनय करनेवाले को, यह देखना बहुत आवश्यक है कि अनुकार्य का गुण-धर्म कैसा है। प्लेटो सद्गुण सम्पन्न अनुकार्य के अनुकरण की अनुमति भी देता है और इसके लिए प्रोत्साहित भी करता है।[35] शिक्षा के निदेशक का कर्तव्य है कि वह बालक-बालिकाओं के लिए ऐसे वृंदगान चुने जो उनके भीतर के सत्पक्ष को स्थायित्व प्रदान करें।

प्लेटो के चिन्तन में अनुकरण मनुष्य के जीवन की धुरी है, चाहें तो मूल सहजवृत्ति भी कह सकते हैं। आयोनियाई दार्शनिकों की दृष्टि से देखें तो जन्म से लेकर मृत्यु पर्यन्त वह जो कुछ भी करता है अनुकरण ही है जिसमें प्रकृति की भूमिका प्रधान होती है। उसकी समस्त क्रियाएँ वस्तुतः प्रतिक्रियाएँ हैं जिनका

---

* वैनगॉग अथवा गोगें के बनाये चित्रों में उनकी शैली साफ झलकती है। हुसेन द्वारा जवाहरलाल नेहरु का व्यक्तिचित्र अलग से ही पहचाना जा सकता है। एस्खिलुस और सोफ़ोक्लीज़ ने एक ही आख्यानक भण्डार से अपने कथानक चुने किन्तु उनका विस्तार अलग-अलग ढंग से किया है जिस पर उनके व्यक्तित्व की छाप स्पष्ट है।

निर्देशन प्रकृति करती है। वह अपनी बुद्धि का उपयोग इन्हें अधिक सक्षम तथा सुनिश्चित बनाने के लिए अवश्य करता है किन्तु इनके पार जाने की नहीं सोचता। ऐसी दृष्टि रखनेवाला व्यक्ति या समाज केवल शरीरधर्मा आवश्यकताओं की पूर्ति हेतु की कला-शिल्पों का निर्माण करता है। भौतिक समृद्धि की विकास यात्रा में इन कला-शिल्पों में और अधिक सुघड़ता, शास्त्रीयता अवश्य आ जाती है किन्तु दृष्टिकोण में परिवर्तन नहीं होता। जैसे, लोकसाहित्य, लोकसंगीत, लोकनृत्य आदि के स्थान पर सब कुछ शास्त्रीय हो जाता है, वे और अधिक विशद हो जाते हैं। कला-दीर्घाएँ बन जाती हैं, बड़े-बड़े नृत्य-मंच, नाट्यगृह बन जाते हैं। विकास के इस मोड़ पर आकर सम्भवतः मानवीय सरोकार बढ़ जाते हैं। कुछ ऐसी कृत्रिम आवश्यकताएँ भी जन्म ले लेती हैं जिनका सम्बन्ध पद, गौरव, सम्मान से अधिक होता है। कला की गतिविधियों में सम्मिलित होना आत्मतुष्टि देता है जिसमें आनन्द और गौरव दोनों का मेल होता है। फिर भी ऐसी दृष्टि रखनेवाले उत्पादक और उपभोक्ता सत्य के ज्ञान से दूर ही रहते हैं। इनकी अपेक्षा पाइथागोरी और ईलियाई समाज के सदस्य श्रेष्ठ हैं। वे अपने ही समाज तक सीमित अवश्य रहते हैं किन्तु इनकी दृष्टि ऊर्ध्वमुखी है। ये बुद्धि के सूक्ष्म स्तर पर गणितीय सूत्रों का उपयोग कर कला का निर्माण करते हैं। ये सूत्र भले ही इन्द्रियानुभव द्वारा सत्यापित हों किन्तु इनके आधार पर निर्मित कला आत्मशुद्धि के लक्ष्य से प्रेरित है। इनकी सीमा जहाँ समाप्त होती है वहीं से प्लेटो की यात्रा आरम्भ होती है। आदर्श गणराज्य के नागरिक युक्तिमत्ता (रैशनैलिटी) की सुनहरी डोर के सहारे आगे बढ़ते है। वे काम, तृषा और बुभुक्षा की तृप्ति करते हैं किन्तु संयम से, स्वशासन के नियमों के भीतर रहते हुए। जीवन की प्राकृतिक आवश्यकताओं की पूर्ति उनके लिए पाथेय मात्र है। लक्ष्य है आत्मिक उत्थान की दिशा में स्वयं भी निरन्तर अग्रसर होते रहना और समाज को भी साथ-साथ लेते चलना।

यहाँ प्रश्न उठता है कि व्यक्तिगत और सामाजिक स्तर पर जीवनायापन के लिए जिन कला-शिल्पों की आवश्यकता है उनका आदर्श गणराज्य में स्वरूप क्या है? अन्य नगर-राज्यों में प्रयुक्त कला-शिल्पों से उन्हें अलग दर्शानेवाला भेदक क्या है? इसका उत्तर किसी एक स्थान पर दो टूक शब्दों में नहीं मिलता। संवादों में इधर-उधर बिखरी टिप्पणियों के संकेतार्थ जोड़ कर लॉज ने जो उत्तर खोजा है वह विचारणीय है। उसकी सार्थकता हृदयंगम करने के लिए गणराज्य की संरचना पर गहराई से विचार करना होगा, गणराज्य में स्वतन्त्र नागरिकों (जिन्हें नागरिकता का जन्म सिद्ध अधिकार है) के तीन वर्ग हैं—(*i*) सुवर्ण (प्रशासक, जिन्हें निर्णय लेने और नियम बनाने के अन्तिम अधिकार हैं); (*ii*) रजत (रक्षक जो युद्ध के समय

सैनिक और शान्ति के समय पुलिस का काम करते हैं); तथा (*iii*) ताम्र (व्यापारी, जो नगर में दूकान लगाते हैं या जल पोतों द्वारा अन्य नगर में व्यापार करते हैं)। इनके अतिरिक्त दास हैं किन्तु उनके कोई अधिकार नहीं है। उपयोगी कला के उत्पादों के शिल्पी बाहरी हैं जिनकी सेवाओं और उत्पादों को खरीदा जाता है। इनमें सर्वाधिक कुशल शिल्पियों को मन्त्रणा के लिए विभिन्न समितियों में आमन्त्रित किया जाता है और वेतन दिया जाता है। यहाँ तक कि संगीत और नृत्य के प्रशिक्षक भी आमन्त्रित और वेतनभोगी हैं। गणराज्य के नागरिक अपनी रुचि के अनुकूल किसी भी कला-कौशल का अभ्यास कर सकते हैं किन्तु उसे व्यवसाय नहीं बना सकते। वे इनमें से किसी एक में विशेष योग्यता भले ही प्राप्त कर लें किन्तु उसे जीवनयापन का साधन बनाना वर्जित है। आजीविका के लिए इनका उपयोग केवल मेतिक[36] ही कर सकते हैं। तात्पर्य यह है कि जिन्हें वेतन पर रखा जा रहा है उन्हें प्रशासक के निर्देशानुसार ही अपनी सेवाएँ देनी होगी। इनमें लोहार, कुम्हार या ढाल-तलवार आदि बनानेवालों पर तो अधिक नियंत्रण की आवश्यकता नहीं पड़ती थी, हाँ, नृत्य और संगीत के प्रशिक्षकों पर अवश्य कठोर नियन्त्रण की बात कही गयी है। वे अपनी इच्छा से कोई भी धुन या कोई भी नृत्यशैली नहीं सिखला सकते। अन्त में बचा रह जाता है काव्य। प्लेटो के लिए यही सबसे बड़ी चिन्ता का विषय था।

गणराज्य में नागरिकों के लिए उपयोगी काव्य किसी एक व्यक्ति की देन नहीं है। सामान्यतः प्लेटो स्तोत्रों और विजयगीतों के पक्ष में है क्योंकि इनमें किसी अवांछित आख्यान का उल्लेख नहीं होता। पर ध्यान से देखने पर हम पायेंगे कि ये लोकमानस की उत्पत्ति हैं। इनमें किसी एक व्यक्ति का नहीं पूरे समाज का दृष्टिकोण मुखरित होता है। और, इस वर्ग के अन्तर्गत अनेक ऐसी रचनाएँ मिल जाती हैं जिनके रचयिता का कोई अता-पता नहीं होता। अथवा, ये किसी ऐसी कवि की देन होती हैं जो प्रतिभा सम्पन्न तो नहीं होता किन्तु जिसने समाज के चरित्र को पूरी तरह आत्मसात् कर लिया होता है। प्लेटो किसी भी ऐसी रचना के पक्ष में नहीं है जिसमें कवि की निजी प्रतिभा की छाप हो। उसे वस्तुतः बड़े कवि की नहीं साधारण कवि की आवश्यकता थी जो शिक्षा निदेशक के मार्ग निर्देशन में चरित्र निर्माण में सहायक हो सकनेवाली रचनाएँ लिख सके। इन कवियों की योग्यता मापने का उसके पास एक ही पैमाना था—क्या उन्होंने गणराज्य के नियमों के अनुसार जीवन यापन किया है? यह जीवन कुछ विधि-निषेधों के पालन करने का नाम नहीं है। लक्ष्य है जीवन की प्रत्येक गतिविधि में आदर्श को हृदय से अपनाना, इस तरह कि वह जीने की शैली बन जाय। इन कवियों की रचनाओं में

समाज का सांस्कृतिक चरित्र (जो मुख्य शासनाधिकारी की योजनानुसार विकसित हुआ हो) अभिव्यक्त होना चाहिए, और यह तभी सम्भव है जब वे स्वयं वैसा जीवन जी रहे हों। यदि ऐसी मौलिक रचनाएँ उपलब्ध न हों तो पुरानी कविताओं में से कुछ चुनी जा सकती हैं, अथवा उन्हें काट-छाँटकर एक नया संस्करण तैयार किया जा सकता है। स्पष्ट है कि उसका पूरा बल काव्य के उपयोगिताश्रयी मूल्य (यूटिलिटेरियन वैल्यू) पर है, उससे कम सम्बन्धाश्रयी मूल्य (एसोसियेशनल वैल्यू) पर है और सबसे कम रूपाश्रयी मूल्य (फॉर्मल वैल्यू) पर। दूसरे शब्दों में यह भी कहा जा सकता है कि उपयोगिताश्रयी मूल्य को सर्वाधिक आत्मसात् करनेवाला रूप ही सर्वश्रेष्ठ है। रूपाश्रयी मूल्य की यह नयी व्याख्या थी।*

इन सबका निष्कर्ष निकालते हुए लॉज कहता है कि प्लेटो अपने गणराज्य में ऐसे कवियों और कलाकारों को अनुमति नहीं देता जो अनुकृति तैयार कर लेने के बाद अपने कर्तव्य की इतिश्री मान बैठते हों। उनकी कृति और उनके जीवन में यदि एकता नहीं है तो उनकी रचनाएँ और वे स्वयं भी निष्कासन के योग्य हैं। रचना कलाकार के स्वभाव से उद्भूत होनी चाहिए (बशर्ते कलाकार का स्वभाव आदर्शस्वरूप हो) तभी गणराज्य में उसका स्वागत है। नागरिक पहले गणराज्य में रहने की योग्यता की शर्त पूरी करे, फिर, यदि उसमें काव्य रचना की क्षमता है तो उसकी कृति का स्वागत है क्योंकि ऐसी स्थिति में उसके जीवन और उसकी रचना में द्वैध नहीं होगा।

प्लेटो का गणराज्य आदर्श रूप है, उसकी संरचना, उसका समाज, उसकी जीवन शैली सब कुछ आदर्श है। किसी अन्य सटीक शब्द के अभाव में हम आदर्श शब्द का प्रयोग कर रहे हैं। इसके विशेष अर्थ की व्याख्या कुछ इस प्रकार से होगी–

इस गणराज्य का शास्ता सुकरात की कोटि का दार्शनिक है। उसके जीवन का प्रत्येक क्षण सामाजिक हित को समर्पित है। उसका लक्ष्य नागरिकों के जीवन की सुरक्षा के साथ-साथ उनकी आत्मा को भ्रष्ट होने से बचाना भी है। उसकी शासन व्यवस्था में समाज का प्रत्येक सदस्य अपने जन्मजात गुण-धर्मों के अनुरूप (अर्थात् प्रकृति उससे जिस प्रकार के अनुकरण की अपेक्षा रखती है) कार्य करता हुआ सामाजिक हित में सहयोग देता है। उसके व्यष्टिगत जीवन की सार्थकता

* व्यवहार में इस लक्ष्य को ई.पू. 5वीं शताब्दी की कला पहले ही पा चुकी थी। 'क्लासिकल' शब्द की एक व्याख्या, सर्वश्रेष्ठ व्याख्या, यह है कि उसमें उपर्युक्त तीनों मूल्यों में पूर्ण संतुलन होना चाहिए। सोफ़ोक्लीज़ के नाटक, फ़िदियास की मूर्तियाँ और पार्थेनॉन मंदिर इसके उदाहरण हैं।

समष्टिगत जीवन से तद्रूप होने में है। व्यक्ति और समाज के परस्पर सम्बन्ध का निर्धारण शास्ता करता है। यह दार्शनिक प्रशासक जो भी निर्णय लेता है वह तर्कसम्मत होता है। यह नियम उसकी समाज-संरचना पर भी घटता है। जैसे बढ़ई द्वारा बनाये गये पलँग और मेज़ का अपना-अपना नित्यरूप होता है और वही परम यथार्थ है उसी तरह गणराज्य का भी एक नित्यरूप है। दार्शनिक अपनी विमर्श बुद्धि (डायलेक्टिस) द्वारा उस तक पहुँचता है तथा उसी साँचे में अपने राज्य के जीवन को ढालता है। यह समझना सरासर ग़लत होगा कि आदर्श गणराज्य दार्शनिक प्रशासक की कल्पना अथवा बुद्धि की उपज है। वास्तविकता यह है कि वह अपनी बौद्धिक क्षमता का उपयोग इस तरह करता है कि गणराज्य का नित्यरूप (जिसे प्लेटो परम सत्ता या पूर्ण सत्य मानता है) उसके अन्तस में प्रकाशित हो उठता है, फिर उसी के अनुकरण पर वह अपने गणराज्य की रचना करने में प्रवृत्त होता है।[37] दार्शनिक संसार का सबसे बड़ा कलाकार है। सामान्य कलाकार प्रकृति प्रदत्त अथवा मानव निर्मित वस्तुओं का अनुकरण करता है वह भी उसके भासमान बिम्बों का जबकि दर्शनिक शाश्वत रूपों, परम सत्ता का अनुकरण करता है। उसका अनुकरण नित्यरूप के जितना निकट होगा, उसकी यथार्थता में वह जितना सहभागी होगा, उतनी ही सीमा तक वह आदर्श रूप होगा। भौतिक साधनों की अपनी सीमा होने के कारण अनुकरण कभी पूर्ण नहीं हो पाता। फिर भी उस ओर निरन्तर अग्रसर होते रहना हमारा कर्तव्य है। अनुकरण हमारे जीवन की गति है, इसलिए यह कहना सर्वथा उचित है कि प्लेटो के दर्शन में अनुकरण कला-सिद्धान्त ही नहीं जीवन सिद्धान्त भी है। यह हमारे जीवन की प्रत्येक गतिविधि में सर्वव्यापी तत्त्व की भाँति समाया हुआ है। हमारी दृष्टि नक्षत्रों की गति देखती है, दिन-रात, मास-वर्ष के आवर्तन को देखती है। उसी से समय के प्रत्यय ने, अंको की गणना ने जन्म लिया है। इसी से दर्शन का उद्‌भव हुआ है। अर्थात् हमारे विचार और तर्क इन्हीं का अनुकरण है।[38] हमारे शब्द वस्तुओं का अनुकरण है हैं,[39] ध्वनि दिव्य लय का अनुकरण है।[40] अनित्य काल नित्य काल का अनुकरण है,[41] संविधान के नियम शाश्वत संविधान का अनुकरण हैं,[42] मानवीय व्यवस्था दिव्य व्यवस्था का अनुकरण है,[43] धर्माचरण करने वाले देवचरित का अनुकरण करते हैं।[44] इन उदाहरणों से अनुकरण की वास्तविक अवधारणा स्पष्ट हो जाती है। इस प्रकार के अनुकरण को उसने कहीं भी प्रतिमूर्तिकरण (डुप्लिकेशन), जिससे भ्रम पैदा हो, के अर्थ में नहीं लिया है। उलटे इसका विरोध किया है क्योंकि वैसा सम्भव ही नहीं है। सच्चा अनुकरण वह है जो परम सत्ता का

आभास दे, उसे व्यंजित करे। गोचर रूपों को माध्यम बनाना कलाकार की विवशता है। लक्ष्य तक पहुँचने का उसके पास यही एकमात्र मार्ग है।* अन्तर यही है कि सामान्य कलाकार जहाँ गोचर रूपों को लक्ष्य मानकर चलता है वहाँ आदर्श कलाकार शाश्वत रूपों को व्यंजित करने के लिए उन्हें साधन रूप में अपनाता है। पहले प्रकार का कलाकार केवल मनोरंजन के उद्देश्य से अनुकरण करता है इसलिए वह गर्हित है। दूसरे प्रकार का कलाकार सत्य से साक्षात्कार कराने के उद्देश्य से, और यदि यह सम्भव न हो तो उसकी झलक भर दिखलाने के उद्देश्य से अनुकरण करता है इसलिए वरेण्य है। लक्ष्य का अन्तर अनुकरण के चरित्र को निम्नतम स्तर से उठा कर उच्चतम भूमि पर ला बैठाता है।

## संदर्भ एवं टिप्पणियाँ


1. कॉलिगंवुड, आर. जी., दि प्रिंसिपल्ज़ आर्ट, पृ. 42
2. वही, पृ. 46 ,
3. 'गणराज्य', पृ. 392
4. वही, पृ. 398
5. वही, पृ. 595
6. वही, पृ. 595-6
7. वही, पृ. 607
8. वही, पृ. 397
9. वही, पृ. 607
10. दि प्रिंसिपल्ज़ ऑफ आर्ट पृ. 48-9
11. वही, पृ. 6
12. 'गणराज्य' पृ. 599, 600, 605
13. वही, पृ. 397-98
14. प्लेटो ने शैली के तीन भेद किये हैं–(*i*) जहाँ कवि स्वयं अपनी बात कहता चलता है। (*ii*) जहाँ कवि किसी पात्र के माध्यम से अपनी बात कहता है, अर्थात् नाटय शैली। (*iii*) मिश्रित शैली।–'गणराज्य', पु. तीन, पृ. 394
15. वही, पृ. 401-2
16. वही, पृ. 597-601
17. दि कैंब्रिज हिस्ट्री ऑफ़ लिटरेरी क्रिटिसिज़्म, प्रथम खण्ड, पृ. 47


---

* हो सकता है यदि प्लेटो के युग में अमूर्त (ऐब्सट्रैक्ट) और न-प्रतिरूपणात्मक (नॉन-रिप्रेज़ेंटेशनल) कलाओं ने जन्म ले लिया होता तो वह उनका समर्थन करता, किन्तु तब उसे अनुकरण को एक नये रूप में देखना पड़ता क्योंकि अनुकरण कला की पहचान है। इस पहचान को सिद्धान्त का रूप दिया अरस्तू ने।

18. पृ. 48[ब]
19. दि कैंब्रिज हिस्ट्री ऑफ़ लिटरेरी क्रिटिसिज़्म, प्रथम खण्ड, पृ. 48
20. वही, पृ. 63
21. ज़ेनोफ़ॉन, मेमोरेब्लिया, III X.1
22. 'गणराज्य', पृ. 600-1
23. इस सन्दर्भ में नेहमास ने बड़ी रोचक टिप्पणी की है। उसका कथन है कि प्लेटो शायद यह मानकर चल रहा था कि चित्रकार प्राकृतिक वस्तु के ऊपरी भाग अर्थात् बिम्ब को वहाँ से उठाकर चित्र पर स्थानांतरित (ट्रांसप्लांट) कर रहा है।

    इस टिप्पणी के अनुसार यदि प्लेटो सचमुच यह मानता था कि भासमान रूप–बिम्ब–को वस्तु से विलग किया जा सकता है तो हमें लगता है कि इससे सूत्र तत्कालीन मंच व्यवस्था में ढूँढ़े जा सकते हैं। उस समय प्रमुख अभिनेता (जिसकी व्यवस्था राज्य की ओर से होती थी) को अनेक भूमिकाएँ निभानी होती थीं। स्त्रियों की भूमिका भी पुरुष ही करते थे। मंच खुला होता था। पन्द्रहे-बीस हज़ार तक दर्शक होते थे। अतः दूर बैठा दर्शक अभिनेता की वेशभूषा और मुखौटे से ही पहचान पाता था कि इस समय अभिनेता किस पात्र की भूमिका कर रहा है। अभिनेता दो-दो, तीन-तीन कपड़ों के जोड़े पहने रहते थे। एक भूमिका समाप्त होते ही वे बगल में जाते, ऊपरी कपड़े का जोड़ा खोलते, नीचे दूसरे पात्र की भूमिका के कपड़े पहले ही पहने होते थे, नया मुखैटा लगाते और इस तरह अधिक से अधिक एक-डेढ़ मिनट के बाद ही फिर मंच पर आ जाते। मुखौटा और पहनावा पात्र की पहचान थे, भासमान रूप थे जो आवश्यकता होने पर धारण कर लिये जाते थे और भूमिका समाप्त होने पर अलग रख दिये जाते थे। हमारा विश्वास है कि यह अंश लिखते समय उसके ध्यान में अभिनय के ये स्थूल उपकरण अवश्य रहे होंगे।
24. 'क्रेतिलुस', पृ. 432
25. पुस्तक 10, पृ. 605
26. 'गणराज्य', पृ. 602-3
27. 'गणराज्य', पृ. 603
28. आत्मा के संवेगवाले भाग को प्लेटो ने सदैव एक सा नहीं माना है। जब वह अपने से ऊँची तर्कना शक्ति का साथी बनता है तो प्रेरणा का काम करता है। मनुष्य उसकी शक्ति से आगे बढ़ता है। अपने से हीन पाशविक वृत्ति का साथ मिलने से संवेग उत्तेजना बन जाता है और मनुष्य के आचरण को भ्रष्ट कर देता है।
29. 'क्रेतिलुस', पृ. 431; 'गणराज्य', पृ. 496; 'सोफ़िस्त', पृ. 265
30. 'गणराज्य', पृ. 398, 400
31. 'संविधान', पृ. 669
32. पृ. 817
33. पृ. 535
34. 'आयन', पृ. 535; 'गणराज्य', पृ. 600; 'संविधान', पृ. 635, 719, 815

35. 'संविधान', पृ. 796, 813, 814

36. मेतिक = किसी यूनानी राज्य में रहनेवाला ऐसा विदेशी जिसे प्रशासन ने आवश्यकतानुसार कुछ नागरिक सुविधाएँ दे रखी हों।

37. प्लेटो के अनुसार संसार का स्वतन्त्र अस्तित्व नहीं है, सत्य वह शाश्वत रूप है जिसके साँचे में यह ढला है, जिसका यह अनुकरण है (दे. 'तिमयूस' पृ. 48-49, 69-70)। यहाँ प्लेटो के 'गणराज्य' और 'संविधान' संवादों के बार में शंका उठायी जा सकती है कि क्या इन्हें उसकी कल्पना की उपज मानें अथवा उसने सचमुच अपनी विमर्श बुद्धि से इनका साक्षात्कार किया था और फिर उसी का प्रारूप भावी शासकों के मार्ग निर्देशन के लिए प्रस्तुत किया?

38. 'तिमयूस', पृ. 47, 'क्रितियास', पृ. 107

39. 'क्रेतिलुस', पृ. 423-24, 431

40. 'तिमयूस', पृ. 50

41. वही, पृ. 38

42. 'राज्यविशेषज्ञ' संवाद, पृ. 300

43. वही, पृ. 293, 297

44. 'फिद्रुस', पृ. 252-3; 'संविधान', पृ. 713

# 4. अरस्तू

(ई.पू. 384–322)

## यथार्थवादी सौन्दर्यशास्त्रीय समीक्षा-दृष्टि

## 4.1 अनुकरण और अरस्तू की कलादृष्टि

### 4.1.1 विचारमुख

अरस्तू ने अपने गुरु के चरण-चिन्हों पर चलते हुए भी अपनी स्वतन्त्र दृष्टि को कभी धूमिल नहीं होने दिया। प्लेटो ने अपने संवाद सुकरात की मृत्यु के लगभग एक दशाब्दी के बाद लिखने शुरु किये फिर भी उसे अपना अलग मार्ग निर्धारित करने में कई वर्ष लग गये। यह अरस्तू की प्रतिभा ही थी कि अकादमी में रहते हुए ही उसके विचारों ने स्वतन्त्र रूप ले लिया था। अर्थात् जो समस्याएँ प्लेटो के सामने थीं वे ही उसने भी उठायीं किन्तु उन्हें देखा-परखा अपनी दृष्टि से। इसका मुख्य कारण सम्भवतः यह रहा कि दोनों अलग-अलग भू-क्षेत्र में, भिन्न परिस्थितियों में पले-बड़े हुए थे। प्लेटो एथेन्स के समाज का अभिन्न अंग था। उसमें घटने वाली घटना, राजनीतिक स्तर पर लिया जाने वाला प्रत्येक निर्णय उसे सीधे प्रभावित करता था। एथेन्स द्वारा विशाल व्यापारिक साम्राज्य की स्थापना, फिर स्पार्ता के हाथों अपमानजनक पराजय, इस बीच बुर्जुआ वर्ग के उत्थान और अभिजात समाज के बिखराव का वह भुक्त भोगी था। वह जानता था कि जब से एथेन्स वाणिज्य-व्यापार का केन्द्र बना है सुखोपभोग की आयातित सामग्री से, दैनंदिन उपयोग की नयी-नयी वस्तुओं से यहाँ के नागरिकों के घर भर गये हैं। लोग इसे प्रगति मानते थे किन्तु प्लेटो के अनुसार यह उनकी अवनति थी, चारित्रिक पतन था। सुकरात ने नैतिक मूल्यों और उन पर आधारित सत् आचरण को समझाने का प्रयास किया था, इस विषय में फैली भ्रांतियों को दूर करने के लिए 'स्टिंग ऑपरेशन' चलाया किन्तु उसका परिणाम क्या निकला? उसकी छवि को समाज विरोधी, धर्म विरोधी, युवा वर्ग को भ्रष्ट करने वाली दर्शाने के लिए एरिस्तोफ़ेनीज़ में 'बादल' नाटक लिखा। अन्त में उसे मृत्यु दण्ड दे दिया गया। ऐसे वातावरण में प्लेटो काव्य को उचित परिप्रेक्ष्य में, वस्तुनिष्ठ रूप में, नहीं देख पाया।

अरस्तू अत्तिका से दूर अपेक्षाकृत पिछड़े हुए प्रांत मकदूनिया का रहनेवाला था। इस कारण वह एथेन्स में आये परिवर्तन को तटस्थ भाव से देख सकता था। यहाँ की राजनीतिक व्यवस्था, प्रजातान्त्रिक शासन, ज्ञान-विज्ञान, व्यापार-उद्योग, 'प्रौद्योगिकी तथा उदात्त कलाओं[1] में जो प्रगति हुई थी उसका वह प्रशंसक था और चाहता था कि उसके अपने क्षेत्र में भी ऐसा ही विकास हो। विकास की प्रक्रिया में एथेन्स जहाँ 250-300 वर्ष पहले था और जिस युग के जीवन की एक सुंदर सी कल्पना प्लेटो की आँखों में थी उसकी सच्चाई को अरस्तू अपने कटु अनुभव से जानता था। अंधकार युगीन यूनान और ई.पू. 4 की शताब्दी के यूनान की तुलना करते हुए अरस्तू के एक शिष्य ने लिखा है-"ट्रॉय के युद्ध में भाग लेने वाले महानायकों के जीवन को सुखद नहीं कहा जा सकता। यह विशेषण आज के जीवन के लिए ही प्रयुक्त हो सकता है। होमर के काल में न इतने आविष्कार हुए थे, न कोई व्यापार था और शिल्पशास्त्र भी अपरिपक्व स्थिति में था। आज वे सभी सांस्कृतिक सुविधाएँ उपलब्ध हैं जो जीवन को सुखमय, उपभोग के योग्य बनाती हैं।"[2] निष्कर्ष यह है कि भिन्न भू-भाग से आनेवाले अरस्तू के लिए एथेन्स की भौतिकवादी संस्कृति एक सीमा तक प्रेरणा की वस्तु भी थी।

अरस्तू स्तगिरा नगर में ई.पू. 384 में पैदा हुआ था। उसके पिता मकदूनिया के राजा के पारिवारिक चिकित्सक थे। उसे बचपन से ही सम्पन्न परिवार और सम्पन्न समाज का वातावरण मिला जिसने उसके भीतर आभिजात्य संस्कारों के बीज भी बोये और उन्हें पल्लवित भी किया। इसी परिवेश में उसे बौद्धिक विकास का भी भरपूर अवसर मिला। विश्वास किया जाता है कि बहुत कम उम्र में उसने चिकित्साशास्त्र, जीवशास्त्र, भौतिकशास्त्र आदि का अच्छा ज्ञान प्राप्त कर लिया था। किन्तु इससे भी बड़ी बात यह हुई कि ज्ञान प्राप्ति की एक पद्धति उसके मन में घर कर गयी। इस पद्धति को उसने बाद में वैज्ञानिक विषयों के साथ-साथ, राजनीति, आचरणशास्त्र, भाषण कला तथा काव्य के अध्ययन में भी अपनाया। पहले अधिक से अधिक तथ्यों को इकट्ठा करना फिर उनके प्रकाश में सिद्धांत निरूपण उसके चिन्तन की पद्धति है।

ई.पू. 367 से 347 तक वह प्लेटो के निकट सम्पर्क में रहा, पहले अकादमी के छात्र के रुप में फिर अध्यापक के रूप में। इस अवधि में उसे प्लेटो की दृष्टि और अवधारणाओं का गहराई से अध्ययन करने, उनके धन पक्षों और ऋण पक्षों का विश्लेषण करने का पूरा-पूरा अवसर मिला। हो सकता है इन विषयों पर वह अपने छात्रों और स्वयं प्लेटो से चर्चा भी करता रहा हो। इस काल में उसने जो भी लिखा उसके थोड़े से अंश ही बच पाये हैं तो भी उनसे यह निष्कर्ष अवश्य निकलता है कि वह अपने गुरु का अंधभक्त नहीं था। प्लेटो का अनुसरण करते

हुए उसने कलाकार के सामाजिक उत्तरदायित्व का दृढ़ता से समर्थन करते हुए भी कला की स्वायत्तता को दृष्टि से ओझल नहीं होने दिया, अपने लिए, अपने शिष्य सिकंदर के लिए और वृहत्तर-समाज के लिए। इसलिए यह कहना सर्वथा उचित है कि काव्यशास्त्र, अथवा व्यापक अर्थ में कलाशास्त्र (एस्थेटिक्स) का आरंभ सही मायने में उसी से होता है।

प्लेटो की मृत्यु के बाद अकादमी का सर्वोच्च पद अरस्तू को मिलना चाहिए था किन्तु एथेन्स का नागरिक न होने के कारण यह सम्भव न हो सका। अत्यन्त खिन्न मन से उसने एथेन्स छोड़ दिया। फिर कुछ वर्षों तक इधर-उधर भटकने के बाद मकदूनिया के शासक फिलिप के निमंत्रण पर उसके बेटे सिंकदर के शिक्षक का पद-भार सँभाल लिया। इस समय तक प्लेटो के सर्वोत्तम शिष्य के रूप में वह पूरे यूनान में पहचाना जाने लगा था। संयोग से वह ऐसे पद पर पहुँच चुका था जहाँ उसे अपनी योजनाएँ पूरी करने की सभी सुविधाएँ प्राप्त प्राप्त थीं। जीवन के इस मोड़ पर आकर उसे अपने लिए, अपने शिष्य सिकंदर के लिए और पूरे समाज के लिए यह सिद्ध करना था कि होमर तथा अन्य महान् कवियों की रचनाएँ व्यक्ति को मानसिक रूप से अशक्त नहीं करती हैं सशक्त बनाती हैं। उसे निश्चित करना था कि मात्र गिनी-चुनी उपदेशात्मक कविताओं की शिक्षा देकर सिकंदर की कोमल भावनाओं के स्रोत को सुखाकर उसे दार्शनिक शास्ता बना डाले अथवा श्रेष्ठ साहित्य की पहचान करा कर, उसके काव्य प्रेम का संवर्धन कर, उसके भावजगत् को और संतुलित तथा सशक्त बनाये।[3] विद्वानों का एक वर्ग मानता है कि 'कवियों के संबंध में' (ऑन दि पोएट्स) संवाद शैली में लिखी तीनों पुस्तिकाएँ इसी कालखण्ड की हैं। हंफ्री हाउस ने इसकी पुष्टि में इतालवी विद्वान् रोस्तान्यी का उल्लेख करते हुए लिखा है कि सिकंदर को काव्य की शिक्षा देने के लिए जो नीति उसने अपनायी होगी, उसके लिए जो सामग्री एकत्र की होगी, उसी का प्रकाशित रूप यह तीन खण्डोंवाली पुस्तक है। अर्थात्, 'काव्यशास्त्र' यदि सैद्धांतिक पक्ष है तो 'कवियों के संबंध में' उसी का व्यावहारिक पक्ष है। इस कृति में से जो दो-तीन अंश बच पाये हैं उनसे स्पष्ट है कि काव्य के मूल्यांकन के जो मानदण्ड उस समय उसने अपनाये थे बाद में उन्हीं का किंचित् व्यवस्थित सैद्धांतिक प्रतिपादन 'काव्यशास्त्र' में हुआ है। विशेष रूप से कविता को अन्य अनुशासनों से भिन्न दर्शानेवाला आधार दोनों कृतियों में समान है।[4] कुछ विद्वानों का मत है कि यह पुस्तक चूँकि संवाद शैली में लिखी गयी है इसलिए सम्भवतः अकादमी में अध्यापन कार्य करते समय ही लिख डाली गयी थी।[5] प्रतिभा संपन्न होने के कारण उसी समय उसने देख लिया होगा कि प्लेटो द्वारा निर्धारित काव्य-तुला की क्या सीमाएँ हैं।[6] इतना ही नहीं,

जीवन के अन्तिम वर्षों में प्लेटो में जो समझौतावादी मनोवृत्ति उभर रही थी वह भी उसकी दृष्टि से छिपी नहीं रही होगी। इसलिए, काव्य रचना के धरातल पर उसके उपादान कारण और प्रयोजन पर विचार करने, सामाजिक पर पड़नेवाले मनोवैज्ञानिक प्रभाव को समझने तथा इतिहास की पृष्ठभूमि पर तथ्यों के प्रकाश में उसका विश्लेषण करने की प्रेरणा भी उसे उसी समय मिल गयी होगी। इस प्रकार के अध्ययन की जितनी सुविधा उन दिनों एथेन्स में, विशेषतः अकादमी में, थी और कहीं सम्भव नहीं थी।[7] हमारा विश्वास है कि यह उस वातावरण का प्रभाव ही था जिससे उसकी कलादृष्टि में व्यापकता के साथ-साथ सूक्ष्मता भी आयी; उसने अपने उत्तर कुछ इतिहास के परिप्रेक्ष्य में कुछ मनोविज्ञान की पृष्ठभूमि पर तैयार किये। इतना ही नहीं, उसने तुलनात्मक अध्ययन के परिणामस्वरूप कला की सृजन प्रक्रिया तथा विज्ञान, दर्शन, इतिहास आदि अन्वेषण की अन्य क्रियाओं के भेद को भी समझा। इसलिए, इस तथ्य को एकदम नकारा नहीं जा सकता कि उपर्युक्त पुस्तक का प्रारूप काफ़ी पहले तैयार हो चुका था भले ही इसका पुनः संपादन उसने सिकंदर का शिक्षक बन जाने के बाद किया हो।

ठीक यही स्थिति अरस्तू की दूसरी पुस्तक 'होमर संबंधी समस्याएँ' की भी है। होमर को लेकर प्लेटो के मन में कुछ निग्रह थे। उसकी कविताओं को रटा-रटा कर बच्चों को शिक्षित किया जाता था। उसकी कविताएँ ज्ञान का भण्डार मानी जाती थीं। उनसे प्रमाण दे कर बड़े-बड़े विवाद सुलझाने का प्रयास किया जाता था पर वे सुलझने के बजाय बहुधा उलझ जाते थे क्योंकि उसकी कविताओं में विभिन्न पात्रों की उक्तियाँ वादी और प्रतिवादी दोनों को अपना-अपना पक्ष सिद्ध करने के लिए मिल जाती थीं। इसलिए, दार्शनिक के दृष्टिकोण से सत्य की स्थापना में व्यवधान बननेवाले होमर के काव्य का प्रतिकार प्लेटो की परिस्थितिजन्य प्रतिक्रिया के रूप में लिया जाना चाहिए विशेष रूप से जहाँ देवी-देविताओं के व्यवहार की बात आती है। अरस्तू इन परिस्थितियों से अछूता था। एथेन्स के इतिहास को वह अध्येता की दृष्टि से, तटस्थ भाव से, देख रहा था। अतः होमर के काव्य पर भी शुद्ध काव्य-प्रेमी की दृष्टि से विचार करना उसके लिए सम्भव हो सका। 'काव्यशास्त्र' के पृष्ठ 1460ब पर आया उसका यह वाक्य "काव्य अथवा अन्य किसी कला का सत्य तथा राजनीति का सत्य एक ही नहीं है" काव्य मूल्यांकन के एकदम भिन्न मानदण्ड की स्थापना करता है। 'होमर सम्बन्धी समस्याएँ' के कुछ ही अंश बच पाये हैं फिर भी इनके आधार पर अनुमान हो जाता है कि होमर के काव्य को उपर्युक्त सिद्धांत को ध्यान में रखकर ही परखा गया होगा। इसकी समयावधि को लेकर भी विद्वानों में

मतभेद है किन्तु हमारे लिए केवल इतना जान लेना पर्याप्त है कि ये कृतियाँ 'काव्यशास्त्र' से पहले प्रकाशित हो चुकी थीं और सम्भवत: लाइस्युम (अकादमी की पद्धति पर अरस्तू द्वारा स्थापित गुरुकुल) के बाहर भी सामान्य पाठकों के लिए उपलब्ध थीं। 'काव्यशास्त्र' उसकी मृत्यु के भी बहुत बाद में प्रकाशित हुई।[8] ये वास्तव में लाइस्युम में अध्यापन के लिए तैयार किये गये नोट्स हैं जो उसने अपने तथा गिने-चुने छात्रों के लिए ही तैयार किये थे। इसमें विषय का प्रतिपादन अत्यन्त संक्षेप में, कहीं-कहीं सूत्र शैली में हुआ है। बीच-बीच में प्रकाशित पुस्तकों का सन्दर्भ यह स्पष्ट करता है कि यह केवल सीमित उपयोग के लिए ही तैयार की गयी गयी थी। इसमें वस्तुत: उन निष्कर्षों को स्थान मिला है जिनकी विस्तृत चर्चा अन्य पुस्तकों में पहले की जा चुकी थी। 'काव्यशास्त्र' की भूमिका स्वरूप इस चर्चा का उद्देश्य यह दर्शाना है कि काव्य-मूल्यांकन की जो दृष्टि इसमें अपनायी गयी है उसका बीजारोपण अध्यापन कार्य के आरंभिक वर्षों में ही हो गया था। उसने समस्याएँ वे ही लीं जिनसे प्लेटो भी जूझ रहा था (मुख्यत: यह कि अभिजात समाज में काव्य, मूलत: त्रासदी, का क्या स्थान है?) किन्तु समाधान उसने अपने ढंग से किया।

सिकंदर का शिक्षक नियुक्त हो जाने पर अरस्तू को इतने धन की सुविधा हो गयी थी कि वह कोई भी बड़ी योजना हाथ में ले सके। अनुकूल परिस्थितियों तथा उपलब्ध सहायकों का लाभ उठाते हुए उसने यूनानी काव्य के इतिहास पर सामग्री इकट्ठी करनी शुरू की। उन दिनों देल्फाई में अपोलो को समर्पित चतुर्वार्षिक समारोहों में खेलों के साथ-साथ संगीत और काव्य स्पर्धाएँ भी हुआ करती थी। अरस्तू ने इनमें जीतनेवाले कवियों की सूची तैयारी करवायी और काव्य के इतिहास में इसका पूरा उपयोग किया। इसके बाद एथेन्स की नाट्य स्पर्धाओं में भाग लेने वाले कवियों पर सामग्री संकलित करने का काम शुरू किया। यह काम कई वर्षों के बाद ई.पू. 335 में उसके फिर से एथेन्स लौटने पर पूरा हुआ। बाद में इसी योजना के अंतर्गत विशेष रूप से त्रासदीकारों पर सामग्री इकट्ठी करनी शुरू की। इसमें पाठ तैयार करने का काम भी शामिल था। कहा जाता है कि 'राजनीतिशास्त्र' लिखने के पहले उसने अलग-अलग तरह के 158 संविधानों का अध्ययन किया था। तात्पर्य यह है कि उसने जो कुछ भी लिखा खोज-बीन करके लिखा, तथ्यपरक लिखा, वस्तुनिष्ठ दृष्टिकोण से लिखा।

सिकंदर ने अपने पिता के विजय अभियानों को और गति दी। एथेन्स ने उसके पिता के समय में ही मकदूनिया की अधीनता स्वीकार कर ली थी। ई.पू. 335 में, सिंकदर के सिंहासनारुढ़ होने पर यद्यपि एथेन्स ने फिर से स्वतन्त्र होने का प्रयास किया किन्तु वह सफल न हो सका, और तब अरस्तू के लिए यह

सम्भव हो सका कि वह एथेन्स में अपना गुरुकुल स्थापित करने का सपना साकार कर सके। उसने एक भवन किराये पर ले लिया। यह स्थान अपोलो लुक्यूस और म्यूज़ों के प्रिय उपवन के निकट होने के कारण लुक्युन (सामान्यतः लाइस्युम) कहलाया। यहाँ वह वृक्षों के बीच टहलते-टहलते या उनके नीचे उठते-बैठते शिष्यों के साथ चर्चा करता रहता। टहलते-टहलजे विद्यादान की पद्धति अपनाने के कारण उसके सम्प्रदाय को दर्शन में टहलुआ शाखा भी कहा जाने लगा। उसकी अधिकांश पुस्तकें जीवन के इस तीसरे और अन्तिम चरण में ही लिखी गयीं। 'काव्यशास्त्र' का वर्तमान संस्करण भी उन्हीं में से एक है। पहले कहा जा चुका है कि यह निजी उपयोग के लिए नोट्स के रूप में शुरू की गयी थी और अन्त तक इसी रूप में रही। वैसे इसमें जीवन पर्यंत वह कुछ न कुछ जोड़ता रहा किन्तु प्रकाशित करने की इच्छा से इसे वैसा पूर्ण रूप देने का प्रयास उसने कभी नहीं किया। इसीलिए इसके कुछ अंशो को ठीक-ठीक समझने के लिए उसकी अन्य पुस्तकों से सहायता लेनी पड़ती है।

'काव्यशास्त्र' शीर्षक के मूल यूनानी वाक्यांश पर एक रोचक टिप्पणी के द्वारा हंफ्री हाउस ने विद्वानों को चर्चा के लिए नया विषय दे दिया है। सामान्यतः इसे 'पेरी पोइएतिकेस' मान लिया गया है। यह वाक्यांश पुस्तक के एकदम शुरू में ही आया है। बाइवाटर ने इसका अनुवाद किया है 'ऑन दि आर्ट ऑफ पोएट्री' हंफ्री हाउस ने इसे ऑन शब्द हटा कर उद्धृत किया है। हिन्दी में इसका अनुवाद होगा 'काव्यकला'। बुचर ने इसका रूप 'एरिस्टॉटल्ज़ पोएटिक्स' रखा है। हिन्दी में इसी पद्धति पर 'काव्यशास्त्र' कहना पर्याप्त मान लिया गया है। हंफ्री हाउस ने अनुवाद की अस्पष्टता को दूर करने के लिए, अथवा, कहें कि यूनानी मानसिकता की ओर ध्यान आकर्षित करने के लिए लिखा है–"इट इज़ इंपॉर्टेंट टु रिमेंबर दैट दि फ्रेज़ इन एरिस्टॉटल्ज़ टाइटल...इज़ रियली इन फुल **पोइईतिके तेख्नी**, दैट इज़ टु से, 'दि टैक्नीक, जनरल प्रिंसिपल्ज़ एण्ड रूल्ज़, ऑफ पोएट्री।' तेख्नी इज़ इन दि फर्स्ट इन्सटेंस "दि आर्ट ऑफ बिल्डिंग;" दैन इट कम्स टु मीन दि "प्रैक्टिकल आर्ट" ऑर "टैक्नीक ऑफ मेकिंग ऐनीथिंग।"[9] जहाँ तक काव्य रचना का प्रश्न है यूनानी समाज में कवि और अन्य शिल्पियों को एक ही स्तर पर रखा जाता था, यह बात पहले भी कही जा चुकी है। कवि को बनानेवाला (पोइईतीज़ = मेकर) कहा जाता था। कविता में बनाने की प्रक्रिया को रेखांकित करते हुए अरस्तू ने काव्यशास्त्र में लिखा है कि कवि वह है जो कथानक बनाता है न कि वह जो छंद रचना करता है।[10] तात्पर्य यह कि केवल छंद के माध्यम से अपनी बात कह देने को काव्य रचना नहीं कहा जा सकता। अब चूँकि वह अपने छात्रों को सम्बोधित कर रहा था इसलिए उसने कुछ

आवश्यक नियमों पर अधिक ध्यान दिया है। इन्हें प्रधानत: त्रासदी के संदर्भ में इसलिए देखा गया क्योंकि उस समय यही काव्य की सबसे महत्त्वपूर्ण विधा थी। त्रासदी के विभिन्न अंगों में भी अकेले कथानक पर जितनी चर्चा हुई है उतनी शेष अंगों पर कुल मिलाकर नहीं हुई। इससे स्पष्ट है कि यह पुस्तक प्रकाशन के लिए तैयार नहीं की गयी थी। हम यहाँ पर त्रासदी को केन्द्र में रखते हुए केवल उन्हीं विषयों की चर्चा करेंगे जिनसे उसके काव्य तथा कला सम्बन्धी दृष्टिकोण की विशेषताएँ उजागर होती हैं।

त्रासदी 'काव्यशास्त्र' का मुख्य विषय है किन्तु उसे परखने के लिए पृष्ठभूमि के रूप में मानव की सामान्य गतिविधियों को भी लिया गया है। अत्यन्त व्यापक सीमा से प्रारम्भ कर त्रासदी द्वारा निष्पन्न काथार्सिस से होते हुए अनुभूति के विशिष्ट आनन्द तक अरस्तू एक वनस्पतिशास्त्री की पद्धति से पहुँचा है। प्रकृति में वनस्पति की विकास प्रक्रिया में उसने दो विशेषताएँ देखीं। एक, बीज की प्रकृति उसके विकास तथा उसमें लगने वाले फल को सुनिश्चित करती है, अर्थात् फल की स्थिति तक होनेवाला उसका सम्पूर्ण विकास सम्भावना के रूप में बीज में पहले से ही विद्यमान है। विकास का अर्थ है सम्भावना का वास्तविकता बनना। दूसरे, यह सम्पूर्ण प्रक्रिया लक्ष्योन्मुखी, प्रयोजनमूलक, है। इससे यह अर्थ भी निकलता है कि प्रकृति अपनी विकास क्रिया में एक निश्चित अनुशासन का पालन करती है। प्रकृति का अनुकरण होने के कारण कला भी उसी अनुशासन का पालन करती है। इस सम्बन्ध में उसका प्रसिद्ध वाक्य है–"कला प्रकृति का अनुकरण करती है, एक सीमा तक तत्त्व (फॉर्म)[11] और स्थूल पदार्थ (मैटर) को जानना उसी अनुशासन का एक अंग है।"[12] 'काव्यशास्त्र' के चौथे अध्याय में उसने काव्य के विकास का संक्षिप्त इतिहास (इसे टिप्पणी कहना अधिक उचित होगा) दिया है जिसमें कुछ गिनी-चुनी रेखाओं द्वारा यह स्थापित करने का प्रयास किया गया है कि काव्य स्वभावजन्य नाट्याभिनय से शुरू होकर, निंदा-स्तुति से गुजरता हुआ प्रबन्ध काव्य की ऊँचाई पर कुछ ठहर कर ई.पू. 5वीं शताब्दी में त्रासदी और कामदी की चरम परिणति तक पहुँच गया। यहाँ आकर उसकी यात्रा पूर्ण हो गयी। उसकी दृष्टि में सोफ़ोक्लीज़ आदि की त्रासदियों में यह विधा अपने पूर्णत्व को प्राप्त कर चुकी थी। दूसरे शब्दों में, स्वभावजन्य नाट्याभिनय में जो बीज अंकुरित हुआ था 5वीं शताब्दी की त्रासदियों में उसकी सम्पूर्ण सम्भावनाएँ वास्तविकता का रूप ले चुकी थीं। इस विषय पर उसकी निश्चित धारणा थी कि पेरिक्लीज़ के काल तक आते-आते काव्य रचना और सामाजिक प्रतिक्रिया के जितने भी पक्ष सामने आये वे सभी मानव प्रकृति, जो व्यापक प्रकृति का ही एक अंग है, की देन हैं। वे

सभी मानव स्वभावजन्य हैं। जैसे अनुकरण करना मानव का स्वभाव है वैसे ही उससे सीखना तथा उसमें आनन्द लेना भी उसकी सहज वृत्ति है। अनुकरण में ताल और लय का प्रयोग (जिनसे छंदों का विकास हुआ), तथा उससे [सामाजिक में] प्रेम और घृणा की चित्तवृत्तियों का उचित प्रशिक्षण (जो चरित्र निर्माण का मूलाधार है) सभी कुछ प्रकृति से उद्भूत है। जैसे पौधे में समयानुसार शाखाएँ-प्रशाखाएँ प्रकट होकर उसे पूर्णत्व प्रदान करती हैं, उसी तरह कला में भी एक प्रवृत्ति जन्म लेती है, फिर समय आने पर उसी से अन्य उपप्रवृत्तियाँ प्रकट होकर उसे पूर्णता प्रदान करती हैं। जैसे विकास क्रम में प्रकृति के विभिन्न रूप निश्चित प्रयोजन की ओर अग्रसर होते हैं उसी तरह विभिन्न कलाएँ और उनके भेदोपभेद भी अपने-अपने प्रयोजनों की ओर अग्रसर होते हैं। यही उनका विकास है। प्रयोजनोन्मुखी होना कला की मूल प्रकृति है क्योंकि वही उसका कारण है।[13] काव्य और प्रकृति की इस तुलना को इतिहास की पृष्ठभूमि पर और आगे बढ़ाते हुए वह शायद यह भी देख रहा था कि पेड़-पौधों में विकास के चरम बिन्दु पर पहुँचने के बाद जैसे ह्रास का क्रम शुरू हो जाता है वैसे ही 4 थी शताब्दी के आरम्भ होने पर त्रासदी में ह्रास आने लग गया है। प्लेटो तो 5वीं शताब्दी के भी पहले से ही कलाओं में ह्रासकाल मान बैठा था। वस्तुतः दोनों ही कलाओं को अभिजात दृष्टि से देख रहे थे। कलाओं के मूल्यांकन का एक मानदण्ड उनके लिए यह भी था कि जो अभिजात समाज को पूर्व स्थिति में लौटने की प्रेरणा दे वह श्रेष्ठ है, और जो उसके बिखराव को और गति दे वह निकृष्ट है। किन्तु मानदण्ड का व्यवहारिक रूप क्या हो इस पर दोनों के विचारों में धरती-आकाश का अन्तर है जिसे हम काव्यशास्त्र, उसमें भी विशेष रूप से त्रासदी, के सन्दर्भ में समझने का प्रयास कर रहे हैं।

'काव्यशास्त्र' की विषय सूची बहुत व्यवस्थित नहीं है फिर भी उसमें एक क्रम है जिसे मोटे तौर पर पाँच भागों में बाँटा जा सकता है। पहले पाँच अध्यायों में अनुकरण की अवधारणा और उसके विभिन्न प्रकारों की चर्चा हुई है। इसी के अन्तर्गत अनुकरण के आधार पर त्रासदी और प्रबन्ध काव्य का भेद दर्शाते हुए काव्य की अन्य विधायों में त्रासदी का स्थान निश्चित किया गया है। काव्य-विकास की संक्षिप्त रूपरेखा इसी विषय का एक अंग है। इस भाग को विषय प्रवेश कहा जा सकता है।

दूसरा भाग, छठे से बाईसवें अध्याय तक, सबसे बड़ा है और त्रासदी को समर्पित है। इसमें सबसे पहले त्रासदी की परिभाषा निश्चित करते हुए उसके छः अंगों पर विचार हुआ है। इन अंगों के क्रम, अर्थ तथा महत्त्व के विचार-विश्लेषण में अरस्तू के व्यापक अध्ययन तथा सूक्ष्म दृष्टि का परिचय मिलता है। अब,

चूँकि कथानक उसके लिए सबसे महत्त्वपूर्ण अंग है इसलिए सबसे अधिक चर्चा भी इसी पर हुई है और इसी के अन्तर्गत उसकी कला मान्यताओं का निचोड़ भी आ गया है। तेईसवें और चौबीसवें अध्याय में प्रबन्ध काव्य पर विचार हुआ है, बीच-बीच में त्रासदी से उसके भेद पर भी टिप्पणियाँ की गयी हैं। यह तीसरा भाग है। चौथे भाग (25वें अध्याय) में आलोचना की दृष्टि से कुछ सम्भाव्य प्रश्नों को उठाया गया है और उनका समाधान भी किया गया है। अन्तिम अध्याय अर्थात् अन्तिम भाग में त्रासदी की श्रेष्ठता सिद्ध की गयी है। विषयानुक्रमणिका को यहाँ प्रस्तुत करने का उद्देश्य केवल यह दर्शाना है कि अरस्तू ने उन विषयों का कुछ अधिक विस्तार से विवेचन किया है जिन पर अपने दृष्टिकोण को उसे विशेष रूप से स्पष्ट करना था। हम भी, स्वयं को 'काव्यशास्त्र' के केवल उन्हीं अंशों तक सीमित रखना चाहेंगे जिनके प्रकाश में यह देखा जा सकता है कि अपने कला विवेचन में अरस्तू कहाँ प्लेटो के साथ खड़ा है और कहाँ उसके सामने खड़ा है। दूसरे, यह जान लेना भी आवश्यक है कि त्रासदी की संरचना का विश्लेषण करते समय कुछ बातों पर अधिक बल देने के पीछे क्या कोई विशेष कारण था? तीसरे, 'काथार्सिस' शब्द भी विद्वानों को काफ़ी उलझन में डालता आया है, इसलिए उस पर भी विद्वानों के विभिन्न मंतव्य प्रस्तुत करना हमें उचित प्रतीत हुआ है। अन्त में 'त्रासदी के विशेष आनन्द' पर अपनी बात किंचित् विस्तार से कही है क्योंकि वहाँ अरस्तू अन्य काव्यशास्त्रियों से अलग अकेला खड़ा है। अपनी योजना का आरम्भ हम त्रासदी की परिभाषा से कर रहे हैं।

छठे अध्याय के प्रथम अनुच्छेद में ही अरस्तू में त्रासदी की विशेषताओं को एक संयुक्त वाक्य में समेटने का प्रयास किया है। बाद में इसे ही परिभाषा मान लिया गया। परिभाषागत कसावट के अभाव में कुछ विद्वान् इसे परिभाषा कहने में हिचकिचाते हैं। शायद वह परिभाषा दे भी नहीं रहा था, वह तो उसकी कलागत तथा विधागत विशेषताओं को संक्षेप में प्रस्तुत कर रहा था जिनकी उसे आगे व्याख्या करनी थी। इसके लिए वह चार उपवाक्यों में उसके व्यापकतम रूप से आरम्भ कर, संरचना के कतिपय नियमों का निर्देश करते हुए उसके केन्द्रीय तत्त्व तक पहुँचता है। जेकब बर्नेज़[14] ने इस परिभाषा का अनुवाद निम्न प्रकार से किया है—

ए ट्रैजेडी...इज़ दि इमिटेशन ऑफ़ ऐन ऐक्शन दैट इज़ सीरियस[15] ऐंड कंप्लीट, हैविंग मैग्नीट्यूड, ऐक्सप्रैस्ड इन सीज़ंड लैंग्वेज, ईच ऑफ़ दि कांइड्स एपीयरिंग सैपरेटली इन इट्स पार्ट्स, इन ए ड्रैमेटिक ऐंड नॉट ए नैरेटिव फॉर्म, एकॉम्प्लीशिंग थ्रू पिटी ऐंड फियर दि काथार्सिस ऑफ़ सच एफ़ेक्शन्स। (त्रासदी...ऐसे कार्य व्यापार का अनुकरण है जो गम्भीर, [अपने में] पूर्ण तथा

कुछ विस्तृत हो; जिसकी भाषा रचना के विभिन्न भागों में [उन भागों के अनुरूप] अलग-अलग ढंग से सँवारी गयी हो; यह आख्यान रूप में न होकर नाट्य रूप (पात्रों के माध्यम से) में होना चाहिए; इसमें करुणा और भय [भावों] के द्वारा सदृश चित्रवृत्तियों का काथार्सिस निष्पन्न होता है)।

परिभाषा का अन्तिम उपवाक्य सर्वाधिक चर्चा का विषय रहा है। विद्वानों के अलग-अलग अनुवादों से स्पष्ट है कि उसके विशिष्ट अर्थ पर सर्वसम्मति नहीं है।[16] इसकी विस्तृत चर्चा हम बाद में करेंगे, यहाँ केवल उपर्युक्त संयुक्त वाक्य की परिभाषागत पूर्णता को परख लेना हैं। हमारी दृष्टि में त्रासदी की जाति (जेनस) और भेदक (डिफरेन्शिया) का निर्देशन करने के कारण इस वाक्य को उसकी परिभाषा मान लेना सर्वथा उचित है। अनुकरण उसकी जाति है, यद्यपि अनुकरणात्मक कलाओं की महाजाति शिल्प है जिसके अन्तर्गत त्रासदी उस उपजाति (स्पीशीज़) का शिल्प है जिसका भेदक अनुकरण है। इस उपजाति (त्रासदी के सन्दर्भ में जाति) का संकेत वह त्रासदी, कामदी, वीर काव्य, वंशी वादन, संगीत, चित्र रचना आदि का उल्लेख करके देता है। आज ये ललित कलाओं के नाम से जानी जाती हैं। अरस्तू इन सभी का भेदक अनुकरण मानता है। इस तरह अनुकरणात्मक अथवा ललित कलाओं की एक स्वतन्त्र जाति बन जाती है। अनुकरण की सीमा के भीतर अन्य कलाओं से त्रासदी को भिन्न दर्शाने वाले भेदक का उल्लेख करते समय उसे लगा कि विषय की स्पष्टता के लिए अनुकृत वस्तु, अनुकरण का [स्थूल] माध्यम और अनुकरण की पद्धति के अतिरिक्त अनुकरण के प्रयोजन को सभाविष्ट करना भी उचित होगा।[17] यह किंचित् विस्तारित संयुक्त वाक्य में ही संभव था, यही उसने किया भी। वह जानता था कि त्रासदी का शास्त्रीय विवेचन पहली बार किया जा रहा है इसलिए उसका स्वरूप कथन सूत्रात्मक के स्थान पर व्याख्यात्मक रखना ही उचित होगा।

### 4.1.2 अनुकरण : कला का मूल सिद्धांत

त्रासदी की उपर्युक्त परिभाषा के सन्दर्भ में अरस्तू के कला चिन्तन की विशिष्ट अवधारणाओ में से यहाँ हम 'अनुकरण' को ले रहे हैं। उसके लिए यह एक पारिभाषिक शब्द था और मूल्यांकन का महत्त्वपूर्ण आधार भी। इसकी अर्थ क्षमता को देखते हुए उसके लिए यह कितना महत्त्वपूर्ण था इसका अनुमान इसी बात से लगाया जा सकात है कि प्रथम अध्याय के दूसरे अनुच्छेद में विश्लेषण की प्रक्रिया इसी से शुरू होती है (खेद है कि फिर भी इसकी व्याख्या कहीं नहीं की गयी है)। शुरू में ही बिना व्याख्या के इसका प्रयोग शायद यह मानकर किया गया कि गुरुकुल के छात्र इसके विभिन्न प्रयोगों से पहले से ही परिचित हैं। ऐसी

स्थिति में हमें स्वयं निश्चित करना होगा कि उस समय तक इस शब्द में कितने अर्थ समाहित हो चुके थे और सन्दर्भ को देखते हुए कहाँ कौन सा अर्थ अभीष्ट है।

आभिजात्य एवं नव-आभिजात्यवादी चिन्तकों के लिए अनुकरण कला मूल्यांकन का विशिष्ट आधार था। उनके सामने गोचर जगत् (जिसके लिए बहुधा 'प्रकृति' शब्द का प्रयोग होता था) और कलाकृति के परस्पर सम्बन्ध को स्पष्ट करना एक बड़ा प्रश्न था। अनुकरण उसका उत्तर था। किन्तु अनुकरण सदैव एक ही अर्थ में प्रयुक्त नहीं होता था, न ऐतिहासिक कालक्रम में, न युग विशेष में, न किसी एक लेखक में। प्लेटो के कला विवेचन में परस्पर विरोधी निष्कर्षों में तालमेल बैठाने में आनेवाली कठिनाई का एक कारण यह भी है कि उसने अनुकरण का एकाधिक अर्थों में प्रयोग किया है। कहीं वह इसी आधार पर कविता का खण्डन करता है। (जैसे, 'गणराज्य', की 10वीं पुस्तक में) तो कहीं इसका समर्थन (जैसे, 'संविधान' में)। पूर्व स्थापना के प्रत्याख्यान से हमें यह नहीं समझा लेना चाहिए कि उसके चिन्तन की दिशा ही बदल गयी है। दूसरे सन्दर्भ में वस्तुतः अनुकरणीय वस्तु बदल गयी है जिससे उसका प्रयोजन भी बदल गया है, प्रयोजन बदल गया तो शब्द का निहितार्थ भी बदल गया। बिना किसी भूमिका के इस तरह के परस्पर विरोधी कथन किसी लेखक के तात्पर्य को ग्रहण करने में एक बड़ी बाधा हैं। इसका पूर्ण समाधान तो शायद सम्भव नहीं है फिर भी इस शब्द के पूर्व प्रयोगों का विश्लेषण हमारी सहायता अवश्य कर सकता है।

अनुकरण के प्राचीन प्रयोगों का मुख्य स्रोत वृंदगान है। वृंदगान एक मिश्र कलारूप (कोंपोज़िट आर्ट) है जिसमें अभिनय युक्त नृत्य भी सम्मिलित है। इसकी धार्मिक और सामाजिक दोनों परम्पराएँ बहुत पहले से चली आ रही थीं। इसका धार्मिक रूप पौराणिक आख्यानों को छंदोबद्ध करने से शुरु हुआ जिसमें वृंदगान करनेवाले दल का मुख्य सदस्य देवता की भूमिका निभाता था। इस भूमिका में उसे कभी सामान्य वार्तालाप करना होता था तो कभी पंक्ति को गाते-गाते नृत्य भी करना होता था। दल के नायक द्वारा इस तरह देवता के चरित्र को पूर्ण हावभाव के साथ प्रस्तुत करने के लिए अनुकरण शब्द का प्रयोग किया जाता था। अंग्रेजी में इस अर्थ को स्पष्ट करने के लिए इनैक्टमेंट या इंपर्सनेशन शब्दों का प्रयोग हुआ है। हम इस अर्थ की व्यंजना के लिए नाट्यानुकरण शब्द का प्रयोग करेंगे।[18] नाट्यानुकरण के बारे में कुछ मान्यताएँ सर्व स्वीकृत थीं। यह बात कहीं जा चुकी है। जैसे, देवाख्यान की प्रथम प्रस्तुति का प्रतिमान मूल चरित एवं घटनाएँ (जिनकी वास्तविकता तथा ऐतिहासिकता स्वयं सिद्ध थी) थीं किन्तु बाद में प्रस्तुतियों के लिए मूल चरित एवं घटनाओं के साथ-साथ बाद की

प्रस्तुतियाँ भी प्रतिमान बन जाती थीं। इस दृष्टि के कारण ही देवाख्यान वाले वृंदगान की परम्परा में एक यथावत् भाव मिलता है। यह 'नित्यता' इस प्रकार के अनुकरण की प्रथम विशेषता थी। होमर के नाम से प्रसिद्ध 'अपोलो-स्तुति' में कहा गया है कि देलोस के वृंदगान की गायिकाएँ आयोनियाई भाषा और इसके उच्चारण में इतनी दक्ष थीं कि उत्सव में भाग लेने के लिए आये आयोनियाई आश्चर्य चकित रह जाते थे। इस यथावत् अनुकरण का प्रयोजन यह था कि दर्शक धार्मिक अनुष्ठान के साथ भावना के स्तर पर अधिकाधिक जुड़ सकें।[19] इस लक्ष्य को सिद्ध करने के लिए स्वयं अनुकर्ता को भी अनुकार्य के साथ मानसिक तादत्म्य स्थापित करना होता था। यही तादात्म्य उसके अनुकरण को प्रामाणिकता भी प्रदान करता था। इसके पीछे विश्वास यह था कि देवाख्यान एक कालातीत सत्य है, इसलिए उसके शाश्वत रूप को बनाये रखना वृंदगान के दल का कर्तव्य है। इस दल के सदस्य किसी देश विशेष या काल विशेष के दर्शकों को प्रसन्न करने के लिए अनुकरण नहीं करते वरन् उन्हें उस सत्य का बोध कराते हैं जो उस आख्यान में निहित है। इसके लिए, अर्थात् देश-काल की सीमाओं के पार जाने के लिए उन्हें स्वयं अपनी सीमाओं; निजी विशेषताओं (पर्टिकुलर्ज़) का त्याग कर सामान्य (यूनिवर्सल) रूप ग्रहण करना पड़ता है। देवाख्यान वाले अनुकरण की यह दूसरी विशेषता थी। इस तरह यह वृंदगान प्रदेश-विशेष की सीमा पार कर पूरे यूनान की सांस्कृतिक धरोहर बन गये थे।[20] इनमें मूल सत्य को अनुकरण द्वारा मूर्त रूप में ग्रहण करने का आनन्द उस आनन्द से भिन्न था जो परिवर्तन द्वारा किसी नवीनता के प्रस्तुतीकरण से जन्म लेता है।

वृंदगान की दूसरी परम्परा सामाजिक उत्सवों के अवसर पर देखने को मिलती थी। इनका नायक प्रधानतः राजघराने का प्रमुख व्यक्ति अथवा अन्य कोई विशिष्ट व्यक्ति होता था। विषय भिन्न होने से अनुकरण में भी कुछ बदलाव आना स्वाभाविक था। इसका एक कारण यह भी था कि इस दल के सदस्य पेशेवर नहीं होते थे इसलिए दर्शक भी उनसे धार्मिक वृंदगान जैसी परिपक्वता की अपेक्षा नहीं करते रहे होंगे। इससे समझा जा सकता है कि इसकी कोई प्रस्तुति पूर्व प्रस्तुतियों के तदनुरूप हो इस बारे में न तो कोई चेष्टा की जाती थी न आवश्यकता समझी जाती थी। दूसरे, ऐसे वृंदगान एक राज्य तक सीमित होते थे। इनकी प्रस्तुति में चित्रित समाज उनका अपना (अन्य राज्यों से भिन्न) होता था। इनकी तीसरी विशेषता यह थी कि गायकों-नर्तकों का मुखिया कभी कथा-नायक की भूमिका निभाता था तो कभी वृंदगान के रचयिता की। पिंदर और बाक्खिलिदीज़ के कई वृंदगानों में मुखिया को दुहरी भूमिका निभानी पड़ती थी।[21] ऐसे वृंदगानों का एक धार्मिक संस्करण भी मिलता है जिसका सम्बन्ध

प्रत्येक नगर के अपने-अपने देवी-देवताओं से हुआ करता था।[22] वृंदगान के मुखिया को अपनी भूमिका के साथ न्याय करने के लिए नाट्याभिनय का आश्रय लेना पड़ता था। इसी के लिए सामान्य शब्द था अनुकरण।

नाट्याभिनय से एकदम भिन्न अर्थ में भी अनुकरण का प्रयोग किया जाता था। प्लेटो ने भी इस अर्थ में अनुकरण का प्रयोग किया है और इसी को आधार बनाकर चित्र कला तथा काव्य कला का खण्डन किया है। हिरोदोतुस (ई.पू. 484-25) ने मिस्र की एक विचित्र प्रथा का उल्लेख किया है। वहाँ प्रीतिभोज के पहले शव का बोध कराने वाली लकड़ी का पुतला घुमाया जाता था। इसका प्रयोजन था लोगों को मृत्यु का स्मरण कराना। यह याद दिलाना कि तुम्हें भी एक दिन मरना है इसलिए मौज-शौक में ही पूरा जीवन न बिता दो। लकड़ी के पुतले को अत्यन्त यथार्थवादी शैली में तराशा और रँगा जाता था। हिरोदोतुस ने इसके लिए अनुकरण शब्द का प्रयोग किया है जो स्पष्ट ही गोचर रूप की प्रतिकृति का अर्थ देता है। उसने लिखा भी है कि कलाकार ने इस प्रतिरूप-रचना (इमेज मेकिंग) द्वारा मृत व्यक्ति की अवधारणा सम्प्रेषित की है जो निश्चित ही नाट्याभिनय की अवधारणा से भिन्न है।[23] तात्पर्य यह कि अनुकरण शब्द बहुत पहले से अनेक अर्थ देता आ रहा था। स्वयं हिरोदोतुस में इसके कई उदाहरण मिल जाते हैं। जैसे, एक जगह वह लिखता है कि अमासिस के मकबरे के चारों ओर स्तम्भ ताड़ के पेड़ जैसे लगते हैं, या हिफेस्तुस की मूर्ति को कोई भी बौने की अनुकृति कहने से उसे ठीक-ठीक समझ सकता है। और जब वह काष्ठ-धेनु के सींगों के बीच रखी सुनहरी नश्तरी को सूर्य के प्रतीक रूप में देखता है तो वहाँ भी अनुकरण शब्द का ही प्रयोग किया है। एरिस्तोफेनीज़ के 'कवि और स्त्रियाँ' नाटक में इसका एक अत्यन्त रोचक उदाहरण मिलता है जिसकी अर्थ व्यंजना परम्परागत प्रयोगों को नया ही आयाम देती है। इसमें नाटककार स्वयं अपने काल्पनिक पात्रों को जीवंत करने के लिए उनका मनसा-वाचा-कर्मणा अनुकरण करता है। तात्पर्य यह है कि प्लेटो के काल तक अनुकरण किसी परिभाषा की सीमा में नही बँध पाया था। इसके शिथिल प्रयोग की सभी को छूट थी। उसने इसे तत्त्व चिन्तन से बाँधने का प्रयास अवश्य किया है किन्तु वह इसका नया आयाम है। जहाँ तक इसके शिथिल प्रयोग का प्रश्न है उसके अनेक उदाहरण उसके संवादों में भी कम नहीं है। बहुधा यह देखकर ठिठक जाना पड़ता है कि वह पहले कही गयी बात का खण्डन क्यों कर रहा है। इसी कठिनाई को देखते हुए स्टीफेन हैलिवेल ने इसकी व्याख्या के स्थान पर वर्ग विभाजन[24] करना अधिक उचित समझा ताकि पाठक स्वयं निश्चय कर सके कि अमुक स्थल पर अनुकरण का कौन सा अर्थ लिया जाये। फिर भी इनके

लिए उसने एक जातिवाचक संज्ञा सुझायी है 'रूपात्मक अनुकरण' (फॉर्मल मिमीसिस)। इसे रूपात्मक कहने का आधार है–अनुकृत वस्तु और अनुकृति में दृक् बिम्ब के स्तर पर अनुरूपता होना। यह कम या अधिक हो सकती है किन्तु इसका निषेध करके अनुकरण नहीं हो सकता।

'रूपात्मक अनुकरण' कहने से इसमें गोचर रूपों के अनुकरण की प्रधानता स्वतः सिद्ध है। अतः प्रश्न उठता है कि क्या आत्मा जैसी गोचरातीत वस्तु के अनुकरण की भी कोई सम्भावना है? इस सन्दर्भ में सुकरात और पार्हासिउस का संवाद महत्त्वपूर्ण है। पार्हासिउस इसे असम्भव मानता है क्योंकि आत्मा कोई भौतिक वस्तु नहीं है कि उसके गुण दृश्यमान् हों। जो वस्तु अगोचर है उसका अनुकरण नहीं हो सकता। प्रत्युत्तर में सुकरात का सुझाव है कि जब मुख की भंगिमा भाव विशेष के गुण को अभिव्यक्ति दे सकती है तो उस भंगिमा का चित्रण करके आत्मा के गुण विशेष को भी व्यंजित किया जा सकता है। अब रूपात्मक अनुकरण की सीमा के भीतर रहकर केवल इतना कहा जा सकता है कि मुख की भंगिमा गोचर होने से अनुकृति और अनुकार्य में चाक्षुषी अनुरूपता है। किन्तु सुकरात यहाँ अनुकरण की सीमा का विस्तार कर रहा है। वह अनुकरण की सीमा के भीतर आत्मा जैसी इन्द्रियातीत वस्तु का भी समावेश कर लेना चाहता है। प्लेटो सुकरात के जीवन की इस घटना से परिचित था और विश्वास किया जा सकता है कि इसी से प्रेरणा लेकर उसने तत्त्वगत अनुकरण की उपपत्ति का प्रतिपादन किया।

उपर्युक्त विवेचन के परिप्रेक्ष्य में प्लेटो को पढ़ते समय अनुकरण के खण्डन या मण्डन का विषय आता है तो देखना होगा कि उसका आधार अनुकृत वस्तु का सारहीन या मूल्यवान् होना है अथवा वे परिस्थितियाँ हैं जिनसे अनुकरण मूल्यवान् या मूल्यहीन बन जाता है। ऐसा करने से उसके लेखक में एतद् सम्बन्धी सभी विरोधों का निवारण तो नहीं हो जाता फिर भी उनकी तीव्रता अवश्य कम हो जाती है। 'तिमयूस' में सृष्टि रचना का विवरण देते हुए उसने लिखा है कि गोचर जगत् नित्य जगत् की यथासम्भव अनुकृति है। गोचर वस्तुओं के सभी गुण-धर्म नित्य वस्तुओं के गुण-धर्म के अनुरूप हैं। यहाँ तक कि इन्द्रियानुभूत काल को भी उसने महाकाल की गतिमान प्रतिमा के रूप में ही देखा है।[25] अनुकरण की यह प्रक्रिया आद्य प्रेरणाशक्ति (डेमिअर्ज) से शुरू होकर देवी-देविताओं से होती हुई मनुष्य तक पहुँचती है।* अतः मानवीय

* प्लेटो यहाँ पर यूनानी समाज की इस धारणा की पुष्टि कर रहा है कि मनुष्य को अपना शरीर अधिकाधिक दिव्य बनाने का प्रयास करना चाहिए। क्रीडा-स्पर्धाएँ, व्यायाम आदि इसी साध्य का साधन हैं।

अनुकरण का मूल्यांकन इसी आधार पर होना चाहिए कि रचना में नित्यरूप के गुण-धर्म किस सीमा तक आये हैं। इस प्रक्रिया के अवरोह और आरोह में अनुकरण दुहरी भूमिका निभाता है। अवरोह में यह रचना का सिद्धांत बन कर आता है तो आरोह में यह ज्ञान प्राप्ति के प्रयत्न में साधनभूत बनकर आता है। इस दृष्टि से देखने पर अनुकरण न केवल कलाशास्त्र का वरन् तत्त्वशास्त्र का भी अत्यन्त महत्त्वपूर्ण घटक है। जो वस्तु अपने नित्यरूप के गुण-धर्म को जितना अधिक आत्मसात् कर पाती है मूल्यानुक्रम में वह उतनी ही श्रेष्ठ हो जाती है। मूल्यांकन का यह मानदण्ड तत्त्वशास्त्र द्वारा निर्धारित है। 'गणराज्य' की 10वीं पुस्तक में पलँग के चित्र को इसी आधार पर मूल्यहीन कहा गया है क्योंकि वह अपने नित्यरूप से त्रिधा अपेत है और उसमें केवल भासमान का ही चित्रण है।

अनुकरण को कला सिद्धांत और नित्यरूपों को कला का मानदण्ड स्वीकार कर लेने से और उसी पर सर्वाधिक बल देने से, प्लेटो के सामने एक विचित्र समस्या आ खड़ी हुई। तत्त्वशास्त्री की दृष्टि से उसे न चाहते हुए भी होमर का खण्डन करना पड़ा किन्तु कला जगत् के कल्पना तत्त्व का वह क्या करे? इसे और इसके कार्य जगत् को नकारना उसके लिए असम्भव था। फिर वह स्वयं भी तो अच्छा कवि था। पौराणिक आख्यानों पर आधारित वृंदगानों की कथा आनुश्रतिक होते हुए भी जन विश्वास के अनुसार सत्य थी। होमर और हीसियोद की रचनाओं के देव-चरित भी सत्य थे तथा इनसे प्रेरित त्रासदियों के कथानकों की सत्यता भी स्वयं सिद्ध थी। किन्तु कामदी का कथानक तो कल्पित ही माना जाता था। उसके पौराणिक अथवा अन्य किसी प्रकार से सत्य होने का आग्रह भी नहीं किया जाता था। अब प्रश्न उठता है कि यदि समस्त काव्य अनुकरण सिद्धांत का पालन करने के कारण ही कला है और कामदी भी काव्य की विशेष विधा है तो उसका कार्यव्यापार किसका अनुकरण है? उत्तर होगा, काल्पनिक कार्यव्यापार का।[26] निष्कर्ष यह है कि कोई सत्य घटना कथानक बनकर काव्य को मूल्यवान् बना सकती है किन्तु इससे काल्पनिक कथा के काव्य मूल्य का निषेध नहीं होता क्योंकि काव्य मूल्य कथानक के मात्र सत्य-असत्य होने पर निर्भर नहीं करता। दार्शनिकों के बीच काव्य सत्य का यह रूप ज़नोफ़ेनीज़ के समय में ही विवाद का विषय बन चुका था।

प्लेटो ने काव्य सीमा के भीतर कल्पना तत्त्व को बड़े रहस्यमय ढंग से स्वीकार किया है। 'संविधान'[27] में एक काल्पनिक घटना की चर्चा की गयी है। मान लो कोई त्रासदीकार आदर्श गणराज्य में अपने नाटक को मंचित करने की अनुमति चाहता है तो उत्तर में वहाँ के नागरिक कहेंगे, "...अपनी सामर्थ्यानुसार

हम भी त्रासदीकार हैं और हमारी त्रासदी सर्वश्रेष्ठ है, सर्वोत्तम है; क्योंकि हमारा पूरा राज्य ही सर्वश्रेष्ठ एवं सर्वोत्तम जीवन का अनुकरण है, यही त्रासदी का वास्तविक सत्य है...।" इस अंश से कोई निश्चित उत्तर नहीं मिलता कि वह अनुकरण का समर्थन किस सीमा तक कर रहा है क्योंकि जिस गणराज्य को वह आदर्शरूप में प्रस्तुत कर रहा है वह अभी उसके कल्पना जगत् में ही है। इसलिए, हैलिवेल ने निष्कर्ष निकाला है कि प्लेटो ने यहाँ अनुकरण की स्वीकृति इसीलिए दी है क्योंकि इसमें दार्शनिक की सत्य की खोज भी सम्मिलित है। आदर्श गणराज्य के नागरिक केवल मनोरंजन के लिए अनुकरण नहीं करते, उनका उद्देश्य है अपने जीवन को श्रेष्ठता के मूल्यानुक्रम में सबसे अधिक ऊँचाई पर ले जाना। अतः 'गणराज्य' की 10वीं पुस्तक में अनुकरण के खण्डन और इस अंश में उसके मण्डन में कोई विरोध नहीं है। 'संविधान' के इस अंश पर हैलिवेल की टिप्पणी है कि अनुकरण को कवि कल्पना की सीमा के भीतर स्वीकर करने का यह अर्थ नहीं लिया जाना चाहिए कि प्लेटो दर्शन और काव्य के परस्पर कलह को शान्त करने का प्रयास कर रहा है, उलटे यह कलह की गम्भीरता को दर्शा रहा है।[28] किन्तु हम कहेंगे कि इस काल्पनिक घटना का उल्लेख करके वह कवि-कर्म को, तथा सम्पूर्ण कला जगत् को, उस सीमा तक अवश्य स्वीकार कर रहा है जिस सीमा तक वह जाने-अनजाने नित्य जगत् के किसी पक्ष से साक्षात्कार कराने में सहायक होता है। एक स्थिति यदि यह है कि काव्य किसी सत्य व्यापार का अनुकरण करता है तो दूसरी स्थिति यह भी हो सकती है कि काव्य के किसी काल्पनिक कार्यव्यापार से प्रेरित होकर कोई समाज उसका अपने जीवन में अनुकरण करे। दोनों स्थितियों में मूल्यानुक्रम के अवरोह और आरोह का अन्तर है। प्लेटो ने सम्पूर्ण विश्व को मूल्यानुक्रम के विभिन्न सोपानों में विभक्त किया है। नीचे वाले सोपान के गोचर रूप ऊपरवाले सोपान के गुण-धर्मों का अनुकरण करते हैं, इसलिए निचले सोपान से ऊपर के सोपान का ज्ञान अनुकरण की सहायता से ही प्राप्त किया जा सकता है। अनुकरण ही वह डोर है[29] जिसे पकड़कर ज्ञानार्थी अन्तिम लक्ष्य, नित्यरूप, तक पहुँचता है। यहाँ दुविधा में डालनेवाली बात (प्लेटो के कला चिन्तन के संदर्भ में) केवल यह है कि आरोह की दिशा में जब सत्यान्वेषी अनुकरण की सहायता लेता है तो वह प्रशंसनीय है, और अवरोह की दिशा में जब यही अनुकरण की क्रिया कलाकार अपनाता है तो वह निदंनीय क्योंकर है? कलाशास्त्रियों की इस पर अपनी-अपनी प्रतिक्रियाएँ हैं। अरस्तू के कला चिन्तन को केन्द्र में रखकर हम उन्हें जानने-परखने का प्रयास करेंगे।

अनुकरण को कलाशास्त्र के एक पारिभाषिक शब्द के रूप में प्रयोग करते

समय अरस्तू के मानस पटल पर प्लेटो के साहित्य में आये इसके विभिन्न प्रयोग अवश्य रहे होंगे। सच पूछा जाय तो कला का भेदक बनाकर उसने इसे (अनुकरण को) धरती से उठाकर आकाश में पहुँचा दिया है, मूल्यहीन से मूल्यवान् बना दिया है। कठिनाई केवल यह है कि वह लगातार विभिन्न सन्दर्भों में इसका प्रयोग तो करता रहा किन्तु व्याख्या करने की ओर एक बार ध्यान नहीं दिया। अतः केवल सन्दर्भ की सहायता से हमें उसके अर्थ निश्चित करने होंगे।

अनुकरण को अरस्तू ने सबसे पहले विशिष्ट कला समूह (आज की भाषा में ललित कलाएँ) के भेदक के रूप में स्थापित किया फिर उसे काव्य के सन्दर्भ में परखा। इस प्रक्रिया में उसने परिस्थिति के अनुसार कहीं प्रतिमा-रचना तो वहीं नाट्यानुकरण का अर्थ लिया है। कुल मिलाकर यह अर्थ-यात्रा प्रतिमा-रचना से आरम्भ होकर नाट्यानुकरण की ओर अग्रसर होती प्रतीत होती है। श्रव्य काव्य के सन्दर्भ में भी उसका अधिक बल नाटकीय रूप पर रहा है तथा दृश्य काव्य में उसके रंगमंचीय रूप की अपेक्षा पात्र के हावभाव युक्त भाषा प्रयोग (जिसमें उच्चारण भी सम्मिलित है) को अधिक महत्त्व देता है क्योंकि उसका यही तत्त्व उसे अन्य कलाओं से भिन्न दर्शाता है। वस्तुतः अनुकरण में प्रतिमा-रचना की अर्थ व्यंजना परम्परागत है अतः यह एक व्यापक कला सिद्धांत भी है। किन्तु उसमें नाट्यानुकरण की अर्थ व्यंजना को अरस्तू काव्य में रचना सिद्धांत के रूप में भी ग्रहण कर रहा है। इन दो छोरों के बीच में अन्य अर्थ भी झाँकते रहते हैं किन्तु उसने कहीं भी इनके उलझे हुए सूत्रों को सुलझाने का प्रयत्न नहीं किया है। इसलिए, इस क्षेत्र में उसके योगदान का आकलन करने के लिए हमें स्वयं ही बिखरे हुए सूत्रों को इकट्ठा करके निष्कर्ष निकालने होंगे।

प्लेटो की चर्चा में हम कह आये हैं कि उन दिनों चित्र कला तथा मूर्ति कला के क्षेत्र में यथार्थवादी शैली इतनी प्रबल हो गयी थी कि प्लेटो को काव्य में इस शैली को समझाने के लिए बार-बार चित्र कला से उदाहरण देने पड़ते थे। दोनों में लगभग उपमेय-उपमान का सम्बन्ध जुड़ गया था। दोनों में परस्पर तुलना के उल्लेख यद्यपि अन्य संवादों में भी हैं किन्तु 'गणराज्य' में इस पर विशेष बल है। यहाँ दोनों को मूल्यहीन सिद्ध करने के लिए उसने एक ही आधार चुना है, वह है भासमान का अनुकरण। इस प्रकार के अनुकरण में केवल गोचर रूपों, अधिकतर चाक्षुषी रूपों, का अनुकरण होता है। सम्भवतः यहीं से अरस्तू को यह सिद्ध करने की प्रेरणा मिली होगी कि गोचर रूपों का अनुकरण न केवल हमें कुछ सीखने का आनन्द प्रदान करता है वरन् कुछ और गहराई में जाकर हमें श्रेष्ठ होने की प्रेरणा भी देता है। 'काव्यशास्त्र' छोटा सा प्रबन्ध है फिर भी उसमें सात बार काव्य और चित्र कला की तुलना आयी है किन्तु कहीं भी इसका अवमूल्यन

करने का उद्देश्य नहीं रहा है। लगता है जैसे वह बार-बार प्लेटो की भूल को सुधारना चाहता है :

(*i*) ...[नाटक के पात्र] हमसे अच्छे हो सकते हैं, घटिया हो सकते हैं, या ठीक हमारे जैसे; चित्रकारों में भी यही बात दिखायी देती है। जैसे, पोलिग्नोतुस के [चित्रित व्यक्ति] हमसे अच्छे होते हैं, पौसन के हमसे घटिया और दियोनाइसुस के हमारे जैसे।–पृ. 1448[अ], पं. 5-10।

(*ii*) कोई वस्तु यथार्थ में पीड़ादायक हो सकती है, [फिर भी] कला में उसका यथार्थवादी अनुकरण हमें आनन्द देता है...कुछ सीखना न केवल दार्शनिक को वरन् सामान्य व्यक्ति को भी सर्वाधिक आनन्द देता है। चित्र को देखने का आनन्द भी इसी प्रकार का है कि मनुष्य (उसके कलात्मक गुणों, रंग रूप आदि का आनन्द लेने के साथ-साथ)* उससे जानकारी लेने–अर्थात् उसे पहचानने–का आनन्द उठाता है।–पृं. 1448[ब], प. 10-12

(*iii*) आजकल की अधिकांश त्रासदियाँ चरित्रहीन हैं...ऐसे ही जैसे पोलिग्नोतुस की तुलना में ज़्युक्सिस के चित्र हैं।–पृ. 1450[अ], प. 24-26।

(*iv*) कथावस्तु त्रासदी का जीवन और आत्मा है...[इसकी] तुलना कीजिए एक चित्र से जिसके रंग तो सुन्दर हो किन्तु उनमें कोई क्रम [परस्पर सम्बन्ध] न हो...–पृ. 1450[अ] पं 39-1450ब प. 3।

(*v*) त्रासदी के पात्र सामान्य व्यक्ति की अपेक्षा श्रेष्ठ होते हैं। हमें अपने ढंग से उस अच्छे व्यक्तिचित्र बनानेवाले चित्रकार का अनुसरण करना चाहिए जो व्यक्ति की [पहचान करानेवाली] अनुरूपता को खोये बिना उसे और सुन्दर बना देता है...–पृ.1454[ब], पं. 8-11।

(*vi*) कवि चित्रकार अथवा अनुरूपता की निर्मिति करनेवाले किसी अन्य की भाँति अनुकारी होने के कारण तीनों में से किसी एक प्रकार से अनुकरण करने के लिए बाध्य है–(1) वस्तुएँ वास्तव में जैसी हैं, (2) जैसी वे कही या समझी जाती हैं, अथवा (3) जैसी वे होनी चाहिए (अर्थात् आदर्श रूप)।–1460[ब], पं. 8-11।

(*vii*) असम्भव के औचित्य को काव्य की आवश्यकता, वास्तविकता को

---

* यहाँ अरस्तू का तात्पर्य यह है कि यदि दर्शक चित्रित वस्तु को पहचानता नहीं है, जैसे किसी अनजान व्यक्ति का व्यक्तिचित्र, तो वह उसके कलात्मक गुणों का आनन्द उठाता है और यदि वह उसे जानता है तो उसमें पहचानने का आनन्द जुड़ जाने से वह और अधिक प्रसन्नता अनुभव करता है।

सुधारने, अथवा जन विश्वास के अनुरूप बनाने की दृष्टि से सिद्ध करना अनिवार्य है। काव्य के प्रयोजन को ध्यान में रखते हुए विश्वसनीय असम्भावना को अविश्वसनीय सम्भावना की अपेक्षा वरीयता दी जानी चाहिए। ज़्युक्सिस ने यदि असंभाव्य को चित्रित किया है तो इसका उत्तर है कि उसका वैसा होना ज्यादा अच्छा है क्योंकि कलाकार का अपने प्रतिमान को सुधारना उचित है।–1461[ब], पं. 8–12।

ये उद्धरण अरस्तू और प्लेटो की समान दृष्टि का संकेत देने के साथ-साथ अरस्तू की स्वतन्त्र विचारधारा की भी पहचान कराते हैं। इनमें अनुकरण एक व्यापक कला सिद्धांत के रूप में स्थापित है। इस भूमि पर कवि अन्य कलाकारों के साथ एक ही पंक्ति में खड़ा है। जहाँ तक अन्य कलाओं में से केवल चित्र कला का उल्लेख करने का प्रश्न है तो उसका उत्तर है कि नाटक के क्षेत्र में उन दिनों परदों, मुखौटों आदि का उपयोग अधिकाधिक होने लगा था। आगाथार्खुस ने बहुत पहले ही एस्खिलुस के नाटकों के लिए त्रिआयामी दृश्यवाले परदे बनाने शुरू कर दिये थे। अभिनय में हावभाव अधिक उन्मुक्त और यथार्थवादी होने लगा था। गोर्जियास ने भी काव्य में भावावेग और नाटक में यथार्थ का भ्रम पैदा करनेवाले गुणों को महत्त्वपूर्ण माना था जो युगीन प्रवृत्ति के सर्वथा अनुरूप था। एक ही लक्ष्य, यथार्थ का आभास कराना, को सिद्ध करने की प्रवृत्ति के कारण नाट्यानुकरण और प्रतिमा रचना में युगपत् सम्बन्ध जुड़ गया था। काव्य कला और चित्र कला दोनों सभी बहनें बन गयी थीं, दोनों दार्शनिकों द्वारा इन कलाओं में घनिष्ठता देखने की यही पृष्ठभूमि है।

हम कह आए हैं कि अनुकरण अरस्तू के लिए पारिभाषिक शब्द था और उसकी अर्थव्याप्ति कलाओं का भेदक बनने तक सीमित नहीं थी। दूसरे, काव्य और चित्र का सम्बन्ध भी केवल यथार्थ चित्रण तक सीमित नहीं था। 'काव्यशास्त्र' के उपर्युक्त स्थलों में उसकी तुलनात्मक दृष्टि में तब एक नया आयाम जुड़ जाता है जब उसके चिन्तन के साथ इसका मेल बैठाने का प्रयत्न करते हैं। पाँचवें और सातवें उद्धरण में किन्हीं विशेष चित्रों को अनुसरण योग्य प्रतिमान के रूप में चुना गया है। होना या चाहिए था कि वह काव्य से कुछ उदाहरण लेता और कवियों को उनका अनुसरण करने का सुझाव देता। प्रतिमान के रूप में चित्र कला से उदाहरण देने के पीछे दो कारण हो सकते हैं :

(*i*) आभिजात्य युग में दृश्य कलाओं में जब आदर्शों को अभिव्यक्ति मिली तो वह किसी उपपत्ति के अनुसरण का परिणाम नहीं थी, प्रातिभ ज्ञान और अनुभव का परिणाम थी। उस समय के उत्कृष्ट नमूनों के आधार पर शास्त्र बाद में निर्मित हुआ। स्वयं अरस्तू का काव्यशास्त्र भी इसी

पद्धति पर लिखा गया है। उसके सामने भी 5वीं शताब्दी की त्रासदियाँ थीं। उनमें जिन बातों का ध्यान रखा गया उन्हें उसने नियम बना दिया। उसके सामने विकल्प सीमित थे। एस्खिलुस और सोफ़ोक्लीज़ के नाटक तब तक इतिहास बन चुके थे। नयी पीढ़ी उनसे अपरिचित थी। वह ऐसा युग नहीं था कि लोगों को घर बैठे नाटक पढ़ने को सुविधा रही हो। दूसरी ओर चित्र कला और मूर्ति कला के श्रेष्ठ नमूने रोज़ उनकी आँखों के सामने आते रहते थे। इसलिए उन्हें समझाने के लिए चित्र कला से उदाहरण देना उसे उचित प्रतीत हुआ।

(*ii*) दूसरे कारण का सम्बन्ध उसकी चिन्तन पद्धति से है। उसकी धारणा थी कि दृष्टि मनुष्य की प्रबलतम इन्द्रिय है। इसकी शक्ति उसके विचारों को भी प्रभावित करती है। विश्लेषण करने पर ज्ञात होता है कि मनुष्य का समस्त चिन्तन बिम्बात्मक है।[30] बिम्ब (सामान्य भाषा में चित्र) के अभाव में वह विचार भी नहीं कर सकता। इसे यों भी कह सकते हैं कि शब्दात्मक अनुकरण एक प्रकार से बिम्बात्मक अनुकरण का अनुसरण करना ही है। उपर्युक्त उद्धरणों में वह इसी तथ्य को रेखांकित करता प्रतीत होता है।

अब अनुकरण तत्त्व के काव्य सापेक्ष्य मूल्य को लेते हैं। ऊपर देख आए हैं कि प्लेटो के लिए अनुकरण आरोह की दिशा में मूल्यवान् है और अवरोह की दिशा में गर्हित। काव्य कला और चित्र कला दोनों अनुकरण के द्वारा सत्य का भ्रम पैदा करती हैं, धोखा देती हैं इसलिए त्याज्य हैं। इसके विरोध में अरस्तू का कथन है कि ये दोनों कलाएँ पहले कल्पना द्वारा जीवन के आदर्श का स्वरूप-निर्धारण करती हैं फिर अनुकरण द्वारा उसे गोचर रूप प्रदान करती हैं इसलिए उनमें निहित अनुकरण का तत्त्व मूल्यवान् हैं। 'संविधान' में प्लेटो ने आदर्श गणराज्य को त्रासदी का श्रेष्ठतम रूप घोषित किया है। अरस्तू का निष्कर्ष भी लगभग यही है, अन्तर केवल इतना है कि वहाँ काल्पनिक आदर्श का अनुकरण विधायक (लेजिसलेटर) के नियमों का पालन करते हुए (क्योंकि प्रत्येक नागरिक आदर्शस्वरूप सत्य का साक्षात्कार करने में समर्थ नहीं है) सीधे-सीधे जीवन पद्धति में हो रहा है, और यहाँ विधायक के नियमों के स्थान पर कवि द्वारा रचित और मंचित त्रासदी है जिसके आदर्श पात्रों के अनुरूप नागरिकों को अपना जीवन ढालना है।

ऊपर के छठे उद्धरण में वस्तुओं को आदर्शरूप में चित्रित करने का सुझाव देकर अरस्तू ने प्लेटो से एकदम अलग दृष्टि का परिचय दिया है। लगभग यही बात उसने प्रथम उद्धरण में भी कही है जिससे संकेत मिलता है कि वह समस्त

कलाओं का मूल्यांकन अनुकरण के इसी मानदण्ड से कर रहा है। मानदण्ड प्लेटो का भी यही था, उसकी शिकायत बस यह थी कि कवि और चित्रकार अनुकरण करते समय गहराई में नहीं जाते, सतही अनुकरण से अपना काम चला लेते हैं। वस्तु वास्तव में जैसी है उस रूप में उसका अनुकरण करने का प्रयत्न न करके उसके भासमान रूप का अनुकरण करके ही अपना प्रयोजन सिद्ध कर लेते हैं। उसके अनुसार इसका कारण कवि और चित्रकार की अपनी तथा उनके कौशल की सीमाएँ हैं।

कवि, चित्रकार अथवा प्रतिमा-रचना करनेवाला कोई अन्य कलाकार वस्तुओं को सामान्य से श्रेष्ठ, आदर्श रूप में भी चित्रित कर सकता है। यह अनुकरण की तीसरी और अन्तिम पद्धति है, तथा प्रथम दो की अपेक्षा उच्चतर है। कला को यदि मूल्यानुक्रम में ऊपर उठना है तो उसे वास्तविकता (जीवन का सामान्य रूप) के बन्धन से मुक्त होने के साथ-साथ आदर्शानुकरण की अनिवार्यता को भी स्वीकार करना होगा। त्रासदी जीवन का यही आदर्श रूप है। पौराणिक व्याख्यानों को समाज भले ही इतिहास की वास्तविकता मानता हो किन्तु जब वे त्रासदी का कथानक बनते हैं तो उसकी घटनाओं में सम्भाव्यता और अनिवार्यता के नियमों का पालन होने से आदर्श तत्त्व अपने आप आकर जुड़ जाता है। इस तरह कला सामान्य भूमि से ऊपर उठकर आदर्श की ऊँचाई पर जा पहुँचती है। प्लेटो जहाँ कलाकारों को फटकारने में ही अपने कर्तव्य की इतिश्री माने बैठा था वही अरस्तू उनके सामने अनुकरण का नया संस्करण प्रस्तुत करके उनका मार्ग दर्शन कर रहा है।

नाट्यानुकरण की ओर अरस्तू का रुझान कुछ अधिक है। सतही तौर पर देखने से प्रतिमा-रचना और नाट्यानुकरण एक जैसे ही प्रतीत होते हैं। प्रतिमा-रचना में गति आ जाने से वह नाट्यानुकरण बन जाती है। किन्तु, अरस्तू दोनों में तात्त्विक अन्तर करता प्रतीत होता है। हम जानते हैं कि वह कलाओं में नाटक और नाटकों में त्रासदी को वरीयता देता है किन्तु इससे यह अर्थ नहीं लेना चाहिए कि नाट्यानुकरण नाट्यविधा से सम्बद्ध होने के कारण अधिक महत्त्वपूर्ण है। इसका कारण उसकी कुछ अन्य विशेषताएँ भी हैं। इस दिशा में उसके चिन्तन का स्वरूप इस प्रकार से है :

उस काल में वृंदगान नाटक का अभिन्न अंग था। यह काव्य, संगीत और नृत्य का समवेत रूप था। संगीत के विभिन्न प्रकार और नाम बहुधा प्रदेश विशेष से जुड़े हुए थे जिससे उस समय की इस मान्यता की पुष्टि होती है कि क्षेत्र विशेष की जीवन शैली, संस्कृति तथा वहाँ के लोगों के स्वभाव की झलक वहाँ के संगीत में मिलती है। इसी आधार पर आयोनियाई और लिडियाई धुनों को

कोमल, डोरियाई धुनों को परुष और फ्रीजियाई धुनों को उत्तेजक माना जाता था।[31] सम्भवतः इसी तथ्य को ध्यान में रखते हुए अरस्तू ने शुद्ध अनुकरण और सांकेतिक अनुकरण में भेद किया है। संगीत के शैक्षिक महत्त्व की चर्चा करते हुए वह लिखता है, "दृश्य कलाओं में आकार तथा रंग के माध्यम से जो चित्रण किया जाता है उसे चरित्र का अनुकरण नहीं कहा जा सकता : ये अनुकरण उस ओर संकेत मात्र करते हैं। इनमें शरीर को ऐसी मुद्रा में प्रस्तुत किया जाता है जो वह संवेग के प्रभाव में आकर लेता है।",[32] तात्पर्य यह कि दृश्य कला शरीर के माध्यम से अन्तस की स्थिति की ओर संकेत मात्र कर पाती है, उसका सीधे-सीधे अनुकरण नहीं कर पाती। "किन्तु संगीत की धुनों की बात कुछ अलग है। वे प्रकृत्या चरित्र की विशेषता का अनुकरण होती हैं।...श्रोता अलग-अलग धुनों को सुनकर अलग-अलग ढंग से प्रभावित होते हैं।",[33] इन दोनों प्रकारों के भेद को देखते हुए संगीतात्मक अनुकरण ही शुद्ध अथवा पूर्ण अनुकरण है। हाँ, इस भेद का महत्त्व वस्तुतः वहीं है जहाँ अन्तर्मन, स्वभाव अथवा चरित्र अनुकरण का विषय हो। वृंदगान स्वतन्त्र रूप से मिश्र कला था और त्रासदी का घटक बन जाने के बाद भी उसके रूप और प्रयोजन में कोई अन्तर नहीं आया था। वस्तुतः त्रासदी वृंदगान का ही विकसित रूप था, इसलिए 'काव्यशास्त्र' (इसे त्रासदीशास्त्र कहना भी अनुचित नहीं होगा) में नाट्यानुकरण, पूर्ण अनुकरण, पर अधिक बल दिया जाना कोई आश्चर्य की बात नहीं है। वृंदगान के सदस्यों द्वारा नाट्यानुकरण की प्रस्तुति का उल्लेख इस प्रबन्ध में कई बार हुआ है।[34]

### 4.1.3 नाट्यानुकरण : काव्य का मूल भेदक

अरस्तू के लिए नाट्यानुकरण कितना महत्त्वपूर्ण है इसका सबसे बड़ा प्रमाण यह है कि उसने इसी को काव्य का भेदक (अन्य कलाओं से बिल्कुल अलग पहचान दिलानेवाला तत्त्व) माना है। यह विषय काव्य की विभिन्न वर्णन शैलियों की चर्चा के अन्तर्गत आया है। प्लेटो ने भी इन शैलियों की चर्चा की है। इस विषय पर दोनों के विचारों की तुलना अपने आप में एक रोचक प्रकरण है। वर्णन शैली के आधार पर प्लेटो ने काव्य के तीन प्रकार माने हैं। पहली है त्रासदी और कामदी की संवाद शैली जिसे उसने अनुकरणात्मक कहा है। दूसरी शैली में कवि स्वयं बोलता जाता है। यह वर्णनात्मक शैली कही गयी है। इसका सबसे अच्छा उदाहरण गीतिकाव्य है। तीसरी है मिश्रित शैली जो प्रबन्ध काव्य तथा अन्य काव्यों में अपनायी जाती है।[35] किन्तु जब यह निर्णय लेने का प्रश्न आता है कि समाज के संरक्षक वर्ग को शिक्षित करने के लिए कवि किस शैली को अपनाये, इसके लिए कौन सी शैली सर्वोत्तम है तो वह वर्णनात्मक शैली पर ही अपनी मुहर लगता है या फिर ऐसी मिश्रित शैली जिसमें संवाद शैली अर्थात् नाट्यानुकरण

कम से कम हो।[36] होमर से उसे यही शिकायत है कि कहानी शुरू करते ही वह किसी न किसी पात्र को ले आता है और जो कहना होता है उसे स्वयं न कहकर पात्र के मुँह से कहलवाता है। इसके विपरीत अरस्तू होमर को इसीलिए श्रेष्ठ मानता है क्योंकि वह अपनी बात यथासम्भव पात्रों के मुँह से कहलवाता है। 'काव्यशास्त्र' में उसकी स्पष्ट घोषणा है, "कवि को अपनी ओर से बहुत कम कहना चाहिए, क्योंकि ऐसा करते समय वह अनुकर्ता नहीं रह जाता।"[37] नाट्यानुकरण के प्रति यह उसका अपना मत है। इसका यह अर्थ नहीं लेना चाहिए कि सामान्य वर्णन को वह काव्य नहीं मानता। तीसरे अध्याय में वह पहले ही कह चुका है कि अनुकृत वस्तु और अनुकरण का माध्यम समान होने पर भी अनुकरण के लिए कोई कवि निम्न में से किसी एक पद्धति को अपना सकता है:[38]

(*i*) कभी वह स्वयं वर्णन के द्वारा अथवा कभी पात्र के माध्यम से अनुकरण करे जैसे होमर ने किया। यह मिश्रित शैली है।

(*ii*) बिना किसी पात्र का सहारा लिए स्वयं ही लगातार वर्णन करता, बोलता, चले। अथवा,

(*iii*) अपने सभी पात्रों को हमारे सामने लाकर उन्हें ही कार्य करते हुए तथा बोलते हुए दिखलाए।

इस स्थल पर वह माध्यम, अनुकार्य वस्तु और पद्धति के आधार पर अनुकरण के भेद दर्शा रहा है। ऊपर के तीनों भेदों में से पहले दो प्रबन्ध काव्य के लिए और अन्तिम नाटक के लिए उपयुक्त है। दूसरे भेद के अन्तर्गत किया गया वर्णन शब्दानुकरण है। इस प्रकार की रचना अनुकरण की व्यापक सीमा के भीतर रहने के कारण कला अवश्य कहलायेगी किन्तु इसे अनुकरण का निम्नतम रूप, प्रतिमा-रचना ही कहा जायेगा। इस तरह माना जाना चाहिए कि सामान्य वर्णन को भी मूल्यानुक्रम में निश्चित स्थान देकर उसने अनुकरण की सभी अवधारणाओं के प्रति सम्मान व्यक्त किया है।

प्रतिमा-रचना से नाट्यानुकरण की ओर इस शब्द की अर्थ-यात्रा अरस्तू की अपनी योजना का परिणाम है। उसकी तर्क पद्धति जाति से उपजाति और उसके भेदकों को रेखांकित करते चलने की रही है। इस पूरी योजना में उसने दो लक्ष्यों पर ध्यान दिया है। एक, काव्य जिस माध्यम एवं पद्धति का उपयोग करता है क्या उनका उपयोग करनेवाली सभी अभिव्यक्तियाँ काव्य कहला सकती हैं? उत्तर 'नहीं' में था। एंपीदोक्लीज़ ने छंदोबद्ध शैली में रचना की थी किन्तु उसे काव्य नहीं कहा जा सकता। इसी तरह नीतिशास्त्र, इतिहास, चिकित्साशास्त्र भी काव्य नहीं कहला सकते भले ही उनके विषय शब्दार्थ में व्यक्त हुए हों।[39] कारण स्पष्ट

है, क्योंकि ये शास्त्र अनुकरण का विषय नहीं अपनाते। दूसरी ओर अनुकरण का पालन करने के कारण ही सोफ्रोन के स्वाँग और ज़ेनार्खुस एवं सुकरात के संवाद काव्य की व्यापक सीमा के भीतर समा सकते हैं। इसी तरह शब्दार्थ का प्रयोग करनेवाली क्रियाओं की यदि एक जाति है तो काव्य को अलग पहचान दिलानेवाला भेदक है अनुकरण। फिर, दूसरा प्रश्न उठता है कि क्या अनुकरण का सिद्धांत अपनानेवाली सभी क्रियाएँ काव्य हैं? नहीं, क्योंकि कला एक जाति है और उसकी उपजातियों की अपनी-अपनी पहचान है। अब काव्य को अन्य कलाओं से भिन्न करनेवाला तत्त्व है उसका माध्यम–भाषा, ताल और लय। यह भेदक सर्वमान्य था किन्तु अरस्तू चिन्तक होने के नाते एक कदम और आगे बढ़ा। उसने इस बात पर भी ध्यान दिया कि अनुकार्य वस्तु क्या सभी कलाओं में एक ही है? उस समय तक इस आधार पर भेद नहीं किये जाते थे। खासतौर पर काव्य और दृश्य कलाओं, उनमें भी चित्र कला, में भेदक केवल स्थूल माध्यम था। सिमोनिदीज़ का यह वाक्य बहुत पहले प्रसिद्ध हो चुका था कि चित्र मूक कविता है और कविता बोलनेवाला चित्र है। प्लेटो द्वारा चित्रकार तथा कवि को एक ही कोटि में रखना भी इसी तथ्य की पुष्टि करता है। अरस्तू ने स्वयं दोनों की निकटता को कई बार स्वीकार किया है, पर तर्क की सुई जब अनुकरण के विषय पर पहुँचती है तो उसका निष्कर्ष कुछ और ही है। वह बड़े स्पष्ट शब्दों में कहता है कि काव्य, जिसकी चरम परिणति त्रासदी में हुई है, का वास्तविक विषय मनुष्यों का कार्यव्यापार है। अर्थात्, पात्रों को कार्यव्यापार करते हुए चित्रित करना ही काव्योचित अनुकरण है।[40] इसकी तुलना में चरित्र उसके लिए गौण है। त्रासदी के अंगों की गिनती करते समय उसने चरित्र (पात्र) को कार्यव्यापार के बाद इसीलिए रखा है। अनुकरण के विषय को इस रूप में देखने से इसका अर्थ भी नाट्यनुकरण हो जाना या उसको अधिक महत्त्व देना स्वाभाविक था। यह अर्थ नया नहीं था। प्लेटो ने तो इसी आधार पर कवि की भर्त्सना की है। किन्तु काव्यशास्त्र की सीमा के भीतर इसे परिभाषित करना, उसे काव्य का भेदक बनाकर स्थापित करना अरस्तू के विशद चिन्तन का परिणाम है।*

आज यह आलोचना का विषय हो सकता है कि काव्यानुकरण को नाट्यानुकरण के रूप में देखना कहाँ तक न्याय संगत है। क्या उसके लिए उचित था कि काव्य कहलाने योग्य शब्दार्थ प्रयोग को कार्यव्यापार के सन्दर्भ में ही देखे? क्या यह संकुचित दृष्टि नहीं थी? इनके उत्तरों के लिए यह देखना

* हमारा यह वाक्य इस अर्थ में नहीं लिया जाना चाहिए कि अरस्तू ने अनुकरण की कहीं कोई परिभाषा दी है। सन्दर्भ विशेष में उसने जो व्यवस्था दी है उसी से उसका अर्थ निश्चित होता है।

आवश्यक है कि उस युग में समाज काव्य से परिचित कैसे होता था। कह आये हैं कि बच्चों की पढ़ाई होमर तथा अन्य प्राचीन कवियों की रचनाओं को रटाने से ही शुरू होती थी। ऐसा करते समय ध्यान रखा जाता था कि वाक्य कहनेवाला कौन है? वह क्रिया का किस अर्थ (निश्चयार्थ, आज्ञार्थ आदि) में प्रयोग कर रहा है? क्योंकि बालक को उसी के अनुरूप अपनी मुद्रा को तथा स्वर को कोमल-कठोर करना होता था। इसी तरह र्‌हैपसोड जब होमर की रचनाओं का सार्वजनिक पाठ करता था तो पूरे हावभाव के साथ करता था ताकि श्रोता उस अंश के भाव को अपने भीतर महसूस कर सकें।[41] बच्चों को शिक्षित करने की इस पद्धति को देखते हुए ही प्लेटो ने आपत्ति थी कि किसी दुश्चरित्र अथवा स्त्री आदि का वाक्य जब बच्चे उस पात्र में स्वयं को ढाल कर याद करते हैं तो उसका प्रभाव उनके अपने चरित्र पर स्थायी हो जाता है जो नहीं होना चाहिए। इसी तरह, कई-कई दिनों तक चलनेवाली नाट्य स्पर्धाओं (जिनका एक उद्देश्य समाज के शिक्षित करना भी होता था) में अच्छे-बुरे सभी तरह के नाटक मंचित होते थे। उनमें से अधिकांश का उद्देश्य दर्शकों का केवल मनोरंजन करना होता था। इससे पूरे नगर में कुछ दिनों के लिए ऐसा वातावरण तैयार हो जाता रहा होगा जो प्लेटो जैसे आदर्शवादी चिन्तक की रुचि के प्रतिकूल था। प्लेटो की तुलना में अरस्तू अधिक व्यावहारिक था फिर भी नैतिक मानदण्डों के प्रति वह भी आग्रहशील था। इस दृष्टि से उसके काल तक आते-आते स्थिति सुधरने के बजाय और बिगड़ी थी। नाटक तब भी सामाजिक शिक्षा का साधन माना अवश्य जाता था किन्तु व्यवहार में वह मनोरंजन का साधन बनकर रह गया था। इसलिए आदर्श का उदाहरण देने के लिए अरस्तू को गिनी-चुनी त्रासदियाँ ही नजर आती थीं, तथा कर्ममय जीवन का मार्ग निर्देशन करने के लिए त्रासदियों (अर्थात् काव्य) में कार्यव्यापार, पात्रों के सक्रिय जीवन के अनुकरण, नाट्यानुकरण, पर बल देना उसके लिए स्वाभाविक था। निष्कर्ष यह कि समाज चाहे जो सोचे-समझे वह हर तुकबंदी करनेवाले को कवि मानने के लिए तैयार नहीं था।

काव्य के भेदक के रूप में नाट्यानुकरण का प्रयोग करके अरस्तू ने यद्यपि इसके पक्ष विशेष पर बल दिया है किन्तु अपने आप में यह बहु आयामी तत्त्व है। शुरू से ही अपने भीतर यह प्रतिमा-रचना का अर्थ भी समेटे हुए था। सुकरात और प्लेटो दोनों ही इसकी व्यापक अर्थ व्यंजना से परिचित थे। संवादों में प्लेटो की परस्पर विरोधी उक्तियों का एक कारण यह भी है। दूसरे, रचयिता और उपभोक्ता की दृष्टि एक न होने से भी उसकी अर्थ व्यंजना और मूल्यांकन में अन्तर आ जाता है। प्लेटो और सुकरात दोनों होमर की वर्णन शैली से अभिभूत थे किन्तु सत्य शोधार्थी के रूप में, तत्त्वगत अनुकरण की दृष्टि से, दोनों उसके

प्रबल विरोधी थे। उस पर इनके दो आरोप थे। एक शब्द चित्र के माध्यम से वह वास्तविकता की जो प्रतिमूर्ति (प्रतिमा-रचना) प्रस्तुत करता है वह धोखा है; दूसरा, उसके शब्दों के जादूई प्रभाव में आकर विचारशील व्यक्ति भी अपने पर बुद्धि का नियन्त्रण खो बैठता है। यह एक प्रकार से प्लेटो की कलादृष्टि की विडम्बना ही थी कि एक ओर अनुकरण को कला का मूल सिद्धांत मानना और दूसरी ओर उसी आधार पर उसका खण्डन करना। सच तो यह है कि कलाकार की दृष्टि से कला को समझने का उसने कभी प्रयास ही नहीं किया। इधर, अरस्तू के कला चिन्तन का केन्द्र कलाकार और कलाकृति दोनों हैं इसलिए उसके विश्लेषण में गहराई भी है, सामंजस्य भी है। प्रबन्ध काव्य और त्रासदी के परस्पर सम्बन्धों की चर्चा में यह बात सामने आयी है कि प्रतिमा-रचना अनुकरण का व्यापक रूप है जो प्रबन्ध काव्य में देखने को मिलता है, इसका नाट्यानुकरण वाला रूप एक विशेष विधा से अधिक जुड़ा हुआ है। किन्तु त्रासदी को प्रबन्ध काव्य का ही विकसित रूप घोषित करके वह इस बात का भी संकेत दे रहा है कि नाट्यानुकरण प्रतिमा-रचना का ही विकसित रूप है। बीज रूप में वह प्रबन्ध काव्य में पहले से ही विद्यमान था, समय आने पर, नाट्य विधा के विकास के साथ-साथ यह स्वीय पूर्ण रूप में प्रकट हो गया। इसलिए, इसे काव्य के भेदक तत्त्व के रूप में स्थापित करना पूरी तरह तर्क सम्मत है।

अनुकरण की अर्थ-यात्रा समतल संचरण के कारण अब तक अपने भीतर केवल दो आयाम समेटे हुए थी जिसके एक छोर पर प्रतिमा-रचना है और दूसरे छोर पर नाट्यानुकरण। अन्य सभी अर्थ इनके बीच के पड़ाव हैं। इसमें तीसरे आयाम का समावेश तब होता है जब अरस्तू नाट्यानुकरण और प्रतिमा-रचना में तात्त्विक अन्तर होने का भी संकेत देता है। नाट्यानुकरण को भेदक के रूप में स्थापित करने के लिए यह आवश्यक भी था। 'काव्याशास्त्र' के निम्न अंश विचारार्थ लिये जा सकते हैं:

(*i*) अनुकरण क्रिया की पद्धति के भेदों को गिनाते समय उसने लिखा है कि अनुकृत वस्तु और माध्यम एक ही होने पर भी शैली भेद से कवियों की दृष्टि और क्षमतानुसार उनका मूल्यांकन किया जा सकता है। प्रबन्धकाव्य के रचयिता चाहें तो लगातार वर्णनात्मक शैली भी अपना सकते हैं और चाहें तो बीच-बीच में नाट्यानुकरण का भी मिश्रण कर सकते हैं। मिश्रित शैली में अकेले होमर का उल्लेख होने से यह निष्कर्ष निकाला जा सकता है कि वह होमर को नाटककारों के पूर्वज के रूप में देख रहा है और इसी आधार पर (नाट्यानुकरण पर अधिक से अधिक बल देने के कारण) कवियों में उसे सर्वश्रेष्ठ

घोषित करने के साथ-साथ नाट्यानुकरण को प्रतिमा-रचना की विरोधी शैली के रूप में भी देख रहा है। दोनों शैलियों को आमने-सामने रखना यह संकेत देता है कि दोनों में तात्त्विक अन्तर भी है।[42]

(*ii*) आख्यानक काव्य पर विचार करते समय उसने त्रासदी के साथ इसकी तुलना भी की है। वहाँ उसका कहना है कि दोनों विधाओं की संरचना भिन्न होते हुए भी कथानक रचना में समानता है क्योंकि दोनों में एक ही प्रकार के नियमों का पालन किया जाता है अतः उनके मूल्यांकन की तुला भी समान है। जैसे, कथानक का सरल या जटिल होना, कार्यान्विति का प्रतिपालन तथा आदि, मध्य एवं अन्त के अंशों में परस्पर सम्बन्ध आदि। अनुकरण की दृष्टि से इस प्रकार के काव्य को उसने केवल (शब्दों में) वर्णन करनेवाले या छंदोबद्ध भाषा में अनुकरण करनेवाले काव्य-वर्ग के अन्तर्गत रखा है।[43] इस प्रकार के भेद की न किसी के साथ समता की गयी है, न विरोध दर्शाया गया है। लगता है जैसे वह बस परम्परा का पालन कर रहा है। किन्तु इसके बाद ही वह तत्काल कह बैठता है वर्णन प्रधान काव्यों में भी त्रासदी की भाँति ही कार्यन्विति का पालन किया जाना आवश्यक है। होमर कवियों में इसीलिए श्रेष्ठ हैं क्योंकि वह अन्य कवियों की तरह एक नायक अथवा एक काल पर बल देने की अपेक्षा कार्य की एकता को कथानक का आधार बनाने में विश्वास करता है।[44] इसके बाद कुछ अन्य विषयों की चर्चा के अन्त में वह निष्कर्ष निकालता है कि इन सभी में होमर हमारा पहला और उचित आदर्श है।[45] तात्पर्य यह है कि जहाँ तक कथानक का प्रश्न है होमर की रचनाएँ उपमान हैं और त्रासदियाँ उपमेय। दूसरे शब्दों में, वह प्रबन्धकाव्य के नाट्यानुकरण द्वारा त्रासदी के नाट्यानुकरण को परिभाषित कर रहा है। प्रतीत होता है कि वह कहीं न कहीं यह महसूस कर रहा था कि केवल नाट्यानुकरण कह देने से उसके प्रचलित अर्थ का ही बोध होता है जिससे उसकी विशिष्टताएँ धुँधला जाती हैं। यदि काव्य के भेदक रूप में उसका ठीक-ठीक बोध कराना हो तो वह प्रबन्ध काव्य के सन्दर्भ में ही सम्भव है। इस विषय में किसी को सन्देह न रहे इसलिए उसे बल देकर लिखना पड़ा कि अकेले होमर में इसका सर्वश्रेष्ठ रूप दिखायी देता है–

(*iii*) "प्रबन्ध काव्य की रचना करनेवाले कवियों में होमर ही है जो इसकी समझ रखता है कि (काव्य में) उसे स्वयं कितना हिस्सा लेना चाहिए।

कवि को स्वयं कम से कम बोलना चाहिए क्योंकि इस रूप में वह अनुकर्ता नहीं रह जाता।"[46]

यह उद्धरण ऊपर ($i$) में कही गयी बात का खण्डन कर रहा है। सतही तौर पर यह चौंकानेवाली बात है। पहले यह बात स्थापित हो चुकी है कि काव्य में शब्द के माध्यम से अनुकरण किया जाता है। सामान्यतः शब्दानुकरण को ही वर्णन नाम दिया गया है और प्रबन्धकाव्य की एक शैली यह भी है जिसमें कवि स्वयं ही बोलता जाता है, वर्णन करता चलता है। और, यहाँ आकर वह कह रहा है कि कवि यदि स्वयं ही बोलता चलता है तो वह अनुकर्ता नहीं रह जाता है। यह अन्यथाभाव वास्तव में सतही है। शब्दानुकरण को हम प्रतिमा-रचना के समकक्ष कह आए हैं। यह अनुकरण का व्यापकतम रूप है। इसे अपनी योजना में निश्चित स्थान देकर उसने वस्तुतः जन भावना का सम्मान दिया है। किन्तु उसकी अपनी धारणा यही है कि काव्य की सार्थकता नाट्यानुकरण में ही है। यहाँ, फिर से हम इसी निष्कर्ष पर पहुँचते हैं उपर्युक्त स्थापना द्वारा वह प्रतिमा-रचना और नाट्यानुकरण में तात्त्विक अन्तर को रेखांकित कर रहा है। इस बात को ध्यान में रखते हुए जब हम उपर्युक्त उद्धरण पर पुनः विचार करते हैं तो स्पष्ट हो जाता है कि इसका उद्देश्य होमर के श्रेष्ठ कवि होने की परम्परागत अवधारणाओं को नये दृष्टिकोण से पुष्ट करना मात्र नहीं है। वह केवल प्रबन्ध काव्य के रचयिताओं में ही नहीं समग्र कवि समाज में अग्रणी है। अरस्तू यह बात ऐसे स्थल पर कह रहा है जहाँ चर्चा का विषय नाट्यानुकरण है। प्रश्न उठता है कि यदि नाटक विधा ही ऐसी है जिसमें नियमतः कवि अपनी ओर से कुछ नहीं कह सकता, उसका पूरा ताना-बाना ही पात्रों के माध्यम से रचा जाता है, तब नाटककारों के लिए भी होमर को आदर्श मानने का औचित्य कहाँ रह जाता है विशेष रूप से अनुकरण के सन्दर्भ में। इसका अर्थ हुआ कि पात्रों के माध्यम से किये जाने वाले अनुकरण, नाट्यानुकरण, की सीमा के भीतर वह एक और प्रकार के अनुकरण की ओर इंगित कर रहा है। सुविधा के लिए हम इसे काव्यात्मक नाट्यानुकरण कहना चाहेंगे। अनुकरण का यह नया रूप प्रबन्धकाव्य और नाटक में समान है और इसी को श्रेष्ठ रूप प्रदान करने में होमर अद्वितीय है। अब प्रश्न यह है कि काव्यात्मक नाट्यानुकरण की पहचान क्या है? इसका स्पष्ट उत्तर किसी एक स्थल पर नहीं मिलता। अनुकरण तथा त्रासदी के विभिन्न अंगो पर विचार करते हुए उसने जो कुछ भी कहा है उसी में हमें इसके सूत्र ढूँढ़ने होंगे।

प्रतिमा-रचना और नाट्यानुकरण के सम्बन्ध म यह धारणा सर्वस्वीकृत थी कि इनमें रूप-भेद है तत्त्वभेद नहीं। प्लेटो ने भी प्रतिमा-रचना के विस्तारित रूप

को ही नाट्यानुकरण माना है। अरस्तू ने काव्य की स्वतन्त्र पहचान के लिए नाट्यानुकरण को इसलिए चुना क्योंकि इसी की अर्थव्यंजना उसके मंतव्य के निकट थी। वैसे वह देख रहा था कि दोनों (प्रतिमा-रचना और नाट्यानुकरण) में अनुकरण की भूमि समान होते हुए भी दूरी इतनी है कि काव्य सिद्धांत की व्यापक सीमा में दोनों में सन्तुलन स्थापित ही नहीं हो पा रहा था। वह स्वीकार करता है कि अनुकरण मनुष्य की सहज वृत्ति है। अपनी-अपनी रुचि के अनुसार कोई गम्भीर कार्यव्यापारों का अनुकरण करता है तो कोई हँसी-मज़ाक की घटनाओं का।[48] अनुकरण के इस पक्ष पर अधिक बल देनेवाले समीक्षक अनुकृति की श्रेष्ठता इस आधार पर आँकते हैं कि वह किस हद तक अनुकृत वस्तु के समान बन पायी है। यहाँ तुलना का आधार मुख्यत: गोचर रूप होते हैं। इस सादृश्य भाव को जो कवि या आलोचक जितना महत्त्व देगा उतना ही वह काव्य को दृश्य कलाओं के निकट लाने का प्रयास करेगा। प्लेटो ने यही किया, यही सामान्य प्रवृत्ति थी। सिमोनिदीज़ का 'चित्र मूक कविता है...' जैसी उक्तियाँ इसका ज्वलंत प्रमाण हैं। अरस्तू को यह दृष्टि विरासत में मिली थी। अपनी स्वतन्त्र धारणा पुष्ट हो जाने पर भी वह इस जन विश्वास को किसी न किसी रूप में स्वीकार करता रहा।[49] प्रतिमा-रचना वाला अर्थ इसी से उद्भूत है और यह उस जगह सटीक बैठता है जहाँ अनुकृत वस्तु और अनुकृति के गोचर रूपों में समानता साफ़ झलकती हो और यह बहुत कुछ स्थूल माध्यम की प्रकृति पर निर्भर करता है।

अनुकरण के इस व्यापक अर्थ से भिन्न अर्थ की खोज के पीछे एक बड़ा प्रश्न प्रेरणा का काम कर रहा था। यदि अनुकृत वस्तु सामान्य अर्थ में गोचर नहीं है अथवा उसके और माध्यम के बीच वैसा सादृश्य भाव नहीं है जैसा प्रतिमा-रचना में बहुधा होता है तब अनुकरण को कैसे परिभाषित किया जाए? जन विश्वास और उसका अपना चिन्तन इस विषय पर एकमत थे कि चरित्र की विशेषताओं का अनुकरण करने में संगीत जितना सफल होता है उतनी दृश्य कलाएँ नहीं। दृश्य कलाएँ उसका शुद्ध अनुकरण न होकर प्रतीकात्मक अनुकरण हैं क्योंकि उनमें अपने-अपने स्थूल माध्यम के अतिरिक्त एक और माध्यम, मानवीय शरीर की विभिन्न भंगिमाएँ, का आश्रय लेना पड़ता है। यही स्थिति काव्य के माध्यम की है। उसकी अनुकृत वस्तु कार्यव्यापार है जो पात्रों के माध्यम से ही ठीक-ठीक व्यक्त हो सकता है। अत: कवि को चाहिए कि वह स्वयं वर्णन न करके पात्रों को बीच में ले आये। इस तरह उसके मतानुसार शब्द प्रयोग के अन्य क्षेत्रों (जैसे, नीतिशास्त्र, तर्कशास्त्र, भाषणशास्त्र)से काव्य को अलग पहचान दिलानेवाला तत्त्व वस्तुत: नाट्यानुकरण ही है। बस हमें इतना

अवश्य ध्यान रखना होगा इसका सामान्य अर्थ न लिया जाय। इसमें अतिरिक्त माध्यम की अपेक्षा होने से यह काव्यात्मक है, प्रतीकात्मक है। अपनी इसी विशेषता के कारण यह प्रतिमा-रचना से तत्त्वत: भिन्न है।

काव्यशास्त्र में नाट्यानुकरण के व्यक्त रूप को दो वर्गों में बाँटा गया है। एक है उसका शब्दमय (लिखित अथवा श्रव्य) रूप। दूसरा है उसी का मंच पर प्रस्तुत किया जाने वाला विस्तारित रूप जिसमें मंच सज्जा परदे, मुखौटे आदि सभी कुछ समाहित है। इस वर्ग विभाजन का आधार उस समय की नाट्य परम्परा थी। एरिस्तोफ़ेनीज़ की चर्चा में हम देख आये हैं कि नाटककार यदि स्वयं अपनी कृति का मंचन नहीं करता था तो वह गुमनाम ही रह जाता था। नाटक की सफलता का सारा श्रेय उसे मंचित करनेवाला (आज की भाषा में प्रोड्यूसर) ही ले जाता था। व्यवहारत: यह भेद बहुत पहले से चला आ रहा था किन्तु काव्यशास्त्र की सीमा के भीतर अरस्तू ने इस अन्तर-रेखा को और गहरा करते हुए मूल्यांकन की दृष्टि से नाटक के लिखित रूप को ही महत्त्व दिया। इसके मंचित रूप को उसने दृश्यविधान (स्पेटैक्युलर प्रेज़ेंटेशन) के अन्तर्गत रखा है जो उसकी दृष्टि में सर्वाधिक गौण है। बुचर ने इसे बहिरंग कहा है। लगता है कि उसके जीवन काल में त्रासदियों के कथानक बहुत निम्न स्तर के होने लगे थे और प्रोड्यूसर दृश्यविधान के बल पर ही प्रेक्षकों की वाहवाही लूट लेते थे। उस समय के नाटककार न सशक्त चरित्र दे पा रहे थे न सुगठित कथानक। कार्यान्विति लाने के लिए घटनाओं में कारण-कार्य के सम्बन्ध पर ध्यान न देकर एक पात्र से जुड़ी घटनाओं को इकट्ठा करने को ही वे अपने कर्तव्य की इतिश्री मान बैठे थे। ऐसे कवियों को सम्बोधित करके ही उसने लिखा, "नाटकीय कार्यव्यापार चरित्र के और प्रस्तुतीकरण के अधीन नहीं होता चरित्र कार्यव्यापार के अधीन होते हैं। अत: घटनाएँ और कथानक त्रासदी का सर्वाधिक महत्त्वपूर्ण अंग हैं।"[50] इसी तरह सशक्त चरित्रों के अभाव से भी वह चिन्तित था।[51] ऐसी कमज़ोर रचनाओं की कमियों को छिपाने के लिए दृश्यविधान की तड़क-भड़क, यंत्रों से कौतुकपूर्ण दृश्य दिखलाना आदि का सहारा लिया जाता था, इसलिए उसने इसे कवि कर्म के अन्तर्गत रखा ही नहीं है। उसका कथन है, "दृश्यविधान सबसे कम कलात्मक अंग है, काव्य कला से इसका सबसे कम सम्बन्ध है। त्रासदी का अपना प्रभाव उसे बिना रंगमंच पर प्रस्तुत किये, पात्रों को बिना मंच पर उतारे भी सम्भव है। दृश्यविधान मंच व्यवस्था का कर्म है न कि कवि का।"[52] इस टिप्पणी को उसने 14 वें अध्याय के आरम्भ में भी दुहराया–"त्रासदीय भय और करुणा दृश्यविधान के द्वारा भी उभारे जा सकते हैं; किन्तु इन्हें घटनाओं

की संरचना द्वारा भी उभारा जा सकता है–श्रेष्ठ कवि इस, अपेक्षाकृत उत्तम, पद्धति को अपनाते हैं।"[53] सारांश यह कि नाटक की उत्कृष्टता उसके कथानक पर निर्भर करती है चाहे वह श्रव्य और दृश्य के समन्वित रूप में हो अथवा केवल श्रव्य किंवा पाठ्य रूप में। उसका अपना मत इसके दूसरे रूप के पक्ष की ओर अधिक झुका हुआ है क्योंकि कवि रचना करते समय उसे इसी रूप में गढ़ता है या गढ़ना चाहिए। उसने लिखा भी है, "पुनः कवि, अपनी शक्ति भर, उचित मुद्राओं के साथ नाटक की रचना करे; क्योंकि जो उसके भावों को अनुभव करते हैं वे चित्रित पात्रों के साथ सहज सहानुभूति रखने के कारण उन भावों पर अधिक विश्वास करेंगे।"[54] इस सुझाव का तात्पर्य है कि कवि रचना करते समय संवादों को स्वयं भी स्वर के उतार-चढ़ाव के साथ तथा पूरी भाव-भंगिमा के साथ बोल-बोल कर देख ले कि उसके अपने आप पर उसका क्या प्रभाव पड़ता है। कवि कर्म के अन्तर्गत नाट्यानुकरण का यह पक्ष अरस्तू के लिए सर्वाधिक महत्त्वपूर्ण है। कथानक कार्यव्यापार का अनुकरण है और इसका लक्ष्य है भावों को जगाना इसलिए उसकी संरचना को अधिक से अधिक प्रभावशाली बनाने के लिए अनुकरण की इन सूक्ष्मताओं को ध्यान में रखने के कारण शब्द के स्थूल माध्यम के अतिरिक्त और जितने उपाय सहायक हो सकते हैं वे सभी नाट्यानुकरण, काव्यात्मक नाट्यानुकरण, के भीतर आ जाते हैं। इन्हीं कारणों से प्रतिमा-रचना से यह तत्त्वतः भिन्न है।

त्रासदी के रंगमंचीय रूप की तुलना में उसके लिखित या केवल श्रव्य रूप पर अधिकाधिक बल देने के कारण त्रासदी ऐसी प्रबन्ध रचना के निकट आ बैठती है जिसमें कवि पात्रों का प्रवेश करा कर कथानक को आगे बढ़ाता है। अनुमान लगाया जा सकता है कि उसकी दृष्टि में होमर (जो अन्धा था)भी संवादों को बोल-बोले कर, स्वयं उनके प्रभाव का अनुभव कर, उन्हें अन्तिम रूप देता होगा। उसकी इस स्थापनपा को कि नाटक प्रबन्धकाव्य से विकसित हुआ है और होमर की कृतियाँ इसके लिए आदर्श हैं, वस्तुतः कवि कर्म के श्रव्य पक्ष की पृष्टभूमि पर ही ठीक-ठीक समझा जा सकता है। रचना के धरातल पर अनुकरण करते समय मंच सज्जा का प्रश्न ही नहीं उठता। इसकी सीमा के भीतर अधिक से अधिक शब्दों का उच्चरित रूप और किंचित भाव-भंगिमा ही समा सकते हैं। होमर के काव्यपाठ में र्‍हैपसोड इसी के द्वारा जन समूह को प्रभावित किया करते थे। पात्रानुसार शब्द के श्रव्य रूप पर बल देकर[55] काव्य को पुनः परिभाषित करने के लिए अरस्तू एक ओर माध्यम-भेद का सहारा ले रहा है तो दूसरी ओर माध्यम की प्रयोग विधि का क्योंकि इनमें से कोई एक काव्य के स्वरूप को समझने के लिए पर्याप्त नहीं है। इसमें यह संकेत भी छिपा हुआ है

कि कवि शब्द शक्ति का सहारा लेकर कर रचना करें न कि मंच सज्जा का।

प्लेटो ने अनुकरण का एक अर्थ नाट्यानुकरण (नाट्याभिनय) अवश्य ग्रहण किया किन्तु प्रतिमा-रचना से उसे तत्त्वतः भिन्न नहीं माना। उसके अनुसार दोनों प्रकार के अनुकरण चित्र कला की पद्धति पर यथार्थ का भ्रम पैदा करते हैं, अतः दोनों ही त्याज्य हैं। साथ ही उसकी कथन-पद्धति से यह संकेत भी मिलता है कि उसके मत से चित्र कला आगे है और काव्य कला उसका अनुसरण कर रही है। अरस्तू ने विषय प्रवेश के लिए तुलना का यही रूप रखा है, फिर अपना दृष्टिकोण स्पष्ट करते-करते उसने स्थापित कर दिया कि प्रतिमा-रचना अनुकरण की व्यापक क्रिया है जिसके भीतर नाट्यानुकरण ऐसी क्रिया है जिसे समझने के लिए प्रतिमा-रचना का सामान्य अर्थ सहायक नहीं होता। अतः काव्य को चित्र कला का पिछलग्गू मानने का कोई औचित्य नहीं रह जाता। काव्य में किया गया अनुकरण अपनी स्वतन्त्र सत्ता रखता है। इसके दो आधार हैं। एक, प्रतिमा-रचना में दैनंदिन यथार्थ, गोचर यथार्थ का अनुकरण होता है। काव्य इससे मुक्त है। इस विषय में उसकी यह घोषणा अत्यन्त महत्त्वपूर्ण है कि काव्य का सत्य राजनीति अथवा अन्य किसी कला के सत्य से भिन्न है।[56] इस कारण से उसका मूल्य निर्धारित करते समय यह देखने की आवश्यकता नहीं है कि उसमें सामान्य यथार्थ कहाँ तक प्रतिबिम्बित हो रहा है। इसी से निःसृत दूसरा आधार है काव्य का प्रयोजन। मात्र अनुकरण कोई मूल्य नहीं रखता। प्रयोजन सिद्ध करनेवाला अनुकरण ही मूल्यवान् है और तब यह देखना भी अर्थवान् हो जाता है कि प्रयोजन कितना श्रेष्ठ है। प्लेटो का चित्रकारों और कवियों पर यह आरोप है कि वे सत्य का ज्ञान कराने का दिखावा भर करते हैं वास्तव में वे स्वयं भी ज्ञानी नहीं हैं। इस धारणा का खण्डन करते हुए अरस्तू ने कहा कि इन कलाओं से ज्ञान मिलता है और त्रासदी इस दिशा में अन्य कलाओं का मार्ग दर्शन कर सकती है। त्रासदी काव्य की ऐसी विधा है जो अत्यन्त सशक्त रूप में विशेष (पर्टिकुलर) का अनुकरण करके सामान्य (यूनिवर्सल) का ज्ञान कराती है। इसका यह संज्ञानात्मक मूल्य (कॉग्निटिव वैल्यू) इसे दर्शन के अत्यन्त निकट ला बैठाता है। अब देखना है कि वह इस निष्कर्ष तक कैसे पहुँचा।

त्रासदी में चित्रित पात्रों का वर्ग विभाजन करते समय उसे लिखा है कि अच्छाई में वे या तो हमसे श्रेष्ठ, या हमसे घटिया या फिर हमारे जैसे हो सकते हैं।[57] इसका उदाहरण देते हुए उसने कहा है कि होमर के पात्र हमसे श्रेष्ठ हैं। कामदी और त्रासदी में इस आधार पर भी भेद किया जाता है कि एक में पात्र घटिया होते हैं दूसरे में श्रेष्ठ। श्रेष्ठता से तात्पर्य है जो आचार-विचार में समाज का मार्ग दर्शन करने में सक्षम हों, समाज को आदर्श की ओर ले जा सकें तथा

उसकी प्रेरणा भी दे सकें। 'समस्याएँ और समाधान' विषय की चर्चा के अन्तर्गत अनुकरण का वर्ग विभाजन करते समय उसने पुनः इसी दृष्टि का परिचय दिया है। वहाँ उसने लिखा है, "एक चित्रकार की भाँति सादृश्य का निर्माता होने के कारण यह आवश्यक है कि वह (कवि) वस्तुओं को इन तीन में से किसी एक रूप में दिखलाये–वे जैसी थीं या हैं, वे जैसी कही या समझी जाती हैं, या वे जैसी होनी चाहिए।"[58] इसके तत्काल बाद उसका प्रसिद्ध वाक्य आया है कि काव्य का सत्य राजनीति आदि के सत्य से भिन्न है।

इन उद्धरणों में घुमा-फिरा कर वह एक ही बात करता प्रतीत होता है कि त्रासदी का कार्यव्यापार ऐसा होता है जिसके निष्पादन के लिए श्रेष्ठ पात्रों की आवश्यकता होती है। यदि ऐसा घटनाक्रम आनुश्रुतिक आख्यानों में नहीं मिलता तो उसकी कल्पना की जानी चाहिए। काल्पनिक कथावस्तु को ग्रहण करने में भी कोई दोष नहीं है क्योंकि काव्य का सत्य इतिहास अथवा वर्तमान जीवन के यथार्थ के बन्धन से मुक्त है। ऐसी कथावस्तु यदि प्रयोजन सिद्ध करने में सफल हाती है तो वह काल्पनिक होते हुए भी स्वतः सिद्ध है। 'जैसी होनी चाहिए' वाक्यांश कथावस्तु के आदर्श रूप होने का अर्थ दे रहा है क्योंकि उसे एक उच्चतर लक्ष्य–उच्चतर यथार्थ–से साक्षात्कार कराने का प्रयोजन सिद्ध करना है। इसके अतिरिक्त यह वस्तुओं के कल्पनाश्रित होने का भी बोध करा रहा है। और तब, यहाँ अनुकरण का अर्थ होगा कल्पना के अनुरूप होना। तात्पर्य यह कि काल्पनिक कथावस्तु यदि प्रयोजन सिद्ध करने में सक्षम हो तो वह उतनी ही यथार्थ है जितना कोई ऐतिहासिक अथवा आनुश्रुतिक आख्यान। यह अरस्तू के तर्क के प्रथम चरण की स्थापना है।

दूसरे चरण की स्थापना कथावस्तु की घटना संरचना से सम्बन्धित है। प्रबन्ध काव्य और त्रासदी दोनों का ही सर्वाधिक महत्त्वपूर्ण अंग कार्यव्यापार है। कार्यव्यापार अर्थात् घटनाओं में कारण-कार्य सम्बन्ध, उनमें परस्पर संयोजन। यहाँ भी उसका स्पष्ट मत है कि इस सम्बन्ध को यथार्थ के प्रकाश में न देखा जाय। इस विषय में यह तर्क देना व्यर्थ है कि संसार में ऐसा ही होता है। महत्त्वपूर्ण यह है कि एक घटना से दूसरी घटना का जन्म लेना कितना अनिवार्य है, कितना सम्भाव्य है तथा प्रयोजन सिद्धि में कितना सहायक है। इसे और स्पष्ट करते हुए वह लिखता है, "असम्भव का औचित्य काव्य की आवश्यकता के सन्दर्भ में दर्शाया जाना चाहिए...काव्य के क्षेत्र में अविश्वसनीय सम्भावना की अपेक्षा विश्वसनीय असम्भावना को वरीयता दी जानी चाहिए;* ज़्युक्सिस ने यदि असम्भव का चित्रण किया है तो उसका उत्तर है कि उसने वैसा करके ठीक ही किया है क्योंकि कलाकार को अपने आदर्श नमूने (जिसका वह अनुकरण कर

रहा है) में और सुधार लाने का अधिकार है।"[59] आवश्यकता और सम्भाव्यता (नेसेसिरी ऐंड प्रोबेबिलिटी) को सामान्य जीवन से अलग करके देखने से काव्य मूल्यांकन में उनके स्वतन्त्र, निजी रूप के निर्धारण का मार्ग प्रशस्त हो जाता है। किन्तु इसका यह अर्थ नहीं लेना चाहिए कि कवि निरंकुश है। कल्पना की स्वतन्त्रता के नाम पर वह कुछ भी कहे और हम उसे स्वीकार करते चले जायँ यह नहीं हो सकता। इसीलिए आवश्यक है कि एक ओर वह प्रयोजन की डोर से बँधा रहे तथा दूसरी ओर सामान्य यथार्थ से भी एकदम पल्ला न झाड़ ले। ज़्युक्सिस के उदाहरण द्वारा वह सन्देश दे रहा है कि कलाकार पहले गोचर यथार्थ से अपना प्रतिमान चुने फिर आवश्यकतानुसार उसमें उतना ही सुधार लाये जिसमें से मूल रूप भी झाँकता रहे और प्रयोजन भी सिद्ध हो जाय। यदि मूल रूप का ही अता-पता नहीं होगा तो दर्शक उसे पहचानेगा कैसे। इसके पहले वह कह आया है कि चित्रकार अज्ञानवश हिरनी के सिर पर सींग दिखलाये तो यह भूल क्षम्य है पर हिरनी पहचानी ही न जा सके तो अक्षम्य है।[60] इस तरह की टिप्पणियों से समझा जा सकता है कि उसने कवि की कल्पना को पूरी छूट नहीं दी है। पतंग चाहे जितनी ऊँची उड़े डोर से उसका बँधे रहना आवश्यक है। अनुकरण की सीमाओं को समझाने के लिए उसने चित्र का उदाहरण केवल सुगमता की दृष्टि से दिया है। इसका यह अर्थ नहीं लिया जाना चाहिए कि काव्य सदैव चित्र कला का अनुसरण करता रहे।

तीसरे चरण की स्थापनाएँ प्रयोजन की दृष्टि से काव्य को उच्चतम भूमि पर प्रतिष्ठित करती हैं और कवि अन्य कलाकारों का मार्ग दर्शक बना जाता है। यहाँ कवि एक तत्त्व चिन्तक के रूप में खड़ा दिखायी पड़ता है। इतिहास और काव्य दोनों के स्थूल माध्यम शब्द हैं और दोनों के विषय भी एक ही हैं—मनुष्य के कार्यव्यापार। अन्तर यह है कि इतिहास किसी विशेष, देश-कालबद्ध घटना को

---

* यह वाक्य पढ़ने में अटपटा अवश्य लगता है किन्तु उसकी दृष्टि से देखें तो इसका अर्थ स्पष्ट है। 13 वें अध्याय में उसने लिखा है—"अच्छे आदमी (पूर्ण सद्गुण सम्पन्न व्यक्ति) को सुखी जीवन से दुखी जीवन में प्रवेश करते हुए नहीं दिखाया जाना चाहिए" (−1453[ब], पं. 34)। इसमें सन्देह नहीं है कि संसार में ऐसा बहुधा होता है फिर भी वह इसे त्रासदी के उपयुक्त क्यों नहीं मानता? इसके दो कारण हैं—(*i*) इससे उत्पन्न भाव त्रासदी के उपयुक्त नहीं है, और (*ii*) इस स्थिति में पहले और बाद के जीवन में कारण-कार्य सम्बन्ध नहीं जुड़ पाता, अतः उसे भाग्य के भरोसे छोड़ देना पड़ता है। घटना क्रम में युक्तिमत्ता का आधार समाप्त हो जाने से एक ओर जहाँ सम्भावना के नियम का उल्लंघन होता है और जिसके परिणामस्वरूप कथानक की एकता भंग होती है, वहीं दूसरी ओर, कृति में संज्ञानात्मक मूल्य भी नहीं रह पाता। बस, यही उसके विरोध का कारण है।

लेकर लिखा जाता है और उसके विशेषत्व को यथासम्भव बनाये रखना ही उसका उद्देश्य होता है। लेखक अपनी ओर से न कुछ जोड़ सकता है न घटा सकता है। किन्तु काव्य सामान्य* से साक्षात्कार कराता है। इसके लिए कवि घटे हुए व्यापार का नहीं, आवश्यकता और सम्भावना के नियम के अनुसार जो घट सकता है उसका वर्णन करता है।[61] सामान्य की व्याख्या करते हुए वह आगे लिखता है कि नाटकों में जो भी व्यापार दर्शाये जाते हैं, वे यद्यपि, किसी न किसी पात्र द्वारा ही किये जाते हैं और उन पात्रों के नाम भी अवश्य होते हैं किन्तु वास्तव में वे किसी न किसी चारित्रिक वर्ग का प्रतिनिधित्व करते हैं। अमुक गुणोंवाला व्यक्ति परिस्थिति विशेष में सम्भावना या आवश्यकता के नियमानुसार क्या कहेगा या कैसा व्यवहार करेगा वही सामान्य है। यथार्थ जीवन में जो घटा है उसकी सम्भावना स्वतः सिद्ध है अन्यथा उसके घटने का प्रश्न ही नहीं उठता इसलिए अधिकांश कवि उन घटनाओं को अपनी रचना का विषय बनाते हैं जो घट चुकी हैं। वे सोचते हैं कि इन घटनाओं की विश्वसनीयता पर तो कोई उँगली उठा ही नहीं सकता। इस तरह की सोच पर यथार्थ और कलात्मक घटना व्यापार की तुलना करते हुए वह अपना निर्णय देता है कि यथार्थ में घटनाओं का क्रम सम्भावना अथवा आवश्यकता के नियमों के विरुद्ध भी हो सकता है। हमें अपने आसपास प्रायः ऐसे व्यक्ति मिल जायेंगे जिनका व्यवहार हमारी समझ के बाहर होता है। क्या उनके कार्यव्यापार को काव्य का विषय केवल इसी आधार पर बनाया जा सकता है कि वह यथार्थ है? नहीं। घटिया कवि ही अपनी अक्षमता छिपाने के लिए वास्तविकता की दुहाई देकर उनका चयन कर लेते हैं। कभी-कभी अच्छे कवि भी अभिनेताओं को प्रसन्न करने के लिए ऐसी घटनाएँ चुन लेते हैं। उसका सुझाव है कि अच्छे नाटककार को यह अवश्य देख लेना चाहिए कि घटनाएँ भले ही सच्ची हों पर क्या वे आवश्यकता और सम्भावना के नियमों के अनुकूल भी हैं। आनुश्रुतिक आख्यानों में यदि इन नियामें का उल्लंघन हुआ है तो उन्हें काव्य का विषय नहीं बनाना चाहिए। अच्छा यही है कि कवि अपने रचयिता (पोईईतीज़ = मेकर = बनानेवाला) होने का धर्म निभाये, नियमों के अनुकूल कार्यव्यापार की उद्‌भावना करे। दूसरे शब्दों में वह ऐसी त्रासदियों की रचना करने को कह रहा है जिसमें एक-दो परिचित नामों को छोड़कर शेष सभी काल्पनिक हों, अथवा, सभी काल्पनिक हों तो भी कोई हानि नहीं है। जैसे, आगाथॉन का 'अथ्यूस' नाटक पूरी तरह काल्पनिक है फिर भी श्रेष्ठ माना जाता

* यहाँ 'सामान्य' शब्द कुछ सावधानी की अपेक्षा रखता है। एक ओर यह 'वर्गगत' की सीमा से अधिक व्यापक अर्थ देता है, तो दूसरी ओर प्लेटो के 'नित्यरूप' का पर्यायवाची भी नहीं है।

है। कल्पना प्रसूत कथावस्तु में कवि को यह सुविधा रहती है कि घटनाओं के अनुक्रम में कारण-कार्य सम्बन्ध जोड़ने में नियम का पूर्णतः पालन कर सकता है। यद्यपि पात्रों को व्यक्तिवाचक संज्ञा देकर तथा उनके कार्यों को देशकाल में घटता हुआ दिखलाकर विशेष का आभास अवश्य दिया जाता है किन्तु रूप कुछ ऐसा होता है कि उनमें सामान्य की झलक पा लेने में कोई कठिनाई नहीं होती। यही उनकी सफलता की तुला है। विशेष के शरीर में सामान्य की आत्मा, दोनों का युगपत् सम्बन्ध ही कला रूप (आर्ट फॉर्म) है। प्लेटो कलाओं में सामान्य के अस्तित्व को स्वीकार ही नहीं करता था। उसके अनुसार कलाओं के स्थूल माध्यम में यह क्षमता ही नहीं है। और सामान्य के अस्तित्व के बिना उनका कोई मूल्य नहीं है।

कला मूल्य के सन्दर्भ में 'सामान्य' सत्य का समानार्थी है। सत्य की अर्थव्यंजना जो भी रही हो होमर और हीसियोद इस विषय पर स्पष्ट हैं कि सत्य पर एकमात्र अधिकार उन्हीं का है। यह अधिकार उन्हें म्यूज़ की कृपा से मिला है। छठी और पाँचवीं शताब्दी के दार्शनिकों ने उनके इस अधिकार को चुनौती भी दी। प्लेटो के कटु प्रहार भी इसी शृंखला की एक कड़ी हैं।* अरस्तू प्लेटो का शिष्य होते हुए भी उससे अधिक व्यवहारशील था। उसने अपने विश्लेषण में कलाकार और सहृदय के दृष्टिकोणों को भी अपनाया। फलस्वरूप वह इस निष्कर्ष पर पहुँचा कि कला जगत् का स्वतन्त्र अस्तित्व है और कवियों तथा दार्शनिकों द्वारा काव्य सत्य तथा दार्शनिक सत्य को एक ही समझने की भूल ही इस पूरे विवाद का मूल कारण है। उसने पहली बार काव्य को निज रूप में स्थापित किया।

'सामान्य' की अवधारणा सबकी अलग-अलग थी फिर भी उसे एक ही परिभाषा में बाँधने से उपर्युक्त समस्या उठ खड़ी हुई थी। काव्य सत्य की स्थापना उसी का एक समाधान था। प्लेटो का 'सामान्य' ज्ञान मीमांसीय है, नित्यरूप है तथा दार्शनिकों, केवल दार्शनिकों के लिए तर्कगम्य है। प्राकृतिक रूप उसी के प्रतिबिम्ब हैं। कलाएँ उससे त्रिधा अपेत हैं। उधर अरस्तू आरम्भ ही इस अभिस्वीकृति (एज़ंपशन) से करता है कि काव्य का विषय कल्पना प्रसूत है। उसका कोई ऐसा आग्रह नहीं है कि काव्य उस नित्यरूप सत्य से साक्षात्कार करवाता है या ऐसा उसका कोई प्रयोजन है। उसका विशेष बल काव्य के केवल संज्ञानात्मक पक्ष पर है। उसका यह कथन कि इतिहास की अपेक्षा काव्य दर्शन के अधिक निकट है और उसका प्रयोजन भी अधिक गम्भीर होता है मात्र उसके

* इस विषय पर 'शास्त्रीय समीक्षा के प्रथम चरण' के अन्तर्गत चर्चा हो चुकी है।

संज्ञानात्मक मूल्य को स्थापित करता है। इस अर्थ-भेद को कामदी के सन्दर्भ में अधिक सरलता से समझा जा सकता है। त्रासदी में सामान्य से श्रेष्ठ पात्रों के व्यापारों का चित्रण होता है तथा कामदी में सामान्य से निम्न पात्रों के व्यापारों का। किन्तु, विशेष और सामान्य का युगपत् सम्बन्ध कामदी में भी वैसा ही होता है जैसा त्रासदी में। यदि हम त्रासदी के साथ दार्शनिक सत्य को जोड़ते हैं तो कामदी के साथ भी ऐसा ही करना होगा जिसे कोई भी स्वीकार करने के लिए तैयार नहीं होगा। स्वयं अरस्तू ने भी ऐसा कोई संकेत नहीं दिया है। अतः हमें केवल इतना ही मानकर चलना होगा कि कवि अपनी रचनाओं में कतिपय कार्यव्यापारों (अधिकांशतः काल्पनिक) के बिम्ब दिखला कर किन्हीं सामान्य सत्यों का उद्घाटन करता है। श्रोता या प्रेक्षक उनसे परिचित हों, उनसे मार्ग दर्शन प्राप्त करें यही काव्य का मूल्य है।

अरस्तू इस तथ्य से परिचित था कि सामान्य को व्यक्त होने के लिए विशेष का रूप चाहिए। वह जब भी व्यक्त होगा विशेष के माध्यम से ही होगा, और कोई उपाय है ही नहीं। देखना यह है कि विशेष अपने तक ही सीमित होकर रह गया है, या, अपनी सीमाओं का किंचित् विस्तार कर सामान्य की झलक भी दिखला रहा है। सामान्य की अभिव्यक्ति वह जितनी सफलतापूर्वक करेगा उतना ही मूल्यवान् होगा। प्रत्येक कला इसे अपने ढंग से, माध्यम की प्रकृति के अनुसार, मूर्त रूप प्रदान करती है। काव्य 'सामान्य' को अभिव्यक्ति देने के अपने प्रयोजन को कार्यव्यपार द्वारा, जिसके लिए अनुकरण का नाट्य रूप सर्वोत्तम है, सिद्ध करता है। नाट्य कार्यव्यापार में कारण-कार्य सम्बन्ध जितने सशक्त होते हैं और 'सामान्य' से साक्षात्कार कराने में जितने सक्षम होते हैं उतनी सफलता केवल वर्णन द्वारा नहीं मिल पाती। उसके अपने मतानुसार गोचर रूप का सीधे-सीधे अनुकरण करके उच्चतर यथार्थ का बोध कराया ही नहीं जा सकता। उच्चतर यथार्थ बुद्धिगम्य है और गोचर रूप इन्द्रियगम्य। इसलिए, गोचर रूप को नये सन्दर्भों में प्रस्तुत करके (अर्थात् प्रतीक द्वारा) ही उच्चतर यथार्थ को अभिव्यक्ति दी जा सकती है। दैनंदिन जीवन में घटनाओं का परस्पर सम्बन्ध बहुधा नियम रहित सा प्रतीत होता है, अथवा इतना क्षीण होता है कि उसे संयोग की संज्ञा दे दी जाती है। अतः उनमें उचित क्रम बैठाते हुए नियम को और स्पष्ट करने के लिए काल्पनिक विषय लेकर भी उसे यथार्थ का रूप देने में दृश्य कलाओं में और काव्य की अन्य विधाओं में नाटक सर्वाधिक सफल होता है। सम्भवतः अन्य कलाओं में उनके अपने-अपने माध्यमों के विशिष्ट गुणों का इस तरह उपयोग हुआ ही नहीं है कि वे गोचर रूपों का अनुकरण करके भी उनकी सीमा के परे 'सामान्य' से साक्षात्कार करा सकें। खासतौर से दृश्य कलाओं के

माध्यमों और गोचर रूपों में अधिक गहरा सादृश्य भाव होने के कारण वे दैनंदिन यथार्थ (कॉमन रियेलिटी) से अधिक जुड़ी रह गयी हैं। इनके सन्दर्भ में कलाकार और प्रेक्षक दोनों ही अनुकरण का प्रतिमा-रचना वाला अर्थ अधिक लेते प्रतीत होते हैं। इससे उनका विकास अवरुद्ध हो गया है।[62] फिर भी वह विश्वास करता प्रतीत होता है कि काव्य उन्हें इस स्थिति से उबारने में सहायक हो सकता है। काव्य के क्षेत्र में प्रबन्धकाव्य से त्रासदी का विकास हुआ, सामान्य वर्णन से नाट्यानुकरण का विकास हुआ जो संज्ञानात्मक मूल्य की अधिक सम्भावनाओं से युक्त होने के कारण अन्य कलाओं के लिए प्रतिमान का कार्य कर रहा है। अन्य कलाएँ इससे प्रेरणा लेकर अपने भीतर अनुकरण के उच्चतर रूप का विकास कर सकती हैं।

## संदर्भ एवं टिप्पणियाँ

1. यूनान में स्वतन्त्र नागरिकों के उपयुक्त अध्ययन के विषयों को 'उदात्त कलाएँ' (लिबरल आर्ट्स) की संज्ञा दी गयी है। इसके अन्तर्गत व्याकरण, भाषणशास्त्र, तर्कशास्त्र, गणित, संगीत, ज्यामिति तथा खगोलशास्त्र इन सात विषयों को लिया जाता था।
2. जॉन अनियन्स, दि हेलेनिस्टिक एज, पृ० 27
3. इतिहास साक्षी है कि ई.पू. 335 में सिकन्दर ने थीब्ज़ नगर को राजद्रोह करने के लिए दण्डित करने का निणर्य लिया था। उस समय उसने मन्दिरों और पिन्दर के घर को छोड़कर शेष सभी इमारतें नष्ट करवा दी थीं। कवि के प्रति सम्मान का भाव रखने के कारण ही सिकन्दर ने उसके घर को कोई क्षति नहीं पहुँचायी थी।
4. दे. 'काव्यशास्त्र', पृ० 1447[अ] तथा [ब]
5. दि कैंब्रिज हिस्ट्री ऑफ़ लिटरेरी क्रिटिसिज़्म, प्रथम खण्ड, पृ० 149
6. प्लेटो को पढ़ते समय कभी-कभी ऐसा लगता है कि काव्य को लेकर उठायी गयी आपत्तियाँ वस्तुतः उसकी प्रथम प्रतिक्रियाएँ हैं जिन पर उसने अन्य दृष्टिकोणों से कभी फिर से विचार किया ही नहीं।
7. फारसी युद्ध के बाद से ही एथेन्स पूरे यूनान के बड़े सांस्कृतिक केन्द्र के रूप में स्थापित हो चुका था। यहाँ की नाट्य स्पर्धाओं को देखने के लिए अनेक राज्यों के राजनयिक बड़ी संख्या में आया करते थे।
8. ईसा की प्रथम शताब्दी के दियो नाम के भाषाशास्त्री ने लिखा है कि [काव्य की] आलोचना तथा भाषा के अध्ययन की परम्परा अरस्तू से आरम्भ हुई। इस सम्र्बन्ध में विद्वानों का मत है कि जिन पुस्तकों के आधार पर यह बात कही गयी है वे हैं 'कवियों के सम्ब्रन्ध में' तथा 'होमर सम्बन्धी समस्याएँ' क्योंकि 'काव्यशास्त्र' के बारे में उस समय तक ज्यादातर लोगों को जानकारी नहीं थी।—दि कैंब्रिज हिस्ट्री ऑफ लिटरेरी क्रिटिसिज़्म, प्रथम खण्ड, पृ. 149
9. एरिस्टॉटल्ज़ पोएटिक्स, पृ. 36

10. पृ. 1451[ब], पं. 27-28

11. बाइ फ़ॉर्म आइ मीन दि एसेन्स ऑफ ईच थिंग ऐंड इट्स प्राइमरी सब्सटैन्स।–मेटाफिज़िक्स, पृ. 1032[ब], पं. 1।

12. बट इफ़ ऑन दि अदर हैंड आर्ट इमिटेट्स नेचर, ऐंड इट इज़ पार्ट ऑफ़ दि सेम डिसिप्लिन टु नो दि फ़ॉर्म ऐंड दी मेटर अपटु ए पॉएँट...–फिज़िक्स, पृ. 194[अ], पं. 21–5।

    प्रकृति और कला में तत्त्व और पदार्थ के परस्परप सम्बन्ध की समानता निम्न उद्धरणों में भी देखी जा सकती है :

    (*i*) थिंग्ज़ दैट आर फ़ॉर्म्ड बाइ नेचर आर इन दि सेम केस ऐज़ दीज़ प्रोडक्ट्स ऑफ आर्ट। फ़ॉर दि सीड इज़ प्रोडक्टिव इन दि सेम वे ऐज़ दि थिंग्ज़ दैट वर्क बाइ आर्ट; फ़ॉर इट हैज़ दि फॉर्म पोटेंशियली।...–मेटाफिज़िक्स, पृ० 1034[अ], पं. 32–3

    (*ii*) ...ऐंड जनरली आर्ट पार्टली कंप्लीट्स व्हॉट नेचर कैननॉट ब्रिंग टु फिनिश, ऐंड पार्टली इमिटेट्स हर। इफ़, देयरफोर, आर्टिफीशियल प्रोडक्ट्स आर फ़ॉर दि सेक ऑफ ऐन एंड, सो क्लियरली ऑल्सो आर दि नैचुरल प्रोडक्ट्स।–फिज़िक्स, पृ. 199[अ], पं. 16–18।

13. ऐंड सिन्स नेचर मीन्स टू थिंग्ज़, दि मैटर ऐंड फ़ॉर्म, ऑफ़ व्हिच दि लैटर इस दि एंड, ऐंड सिन्स ऑल दि रैस्ट इज़ फ़ॉर दि सेक ऑफ़ दि एंड, दि फॉर्म मस्ट बी दि कॉज़ इन दि सेन्स ऑफ़ 'दैट फॉर दि सेक ऑफ़ व्हिच।' –फिजिक्स, पृ. 0199[अ], पं. 31–3।

14. सामान्यत: इन्ग्राम बाइवाटर और बुचर के अनुवाद ही प्रामाणिक मान कर उद्धृत किये जाते हैं। हमने बर्नेज़ का अनुवाद इसलिए लिया है क्योंकि काथार्सिस के सन्दर्भ में इसके अन्तिम उपवाक्य का अनुवाद हमें अधिक तर्क संगत प्रतीत हुआ।

15. यूनानी भाषा के 'स्पूदाइआस' के लिए अंग्रेजी में 'सीरियस' शब्द प्रयोग हुआ है। बुचर ने भी 'काव्यशास्त्र' के अनुवाद में इसी शब्द को रखा है किन्तु पुस्तक के पृष्ठ 241 पर वह लिखता है कि इसके लिए कोई एक शब्द पर्याप्त नहीं है। 'नोबल' शब्द भी इसके लिए उपयुक्त नहीं है। इसमें अंग्रेज़ी के 'ग्रेव' तथा 'ग्रेट' दोनों शब्दों का भाव समाहित है। हिन्दी में 'सीरियस' के अनुवाद रूप में 'गम्भीर' शब्द प्रयुक्त होने लगा है। उपयुक्तता की दृष्टि से हमें 'उदात्त' शब्द अधिक सटीक प्रतीत होता है।

16. (*i*) ...विद इन्सिडेंट्स एराउज़िग पिटी ऐंट फियर, व्हेयरविद टु एकॉम्प्लिश काथार्सिस ऑफ सच इमोशन्स।–बाइवाटर का अनुवाद। (...इसमें घटनाएँ करुणा और भय जगाती हैं जिनके द्वारा ऐसे भावों का काथार्सिस सम्पन्न होता है।)

    (*ii*) ...थ्रू पिटी ऐंड फियर इफैक्टिंग दि प्रॉपर पर्गेशन ऑफ़ दीज़ इमोशन्स।–बुचर का अनुवाद। (...[त्रासदी ऐसे कार्यव्यापार का अनुकरण है जो]) करुणा और भय के द्वारा इन भावों का उचित विरेचन निष्पन्न करती है।

(*iii*) ...एकॉम्प्लिशिंग बाइ वे ऑफ़ पिटी ऐंड फियर दि काथार्सिस ऑफ सच फीलिंग्ज़।–जॉनाथन बार्न्स का अनुवाद। (...करुणा और भय के द्वारा ऐसी अनुभूतियों का काथार्सिस सम्पन्न करती है)

(*iv*) ...एराउज़िंग पिटी ऐंड फियर इन सच ए वे ऐज़ टु एकॉम्प्लिश काथार्सिस ऑफ़ सच इमोशन्स।–प्रिंसटन एनसाइक्लोपीडिया। (...करुणा और भय को इस तरह जगाना कि सदृश भावों का काथार्सिस निष्पन्न हो सके)

17. यह आवश्यक नहीं है कि किसी परिभाषा में किसी एक ही भेदक का उल्लेख किया जाय। जिस वस्तु की परिभाषा दी जा रही है उसकी प्रकृति ही यह निश्चित कर सकती है कि उसकी विशेषताएँ किसी एक भेदक में समाहित होती हैं या नहीं। त्रासदी के सन्दर्भ में अरस्तू को यह आवश्यक प्रतीत हुआ कि अनुकृत वस्तु (= कार्यव्यापार), माध्यम (= भाषा), पद्धति (= नाट्यरूप) और प्रयोजन (= करुणा-भयजन्य काथार्सिस ) इन सभी का उल्लेख हो। अतः इन सबके समावेश को किसी भी तरह अनुचित नहीं कहा जा सकता।

18. काव्य का विरोध करते समय प्लेटो का आधार सब जगह एक ही नहीं है। कहीं नैतिक है, कहीं मनोवैज्ञानिक है तो कहीं ज्ञानमीमांसीय (एपिस्टेमोलॉजिकल)। किन्तु उसने सबसे कठोर प्रहार नाट्यानुकरण पर किया। होमर का पाठ करते समय बच्चों को पूरी भाव-भंगिमा के साथ अलग-अलग पात्रों के संवाद बोलने पड़ते थे जिसका प्रभाव, उसके मतानुसार, बच्चों की मानसिकता पर अवश्य पड़ता है। मनोवैज्ञानिक दृष्टि से उसका ऐसा सोचना उचित था।

19. दि कैंब्रिज हिस्ट्री ऑफ लिटरेरी क्रिटिसिज़्म, प्रथम खण्ड, पृ. 47

20. वही, पृ. 48

21. वही, पृ. 62

22. वही, पृ. 49

23. स्टीफेन हैलिवैल, एरिस्टॉटल्स पोएटिक्स, पृ० 110

24. हैलिवैल द्वारा किया गया वर्ग विभाजन–(*i*) चाक्षुषी अनुकरण (विज़ुअल रिप्रेज़ेंटेशन), (*ii*) आचरणगत अनुकरण (बिहेविअरल इमिटेशन), (*iii*) नाट्यानुकरण (इंपर्सनेशन), (*iv*) स्वरानुकरण (वोकल इमिटेशन,) (*iv*) तत्त्वगत अनुकरण (मेटाफिज़िकल इमिटेशन)–वही, पृ. 113

    ध्यान रहे ये नाम कुछ लक्षणों का बोध कराते हैं, इनकी सीमाएँ एकदम स्पष्ट नहीं हैं। उसने स्वीकार भी किया है कि नाट्यानुकरण को दूसरे दृष्टिकोण से देखें तो यह आचरणगत अनुकरण का ही रूप लगेगा। हाँ, तत्त्वगत अनुकरण अवश्य अन्य सभी से भिन्न है। पाइथागोरियों ने अंको के तात्त्विक जगत् और गोचर जगत् के परस्पर सम्बन्ध को अनुकरणात्मक कहा था। ऐसी ही दृष्टि प्लेटो की भी थी। उसने भी गोचर रूपों को नित्यरूपों की अनुकृति माना है।

25. 'तिमयूस', पृ. 29, 38

26. सुकरात ने मृत्यु से कुछ दिन पहले ईसप के काल्पनिक कथानकों को छंदोबद्ध किया था और इस बात पर बल दिया था कि काव्य काल्पनिक होना

चाहिए–'फीदो' संवाद, पृ. 61, इसी बात को अरस्तू ने भी 'काव्यशास्त्र' में दुहराया है–पृ. 1451[ब]

27. पृ. 817
28. स्टीफेन हैलिवैल, एरिटॉटल्स पोएटिक्स, पृ. 116–17
29. सुकरात और प्लेटो दोनों का ही यह निष्कर्ष है कि दार्शनिक अपनी सत्य की खोज भाषा के सोपान से शुरु करता है। 'क्रितियास' में तर्क दिया गया है कि हम जो कुछ भी कहते हैं वह प्रतिमा-रचना, अनुकरण, है (दे. हैलिवेल, अरस्तू का काव्शास्त्र, पृ. 119 तथा 'क्रितियास', पृ. 107)। उनके अनुसार भाषा गोचर जगत् का अनुकरण है। इसलिए जैसे यह प्रकृति को जानने का माध्यम है उसी तरह नित्यरूपों को जानने का भी, क्योंकि नित्यरूपों के गुण-धर्मों का कुछ न कुछ अंश प्रकृति से छनकर आता हुआ शब्दों तक अवश्य पहुँचा है। इसका सूत्र है–नित्यरूप → पदार्थमय जगत् → शब्दमय जगत् अर्थात् भाषा।
30. अरस्तू समस्त बिम्बों को अनुकरणजन्य मानता है। इससे सिद्ध होता है कि अनुकरण न केवल समस्त कला का वरन् समस्त चिन्तन का मूल आधार है।–स्टीफेन हैलिवेल, अरस्तू का काव्यशास्त्र, पृ. 125
31. राज., पु. 8, अ. 5, पृ. 1340[ब]
32. एवं 33. वही, वही, वही, पृ. 1340[अ]
34. पृ. 1447[अ], पं. 28, पृ. 1449[ब], पं. 3, पृ. 1462[अ], पं. 9.
35. 'गणराज्य', पु. 3, पृ. 394
36. वही, पृ. 396
37. 'काव्यशास्त्र', पृ. 1460[अ], पं. 7
38. वही, पृ. 1448[अ], पं. 20–24
39. वही, पृ. 1447[ब], पं. 15–20
40. अनुकरण का यह अर्थ 'काव्यशास्त्र' के आरम्भ में ही स्पष्ट हो जाता है।–दे. पृ. 1448[अ], पं. 1
41. आयन र्‌हैपसोड का यह वाक्य विशेष अर्थपूर्ण है कि करुणापूर्ण प्रसंग में मेरी आँखें आँसुओं से भर जाती हैं और भय जगाने वाले प्रसंग में रोंगटे खड़े हो जाते हैं और दिल की धड़कन बढ़ जाती है–'आयन' संवाद, 535
42. अ. 3, पृ. 1448[अ] पं. 20–26
43. एवं 44. अ. 23
45. इन ऑल दीज़ होमर इज़ अवर अर्लियेस्ट ऐंट सफिशेंट मॉडेल, अ. 24, पं. 13,–अनुवाद, बुचर।
46. होमर, एड्‌मिरेबल इन ऑल रिस्पेक्ट्स, हैज़ दि स्पेशल मेरिट ऑफ़ बींग दि ओनली पोएट हू राइटली एप्रिशियेट्स दि पार्ट ही शुड टेक हिमसेल्फ। दि पोएट शुड स्पीक ऐज़ लिट्‌ल ऐज़ पॉसिबल इन हिज़ ओन पर्सन, फॉर इट इज़ नॉट दिस दैट मेक्स हिम ऐन इमिटेटर।–पृ. 1460[अ], पं. 5-6, अनु. बुचर।
47. स्टीफेन हैलिवेल, एरिस्टॉटल्स पोएटिक्स, पृ. 130

48. 'काव्यशास्त्र', पृ. 1448ब, पं. 20-30

49. दे. 'काव्यशास्त्र' के लगभग अन्त में आया यह वाक्य–"दि पोएट बींग ऐन इमिटेटर लाइक दि पेंटर ऑर अदर मेकर ऑफ लाइकनैस" पृ. 1460[ब], पं. 7-8

50. एवं 51. वही, पृ. 1450[अ], पं. 20-25

52. वही, पृ. 1450[ब], पं. 18-21

53. वही, पृ. 1453[ब] पृ. 1-3

54. वही, पृ. 1455[अ], पं. 30-34

55. सुकरात की चर्चा में हम देख आये हैं कि वह शब्दों के उच्चरित रूप, यदि वह योग्य व्यक्ति [अर्थात् लेज़िसलेटर] द्वारा निर्मित है, को अनुकरण का ही एक भेद मानता है। प्लेटो भी इसी दृष्टि का समर्थक है। उसने शब्दानुकरण, वर्णन*, तथा रंग-रेखाओं द्वारा चित्र रचना को समान स्तर पर यथार्थ का भ्रम पैदा करने के कारण व्यर्थ माना है। इधर अरस्तू के लिए शब्दानुकरण इसलिए मूल्यवान् है क्योंकि यह यथार्थ का बोध करा सकता है।

   * 'क्रितियास' में सुकरात के मुख से कहलाया गया है कि हम जो कुछ कहते हैं वह अनुकरण और प्रतिमा-रचना है–पृं. 107

56. 'काव्यशास्त्र', अ. 25, पृ. 1460[ब], पं. 13-15

57. वही, अ. 3, पृ. 1448[अ], पं. 4-5

58. वही, अ. 25, पृ., 1460[ब], पं. 9-10

59. वही, अ. वही, पृ. 1460[ब], पं. 9-12

60. वही, अ. वही, पृ. 1460[ब], पं. 31-2

61. ...इट इज़ नॉट दि फंक्शन ऑफ़ दि पोएट टु रिलेट व्हॉट हैज़ हैप्पंड, बट व्हॉट मे हैप्पन, व्हॉट इज़ पॉसिबल एकॉर्डिंग टु दि लॉ ऑफ़ प्रोबेबिलिटी ऑर नेसेसिटी।–वही, अ. 9

62. इस निष्कर्ष के पीछे वस्तुतः उस समय की यथार्थवादी शैली कार्य कर रही थी। पहले कह आये हैं कि अरस्तू के अपने समय में त्रासदी का आदर्श कलामय रूप ओझल होता जा रहा था। यथार्थ के नाम पर अधकचरे प्रयोग हो रहे थे। दृश्य कलाओं में गोचर रूप और अनुकृति में बिम्ब-प्रतिबिम्ब का सादृश्य लाने का प्रयास किया जा रहा था। यथार्थ के प्रति यह आग्रह काव्य में और भी पहले से शुरु हो गया था। मूर्ति कला में मायरन के शिल्प अपनी जीवंतता के लिए 5वीं शती में ही प्रसिद्ध हो चुके थे।

## 4.2 त्रासदी में करुणा-भय और काथार्सिस

नाटककार के मन में सामाजिक/प्रेक्षक, कहीं छुपा बैठा होता है। उसके सन्दर्भ में स्वांतः सुखाय की बात न कही जाती है न सुनी। आभिजात्य युग में गीतकार के बारे में भी ऐसी कोई कल्पना नहीं थी फिर भी नाटककार की अपेक्षा वह अधिक स्वतन्त्र था। वह मुक्त कण्ठ से केवल म्यूज़ को गीत रचना का श्रेय दे सकता था, अर्थात् अभ्यास को गौण मान सकता था। पिन्दर की उक्तियाँ इसका प्रमाण हैं। नाटककार के लिए कथानक का ताना-बाना बुनना, घटनाओं में कारण-कार्य सम्बन्ध जोड़ना एक अभ्यासजन्य गम्भीर प्रक्रिया है। खेलों में जीतनेवाले के लिए इतना पर्याप्त था कि पिन्दर ने उस पर कविता लिखी। उसका नाम भर आ जाने से गीत का उद्देश्य पूरा हो जाता था। किन्तु नाटक में प्रेक्षक के मन में विशिष्ट भावों को जगाना एक कठिन लक्ष्य है। किन्हीं कलाओं में कलाकार और कलाकृति के परस्पर सम्बन्ध का विश्लेषण पर्याप्त हो सकता है किन्तु नाटक अपेक्षाकृत अधिक सामाजिकनिष्ठ है। इसका विश्लेषण करते समय सामाजिक की भावात्मक प्रतिक्रिया पर विचार करना भी उतना ही आवश्यक है। इस क्षेत्र में अरस्तू का योगदान आज भी हमारा मार्गदर्शन कर रहा है। त्रासदी के कथानक की संरचना, उससे सामाजिक के मन में जागनेवाले करुणा-भय के स्वरूप के सम्बन्ध में उसकी अपेक्षाएँ आदि से उसके गहन चिन्तन का अनुमान लगया जा सकता है। उसके लिए त्रासदी काव्य की श्रेष्ठतम विधा थी। वह इसे आभिजात्य समाज को प्रशिक्षित करने तथा आत्मोन्नति के सशक्त माध्यम के रूप में देख रहा था। उसके अनुसार यह प्रशिक्षण एक बौद्धिक-भावनात्मक क्रिया थी। इसका बौद्धिक पक्ष था आचरणशास्त्र के कुछ तथ्यों व सूत्रों को समझना और उन्हें अपने जीवन में उतारना। भावनात्मक पक्ष था घटनाओं और व्यक्तियों के प्रति उचित–संस्कारित–भावों का जागना, प्रेमास्पद के प्रति प्रेम जागना और घृणास्पद के प्रति घृणा जागना। इस विषय में उसकी स्थापित मान्यता थी कि समाज में जो कुछ भी घट रहा है उसे लक्ष्य करके

अभिजात वर्ग की प्रतिक्रिया कैसी हो इसका प्रशिक्षण नाटक के माध्यम से दिया जा सकता है। 'काव्यशास्त्र' में विश्लेषण का मुख्य विषय त्रासदी इसीलिए है क्योंकि उन दिनों एथेन्स की सांस्कृतिक गतिविधियों में इसका महत्त्वपूर्ण स्थान था। अत: अरस्तू इस बारे में अत्यन्त सावधान था कि त्रासदी से प्राप्त अनुभूति के घटक क्या हों? और उसका लक्ष्य क्या हो? इस विषय पर उसके विचारों की जानकारी हमें 14वें अध्याय में मिलती है। वहाँ उसने लिखा है कि हमें त्रासदी से केवल उसी आनन्द की आशा रखनी चाहिए जो इस विधा के लिए उचित है। इस सूत्र के स्पष्टीकरण में वह फिर लिखता है कि अनुकरण द्वारा करुणा-भय का आनन्द ही इसका विशिष्ट आनन्द है, इसलिए, त्रासदी के कथानक में सम्मिलित घटनाओं में इन भावों को जगाने की क्षमता अवश्य होनी चाहिए।

त्रासदीय भावों की चर्चा करते समय अरस्तू ने करुणा और भय दोनों का साथ-साथ उल्लेख किया है। उसकी दृष्टि में दोनों के युगपत् सम्बन्ध को देखते हुए इन्हें 'करुणा-भय' के सामासिक रूप में रखना भी अनुचित नहीं है। विचारणीय विषय अब यह है कि ये त्रासदी की कला सीमाओं के भीतर उचित रूप में, संस्कारित रूप में, जागें इसके लिए उसने किन-किन स्थितियों का होना आवश्यक माना है। इस विषय पर केवल 'काव्यशास्त्र' में स्थापित निष्कर्षों पर निर्भर नहीं रहा जा सकता। इन निष्कर्षों के पीछे क्या दृष्टिकोण रहा उसे समझने के लिए उसके 'भाषणशास्त्र', 'नीतिशास्त्र' और 'राजनीतिशास्त्र' में व्यक्त विचारों को जानना भी आवश्यक है।

'काव्यशास्त्र' में करुणा और भय का संबंध भाग्य परिवर्तन से माना गया है। भाग्य परिवर्तन की दिशा है जीवन में ऐसी परिस्थितियों का आना कि सम्पन्न व्यक्ति विपन्न हो जाय। सम्पन्नता से विपन्नता में आया परिवर्तन बाह्य परिस्थितियों पर निर्भर करता है। यह व्यक्ति के नैतिक आचरण की ओर संकेत नहीं करता। इसीलिए हमारी प्रतिक्रिया भी व्यक्ति के चरित्र को लक्ष्य करके नहीं उसकी परिस्थितियों को लेकर होती है। दूसरे, इस स्थिति-परिर्वतन की गति को रोकना या उसे कोई अन्य दिशा देना भी व्यक्ति के वश में नहीं होता। किन्तु इसका यह अर्थ नहीं लिया जा सकता कि स्थितियों में कोई पूर्वापर सम्बन्ध नहीं होता। अरस्तू ने इसी बात को ध्यान में रखकर बलपूर्वक कहा कि नाटक एक कलात्मक रचना है, उसमें दर्शायी जानेवाली घटनाओं में कारण-कार्य सम्बन्ध अवश्य व्यक्त होना चाहिए और वह भी इतना स्पष्ट कि प्रेक्षक इसे केवल दैवेच्छा मानकर न रह जाय। ऐसी प्रबल परिस्थितियों में जब हम देखते हैं कि पात्र उनका दास बनकर रह गया है तो उसके प्रति स्वाभावत: करुणा का भाव जाग उठता है। अत: करुणा की पहली शर्त है परिस्थितिवश सम्पन्नता से

विपन्नता की दिशा में भाग्य परिवर्तन।

इसकी दूसरी शर्त है पात्र का निर्दोष होना। यहाँ निर्दोष शब्द कुछ अधिक व्यापकता लिये हुए है। इसका सामान्य अर्थ है ऐसा पात्र जिसने कोई अपराध नहीं किया है। किन्तु, किसी पात्र से यदि अनजान में अपराध हो जाय अथवा कोई त्रुटिपूर्ण निर्णय उसने ले लिया हो तो भी उसे निर्दोष ही माना जायेगा। ऐसी स्थिति में भी वह सामाजिक की संवेदना का अधिकारी बन जाता है। परिस्थितियों की उत्कटता अथवा दण्ड की कठोरता से संवेदना करुणा का रूप ले लेती है। इसी भाव-स्थिति का दूसरा पक्ष है कि जिसके प्रति हमारी संवेदना होती है उसके भावी कष्टों की कल्पना कर हम भय से सिहर उठते हैं। हमारे भयग्रस्त होने का दूसरा कारण यह भी हो सकता है कि पात्र के स्थान पर हम स्वयं को ही उन परिस्थितियों में देखने लग जायँ। इस दृष्टि से संवेदना करुणा और भय दोनों की आधारभूमि है।

उपर्युक्त शर्तों के विविध आयामों की चर्चा अरस्तू ने 'भाषणशास्त्र' में की है। उसके कुछ अंशें पर विचार कर लेना हमारे लिए उपयोगी सिद्ध हो सकता है। प्रश्न उठता है कि त्रासदीजन्य भावों को ठीक-ठीक समझने के लिए 'काव्यशास्त्र' की सीमा से बाहर जाने की क्या आवश्यकता है? 'काव्यशास्त्र' में अरस्तू ने बहुत से विषयों को सूत्र रूप में या संक्षिप्त टिप्पणी के रूप में इसीलिए रखा है क्योंकि सामान्य पाठक वर्ग के लिए यह पुस्तक तैयार नहीं की गयी थी। फिर अन्य पुस्तकों में यदि वे विषय पहले ही आ चुके हों तो वह मानकर चल रहा था कि उसके विद्यार्थी उससे पूर्व परिचित हैं और विस्तृत विश्लेषण की आवश्यकता नहीं है। स्टीफेन हैलिवेल ने इसे एक भिन्न कोण से समझने का प्रयास किया है।[1] उसके विचार से इस पुस्तक में अरस्तू का पूरा ध्यान कथानक की संरचना पर था। इससे सम्बन्धित सभी महत्त्वपूर्ण बातों का यथास्थान उचित विस्तार के साथ उल्लेख किया है। जहाँ तक कथानकजन्य भावों का प्रश्न है उसका विश्वास था कि यदि कथानक का ताना-बाना व्यवस्थित है तो करुणा-भय के रूप में दर्शकों पर पड़ने वाला उसका मनोवैज्ञानिक प्रभाव भी समुचित (नाटककार की अपेक्षा के अनुकूल) होगा। इसलिए 'काव्यशास्त्र' में उसने इस प्रभाव के सविस्तर विश्लेषण की आवश्यकता नहीं समझी। उधर भाषण कला में श्रोता प्रधान होता है जिस कारण से इस पर लिखे प्रबन्ध में श्रोता के मन में जगनेवाले भावों (जिन्हें एक सीमा तक आवेग भी कह सकते हैं) पर उसने अधिक ध्यान दिया है। हाँ, 'भाषणशास्त्र' में एतद्विषयक अंशों की सहायता लेते समय हमें ध्यान रखना होगा कि भाषण का श्रोता जितनी दूर तक भाषण के स्वरूप को प्रभावित करता है उतनी दूर तक त्रासदी के स्वरूप को निर्धारित करनें में प्रेक्षक

की भूमिका नहीं होती। यहाँ कथानक और उसका मनोवैज्ञानिक प्रभाव दोनों एक दूसरे के साथ सहयोग करते चलते हैं। दोनों शास्त्रों में यह भेद सूक्ष्म होते हुए भी नगण्य नहीं है। हमारे विचार से यह त्रासदीजन्य भावों के अधिक संस्कारित अथवा कलात्मक होने का संकेत भी देता है।

ऊपर कलात्मक शब्द का प्रयोग त्रासदीय करुणा-भय को दैनंदिन जीवन के आवेगों से भिन्न दर्शाने के लिए किया गया है। भाषण कला के श्रोता वर्ग में समाज के सभी घटक समाहित होते हैं। उनका मानसिक स्तर सामान्य होने के कारण उन्हें भावों के आवेग में बहा ले जाना सरल होता है, किन्तु नाटकों के प्रेक्षक प्रशिक्षित होते थे, अथवा, [अरस्तू के अनुसार] होने चाहिए। उनका बौद्धिक स्तर इतना ऊँचा अवश्य होना चाहिए कि कथानक की घटनाओं में कारण-कार्य सम्बन्ध जोड़ सकें, उनमें निहित 'सामान्य' को ग्रहण कर सकें तथा पात्रों के प्रति उचित भावनात्मक प्रतिक्रिया अनुभव कर सकें। प्रतीत होता है कि अरस्तू अपने समय के प्रेक्षकों की रुचि एवं बुद्धि-स्तर से सन्तुष्ट नहीं था। उनमें सम्भवतः वे संस्कार भी नहीं रह गये थे जो कथानक की संरचना से उत्पन्न भय की अनुभूति का आनन्द उठा सकें। इसके स्थान पर रंगमंच पर बाह्य साधनों द्वारा प्रस्तुत भयंकर दृश्यविधानों में अधिक रुचि लेने लगे थे। इसका एक कारण यह भी रहा होगा कि नाटककार कलात्मक कथानक संरचना की अपनी अक्षमता को छिपाने के लिए ऐसे बाह्य साधनों का सहारा लेने लगे थे। फलतः प्रेक्षकों की बुद्धि का स्तर भी घट गया और वे भूल ही गये कि त्रासदीय भय को जगाने की अपेक्षाकृत अधिक कलात्मक पद्धति भी हो सकती है।[2] इसीलिए, 'काव्यशास्त्र' में एक ओर वह नाटककारों के अज्ञान और अक्षमता पर खेद व्यक्त करता है तो दूसरी ओर प्रेक्षकों की दुर्बलता को कोसता है क्योंकि कवि भी उनकी प्रशंसा पाने के लिए उन्हीं की हीन रुचि के अनुरूप नाटक लिखने लगे थे।[3] इन टिप्पणियों से अनुमान लगाया जा सकता है कि श्रेष्ठ नाटकों के उदाहरण देते समय, वह 5वीं शताब्दी के नाटकों के ही नाम क्यों लेता है। कहा जाता है कि 'काव्यशास्त्र' लिखने के लिए उसने डेढ़ सौ से भी अधिक नाटकों का अध्ययन किया था। वह नाटकों के विकास क्रम से भी परिचित था। अपने प्रबन्ध में उसने जिन नियमों का प्रतिपादन किया है उन तक वह आगमन पद्धति से पहुँचा था। नाटक को वह बहुत कुछ व्यावहारिक कला (फंक्शनल आर्ट) के रूप में देखता था जिसकी निर्मिति शैक्षिक तथा सांस्कृतिक लक्ष्य को सिद्ध करने के लिए की जाती है। यही धारणा साहित्यकारों तथा सामान्य नागरिकों की भी थी। इसमें सन्देह नहीं कि अरस्तू नाटक की सफलता-असफलता का मूल्यांकन प्रेक्षागृह में ही करने की वकालत करता है[4] किन्तु कुछ शर्तों के साथ। हर किसी को वह

इसका अधिकार नहीं देता।

यह विवाद का विषय हो सकता है कि अरस्तू अपनी स्थापनाओं में आभिजात्य आदर्शों से कहाँ तक प्रभावित था किन्तु यह निश्चित है कि वह नाट्य विधा को अभिजात समाज की स्थिति को सुदृढ़: करने के लिए साधन रूप में अवश्य देख रहा था। इसी आधार पर हमारा निष्कर्ष है कि वह इस समाज का पूर्ण प्रतिनिधित्व करता है। वह इसके आदर्शों में आस्था ही नहीं रखता है अपने तर्कों द्वारा उनका समर्थन तथा पोषण भी करता है। मानक कथानकों तथा आदर्श प्रेक्षकों के सम्बन्ध में उसकी स्थापनाएँ इसका प्रमाण हैं। वह निश्चित रूप से 5वीं शताब्दी की त्रासदियों (तथा अन्य कलाओं को भी) और उनके प्रेक्षक वर्ग को आदर्श मानकर चल रहा था। इस शताब्दी के समाप्त होते न होते परिस्थितियों के दबाव में आकर अभिजात समाज अपने पुराने संस्कारों तथा आदर्शों से दूर होने लगा था। 4 थी शताब्दी के उत्तरार्ध में यह दूरी (दूसरे शब्दों में ह्रास) और बढ़ गयी थी। वह चाहता था कि यह समाज (जो कुछ हद तक अभी भी शासन कर रहा था) अपने परम्परागत संस्कारों में पुनः दीक्षित हो। त्रासदी इसका प्रभावकारी माध्यम बन सकती थी। इसलिए, उसके अनुसार वही त्रासदी श्रेष्ठ है जिसका कथानक, उसमें समाहित नैतिक शिक्षा, भावबोध आदि सब कुछ इसी लक्ष्य से प्रेरित हो। 'काव्यशास्त्र' में त्रासदी का विश्लेषण इसी प्रयोजन को सिद्ध करता है।

त्रासदी और करुणा-भय का सहसम्बन्ध होमर के काल से चला आ रहा था। उसे त्रासदी का जनक अकारण नहीं कहा जाता था। 'आयन' संवाद में यह प्रकरण आया है।[5] दूसरों के लिए करुणा और अपने लिए भय जगाना त्रासदीय प्रसंगों की प्रकृति है। 'एजैक्स' नाटक में सोफ़ोक्लीज़ ने भी इसकी पुष्टि की है।[6] इसलिए जहाँ तक त्रासदी द्वारा भावोद्‌बोधन का प्रश्न है परम्परा और अरस्तू में कोई मतभेद नहीं है। इसी में आगे चलकर काथार्सिस का तत्त्व भी जुड़ जाता है।

भावोद्‌बोधन और काथार्सिस त्रासदीय अनुभूति के विभिन्न आयाम हैं, इन्हें परस्पर संग्रथित कर उसने काव्य विधा के मूल्यांकन की आधार भूमि तैयार की है। 'काव्यशास्त्र' में इसे त्रासदी की संरचना के प्रयोजन के रूप में प्रस्तुत किया गया है। इसके महत्त्व को स्थापित करने की दृष्टि से परिभाषा में इसका समावेश हुआ है।[7] त्रासदी का स्वरूप निश्चित करने में, काव्य की अन्य विधाओं से उसे अलग पहचान देने में, करुणा-भय के योगदान के बारे में पाठक भ्रम में न रहें इसके लिए 13वें अध्याय में उसने फिर से लिखा है, "यह [अर्थात् कथानक] ऐसे कार्यव्यापार का अनुकरण अवश्य करे जिससे करुणा और भय जागें क्योंकि इस प्रकार के अनुकरण का यही विशेष कार्य है।"[8] त्रासदी के विशिष्ट भाव हैं

करुणा और भय और इन्हें जगाना इसके कथानक का मुख्य कार्य है। यही इस विधा का भेदक है। इसे ध्यान में रखते हुए नाटककार को सबसे पहले ऐसी कथा चुननी चाहिए जिसके अन्तर्गत करुणा और भय जगानेवाली घटनाओं का समावेश किया जा सके। फ़िर इन्हें कार्यान्वित करने के लिए उपयुक्त पात्रों का चयन करना चाहिए। अरस्तू ने अपने प्रबन्ध में कथानक और पात्र से सम्बन्धित उन सभी विशेषताओं का उल्लेख किया है जो त्रासदी की प्रयोजन-सिद्धि के लिए आवश्यक हैं।

परिभाषा देते समय उसने कथानक की तीन विशेषताओं को रेखांकित किया है। ये हैं–गम्भीरता, परिपूर्णता एवं विस्तार। परिपूर्णता तथा विस्तार का सम्बन्ध उसकी संरचना तथा प्रभाव से है जो सभी नाटकों में होने चाहिए। कामदी से त्रासदी को अलग करनेवाली विशेषता गम्भीरता है। गम्भीरता उसकी वैचारिक क्षमता तथा विशिष्ट भावोद्बोधन की शक्ति का संकेत देती है। अन्त में गम्भीरता के अनुरूप भावों का स्पष्ट उल्लेख कर उसने अपना वाक्य समाप्त किया है।[9] इस विश्लेषण के अनुसार त्रासदीय अनुभूति का स्वरूप द्विपक्षीय ठहरता है, उसका संज्ञानात्मक होना और करुणा-भय संयुक्त होना। इन दोनों आयामों के लिए उसने एक शब्द रखा है 'गम्भीरता' जिसकी अर्थ व्याप्ति में काफी लचीलापन है।

कथानक की गम्भीरता को लेकर सम्भवतः उन दिनों थोड़ा भ्रम था। कुछ लोग मानते रहे होंगे कि त्रासदी का अन्त भयावह घटना (जैसे भयानक रोग या मृत्यु) में ही होना चाहिए। हिन्दी में भी इस धारणा के प्रचलित होने से त्रासदी के लिए दुःखांतक शब्द का प्रयोग होने लगा । फिर कुछ आलेचकों ने देखा कि सभी त्रासदियाँ इस अर्थ सीमा के भीतर नहीं आ पा रही हैं। युरिपिदीज़ के कई नाटक ऐसे हैं जिनका अन्त सुखमय है। अतः पुरानी परम्परा से इन्हें भिन्न दर्शाने के लिए 'नयी त्रासदी' नाम दे दिया गया। हिन्दी में भी करुण रस पूर्ण शब्द का प्रयोग होता रहा है। हमें इसके लिए 'त्रासदी' शब्द ही सर्वाधिक उपयुक्त प्रतीत हो रहा है क्योंकि यही शब्द इसके व्युत्पत्त्यर्थ तथा सांस्कृतिक संकेतार्थ का वाहक है। एक बात और, अरस्तू जब त्रासदी का स्वरूप-निर्धारण कर रहा था तो मानक कृतियों के रूप में संयोग से उसके सामने 5वीं शती के कुछ ऐसे नाटक थे जो उसकी राजनीतिक और सांस्कृतिक अवधारणाओं से मेल खाते थे और साथ ही जिनकी गुणवत्ता इतिहास द्वारा भी प्रमाणित थी। बार-बार खेले जाने के बावजूद उनकी लोकप्रियता में कोई कमी नहीं आयी थी। आभिजात्य कला (सीमित अर्थ मे 5वीं शताब्दी की कृतियों का बोधक शब्द) के बारे में ठीक ही कहा जाता है कि इसमें प्रयोग पहले हुए सिद्धांत बाद में विकसित हुए। अरस्तू के

सामने भी एस्खिुलस, सोफ़ोक्लीज़ आदि के नाटक थे। उनमें अपनायी गयी रचना पद्धति की तुलना करके उसने कथानक, पात्र, विचार आदि के नियमों को सिद्धांत का रूप दे दिया। प्रस्तुत विषय, करुणा-भय के सम्बन्ध में भी उसने देखा कि ये घटनाओं की विशेष संरचना से उद्‌भूत हैं। इस कला में युरिपिदीज़ अत्यन्त कुशल है, अन्य नाटककारों से बीस ही है उन्नीस नहीं।[10]अब यह कथाक्रम पर निर्भर करता है कि ये घटनाएँ वास्तव में घटें या नहीं, नाटक किसी ऐसी घटना से समाप्त हो या नहीं।

कथानक की संरचना तथा पात्रों की विशेषताओं की चर्चा करते समय अरस्तू इस विषय के प्रति अत्यन्त जागरुक है कि करुणा-भय को उचित स्वरूप में जगानेवाली स्थितियाँ कौन सी हो सकती हैं। सबसे पहले उसने भाग्य परिवर्तन को लिया है। भाग्य परिवर्तन त्रासदी का केन्द्र बिन्दु है। यूनानी मानसिकता किसी भी प्रतिष्ठित व्यक्ति के पतन को सम्भवत: इस विचार के वाहक के रूप में देखती थी कि जो भूल इस व्यक्ति के कठोर दु:ख का कारण बनी है उसे दूसरे लोग ने दुहराएँ। आनुश्रुतिक आख्यानों में उत्थान से पतन के क्रम में होनेवाले भाग्य परिवर्तन की अनेक घटनाएँ आयी हैं। यूनानी समाज उनके सत्य के प्रति विश्वस्त था। अत: 5वीं शती के नाटककारों में यह प्रवृत्ति चल पड़ी कि इन घटनाओं में कारण-कार्य सम्बन्ध जोड़ कर कैसे नैतिक शिक्षा दी जाय। इसी लक्ष्य की कलात्मक सिद्धि के लिए दो नियम बने—सम्भावना और आवश्यकता। नाटककार इन दो नियमों का अनुसरण करते हुए इस तरह से कारण-कार्य सम्बन्ध बैठाने लगे जिससे अंतर्निहित ज्ञान-सूत्र अपने आप उजागर हो जाय। धीरे-धीरे भाग्य परिवर्तन को अधिक से अधिक कलात्मक ढंग से प्रस्तुत करना एक परिपाटी बन गया। इसी के अन्तर्गत अरस्तू ने यह नियम बनाया कि दुखी पात्र को पहले सुखी जीवन बिताते हुए अवश्य दिखाना चाहिए। उसके सुख की सीमा जितनी अधिक होगी उसे दुखी देख कर उतनी ही अधिक करुणा जागेगी।[11]

त्रासदी के लिए उपयुक्त पात्र और उसके सुखमय जीवन का कुछ खुलासा अरस्तू ने 13वें अध्याय में किया है। पहले यह स्पष्ट किया गया है कि घटनाचक्र और पात्र के परस्पर सम्बन्धों में किन-किन स्थितियों से बचना चाहिए। जैसे, सभी दृष्टियों से अच्छे आदमी, अत्यन्त सद्‌गुणी व्यक्ति, को सुख से दु:ख की ओर बढ़ता हुआ नहीं दिखाना चाहिए। ऐसा सज्जन व्यक्ति दु:ख भोगता है तो भय या करुणा के स्थान पर घृणा पैदा होती है। इसी तरह बुरा आदमी दुर्दिनों से निकल कर यदि सुख भोगता है तो इससे करुणा-भय तो क्या मानवीय भावना तक नहीं जागेगी। हाँ, यदि वह सुख से दु:ख की ओर बढ़ता हुआ दिखाया जाता

है तो इससे मानवीय भावना भले ही जाग जाय करुणा-भय की अनुभूति नहीं हो सकती। करुणा पात्र के ऐसे दुर्भाग्य से उत्पन्न होती है जो अनुचित हो, भय ऐसे व्यक्ति के लिए उत्पन्न होता है जो अपने जैसा प्रतीत हो, सामान्य से श्रेष्ठ फिर भी मानवीय सीमा के बाहर न हो। उसमें कोई न कोई ऐसी दुर्बलता अवश्य होनी चाहिए जो उसे हमारी पहुँच के बाहर न जाने दे, देवता बनने से रोक दे। ऐसा व्यक्ति जो सज्जन कहलाने के योग्य हो फिर भी सर्वतोभावेन सद्‌गुण सम्पन्न न हो। ऐसा व्यक्ति जो दो छोरों के बीच ठीक मध्य में न होकर देवत्व की ओर थोड़ा खिसका हुआ हो और उसका दुर्भाग्य किसी स्थायी दोष का परिणाम न होकर अज्ञानतावश किसी त्रुटिपूर्ण निर्णय के फलस्वरूप होना चाहिए। योग्य पात्र की इस व्याख्या के बाद जब वह उनके उदाहरण देने लगता है तो उसे ईदिपुस जैसे अभिजात वर्ग के व्यक्तियों के नाम ही सूझते थे। इसका कारण है कि पात्र के नामी-गिरामी तथा भरपूर समृद्ध होने की शर्त को राजघराने अथवा अन्य समृद्ध ज़मींदार-परिवार के सदस्य ही पूरा कर सकते थे। यह सचमुच आश्चर्य की बात है कि पात्र की योग्यता, जिसमें उसकी प्रसिद्धि भी समाहित है, उसके नैतिक आचरण पर नहीं, समाज सेवा पर नहीं, धन-सम्पन्न परिवार के सदस्य होने पर निर्भर करती है।* दूसरे, यह सम्पन्नता उसकी अपनी शक्ति से अर्जित नहीं है पैतृक सम्पत्ति का उत्तराधिकारी होने के कारण है। उसके पास पुरखों से प्राप्त ज़मीन-जायदाद है, खेत-खलिहान, पशु हैं और उनकी देखभाल के लिए दास-दासियाँ हैं तो वह त्रासदी का नायक या नायिका बनने के योग्य है। निष्कर्ष यह कि यह पात्र जन सामान्य की तुलना में श्रेष्ठ हैं, श्रेष्ठ होना अनिवार्य भी है, किन्तु इनमें यह श्रेष्ठता अपने कर्मों से कम समाज विशेष का सदस्य होने के कारण अधिक है। इतिहास से साक्ष्य जुटाते हुए उसने सिद्ध किया है कि इन घरानों को लेकर लिखी गयी त्रासदियाँ ही श्रेष्ठ कहलायी हैं।[12] करुणा-भय को जगाने की क्षमता को केवल वर्ग विशेष के पात्रों में ही देखना वस्तुतः उसकी आभिजात्यवादी संकुचित दृष्टि का परिणाम है। भाग्य परिवर्तन (सम्पन्नता से विपन्नता की ओर) का स्वरूप निर्धारण भी मुख्यतः भौतिक संसाधन ही निश्चित कर रहे हैं। इसका उद्देश्य नैतिक शिक्षा प्रदान करना अवश्य रहा है, जैसे यह संकेत देना कि मानवीय शक्ति, अधिकार और सम्पत्ति स्थायी नहीं हैं, अथवा, यह दर्शाना कि देवता के स्तर तक उठे हुए व्यक्ति को भी जब इतने दुःख झेलने पड़ सकते हैं तो मामूली आदमी की बिसात ही क्या है। फिर भी

* सद्‌वृत्ति को उसने जन्मजात संस्कारों के अन्तर्गत रखा है। यह अनिवार्य है किन्तु इस पर अलग से इस तरह बल नहीं दिया गया है जिस तरह धन-सम्पन्नता पर।

पात्र की श्रेष्ठता का मानदण्ड समृद्ध परिवार का सदस्य होने पर ही पूरा हो पाता है। भौतिक संसधानों की प्रचुर मात्रा उसकी योग्यता का अनिवार्य अंग है अतः वर्गगत है। वह जिस व्यक्ति के भाग्य परिवर्तन की बात कर रहा है वह सामान्य जन नहीं है। शायद उसमें उसकी कोई रुचि नहीं थी। वह इतना कमज़ोर है कि प्रेक्षकों में त्रासदी के भाव जगा ही नहीं सकता। तात्पर्य यह कि पात्र में करुणा-भय जगाने की शक्ति वर्ग विशेष से जुड़कर ही आ सकती है। इस तर्क के पक्ष में कुछ तथ्य जुटाये जा सकते हैं किन्तु केवल उतने मात्र से किसी काव्यशास्त्रीय नियम अथवा सिद्धांत की स्थापना नहीं हो सकती। अधिक से अधिक इसे आभिजात्य दृष्टि कहा जा सकता है। हुआ यह है कि अरस्तू ने यूनानी परम्परा से बहुत कुछ कच्चे माल के रूप में लिया और तर्क शक्ति के बल पर उसे काव्यशास्त्रीय विधान का स्वरूप प्रदान कर दिया। भावोद्बोधन का विषय भी इसका अपवाद नहीं है, उसकी भी अपनी ऐतिहासिक पृष्ठभूमि है।

सोफ़िस्तों के उदय के लिए उत्तरदायी स्थितियों की चर्चा हो चुकी है। भाषण कला में दक्षता प्राप्त करना समय की माँग थी। एथेन्स में जैसे-जैसे राजनीतिक अस्थिरता बढ़ रही थी सोफ़िस्तों की लोकप्रियता भी बढ़ रही थी। ई. पू. 352 में मकदूनिया का फिलिप, सिकन्दर का पिता, थर्मोपिली तक आ पहुँचा था जिससे यूनान की मुख्यभूमि संकट में पड़ गयी। एथेन्स पर कभी भी आक्रमण हो सकता था। ऐसी स्थिति में एथेन्स को क्या भूमिका निभानी चाहिए इस विषय पर आइसोक्रेतीज़* तथा दिमोस्थनीज़ में खूब बहस हुई। दोनों ने ही अपने-अपने ढंग से एथेन्स के नागरिकों को अपने-अपने पक्ष में करने का प्रयत्न किया। इतिहास में इस घटना की विशेष चर्चा हुई है। आइसोक्रेतीज़ के भाषणों में (जिन्हें उसने निजी अध्ययन के लिए लिखा था) भाव जगाने के सूत्रों का उल्लेख हुआ है।[13] इधर अरस्तू का 'भाषणशास्त्र' भी हमारे सामने है। सार्वजनिक रुचि के विषय पर कुछ लिखना उस समय की प्रथा बन गयी थी। इसके अन्तर्गत एक सर्वस्वीकृत तथ्य था कि भाषणकर्ता यदि अपनी बात मनवाना चाहता है तो उसे श्रोताओं के भावावेग को उकसाना चाहिए। अब देखना यह है कि इस लक्ष्य को लेकर अरस्तू की काव्यशास्त्रीय तथा भाषणशास्त्रीय अवधारणाओं (जिसके समानांतर जन साधारण में प्रचलित अवधारणा भी रखी जा सकती है) में क्या अन्तर है?

---

* आइसोक्रेतीज़ भाषणशास्त्र का अध्यापक था। उसकी कक्षाओं में लगभग सौ विद्यार्थी पढ़ा करते थे। आवश्यकता पड़ने पर वह राजनेताओं के लिए भी भाषण लिखा करता था। उसके अपने भाषण सार्वजनिक सभाओं के लिए नहीं निजी स्तर पर कुछ विशेष लोगों के पढ़ने के लिए ही हुआ करते थे।

भाषणकर्ता के सामने कोई व्यावहारिक समस्या होती है। श्रोताओं की भी वही समस्या होती है अन्यथा वे इकट्ठा ही क्यों होंगे। भाषणकर्ता समस्या का समाधान अपने ढंग से करना चाहता है और चाहता है कि श्रोता उसमें सहभागी हों। युगीन पृष्ठभूमि में ये ज्वलंत समस्याएँ होती थीं, नगरवासियों के जीवन से सीधे-सीधे जुड़ी हुई। कभी-कभी इनसे जीने-मरने का प्रश्न भी जुड़ा होता था। दूसरी ओर, नाट्यगृह में प्रेक्षकों के सामने एक कलात्मक संसार होता है, वास्तविक जीवन का अनुकरण मात्र। वास्तविकता और उसके अनुकरण के इस भेद को अरस्तू ने कभी भी आँखों से ओझल नहीं होने दिया। यह भेद दोनों के लक्ष्य के अन्तर को भी रेखांकित करता है। सार्वजनिक सभाओं को सम्बोधित करनेवाले वक्ता के सामने विभिन्न संवेगों को समझने उन्हें वास्तविक जीवन की समस्याओं से जोड़ने और इस सीमा तक उभारने का प्रश्न होता है कि श्रोता तत्काल कुछ करने के लिए तैयार हो जायँ। कवि के सामने इन्हीं संवेगों को अनुकरणात्मक, कलात्मक रूप में उद्‌बुद्ध करके प्रेक्षकों के नैतिक चरित्र के निर्माण का लक्ष्य रहता है। दोनों लक्ष्य व्यवहारिक हैं, दोनों मे समानता भी बहुत है फिर भी दोनों एक ही नहीं हैं। करुणा-भय की बात करें तो दोनों क्षेत्रों में उनकी अनुभूति वास्तविक है फिर भी स्वरूप में अन्तर है।[14]

प्लेटो के विश्लेषण में उपर्युक्त अन्तर धुँधला गया है। वह त्रासदी द्वारा जगाये गये करुणा-भय भावों को एक अनियन्त्रित संवेग के रूप में देखता है जो अत्यन्त सद्‌गुणी व्यक्तियों को भी अपने साथ बहा ले जाता है। परिणामस्वरूप, वे स्वयं पर बुद्धि का नियन्त्रण खो बैठते हैं। कोई बिरला ही इसके दुष्प्रभाव से बच पाता है।[15] गणराज्य से कवियों की बिरादरी को निष्कासित करने का एक मात्र कारण यही है। उसकी दृष्टि में वक्ता और कवि में कोई अन्तर नहीं है। वक्ता पर लगनेवाले आरोप को उसने कवि पर भी लगा दिया है। इस आरोप के पीछे उसके चिन्तन का यह पक्ष है कि अनुभूति और बुद्धि मनस्तत्त्व की अलग-अलग वृत्तियाँ हैं। इसलिए अनुभूति द्वारा बुद्धि को भ्रष्ट करना सम्भव हो पाता है। अरस्तू ने दोनों में पोष्य-पोषक सम्बन्ध देखा है। उसकी अनुभूति संज्ञानात्मक है। मनस्तत्त्व को इस रूप में स्वीकार कर लेने पर प्लेटो का आरोप अपने आप खण्डित हो जाता है। त्रासदी यथार्थ कार्यव्यापार का कलात्मक अनुकरण है। उसकी घटनाओं में कारण-कार्य सम्बन्ध को बुद्धि द्वारा ग्रहण करते हुए मन के लिए तज्जन्य भाव का अनुभव करना सम्भव है। इतना ही नहीं कार्यव्यपार का यही रूप–बुद्धि की भूमि में भाव लता का विकास–त्रासदी के लिए सर्वाधिक उपयुक्त है। अतः भावों द्वारा बुद्धि को भ्रष्ट करने का प्रश्न ही नहीं उठता। करुणा-भय संज्ञानजन्य हैं, वे अपने ही कारण को कैसे नष्ट कर सकते हैं। अरस्तू

अपनी इस अभिस्वीकृति की आधार भूमि पर और आगे बढ़ते हुए कहता है कि जैसे नाटक स्वयं में पूर्ण सुसंबद्ध रचना है उसी तरह हमारी प्रतिक्रिया भी स्वयं में पूर्ण, सुसंबद्ध–बुद्धिपक्ष और अनुभूति पक्ष का एकीकृत रूप–होती है।

त्रासदी के अनुभूति पक्ष के अन्तर्गत दो भाव आते हैं–करुणा और भय। अरस्तू ने इनके विश्लेषण में अपनी सूक्ष्म मनोवैज्ञानिक दृष्टि का परिचय दिया है। यह आवश्यक था ताकि उसकी दृष्टि के अनुसार त्रासदी के भावों के उचित स्वरूप को हम ठीक-ठीक समझ सकें। करुणा शब्द का प्रयोग सामान्यतः अत्यन्त शिथिल रूप में किया जाता है। किसी को कष्ट भोगते देखकर, वह पशु या पक्षी भी हो सकता है, हमारे भीतर जो अनुकंपा जागती है उसे करुणा कह दिया जाता है। 'भाषणशास्त्र' में आये इससे सम्बन्धित अंश इसका निषेध करते हैं। वहाँ पशु-पक्षी तो क्या हर कोई मनुष्य भी इसका पात्र नहीं बन सकता। ऐसा मनुष्य जिससे हमारा कोई सम्बन्ध नहीं है यदि दुःख भोगता दिखलायी पड़ता है (भले ही वह अकारण हो और कठोर भी हो) तो मनुष्य होने के नाते हम आर्द्रता अनुभव अवश्य करेंगे किन्तु उसे और चाहे जो नाम दे दिया जाय करुणा नहीं कहा जा सकता। पृष्ठ 1385[ब] के आरम्भ में ही उसने इसकी परिभाषा अथवा शर्तों का उल्लेख किया है। वह लिखता है, "करुणा नाम पीड़ा की उस अनुभूति को दिया जा सकता है जो अनिष्टकारी घटना को देख कर जागती है यह विनाशकारी या पीड़ादायक घटना ऐसे व्यक्ति के साथ घटती है जो इसका पात्र नहीं है और हमें आशंका होती है कि वह हमारे अथवा हमारे मित्र के साथ भी निकट भविष्य में घट सकती है।" यह परिभाषा करुणा भाव पर कम उसके पात्र की विशेषताओं पर अधिक प्रकाश डालती है। इनमें से एक है उसका निर्दोष होना अथवा दोष का इतना बड़ा न होना जितना बड़ा उसे दण्ड मिल रहा है। दूसरे, वह हमें अपने निकट प्रतीत होता हो, इतना निकट मानों वह हमारा मित्र हो ताकि उसके दुःख में हम सहभागी हो सकें। तभी हम इस इस आशंका से भयभीत हो सकते हैं कि ऐसी अनिष्टकारी घटना हमारे साथ अथवा हमारे मित्र के साथ भी घट सकती है। निकटता का आभास अनुभूति जगाने में सहायक होता है। इस तथ्य को उदाहरण द्वारा पुष्ट करते हुए वह लिखता है–"अमासिस तब नहीं रोया जब उसके बेटे को मौत के घाट उतारने के लिए ले जाया जा रहा था, पर उसने जब अपने मित्र को भीख माँगते हुए देखा तब अवश्य रोया: दूसरा दृश्य कारुणिक था और पहला निदारुण...।"[16]

प्रस्तुत उदाहरण एक और विशेषता सामने ले आता है। करुणा का पात्र हमारा आत्मीय अवश्य हो किन्तु उससे इतने निकट का सम्बन्ध भी न हो कि उससे तादात्म्य सम्बन्ध ही स्थापित कर लें। अमासिस अपने और अपने पुत्र के बीच

कोई अन्तर नहीं देख रहा है। उसके पुत्र पर आया संकट स्वयं उस पर आया संकट है। अतः करुणा के स्थान पर उसके विरोधी भाव का अनुभव करता है।[17] मन के निकट अथवा कुछ दूर होने की स्थिति को और अधिक स्पष्ट करते हुए उसे लिखा है–"हम उन लोगों के प्रति करुणा का अनुभव करते हैं जो उम्र में, चरित्र में, स्वभाव में, सामाजिक स्तर में अथवा जन्मतः हम जैसे हों; इन्हीं स्थितियों में [पात्र को अपने जैसा मान कर] हमें इस बात की आशंका प्रतीत होती है कि जो दुर्दिन उन पर आ पड़े हैं वे हम पर भी आ सकते हैं। यहाँ याद रखने योग्य सिद्धांत है कि जिस संकट से हम अपने लिए भय का अनुभव करते हैं वही दूसरों (जो मन के न बहुत दूर हैं न एकदम पास) पर पड़ता है तो हममें करुणा जागती है।"[18]

उपर्युक्त व्याख्या के तीन चरण हैं। (*i*) जो पात्र हमारे जैसा होता है हम उसी के दुःख में सहभागी बनती हैं; (*ii*) जिसके दुःख में सहभागी बनते हैं वही हमारी करुणा का आस्पद बनता है; अतः (*iii*) जो हमारे जैसा होता है वही हमारी करुणा का आलंबन हो सकता है। 'भाषणशास्त्र' में आया यह तर्कपूर्ण स्पष्टीकरण 'काव्यशास्त्र' के उस अंश से मेल खाता है जहाँ वह नाटकों में पात्रों का वर्गीकरण कर रहा है और निष्कर्ष निकालता है कि त्रासदी के लिए अमुक विशेषतावाले पात्र ही क्यों उपयुक्त हैं। दूसरे अध्याय के आरम्भ में कार्यव्यापार में निरत पात्रों के बारे में वह लिखता है कि वे सद्‌गुणों की तुला में हमसे (अर्थात् दर्शकों से) श्रेष्ठ हो सकते हैं, हमारे जैसे हो सकते हैं या हमसे घटिया हो सकते हैं। अब हमारे सामने एक समस्या आ खड़ी होती है। होमर, जो यूनानी कवियों में सर्वश्रेष्ठ तथा त्रासदी का जनक भी समझा जाता था, स्वयं इससे सहमत था कि पात्र सामान्य से श्रेष्ठ होना चाहिए। सोफ़ोक्लीज़, त्रासदी लेखकों के लिए आदर्श नाटककार, की भी यही मान्यता थी। समाज का मार्गदर्शन करने के लिए पात्र उच्च चरित्र के ही होने चाहिए। अब, इस परम्परागत विचार के रहते हुए, अरस्तू की इस स्थापना का क्या अर्थ रह जाता है कि करुणा भाव का आलंबन बननेवाला त्रासदी का पात्र चरित्र, स्वभाव, सामाजिक प्रतिष्ठा आदि में हमारे जैसा होना चाहिए।

प्रस्तुत समस्या का समाधान 'काव्यशास्त्र' के 13वें अध्याय में मिलता है। वहाँ उसने करुणा के आलंबन की संक्षिप्त व्याख्या की है। उसे वस्तुतः श्रेष्ठता का सूक्ष्म विवेचन माना जाना चाहिए। वह लिखता है–पात्र सद्‌गुणों में परिपूर्ण न हो;* उस पर अधर्मी और भ्रष्ट होने का दोष न लगाया जा सकता हो। उसके

---

* ...ए मैन हू इज़ नॉट एमिनेंटली गुड ऐंड जस्ट...(–अनु. बुचर)...ए मैन नॉटप्रि-एमिनेंटली वर्चुअस ऐंड जस्ट...(–अनु. बाइवाटर);

दुर्भाग्य का कारण निर्णय लेने में किसी भूल का रह जाना होना चाहिए[19] जिसमें मुख्य है अज्ञानता। अज्ञानता ऐसी त्रुटि है जो सुख को दुःख में बदल सकती है किन्तु उसके लिए पात्र को दोषी नहीं ठहराया जा सकता। इसलिए उसके परिणामस्वरूप मिलने वाले दुःख से जागी हुई करुणा ही सच्ची है, काव्योचित है। इस विषय में हमें स्मरण रखना चाहिए कि अरस्तू भाषणकर्ता के श्रोताओं और त्रासदी के प्रेक्षकों की मानसिकता तथा स्थिति कि अन्तर को समझता था। भाषणशास्त्र के नियमों को ज्यों का त्यों काव्य पर घटाना उचित नहीं है। उसने स्वयं भी बचाव का एक मार्ग निकाला। 'हमारे जैसे' का प्रयोग करके उसने एक तीर से दो निशाने साधे हैं। इससे एक ओर पात्र में श्रेष्ठता की सीमा कुछ और ऊँची उठी है, इतनी ऊँची कि उसे भरपूर देखने के लिए गर्दन ऊँची करनी पड़े पर इतनी ऊँची भी नहीं है कि प्रेक्षक उसे बिल्कुल भी अपना न समझ पायें। अज्ञानतावश हुई भूल उसे सामान्य जन से जोड़े रखती है। भूल करना मनुष्य का स्वभाव है। ऐसी भूलें क्षमा के योग्य हैं और इनके परिणामस्वरूप होनेवाला कष्ट करुणा का उचित कारण है।

कारणस्वरूप भूल और कार्यस्वरूप होने वाले कष्ट को अरस्तू ने सिद्धांत का रूप दिया है। यदि किसी कष्ट का कारण हम नहीं ढूँढ़ पाते तो बहुधा उसे दैवेच्छा मान लिया जाता है। कह दिया जाता है कि उसके भाग्य में ऐसा ही लिखा था। अरस्तू की सैद्धांतिक व्याख्या में देवता या भाग्य के लिए कोई स्थान नहीं है। कहा जा चुका है कि त्रासदीय अनुभूति द्विपक्षीय है। बिना संज्ञान के करुणा भाव उसके स्वरूप को भ्रष्ट कर देने वाला है। प्लेटो ने इसे इसी रूप में देखने की भूल की थी। अरस्तू इसीलिए, इसमें कारण–कार्य सम्बन्ध के संज्ञान को आवश्यक मानता है। ऐसे भाग्य परिवर्तन का जो हमारी समझ के बाहर हो और तज्जन्य करुणा का उसके नाट्यशास्त्र में कोई स्थान नहीं है।

नाटक के पात्र और सामाजिक के बीच संवाद की स्थिति पैदा हो सके इसके लिए अरस्तू दोनों में स्वभाव, सामाजिक स्थिति आदि की समानता देखता है। उसका 'हमारे जैसा' वाक्यांश दुधारी तलवार की तरह काम कर रहा है। इसमें एक ओर सामाजिक की संवेदनशलीता पर बल है तो दूसरी ओर यह संकेत भी दिया जा रहा है कि सामाजिक स्थिति में भी उस पात्र जैसा, अर्थात् अभिजातवर्गीय हो। आज जैसे हम उच्च मध्यम वर्ग और निम्न मध्यम वर्ग की बात करते हैं उसी प्रकार से उन दिनों अभिजात वर्ग का भी पर्याप्त फैलाव रहा होगा जिसके एक छोर पर गिने–चुने समृद्ध परिवार थे जिनके सदस्य कथानक के नायक–नायिका बनने के योग्य थे, तथा दूसरी ओर सामान्य प्रेक्षक थे जिन्हें नाटक से प्रेरणा ले कर स्वयं को और ऊँचा उठाना था, पूर्व गौरव को पुनः प्राप्त करना था। इसके

लिए जिस नैतिक आचरण–कार्यव्यापार तथा अनुभूति के स्तर पर भी–की आवश्यकता है उसे प्राप्त करने में, सिद्ध करने में, नाटक सहायक हो यह उसकी सबसे बड़ी उपयोगिता थी। नाटकों का कथानक प्रेक्षकों के पूर्वजों की जीवनियों (पौराणिक आख्यान भी इतिहास की सीमा के भीतर ही आते थे) से प्रेरित था। यह उसका सम्बन्धाश्रयी मूल्य है। कथानक की अंगभूत घटनाओं में कारण–कार्य सम्बन्ध द्वारा पूर्ण एकता होना उसका रूपाश्रयी मूल्य है। सोफ़ोक्लीज़ के नाटकों में, तथा उस काल की अनेक कृतियों में इन तीनों मूल्यों का संतुलन मिलता है। उस युग की अन्य कलाओं में भी इस आदर्श की स्थापना हुई है, इसीलिए वह युग क्लासिकल (श्रेष्ठ के अर्थ में) कहलाता है। उस समय के कलाकारों में यह परिपूर्णता प्रयोग करते–करते आयी न कि किसी पूर्व स्थापित सूत्र को अपनाने से। अरस्तू ने इन कृतियों में छिपे नियमों को पहचाना और 'काव्यशास्त्र' में उनका प्रतिपादन किया। संयोग से इस सम्पूर्ण प्रक्रिया में उसकी दृष्टि वर्ग विशेष पर टिकी थी। उसकी उपपत्ति थी कि इन कृतियों के विषयों का स्रोत जैसे अभिजात जीवन है उसी तरह इनका लक्ष्य भी अभिजात समाज है। इसे हम वादग्रस्त, आभिजात्यवादी, दृष्टि कहेंगे। आगे इसके कुछ और प्रमाण भी सामने आयेंगे।

त्रासदी के मनोवैज्ञानिक प्रभाव में करुणा और भय के उचित स्वरूप में जागने का जितना महत्त्व है उतना ही महत्त्व काथार्सिस के निष्पन्न होने का भी है। अरस्तू ने इन दोनों स्थितियों में कारण–कार्य सम्बन्ध जोड़ा है। भावों का केवल जाग जाना कोई मूल्य नहीं रखता यदि उनसे काथार्सिस की स्थिति पैदा नहीं होती,* और तब त्रासदी का भी कोई अर्थ नहीं रह जाता। प्रयोजनमूलकता (टीलियोलॉजी) अरस्तू के दार्शनिक चिन्तन का आधारभूत सिद्धांत है। इसके अनुसार काव्य का विकास शुरू से ही ऐसी दिशा में आगे बढ़ा जिसमें अन्त तक पहुँचते–पहुँचते त्रासदी विधा ने जन्म लिया और त्रासदी का स्वरूप निर्धारण कुछ इस तरह से हुआ कि उसकी अनुभूति का काथार्सिस में परिणत होना अवश्यम्भावी हो गया। काव्यशास्त्र के अन्तिम अध्याय में त्रासदी की श्रेष्ठता घोषित करने का

* अरस्तू ने त्रासदीय अनुभूति का एक रूप ऐसा भी माना है जिसमें काथार्सिस की स्थिति आती ही नहीं, प्रेक्षक सीधे–सीधे आह्लाद की स्थिति में पहुँच जाता है। किन्तु ऐसे प्रेक्षकों की संख्या अत्यन्त सीमित मानी गयी है। आगे के अध्याय में इस विषय पर चर्चा की गयी है। अधिकांश प्रेक्षक केवल काथार्सिस की स्थिति तक ही पहुँच पाते हैं। चारित्रिक विकास की दृष्टि से उनका इस सोपान तक पहुँचना अत्यन्त आवश्यक भी है। यहाँ ऐसे प्रेक्षकों के सन्दर्भ में ही त्रासदी और त्रासदीय काथार्सिस पर विचार जा रहा है।

यही निहितार्थ है। खेद है कि इतने महत्त्वपूर्ण तत्त्व के बारे में विस्तार से चर्चा करना तो दूर रहा परिभाषा के अतिरिक्त और कहीं उल्लेख तक नहीं हुआ है। 'राजनीतिशास्त्र' के अन्तिम अध्याय में (जहाँ इसकी थोड़ी सी चर्चा की गयी है–1341[ब], पं. 37-39) उसने कहा अवश्य है कि काव्य के सन्दर्भ में इसकी सटीक व्याख्या की जायेगी किन्तु ऐसा हो नहीं पाया। इसलिए, कुछ विद्वानों की यह धारणा आधारहीन नहीं है कि 'काव्यशास्त्र' के कुछ पृष्ठ अवश्य विलुप्त हो गये हैं। इन्हीं में सम्भवतः काथार्सिस वाला अंश भी रहा हो। अब इस शब्द के संकेतार्थ को ठीक-ठीक समझने के लिए 'राजनीतिशास्त्र' से सहायता लेने के अतिरिक्त और कोई उपाय नहीं रह जाता। बस इतना अवश्य स्मरण रखना होगा कि उस समय तक काव्यशास्त्र की शब्दावली विकसित नहीं हुई थी। आलोचक अन्य अनुशासनों में प्रचलित शब्दों को आयातित करने के लिए विवश था। इन शब्दों का प्रयोग करते समय बहुधा उनके अर्थ को नया मोड़ देना भी आवश्यक हो जाता था। काथार्सिस शब्द ऐसा ही है जिसकी अर्थ व्यंजना में अरस्तू ने नया आयाम जोड़ा है। उसकी अपनी दृष्टि में इसका क्या स्वरूप था इस पर आज भी सर्वसम्मति नहीं बन पायी है। जागरणकाल (रिनेसांस) से लेकर आज तक इसे कई चश्मों–चिकित्सकीय, नैतिक, सौन्दर्यशास्त्रीय–से देखा गया है। अर्थ-विस्तार के विविध आयामों के पीछे सबसे बड़ा कारण यह रहा कि उसने स्वयं इसकी काव्यशास्त्रीय व्याख्या नहीं की और आज हम इतनी दूर निकल आये हैं कि तत्कालीन यूनानी मानसिकता में प्रवेश करना लगभग असम्भव हो गया है।

काथार्सिस शब्द का अंग्रेज़ी में अनुवाद करते समय विद्वानों ने अपनी-अपनी अवधारणा के अनुसार दो शब्दों का प्रयोग किया है–"विरेचन" (पर्गेशन) और "शुद्धीकरण" (प्योरिफ़िकेशन)। इसके विपरीत कुछ विद्वान् यह मानते हैं कि इन शब्दों के संकेतार्थ जन मानस में इतने स्थिर हो गये हैं कि इनमें काथार्सिस की अर्थव्याप्ति सम्भव ही नहीं है। इसलिए वे इसे ज्यों का त्यों रखने के पक्ष में हैं। हम भी इस विचार से पूर्ण सहमत हैं। यूनानी भाषा में विरेचन के अर्थ में 'काथार्सिस' का प्रयोग चिकित्सा के क्षेत्र में बहुत पहले से चला आ रहा था। इसके सामानान्तर धार्मिक अनुष्ठानों के अन्तर्गत स्थान-शुद्धीकरण, शरीर-शुद्धी-करण तथा आत्मा के शुद्धीकरण के लिए भी इस शब्द का प्रयोग होता आ रहा था। इसी से अनुमान लगाया जा सकता है कि उस युग में इस शब्द में कितनी अर्थ-छटाएँ व्यक्त करने की शक्ति थी। अरस्तू इन प्रयोगों से परिचित था। प्लेटो के संवादों में भी इस शब्द का प्रयोग हुआ है। 'त्रासदीय काथार्सिस' नाम देकर जब अरस्तू इसे परिभाषा में स्थान देता है तो उसके मन में इसका स्वरूप उस समय तक प्रचलित सभी अर्थ-छटाओं से मिलता-जुलता होने पर भी उनसे भिन्न

था। यह भिन्नता स्पष्ट शब्दों में व्यक्त नहीं हुई है, शायद यह सम्भव भी नहीं था। फलतः, उदाहरणों द्वारा, तुलना द्वारा वह इस ओर संकेत भर करके रह गया। हम उन्हीं संकेतो को पकड़ने का प्रयास करेंगे। पहले, पृष्ठभूमि के रूप में अरस्तू पूर्व के प्रयोगों के कुछ उदाहरण ले रहे हैं।

चिकित्साशास्त्र के अन्तर्गत विकार को शरीर से बाहर निकाल कर (इस प्रक्रिया को हिन्दी में विरेचन कहा गया है) रोगी को फिर से स्वस्थ स्थिति में लाने के लिए काथार्सिस शब्द का प्रयोग शुरू से ही किया जाता था। वहाँ, इसकी अर्थव्याप्ति में शरीर-शुद्धि की सामग्री, उसकी पद्धति, विकार का उत्सर्जन तथा शरीर का पुनः प्राकृतिक स्थिति में आ जाना यह सभी कुछ आ जाता था। हिप्पोक्रेतीय चिकित्सा शाखा में त्रिदोष–कफ, वात और पित्त–अथवा अन्य किन्हीं कारणो से उत्पन्न विकार को दूर करने के लिए यह क्रिया अपनायी जाती थी। इस शास्त्र में काथार्सिस पूरी तरह शारीरिक प्रक्रियाओं तथा उनके शरीर-धर्मी परिणामों तक ही सीमित है। अरस्तू के पिता राजचिकित्सक थे इसीलिए वह काथार्सिस के इस प्रयोग से बचपन से ही परिचित रहा होगा। शरीर-शुद्धिवाला इसका यह अर्थ उसके मानस-पटल पर सदैव छाया रहा होगा।

धार्मिक अनुष्ठानों से सम्बन्धित काथार्सिस के प्रयोग कुछ अधिक विविधता लिये हुए हैं। इसका एक प्रयोग पूरी तरह से भौतिक शुद्धि का अर्थ देता था। जैसे किसी स्थल पर देव प्रतिमा को स्थापित करने के पहले वहाँ की साफ़-सफ़ाई करना। फिर ऐसे स्थल में प्रवेश करने के पहले व्यक्ति का स्वयं साफ़-सुथरा होना। भौतिक शुद्धि से निःसृत किन्तु उससे भिन्न एक यह अर्थ भी इसमें समाहित था कि स्नानादि से शरीर ही नहीं आत्मा भी शुद्ध होती है। मान्यता यह थी कि धार्मिक कृत्यों में सम्मिलित होने के लिए व्यक्ति को तन और मन दोनों से शुद्ध होना चाहिए। तन-मन की शुद्धता का एक अन्य रूप तब सामने आता है जब ऐसे उदाहरण लिये जाते हैं जिनमें किसी गुह्य समाज में दीक्षित होने वाले अभ्यर्थी को अभिमन्त्रित किया जाता था। काथार्सिस की विरेचनवाली शुद्धि तथा इस विस्तारित अर्थ में संकेतित शुद्धि में अन्तर केवल इतना है कि प्रथम की सीमा केवल शरीर तक ही है जबकि द्वितीय में शरीर और आत्मा दोनों प्रकार की शुद्धियों का समन्वित रूप ग्रहण किया जाता है। यहाँ एक के बिना दूसरे का अस्तित्व नहीं है।

शरीर और आत्मा के समन्वित शुद्धिकरण को लेकर यूनानी समाज में एक विचित्र विश्वास व्याप्त था। इसके अनुसार यदि किसी से कोई अपराध हुआ है तो उसका पाप बहुत कुछ शारीरिक लक्षण लिये हुए होता था। जैसे, शरीर में किसी रोग के लक्षण प्रकट होने से देखनेवाला समझ जाता है कि अमुक व्यक्ति

रोगी है उसी तरह पापी को भी शरीर-लक्षणों से पहचाना जा सकता है। प्रायश्चित अथवा दैव कृपा से पापी का तन और मन दोनों ही मुक्त हो जाते हैं। इस विश्वास में अरस्तू की कितनी आस्था रही होगी यह तो नहीं कहा जा सकता किन्तु वह इससे अनभिज्ञ नहीं रहा होगा। नाटकों में भी इसके अनेक उदाहरण आए हैं। समाज में प्रचलित अन्य अनेक मान्यताओं को अपने शास्त्र की सीमा में समाहित करने की जैसी उदारता उसने दिखलायी है उसी तरह शुद्धीकरण के इस अर्थ के प्रति भी सम्भवतः उसकी दृष्टि सकारात्मक रही हो।

रोग-निदान के सन्दर्भ में काथार्सिस का प्रयोग एक और प्रथा से भी जुड़ा हुआ था। फ्रीजिया और लघु ऐशिया के निवासियों में सिबिली नाम की प्रकृति-देवी की बड़ी प्रतिष्ठा थी। उसकी पूजा में अत्यन्त तीव्र वेग से किये गये प्रचण्ड नृत्य और तीखा संगीत भी सम्मिलित था। विश्वास किया जाता था कि यदि कोई व्यक्ति दैव बाधा से ग्रस्त है तो वह इस धार्मिक अनुष्ठान में सम्मिलित होकर फिर से सामान्य जीवन जीने की मनःस्थिति में आ जाता है। उसके मन और शरीर में जो भी आवांछित तत्त्व है वह संगीत और नृत्य की विशेष प्रक्रिया द्वारा विरेचित हो जाता है तथा व्यक्ति स्वस्थ हो जाता है। ध्यान रहे सिबिली देवी को माननेवालों के लिए निदान की यह पूरी प्रक्रिया धार्मिक अनुष्ठान के रूप में ही ग्रहण की जाती थी। देवता द्वारा आविष्ट होना और उस स्थिति में अनेक असामान्य क्रियाएँ करना देवता की पूजा भी थी और स्वस्थ होने के लिए आवश्यक क्रिया भी। कालान्तर में यह अनुष्ठान बाक्खस और दियोनाइसुस के साथ जुड़कर पूरे यूनान में फैल गया।[20]

संगीत की शक्ति को पाइथागोरियों ने भी पहचान लिया था। उन्होंने इसका सम्बन्ध आत्मा के शुद्धीकरण से जोड़ा। उनकी काथार्सिस की अवधारणा शुद्ध चिकित्सकीय नहीं थी। उनके दृष्टिकोण की महत्ता इस कारण से है कि इसमें भौतिक साधन और उसके अभौतिक परिणाम को समन्वित रूप में देखा गया है। स्थूल और सूक्ष्म को एक ही दायरे के भीतर लाकर उन्होंने इस शब्द के प्रयोग को नया आयाम दिया। हमारे लिए इसका महत्त्व इसलिए विशेष है क्योंकि स्वयं अरस्तू के शिष्य अरिस्तोज़ेनुस में इसका उल्लेख किया है। इससे स्पष्ट हो जाता है कि उसके सहयोगियों के बीच यह चर्चा का विषय अवश्य रहा होगा। पाइथागोरी मानते थे कि जैसे ओषधि शरीर को विकार मुक्त कर शुद्ध करती है वैसे ही संगीत आत्मा को शुद्ध करता है। यह केवल मान्यता का विषय नहीं था इस उपपत्ति को वे व्यवहार में भी लाते थे। अरस्तू के काल में भी पाइथागोरी सम्प्रदाय पर्याप्त प्रभावशाली था और वह स्वयं भी इससे प्रेरित हुआ हो इस सम्भावना को एकदम नकारा नहीं जा सकता। साथ ही इस अनुमान के लिए भी

पूरा स्थान है कि पाइथागोरियों में स्वीकृत यह अर्थ किसी और पुरानी परम्परा से जुड़ा हो जिसके अनुसार शब्द जादूई प्रभाव (धार्मिक अनुष्ठानों में मन्त्र-प्रयोग का आदिम रूप) से युक्त माना जाता था। संगीत द्वारा चरित्र का निर्माण हो सकता है यह प्लेटो का भी विश्वास था और अरस्तू ने भी इस पर विस्तार से विचार किया है।

काथार्सिस शब्द की अर्थ व्याप्ति के उपर्युक्त स्रोतों से यह निष्कर्ष सरलता से निकाला जा सकता है कि इसकी निष्पत्ति में सहायक तत्त्वों की सूची में काव्य-शब्द के भी जुड़ जाने में कोई बाधा नहीं थी। शब्द की मानसिक प्रभाव डालने की शक्ति पहले से भी समाज स्वीकृत थी। अतः इसे सिद्धांत का रूप देने में कोई कठिनाई नहीं थी।[21] अरस्तू देख रहा था कि काथार्सिस को काव्यशास्त्रीय आयाम देने के लिए सांस्कृतिक और शास्त्रीय पृष्ठभूति पहले से तैयार है। उसे विश्वास या कि लाइस्युम गुरुकुल के अन्तेवासी के मन में इस शब्द को सुन कर या पढ़कर कोई न कोई चित्र या कोई ऐसा अर्थ अवश्य उभरेगा जो नये सन्दर्भ में उसके निहितार्थ को समझने में सहायक होगा। इसके लिए वह नाटकीय भाषा की प्रभाव डालने की शक्ति के प्रति पूरी तरह आश्वस्त था। त्रासदी की परिभाषा में ही इसके उल्लेख से यह बात साफ़ हो जाती है। काथार्सिस और काव्य-शब्द के परस्पर सम्बन्ध को देखते हुए हम इस पर कुछ विस्तार से विचार कर लेना चाहते हैं।

त्रासदी को अरस्तू ने केवल मनोरंजन के रूप में कभी नहीं देखा। उसकी असली पीड़ा यही थी कि समाज में अधिक से अधिक प्रेक्षक केवल मनोरंजन के लिए ही नाटक देखने जाते थे। उसके सामने नागरिकों के चरित्र निर्माण का गम्भीर उद्देश्य था। परिभाषा में उसने इसका स्पष्ट उल्लेख किया है। उसमें भाषा के विशिष्ट प्रयोग का भी उल्लेख है और उसका किंचित् विश्लेषण भी किया है। भाषा में, उसकी काव्यात्मक सरंचना में, सामाजिक को सम्मोहित करने की शक्ति है। इस बात को कविगण तथा सोफ़िस्त पहले से ही बार-बार कहते आ रहे थे। 'हेलेन की स्तुति' में गोर्जियास द्वारा भाषा की मन्त्र-मुग्ध कर देनेवाली शक्ति का उल्लेख सर्वस्वीकृत तथ्य बन चुका था। अरस्तू साहित्य के इन अंशो से परिचित था। साथ ही उसके सामने प्लेटो के संवादों के वे स्थल भी थे जिनमें इस दृष्टि की न केवल पुष्टि हुई है बल्कि इसके आधार पर काव्यशास्त्रीय निष्कर्ष भी निकाले गये हैं। काव्य के सन्दर्भ में ये निष्कर्ष थे कि काव्य की मोहिनी शक्ति सामाजिक के विवेक को कुण्ठित कर देती है; उसकी युक्तिमत्ता पंगु हो जाती है जिससे उसका चरित्र पुष्ट होने के स्थान पर दुर्बल हो जाता है। 'गणराज्य' में उसका प्रसिद्ध वाक्य आया है—"इसकी [काव्य की] प्रचण्ड

शक्ति श्रेष्ठतम पात्रों को भी भ्रष्ट कर देती है, इससे बहुत थोड़े लोग ही बच पाते हैं।"[22] संगीत के विषय में भी उसकी यही धारणा थी–"जब कोई व्यक्ति संगीत के वशीकरण के आगे समर्पण करता है...और यदि वह उसके इन्द्रजाल को तोड़ नहीं पाता तो वह एक कमज़ोर लड़ाका बनकर रह जाता है।"[23] ध्यान रहे यह आरोप केवल स्वर संगीत पर ही नहीं है काव्य पर भी है। इसे स्पष्ट करते हुए उसने लिखा है कि छन्द, ताल और संगीत के योग से काव्य में ऐसा जादू आ जाता है कि कवि जो कुछ लिखता है समाज उसे ही सच समझ बैठता है।[24] लगता है यह वाक्य होमर को लक्ष्य करके ही लिखा गया है क्योंकि उन दिनों वह इसी रूप में प्रतिष्ठित था।

ताल, लय और संगीत काव्यभाषा के सम्मोहन को कहीं अधिक बढ़ा देते हैं। होमर का काव्य इसका ज्वलंत उदाहरण था। सुकरात और प्लेटो भी उससे अछूते नहीं थे, किन्तु उनका अनुभव यह भी बतलाता था कि शब्द का सम्यक् प्रयोग बिना ताल आदि के भी अपना मान्त्रिक प्रभाव डालता है। सेफ़िस्तों की सम्पूर्ण शिक्षा इसी लक्ष्य से प्रेरित थी कि गद्य को भी छंदोबद्ध रचना के समान ही प्रभावशाली कैसे बनाया जा सकता है। प्रसिद्ध राजनेता एल्सीबाइयादीज़ सुकरात के शब्दों के प्रभाव की तुलना सुरा के देवता के एक गण मार्सियाज़ के वंशीवादन से करता है।[25] सुकरात के विरोधी भी उसकी इस शक्ति से परिचित थे और इसी कारण से उससे भयभीत भी रहते थे।[26] अरस्तू को इन तथ्यों की पूरी जानकारी थी और इन पर पूरा विश्वास भी था। अब, उसके सामने प्रश्न था कि यदि कोई काव्य की शक्ति का दुरुपयोग करता है तो क्या इसी आधार पर सम्पूर्ण काव्य को 'गणराज्य' से निष्कासित करना उचित होगा? यहाँ हम स्मरण दिला दें कि भावनाओं को जगा कर व्यक्ति को पथ भ्रष्ट करने की शक्ति प्लेटो ने जितनी काव्य में मानी है उतनी अन्य कलाओं में नहीं। ज्ञान के क्षेत्र में चित्र कला और काव्य कला यद्यपि समान रूप से निम्नतम सोपान पर हैं फिर भी उसने चित्र कला को बहिष्कृत करने की बात कहीं नहीं की है। एक ओर प्लेटो का कवियों को बहिष्कृत करने का निर्णय और दूसरी ओर समाज में होमर का अक्षुण्ण स्थान, दर्शन और काव्य के इस विवाद को अरस्तू ने अनुभूति के स्तर पर सुलझाया है। प्लेटो के कठोर प्रहार से काव्य पदच्युत होने की स्थिति में आ गया था। समाज में उसे पुनः प्रतिष्ठित करने के लिए अरस्तू ने काथार्सिस का आधार लिया। इसमें सन्देह नहीं कि यह प्लेटो को दिया गया उत्तर है किन्तु यह भी उतना ही सच है कि इसकी प्रेरणा भी स्वयं प्लेटो ही है। उसके साहित्य में काथार्सिस या इसके समानार्थी शब्द-प्रयोग अरस्तू द्वारा प्रस्तुत समाधान के स्रोतों के रूप में देखे जा सकते हैं।

रोग निदान की प्रक्रिया में मल उत्सर्जन की पद्धति और धार्मिक अनुष्ठान में झाड़ू लगाना, पानी से स्थान को धोना, स्वयं नहा कर स्वच्छ होना तथा अभिमन्त्रित जल से अन्तस को पवित्र करना ये सभी शुद्धीकरण की क्रियाएँ हैं। इनमें भेद केवल स्थूल और सूक्ष्म का है। फिर इसी दिशा में आगे बढ़ कर संगीत द्वारा आत्मा को शुद्ध करना अथवा कोरिबैंतों का प्रचण्ड संगीत की धुन पर आविष्ट व्यक्ति को नचाकर स्वस्थ करना ये सब ऐसी स्थितियाँ थीं जिनमें काथार्सिस अथवा इसके समानार्थी शब्द-प्रयोगों से यूनानी समाज परिचित था। सुकरात और प्लेटो के काल तक ये रूढ़ हो चले थे। अतः इन सभी सन्दर्भों में काथार्सिस का अर्थ अभिधा की सीमा के भीतर ही माना जाना चाहिए। हाँ, इनसे शब्द की क्षमता का ज्ञान अवश्य हो जाता है। प्लेटो ने इसी क्षमता का आश्रय लेकर इसके लाक्षणिक प्रयोगों की ओर संकेत किया है। 'क्रेतिलुस' में अपोलो के नामकरण की व्याख्या करते हुए सुकरात कहता है, "विरेचन और शुद्धीकरण [की विभिन्न क्रियाएँ] जो वैद्य और पुजारी अपनाते हैं, धूप और दवाइयाँ, जादू और जड़ी बूटियाँ, धोना, जल छिड़कना आदि इन सबका एक ही लक्ष्य होता 'मनुष्य के शरीर और उसकी आत्मा को शुद्ध करना।"[27] यहाँ प्लेटो ने चिकित्सकीय शोधन (स्थूल साधन से स्थूल वस्तु का परिष्कार) और धार्मिक संस्कार (स्थूल से सूक्ष्म का परिष्कार) को एक ही भूमि पर रखा है। इससे यह भी सिद्ध होता है कि वह स्थूल और सूक्ष्म के घनिष्ठ सम्बन्ध के साथ-साथ यह भी स्वीकार करता है कि स्थूल सूक्ष्म को प्रभावित कर सकता है। इसी नियम के आधार पर वह स्थूल और सूक्ष्म के परिष्कार में क़ोई भेद नहीं मानता। वह देख रहा था कि दोनों का लक्ष्य एक है और दोनों में एक ही प्रक्रिया--मल का उत्सर्जन, विकार का रेचन--काम में लायी जाती है। परिष्कार की प्रक्रिया में जब साधन और साध्य दोनों ही सूक्ष्म होते हैं तो उसी को स्टीफ़ेन हैलिवेल ने काथार्सिस का लाक्षणिक प्रयोग माना है।[28]

प्लेटो ने काथार्सिस की लक्षणा शक्ति का उपयोग दो सन्दर्भों में किया है। 'सोफ़िस्त' संवाद में वह संकेत देता है कि काथार्सिस की परिष्कारोन्मुखी प्रक्रिया चिकत्सकीय पद्धति में ही नहीं अन्य रूपों में भी अपनायी जा सकती है। किसी भी वस्तु को विकार-मुक्त करना काथार्सिस है, पर इस विषय में विद्वान् एकमत नहीं हैं कि विकार-मुक्त वस्तु अपनी पूर्वावस्था में आ जाती है अथवा उसकी गुणवत्ता में अभिवृद्धि होती है। प्लेटो इसका कोई स्पष्ट उत्तर नहीं देता। 'सोफ़िस्त' में शुद्धीकरण के लाक्षणिक प्रयोग का केवल इतना ही अर्थ निकलता है कि ज्ञानी प्रश्न-प्रतिप्रश्न के द्वारा जिज्ञासु के सांसारिक ज्ञान को निर्मल बना देता है। उसकी दृष्टि स्वच्छ हो जाती है, व्यावहारिक ज्ञान भ्रम रहित हो जाता

है।[29] 'फ़ीदो' संवाद में इसी अर्थ का कुछ निश्चित रूप उदाहरण सहित मिलता है। यहाँ इसकी सीमा में आध्यात्मिक ज्ञान भी समाहित है। यह पूरा संवाद आत्मा और शरीर के भेद को रेखांकित करने के लिए लिखा गया है। आत्मा अमर है, शरीर का हिस्सा नहीं है। शरीर आत्मा के लिए बंदीगृह है। मृत्यु का क्षण आत्मा की मुक्ति का क्षण है। सच्चा दार्शनिक इस क्षण की उत्सुकता से प्रतीक्षा करता है। इस विचारधारा को जीनेवाले पवित्र हैं। आत्मा और शरीर के अन्तर को चिन्तन द्वारा समझा जा सकता है। यह भी शुद्धीकरण का एक प्रकार है। सुकरात सिम्मियास से पूछता है–"हम अपनी चर्चा में यथासम्भव आत्मा और शरीर को अलग-अलग करने की बात कर आए हैं, क्या यह शुद्धीकरण नहीं है? शरीर के प्रत्येक अंग से आत्मा को इस तरह स्वतन्त्र करने की आवश्यकता है जैसे उसे बंदीगृह से मुक्त किया जा रहा हो।"[30]

"इस प्रकार से शुद्ध और संस्कारित व्यक्ति जब हेदीज़ (यमलोक) में जाता है तो उसे देवताओं का सामीप्य मिलता है।"[31]

"जिन्होंने दार्शनिक चिन्तन द्वारा स्वयं को शुद्ध कर लिया है वे फिर सदैव शरीर रहित जीवन (जीवनमुक्त स्थिति) जीते हैं।"[32]

इस विषय को प्लेटो ने 'गणराज्य' की तीसरी पुस्तक में भी उठाया है ('फ़ीदो' और 'गणराज्य' के इस अंश का लेखन काल एक ही है)। इसकी पृष्ठभूमि में वस्तुतः यूनानी समाज की यह मान्यता है कि मनुष्य को अपनी शारीरिक तथा मानसिक दोनों शक्तियों का विकास करना चाहिए। 'कालोकागाथिया' के आदर्श की अवधारणा में यही भाव व्यक्त हुआ है। संगीत और नृत्य द्वारा चरित्र निर्माण की मान्यता भी इसी आदर्श की उपज है।[33] दार्शनिकों ने इस आदर्श में बौद्धिक विकास को कुछ अधिक महत्त्व देना शुरू कर दिया। 'गणराज्य' की तीसरी पुस्तक में सुकरात इस पर विशेष बल देते हुए कहता है, "प्रत्येक व्यक्ति में ज्ञान के प्रति प्रेम भाव होता है किन्तु उसे विकसित और पुष्ट करने के लिए उसे ज्ञान से जुड़ी गतिविधियों में भाग लेते रहना चाहिए अन्यथा उसकी बौद्धिक वृत्तियाँ क्षीण हो जाती हैं (जैसे भोजन न मिलने से शरीर क्षीण हो जाता है) जिसके कारण हमारी इन्द्रियों का शुद्धीकरण नहीं हो पाता। जो व्यक्ति संगीत (बौद्धिक वृत्तियों का प्रतीक) और व्यायाम के बीच समुचित अनुपात में ताल-मेल बैठा कर अपनी आत्मा में उतार लेता है वही सच्चे अर्थ में श्रेष्ठतम संगीतकार है। किसी वाद्य यन्त्र पर सुरों का सामंजस्य बैठानेवाला संगीतज्ञ उसके सामने नगण्य है। शारीरिक और मानसिक वृत्तियों का सन्तुलन आत्मा को उसके स्व-रूप में प्रकाशित करने में सहायक होता है।"[34]

'फ़ीदो' और 'गणराज्य' संवादों में काथार्सिस का प्रयोग धार्मिक और

लाक्षणिक (जिसे 'बौद्धिक' संज्ञा भी दी गयी है) दोनों अर्थ छटाओं को व्यक्त करता है। वस्तुतः ये सारे प्रयोग लाक्षणिक ही हैं क्योंकि सुकरात भ्रम को दूर करने या स्थिति को सही रूप में देखने की बात कर रहा है, किन्तु इसमें धार्मिक अर्थ की भी अनुगूँज है। यहाँ अभ्यर्थी का लक्ष्य है भ्रम पैदा करनेवाले अनुकरण रूप संसार, अर्थात् मिथ्या जगत् के पार परम सत्य का साक्षात्कार करना। साक्षात्कार हो सके इसके लिए पात्रता का होना आवश्यक है। पात्रता की कसौटी है अपने भीतर यह समझ पैदा करना कि आत्मा शरीर में समायी हुई अवश्य है किन्तु उससे संपृक्त नहीं है। उसका महत्त्व भी शरीर से कहीं अधिक है। यह दृष्टि उसे दर्शनशास्त्र से मिलती है। इस सम्पूर्ण चिन्तन में धार्मिक अर्थ की अनुगूँज इस विचार के कारण है कि जब तक हमारी बुद्धि पर भ्रम का आवरण पड़ा हुआ है तभी तक हम आत्मा की उपेक्षा करते हैं और शरीर से प्रेम करते हैं। दर्शन द्वारा भ्रम का निवारण आत्मा का शुद्ध होना है, उसके स्व-रूप का प्रकट होना है।

प्लेटो के कलाशास्त्र की दार्शनिक पृष्ठभूमि पर विचार करते समय कहा जा चुका है कि ओर्फ़ीयों के गुह्य समाज में आत्मा मनुष्य के उच्चतम तत्त्व के रूप में स्वीकार की जाती थी। पार्थिव शरीर और अपार्थिव आत्मा के भेद को ओर्फ़ीयों से पाइथागोरियों ने लिया और उनसे सुकरात ने। किन्तु उसने इस भेद-दृष्टि को विश्वास के स्थान पर चिन्तन का धरातल प्रदान किया जिससे प्लेटो और अरस्तू का मार्ग प्रशस्त हो गया। सुकरात के आत्मवाद और प्लेटो के चैतन्यवाद (आइडियलिज़्म) के सूत्र कुछ पुराने धार्मिक विश्वासों से जुड़े होने के कारण उनके काथार्सिस में धार्मिक भाव की अनुगूँज है। इसमें उनका अपना योगदान इस अर्थ में है कि वे भौतिक और दैहिक शुद्धीकरण की सीमा को बढ़ाकर आत्मशुद्धि, चरित्र निर्माण, तक ले आये और उसी पर बल दिया। अरस्तू ने भी शरीर और आत्मा के द्वैत को स्वीकार किया है किन्तु उसके चिन्तन में शरीर आत्मा के लिए ऐसा बंदीगृह नहीं है जिससे मुक्त होने के लिए वह छटपटा रही हो। उसने इन दोनों के परस्पर सम्बन्ध को कुछ भिन्न दृष्टि से देखा। आत्मा का एक अंश चिरंतन है किन्तु उसे अपनी शक्ति की पूर्ण अभिव्यक्ति के लिए पदार्थ रूप शरीर की आवश्यकता है। कारण-कार्य सिद्धांत के अनुसार आत्मा तत्त्व (प्रयोजन अथवा आदि कारण) है जिसे शरीर अपने विकास के अन्त में अपने पूर्ण रूप (कालोकागथिया आदर्श के अनुरूप पर्फ़ेक्ट फ़ॉर्म) में व्यक्त करता है। शरीर आत्मा की आवश्यकता है बन्धन नहीं। मनुष्य की आत्मा में वे सभी शक्तियाँ विद्यमान हैं जो व्यावहारिक जीवन में उसे प्रेरणा देती हैं, उसका मार्ग दर्शन करती हैं।[35] प्रकृति में व्याप्त प्रयोजनमूलकता तथा सक्रियता के

सिद्धांत को अरस्तू ने कला जगत् पर भी घटाया है। त्रासदी से प्राप्त होनेवाले आनन्द का विश्लेषण करते समय इस पर कुछ और विचार करने का अवसर मिलेगा, यहाँ केवल इतना स्मरण रखना पर्याप्त होगा कि सांसारिक जीवन की गतिविधियाँ तत्त्वरूप आत्मा (अरस्तू के चिन्तन में पदार्थ जो रूप ग्रहण करता है वही उसका तत्त्व है, "फॉर्म इज़ दि एसेन्स ऑफ़ सब्सटेंस") द्वारा निर्देशित होनी चाहिए।

काथार्सिस के अभिधेयार्थ से लेकर लक्ष्यार्थ तक विभिन्न अर्थ-छटाएँ देने वाले और कितने प्रयोग उन दिनों प्रचलित रहे होंगे कहना कठिन है। राजनीतिशास्त्र और काव्यशास्त्र की सीमा के भीतर इसका प्रयोग करते समय अरस्तू के मानस-पटल पर कौन-कौन से अर्थ रहे होंगे आज केवल अनुमान का विषय ही है। समीक्षक इसकी व्याख्या में अनुमान के सहारे ही आगे बढ़े हैं। इसकी व्याख्या करते समय वे मुख्यतः दो प्रश्नों का उत्तर ढूँढ़ते रहे। पहला, इस शब्द का तात्पर्यार्थ क्या है? दूसरा, त्रासदी की प्रयोजन-सिद्धि में इसकी क्या भूमिका है? शताब्दियों के ऊहा-पोह में इन प्रश्नों के जो उत्तर सामने आये हैं उनमें से कुछ इस प्रकार है :

(*i*) कुछ व्यक्ति करुणा और भय से अतिशीघ्र प्रभावित होते हैं। उनमें इनका अतिरेक पाया जाता है। ऐसे लोग बार-बार त्रासदी देखकर इसके आदी हो जाते हैं तथा कुछ दृढ़ चित्त हो जाते हैं। संवेदनशीलता में दृढ़ता आना काथार्सिस है।

(*ii*) दर्शक नायक की दुर्दशा देखकर अपनी कुशलता के प्रति भयभीत हो जाता है। तब अपने संवेगों को नियन्त्रित करने के प्रयास में स्वयं विरेचित हो जाता है।

(*iii*) काथार्सिस में सदृश भावों की मात्रा (जैसे दवाई की मात्रा) देने से इन भावों का विरेचन हो जाता है। यहाँ काथार्सिस को होमियोपैथी पद्धति पर कार्य करते हुए समझा गया है।

(*iv*) काथार्सिस से तात्पर्य है नाटक की सीमा के भीतर करुणा और भय का सन्तुलन।

(*v*) त्रासदी प्रेक्षक में उसकी भीतरी शक्तियों को उभार कर नैराश्य की सभी स्थितियों का सामना करने का विश्वास जगाती है।

इस सूची में लेसिंग के निष्कर्ष को जोड़ कर यहीं समाप्त करते हैं। लेसिंग के तर्कों ने बाद के काव्यशास्त्रियों को बड़ी दूर तक प्रभावित किया है। उसने 'फ़ीदों' में व्यक्त काथार्सिस के अर्थ का विस्तार भी किया और अरस्तू के चिन्तन में व्यक्त मध्यम भाव (मीन) के साथ उसका सामंजस्य भी बैठाया।

उसके अनुसार किसी दर्शक में करुणा और भय का यदि अतिरेक है, अथवा इनकी संवेदनशीलता आवश्यकता से कम है तो उसे (अ) कम करके उचित सीमा के भीतर ले आना, या (ब) उचित सीमा तक उभारना ही काथार्सिस है। उसका तर्क है कि अरस्तू मध्यम भाव का पक्षधर था। उसकी यह भी मान्यता थी कि मनुष्य की गतिविधियाँ तभी मूल्यवान् कहला सकती हैं यदि वे उसके भीतर सद्‌गुणों का विकास करें। काव्य को इस तुला से बाहर नहीं रखा जा सकता। इसलिए, त्रासदी का लक्ष्य यदि करुणा और भय को जगाकर सद्‌गुणों के विकास में उन्हें सहायक बनाना है तो यह तभी सम्भव है तब वे मध्यम भाव में स्थिर हों। त्रासदी इस लक्ष्य को दो प्रकार से सिद्ध करती है। एक, यदि प्रेक्षक में करुणा-भय की मात्रा कम हो तो घटनाओं के ताने-बाने से वे उचित मात्रा में उभर कर, सामने आते हैं; दो, यदि करुणा-भय का उसमें अतिरेक है तो कथानक की संरचना उन्हें नियन्त्रित करती है। दोनों छोरों से चित्तवृत्ति का हटना शुद्धीकरण है, यही काथार्सिस है। जेकब बर्नेज़ ने इसी दृष्टिकोण को मनोवैज्ञानिक चिकित्सा का आधार कहा है।

अरस्तू में काथार्सिस का सुनिश्चित अर्थ में प्रयोग नहीं मिलता किन्तु इतना निश्चित है कि उसने इसे परिभाषा में सम्मिलित करके अत्यन्त महत्त्वपूर्ण स्थान अवश्य दे दिया है। इसके द्वारा उसने सिद्ध कर दिया है कि त्रासदी वासनाओं को उत्तेजित कर अन्तस में विप्लव की स्थिति पैदा नहीं करती उलटे बिगड़े हुए सन्तुलन को पुनः व्यवस्थित करती है। चरित्र निर्माण के लिए वासनाओं को क्षीण कर उन्हें वश में रखने की नहीं उन्हें उचित अभिव्यक्ति देने की आवश्यकता है। अन्तर्जगत् की व्यवस्था इन्द्रियों के सामंजस्य से सम्भव है न कि उन्हें भूखा रखने से। त्रासदी का उल्लेख करते हुए वह निष्कर्ष निकालता है कि काव्य सामाजिक के भाव जगत् को भावों की सहायता से, या भावों के माध्यम से विशेष प्रभावित करता है। यही काथार्सिस का सामान्य रूप है, यही काव्य का लक्ष्य है। त्रासदी में चूँकि करुणा और भय की विशेष भूमिका होती है इसलिए उसके अंगों—कथानक, पात्र आदि—का विश्लेषण भी उसने करुणा-भय द्वारा निष्पन्न काथार्सिस को ध्यान में रखकर किया है।

उपर्युक्त चर्चा से स्पष्ट है कि अरस्तू के काल में काथार्सिस का प्रयोग अनेक क्षेत्रों में कई स्तरों पर हो रहा था। 'काव्यशास्त्र' में इसका क्षेत्र भाव जगत् है। वहाँ त्रासदी की परिभाषा में केवल इतना ही कहा गया है कि इसके साधन करुणा-भय हैं। इसकी प्रक्रिया क्या है? इसका स्वरूप कैसा है? यह स्वयं साध्य है, या इसका कोई प्रयोजन भी है? जिस सामाजिक में यह निष्पन्न होना है क्या उसकी पात्रता की भी कोई तुला है? इन प्रश्नों के उत्तर हमें कहीं और खोजने होंगे।

अरस्तू के लिए काथार्सिस एक मनोवैज्ञानिक पारिभाषिक शब्द है। उस समय तक मनोविज्ञान की शब्दावली का पर्याप्त विकास न होने के कारण इसकी प्रक्रिया और स्वरूप के बार में उसकी अपनी अवधारणा क्या थी उसकी स्पष्ट रेखाएँ खींचने में वह असमर्थ था। इसलिए उसने अपने से पहले के उन सन्दर्भों को लिया है जिनमें इसका प्रयोग रूढ़ हो चला था तथा जिनसे तुलना करके वह अपनी एतद्सम्बन्धी अवधारणा की एक झलक दिखला सकता था। यही कारण है कि उसके इस शब्द के प्रयोग में कहीं कोरीबैंत, कहीं पाइथागोरस, कहीं गोर्जियास तो कहीं प्लेटो झाँते नज़र आते हैं जिनके बीच खुद उसे ढूँढ़ना कठिन हो जाता है।[36] फिर भी उसने जिन उदाहरणों को लिया है वे एक निश्चित दिशा का संकेत अवश्य दे देते हैं।

सबसे पहले 'राजनीतिशास्त्र' के उस अंश को लेते हैं जहाँ वह समाज के लिए संगीत की शिक्षा पर विचार कर रहा है। संगीत की धुनों का वर्गीकरण करते हुए वह लिखता है कि कुछ धुनें स्वभाव, चरित्र, को अभिव्यक्त करती हैं, कुछ सक्रिय होने के लिए उत्तेजित करती हैं तथा कुछ प्रेरणादायिनी होती हैं।[37] यह वर्गीकरण धुनों की अलग-अलग विशेषताओं को रेखांकित करता है और संकेत देता है कि संगीत अनेक विध लाभ का साधन है। ये लाभ हैं शिक्षा, काथार्सिस (यहीं उसने लिखा है कि इस शब्द की व्याख्या काव्यशास्त्र के अन्तर्गत की जायेगी) तथा मनोरंजन एवं तनाव या श्रम से मुक्ति अर्थात् विश्रांति। फिर काथार्सिस का उदाहरण देते हुए उसने कोरीबैंतों का उल्लेख किया है। वह लिखता है, "किसी विशिष्ट प्रकार की प्रेरणा से ग्रस्त होने का भाव ऐसा है कि कुछ लोग इससे अपेक्षाकृत अधिक आकृष्ट होते हैं। इन लोगों पर धार्मिक धुनों का विशेष प्रभाव पड़ता है। ये धुनें जब उनके अन्तस को धार्मिक उत्तेजना से भरकर पूरी तरह अपने वश में कर लेती हैं तब उनका हृदय शान्त और पूर्ववत् हो जाता है मानों उनका चिकित्सकीय निदान और काथार्सिस हुआ हो।"[38] यह उदाहरण हमारे लिए इसलिए महत्त्वपूर्ण है क्योंकि इसमें काथार्सिस के साधन और स्वरूप दोनों पर विचार हुआ है। आश्चर्य की बात है कि प्लेटो ने भी कोरिबैंतों की इस प्रथा को इसी दृष्टि (उत्तेजना से काथार्सिस का निष्पन्न होना) से उद्धृत किया है। सम्भवत: उसी से प्रेरणा लेकर अरस्तू ने भी यह उदाहरण चुना हो क्योंकि यह धार्मिक प्रथा उसकी अवधारणा को समझने में सहायक सिद्ध हो सकती थी।

'संविधान' (लॉज़) में बच्चों के लिए व्यायाम पर विचार करते हुए प्लेटो ने लिखा है कि माँ जब अपने रोते हुए बच्चों को चुप कराना या सुलाना चाहती है तो वह उसे नि:शब्द वातावारण या गतिहीन स्थिति में नहीं रखती, लोरी सुनाती है

और बाँहों में झुलाती है। ठीक उसी तरह से [कोरीबैंत] पुजारिनें बाक्खस की भक्तिनों को, जब वे दैवाविष्ट स्थिति में होती हैं, स्वस्थ करने के लिए संगीत की धुन पर नचाती हैं। इन भक्तिनों और बच्चों के भीतर भय का भाव समाया हुआ होता है। आत्मा के किसी दोष से उत्पन्न यह भाव अन्तस को अशान्त कर देता है। तब, बाहर से आने वाली तीव्र गति इस अशान्ति को परास्त कर देती है और अन्तस शान्त, उद्वेगरहित हो जाता है। उधर बच्चे सो जाते हैं और भक्तिनें स्वस्थमना हो जाती हैं। इस प्रकार का निदान अत्यन्त उपयोगी होता है।[39]

ऊपर के दोनों उदाहरणों से काथार्सिस के सम्बन्ध में कुछ तथ्य सुनिश्चित हो जाते हैं। यहीं हम एक और बात भी कहना चाहेंगे। त्रासदी की परिभाषा में काथार्सिस का सम्बन्ध करुणा और भय से जोड़ा गया है पर इससे यह नहीं समझ लेना चाहिए कि अरस्तू के सामने इसका केवल यही रूप था। इन भावों से जुड़ कर यदि एक प्रकार का काथार्सिस त्रासदीय सकता है तो हास से जुड़ कर कामदीय भी हो सकता है, या अन्य किन्हीं कारणों से जुड़कर वह कोई अन्य रूप-नाम भी ले सकता है। अनुकरण की भाँति ही उसके लिए यह एक कला सिद्धांत था जो प्रक्रिया के साधनों तथा पद्धति के बदल जाने से कोई भी रूप ले सकता था। अतः हमें इसके उन पक्षों की पहचान करनी होगी जो काव्य जगत् की सीमा में उसके सामान्य रूप को निर्धारित करते हैं।

काव्यात्मक काथार्सिस के सम्बन्ध में पहली स्थापना यह है कि यह मनोवैज्ञानिक है। प्लेटो का मुख्य विषय बच्चों का व्यायाम था। उनके विकास को उचित दिशा देना उसकी चर्चा का केन्द्र बिन्दु था। बच्चा बीमार नहीं है, उसे किसी धार्मिक समाज में भी दीक्षित नहीं होना है। बच्चा रो रहा है, अशान्त है। संगीत और शरीर की निरन्तर गतिमान स्थिति उसे शान्त कर देती है। इस तथ्य की पुष्टि के लिए प्लेटो कोरीबैंतों का उदाहरण देता है। उदाहरण धार्मिक प्रथा से लिया गया है किन्तु उस पर से धर्म का आवरण हटा कर देखें तो यह मनोवैज्ञानिक तथ्य बनकर रह जाता है। प्लेटो की दृष्टि भी मनोवैज्ञानिक है। इसी तरह, अरस्तू कोरिबैंतों के संगीत और नृत्य में धार्मिक भावना को नहीं नकार रहा है। उनकी धार्मिक भावना या विश्वास पर भी कोई सन्देह नहीं है। वह तो इस सम्पूर्ण प्रक्रिया के नीचे छिपी मनोवैज्ञानिक चिकित्सा पद्धति को उजागर कर रहा है। उपर्युक्त उदाहरण में उसका अन्तिम वाक्य है–'मानों उनका चिकित्सकीय निदान और काथार्सिस हुआ हो।' इसमें 'मानों' शब्द उसके तात्पर्य को स्पष्ट कर रहा है। शरीर के रोग को जैसे दवाई देकर दूर किया जाता है वैसे ही मानसिक रोगी को मनोवैज्ञानिक पद्धति से स्वस्थ किया जाता है। जैसे कोरिबैंतों का संगीत और नृत्य उनके अपने क्षेत्र से सम्बन्धित मनोवैज्ञानिक पद्धति से काथार्सिस

निष्पन्न करते हैं उसी तरह काव्य जगत् में यही मनोवैज्ञानिक पद्धति (साधन और प्रयोजन की भिन्नता को ध्यान में रखते हुए) सामाजिक–प्रेक्षक/श्रोता–में काथार्सिस निष्पन्न करती है। इस विषय में यह अवश्य ध्यान रखना होगा कि अन्य क्षेत्रों में काथार्सिस का जो रूप है उसे ज्यों क़ा त्यों काव्य जगत् में नहीं देखा जा सकता। दोनों में समानता ही हो सकती है एकता नहीं। मनोवैज्ञानिक प्रक्रिया ही वह पक्ष है जो दोनों में समान है। इसी के कारण प्लेटो तथा अरस्तू दोनों को कोरिबैंतों का उदाहरण अपने अनुकूल प्रतीत हुआ।

इस विषय में दूसरी स्थापना है कि प्लेटो और अरस्तू दोनों ही काथार्सिस में प्रयुक्त निदान पद्धति को होमियोपैथीय मानते हैं न कि ऐलोपैथीय। होमियोपैथी में रोग के उपचार के लिए ऐसी औषधि का उपयोग किया जाता है जो किसी स्वस्थ व्यक्ति को दे दी जाये तो समान रोग के लक्षण पैदा करती है। चिकित्सा के क्षेत्र में यह 'समः समं शमयति' का सिद्धांत कहलाता है। प्लेटो के अनुसार बाहर से लायी गयी तीव्र हलचल भीतर की हलचल से मुक्ति दिलाने में सहायक होती है। किसी लक्ष्य को पाने के लिए समान गुण–धर्म रखनेवाले साधन को अपनाना कितना सार्थक हो सकता है इसे प्लेटो की सूक्ष्म दृष्टि ने पहचान लिया था। खेद है कि बच्चों के शिक्षक में इसकी उपयोगिता पहचानने के बाद भी उसने कला जगत् में ऐलोपैथी, विषम साधन, अपनाने की संस्तुति करने की भूल की। अरस्तू ने इस विसंगति को पहचाना। काथार्सिस के माध्यम से उसने इसी भूल को सुधारने का प्रयास किया है। इस विषय में 'राजनीतिशास्त्र' की शब्दावली और 'काव्यशास्त्र' की शब्दावली की तुलना करने पर बात एकदम साफ़ हो जाती है :

> "ये धुनें जब उनके अन्तस को धार्मिक उत्तेजना से भरकर पूरी तरह अपने वश में कर लेती हैं तब उनका हृदय शान्त तथा पूर्ववत् हो जाता है"–कोरिबैंतों के सन्दर्भ में।
>
> "इसमें करुणा और भय के द्वारा सदृश चित्तवृत्तियों के काथार्सिस की निष्पत्ति होती है।"–त्रासदी के सन्दर्भ में।

काव्य सामाजिक के भाव जगत् को उद्वेलित कर उसे अशान्त कर देता है इसलिए प्लेटो के लिए वह अवांछनीय हो गया। उधर अरस्तू के अनुसार काव्य सामाजि़क के भाव जगत् को उद्वेलित अवश्य करता है किन्तु उसकी परिणति पहले से ही अशान्त मन की शान्ति में होती है इसलिए काव्य वांछनीय है। काथार्सिस को काव्य मूल्य बनाकर अरस्तू ने काव्यशास्त्र के इतिहास में एक नया अध्याय जोड़ दिया। व्यावहारिक जीवन में काव्य उस तरह से काम नहीं आता जिस तरह से रोटी, कपड़ा या मकान काम में आते हैं। इससे मनुष्य का

भाव जगत् प्रभावित होता है और यदि उसे उचित रीति से प्रभावित किया जाय तो वह श्रेष्ठ, सुखमय जीवन का आधार बन सकता है।

काथार्सिस यदि सामाजिक की विशिष्ट मनःस्थिति है और काव्य उसे निषन्न करने में साधन की भूमिका निभा रहा है तो कवि में सामाजिक को समझने की, उसे प्रभावित करने की मनोवैज्ञानिक दृष्टि होनी चाहिए ताकि उसकी कृति लक्ष्य प्राप्त करने हेतु अभीष्ट रूप ले सके। किसी भी छंदोबद्ध रचना को अरस्तू काव्य मानने के लिए तैयार नहीं है। उसने बड़ी बेबाकी से कहा कि कवि कथानकों की रचना करनेवाला होना चाहिए न कि छंदो की।[40] अब यदि त्रासदी की बात करें तो कवि का ध्यान इस ओर अधिक होना चाहिए कि किस प्रकार की घटनाएँ अथवा प्रसंग सच्चे अर्थ में करुणा और भय जगानेवाले हो सकते हैं। साथ ही उसे सामाजिक के मनोजगत् की भी अच्छी जानकारी होनी चाहिए क्योंकि काथार्सिस की अनुभूति उसे ही होनी है। काथार्सिस के विश्लेषण में सामाजिक केन्द्रीय इकाई है और नाटककार के सामने यह एक बड़ी समस्या है कि सामने बैठे विभिन्न मनःस्थितियों वाले प्रेक्षकों में से किसको सम्बोधित करे। प्रबुद्ध चिन्तक होने के नाते अरस्तू अच्छी तरह जानता था कि प्रेक्षागृह में आनेवाले सभी दर्शकों का मानसिक स्तर एक जैसा नहीं हो सकता। इसलिए नाटककार को ऐसे नुस्खे अपनाने पड़ते हैं जिनसे वह अधिक से अधिक दर्शकों को प्रभावित कर सके। 'भाषणशास्त्र' में उसने भाषण कर्ता को सलाह देते हुए लिखा है, "जो [भाषण कर्ता] उचित हाव-भाव के द्वारा, स्वर के उतार-चढ़ाव, वेश-भूषा और थोड़ा सा नाटक करके अपने शब्दों के प्रभाव को अधिक सशक्त बना सकते हैं वे करुणा भाव जगाने में विशेष सफल होते हैं : वे हमारी आँखों के सामने अनिष्टकर घटनाओं का चित्र-सा खींच देते हैं, लगता है जैस यह घटना हमारे अत्यन्त निकट है, अभी घटनेवाली है या अभी होकर हटी है।"[41]

भाषण कर्ता को दिया गया यह सुझाव व्यावहारिक है। उन दिनों बहुत कुछ यही स्थिति नाटककरों की भी थी। वे जानते थे कि उनकी नाट्य प्रस्तुति पर जितनी तालियाँ बजेंगी या जितने आँसू बहेंगे उनके पुरस्कार पाने की सम्भावना भी उतनी ही अधिक होगी। अतः इसी लक्ष्य को सामने रखकर उनका कथानक का ताना-बाना, शब्द-प्रयोग, अलंकार-संयोजन तथा संगीत की धुनों का संयोजन हुआ करता था। इस तरह कृति का समाजोन्मुखी होना काथार्सिस की पहली शर्त है। उसकी दूसरी शर्त है कथानक और पात्रों में समाज के विभिन्न वर्गों में अपनी पैठ बनाने की क्षमता। ऊपर से देखने में दोनों शर्तें एक जैसी हैं किन्तु अन्तर को यदि पहचान देनी हो तो प्रथम को सामान्य और द्वितीय को विशेष कह सकते हैं। जैसे, केवल मनोरंजन पर दृष्टि रखने वाले नाटककार पहली शर्त तो पूरी कर लेते

हैं, दूसरी नहीं। त्रासदी के सन्दर्भ में बात करें तो उसमें पहली शर्त के साथ-साथ दूसरी शर्त भी पूरी होती है क्योंकि उसका एक लक्ष्य काथार्सिस भी है। एक वर्ग विशेष के लिए विशेष लक्ष्य सिद्ध करने के कारण ही अरस्तू ने त्रासदी के कार्यव्यापार को गम्भीर कहना उचित समझा है।

'विभिन्न वर्ग' को कुछ और स्पष्ट करना हो तो इसे दो तरह से समझा जा सकता है। एक, विभिन्न मनः स्थितिवाले लोग जैसे, शान्त, उग्र, कायर, बहादुर आदि; दूसरा, प्लेटो द्वारा निर्दिष्ट सुवर्ण वर्ग, रजत वर्ग आदि। इस दूसरे प्रकार के वर्ग विभाजन में अरस्तू भी विश्वास करता था और यह भी मानता था कि इन वर्गों की अपनी-अपनी मनःस्थितियाँ हैं। नाटक के सन्दर्भ में उसने यह भी स्वीकार किया है कि जीवन की अनेक अच्छी-बुरी घटनाओं के बीच से गुज़रने के कारण, या विशेष आर्थिक स्थिति में रहने के कारण मनुष्य की स्थायी चित्तवृत्ति एक अलग साँचे में ढल जाती है। 'भाषणशास्त्र' में वक्ता की योग्यता का उल्लेख करने के पहले उसने श्रोताओं के विभिन्न मानसिक स्तरों की भी चर्चा की है। करुणा की परिभाषा देने के बाद उसने उन परिस्थितियों पर विचार किया है जो मनुष्य को इस भाव के प्रति संवेदनहीन बना देते हैं, या, उनकी संवेदना करुणा की सीमा को पार कर कोई और रूप ले लेती है। करुणा को ठीक-ठीक वे ही अनुभव कर सकते हैं जो अनुमान कर सकते हैं कि कोई कष्टकारी या अनिष्टकारी घटना उनके साथ अथवा उनके मित्र के साथ भी घट सकती है। जो लोग पहले से ही बर्बाद हैं और जानते हैं कि उनके पास बर्बाद होने के लिए अब कुछ बचा ही नहीं है, वे करुणा का अनुभव नहीं कर पाते। इसी तरह वे लोग भी करुणाशील नहीं रह जाते जो अपने आप को अत्यन्त भाग्यशाली मान बैठते हैं। उनमें झूठा घमण्ड आ जाता है और वे बहुत ढीठ हो जाते हैं। उनमें यह धारणा घर कर जाती है कि उन्हें जीवन में सब कुछ मिल गया है और उनके साथ कुछ भी अघट घटने की सम्भावना नहीं है। ऐसे मनुष्य असामान्य स्थिति के होते हैं। ऐसी ही असामान्य मनः स्थितिवाले मनुष्यों का दूसरा वर्ग भी है जो सदैव डरे-डरे से रहते हैं। उनकी अनुभूति को वस्तुतः करुणा इसलिए नहीं कह सकते क्योंकि वे हर घटना को स्वयं से ही जोड़कर देखने लगते हैं। निष्कर्ष यह कि इन दोनों अतिवादी मनःस्थितियों के बीच में आनेवाले लोग ही सच्ची करुणा का अनुभव कर पाते हैं। इन मध्यम भाववाले श्रोताओं की योग्यता निर्धारित करते हुए वह आगे लिखता है कि इन्हें कुछ लोगों की सदाशयता पर अवश्य विश्वास होना चाहिए। यदि कोई यह मान ले कि दुनिया में कोई भी अच्छा व्यक्ति नहीं है तो वह प्रत्येक भाग्यहीनता की स्थिति को उचित दण्ड रूप में ही देखने लगेगा तब करुणा के लिए स्थान कहाँ बचेगा।[42] इसी तर्क

को (अर्थात् उचित मनःस्थितिवाला व्यक्ति ही भाव के उचित रूप को अनुभव कर सकता है और मध्यम भाववाली मनःस्थिति ही उचित कहलाने के योग्य है) अरस्तू ने भय के सन्दर्भ में भी दुहराया है। वहाँ भी वह साफ़ कहता है कि जिनके पास खूब धन-दौलत है, शारीरिक बल है, लम्बी-चौड़ी मित्र-मण्डली है वे दम्भी, प्रमत्त और हर किसी का तिरस्कार करनेवाले हो जाते हैं। इसी का एक रूप भयहीनता भी है।[43]

'भाषणशास्त्र' का यह अंश अरस्तू के चिन्तन में एक नये पक्ष का उद्घाटन करता है। करुणा और भय का जो स्वरूप उसने निर्धारित किया है वह ऐसा नहीं है जो हर किसी में एक जैसा दिखलायी पड़े। वह इन भावों को सच्चे मनोवैज्ञानिक की भाँति प्रमाता और प्रमेय (सबजेक्ट ऐंड ऑबजेक्ट) के सहानुभूतिपर्ण सम्बन्ध के रूप में देख रहा है। जब तक प्रमाता प्रमेय को सहानुभूतिपूर्ण दृष्टि से नहीं देखेगा तब तक वह सच्ची करुणा से वंचित ही रहेगा। इस सहानुभूतिपूर्ण दृष्टि की त्रासदी के सन्दर्भ में व्याख्या करें तो कहना होगा कि प्रेक्षक पात्र को बहुत-कुछ अपने जैसा मानेगा तभी उसके दुर्भाग्य पर करुणा का अनुभव करेगा। साथ ही यह भी देखना होगा कि पात्र जिस कष्टकर स्थिति से गुज़र रहा है उसका पहले की घटनाओं से कारण-कार्य सम्बन्ध क्या है, क्योंकि अरस्तू अनुभूति को केवल भावना के स्तर पर ही नहीं देखता उसमें संज्ञानात्मक तत्त्व का होना भी उतना ही आवश्यक है। तात्पर्य यह कि प्रेक्षक से उसकी कुछ अपेक्षाएँ हैं, भावनात्मक स्तर पर भी और बौद्धिक स्तर पर भी और उनका पूरा होना आवश्यक है। जब तक वह पात्र की परिस्थितिजन्य दुर्दशा को उचित परिप्रेक्ष्य में नहीं देख पाता तब तक तज्जन्य अनुभूति भी उचित रूप नहीं ले पायेगी।

अब एक प्रश्न उठता है कि सीमांत मनःस्थिति में जीनेवाले सामाजिकों के लिए क्या कला का कोई महत्त्व नहीं रह जाता? जो करुणा-भय को उचित रूप में अनुभव नहीं कर पाते क्या वे त्रासदी के प्रभाव से वंचित ही रह जाते हैं? अरस्तू ने इसका उत्तर 'राजनीतिशास्त्र' में दिया है। वस्तुतः जब वह संवेदनहीनता अथवा अत्यधिक संवेदनशलीनता की बात कर रहा होता है तो उसे करुणा-भय की परिभाषा की पृष्ठभूमि में तुलनात्मक सर्वेक्षण के रूप में लिया जाना जाहिए। इन भावों के स्वरूप को वह तत्-तत् परिभाषाओं की सीमा के भीतर देख रहा होता है। उसके मतानुसार इन भावों कि उपचिति मध्यम भाववाले सामाजिकों में ही सम्भव है। इससे यह अर्थ नहीं निकाला जा सकता कि विशेष सामाजिक उनसे एकदम अछूते रह जाते हैं। उनमें इन भावों की उपचिति गुण और परिमाण में परिभाषागत सीमा को या तो पार कर जाती है अथवा अपेक्षा से कम रह जाती

है। इस सम्बन्ध में उसके अपने शब्द हैं :

> "कोई भी आवेग (ऐफेक्शन) जो कई लोगों (मध्यम भाववाले सामाजिक जिनकी संख्या उसके अनुसार सर्वाधिक होती है) की आत्माओं को अत्यन्त तीव्रता से प्रभावित करता है, वह सभी (सीमांत मन:स्थितिवालों सहित) को प्रभावित करेगा, प्रभाव का व्यक्ति से व्यक्ति में जो अन्तर होगा वह केवल मात्रा का होगा। करुणा, भय, उत्तेजना (इन्स्पिरेशन) ऐसे ही आवेग हैं।"[44]

काथार्सिस पर विचार करते समय सामाजिकों के स्वभाव की भिन्नता, मन:स्थितियों के कोटिक्रम, आवेगों की अधिकता-न्यूनता आदि विषयों को सभी विद्वानों ने ध्यान में रखा है। इस शब्द की व्याख्या में ये पृष्ठभूमि का काम कर रहे थे। जैसे, काथार्सिस का 'विरेचन' या 'शुद्धीकरण' के अर्थ में प्रयोग करते समय मान लिया जाता है कि इसका सम्बन्ध भावों की अधिकता या न्यूनता से है। लेसिंग ने विरेचन को शुद्धीकरण के अधीन मानते हुए इसका अर्थ किया है 'भावों की अधिकता या न्यूनता को मध्यम भाव तक ले आना।' अधिकता या न्यूनता दोष है, इसे दूर करना अर्थात् शुद्धीकरण।[45] इस व्याख्या के पीछे तर्क यह है कि किसी भी प्रकार का दोष व्यक्ति को दुर्बल बनाता है, अत: अधिकता या न्यूनता को दूर करके उसकी भाव भूमि को सुदृढ़ करने की आवश्यकता है। दूसरों के कष्ट का अनुभव करके हम अपने जीवन में करुणा-भय को अपेक्षाकृत अधिक स्वस्थ मन से अनुभव कर सकते हैं। त्रासदी जीवन के ऐसे प्रसंगों का अनुकरण करके प्रेक्षक को बार-बार इन अनुभूतियों से गुज़रने का अवसर प्रदान करती है जिससे वह जीवन में दुर्भाग्यपूर्ण घटनाओं का दृढ़ चित्त होकर सामना कर सके।

स्टीफेन हैलिवेल ने ऐतिहासिक तथ्यों का उल्लेख करते हुए स्थापित किया है कि काथार्सिस का यह अर्थ अरस्तू के जीवन काल के अन्त में ही उभरने लगा था। जागरणकाल में रोबेर्तेल्लो, मिंतुर्नो, कास्तेलवेत्रो आदि काव्यशास्त्रियों ने इसे और भी दृढ़ता से स्थापित किया। मिल्टन ने भी आवेगों को शमित करके या घटाकर उचित परिमाण में ले आने की बात कहकर इसी अर्थ का समर्थन किया है।* आधुनिक युग में इस दृष्टि को सर्वाधिक बल मिला जेकब बर्नेज़ के विवेचन से। दोनों में अन्तर बस इतना है कि पहले की स्थापनाओं में जहाँ उपशमन के अर्थ में नैतिकता का पुट भी मिला हुआ है वही बर्नेज़ ने अपनी व्याख्या को इससे मुक्त रखा है। बर्नेज़ और उसके समर्थक इसे पूरी तरह

---

*दे० सैम्सन एगोनिस्टेस की प्रस्तावना; सन्दर्भ: प्रिंसटन एनसाक्लोपीडिया ऑफ़ पोएट्री ऐंड पोएटिक्स, पृ० 176

चिकित्सकीय निदान के रूप में देखते है।[46] इसमें सन्देह नहीं कि अपनी-अपनी व्याख्या प्रस्तुत करने का सभी को अधिकार है फिर भी एक प्रश्न यहाँ सहज ही उठता है कि काथार्सिस की व्याप्ति को किसी खास दायरे में बाँध देना क्या उचित होगा? क्या अरस्तू का चिन्तन इस संकोच की अनुमति देता है? उसने करुणा और भय को परिभाषा में स्थान देकर काथार्सिस के अन्तर्गत भावों की केन्द्रीय भूमिका को सुनिश्चित अवश्य किया है किन्तु इसके समग्र अर्थ को केवल भावों तक ही सीमित रखना कदाचित् उसे अभीष्ट न था। यदि इस मनोवैज्ञानिक प्रक्रिया का स्वरूप 'भावोदय + भावशान्ति = काथार्सिस' ही होता तो परिभाषा के अन्तिम वाक्य ही शब्दावली भिन्न होती।[47]

इस सम्बन्ध में दूसरी आपत्ति यह भी हो सकती है कि इस दृष्टिकोण की परिधि में केवल सीमांत मन-स्थिति वाले लोग ही आते हैं। जो पहले से ही स्वस्थ मना हैं (और प्रेक्षागृह में ऐसे सामाजिकों की संख्या ही अधिक होती है) उनके लिए काथार्सिस का क्या उपयोग रह जाता है? यदि यह मानकर भी चलें कि काथार्सिस की थोड़ी-बहुत प्रक्रिया से वे भी गुज़रते हैं (अरस्तू ने भी स्वीकार किया है कि करुणा-भय ऐसे भाव हैं जिनसे कोई भी व्यक्ति अछूता नहीं रहता) तो भी यह प्रश्न अनुत्तरित ही रह जाता है कि बहुसंख्यक प्रेक्षक समूह के लिए यदि कोई तत्त्व गौण है तो उसे परिभाषा में स्थान देने का क्या औचित्य है? अत: स्पष्ट है कि काथार्सिस का ऐसा अर्थ नहीं लिया जा सकता जिससे उसका महत्त्व थोड़े से सीमांत मन:स्थिति वाले प्रेक्षकों तक सीमित रह जाता हो।

मिल्टन और बर्नेज़ द्वारा समर्थित तथा जागरणकालीन काव्यशास्त्रियों द्वारा स्वीकृत काथार्सिस प्रक्रिया को स्टीफेन हैलिवेल ने 'निर्गमन उपपत्ति' (आउटलेट थियेरी) नाम दिया है। अरस्तू के 'काव्यशास्त्र' के अनुवादक के रूप में प्रसिद्ध एस.एच.बुचर भी इस उपपत्ति को स्वीकार करता है किन्तु थोड़े से परिवर्तन के साथ। आश्चर्य इस बात का है कि अपनी व्याख्या को मौलिक रूप देने के उत्साह में वह अरस्तू का ही खण्डन कर बैठा है। 'त्रासदी का कार्य' (फंक्शन ऑफ़ ट्रैजेडी) में उसने लिखा है:[48]

"यथार्थ जीवन में करुणा और भय के संवेग दूषित और कष्टदायी तत्त्वों से युक्त होते हैं। त्रासदीय उत्तेजना की प्रक्रिया में दूषित तत्त्व से मुक्त होने के कारण ये संवेग कष्टदायी नहीं रह जाते। त्रासदीय कार्यव्यापार के आगे बढ़ने की अवधि में अन्त: क्षोभ पहले तीव्र होता है और फिर शान्त हो जाता है। फलस्वरूप, ये निकृष्ट संवेग श्रेष्ठ एवं परिष्कृत रूप ग्रहण कर लेते हैं (काव्यशास्त्रीय भाषा में कहें तो ये भाव बन जाते हैं)। यथार्थ [जीवन] के करुणा एवं भय के संवेगों में

से कष्टदायी तत्त्व विरेचित हो जाता है; संवेग स्वयं शोधित हो जाते हैं।...इस दृष्टिकोण से देखें तो इसका [त्रासदी का] कार्य करुणा और भय के लिए बाहर निकलने का रास्ता भर तैयार करना नहीं है बल्कि उन्हें कलात्मक सुख का साधन बनने योग्य बनाना है। उन्हें कला की छलनी में छानकर शुद्ध और स्वच्छ बनाना है।"

उपर्युक्त उद्धरण से स्पष्ट है कि बुचर ने काथार्सिस विरेचन के अर्थ में प्रयुक्त किया है और उसका लक्ष्य है शुद्धीकरण। इसे सिद्ध करने के लिए उसने जो पद्धति अपनायी है उसके सूत्र प्लेटो के 'सोफ़िस्त' संवाद में ढूँढ़े जा सकते हैं। वहाँ काथार्सिस को ऐसी प्रक्रिया माना गया है जिसके द्वारा अशुद्ध को निकाल दिया जाता है तथा शुद्ध को रहने दिया जाता है। बुचर ने इस दृष्टि के साथ अरस्तू के अनुकरण के सिद्धांत को जोड़ कर त्रासदी का कार्य निर्धारित किया है। त्रासदी यथार्थ जीवन का अनुकरण है। प्रेक्षक इससे अवगत है, इसलिए उसकी त्रासदी के प्रति वही दृष्टि नहीं हो सकती जो वास्तनिक जीवन के प्रति होती है। अरस्तू ने कलाओं के मूल में अनुकरण तत्त्व को अनिवार्य मान कर सौन्दर्यशास्त्र में भविष्य के लिए एक नये सिद्धांत का मार्ग प्रशस्त किया। जो अनुकृति है उसके प्रति सामाजिक का वही दृष्टिकोण नहीं हो सकता जो वास्तविकता के प्रति होता है। कलाकृति के उपभोग में प्रमाता और प्रमेय के बीच स्थापित होनेवाले सम्बन्ध को सौन्दर्यशास्त्रियों ने मध्य युग से ही अनेक प्रकार से देखना शुरू कर दिया था। इसे अनेक नाम भी दिये गये हैं। आधुनिक युग में भी यह चर्चा ज़ोर-शोर से चली हुई है। सभी विचारधाराओं का कोई न कोई पक्ष सबल है। हमारे मतानुसार बुलो का 'मानसी अन्तराल' (साइकिकल डिस्टैन्स) अरस्तू के दृष्टिकोण के पर्याप्त निकट हैं। उसने स्वयं अपने निबन्ध में इसका संकेत दिया है। यह एक ऐसा अन्तराल है जो व्यावहारिकता (वस्तुनिष्ठता) तथा भावप्रवणता (आत्मनिष्ठता) के उचित सन्तुलन से पैदा होता है। सबसे बड़ी बात यह कि बुलो भी कलानुभव को ज्ञानात्मक मानता है। इस तर्क के अनुयायी काथार्सिस का [अरस्तू के दृष्टिकोण से] निहितार्थ लेते हैं करुणा और भय का सन्तुलन। करुणा सामाजिक को नायक की ओर सहानुभूतिपूर्वक आकर्षित करती है, भय उससे दूर भगाता है। आकर्षण और विकषर्ण के बीच कहीं त्रासदी के उपयुक्त काथार्सिस निष्पन्न होता है। इसके लिए कथानक की गम्भीरता आवश्यक है न कि दृश्यविधान की भयंकरता। यह त्रासदी की संरचना की विशेषता है जो सामाजिक को कृति के साथ केवल बौद्धिक अथवा केवल भावनात्मक के स्थान पर इन दोनों के संयुक्त रूप फिर भी एक सीमा तक भिन्न कलात्मक सम्बन्ध स्थापित करने में सहायक होती है।[49]

बुचर ने 'मानसी अन्तराल' का उल्लेख नहीं किया है। उस समय तक यह पारिभाषिक शब्द प्रचलन में नहीं आया था। हाँ, व्यावहारिक जगत् के कला जगत् में परिष्कृत होने की प्रक्रिया उसी ओर संकेत अवश्य कर रही है। त्रासदी करुणा-भय का परिष्कार करती है केवल इतना कहना आपत्तिजनक नहीं है, आपत्तिजनक है इस अर्थ का विस्तार और उससे निकाला जानेवाला निष्कर्ष जो अरस्तू के निहितार्थ के विरुद्ध है। ऊपर के उद्धरण में बुचर ने काथार्सिस की अर्थव्याप्ति के दो भाग किये हैं। एक के अन्तर्गत परम्परागत अर्थ लिया है कि त्रासदी करुणा-भय के अतिरेक को बाहर निकालने में सहायक होती है, इसके बाद सामाजिक मानसिक विश्रांति की स्थिति में पहुँच जाता है। सम्पूर्ण प्रक्रिया चूँकि करुणा-भय के माध्यम से और करुणा-भय के लिए होती है इसीलिए इसे त्रासदीय काथार्सिस कहा जाना चाहिए। यह अर्थ इन दो भावों के भावोदय और भावशान्ति तक ही सीमित है। दूसरे भाग में, इसी से जुड़ा दूसरा अर्थ है कि ये भाव जब त्रासदी को पढ़ते या देखते समय जागते हैं तो परिष्कृत रूप में जागते हैं। यह एक विशेष परिस्थिति है जिसमें भाव कलाकृति की छलनी से छनते हुए आते हैं इसलिए यह परिष्कार भी काथार्सिस ही है।* इस दूसरे अर्थ पर बुचर का बहुत अधिक बल है। सामान्य जीवन में जब ये भाव जागते हैं तो इनमें दूषित-कष्टकर तत्त्व मिले होते हैं। 'भाषणशास्त्र' में इन दोनों संवेगो की परिभाषाओं में अरस्तू ने स्वयं इसका उल्लेख किया है।[50] किन्तु, त्रासदीय अनुभूति में इन तत्त्वों का न होना ही संवेग का परिष्कार है, काथार्सिस है। ऊपर के उद्धरण की व्याख्या करते हुए बुचर ने बाद के पृष्ठों में भी इस विस्तारित अर्थ को कई बार दुहराया है।[51] इसका मुख्य कारण सम्भवतः उसकी यह मान्यता रही होगी कि कला जगत् के इस सिद्धान्त (भावों का दूषित-कष्टकर तत्त्वों के बिना जागना) को अरस्तू ने सबसे पहले पहचाना। व्यवहार में वह भले ही पहले से चला आता हो, क्योंकि कलानुभूति तो एक शाश्वत तथ्य है, किन्तु समीक्षा के अन्तर्गत इसे उपपत्ति का स्वरूप देने का काम अरस्तू ने ही किया। अब देखना

*बुचर को शुद्धीकरण को इस अर्थ में ग्रहण करने की प्रेरणा सम्भवतः एडुअर्ड मुलर से मिली थी। अरस्तू की कई उक्तियों को समेट कर निष्कर्ष निकालते हुए वह कहता है: 'अब कौन सन्देह कर सकता है कि करुणा, भय तथा अन्य संवेगों का शुद्धीकरण इस तरह के रूपान्तरण में, अथवा इससे बहुत अधिक मिलते-जुलते रूप में, है कि ये [संवेग] आनन्द का कारण बन जायँ (हू कैन ऐनी लाँगर डाउट दैट दि प्योरिफ़िकेशन ऑफ़ पिटी, फीयर ऐंड अदर पैशन्स कनसिस्ट्स इन, ऑर ऐट लीस्ट वैरी क्लोज़्ली कनेक्टिड विद, दि ट्रांसफॉर्मेशन ऑफ़ दि पेन दैट एनजेंडर्ड दैम इनटू प्लेज़र)'–सन्दर्भ : बर्नेज़ का निबन्ध "एरिस्टॉटल ऑन दि इफ़ैक्ट ऑफ़ ट्रैजेडी।"

यह है कि क्या अरस्तू स्वयं इस अर्थ से सहमत है?*

सामान्य जीवन में जगने वाले संवेगों और प्रेक्षागृह में जगने वाले संवेगों (जिन्हें भाव संज्ञा से अभिहित किया जाता है) में अन्तर एक सर्वस्वीकृत तथ्य है। सतही तौर पर वे एक जैसे दीखते हैं, फिर भी उनकी तीव्रता और उसी आधार पर उनके स्वरूप में भी अन्तर अवश्य है। दोनों प्रकार के संवेगों के प्रति हमारी प्रतिक्रिया इसका प्रमाण है। किन्तु इससे यह निष्कर्ष निकाल लेना कि यह अन्तर उनमें से कष्टकर तत्त्व के निकल जाने के कारण है वस्तुतः तर्क संगत नहीं है। संगीत की शिक्षा पर विचार करते समय अरस्तू ने बड़े स्पष्ट शब्दों में कहा है कि इसकी धुनें क्रोध आदि आवेगों का सीधे-सीधे अनुकरण करने में समर्थ हैं। इसके श्राव्य बिम्बों से अन्तस स्थायी रूप से बदल जाता है। किसी बिम्ब (अर्थात् कलाकृति) के द्वारा पीड़ा अथवा हर्ष का अनुभव करने की आदत पड़ जाना कुछ ऐसे ही है जैसे किसी वास्तविकता (जिसके बिम्ब को कलाकृति में प्रस्तुत किया गया है) से पीड़ा या हर्ष का अनुभव करना। जैसे, किसी मूर्ति को देखकर यदि हमें प्रसन्नता होती है (बशर्ते हमारी प्रसन्नता का आधार उसका रूपात्मक मूल्य हो) तो उस व्यक्ति को देखकर भी हम अवश्य हर्षित होंगे जिसकी वह मूर्ति है।[52] इसी तरह त्रासदी यदि हमारे भीतर करुणा-भय का भाव जगाती है तो उनका रूप वास्तविक जीवन में अनुभूत करुणा-भय से बहुत भिन्न नहीं हो सकता और पीड़ा उसका अभिन्न अंग है। इसका कारण यह है कि कला का वस्तुविधान (ऑब्जेक्टिव को-रिलेटिव) यथार्थ जीवन से समानता रखता है। अरस्तू ने स्वयं स्वीकार किया है कि कलाकृति (जहाँ वस्तुविधान एक लक्ष्य सिद्धि के लिए पूर्णतः नियन्त्रित होता है) के माध्यम से सद्‌गुण का विकास सम्भव है तथा सद्‌गुण का व्यक्त रूप है उपयुक्त पात्र के प्रति प्रेम या घृणा का भाव रखना। मनुष्य में सत्-असत् का विवेक होना चाहिए और इसका प्रमाण तभी मिलता है जब वह प्रेम या घृणा के रूप में व्यक्त हो।[53]

प्लेटो ने भी शिक्षा के प्रथम चरण के अंतर्गत इस विषय को लिया है। उसका निष्कर्ष भी यही है कि बालक में बौद्धिक विकास के पहले ही संगीत

---

* आगे इस प्रश्न का उत्तर केवल अरस्तू तक सीमित रहकर ही दिया जा रहा है। हमारे सामने प्रश्न यह नहीं है कि नाट्यानुभूति के समय मंच पर दर्शाये जा रहे वस्तुविधान से, अथवा ऐसी रचनाओं को पढ़ते समय सामाजिक के मन में जो भाव जागते हैं क्या वे सचमुच पीड़ा रहित हैं। भारतीय काव्यशास्त्र के अन्तर्गत भी यह चर्चा का विषय रहा है और आचार्य शुक्ल ने बड़ी निर्भीकता से उत्तर दिया कि कोई दुःखांत कथा पढ़ कर बहुत देर तक उसकी खिन्नता मन में अवश्य बनी रहती है।—रस, मींमासा, द्वि.सं. पृ. 80

की ताल और संगति के द्वारा ऐसे चरित्र का निर्माण संभव है कि वह अच्छाई के प्रति आकर्षित हो और बुराई से घृणा करे।[54] वस्तुतः यह पीड़ा ही है जो हमारे भीतर उचित प्रतिक्रिया जगाती है और उसके बार-बार जागने से वह हमारे चरित्र का स्थायी गुण बन जाती है। प्लेटो और अरस्तू द्वारा सद्‌गुण (वर्चू) के विकास को इस तरह से देखने के कारण ही जागरण काल में काथार्सिस को नैतिकता से आग्रहपूर्वक जोड़ने की धारणा ने जड़ पकड़ी।

जागरणकाल से लेकर लेसिंग तक काव्यशास्त्री काथार्सिस के नैतिक पक्ष पर कुछ अधिक ही बल देते रहे जिसकी प्रतिक्रिया होना स्वाभाविक था। 1857 में जेकब बर्नेज़ ने अपने आलेख में नैतिकता के स्थान पर उसके मनोवैज्ञानिक चिकित्सकीय अर्थ को स्थापित किया। अपने प्रबल तर्कों के बल पर उसने त्रासदी की परिभाषा के अंतिम वाक्यांश का जिस तरह से विश्लेषण किया उसका प्रभाव बाद के सभी विचारकों पर पड़ा। स्वयं बुचर के विश्लेषण में 'निर्गमन उपपत्ति' वाला अंश इससे अछूता नहीं है। अतः, यहाँ भी उसकी चर्चा कर लेना उपयोगी होगा।

'त्रासदी के प्रभाव पर अरस्तू' की दृष्टि की व्याख्या करते समय बर्नेज़ के सामने परिभाषा का अन्तिम वाक्यांश ही विशेष रूप से था। वह वस्तुतः लेसिंग को उत्तर दे रहा था ठीक वैसे ही जैसे अरस्तू प्लेटो को दे रहा था। लेसिंग ने काथार्सिस को शुद्धीकरण के अर्थ में लिया था तथा इस शुद्धीकरण का स्वरूप है–'करुणा-भय की न्यूनाधिक मात्रा को मध्यम भाव में लाकर सद्‌गुण में परिणत कर देना।' उसकी इस व्याख्या का आधार है अरस्तू का यह सूत्र '–सद्‌गुण दो छोरों का मध्यम भाव है।' इस पर उसकी टिप्पणी है कि यदि त्रासदी में यह गुण होना अनिवार्य है और काथार्सिस को परिभाषा में स्थान देने का आधार उसकी यही अर्थ व्यंजना है तो त्रासदी नैतिकता की पाठशाला बन कर रह जाती है जहाँ करुणा-भय से पीड़ित हर व्यक्ति को सुधारा जा सकता है। त्रासदी का सामाजिक के मनोजगत् पर प्रभाव अवश्य पड़ता है किन्तु काथार्सिस को केवल भावों को नियन्त्रित करने की प्रक्रिया के रूप में देखना इस शब्द के साथ अन्याय है। शुद्धीकरण के मार्ग का अनुसरण करने वाले भूल जाते हैं कि अरस्तू त्रासदी के सन्दर्भ में काथार्सिस को कला जगत् के पारिभाषिक शब्द के रूप में प्रयुक्त कर रहा है और पहली बार कर रहा है। उसने चिकित्सा और धर्म के क्षेत्रों से उदाहरण इसलिए दिये हैं ताकि लोग उसके लाक्षणिक अर्थ को हृदयंगम कर सकें। 'काथायरो' (= शुद्ध करना) क्रियापद से इसका सम्बन्ध अवश्य है किन्तु यह स्थूल अर्थ उसने कभी नहीं लिया। ध्यान से देखें तो 'राजनीतिशास्त्र' में भी सभी स्थलों पर उसकी शब्दावली इसके मुख्यार्थ का

बाध करनेवाली है।

बर्नेज़ ने 'राजनीतिशास्त्र' से एक लम्बे उद्धरण (पृ. 1341[ब]–1342[अ]) के प्रकाश में यह दर्शाने का प्रयास किया है कि इस विषय पर 18वीं शताब्दी के नैतिकतावादी दृष्टिकोण और अरस्तू के दृष्टिकोण में धरती-आकाश का अन्तर है। वह जानता था कि प्रेक्षागृह बहुसंख्यक समाज और कुछ विशिष्ट वर्गों के लिए भी मनोरंजन का स्थान है। मिस्त्री और मज़दूर वर्ग के लोगों की रुचि भ्रष्ट होती है फिर भी मनोरंजन का उन्हें अधिकार है। इसलिए पेशेवर संगीतकार यदि उनकी रुचि के अनुकूल गाते-बजाते हैं तो एक सीमा तक उचित ही है। संगीत के प्रति ऐसी दृष्टि रखने वाला कलाशास्त्री यह निर्देश कैसे दे सकता है कि नाटक का मुख्य उद्देश्य तो नैतिक उत्थान हो और आनन्द उसके अंगभूत हो, उपदेश पर चढ़ाई गयी मीठी परत से अधिक कुछ न हो। यहीं बर्नेज़ अपना मंतव्य स्पष्ट करते हुए कहता है कि त्रासदी के सम्बन्ध में अरस्तू की दृष्टि पूरी तरह न नैतिक थी न सुखवादी वह, चिकित्सकीय (पैथॉलॉजिकल) थी। अपने अभिमत के समर्थन में वह अरस्तू की उन पंक्तियों का सन्दर्भ देता है जिसमें उसने भावोन्माद का उल्लेख किया है। यह पूरी प्रक्रिया धर्म भावना से जुड़ी होने पर भी लक्ष्य में चिकित्सकीय है। 'राजनीतिशास्त्र' में उसने बड़े स्पष्ट शब्दों में कहा ही है कि धर्मोन्माद से प्रभावित होनेवाले व्यक्ति जब विशिष्ट धार्मिक धुनों को सुनते हैं तो उनमें भावोन्माद (एक्सटेसी) पैदा होता है, फिर उन्माद के शान्त होने पर वे पुनः स्वस्थ स्थिति में आ जाते हैं मानों उन्हें रोग-निवृत्ति और काथार्सिस की प्राप्ति हो गयी हो।

यहाँ 'मानों' शब्द को रेखांकित करते हुए बर्नेज़ ने कहा है कि इससे रोग-निवृत्ति तथा काथार्सिस के लाक्षणिक प्रयोग की पुष्टि होती है और सिद्ध होता है कि दूसरे प्रकार के भावोन्मादों के लिए भी उसने चिकित्सकीय लक्ष्य ही निर्धारित किया है। अन्तर केवल माध्यम का है किन्तु भावोदय और भावशान्ति की प्रक्रिया समान है। इन उदाहरणों का उद्देश्य वस्तुतः नाट्य प्रस्तुति द्वारा सामाजिक के भाव जगत् में होने वाले परिवर्तन तथा तज्जन्य विश्रांति का आभास कराना है। आभास शब्द का प्रयोग इसलिए किया जा रहा है क्योंकि उसका स्पष्ट कथन सम्भव ही नहीं है। इस तरह बर्नेज़ काथार्सिस को विशेष प्रकार का निदान मानता है और, उसके अनुसार, अरस्तू को भी यही अभिप्रेत था। ऊपर के सन्दर्भ में काथार्सिस के पहले रोग-निवृत्ति (= निदान) का प्रयोग इसका प्रमाण है।

काथार्सिस के निदान अर्थ की संपुष्टि के लिए बर्नेज़ ऊपर के प्रकरण के एक वाक्य का विश्लेषण करते हुए कहता है–"यह वाक्य उसने त्रासदी के सन्दर्भ में लिखा है और उन सामाजिकों को सम्बोधित है जो धर्मोन्मादियों की

भाँति ही करुणा-भय अथवा अन्य किसी आवेग के प्रति अधिक संवेदनशील होते हैं।" अत्यधिक संवेदनशीलता मानसिक असन्तुलन का द्योतक है जिसका निदान स्वस्थ समाज के निर्माण के लिए आवश्यक है। इसी बात को ध्यान में रखकर अरस्तू ने लिखा है:

> "करुणा, भय तथा सभी प्रकार के आवेगों के प्रति संवेदनशील व्यक्तियों को भी उनके [धर्मोन्मादियों] समान अनुभूति होगी और शेष सामाजिक भी अपनी-अपनी संवेदनशीलता के न्यूनाधिक्य के अनुसार काथार्सिस का अनुभव करते हैं और अपने अन्तस में विश्रांति[55] एवं तज्जन्य प्रसन्नता का अनुभव करते हैं।"

इस वाक्य की शब्दावली से फिर उसी निष्कर्ष पर पहुँचते हुए बर्नेज़ लिखता है कि इस थोड़े से समय (जितने समय तक सामाजिक प्रेक्षागृह में रहता है) में नैतिक उत्थान के लिए स्थान कहाँ है। इसमें तो प्रसन्नता का अंश भी इतना कम है कि उसके छूट जाने के डर से अरस्तू को अन्त में इसे जोड़ना पड़ा। अतः सन्देह नहीं कि विश्रांति का प्रयोग मानसिक धरातल पर केवल भाव-प्रक्रिया, भावोदय → भावशांति, के परिणाम को स्पष्ट करने के लिए किया गया है। सामाजिक को स्थूल धरातल पर चिकित्सा प्रदान करने का लक्ष्य न नाटककार का होता है और न सामाजिक ही इस उद्देश्य से नाटक देखने जाता है। कलानुभूति के स्वरूप की झलक भर देने के लिए धर्म के क्षेत्र से चिकित्सकीय प्रक्रिया का उदाहरण लिया गया है। पाठक ध्यान दें कि यह उदाहरण देते समय वह न इससे शुद्धीकरण की ओर संकेत कर रहा है न चिकित्सकीय विरेचन की ओर। 'राजनीतिशास्त्र' में आए इस प्रसंग को कला जगत् पर घटाते समय इसकी लाक्षणिकता को ध्यान में न रखने के कारण ही टीकाकारों ने अर्थ का अनर्थ कर दिया है। इसका दूसरा कारण शायद यह भी रहा हो कि परिभाषा में कार्यव्यापार के लिए जिस विशेषण* (हिन्दी में इसके लिए गम्भीर शब्द का प्रयोग होता आ रहा है) का प्रयोग किया गया है उसका अर्थ करते हुए कुछ टीकाकारों ने नैतिकता का भाव भी जोड़ दिया है। फिर उसके साथ संगति बैठाने के लिए काथार्सिस में भी अपने आप नैतिकता का भाव जुड़ गया। बस यहीं से वे मार्ग भटक गये।

त्रासदीय अनुभूति अथवा काथार्सिस में नैतिकता का भाव नहीं होता, न नाटककार का ऐसा कोई उद्देश्य होता है इसे सिद्ध करने के लिए बर्नेज़ ने परिभाषा के अन्तिम वाक्यांश का स्पष्टीकरण निम्न शब्दों में किया है—

---

* इस शब्द पर विस्तृत टिप्पणी के लिए देखिए बुचर की पुस्तक 'ऐरिस्टॉटल्स थियेरी ऑफ़ पोएट्री ऐंड फ़ाइन आर्ट'—पृ. 24।

"करुणा और भय द्वारा (अर्थात् उन्हें उद्‌बद्ध कर) त्रासदी इन (करुणा और भय) जैसी चित्तवृत्तियों की शमनबोधी विश्रांति अर्जित करती है।"[56]

इस अनुवाद (स्पष्टीकरण) में उसने काथार्सिस के लिए शुद्धीकरण के स्थान पर विश्रांति का प्रयोग किया है। इसके दो कारण हैं। एक, शुद्धीकरण उसके अनुसार कोई निश्चित अर्थ नहीं देता, तथा उसमें जो नैतिकता की गूँज है वह भी उसे प्रिय नहीं है। उधर विश्रांति में चिकित्सकीय अर्थ-छटा देने की क्षमता है और इसका तालमेल चिकित्सकीय अर्थ-छटा देने वाले 'शमन' शब्द के साथ पूरी तरह बैठ जाता है। एक ही स्रोत की ओर संकेत करने के कारण अरस्तू ने दोनों को एक साथ रखा है ताकि सामाजिक की मानसिक स्थिति की कुछ झलक मिल सके।

अनुवाद पर इस संक्षिप्त टिप्पणी के बाद बर्नेज़ करुणा-भय के उद्‌बद्ध रूप और इनके स्थायी चित्तवृत्ति वाले रूप का भेद स्पष्ट करता है। हमारे विचार से पाश्चात्य काव्यशास्त्र को यह उसका सबसे बड़ा योगदान है। अरस्तू के सामने दो समस्याएँ थीं। पहली यह की मनोविज्ञान के धरातल पर काव्यानुभूति के विश्लेषण की कोई परम्परा नहीं थी। अब तक जो भी चर्चाएँ होती रहीं उनमें सीधे-सीधे कह दिया जाता था कि काव्य आनन्द देता है या भावों का उद्रेक करता है। काव्य के खण्डन या मण्डन का सामान्यतः बड़ा ही स्थूल रूप होता था। अनुभूति की जटिलता को समझने के प्रयास न के बराबर ही हुए थे। अरस्तू इसी गहराई में जाना चाहता था किन्तु इसके विविध पक्षों के परस्पर भेद को स्पष्ट करने के लिए शब्दाबली कहाँ से लाये, यह उसके सामने दूसरी और बड़ी समस्या थी। जो शब्द सामने थे उनके सटीक प्रयोगों की कोई परम्परा नहीं थी। काथार्सिस के विविध प्रयोग इसका एक उदाहरण है। कुछ ऐसी ही स्थिति भाव शब्द की भी थी। अंगेजी में इसके अनुवाद के लिए विद्वानों ने अलग-अलग शब्दों का प्रयोग किया है। निम्न उदाहरणों से यह बात स्पष्ट हो जाती है:

(*i*) ...विद इन्सिडेंट्स एराउज़िग पिटी ऐंड फीयर, व्हेयरविद टु एकॉम्प्लिश काथार्सिस ऑफ़ सच इमोशन्स।—इन्ग्राम बाइवाटर
(इसमें घटनाएँ करुणा और भय जगाती हैं जिनके द्वारा ऐसे भावों का काथार्सिस सम्पन्न होता है।)

(*ii*) ...थ्रू पिटी ऐंड फीयर इफैक्टिंग दि प्रॉपर पर्गेशन ऑफ़ दीज़ इमोशन्स।—बुचर
(करुणा और भय द्वारा इन भावों का उचित विरेचन निष्पन्न करती है।)

(*iii*) ...एकॉम्प्लिशिंग बाइ वे ऑफ पिटी ऐंड फीयर दि काथार्सिस ऑफ़ सच फीलिंग्ज़।—जॉनाथन बार्न्ज़

(करुणा और भय के द्वारा ऐसी अनुभूतियों का काथार्सिस सम्पन्न करती है।)

बर्नेज़ ने जिस शब्द के लिए चित्तवृत्ति (एफ़ैक्शन) का प्रयोग किया है उसी के लिए उपर्युक्त उद्धरणों में 'इमोशन' और 'फ़ीलिंग्ज़' शब्द प्रयुक्त हुए हैं। इसी अस्पष्टता को रेखांकित करते हुए वह कहता है कि भाव के उद्‌बुद्ध और स्थायी रूप में सामान्यतः भले ही भेद न किया जाता हो किन्तु परिभाषा में उसका प्रयोग करते समय और उसका अर्थ करते समय यह भेद अत्यन्त महत्त्वपूर्ण हो जाता है। निष्कर्ष यह कि करुणा और भय का नाम लेकर वह भले ही जागृत रूप (जिस रूप में सामाजिक इन्हें नाटक देखते समय अनुभव कर रहा है) की ओर संकेत कर रहा है किन्तु बात इनके काथार्सिस की नहीं है। समस्या यह है कि इन भावों की स्थायी चित्तवृत्ति के नाम भी ये ही हैं। करुणाशील और भयशील चित्तवृत्तियों के लिए अलग से कोई शब्द न होने के कारण इन शब्दों का प्रयोग करने के लिए वह विवश था। पर यह समझना ग़लत होगा कि उसका प्रतिपाद्य जागृत भावों का काथार्सिस है। इसलिए 'इन', 'ऐसे' तथा 'ऐसी' संकेतवाचक विशेषणों का भी इनसे सम्बन्ध जोड़ना गलत है। काथार्सिस का वास्तविक सम्बन्ध चित्तवृत्ति से है।

अपने निष्कर्ष के समर्थन में बर्नेज़ ने एक और तर्क दिया है। सामाजिक की मानसिक प्रतिक्रिया के विश्लेषण में भाव जगत् के जिन दो पक्षों में अन्तर किया जा रहा है उनके लिए स्वयं अरस्तू ने भी दो शब्दों का प्रयोग किया है 'पाथोस' और 'पाथीमा', प्रथम जागृत भाव के लिए तथा द्वितीय चित्तवृत्ति के लिए। अनुवादकों ने इस सूक्ष्म अन्तर पर ध्यान नहीं दिया और चित्तवृत्ति के लिए भी 'इमोशन' या 'फीलिंग' शब्द रख दिया। अन्त में, इन सभी तर्कों की पृष्ठभूमि में काथार्सिस पर संक्षिप्त व्याख्यात्मक टिप्पणी करते हुए बर्नेज़ लिखता है कि ऐसे सामाजिक, जो स्वभाव से करुणा और भय के प्रति अधिक संवेदनशील हैं, त्रासदी देखते समय, बिना किसी हानि की चिन्ता किये, निर्बाध भाव से, मंच पर प्रस्तुत कलात्मक वस्तुविधान द्वारा उद्दीप्त करुणा और भय के भावों में डुबकी लगा सकते हैं और अन्त में, इस प्रक्रिया के परिणामस्वरूप काथार्सिस का अनुभव भी कर सकते हैं। यह स्थिति बहुत कुछ वैसी ही होगी जैसी 'राजनीतिशास्त्र' में उल्लिखित दैवाविष्ट व्यक्तियों की होती है। दोनों ही अपने-अपने ढंग से चित्तवृत्तियों की शमनबोधी विश्रांति (काथार्सिस) का अनुभव करते हैं। दोनों की अनुभूति में साम्य अवश्य है किन्तु उत्तेजक (स्टिमुलस) भिन्न होने से दोनों को तद्-रूप नहीं कहा जा सकता। इसलिए, त्रासदीय काथार्सिस में चिकित्सकीय निदान की अर्थ-छटा देखना ही सर्वाधिक उपयुक्त है।

'निर्गमन उपपत्ति' के इतने बड़े अधिवक्ता के तर्कों से असहमत होने का

प्रश्न ही नहीं उठता, प्रश्न यह उठता है कि क्या काथार्सिस को इतने तक ही सीमित रखना उचित है? इस अर्थ की अव्याप्ति का संकेत पहले भी दिया जा चुका है। त्रासदी में प्रसन्नता के अंश को बहुत कम करके तथा नैतिकता से एकदम पल्ला झाड़ कर क्या बर्नेज़ अरस्तू के काव्य चिंतन का मूल्य कम नहीं कर दे रहा है? हमारी धारणा है कि जैसे नैतिकतावादियों के एकांगी दृष्टिकोण का समर्थन नहीं किया जा सकता वैसे ही यहाँ भी काथार्सिस को केवल भाव चिकित्सा (साइकोपैथॉलॉजी) तक ही सीमित रखना इस शब्द और अरस्तू दोनों के साथ अन्याय होगा। इस सीमित अर्थ के विरोध में अनेक प्रश्न उठते हैं। अधिक असन्तुलित चित्तवृत्तिवाले सामाजिकों (जिन्हें तत्काल निदान की आवश्यकता है) की संख्या प्रेक्षागृह में निश्चित ही कम होगी। क्या उनकी चिकित्सकीय अनुभूति इतनी महत्त्वपूर्ण है कि उसे परिभाषा में स्थान मिल जाय? इस सन्दर्भ में अरस्तू के दृष्टिकोण को ठीक-ठीक समझने के लिए 'राजनीतिशास्त्र' में आए इस अंश पर ध्यान देना होगा, "करुणा और भय, या फिर उत्साह ऐसे भाव हैं जो कुछ लोगों के अन्तस में अधिक सशक्त रूप में रहते हैं, और कम या अधिक मात्रा में सभी को प्रभावित करते हैं।"[57] स्पष्ट है कि वह अत्यधिक संवेदनशील व्यक्तियों के छोटे से समूह को शेष प्रेक्षकों से अलग कर रहा है साथ ही इस तथ्य को भी स्वीकार कर रहा है सामान्य मात्रा में संवेदनशीलता ऐसा गुण है जिससे कोई अछूता नहीं है। तात्पर्य यह है कि बर्नेज़ द्वारा व्याख्याति काथार्सिस की अनुभूति तो विशिष्ट वर्ग की होगी किन्तु शेष समूह भी उससे थोड़ा बहुत अवश्य प्रभावित होता है। अतः काथार्सिस को प्रेक्षागृह में एक व्यापक तत्त्व के रूप में देखना आवश्यक हो जाता है। इस व्यापक रूप के प्रति अरस्तू कितना आग्रही है इसकी पुष्टि ऊपर के वाक्य के तुरन्त बाद आए इस कथन से होती है, "उन्हें, जो करुणा-भय अथवा अन्य किसी भाव से विशेष प्रभावति होते हैं, इसके जैसी अनुभूति (चिकित्सकीय निदान जैसी विश्रांति) अवश्य होगी, और अन्य भी अपनी-अपनी क्षमता के अनुसार इन भावों के द्वारा काथार्सिस का अनुभव करते हैं, अपने अन्तस में विश्रांति एवं तज्जनय आनन्द का अनुभव करते हैं।" इन दोनों ही उद्धरणों में मानवीय संवदेनशीलता को काथार्सिस का आधार बनाया गया है। कथानक पर विचार करते समय भी उसने घटनाओं और पात्रों की ऐसी विशेषताओं पर बहुत अधिक बल दिया है जो करुणा-भय को उचित रूप में उद्बद्ध करने में सहायक होती हैं। प्रस्तुत विश्लेषण में वह इस विश्वास को लेकर आगे बढ़ा है कि संवदेनशलीता एक व्यापक तत्त्व है, अतः एक निश्चित स्वरूपवाला वस्तुविधान सामाजिक के मन में करुणा-भय को जगायेगा ही। हाँ, उनके मात्रा-भेद को अस्वीकार नहीं किया जा सकता।

अब यदि काथार्सिस की चिकित्सकीय अनुभूति असन्तुलित चित्तवृत्तिवाले सामाजिकों के अतिरिक्त अन्यों (जिनकी संख्या कहीं अधिक है) को भी होती है तो इसके साथ ही हमें यह तथ्य भी स्वीकार करना होगा कि चूँकि इनका मनोजगत् पहले से ही पर्याप्त सन्तुलित है इसलिए चित्तवृत्ति के काथार्सिस से उत्पन्न आनन्द की मात्रा भी उन्हें उसी अनुपात में कम या बहुत कम होगी। ऐसी स्थिति में उनका नाटक देखनें जाने का क्या अर्थ रह जाता है। अत: आवश्यक है कि एक ओर हम काथार्सिस की सीमा का विस्तार करें ताकि उसमें चित्तवृत्ति के सन्तुलन के अतिरिक्त कुछ और तत्त्व भी समा सकें, तथा दूसरी ओर आनन्द के लिए विश्रांति के स्रोत के साथ-साथ कुछ अन्य स्रोत भी जोड़ें ताकि उसका दायरा कुछ और बड़ा हो सके। सौभाग्य से स्वयं अरस्तू ने ही इस सूत्र का संकेत दे दिया है। संगीत की धुनों का वर्गीकरण करते हुए 'राजनीतिशास्त्र' के पृष्ठ 1341[ब] पर उसने यह लिखा है कि संगीत के अनेक लाभ हैं। सर्वप्रथम शिक्षा, दूसरा काथार्सिस, तीसरा बौद्धिक आनन्द (बौद्धिक आनन्द को उसने मन को संस्कारित करना भी कहा है) तथा तनाव से मुक्ति एवं श्रम के पश्चात् मनोरंजन। इसके साथ ही उसने यह सुझाव भी दिया है कि इनमें से किसी एक नहीं वरन् अनेक लाभों के लिए संगीत के कार्यक्रमों में भाग लेना चाहिए। दूसरे शब्दों में वह स्वीकार कर रहा है कि श्रोतों वर्ग में से प्रत्येक इस योग्य है कि वह अनेक लक्ष्यों की सिद्धि एक साथ कर सके। अर्थात्, मानसिक असन्तुलन से ग्रस्त श्रोता काथार्सिस के साथ-साथ मन को संस्कारित भी कर सकते हैं, या श्रम के पश्चात् शुद्ध मनोरंजन का आनन्द भी उठा सकते हैं, या, फिर शिक्षा भी ग्रहण कर सकते हैं। इन सब लाभों की सूची में आनन्द को लेकर वह कुछ अधिक आग्रही था। वस्तुत: वह लगातार इस विश्वास से जुड़ा रहा कि संगीत के ठीक-ठीक प्रयोजन और प्रभाव के बारे में कोई एक सर्वसम्मति भले न बन पायी हो किन्तु इतना निश्चित है कि सभी दृष्टिकोणों में आनन्द के गुण को अवश्य स्वीकार किया गया है।[58] यह सर्वव्यापक तत्त्व मनुष्य की अंत: प्रवृत्ति से सम्बद्ध है। संगीत को लेकर उसकी यह अवधारणा अपने भीतर काव्य और उसके त्रासदीय रूप को भी समेटे हुए है। उन दिनों यूनानियों के लिए संगीत और काव्य में आज के जैसा भेद नहीं था। बहुत बाद तक भी त्रासदी में ऐसे अंश अवश्य रखे जाते थे जो गेय हों। त्रासदी की परिभाषा में ही गीत का उल्लेख होना इसके महत्त्व का प्रमाण है। इसलिए, हमारी मान्यता है कि अरस्तू काथार्सिस में आनन्द को विशेष तत्त्व के रूप में देख रहा था।

उपर्युक्त निष्कर्ष उसके मनस्तत्त्व की अवधारणा से नि:सृत है। यह चर्चा पहले हो चुकी है कि यूनानियों की आत्मा सम्बन्धी अवधारणा भारतीय दर्शन में

स्वीकृत अवधारणा से भिन्न है। अंग्रेज़ी में साइकी शब्द इसके अधिक निकट है इसलिए हमने इसके लिए मनस्तत्त्व का प्रयोग अधिक उपयुक्त समझा है। मनस्तत्त्व के दो खण्ड हैं–अविमर्शी (इर्रैशनल) और विमर्शी (रैशनल)। फिर विमर्शी के दो उपखण्ड हैं–व्यवहारशील (प्रूडैन्शियल) और चिन्तनशील (स्पैक्युलेटिव)। इस तरह मनस्तत्त्व के तीन भाग हो जाते हैं। इन तीनों को उसने एक ही स्तर पर नहीं रखा है। इनका परस्पर सम्बन्ध ऊँच-नीच के भाव से मुक्त नहीं है। प्रकृति में चेतना के विकास की व्याख्या करते हुए उसने इस विषय पर विस्तार से विचार किया है। मनस्तत्त्व का अधिकांश भाग शरीर से अभिन्न है। यह वस्तुतः शरीर की समस्त सम्भावनाओं का उच्चतम रूप है। इसे शरीर से अलग किया ही नहीं जा सकता। मनस्तत्त्व का ऊर्ध्वमुखी विकास क्रम से तीन स्थितियों में होता है। पेड़-पौधे इसकी सबसे नीचे की स्थिति में आते हैं। इनमें यह एक अन्ध शक्ति के रूप में विद्यमान है जिसका कार्य है अपने को जीवित रखने के लिए अन्य तत्त्वों का अपने भीतर समाहार करना और समय आने पर पुनरुत्पादन करना। पशु बीच की स्थिति में आते हैं। यहाँ, यह तीन शक्तियों में विभाजित है–गोचरता (सैन्स पर्सैप्शन), इच्छा और सीमित गति। ये पशु को पेड़-पौधों की अपेक्षा अधिक सामर्थ्यवान् बना देती हैं। जैसे, भोजन को दूर से ही देखकर वह उसकी ओर गतिमान् हो जाता है, स्वादिष्ट होने पर खाता है अन्यथा उससे दूर हट जाता है। मनस्तत्त्व का उच्चतम रूप मनुष्य में है। इस पड़ाव पर आकर उसमें नूस भी समाहित हो जाता है। पहली दोनों स्थितियों के गुण मनस्तत्त्व के अविमर्शी खण्ड तक ही सीमित रहते हैं। नूस की अपेक्षा निचले सोपान पर होने पर भी, शरीरधर्मी होने पर भी इनकी अनिवार्यता इस रूप में हैं कि इनकी सन्तुष्टि से ही शरीर अपनी समस्त सम्भावनाओं का विकास कर पाता है। शरीर की सुरक्षा और पुनरुत्पादन (जाति को जीवंत रखने की शरीरधर्मी प्रक्रिया) इन्हीं के द्वारा सम्भव है। इसलिए अवमिर्शी खण्ड की अनदेखी नहीं की जा सकती। नूस (अमरता इसका प्रधान गुण है) की दो विशिष्ट गतियाँ हैं। एक, शुद्ध चिन्तन जिसमें सत्य का अन्वेषण स्वयं साध्य होता है क्योंकि सत्य स्वयं में मूल्यवान् है; दूसरी, व्यावहारिक विचारणा जिसमें सत्य अपनी उपयोगिता के कारण मूल्यवान् समझा जाता है।[59] नूस मनस्तत्त्व का विमर्शी खण्ड है जिसका व्यवहारशील भाग अरस्तू की दृष्टि में निश्चित ही चिन्तनशील भाग की अपेक्षा निचले सोपान पर है।

'राजनीतिशास्त्र' में संगीत की उपादेयता पर विचार करते समय चेतना-विकास का उपर्युक्त विश्लेषण अरस्तू के मानस-पटल पर पृष्ठभूमि के रूप में अवश्य था। अन्तिम पुस्तक के 5वें अध्याय के आरम्भ में ही उसने इस विषय पर कई

कोणों से विचार किया है। यहाँ वह लिखता है कि संगीत के प्रभाव को ठीक-ठीक परिभाषित करना कठिन है। उतना ही कठिन यह बतलाना भी है कि इसका अध्ययन किन-किन प्रयोजनों से किया जाना चाहिए। कुछ लोग मानते हैं कि निद्रा और मदिरापान की भाँति संगीत का प्रयोजन केवल मनोरंजन करना और तनाव से मुक्ति दिलाना है। जैसे निद्रा और मदिरापान मलिन चिन्ताओं को दूर भगा देते हैं उसी तरह संगीत भी व्यक्ति को चिन्तामुक्त कर देता है। हम समझते हैं कि संगीत के प्रति यह दृष्टि अत्यन्त स्थूल है। इसका सम्बन्ध मनस्तत्त्व के अविमर्शी खण्ड से है,[60] अरस्तू इसका समर्थन नहीं कर सकता था। फिर भी समाज में यदि यह धारणा प्रचलित थी तो उसकी अनदेखी भी नहीं की जा सकती थी। इसलिए राज्य की शिक्षा व्यवस्था में इसका क्या स्थान हो इसका उसने दिशा निर्देश किया है।

दूसरी धारणा यह थी कि संगीत अपने प्रभाव से चरित्र निर्माण में सहायक हो सकता है। जैसे व्यायाम शरीर को स्वस्थ रखता है (जिसका वास्तविक उद्देश्य है शरीर की क्षमताओं का उचित विकास ताकि वे अपना कार्य ठीक ढंग से सरलतापूर्वक कर सके) उसी तरह संगीत के द्वारा हम उचित प्रकार (आनन्द प्राप्ति के उचित स्रोत) के आनन्द का अनुभव करने के अभ्यस्त हो जाते हैं। इस प्रयोजन का भरपूर समर्थन करके अरस्तू ने यूनानी संस्कृति की एक पुरानी परम्परा का समर्थन किया है। प्लेटो के 'गणराज्य' में संरक्षक वर्ग के लिए कम उम्र में ही इस प्रकार की शिक्षा का प्रावधान है। मदिरापान के समय शिथिलता, कोमलता आदि भावों को जगानेवाली आयोनियाई और लिडियाई धुनों की भर्त्सना करने के बाद प्लेटो सीधे-सीधे दो ही धुनों की वकालत करता है—एक, जो युद्ध के दौरान साहस, उत्साह और अनुशासन का भाव जगाये; दूसरी, जो शान्ति के समय संयम, समदृष्टि, दया तथा भक्ति भाव के संस्कार पैदा करे।[61] वह जानता था कि कम उम्र में बालक को अच्छे-बुर का ज्ञान नहीं होता किन्तु उचित संस्कारों की प्रेरणा से वह गुण-दोष, सुन्दर-असुन्दर तथा उचित-अनुचित में भेद करना अवश्य सीख लेता है। किस ओर आकर्षित होना या न होना यह भाव उचित संस्कारों से ही पैदा होता है। बड़े होकर ज्ञान के विकास के साथ-साथ वह इनके कारणों को भी पहचानने लगता है। तब उसे अनुभव होता है कि छुटपन में उसे जो सस्कार मिले थे वे कितने उचित थे।[62] चरित्र निर्माण की दृष्टि से संगीत को सुनना या इसका अभ्यास करना विमर्शी मनस्तत्त्व के व्यवहारशील पक्ष का कार्य है, और इस प्रकार के संगीत से यह पक्ष पुष्ट भी होता है। अरस्तू के अनुसार समाज के दैनंदिन कार्यों के लिए अभिजात वर्ग को इसकी सर्वाधिक आवश्यकता थी।

तीसरे और अन्तिम प्रयोजन के अन्तर्गत संगीत हमारी नैतिक प्रज्ञा (मॉरल विज़डम) के विकास में सहायक हो सकता है। यह कार्य हमारे मनस्तत्त्व के चिन्तनशील पक्ष का है। मनस्तत्त्व के ऊर्ध्वमुखी विकास में यह पक्ष सबके अन्त में विकसित होता है और इसी सोपान पर नूस भी उससे सम्बद्ध हो जाता है। इसलिए, माना जाना चाहिए कि चिन्तन का कार्य नूस की प्रकृति द्वारा प्रेरित है और इसे हम मनुष्य की श्रेष्ठतम क्रिया की संज्ञा दे सकते हैं। एक दार्शनिक के लिए यह स्वाभाविक था कि वह संगीत की इस क्षेत्र से जुड़ी भूमिका को सर्वश्रेष्ठ माने। पहली दो भूमिकाएँ, मनोरंजन तथा चरित्र में करणीय-अकरणीय के संस्कार डालना आवश्यक और महत्त्वपूर्ण होते हुए भी कोटिक्रम में इससे नीचे हैं। इस चर्चा के अन्तर्गत उसने एक अन्य तथ्य की ओर भी ध्यान आकर्षित किया है। जहाँ तक मनस्तत्त्व के तीनों भागों का प्रश्न है ये प्रत्येक व्यक्ति में होते हैं फिर भी दिनचर्या यदि ठीक न हो तो कुछ लोगों में विमर्शी खण्ड और उसमें भी चिन्तनशील पक्ष अविकसित ही रह जाता है क्योंकि उसे क्रियाशील होने का अवसर ही नहीं मिलता। जो लोग केवल मदिरापान के समय ही संगीत सुनेंगे (और यही बात मदिरापान के अवसरों के लिए लिखे गये गीतों पर घटती है)[63] वे केवल मनोरंजन करनेवाली तथा तनाव से मुक्ति दिलानेवाली धुनें ही सुनना पसंद करेंगे और धीरे-धीरे उनकी प्रवृत्ति ऐसी हो जायेगी कि उन्हें श्रेष्ठ धुनें अरुचिकर लगने लग जायेंगी।[64] इसी से जुड़ा हुआ एक और तथ्य यह भी है कि यद्यपि अपनी सभी भूमिकाओं में संगीत आनन्द का अनुभव कराता है किन्तु सभी प्रकार के आनन्द एक ही स्तर पर नहीं रखे जा सकते। उनके स्तर-भेद को सामान्य व्यक्ति नहीं समझ पाता।

ऊपर हमने मनस्तत्त्व के तीनों खण्डों और विभिन्न प्रभाव डालनेवाली संगीत की धुनों में परस्पर सम्बन्ध जोड़ने का प्रयास किया है। अरस्तू ने स्वयं इसे पूरी तरह स्पष्ट करने का प्रयास नहीं किया है। मन का संस्कार करनेवाली तथा नैतिक प्रज्ञा का विकास करनेवाली दृष्टि का तो किंचित् भी विस्तार नहीं किया है। बस एक स्थल पर इतना कहा गया है–"मन के संस्कार में सामान्यत: आनन्द तथा श्रेष्ठता के भाव समाहित हैं और सच्चे सुखमय जीवन का भाव इन दोनों के समन्वित रूप में ही निहित है।"[65] यह वाक्य सूत्र रूप में अवश्य है फिर भी इतना अर्थ तो देता ही है कि प्रेक्षकों/श्रोताओं में मनस्तत्त्व के तीनों खण्डों का समान रूप से विकास न होने के कारण उन पर पड़नेवाला प्रभाव भी एक जैसा नहीं होता। यद्यपि वे सभी आनन्द का अनुभव करते हैं किन्तु उसमें स्वरूप-भेद और मात्रा-भेद अवश्य रहता है। ऊपर हमने जो व्याख्या प्रस्तुत की है उसका आधार भी यही है।

मनस्तत्त्व के तीनों भागों और संगीत के प्रभाव-प्रकारों के सम्बन्ध की चर्चा हमने इसलिए की है ताकि बर्नेज़ द्वारा व्याख्यायित काथार्सिस के निहितार्थ के सम्बन्ध में जो प्रश्न उठाया गया था उसका उचित उत्तर ढूँढ़ा जा सके। इस परिप्रेक्ष्य में पहले हम 'राजनीतिशास्त्र' के अन्तिम अंश में उल्लिखित संगीत की धुनों से निष्पन्न काथार्सिस के अर्थ पर विचार करेंगे फिर उसके निष्कर्षों को त्रासदी पर घटाने का प्रयास करेंगे।

इस अंश का आरम्भ संगीत के तीन लाभों–(क) शिक्षा, (ख) काथार्सिस, (ग) मन के संस्कार तथा मनोरंजन एवं तनाव से मुक्ति–को गिनाने से शुरू होता है। शिक्षा को उसने दो वर्गों में बाँटा है। पहला वह है जिसमें विद्यार्थी स्वयं गाना-बजाना सीखता है; दूसरा वह जिसमें विद्यार्थी केवल सुनकर स्वर-ताल और अच्छे-बुरे में अन्तर का ज्ञान प्राप्त करता है। उपर्युक्त लाभों में शिक्षा को वह प्रथम अर्थ में ले रहा है इसीलिए उसने श्रेष्ठ चरित्रों को अभिव्यक्ति देने वाली धुनों को ग्रहण करने की बात कही है। शिक्षा के बाद शेष दोनों लाभ केवल सुनने से उठाये जा सकते हैं। इन दोनों में भी उसने विस्तृत चर्चा केवल काथार्सिस की है और इसी के अन्तर्गत वह कभी इसका अभिधेयार्थ लेता है तो कभी लक्ष्यार्थ। धार्मिक अनुष्ठानों में विशेष धुनों द्वारा संवेग जगाने और उसके अतिरेक के निःसरण में अभिधेयार्थ लिया गया है किन्तु उसी प्रक्रिया को जब वह संगीत कला के सन्दर्भ में देखता है तो लक्ष्यार्थ ले रहा है। अनुच्छेद का अन्त होते न होते उसने एक और रोचक तथ्य भी सामने रख दिया है कि भाव निःसरण के लिए विशेष रूप से बनायी गयी धुनें सबको सरल-निर्दोष आनन्द की भी अनुभूति कराती हैं। इस तथ्य के आलोक में हम इस निष्कर्ष पर पहुँचते हैं कि चित्तवृत्तियों के असन्तुलन से ग्रस्त श्रोता तो काथार्सिसजन्य विश्रांति का आनन्द उठाते ही हैं शेष श्रोता भी उसके निर्दोष आनन्द का अनुभव करते हैं। इस तरह उसने तीसरे लाभ के एक अंश (मनस्तत्त्व के चिन्तनशील पक्ष द्वारा प्रेरित संस्कार) को छोड़कर मनोरंजन और तनाव से मुक्ति को भी दूसरे लाभ के दायरे में समेट लिया है। हमने जब काथार्सिस की अनुभूति में निहित आनन्द के सीमा-विस्तार की बात कही थी तो हमारा लक्ष्य यही तथ्य था।

संगीत कला (तथा व्यापक अर्थ में सभी अनुकरणात्मक कलाएँ) में आनन्द के लक्ष्य को लेकर अरस्तू कुछ अधिक ही आग्रही था। यह उसका व्यावहारिक दृष्टिकोण था क्योंकि सभी अपने जीवन में किसी न किसी प्रकार का आनन्द अवश्य पाना चाहते हैं। संगीत के कार्यक्रमों में उसने इसीलिए सभी वर्गों के श्रोताओं की रुचि-अरुचि को ध्यान में रखने की बात कही है। लगता है जैसे वह प्लेटो को चुनौती दे रहा है, उसके नैतिकता के कारागार मे बंदिनी कला को

मुक्त करा लेना चाहता है। समाज में केवल स्वतन्त्र नागरिक (यह संकेत अभिजात वर्ग की ओर है) ही नहीं रहते मिस्त्री मज़दूर भी रहते हैं। उनकी रुचि में संस्कारों की श्रेष्ठता नहीं होती फिर भी उन्हें मनोरंजन तथा तनाव से मुक्ति का अधिकार है। यह उनकी आवश्यकता है।

काथार्सिस को कलानुभूति का रूप देने के लिए अरस्तू ने 'राजनीतिशास्त्र' में जो कुछ भी कहा है उससे सारस्वरूप दो निष्कर्ष निकलते हैं। पहला, काथार्सिस एक भावदशा है जिसका स्वरूप है "भावोदय→ भावशान्ति→ विश्रांति→ सुखानुभूति।" इसे किसी विशिष्ट वर्ग तक सीमित नहीं रखा जा सकता। अपनी-अपनी मानसिकता के अनुकूल वस्तुविधान सामने होने पर प्रत्येक व्यक्ति इसका अनुभव करता है। दूसरा निष्कर्ष यह है कि इस अनुभूति को निष्पन्न करना किसी एक कला रूप की विशेषता नहीं है। इसी आधार पर विद्वानों ने कामदी और प्रबन्ध काव्य में भी इस अनुभूति की निष्पत्ति मानी है।[66] अपनी योजना के अन्तर्गत जैसे उसने निम्नस्तरीय संगीत को स्थान दिया है वैसे ही वह कामदी की आवश्यकता को भी स्वीकार करता था और यदि उसमें काथार्सिस की भावदशा का प्रयोजन सिद्ध नहीं होता तो वह मूल्यहीन है। अब विचारणीय विषय यह है कि त्रासदी की परिभाषा में आये काथार्सिस पर यदि संगीतवाली भावदशा को घटाना है तो क्या उसमें कुछ परिवर्तन करने की आवश्यकता है?

'राजनीतिशास्त्र' के पृष्ठ 1340[अ] पर अरस्तू ने संगीत और दृश्य कलाओं में एक मूलभूत अन्तर पर टिप्पणी करते हुए लिखा है कि संगती मनोदशाओं का सीधे-सीधे, प्रत्यक्ष अनुकरण कर सकता है। संगीत के बिम्ब वास्तविकता के अत्यन्त निकट होते हैं। उधर दृश्य कलाएँ बाह्य रूपों का अनुकरण तो बखूबी कर लेती हैं किन्तु मनोदशाओं का केवल संकेत भर कर पाती हैं। इसका उदाहरण देते हुए वह कहता है कि मूर्ति कला में किसी मनोदशा की ओर इंगित करने के लिए शरीर को ऐसी मुद्रा में दिखलाया जाता है जो वह उस मनोदशा के प्रभाव के कारण धारण कर लेता है, यह मनोदशा का अनुकरण (रिप्रेज़ेंटेशन = प्रतिचित्रण) नहीं है, संकेत है। आज की भाषा में यह प्रतीकात्मक अनुकरण है। प्रतीक के माध्यम से भावदशा तक पहुँचने के लिए सहृदय जिस बौद्धिक प्रक्रिया से गुज़रता है वह संज्ञानात्मक (कॉग्निटिव) है। त्रासदी देखते समय भी सामाजिक इसी प्रक्रिया से गुज़रता है। त्रासदी की परिभाषा में अरस्तू ने सबसे पहले कार्यव्यापार रखा है। यह वस्तुविधान है या इसे प्रतीक भी कह सकते हैं। संज्ञान क्रिया द्वारा इसे आत्मसात् करके ही प्रेक्षक करुणा-भय की भावदशा तक पहुँचता है। कार्यव्यापार और भावदशा में कारण-कार्य सम्बन्ध है इसलिए उसने

इसे गणितीय सूत्र की तरह कसकर रखा है। वस्तुविधान रूप कार्यव्यापार यदि किसी भी अनिवार्य शर्त को पूरा नहीं करता तो उससे उद्भूत भाव करुणा-भय न होकर कुछ और ही होंगे। नाटक में प्रयुक्त भाषा, छंद, संगीत, दृश्यविधान आदि कार्यव्यापार के सहायक होकर ही आ सकते हैं, उसके स्थानापन्न नहीं बन सकते। इनसे भावोद्बोधन को गति मिलती है किन्तु स्वरूपदशा का निर्धारण कार्यव्यापार ही करता है। त्रासदी में कार्यव्यापार सर्वाधिक महत्त्वपूर्ण इकाई है इस तथ्य से सहज ही समझा जा सकता है कि इसमें निष्पन्न काथार्सिस स्वरूप और व्याप्ति में संगीत के काथार्सिस से भिन्न होगा। जेकब बर्नेज़ चिकित्सकीय विश्रांति को स्थापित करने में इतना उलझा रहा कि इस ओर ध्यान ही नहीं दे पाया।

अरस्तू द्वारा कामदी के इतिहास, उसकी कथावस्तु, पात्र, छंद आदि पर की गयी चर्चा यह संकेत देती है कि उसकी दृष्टि के काव्य का यह रूप उस संगीत के समकक्ष था जिसे वह मिस्त्री-मज़दूर जैसे श्रोताओं के उपयुक्त समझता था। इसकी तुलना में त्रासदी का कार्यव्यापार गम्भीर और जटिल माना जाता था। उसके पात्र भी सामान्य से श्रेष्ठ होते थे। उसके कार्यव्यापार को ठीक-ठीक समझने, पात्रों के साथ सहानुभूतिपूर्ण सम्बन्ध स्थापित करने, करुणा-भय के परिभाषित स्वरूप को अनुभव करने में सक्षम सहृदय वर्ग निश्चित ही मिस्त्री-मज़दूर नहीं वरन् अभिजात समाज का अंग था। अरस्तू की दृष्टि में प्रशिक्षित समाज (जिसकी अपेक्षा अभिजात वर्ग से ही की जा सकती थी) ही बुद्धि और भावना के उस स्तर तक उठा हुआ था जहाँ पर त्रासदीय काथार्सिस को उसके उचित रूप में अनुभव किया जा सकता है। यहाँ इसका स्वरूप था–"कार्यव्यापार के निहितार्थ का बौद्धिक स्तर पर अधिग्रहण→ तज्जन्य भावोदय एवं भावशान्ति→ विश्रांति→ सुखानुभूति।" इस सूत्र में भावना व्यापार संज्ञान व्यापार का संसृष्ट कार्य है अतः इसकी परिणति जिस सुखानुभूति में होती है वह केवल भावना व्यापार की सुखानुभूति से भिन्न होगी।

त्रासदीय काथार्सिस में संज्ञान मूल्य और भाव मूल्य के युगपत् सम्बन्ध के परिणामस्वरूप दो तथ्य सामने आते हैं। स्टीफेन हैलिवेल ने इस ओर विद्वानों का ध्यान खींचा है। कहा जा चुका है कि अरस्तू की दृष्टि में त्रासदी काव्य-विकास का पूर्णतम रूप है और यह रूप ई.पू. 5वीं शताब्दी में अपनी चरम सीमा पर पहुँच चुका था। यहाँ उसकी ऐतिहासिक दृष्टि पर टिप्पणी करने की आवश्यकता नहीं है, महत्त्व की बात यह है कि उसके अनुसार कथानक दुःख-सुखात्मक कार्यव्यापार है। जीवन का चरम लक्ष्य भी विशेष प्रकार की क्रिया (उसका सुखदायिनी होना अनिवार्य है) में लिप्त होना है न कि किसी गुण को प्राप्त

करना।[67] एक ओर वह कलाओं द्वारा चरित्र-निर्माण की बात करे (श्रेष्ठ चरित्रवाले समाज के गिने-चुने व्यक्तियों के जीवन से घटनाएँ लेने का यही एक मात्र कारण है) और दूसरी ओर उसके नैतिक अर्थ एवं महत्त्व की अनदेखी करे यह सम्भव नहीं है। इसलिए, यह कहना पूरी तरह उचित है कि कला की सीमा के भीतर, उसके नियमों का पूर्ण पालन करते हुए वह त्रासदी के नैतिक मूल्य को स्वीकार करता था और काथार्सिस द्वारा उसे उसने स्थापित भी किया है।[68] यह तथ्य बर्नेज़ के नैतिकता विरोधी तर्कों का उत्तर है।

दूसरा तथ्य भी कथानक के विशिष्ट रूप से सम्बन्धित है। कार्यव्यापार के निहितार्थ को ग्रहण करने की बौद्धिक प्रक्रिया की दो दिशाएँ हैं। एक ओर अग्रसर होकर वह घटनाओं में कारण-कार्य सम्बन्ध जोड़ती है। अरस्तू ने आवश्यकता और सम्भावना के जटिल सिद्धांत को इसका आधार माना है। यह इसलिए जटिल हैं क्योंकि इसमें यथार्थ को प्रमाण नहीं माना जाता, केवल यह देखा जाता है कि कार्यान्विति की दृष्टि से एक घटना के बाद आनेवाली दूसरी घटना कितनी आवश्यक या सम्भाव्य है। कला जगत् के लिए यह सिद्धांत कितना आवश्यक है इसका प्रमाण उसके वे उत्तर हैं जो उसने सम्भाव्य आपत्तियों के निराकरण के लिए दिये हैं। इस विषय पर उसका प्रसिद्ध कथन है–"काव्य में विश्वास जगानेवाली असम्भावना को अतिश्वसीन सम्भावना की तुलना में अधिक महत्त्व दिया जाना चाहिए।"[69] यह वाक्य कला के मर्म को उजागर करता है।

दूसरी दिशा में बौद्धिक प्रक्रिया उन सार्वभौम सत्यों का अधिग्रहण करती है जिनके कारण कविता इतिहास की अपेक्षा अधिक दार्शनिक, अधिक गौरव सम्पन्न मानी गयी है।[70] त्रासदी के मुख्य कार्यव्यापार में तथा अलग-अलग प्रसंगों में भी इन सत्यों का उद्घाटन होना चाहिए और ये प्रसंग इतिहास सम्मत भले ही हों फिर भी इनके द्वारा प्रतिपादित सत्य तर्क सम्मत तथा कलागत नियमों के अनुकूल होने चाहिए। एक प्रशिक्षित सामाजिक उन प्रसंगों से उद्भूत करुणा-भय का अनुभव करते समय उनमें परस्पर कारण-कार्य सम्बन्ध और सार्वभौम सत्य, सामान्य (यूनिवर्सल), के प्रति भी जागरूक रहता है। सामान्यों तक पहुँचने की यह प्रक्रिया भी उसे आनन्द प्रदान करती है। काव्यशास्त्र के चतुर्थ अध्याय के आरम्भ में ही अरस्तू प्रतिपादित कर आया है कि अनुकरण से प्रत्येक व्यक्ति अपनी-अपनी क्षमतानुसार कुछ न कुछ अवश्य सीखता है। यह उसके सुख का सबसे बड़ा स्रोत है।[71] करुणा-भय के आवेगों द्वारा आन्दोलित होते हुए भी वह इस तथ्य को भूल नहीं पाता कि जो प्रसंग इन भावों के स्रोत हैं वे कतिपय बुद्धि-ग्राह्य सत्यों का भी उद्घाटन कर रहे हैं। इसलिए, कुछ काव्यशास्त्रियों के लिए त्रासदीय नाट्य संरचना में विचार और भाव में युगपत् सम्बन्ध स्थापित होना

ही काथार्सिस है।[72] इसका सूत्र है–निहितार्थ का संज्ञान + भावों का समन्वय = काथार्सिस। काथार्सिस के विस्तारित अर्थ से हम भी सहमत हैं। इस व्यापक अर्थ को स्वीकार करने के बाद ही काथार्सिस को परिभाषा में सम्मिलित करने का औचित्य सिद्ध हो पाता है। यह बर्नेज़ की उस दृष्टि का प्रत्याख्यान है जो त्रासदीय अनुभूति को केवल चित्तवृत्ति के सन्तुलन तक ही सीमित रखना चाहती है। इसमें सन्देह नहीं कि सामाजिकों का एक वर्ग भावों में बह जाने को ही त्रासदी की सफलता का मानदण्ड मानता रहा होगा।[73] उसके लिए अनुभूति ही जीवन का लक्ष्य रही होगी। अरस्तू को ये दोनों एकांगी स्थितियाँ अमान्य हैं। उसकी स्थापना है कि किसी कृति की सफलता या श्रेष्ठता उन पारखियों के निर्णय पर निर्भर करती है जो उसके नियमों-सिद्धांतों के ज्ञाता हैं। त्रासदी जैसे जटिल और गम्भीर कला रूप पर यह मानदण्ड और भी कड़ाई से लागू होना चाहिए। वह केवल उन्हीं सामाजिकों की भाव प्रतिक्रिया को काथार्सिस कहने के पक्ष में है जो कला के संस्कारों में दीक्षित हैं। दूसरे शब्दों में, वह निर्णय दे रहा है कि काथार्सिस की सुखानुभूति वर्ग विशेष (अभिजात वर्ग) का अधिकार है, वही इसका योग्य पात्र है। अरस्तू की कलादृष्टि का यह विचित्र द्वैध है कि एक ओर तो वह केवल मनोरंजन के लिए संगीत के निम्न स्तरीय रूप अथवा कामदी जैसे कला रूप को बहुसंख्यक समाज के प्रत्येक सदस्य की पहुँच के भीतर ले आने की वकालत करता है जिससे लगता है मानों वह सच्चा प्रजातान्त्रिक बनकर अपने गुरु की भूलों को सुधार लेना चाहता है, किन्तु दूसरी ओर अभिजात समाज का प्रतिनिधि बनकर जीवन की श्रेष्ठ वस्तुओं, यहाँ तक कि जीवन के श्रेष्ठ लक्ष्य को भी इसी वर्ग की धरोहर मानने की घोषणा कर डालता है। उसकी इसी अभिजात प्रजातान्त्रिक दृष्टि को हमने आगे की चर्चा का विषय बनाया है।

## संदर्भ एवं टिप्पणियाँ

1. एरिस्टॉटल्स पोएटिक्स, पृ. 168-9
2. वे [नाटककार] जो नाट्योचित भय जगाने के स्थान पर केवल राक्षसी (मॉन्सट्रस) दृश्य ही प्रस्तुत करते हैं, वस्तुतः त्रासदी [की परम्परा] भूल गये हैं।–पृ. 1453[ब], पं. 9-10
3. 'काव्यशास्त्र', पृ. 1453[अ], पृ. 33-34
4. वही, वही पं. 26-27
5. पृ. 535
6. पं. 121-26
7. पृ. 1449[अ], पं. 24-28
8. पृ. 1452[ब], पं. 29-31
9. हमने परिभाषा में (दे. 4.1.1 का अन्तिम अंश) अर्थ की स्पष्टता के लिए छोटे-छोटे वाक्यों का प्रयोग किया है। मूल में यह एक ही संयुक्त वाक्य है।

10. वही, 1453[अ], पं. 29
11. वही, 1453[अ], पं. 9-10
12. वही, 1453[अ], पं. 19-20
13. स्टीफैन हैलिवेल, अरस्तू का काव्यशास्त्र, पृ. 172
14. किसी अनुकरणात्मक कृति–प्रतिमा (इमेज)–से हर्ष और विषाद के अनुभव का अभ्यास होना और जीवन की वास्तविकता से हर्ष-विषाद का अनुभव करना, दोनों में अत्यन्त घनिष्ठता है। –राज., पु. 8, अ. 5, 3340[अ]
15. 'गणराज्य', अ. 10, पृ. 605
16. 'भाषणशास्त्र', 1386[अ]
17. वही, पृ. वही
18. वही, पृ. वही
19. 1453[अ], पं. 7-9
20. प्लेटो, 'आयन' संवाद, पृ. 533-34
21. स्टीफेन हैलिवेल, अरस्तू का काव्यशास्त्र, पृ. 187
22. पु. 10, पृ. 605-7
23. पु. 3, पृ. 411
24. पु. 10, पृ. 601
25. 'परिचर्चा' संवाद, पृ. 215; इसकी तुलना 'प्रोतेगोरस' संवाद के पृ. 315 के पूर्वांश तथा पृ. 328 के उत्तरांश से कीजिए।
26. 'फिद्रुस' संवाद में प्लेटो ने सुकरात से कहलवाया है–"क्या भाषण कला सामान्यतः इस रूप में नहीं ग्रहण की जाती कि यह तर्क द्वारा मन को मोहित कर लेने की कला है।"–पृ. 261
27. 'क्रेतिलुस', पृ. 405
28. 'अरस्तू का काव्यशास्त्र', पृ. 187
29. 'सोफ़िस्त', पृ. 230
30. 'फ़ीदो', पृ. 67
31. वही, पृ. 69
32. वही, पृ. 114
33. 'ओदिसी' की 8वीं पुस्तक में फ़ीशिया का राजा ओदिस्यूस से कहता है कि हमारे युवक जहाजरानी, मुष्टि युद्ध, मल्ल युद्ध के साथ-साथ संगीत और नृत्य में भी प्रवीण हैं। यहाँ संगीत और नृत्य उनके कुलीन संस्कारों के प्रतीक बनकर आए हैं। इन कलाओं का अभ्यास आभिजात्य समाज में सम्मान की दृष्टि से देखा जाता था।
34. 'गणराज्य,' पु. 3, पृ. 411-12
35. कोपल्सटन, एफ., ए हिस्ट्री ऑफ़ फ़िलॉसोफ़ी, पृ. 327-29
36. स्टीफ़ेन हैलिवेल, अरस्तू का काव्यशास्त्र, पृ. 199
37. पु. 8, अ. 7, पृ. 1341
38. वही, पृ. 1342
39. पृ. 790-91
40. 'काव्यशास्त्र', अ. 9, 1451[ब], पं. 26-27

41. पु॰ 2, 1386[अ]
42. 'भाषणशास्त्र', पु. 2, 1385[ब]–1386[अ]
43. वही, 1383[अ]
44. 'राजनीतिशास्त्र', पु. 8, अ. 7, पृ. 1342[अ]
45. प्रिंसटन एनसाइक्लोपीडिया ऑफ़ पोएट्री ऐंट पोएटिक्स, पृ. 175
46. इस चर्चा के लिए देखिये स्टीफेन हैलिवैल का 'अरस्तू का काव्यशास्त्र' (एरिस्टॉटल्ज़ पोएटिक्स), पृ. 351-54
47. स्टीफेन हैलिवेल ने सुझाव दिया है कि ऐसा होने पर यह वाक्य केवल 'करुणा और भय की काथार्सिस में निष्पत्ति (इफेक्टिंग दि काथार्सिस ऑफ़ पिटी ऐंट फियर)' रूप में होता। –वही, पृ. 354
48. "दैट दि फ़ीलिंग्ज़ ऑफ़ पिटी ऐंट फ़ीयर इन रियल लाइफ़ कंटेन ऐ मॉर्बिड ऐंड डिस्टर्बिंग एलिमेंट। इन दि प्रोसेस आफ़ ट्रैजिक एक्साइटेशन दे फ़ाइड रिलीफ़, ऐंड दि मॉर्बिड एलिमेंट इज़ थ्रोन ऑफ़। ऐज़ दि ट्रैजिक एक्शन प्रोग्रेसिज़ व्हैन दि ट्यूमल्ट ऑफ़ दि मांइड, फर्स्ट राउज़्ड, हैज़ आफ्टरवड्ज़ सब्साइडिड, दि लोअर फॉर्म्स ऑफ़ इमोशन आर फाउंड टु हैव बीन ट्रांसम्युटिड इंटु हायर ऐंड मोर रिफ़ाइंड फ़ॉर्म्स। दि पेनफुल एलिमैंट इन दि पिटी ऐंड फीयर ऑफ़ रियेलिटी इज़ पर्जड् अवे; दि इमोशन्स दैमसैल्वज़ आर पर्ज्ड...इट्स फंक्शन ऑन दिस व्यू इज़ नॉट मीयर्ली टु प्रोवाइड ऐन आउटलेट फॉर पिटी ऐंड फीयर बट-टु प्रोवाइड फॉर दैम ए डिस्टिंक्टिवली एस्थेटिक सैटिसफ़ैक्शन टु प्योरिफ़ाइ ऐंड क्लैरिफ़ाइ दैम बाइ पासिंग दैम थ्रू दि मीडियम ऑफ़ आर्ट।"–पृ. 254-55
49. प्रिंसटन एनसाक्लोपीडिया ऑफ़ पोएट्री ऐंड पोएटिक्स, पृ. 10
50. पृ. 1382[अ], पृ. 1385[ब]
51. (*i*) दि आइडिया ऑफ़ काथार्सिस इंप्लाइड, ऐज़ वी हैव सीन, दि एंक्सपल्शन ऑफ़ ए पेनफुल ऐंड डिसक्वायटिंग एलिमैंट।–पृ. 255
    (*ii*) दि ट्रैजिक फीयर, दो मॉडिफाइड अंडर दि कंडीशन्स ऑफ़ आर्ट, इज़ नॉट एनी लैंग्विड इमोशन। इट डिफ़्फ़र्स, इंडीड, फ्रॉम दि क्रशिंग एप्रिहैन्शन ऑफ़ पर्सनल डिज़ास्टर। –पृ. 261
    (*iii*) पिटी ऐंड फीयर आर पर्ज्ड ऑफ दि इंप्योर एलिमेंट व्हिच क्लिंग्ज़ टु दैम इन लाइफ़। –पृ. 267
    (*iv*) लैट अस एश्यूम, दैन, दैट दि ट्रैजिक काथार्सिस इनवोल्वज़ नॉट दि ओनली आइडिया ऑफ़ ऐन इमोशनल रिलीफ़ बट दि फर्दर आइडिया ऑफ़ दि प्योरिफ़ाइंग ऑफ़ इमोशन्स सो रिलीव्ड।–पृ. 269
52. 'राज.', पु. 8, अ. 5, 1340[अ]
53. वही, वही, वही, वही
54. 'गणराज्य', पु. 3, पृ. 401-2
55. मन पर छाये हुए बोझ के हट जाने से उत्पन्न सुख-चैन के लिए यहाँ अग्रेज़ी में 'रिलीफ़' शब्द का प्रयोग हुआ है। हमने इसी के लिए 'विश्रांति' शब्द का प्रयोग किया है। अन्य लेखकों ने 'रिलीफ़' के स्थान पर 'सोल्ज़ लाइटेंड' तथा 'रिलीज़

ऑफ़ इमोशन' का भी प्रयोग किया है। ये सभी प्रयोग अप्रिय वस्तु अथवा स्थिति से मुक्ति एवं तज्जन्य विश्रांति के सूचक हैं।

56. बाइ (एराउज़िगं) पिटी ऐंड फीयर ट्रैजडी अचीव्ज़ ऐन एलिवियेटिंग रिलीफ़ ऑफ़ सच (पिटिफुल ऐंड फीयरफुल) मैंटल ऐफेक्शन्स।
57. पु. 8, अ. 7, 1342[अ]
58. 'राजनीतिशास्त्र', पु. 8, अ. 5, 1339[ब]
59. कोपल्सटन, एफ., ए हिस्ट्री ऑफ़ फ़िलॉसोफ़ी, पृ. 328-29
60. प्लेटो ने भी इसी आधार पर काव्य का खण्डन किया था कि इसमें मन की निम्नवृत्तियों को अधिकाधिक उभारने की शक्ति है जिसका प्रभाव चरित्रवान् व्यक्तियों को भी भ्रष्ट कर देता है। वह ऐसे वाद्यों (हार्प, बाँसुरी) के पक्ष में भी नहीं था जिनमें अनुकरण की क्षमता अधिक हो क्योंकि इस सुविधा के मिलने पर संगीतज्ञ केवल अनुकरण पर ध्यान देंगे न कि चरित्र निर्माण कर सकने की क्षमता रखनेवाली धुनों पर।–'गणराज्य', पु. 3, पृ. 399
61. वही, पृ. वही
62. वही, पृ. 401
63. यूनानी कवियों में विशेष अवसरों के अनुकूल गीत लिखने की परम्परा थी। मदिरापान का अवसर भी उनमें से एक था।
64. इस विषय पर प्लेटो का निष्कर्ष भी यही है। शरीर और मन के प्रशिक्षण पर अपना मत व्यक्त करते हुए वह लिखता है कि शरीर को बलवान बनाने की धुन में जो लोग व्यायाम पर आवश्यकता से अधिक ध्यान देते हैं उनकी बौद्धिक वृत्तियाँ कुण्ठित हो जाती हैं, कारण यह है कि उनका कभी उपयोग ही नहीं हो पाता–'गणराज्य', पृ. 411

    शिक्षा में काव्य, संगीत तथा दृश्य कलाओं की भूमिका पर भी उसका मत है कि इनकी श्रेष्ठ कृतियों के अध्ययन से कम उम्र में ही बच्चों में सुन्दर-असुन्दर में भेद करने की क्षमता आ जाती है और वे एक को पसन्द तथा दूसरे को नापसन्द करने लग जाते हैं।–वही, पृ. 401-2
65. 'राजनीतिशास्त्र', पु. 8, अ. 5, 1339[ब]
66. 'जागरणकाल' में प्रबन्धकाव्यात्मक काथार्सिस सहज स्वीकृत सत्य था। इस विषय पर देखिए स्टीफेन हैलिवेल के 'अरस्तू का काव्यशास्त्र' के पृष्ठ 200 पर दी गयी पाद टिप्पणी 43
67. 'काव्याशास्त्र', पृ. 1450[अ], पं. 15-20
68. स्टीफेन हैलिवेल, अरस्तू का काव्यशास्त्र, पृ. 198
69. 'काव्यशास्त्र', पृ. 1450[अ]
70. वही, पृ. 1451[ब]
71. पृ. 1448[ब]
72. स्टीफेन हैलिवेल, अरस्तू का काव्यशास्त्र, पृ. 201
73. 'राजनीतिशास्त्र', पृ. 1339[ब]

## 4.3 त्रासदी का विशिष्ट आनन्द : एक अभिजातवर्गीय चेतना

'काव्यशास्त्र' के 14वें अध्याय में एक वाक्य आया है–"त्रासदी से इसके विशिष्ट आनन्द की ही अपेक्षा रखनी चाहिए न कि हर तरह के आनन्द की।" आगे विशिष्ट शब्द की व्याख्या में लिखा गया है–"त्रासदीय आनन्द करुणा और भयजन्य है।" प्रेक्षकों को ध्यान में रखकर लिखे गये इन वाक्यों से यह तो स्पष्ट है कि त्रासदीय अनुभूति की अन्तिम परिणति आनन्द में होती है, किन्तु पीड़ाकर भाव–करुणा और भय-आनन्द में कैसे परिणत होते हैं इस पर पूरे 'काव्यशास्त्र' में अरस्तू ने कुछ नहीं कहा है। अतः विद्वानों ने अन्य पुस्तकों के सन्दर्भों के आधार पर इसका विश्लेषण किया है। उसी के प्रकाश में हम भी इस जटिल प्रक्रिया के समझने का प्रयास कर रहे हैं।

'काव्यशास्त्र' के अन्तिम अंश में अरस्तू ने सिद्ध किया है कि त्रासदी महाकाव्य से उद्भूत होने पर भी कुछ निजी विशेषताओं के कारण उससे श्रेष्ठ है। इसे वह काव्य का श्रेष्ठतम रूप मानता है। इसे वह एतिहासिक तथ्य का रूप भी देता है। त्रासदी के विकास की संक्षिप्त रूपरेखा प्रस्तुत करते हुए (दे० 4था अध्याय) वह कह चुका है कि यह विधा ई. पूर्व 5वीं शताब्दी में ही चरम सीमा पर पहुँच चुकी थी। अपने समय में इस की ह्रासमान गति को देखते हुए वह चाहता था कि नाटककार और सामाजिक दोनों के मार्ग दर्शन के लिए इसके आदर्श रूप की व्याख्या करे।*

जहाँ तक त्रासदीय अनुभूति का प्रश्न है इसका सम्बन्ध सामाजिक से है। स्वयं नाटककार के सामने भी यह लक्ष्य रहता था कि वह सामाजिक की कसौटी पर खरा उतरे। उपयोगिताश्रयी मूल्य प्रधान होने से अरस्तू ने त्रासदी की उन विशेषताओं पर अधिक बल दिया है जिनसे वह सामाजिक के लिए

*सामाजिक का दृष्टिकोण इसलिए महत्त्वपूर्ण था क्योंकि उस समय के नाटकों की रचना बहुत कुछ प्रेक्षकों की रुचि-अरुचि से भी प्रभावित होने लगी थी। प्रभावित ही नहीं उनकी अपेक्षाओं पर निर्भर हो गयी थी।

अधिकाधिक उपयोगी बन सकती है। परिभाषा में काथार्सिस के व्यापार को समायुक्त करना इसका प्रमाण है। इसी बात को ध्यान में रखते हुए हमने इन पृष्ठों में दो विचारणीय विषय लिये हैं, एक यह कि प्रेक्षकों के बीच बैठा त्रासदी का सच्चा मर्मज्ञ कौन है–उसकी पात्रता की कसौटी क्या है? दूसरा यह कि उसकी अनुभूति का स्वरूप क्या है?

उपर्युक्त शीर्षक में अभिजात विशेषण सामाजिकों के एक वर्ग विशेष की ओर संकेत करता है किन्तु अरस्तू की एतद् विषयक अवधारणा इससे स्पष्ट नहीं होती। इसके लिए तत्कालीन यूनानी संस्कृति (विशेषतः एथेन्स के सन्दर्भ में) पर भी दृष्टि डालना आवश्यक है। ऐसा करने से पहले इतना और फिर से कह देना अप्रासंगिक नहीं होगा कि प्लेटो ने भी कला का मूल्यांकन अभिजात समाज को ध्यान में रखकर ही किया था। वह शिक्षा के पाठयक्रम में उन्हीं रचनाओं को समाहित करने के पक्ष में था जो इस समाज के चरित्र निर्माण में सहायक हो सकती थीं। और प्लेटो तथा अरस्तू जैसे समीक्षक ही क्यों स्वयं कविगण भी अभिजात समाज को ही सम्बोधित करते आ रहे थे। होमर से लेकर एरिस्तोफ़ेनीज़ तक सब के विषय इसी वर्ग की जीवन शैली से लिये जाते रहे थे। यह स्वाभाविक था क्योंकि उनका उठना-बैठना उन्हीं के बीच था। अतः उनकी प्रशंसा पाना उनके लिए महत्त्वपूर्ण था। हाँ, बीच-बीच में वे इस वर्ग को शिक्षा भी दे दिया करते थे। परंपरया शिक्षा देना कवि-धर्म था। एरिस्तोफ़ेनीज़ तक आते-आते इस वर्ग की समाज पर पकड़ कुछ ढीली होने लगी थी। इसका कारण उनकी अपनी जीवन शैली में आया हुआ बदलाव था। इसलिए कवियों के स्वर में शिक्षा चेतावनी का रूप लेने लगी थी। सुकरात और प्लेटो को भी इस वर्ग के सदस्यों के चरित्र-निर्माण की चिन्ता थी। अरस्तू के सामने इसे लेकर दुहरी समस्या थी। एक, उस आदर्श चरित्र की स्थापना जिसे अपनाकर अभिजात समाज अपने पूर्व गौरव को फिर से प्राप्त कर सकता था, दूसरे, यह दर्शाना कि कलाओं, विशेष रूप से संगीत तथा त्रासदी, की इसमें क्या भूमिका हो सकती है। वह देख रहा था कि कला जैसे सशक्त माध्यम को इस क्षेत्र में अपनी भूमिका न निभाने देना कोई बुद्धिमत्ता का काम नहीं है। वह अपने युग के यथार्थ को (खासतौर पर अभिजात समाज के सन्दर्भ में) बदलना अवश्य चाहता था किन्तु उतनी ही सीमा तक जितने तक वह व्यावहारिक भी बना रहे। उसके आदर्श संविधान की परिकल्पना यथार्थ की पकड़ से एकदम मुक्त नहीं हैं। इसलिए उसके अभिजात वर्ग की अवधारणा को नगर और नागरिकता के सन्दर्भ में ज्यादा अच्छी तरह परखा जा सकता है।

### 4.3.1 नगर और नागरिकता

अरस्तू के चिन्तन में नगर एक परिवार का परिवर्धित, पूर्ण विकसित, रूप है।[1] परिवार का लघुतम रूप पति, पत्नी और दास है। दास परिवार का अंग नहीं उसकी आवश्यक सम्पत्ति है।[2] परिवार सुरक्षित रहे, पुष्ट हो, संवर्धित हो यही लक्ष्य पति, पत्नी और दास के बीच परस्पर सम्बन्ध का आधार है। लक्ष्य प्राप्ति के लिए परिवार में क्या व्यवस्था हो इसका निर्देशन स्वयं प्रकृति करती है। तन-मन से जो श्रेष्ठ है वह स्वामी है। इस आधार पर पति का स्थान सर्वोपरि है। पत्नी, अभिन्न अंग होते हुए भी, दूसरे स्थान पर है क्योंकि ज्ञान और युक्तिमत्ता में वह कुछ कम है। दास इन दोनों के अधीन रहे यही उसकी नियति है, इसी में उसका कल्याण है।[3] सभी इकाइयाँ निष्ठापूर्वक अपना-अपना काम करें तभी परिवार सुखी रह सकता है। परिवार के कामों में जिस इकाई की जितनी भूमिका होगी उसी अनुपात में परिवार की सुख-समृद्धि में भी उसकी भागीदारी होगी। इस सिद्धांत को अरस्तू ने पारिवारिक व्यवस्था से लेकर पूरी नगर-व्यवस्था तक में देखा है। प्रशासन में तथा नगर-जीवन के सुखोपभोग में अभिजात वर्ग की मुख्य भागीदारी का समर्थन वह इसी आधार पर करता है।

एकल परिवार विकास का प्रथम चरण है। इस चरण में परस्पर सम्बन्ध का आधार है दैनंदिन आवश्यकताओं की पूर्ति। दूसरे चरण में परिवार बढ़ते-बढ़ते गोत्र या बिरादरी बन जाता है। गाँव इसी का रूढ़ रूप है। इस चरण में दो तरह से विकास होता है। एक है प्रौद्योगिकी का विकास। सुविधा-भोग की नयी-नयी आवश्यकताएँ बढ़ जाती है, उत्पादन में श्रम विभाजन आवश्यक हो जाता है और उत्पादन में उत्कृष्टता पर अधिक ध्यान दिया जाने लगता है। प्रौद्योगिकी की सीमा में यह सब कुछ आ जाता है। दूसरे प्रकार के विकास में बौद्धिक और आध्यात्मिक आवश्यकताएँ भी महत्त्वपूर्ण प्रतीत होने लगती हैं। न्याय की निगरानी के लिए ग्राम पंचायत बन जाती है, शिक्षा के लिए पाठशाला खुल जाती है, सार्वजनिक पूजा के लिए मन्दिर बन जाता है, सार्वजनिक उत्सवों का समय और रूप निर्धारित हो जाता है। इनसे मनुष्य का बाहरी और भीतरी जीवन समृद्ध होने लगता है। धीरे-धीरे पास के गाँवों से सम्बन्ध जुड़ने लगते हैं। कई गाँवों की गतिविधियों का केन्द्रीय स्थल नगर बन जाता है। गाँव से नगर बनने की प्रक्रिया में इकाइयों में छोटे-बड़े का भेद लगातार बना रहता है, केवल उनके आकार में वृद्धि होती है। दूसरे, सार्वजनिक संस्थाएँ अधिक व्यवस्थित तथा शक्ति सम्पन्न होती जाती हैं। जैसे, न्याय परिषद्, धर्म परिषद् तथा सुरक्षा परिषद् की स्थापना या स्थायी सेना का गठन आदि। इससे जीवन में गुणात्मक परिवर्तन आता है। एक दर्शनिक के नाते अरस्तू मानता है कि श्रेष्ठ जीवन की परिकल्पना ही नगर

विकास का लक्ष्य होना चाहिए। भौतिक आवश्यकताओं की पूर्ति हेतु बड़े पैमाने पर उत्पादन, या वस्तुओं का आयात-निर्यात इस दृष्टि से हो जिससे जीवन सुविधामय भी हो और श्रेष्ठतर भी। भौतिक विकास आध्यात्मिक उन्नति में साधक हो न कि बाधक। उसने राजनीति को केवल शासन व्यवस्था के रूप में कभी नहीं देखा। उसके लिए यह जीवन-नीति थी जिसमें नीतिशास्त्र और कलाशास्त्र का भी उतना ही योगदान है।

उपर्युक्त प्रक्रिया से अस्तित्व में आए नगर आत्मनिर्भर तथा पूर्ण स्वायत्त थे। उनके लिए उसने एक आदर्श संविधान का प्रारूप तैयार किया। लक्ष्य में यह 'गणराज्य' का प्रतिरूप है। इसके विभिन्न पक्षों पर विचार करते हुए उसने जो व्यवस्थाएँ दी हैं उनके मूल में अभिजात वर्ग है। सम्भवत: यह उस समय के यूनानी चिन्तन की सीमा थी। अत: स्वाभाविक था कि इसका प्रभाव उसके नीतिशास्त्र और कलाशास्त्र पर भी पड़े। इन क्षेत्रों में स्थापित निष्कर्ष भी वर्गगत जीवन शैली की सीमाओं से बाहर नहीं निकल पाये हैं।

आदर्श संविधान के स्वरूप निर्धारण के पहले उसने नागरिकता की समस्या को लिया है। प्रश्न है कि नगर में रहने वाले क्या सभी लोगों को नागरिकता का अधिकार दिया जाना चाहिए? अरस्तू का मत है कि ऐसा करना उचित नहीं है। इस निष्कर्ष तक पहुँचने के लिए उसने इस प्रश्न पर अनेक कोणों से विचार किया है। उनमें से एक है भू-स्वामित्व जिसे उसने सर्वाधिक महत्त्व दिया है।

नगर बनने की प्रक्रिया से स्पष्ट है कि नगर-राज्य बनने से पहले समस्त भूमि गाँव वाले की थी। उस पर उनका पुश्तैनी हक़ था। वे ही वहाँ के मूल निवासी हैं। इसलिए, उसका विधान है कि नागरिकता के अधिकार इन्हीं भू-स्वामियों को दिये जाने चाहिए। ये नगर के अभिन्न अंग हैं। इस व्यवस्था के मूल में सम्भवत: उसकी यह धारणा काम कर रही थी कि इन ज़मींदारों का उस धरती से कई पीढ़ियों का सम्बन्ध रहा है इसलिए इसकी देखभाल पूरी निष्ठा और लगन से ये ही लोग कर सकते हैं। भू-सम्पदा मानवीय जीवन का मुख्य आधार है। उसकी भौतिक आवश्यकताएँ इसी से पूरी होती हैं। सामाजिक जीवन में परस्पर सहयोग के माध्यम से इस सम्पदा का उचित उपयोग सुनिश्चित किया जाता है ताकि समग्र जीवन श्रेष्ठ से श्रेष्ठतर हो सके। यहाँ स्मरण रखना चाहिए कि अरस्तू ने श्रेष्ठ और सुखी जीवन को सक्रिय सामाजिकता के रूप में देखा है न कि एकान्तवास के निष्क्रिय रूप में। वस्तुत: उस समय नगर और नागरिकता पर विचार करनेवाली मनोवृत्ति आज से एकदम भिन्न थी। इसे समझाने के लिए एक विद्वान् ने क्लब का उदाहरण दिया है।[4] जैसे क्लब की सदस्यता सीमित होती है और उन्हीं के लिए खुली होती है जो उसके उद्‌देश्यों से सहमत होते हैं,

उसकी शर्तों को स्वीकार करते हैं तथा उसका सदस्यता-शुल्क दे सकते हैं। उसी तरह, अरस्तू मानता है कि नागरिकता केवल उन्हीं का अधिकार है जो उस नगर की जीवन-पद्धति, प्रयोजन आदि में विश्वास रखते हों।* अंतर केवल इतना है कि इसकी सदस्यता प्रकृति प्रदत्त है। वे इस भूखण्ड में पैदा हुए हैं, पुश्त-दर-पुश्त उस धरती को जोतते-बोते आ रहे हैं। अतः वहाँ की नागरिकता पर भी उनका पुश्तैनी हक़ है। गाँव के किसान से यदि कोई पूछे कि उसे अपने कब्ज़ेवाली ज़मीन का इस्तेमाल करने का अधिकार किसने दिया तो वह कहेगा कि यह उसके बाप-दादाओं की जगह है। इसी हक़ से वह अपनी पंचायत में बोलने तथा अपने अधिकारों के लिए लड़ने का हक़दार भी है जो उससे कोई नहीं छीन सकता। यूनानी नगरों का वातावरण भी उन दिनों संस्कृति के इसी दौर में था। इसका एक महत्त्वपूर्ण पक्ष था सामूहिक चेतना में अटूट विश्वास। अरस्तू द्वारा राजनीतिक समस्याओं (राजनीतिक, सामाजिक, नैतिक एवं सांस्कृतिक समस्याओं का संयुक्त रूप) का समाधान कितना सार्थक था इस पर विचार करते समय इस पृष्ठभूमि को सदैव ध्यान में रखना होगा।[5]

नागरिकता भू-स्वामी का जन्मसिद्ध अधिकार है (अरस्तू ने कहीं-कहीं 'पूर्ण नागरिक' का प्रयोग भी किया है केवल यह जताने के लिए कि इस बारे में उसकी अवधारणा सामान्य से भिन्न है) किन्तु यह अधिकार के साथ-साथ उत्तरदायित्व भी है। विकास की प्रक्रिया में नागरिकों को केवल भौतिक आवश्कताओं की पूर्ति पर ही दृष्टि नहीं रखनी चाहिए इससे भी बड़ा लक्ष्य है श्रेष्ठ जीवन का निर्माण। पूर्ण विकसित नगर की व्याख्या में उसने लिखा है कि इसकी व्यवस्था इस तरह सुनिश्चित होनी चाहिए जिसमें मनुष्य केवल जीवित ही नहीं रहता [आध्यात्मिक स्तर पर] श्रेष्ठ जीवन जीता है।[6] भौतिक विकास जीवन का सर्वांगीण विकास नहीं है। यह केवल साधन है, साध्य है आत्मिक विकास जिसकी व्यवस्था करना प्रत्येक राज्यविशेषज्ञ का धर्म है।

नागरिकता और नगर जीवन पर विचार करते समय अरस्तू ने जन्मजात संस्कारों पर विशेष बल दिया है। उसका तर्क है कि प्रकृति ने जैसे दास को अधीन रहने के लिए बनाया है वैसे ही स्वतन्त्र नागरिकों को शासन करने के लिए बनाया है। जो श्रेष्ठ हैं उनकी सन्तानों में श्रेष्ठता के संस्कार आना

---

*आज 'यूनानी संस्कृति' कहने से एक विशिष्ट अर्थ का बोध होता है, किन्तु उन दिनों इसके भौगोलिक सन्दर्भ अलग-अलग थे। उस काल में प्रत्येक नगर की कुछ अलग-अलग विशेषताएँ भी हुआ करती थीं, जैसे, वहाँ के देवी-देवता, सार्वजनिक उत्सव, लोकगाथाएँ, धार्मिक विश्वास आदि।

स्वाभाविक है। जन्मतः [illegible] होने का तात्पर्य है श्रेष्ठ वंश में जन्म लेना।[7] जन्मजात विशेषता को उसने विशेष अर्थ में भी प्रयुक्त किया है–अर्थात् समृद्ध तथा गुणवान् पूर्वजों के वंशागत गुणों से युक्त होना।[8] इनसे दूसरे क्रम पर वे आदतें हैं जिन्हें बालक पारिवारिक वातावरण में अनायास सीख लेता है।[9] जन्मजात संस्कारों तथा अच्छे वातावरण में आत्मसात् किये गये सद्‌गुणों (श्रेष्ठता) के भीतर वह शारीरिक क्षमता को भी सम्मिलित करता है। और, अन्त में इनके साथ भौतिक सम्पत्ति का घटक भी आ मिलता है। एक नागरिक के लिए संस्कारों से ले कर संपत्ति तक सभी कुछ काम्य है ताकि अपने साथ-साथ जब पूरे समाज को वह श्रेष्ठ जीवन की यात्रा पर ले चले तो उसे किसी अवरोध का सामना न करना पड़े।[10] अरस्तू की इस दृष्टि से कोई असहमत नहीं हो सकता कि तन-मन से स्वस्थ होना, संस्कारी होना, बुद्धिमान् होना और सुविधा सम्पन्न होना अपने और दूसरों के सुखी जीवन के लिए आवश्यक है किन्तु ये सारे गुण किसी एक वर्ग में ही देखना निश्चित ही एकांगी दृष्टि है। पहले यह कहना कि नागरिक वही है जो न्यायपालिका और कार्यपालिका में कोई पद सँभाल सके,[11] फिर यह कहना कि इसकी योग्यता कुलीन परिवार में जनमें व्यक्ति में ही सम्भव है वास्तव में तर्क का दुरुपयोग है। इसी तरह पहले यह कहना कि शासक बनने के पहले अनुशासन में रहना (शासित होना) सीखना आवश्यक है, फिर यह कहना कि शासक के गुण प्रकृति प्रदत्त हैं एक ही बात को घुमा-फिरा कर कहने जैसा है। ये तर्क इस तथ्य को झुठला नहीं सकते कि श्रेष्ठ जीवन के जिस लक्ष्य को प्राप्त करने की बात वह कर रहा है उसे उसने भू-स्वामियों के लिए पहले से ही आरक्षित कर रखा है। विशिष्ट नगर सेवाएँ इसका साधन हैं और उन पर अभिजात वर्ग का ही सांविधानिक अधिकार है। प्रतीत होता है कि अधिकार प्राप्त नागरिक और शेष नगरवासियों के बीच यह वर्ग-भेद यूनानी संस्कृति में सहज स्वीकृत था। इसलिए अरस्तू का इस तरफ ध्यान ही नहीं गया कि वह नगर की एक बड़ी जनसंख्या के साथ कितना अन्याय कर रहा है।

नगर-जीवन की सुचारु व्यवस्था (इसमें श्रेष्ठता का भाव भी निहित है) के लिए 'राजनीतिशास्त्र' में नगर-सेवाओं को पाँच वर्गों में बाँटा गया है–कृषि, कला-शिल्प, सुरक्षा, प्रशासन तथा धार्मिक कृत्य जिसका मुख्य रूप था सार्वजनिक दैव पूजा।[12] इनके वितरण के बारे में किसी को यह भ्रम नहीं होना चाहिए कि उसका आधार योग्यता है यद्यपि उसकी चर्चा बार-बार हुई अवश्य है। कृषि कार्य केवल दासों के जिम्मे है। कला-शिल्प (ढाल-तलवार, बर्तन, मेज़-कुर्सी, मकान आदि बनाना) उत्पादन से जुड़ी सेवाएँ हैं, ये भूमिहीनों को सौंपी गयी हैं, तथा शेष तीन भू-स्वामियों को अर्थात् पूर्ण नागरिकों को। दासों का

नगर-जीवन में प्रतिभागी बनने का प्रश्न ही नहीं उठता, वे परिवार की सीमा के भीतर बँधुआ मज़दूर हैं। उनके अस्तित्व का प्रयोजन है अपेन स्वामी को सार्वजनिक कार्यों के लिए मुक्त रखना। कारीगर सार्वजनिक उत्पादन के कार्यों से जुड़े हैं। वे दासों की तरह बँधुओं नहीं है किन्तु उनके बारे में भी आदर्श संविधान की घोषणा है–"एक आदर्श राज्य किसी मिस्त्री को नागरिकता का अधिकार कभी नहीं देगा।"[13] इस तरह बाद की तीनों सेवाएँ स्वतन्त्र नागरिकों के हिस्से में अपने आप आ जाती हैं, या, कहना चाहिए कि ये उनके लिए ही आरक्षित हैं। अरस्तू का विश्वास है कि इन्हें तन-मन और धन से सँभालने के योग्य यही वर्ग है। देखा जाय तो पूरा नगर इसकी जागीर ही तो था। युवावस्था में सभी नागरिक सैनिक होंगे, उम्र हो जाने पर प्रशासन तथा न्याय-परिषदों के पद सँभालेंगे तथा और बड़ी उम्र होने पर सार्वजनिक अनुष्ठानों का संचालन करेंगे।[14] सेवाओं के वितरण में ध्यान देने की बात यह है कि नगर-जीवन को सांस्कृतिक दृष्टि से श्रेष्ठ बनाने वाली सेवाएँ भूमिहीनों की पहुँच से दूर रखी गयी हैं। माना कि पुश्तैनी ज़मीदार इनका निष्पादन सफलतापूर्वक करते रहे होंगे किन्तु अन्य वर्गों को इनसे नियमतः दूर रखना अन्याय ही था। लगता है कि यह नियम बनाते समय अरस्तू के भीतर का दार्शनिक एक कुशल राज्यविशेषज्ञ से हार गया था।* उस

---

* इस विषय पर प्लेटो से अरस्तू की स्थापनाओं की तुलना करें तो स्पष्ट हो जाता है कि वह अपने गुरु की अपेक्षा अधिक अनुदार था। प्लेटो के गणराज्य में सभी नगरवासी योग्यता के आधार पर सुवर्ण, रजत, लौह और कांस्य इन चार वर्गों में बँटे हैं। सुवर्ण वर्ग प्रशासन के उच्च पद पर बैठा है। रजत वर्ग सैनिक है। उसका काम सुरक्षा के साथ-साथ प्रशासन में सहायता करना भी है। कृषि कर्म लौह वर्ग को सौंपा गया है। कांस्य वर्ग में कारीगर आ जाते हैं। सुवर्ण और रजत वर्गों के सम्मिलित वर्ग को अभिभावक की संज्ञा भी दी गयी है क्योंकि उनका धर्म एक अभिभावक की भाँति शेष नगरवासियों की सुख-शान्ति की रक्षा करना है। अभिभावक वर्ग के पास न निजी सम्पत्ति है न उसका कोई निजी जीवन है। वह पूरी तरह समाज को समर्पित है। समष्टि के लिए निजत्व का त्याग इस वर्ग के सदस्यों का आदर्श है (सम्पत्ति इकट्ठा करने की सुविधा लौह और कांस्य वर्ग को है और इस सम्पत्ति के एक हिस्से को अभिभावकों की ज़रूरतों पर खर्च करने की जिम्मेदारी भी इन्हीं दो वर्गों पर है)। गणराज्य के विधान से स्पष्ट है कि प्रशासन तथा सुरक्षा के पदों पर नियुक्ति का आधार केवल योग्यता है। इन्हें किसी वर्ग विशेष के लिए आरक्षित नहीं किया गया है। निम्न वर्ग के बालक में भी यदि योग्यता है तो उसे उच्च वर्ग में शामिल किया जाना चाहिए।और, उच्च वर्ग का बालक यदि अयोग्य है तो उसे निम्न वर्ग में भेज दिया जाना चाहिए। उसका विश्वास था कि व्यक्ति को योग्यतानुसार काम मिलेगा तो वह अच्छे ढंग से होगा और योग्यता किसी एक वर्ग की बपौती नहीं है।–'गणराज्य', पु. 1-3

समय की राजनीति (इसकी पृष्ठभूमि में फारसी युद्ध के बाद एथेन्स की परिस्थितियाँ विशेष रूप से हैं) में समृद्ध परिवारों की लॉबी बहुत शक्तिशाली थी। इन्होंने पैसे के बल पर समाज पर अपनी पकड़ काफ़ी मजबूत कर ली थी फिर भी बीच-बीच में टकराव की स्थिति आ ही जाती थी। उसी से बचाव के लिए अरस्तू मूल्यों का सहारा लेता है। अभिजात वर्ग को वह चेतावनी देता है कि तुम राज्य के अभिन्न अंग भले ही हो (दूसरे शब्दों में भले तुम्हीं राज्य हो) किन्तु मिस्त्री, दुकानदार, दस्तकार आदि के बिना तुम्हारा काम नहीं चल सकता। इनके साथ उदारता का व्यवहार करो अन्यथा तुम्हारा अस्तित्व खतरे में पड़ जायेगा। राज्य एक यौगिक इकाई है। घर में जैसे दास तुम्हारी सम्पत्ति है सार्वजनिक जीवन में ये लोग हैं।[15] इस सम्पत्ति को सँभाल कर रखने में ही तुम्हारा हित है। सत् आचरण के अन्तर्गत आनेवाले श्रेष्ठ कार्य वस्तुतः इतर वर्गों के कठिन जीवन को सुविधामय बनाने की योजनाएँ हैं ताकि उनका असन्तोष दबा रहे। यह समझौतावादी दृष्टिकोण था। आदर्श संविधान की व्याख्या में यह खुल कर सामने आया है।

### 4.3.2 अभिजात वर्ग और आदर्श संविधान

अरस्तू प्रजातान्त्रिक मूल्यों में विश्वास करता था पर उनमें आज की जैसी व्यापकता नहीं थी। उसका अभिजात वर्ग जन सामान्य तथा निर्धनों के प्रति उदार है, सदाचारी है, विवेकशील है किन्तु अपने अधिकारों के प्रति सजग है। इतना उदार भी नहीं कि अपने अधिकारों का ही बलिदान कर दे। भू-स्वामित्व को वह किसी भी मूल्य पर छोड़ने के लिए तैयार नहीं है। यही उसकी पहचान है। तात्पर्य यह कि उसकी अभिजात वर्ग की अवधारणा सामान्य से भिन्न अवश्य है किन्तु उसका आधार भी सम्पत्ति ही है।

---

उपर्युक्त विचारों की तुलना 'राजनीतिशास्त्र' में प्रस्तावित आदर्श संविधान से करने पर अरस्तू की आभिजात्यवादी दृष्टि की सीमाएँ साफ नज़र आने लगती हैं। उसके संरक्षक (रजत) वर्ग के पास निजी सम्पत्ति है, उसका निजी जीवन भी है। उसकी निजी [भू-] सम्पत्ति तो एक प्रकार से लाइसेंस है जिसके बिना कोई संरक्षक बन ही नहीं सकता। दूसरे, यहाँ एक वर्ग से दूसरे वर्ग में प्रोमोशन और डिमोशन की भी कोई गुंजाइश नहीं है। अभिजात वर्ग के अतिरिक्त और कोई पूर्ण नागरिक बन ही नहीं सकता, उसे इसके लिए सांविधानिक सुरक्षा कवच मिला हुआ है। प्लेटो भी अपने वर्ग के प्रति चिन्तित था, शिक्षा-दीक्षा द्वारा अपने समाज को ऊँचा उठाकर उसे पुनः गौरवशाली बनने की कामना उसकी भी थी। किन्तु, अरस्तू की भाँति वह वर्गीय दृष्टि से बँधा हुआ नहीं था। उसका निम्न वर्ग केवल उपजीव्य नहीं है। इसमें सन्देह नहीं कि अरस्तू का आदर्श यथार्थ के अधिक निकट है, सम्भवनीय आदर्श है, किन्तु यह भी स्पष्ट है कि वह वर्गीय संस्कारों से अधिक बँधा हुआ भी है।

भू-सम्पत्ति उसके पास ऐसी कुंजी है जिससे वह राजनीति का हर ताला खोल लेना चाहता है। नागरिकता की गुत्थी सुलझाने के बाद वह संविधान की समस्या लेता है। उस समय लगभग सभी प्रकार की शासन व्यवस्थाएँ प्रचलित थीं। कहीं शुद्ध रूप में कहीं मिश्रित रूप में। 'राजनीतिशास्त्र' में उन पर विस्तार से विचार हुआ है। उनके गुण-दोषों के विवेचन के साथ-साथ उनमें सुधार के उपाय भी सुझाये गये हैं। इसके लिए उसने लगभग डेढ़ सौ नगरों के संविधानों का अध्ययन किया था तथा उनके राजनीतिक इतिहास के आँकड़े इकट्ठा किये थे। इन्हीं से उदाहरण देकर वह अपने निष्कर्षों को पुष्ट करता चलता है। इस पूरे उपक्रम का लक्ष्य था ऐसे संविधान का प्रारूप तैयार करना जिसके अनुरूप यदि नगर-प्रशासन हो तो वहाँ के नागरिक सुखमय जीवन* जी सकते हैं। जैसे एक व्यक्ति अपना जीवन ऐसे साँचे में ढाल लेता है जिससे अंततः वह सुखोपभोग की स्थिति में आ जाता है ठीक उसी तरह सम्पूर्ण नगर भी आदर्श जीवन जी सकता है शर्त यही है कि नगर की सभी इकाइयाँ 'सर्वेऽत्र सुखिनः सन्तु' की भावना से काम करें।

यूनानी इतिहास में ई.पू. 5वीं शताब्दी महान् शताब्दी के नाम से जानी जाती है। यह सच है पर अधूरा सच। ज्ञान-विज्ञान और कला-संस्कृति के क्षेत्रों में इन सौ वर्षों में अभूतपूर्व प्रगति हुई। उस समय की कला कृतियाँ आज भी आदर्श बनी हुई हैं। किन्तु राजनीति में भयंकर उथल-पुथल के लिए भी यह शताब्दी हमेशा याद रखी जायेगी। इसलिए आदर्श संविधान तैयार करते समय अरस्तू के सामने श्रेष्ठता के साथ-साथ स्थायित्व का प्रश्न भी था। तन्त्र आदर्श हो किन्तु व्यवहार में असफल हो जाये तो किस काम का। इसी तरह, यदि नगर-जीवन भौतिक समृद्धि तक ही सीमित रह जाय तब भी यह नहीं कहा जा सकता कि उसका प्रयोजन सिद्ध हुआ। जीवन के दोनों पक्षों पर समान दृष्टि रखते हुए उसने निष्कर्ष निकाला कि अपनी भौतिक आवश्यकताओं की पूर्ति हेतु नगर विकास करता है (अर्थात् एक गाँव बढ़ते-बढ़ते नगर बन जाता है) किन्तु उसमें स्थायित्व तभी आता है जब उसका सांस्कृतिक जीवन भी समृद्ध हो।[16] इस प्रयोजन को ध्यान में रखते हुए अपने इतिहास बोध के आधार पर उसका विश्वास था कि मिलाजुला संविधान ही नगर को स्थायी शासन दे सकता है।

मिश्र शासन व्यवस्था को अरस्तू ने पॉलिटी नाम दिया है। उसके काल तक

* आदर्श संविधान में अरस्तू ने एक नगर में पूर्ण नागरिकों की संख्या आधे से कुछ अधिक रखी है। इसलिए यदि वे सुखी हैं तो उसके अनुसार यह कहना ग़लत नहीं होगा कि अमुक नगर सुखी है।

यूनान के कई नगरों में यह व्यवस्था स्थापित हो चुकी थी। अन्तर केवल इतना ही था कि कहीं यह अल्पतन्त्र के अधिक निकट थी कहीं प्रजातन्त्र के। जहाँ तक उसका मत था वह चाहता था कि मिश्र व्यवस्था (जिसमें भू-स्वामियों और भूमिहीनों दोनों के हितों की रक्षा हो) प्रजातन्त्र के निकट हो। चूँकि नगर में भूमिहीनों की संख्या अधिक हुआ करती थी इसलिए उनके हितों की रक्षा करनेवाले तन्त्र के स्थायी होने की सम्भावना अधिक होगी। इस सोच के पीछे वस्तुतः एथेन्स का इतिहास काम कर रहा था। ई.पू. 700 में एथेन्स और उसके आसपास की बस्तियाँ एक राज्य व्यवस्था के अन्तर्गत आ चुकी थीं। फिर, ई.पू. 683 में अभिजात वर्ग के चुने हुए प्रतिनिधियों का गणराज्य अस्तित्व में आया। इसके बाद सोलोन के प्रयासों ने प्रजातान्त्रिक प्रवृत्तियों को सुदृढ़ किया जिसके फलस्वरूप यहाँ की राजनीति में आगे चल कर यद्यपि कई उलट-फेर हुए फिर भी समाज की आस्था प्रजातन्त्र में लगातार दृढ़ होती गयी। कुर्सी पर अभिजात वर्ग का कब्ज़ा अवश्य रहा किन्तु बहुसंख्यक समाज की अनदेखी वह कभी नहीं कर पाया। कभी-कभी ऐसे अवसर भी आये जब बहुमत ने केवल अपने शक्ति प्रदर्शन के लिए ही अत्यन्त कठोर निर्णय लेने पर शासन को विवश कर दिया।* यह देखते हुए अरस्तू ने संविधान में एक शर्त और जोड़ दी कि सार्वजनिक पद (न्यायपालिका तथा कार्यपालिका) पद के लिए चुने जानेवाले व्यक्ति की योग्यता अवश्य देखी जानी चाहिए। योग्यता अर्थात् विवेक का तत्त्व जुड़ जाने पर मिश्र संविधान अभिजाततन्त्र बन जाता है। अभिजाततन्त्र का प्रयोग करते समय अरस्तू ने उसके व्युत्पत्यर्थ को ध्यान में रखा है और उस पर विशेष बल दिया है।[17] इस अर्थ में 'श्रेष्ठतम (एरिस्तोइ = बैस्ट) व्यक्तियों द्वारा श्रेष्ठतम सामाजिक जीवन जीने के लिए अपनाया जानेवाला संविधान अभिजाततन्त्र है।' यहाँ फिर से यह कहना आवश्यक है कि उसके लिए राजनीति सुखमय सामाजिक जीवन का लक्ष्य पाने का साधन है साध्य नहीं।

प्रशासन में श्रेष्ठता को प्रमुखता देकर अरस्तू ने अभिजात वर्ग को प्रजातान्त्रिक बाना पहनाने का प्रयास किया है। बाना पहनाने की बात इसलिए कही जा रही है क्योंकि बीच-बीच में प्रजातन्त्र विरोधी स्वर भी लगातार उठते रहते हैं। जैसे यह कि श्रेष्ठता केवल व्यक्तिगत प्रयासों से प्राप्य वस्तु नहीं है। इसके लिए कुलीन परिवार में जन्म लेना, स्वतन्त्र माता-पिता की सन्तान होना आवश्यक है। 'राजनीतिशास्त्र' के प्रारम्भ में ही उसकी स्थापना है कि दास को प्रकृति ने दास

* इस सन्दर्भ में मितलीनि और मेलोस नगरों को क्रमशः ई.पू. 428 और ई.पू. 416 में दण्ड देने सम्बन्धी निर्णयों को उदाहरणस्वरूप लिया जा सकता है।

बनाया है। इसका दूसरा पक्ष है–उसके स्वामी को भी प्रकृति ने ही स्वामी बनाया है।[18] प्रकृति ने किसी बालक को स्वतन्त्र माता-पिता की सन्तान बनाया है तो इसी उद्देश्य से कि बड़ा होकर वह राज्य व्यवस्था में भाग ले। उसका घोषित मत है–प्रजातन्त्र वहीं होता है जहाँ स्वतन्त्र परिवार में जन्मे [नागरिक] प्रभुसत्ता में हों।[19] उस समय की परम्परागत धारणा भी यही थी। अभिजात समाज के सदस्यों का ऐसा सोचना स्वाभाविक था किन्तु एक दार्शनिक भी ऐसा ही सोचे और प्रकृति तथा जन्मजात संस्कारों की दुहाई देकर उसकी वकालत करे तो विषय विचारणीय हो जाता है। बात तर्क से अधिक विश्वास की थी। उसका यह कथन कि कुलीन परिवारों की सन्तानों का अपने आनुवंशिक गुणों के कारण दूसरों की अपेक्षा श्रेष्ठ होना अधिक सम्भवनीय है वस्तुतः उसकी वर्गीय चेतना से प्रेरित है। इस सन्दर्भ उसका 'वंश' शब्द सामान्य से कुछ भिन्न अर्थ का बोधक है। एक ओर यह किसी परिवार और उसके सभी नाते-रिश्तेदारों की सीमा को पारकर पूरी बिरादरी या वर्ग विशेष का अर्थ देता है तो दूसरी ओर किसी नगर के मूल निवासियों के लिए भी प्रयुक्त हुआ है। इस दूसरे अर्थ में निस्संकोच कहा जा सकता है कि एथेन्सवासियों का वंश थीब्ज़, कोरिंथ या स्पार्ता के वंश से भिन्न है। इसलिए जब वह कहता है कि नागरिक की वंशगत श्रेष्ठता उसके आचरण में व्यक्त होनी चाहिए तो इसका अर्थ यह लिया जाना चाहिए कि एक व्यक्ति जिस नगर का नागरिक है उसके मूल निवासियों की परम्पराओं, विश्वासों और आदर्शों के अनुरूप उसे व्यवहार करना चाहिए। नगर विशेष के सन्दर्भ में वहाँ के भू-स्वामी ही वहाँ के मूल निवासी हैं और उन्हें ही कुलीन अथवा अभिजात संज्ञा से अभिहित किया जाना चाहिए। इस तरह से देखें तो सम्पत्ति, श्रेष्ठता, योग्यता तथा राजनीतिक अधिकार में एक अटूट सम्बन्ध अपने आप जुड़ जाता है। इसी को रेखांकित करते हुए वह घोषणा करता है–"जन्मतः श्रेष्ठ होने का सामान्य अर्थ है ऐसे परिवारों के गुण-धर्मों से युक्त होना जिनके पूर्वजों के पास योग्यता के साथ-साथ सम्पत्ति भी थी।"[20]

शासन तन्त्र के स्थायित्व को लेकर अरस्तू ने भू-स्वामियों के पक्ष में एक और महत्त्वपूर्ण बात कही है। स्थायित्व, अर्थात् व्यावहारिकता, ऐसा पक्ष है जिसकी किसी भी क्षेत्र में उपेक्षा नहीं की जा सकती। प्लेटो का उदाहरण उसके सामने था। अपने आदर्शों को साकार करने की आशा में उसने दो-दो बार सिरेक्यूज़ की यात्रा की, दोनों बार उसे हार कर लौटना पड़ा।[21] 'गणराज्य' की अनेक स्थापनाओं का खण्डन उसने इसी आधार पर किया कि वे यथार्थ से बहुत दूर हैं। चिन्तन के प्रत्येक क्षेत्र में उसने यथार्थ और आदर्श की गतिविधियों के बीच मध्यमान के सिद्धांत को अपनाया है। अपने समय की राज्य व्यवस्थाओं के

गुण–दोषों पर विचार करते समय वह लगातार इसी प्रश्न का उत्तर ढूँढ रहा था कि उन शासन व्यवस्थाओं के यथार्थ और प्लेटो के आदर्श गणराज्य के बीच मध्यम भाववाली व्यवस्था क्या हो सकती है? ऐसी व्यवस्था जिसमें श्रेष्ठता के आदर्श और स्थायित्व के यथार्थ दोनों के तत्त्व उचित मात्रा में समाहित हों। इसका समाधान उसे समाज के मध्यम वर्ग में मिला। अपने इतिहास बोध से वह इस निष्कर्ष पर पहुँचा था कि शासन की बागडोर यदि इस वर्ग के हाथ में हो तो वह श्रेष्ठ होने के साथ–साथ स्थायी भी होगा। सीमित धन राशि और जन्मजात संस्कारों के कारण मध्यम वर्ग की राज्य व्यवस्था उन दोषों से मुक्त रहेगी जो अल्पतन्त्र में गरीबों के विद्रोह और निर्धनों के वर्चस्ववाले प्रजातन्त्र (= घोर प्रजातन्त्र) में धनिकों के षड्यन्त्र का कारण बनते हैं। समाज के तीनों वर्गों के गुण–दोषों की तुलना करते हुए मध्यम वर्ग के पक्ष में अपना निर्णय सुनाते हुए वह लिखता है–"मध्यम वर्ग के सदस्य उस महत्त्वाकांक्षा से कम प्रेरित होते हैं जो किसी भी राज्य की सैनिक तथा असैनिक सेवाओं के लिए खतरा बन जाती हैं। शक्ति एवं सम्पत्ति का आतिशय्य और ऊँची–ऊँची पहुँच अनुशासनहीनता को जन्म देती हैं।...दूसरी ओर मध्यम वर्ग के लोग न तो निर्धनों की भाँति धनिकों की सम्पत्ति पर कुदृष्टि डालते हैं और न उनके पास [आवश्यकता से अधिक] इतनी सम्पत्ति होती है कि उस पर कोई कुदृष्टि डाले।[22]

यहाँ, अरस्तू की मध्यम वर्ग की अवधारणा को कुछ और स्पष्ट करना आवश्यक है। यह वर्ग भू–सम्पत्ति से प्राप्त आय के कारण मध्य में है। इस सम्पत्ति का परिमाण सामान्य है अतः उससे प्राप्त आय भी न बहुत कम है न बहुत अधिक, बस आवश्यकता भर के लिए पर्याप्त। व्यापार से प्राप्त आय अथवा उपयोगी वस्तुओं के उत्पादन से प्राप्त आय को उसने इस विषय की सीमा से बाहर रखा है। इससे कहा जा सकता है कि उसका मध्यम वर्ग वस्तुतः छोटा ज़मीदार है।[23] यह अलग बात है कि खेती का काम वह स्वयं नहीं करता दासों से करवाता है क्योंकि नगर सेवाओं के लिए वह स्वयं को मुक्त रखना चाहता है। किन्तु बात स्वामित्व की है। भू–स्वामित्व उसकी राजनीति की धुरी है। अतः कुछ विद्वानों की यह टिप्पणी सर्वथा उचित है कि उसका दर्शन कृषि–संस्कृति के रंग में रँगा हुआ है। इस दृष्टिकोण को, कृषि पर सर्वाधिक बल देने के कारण, व्यापार–उद्योग विरोधी भी कहें तो अनुचित न होगा। सच पूछा जाय तो उसका विरोध व्यापार–उद्योग से नहीं उस मनोवृत्ति से था जो इस क्षेत्र से जुड़े लोगों को अधिक से अधिक धन अर्जित करने के लिए उकसाती रहती है। आवश्यकता से अधिक धन का लालच उन्हें पथ भ्रष्ट कर देता है, संस्कारहीन बना देता है। कृषि व्यवसाय से जुड़े लोगों में यह मोह संयमित होने से वे अधिक

विश्वसनीय होते हैं। वह कहता भी है, "प्रजातन्त्र के चार प्रकारों में से सर्वश्रेष्ठ (तथा प्राचीनतम) वह है जिसमें किसानों की भागीदारों सबसे अधिक होती है। समाज में श्रेष्ठतम वर्ग किसानों का ही है। और, ऐसा प्रजातन्त्र, जिसमें अधिकांश जनता कृषि कार्य से जुड़ी हो, स्थापित करने में कोई कठिनाई नहीं है।"[24] गणित की भाषा में उसके आदर्श संविधान का सूत्र है–मध्यम वर्ग का ज़मींदार = सर्वश्रेष्ठ वर्ग; मध्यम वर्गीय शासन तन्त्र = सर्वश्रेष्ठ राज्य तन्त्र = अभिजात तन्त्र/पॉलिटी। सारांश यह कि उसका मध्यम वर्ग भू-स्वामियों का है, छोटे व्यापारियों अथवा कारीगरों का नहीं। उसकी आदर्श संविधान की सभी स्थापनाएँ इसी वर्ग के सदस्यों के अधिकारों, संस्कारों, आत्मिक उन्नति तथा सुखमय जीवन को केन्द्र में रखकर हुई है। वास्तविक लक्ष्य है सुखमय जीवन और उसके लिए अवकाश आवश्यक है। संविधान में उसका प्रबन्धन कैसे हो बस यही उसके चिन्तन का केन्द्रीय विषय है।

### 4.3.3 श्रेष्ठ नगर-जीवन : अवकाश और आह्लाद के क्षण

उपर्युक्त सूत्र अपना अर्थ तत्कालीन राजनीतिक अस्थिरता के परिप्रेक्ष्य में अधिक स्पष्टता से व्यक्त करता है। केवल राजनीतिक अस्थिरता कह देने से भी उस युग के चरित्र का ठीक-ठीक बोध नहीं होता। इसका बहुत कुछ सम्बन्ध उस समय की बदली हुई सामाजिक सरंचना से है। प्लेटो और अरस्तू दोनों के ही सामने मुख्य रूप से एथेन्स, फिर स्पार्ता और इनके बाद आयोनियाई नगरों में समाज के घटकों में नये समीकरण और उनसे उद्भूत एकदम भिन्न जीवन दर्शन आ खड़ा हुआ था।* इस परिस्थिति से उत्पन्न प्रतिक्रिया इन दोनों के चिन्तन में अन्तर्धारा के रूप में लगातार दिखलायी पड़ती है। इतिहास के अध्ययन से प्लेटो इस निष्कर्ष पर पहुँचा था कि राजनीतिक एवं आर्थिक व्यवस्था तथा सांस्कृतिक मूल्यों एवं कलारूपों–उनकी शैलीगत विशेषताओं, मूल्यांकन तथा उपयोग–में घनिष्ठ सम्बन्ध है। कलारूप समाज की आवश्यकता के अनुरूप ही ढल जाते हैं। आयोनिया में व्यापारिक दृष्टि प्रधान होने के कारण कलाएँ मुख्यतः क्रय-विक्रय की वस्तुएँ बन गयी थीं। एथेन्स के समाज और कलारूपों पर भी इसका प्रभाव बढ़ता जा रहा था। इसे रोकने के लिए प्लेटो समाज व्यवस्था (जिसमें राज्य व्यवस्था भी समाहित थी) में भी बदलाव चाहता था और कलारूपों में भी ताकि नागरिक आत्मोन्नति की दिशा में आगे बढ़ने के लिए प्रेरित हो सकें। अरस्तू इस

* फारसी युद्ध के बाद एथेन्स, इजीअन सागर के द्वीप-नगरों तथा लघु एशिया के नगरों में परस्पर सम्बन्ध और गहरे हो गये थे। एथेन्स अपने राजनीतिक नेतृत्व के कारण बड़ी तीव्रता से सार्वदेशीय संस्कृति की ओर बढ़ने लगा था। व्यापार का प्रमुख केन्द्र बन जाने के कारण यहाँ रहने वालों की जीवन दृष्टि ही बदल गयी थी।

दृष्टिकोण का समर्थक था किन्तु लक्ष्य तक पहुँचने का मार्ग उसका अपना था। जैसे, प्लेटो को उत्तर देते समय उसका यह कथन कि काव्य वासनाओं को उभार कर सामाजिक को पथ भ्रष्ट नहीं करता वरन् वासनाओं का सुनियोजन कर उसे अच्छा नागरिक बनाता है। ध्यान रहे यह सम्बोध्य नागरिक मुख्यतः अभिजात समाज का है। वे स्वयं इस समाज के अभिन्न अंग थे। अपने ऊपर घहराते संकट से बचाव के लिए उन्हें जो उपाय सूझे वे ही उनके आदर्श बन गये। इस दिशा में अपनी व्यवस्थाएँ देते हुए अरस्तू प्लेटो से भी एक कदम आगे बढ़ गया। नगर (= एथेन्स) पर आभिजात्य वर्ग के शासन की इतनी ज़ोरदार वकालत और किसी ने नहीं की। इस वर्ग को शासन करने के योग्य बनने के लिए जिस आचरण की आवश्यकता थी 'नीतिशास्त्र' में उसी की व्याख्या है। 'राजनीतिशास्त्र' में भी इसी वर्ग को शिक्षित बनाने के लिए एक निश्चित पाठ्यक्रम की अनुशंसा की गयी है ताकि ये बालक समय आने पर अपनी जागीर (= नगर) की ठीक ढंग से देखभाल कर सकें।

जागीर सँभालने का अर्थ है नगर की सुरक्षा तथा शासन व्यवस्था अपने हाथ में लेना। मिश्र संविधान–अभिजाततन्त्र–में इसकी व्यवस्था तो है कि नगर के अन्य वर्गों के हितों की रक्षा हो किन्तु उनके हितों का कोई स्वतन्त्र अस्तित्व नहीं है। सुखमय जीवन अभिजात समाज के लिए ही आरक्षित है। अन्य वर्गों का कर्तव्य और हित इसका साधन बनने में है। अभिजात समाज अपना जीवन श्रेष्ठ बना सके इसके लिए जिस अवकाश की आवश्यकता है उसे सम्भव बनाना ही अन्य वर्गों के जीवन का लक्ष्य हो सकता है। अरस्तू जब भू-स्वामियों द्वारा दूसरों का भी ख्याल रखने की बात करता है तो इसका यह अर्थ नहीं लिया जाना चाहिए कि उन्हें भी पूर्ण नागरिकों के अधिकार मिलने चाहिए।[25] यह तो अपने ही पाँवों पर कुल्हाड़ी मारनेवाली बात होती। सच पूछा जाय तो राजनीतिक समस्याओं के समाधान स्वरूप जब वह आदर्श संविधान का प्रारूप तैयार कर रहा था तो उसके मन की गहराइयों में यह विचार अवश्य था कि अभिजात समाज पूर्ण सत्ता में कैसे आये और भविष्य में भी उसके अधिकार कैसे सुरक्षित रहें। आचरण के जिस आदर्श की वह बात करता है उसकी श्रेष्ठता शंकास्पद नहीं है किन्तु यह भी उतना ही सत्य है कि वह बीते कल का आदर्श था। एथेन्स की तत्कालीन परिस्थितियाँ इस वर्ग के लिए कोई शुभ संकेत नहीं दे रही थीं, यही उसकी चिन्ता थी। प्लेटो की तुलना में यद्यपि वह अधिक व्यावहारिक था फिर भी आश्चर्य है कि वह अपने समय की सच्चाइयों से मुँह मोड़कर पुरानी समाज संरचना में ही समस्याओं का समाधान ढूँढ़ता रहा।

एक दार्शनिक होने के नाते ई.पू. 5वीं और 4वीं शताब्दी में सामाजिक और

राजनीतिक जीवन में नैतिक मूल्यों में आये ह्रास के प्रति अरस्तू की चिन्ता उचित थी किन्तु उसे यह भी समझ लेना चाहिए था समय चक्र पीछे लौट नहीं सकता। इस तथ्य को स्वीकार करते हुए उसे अपने समय की परिस्थितियों के भावी रूप की झलक मिल जानी चाहिए थी। राजनीति के क्षेत्र में इस कटु यथार्थ की उपेक्षा नहीं की जा सकती कि एक ओर विशाल साम्राज्य स्थापित करने की अभिलाषा और दूसरी ओर अपनी भौगोलिक परिस्थिति के कारण एथेन्स का पूर्व और पश्चिम के नगर-राज्यों के लिए व्यापारिक केन्द्र बनना नवधनाढ्यों को खूब रास आ रहा था। ये घराने लगातार समृद्ध होते जा रहे थे। उनके निजी भवनों की साज-सज्जा सार्वजनिक भवनों से भी अधिक आकर्षक होने लगी थी।[26] यह प्रमाण है कि उस समय भौतिक विकास नयी ऊँचाइयों को छूने लगा था। उधर प्रजातान्त्रिक व्यवस्था भी व्यापक रूप ले रही थी। लोकसभा का आकार बढ़ गया था और न्याय-परिषदों में भाग लेने वालों की संख्या भी बढ़ने लगी थी। यह अलग बात है कि इनकी भागीदारी केवल हाँ-ना की आवाज़ उठाने तक सीमित थी, और कब 'हाँ' कहना या कब 'ना' करना इसके लिए जोशीले भाषण और कुछ धनराशि पर्याप्त होती थी। यह ई.पू. 5वीं शताब्दी का अन्तिम चरण था। एथेन्स में डेमेगॉग कहलानेवाले नेताओं का उदय इसी काल की देन है। परिणामस्वरूप प्रजातन्त्र का स्तर गिरते-गिरते ऐसे बिन्दु पर पहुँच गया जहाँ सिद्धांत और नियम नाम की कोई चीज़ ही नहीं रह गयी थी। अरस्तू ने इसे घोर प्रजातन्त्र (एक्सट्रीम डेमोक्रेसी) कहा है। इस सम्बन्ध से उसकी महत्त्वपूर्ण टिप्पणी है कि डेमेगॉग ऐसे राज्यों में उभरते हैं जहाँ नियम सर्वोपरि नहीं होते। भीड़ एक सामूहिक निरंकुश शासक (ऑटोक्रैट) बन कर काम करने लगती है।...इस प्रकार के प्रजातन्त्र में वस्तुतः तन्त्र (संविधान) नाम की कोई चीज़ होती ही नहीं।[27] इसका सबसे बड़ा कारण था चारित्रिक पतन, जब व्यक्ति विवेक से नहीं स्वार्थ और अभिमान के वशीभूत होकर निर्णय लेने लगता है।[28]

इसमें सन्देह नहीं कि प्लेटो और अरस्तू दोनों ही प्रजातन्त्र के प्रबल समर्थक थे। वस्तुतः प्रजातन्त्र में गहन आस्था एथेन्स का राष्ट्रीय चरित्र बन गया था। फिर भी क्या यह उचित होता यदि ये चिन्तक बहुमत द्वारा लिये गये निर्णयों को भी ज्यों का त्यों स्वीकार कर लेते। वास्तव में हो यह रहा था कि एथेन्स के व्यापारिक घरानों के सम्बन्ध आयोनियाई व्यापारियों से घनिष्ठ होते जा रहे थे और इनमें से कुछ पारिवारिक सम्बन्धों में भी परिणत हो रहे थे।[29] सम्भवतः इन्हीं कारणों से कुछ निर्णय सम्बन्धों के दबाव में भी लिये जाते रहे होंगे। यही सब देखते हुए प्लेटो ने अपने गणराज्य में शासक वर्ग को निजी सम्पत्ति से वंचित रखा ताकि वह स्वार्थ से प्रेरित राजनीति से ऊपर उठ सके। इस सम्बन्ध में स्पार्ता

उसका प्रेरणा-स्रोत था। अरस्तू को यह व्यवस्था आदर्श प्रजातन्त्र की दृष्टि से अव्यावहारिक प्रतीत हुई। अतः उसने व्यवस्था दी कि आवश्यकताओं की पूर्ति हेतु निजी सम्पत्ति आवश्यक है किन्तु उससे अधिक सम्पत्ति का संग्रह नियम विरुद्ध है। आवश्यकताओं का निर्धारण मनुष्य की जीवन शैली से होता है। अतः परिवार की छोटी सीमा के भीतर तथा सामाजिक जीवन के व्यापक स्तर पर व्यक्ति का आचरण कैसा हो? उसके साधन क्या हैं? इन सब पर विचार करने के बाद वह इस निर्णय पर पहुँचा था कि भू-सम्पत्ति भौतिक जीवन के लिए आवश्यक है और यह उन परिस्थितियों के निर्माण में सहायक है जिसमें नागरिकों को आत्मोन्नति के लिए 'अवकाश' की सुविधा मिलती है। इस विषय में एथेन्स का उदाहरण उसके सामने था। ई.पू. 594 में सोलोन ने यह व्यवस्था दी थी कि पद की गरिमा के अनुसार उस पर चुने जानेवाले नागरिक की आमदनी भी होनी चाहिए। अधिक ऊँचे पदों के लिए 500 और नीचे के पदों के लिए 300 और 200 माप की आमदनी तय की गयी थी। इसलिए, अरस्तू का यह कथन कि राज्य के कोषाध्यक्ष तथा सेना के प्रमुख का पद बड़े ज़मीदारों को देना उचित है एक प्रकार से सोलोन की विचारधारा का अनुमोदन है।

राजनीतिक गतिविधियों के लिए नागरिकों को अवकाश की सुविधा मिलनी चाहिए इससे कोई असहमत नहीं हो सकता किन्तु उसे वर्ग-विशेष तक ही सीमित कर देनेवाली व्यवस्था को निष्पक्ष नहीं कहा जा सकता। एक ओर वह चाहता है कि उसके नागरिक ज़मींदार, ज़मीन के असली हक़दार, होते हुए भी अन्न उत्पादन के श्रम से मुक्त रहें क्योंकि तभी वे राजनीतिक सेवाओं का निष्पादन करते हुए श्रेष्ठता के पथ पर आगे बढ़ सकते हैं।[31] किन्तु, दूसरी ओर, यही सुविधा वह श्रम करनेवाले वर्गों को प्रदान करने में संकोच कर रहा है। मिस्त्री, दूकानदार तथा उत्पादन से जुड़े श्रमिक इससे वंचित हैं, क्यों? उत्तर है, इनका व्यवसाय निकृष्ट और श्रेष्ठता विरोधी है।[32]

आज इस उत्तर से हम सन्तुष्ट नहीं हो सकते। किन्तु इस सन्दर्भ में उसके चिन्तन की दिशा को समझे बिना उसके उत्तर की समीचीनता को सिरे से नकार देना भी उचित नहीं होगा। सुकरातीय परम्परा के अनुसार आत्मोन्नति को जीवन का परम धर्म माननेवाला अरस्तू 'राजनीतिशास्त्र' के आरम्भ में ही घोषणा करता है-जीवन कर्म है उत्पादन नहीं।[33] कर्म से तात्पर्य है उदात्त कर्म जो निश्चित ही भौतिक आवश्यकताओं के साधन स्वरूप पण्य वस्तुओं के उत्पादन की क्रिया से भिन्न है। उदात्त कर्म उन्नत चरित्र का व्यक्त रूप है। इस आधार पर नगरवासियों के दो वर्ग अपने आप बन जाते हैं, वे जो उदात्त कर्म में संलग्न है और वे जो उत्पादन में जुटे हुए हैं। कर्म और उत्पादन इन-दोनों की क्रियाओं में बाह्य साम्य

भले ही हो, तत्त्वतः दोनों भिन्न हैं। उत्पादन में श्रम की बाध्यता है, कर्म उससे मुक्त है। 'अवकाश' के सन्दर्भ में यह अन्तर ही उसकी पहचान बन जाता है। उसका कथन है–'श्रम की अनिवार्यता से मुक्ति का नाम अवकाश है। प्रत्येक सुशासित राज्य में इसकी उचित व्यवस्था होनी चाहिए।'[34] अवकाश क्री यह परिभाषा उसकी सम्पूर्ण प्रकृति का बोध नहीं कराती। यही बात इस काल खण्ड में की जानेवाली क्रियाओं के बारे में भी कही जा सकती है। इससे मिलते-जुलते कालखण्ड 'विश्रांति' को भी लोग भूल से अवकाश न समझ बैठें इसलिए इन दोनों के अन्तर को भी उसने रेखांकित किया है। किन्तु उससे पहले एक और भ्रांति का निवारण आवश्यकत प्रतीत हो रहा है।

अवकाश श्रम की अनिवार्यता से मुक्ति अवश्य है किन्तु किसी को इस भ्रम नहीं रहना चाहिए अरस्तू इसे निष्क्रिय जीवन के रूप में देख रहा था। कुर्सी पर आराम से बैठे रहना, यों ही टहलना या मौज-मस्ती में दिन गुज़ारना अवकाश नहीं है। 'अवकाश' सक्रिय जीवन का अभिन्न अंग है। यह काल-खण्ड एक ओर श्रम की अनिवार्यता से मुक्ति द्वारा तथा दूसरी ओर उस क्रिया के गुण-धर्म से परिभाषित है जो इस दौरान की जाती है। 'प्रत्येक सुशासित राज्य में इसकी उचित व्यवस्था होनी चाहिए' का अर्थ यह कैसे लिया जा सकता है कि अपने नागरिकों के बैठे-ठाले रहने या उनकी मौज-मस्ती की व्यवस्था करना भी राज्य धर्म है। इस कथन से उसका तात्पर्य है नगर-जीवन को श्रेष्ठ बनानेवाली सेवाओं का निष्पादन जिन नागरिकों का उत्तरदायित्व है उनके लिए राज्य अवकाश की उचित व्यवस्था करे। इस तरह 'अवकाश' क्रिया विशेष (जिसे कर्म की संज्ञा भी दी गयी है) सापेक्ष है। क्रिया की श्रेष्ठता अवकाश की दूसरी पहचान है।

राज्य 'अवकाश' का प्रबन्धन कैसे करे इसके दो तरीके सुझाये गये हैं, एक दास प्रथा, दूसरा बैठक-भत्ता (आज भी सांसद और विधायक बैठक-भत्ता लेते ही हैं)। परिवार के भीतर दास और सार्वजनिक जीवन में मिस्त्री, कारीगर, दूकानदार आदि नागरिकों को श्रम की अनिवार्यता से मुक्त रखते थे। इस दृष्टि से नागरिकों द्वारा दी जानेवाली सभी सेवाएँ–सुरक्षा, न्याय तथा उसका कार्यन्वयन और सार्वजनिक पूजा-अवकाश काल की व्यापक परिभाषा के भीतर आ जाती हैं। ये निस्संदेह उदात्त क्रियाएँ हैं क्योंकि इनके माध्यम से संस्कारी चरित्र (साहस, संयम, न्यायपरायणता तथा बुद्धिमत्ता इन चार गुणों के उच्चतम स्वरूप आरेती से युक्त व्यक्तित्व) को अभिव्यक्ति मिलती है। पर इनके अतिरिक्त कुछ अन्य कार्य भी हैं जो अपेक्षाकृत अधिक उदात्त या श्रेष्ठ कहे जा सकते हैं। अरस्तू ने स्थिति-भेद से उदात्त क्रियाओं के दो वर्ग कये हैं। एक, जहाँ कोई कार्य परिस्थिति सापेक्ष हो, अर्थात् उसे करना अनिवार्य हो जाता हो। जैसे, किसी

अपराधी को दण्ड देना, अथवा, आक्रमणकारी के विरुद्ध लड़ना। दूसरे वर्ग की क्रिया परिस्थिति निरपेक्ष होती है। जैसे, किसी का सत्कार करना, या, दयार्द्र होकर किसी की तन-धन से सहायता करना। इसमें व्यक्ति स्वेच्छा से, अपने श्रेष्ठ संस्कारों की प्रेरणा से कार्य करता है। ऐसे निरपेक्ष (ऐब्सोल्यूट) कार्य ही श्रेष्ठता की दृष्टि से मूल्यवान् हैं। इन्हीं को करते हुए व्यक्ति आह्लाद के उन क्षणों को जीता है जिससे जीवन सुखमय बनता है। सच्चा सुख प्रदान करनेवाले ये कार्य ही स्वतन्त्र नागरिक के जीवन का लक्ष्य होना चाहिए।[35] इनको करते हुए बिताये गये क्षण ही सही मायने में 'अवक़ाश' कहे जाने चाहिए। इनकी तुलना में प्रथम प्रकार के कार्यों में संलिप्त व्यक्ति वस्तुतः व्यस्त हैं। व्यस्तता और अवकाश के इस अन्तर को ध्यान में रखते हुए अरस्तू का निष्कर्ष है कि जिस राज्य में नागरिकों को अवकाश की जितनी अधिक सुविधा होगी वहाँ के नागरिक उतने ही अधिक आत्मसंस्कार करनेवाले श्रेष्ठ कार्य करेंगे और उसी अनुपात में वहाँ का समाज उन्नत एवं सुखी होगा।

'अवकाश' और अवकाश में किये जाने वाले कार्यों में परस्पर ऐसा सम्बन्ध है कि एक की परिभाषा दूसरे को भी परिभाषित करती है। अतः अरस्तू जब यह कहता है कि व्यस्त रखनेवाली समस्त क्रियाओं की परिसमाप्ति अवकाश में होती है[36] तो इसका तात्पर्य है कि नागरिकों को परिस्थिति सापेक्ष सेवाओं का निष्पादन इस तरह करना चाहिए जिससे निरपेक्ष कर्मों के लिए समय मिल सके (उदाहरणार्थ युद्ध का उद्देश्य शान्ति स्थापना होना चाहिए न कि किसी को दास बनाना)।[37] इन श्रेष्ठ क्रियाओं में निरन्तर संलिप्त रहने से ही उनका अपना जीवन और उनके साथ-साथ अन्य सभी का जीवन उन्नत होगा। ये क्रियाएँ ही उनके जीवन का वास्तविक लक्ष्य होनी चाहिए। इन विविध क्रियाओं में से कौन किसे चुनता है यह उसकी रुचि और क्षमता पर निर्भर करता है।[38] छुटपन से लेकर बड़े होने तक एक नागरिक का शैक्षिक कार्यक्रम इस तरह से निर्धारित होना चाहिए जिससे वह अपने अनुकूल अवकाश की क्रियाओं का चयन कर सके। वस्तुतः उसकी समस्त शिक्षा का प्रयोजन ही यह होना चाहिए। आत्मसंस्कार करनेवाली, आह्लादकारी तथा कल्याणकारी क्रिया का चयन यों ही अटकल के सहारे नहीं किया जा सकता। इन क्रियाओं की सूची में दर्शन, सत्य-चिन्तन, सर्वोपरि है।[39] दूसरे क्रम पर अन्य उदात्त क्रियाओं के साथ संगीत और काव्य (एक पेशे के रूप में नहीं सामाजिक की भूमिका में) है। रेखांकन को भी कुछ सीमा तक वह आत्मसंस्कार करने वाला मानता है।[40] दर्शन को सर्वश्रेष्ठ क्रिया मानने का कारण है इस क्रिया से प्राप्त होनेवाले आनन्द की शुद्धता।[41] यदि निरपेक्षता का कोटिक्रम निर्धारित करना हो तो यह निरपेक्षतम है। किन्तु प्रस्तुत सन्दर्भ में इसका महत्त्व

इस तथ्य की स्थापना के कारण अधिक है कि विचार हमारे आचरण का आदि रूप हैं। पहले विचार फिर आचार। अतः, एक राज्यविशेषज्ञ को अपनी व्यवस्था में अवकाश के लक्ष्य के साथ-साथ उन क्रियाओं पर भी ध्यान देना चाहिए जो नागरिकों की वैचारिक उन्नति का मार्ग प्रशस्त करती हैं। शैक्षिक पाठ्यक्रम में संगीत और काव्य (कोटिक्रम में दूसरे स्थान पर होते हुए भी) इसीलिए विशेष स्थान रखते हैं क्योंकि इनमें व्यक्त श्रेष्ठ भावों एवं चरित्रों के बिम्ब सामाजिक (= नागरिक) की आत्मा को सच्चे अर्थ में प्रभावित करने, संस्कारवान् बनाने की क्षमता रखते हैं।[42]

### 4.3.4 अवकाश, आत्मसंस्कार और कलानुभूति

कलानुभूति को आत्मसंस्कार करनेवाली क्रियाओं की सूची में सम्मिलित करके अरस्तू वस्तुतः कला सम्बन्धी एक भिन्न दृष्टिकोण का परिचय दे रहा था। इस विषय में अपना पक्ष प्रस्तुत करते हुए उसने जो बातें कही हैं उनका मुख्य लक्ष्य प्लेटो की भ्रांतियों का निराकरण है, अर्थात्, काव्य भावनाओं को उभारता ही नहीं है उन्हें संयमित भी करता है। काथार्सिस इसकी विशिष्ट प्रक्रिया है और परिस्थिति विशेष में तो इसके बिना ही सामाजिक आह्लाद की उस भूमि पर पहुँच जाता है जो उसके जीवन का अन्तिम लक्ष्य है। इस चर्चा के अन्तर्गत हम देखेंगे कि उसकी कलादृष्टि कितनी सूक्ष्म थी और उसके निष्कर्ष आज भी कितने सटीक हैं। साथ ही यह भी देखेंगे कि वह जिस सामाजिक की कलानुभूति का विश्लेषण कर रहा है वह अभिजात समाज का सदस्य है कोई मिस्त्री या मज़दूर नहीं है।

अवकाश और कलानुभूति में परस्पर सम्बन्ध स्थापित करके अरस्तू ने वस्तुतः अपने सौन्दर्यशास्त्र का उपोद्घात लिखा है। कहा जा चुका है कि हर कोई क्रिया 'अवकाश-क्रिया' नहीं कहला सकती। उसे ठीक से पहचानने के लिए पात्र, काल और प्रयोजन पर विचार करना आवश्यक है। इस क्रिया के पहले व्यक्ति क्या कर रहा था? उस समय उसकी मनःस्थिति क्या थी और अब क्या है? इस क्रिया का प्रयोजन क्या है? इसके बाद भी क्या किसी अन्य क्रिया की अपेक्षा रह जाती है? इस तरह के कुछ प्रश्नों के परिप्रेक्ष्य में ही अवकाश-क्रिया की पहचान हो सकती है। जैसे, काम करते-करते बीच में या काम पूरा होने के बाद कोई व्यक्ति थक कर बैठ जाय तो उन क्षणों को अवकाश नहीं कह जा सकता। यह श्रम से मुक्ति अवश्य है किन्तु ऐसी जिसमें वह कोई काम करना नहीं चाहता, बस खोई हुई ऊर्जा पुनः प्राप्त करना चाहता है। अतः यह विश्रांति काल है। इस काल में स्वयं को पुनः ऊर्जावान् बनाने के लिए यदि वह कोई क्रिया अपनाता भी है तो वह मनोरंजन कहलायेगी न कि अवकाश क्रिया। जैसे,

दोपहर में खाने की छुट्टी में लोग ऑफिसों में कैरम खेलते हैं या रेलगाड़ी के सफर में ताश खेलते हैं। अरस्तू के अनुसार ये दोनों ही क्रियाएँ अवकाश के अन्तर्गत नहीं आ सकतीं। दूसरी क्रिया तो सिर्फ वक्त गुज़ारने के लिए की जाती है। इसके प्रयोजन को प्रयोजन कहना ही गलत है। इसमें सन्देह नहीं कि विश्रान्ति-क्रिया (मनोरंजन) तथा अवकाश-क्रिया (उदात्त कर्म) दोनों में आनन्द का भाव निहित है फिर भी दोनों में तात्त्विक अंतर है। मनोरंजन का उद्देश्य–तन-मन को उत्पादन हेतु पुनः ऊर्जावान् बनाना–इस क्रिया के बाहर भावी क्रिया में निहित है। उधर अवकाश की क्रिया–उदात्त कर्म–स्वयं साध्य है। अवकाश स्वयं जीवन का लक्ष्य है क्योंकि यह सुखमय जीवन का ही दूसरा नाम है। व्यस्तता के क्षणों में व्यक्ति इसी स्थिति तक पहुँचने की कामना करता है। यहाँ पहुँच जाने के बाद व्यक्ति को कुछ और पाने की कामना नहीं रह जाती। इस काल में अपनायी जानेवाली क्रिया उदात्त तथा परिस्थिति निरपेक्ष होने के कारण स्वयं में आनन्दानुभूति लिये होती है। इससे मिलती-जुलती क्रिया खेल में भी आनन्द का भाव निहित है किन्तु वह अपने साथ श्रम की व्यस्तता से मुक्ति का भाव भी लिये होती है। यह आनन्द विश्रांति से सम्बद्ध है। जबकि अवकाश का आनन्द जीवन की पूर्णता, सार्थकता का आनन्द है। मालकोम हीथ ने इस अन्तर को समझाने के लिए संगीत का उदाहरण लिया है। वह लिखता है, "संगीत का आनन्द जब हम मनोरंजन के रूप में उठाते हैं तो यह आवश्यकता सापेक्ष है। हम थके होते हैं और थकान दूर करने के लिए संगीत सुनते हैं। अवकाश में संगीत-श्रवण आवश्यकता के दबाव से मुक्त रहता है। इन क्षणों में इस क्रिया द्वारा व्यक्ति वस्तुतः अपने पूर्ण विकसित चरित्र को अभिव्यक्ति दे रहा होता है। इसके मूल में भाव यह रहता है कि संगीत आनन्द का उचित स्रोत है और उसका आनन्द उठाना स्वयं में श्रेष्ठ क्रिया है।"

विश्रांति तथा मनोरंजन से अवकाश का यह भेद अनुभूति के स्तर पर करना कठिन है। आनन्द का स्वरूप दोनों में एक-सा है अतः परिस्थितियों के अन्तर के आधार (और इसी आधार पर भिन्न मनः स्थिति के कारण) पर ही उसके वास्तविक मूल्य को समझा जा सकता है। इसलिए, यह जानना अत्यन्त आवश्यक है कि जिस व्यस्तता के बाद यह काल-खण्ड आया है उसमें पात्र किस प्रयोजन से क्रिया कर रहा था। यदि क्रिया उत्पादन के लिए की जा रही थी तो उसके बाद का समय 'अवकाश' नहीं कहला सकता। उत्पादन श्रम साध्य है इसलिए उसके बाद का समय विश्रांति ही हो सकता है। कहा जा चुका है कि श्रेष्ठ जीवन का रहस्य उदात्त कर्मों में निहित है न कि उत्पादन से जुड़ी क्रियाओं में।[43] स्पष्ट है कि उदात्त कार्यों के लिए जो साधन और सुविधाएँ आवश्यक हैं वे सभी को उपलब्ध नहीं थीं। अवकाश, उदात्त कर्म, सुख आदि में परस्पर सम्बन्ध

स्थापित करना (इन्हीं के भीतर कलास्वादन भी समाविष्ट है) अरस्तू के राजनीतिक चिन्तन का विशेष पक्ष है क्योंकि उसके लिए राजनीति वस्तुतः जीवन नीति है। प्रत्येक व्यक्ति सुखी जीवन की कामना करता है और अपने नागरिकों के लिए ऐसे जीवन की व्यवस्था करना राज्याविशेषज्ञ का अन्तिम लक्ष्य होना चाहिए। इसका सांविधानिक सूत्र है : भौतिक सुविधाएँ → अवकाश → उदात्त क्रिया → आह्लादानुभूति → सुखमय जीवन। उसके आदर्श संविधान में भौतिक सुविधाओं (जिनका स्रोत भू-सम्पत्ति है) पर चूँकि अभिजात वर्ग का वर्चस्व है इसलिए अन्ततः सुखमय जीवन पर भी उसी का अधिकार है। सुखमय जीवन की यह संकुचित सीमा वास्तव में उसकी पश्चगामी राजनीतिक दृष्टि का परिणाम थी जो अभी भी छोटे-छोटे नगर-राज्यों की गलियों में भटक रही थी।

अरस्तू का वस्तुनिष्ठ चिन्तन यहाँ किसी ठोस भूमि पर टिका हुआ नहीं प्रतीत होता। अपने समय की राज्य व्यवस्थाओं और उनकी त्रुटियों से वह अच्छी तरह परिचित था किन्तु आश्चर्य है उनका समाधान वह दो सौ वर्ष पहले की व्यवस्था में ढूँढ़ रहा था। फिलिप्स और सिकन्दर की साम्राज्यवादी दृष्टि का वह समर्थन नहीं कर पा रहा था क्योंकि उसमें आत्मोन्नति के लिए कोई गुंजाइश नहीं थी। पर बदलती परिस्थितियों में भी केवल ज़मींदारी अर्थव्यवस्था में आत्मविकास के अवसर देखना स्वयं को धोखा देना था। इसी कारण से समस्या की यथार्थता और उसके समाधान की व्यावहारिकता में वह संगति नहीं बैठा पाया है। एक ओर वैयक्तिक और सामाजिक स्तर पर साधन सम्पन्नता के महत्त्व को वह स्वीकार ही नहीं करता अनिवार्य घोषित करने से भी नहीं चूकता[44] तथा दूसरी ओर, इस सम्पन्नता को केवल भू-स्वामित्व के रूप में देखना चिन्तन के द्विविध धरातल का संकेत देता है। उत्पादन तथा व्यापार से प्राप्त सम्पत्ति आचरण की श्रेष्ठता में क्यों सहायक नहीं हो सकती इसका कोई तर्क संगत उत्तर उसके पास नहीं है। साथ ही यह प्रश्न भी अनुत्तरित ही रह गया है कि उदात्त क्रियाओं का क्या कोई वर्ग ऐसा नहीं है जो सम्पत्तिहीन व्यक्ति के हिस्से आ सकता हो? सम्पत्ति और सुखमयजीवन का सम्बन्ध आम बात है। उदात्त क्रिया में अड़चनों को दूर कर संपत्ति कहीं परोक्ष सहायता करती है, कहीं प्रत्यक्ष।[45] किन्तु इससे यह निष्कर्ष नहीं निकाला जा सकता कि सम्पत्तिहीन व्यक्ति न अवकाश की सुविधा भोग सकते हैं न सुखमय जीवन जी सकते हैं।[46] यह एक परम्परागत दृष्टि थी और अभिजात वर्ग अवश्य ही इस संकुचित विचारधारा का पोषक रहा होगा किन्तु एक चिन्तक भी इसका पक्षधर हो यह अनपेक्षित था।

अवकाश और सुखयम जीवन के परस्पर सम्बन्ध पर विचार करते समय अरस्तू की वर्गीय चेतना जिस तरह से उभर कर सामने आयी है उसी तरह

अवकाश काल की क्रियाओं के अन्तर्गत कला और कलानुभूति के स्वरूप विश्लेषण पर भी उसका प्रभाव स्पष्ट है। कलाओं में संगीत और काव्य, मुख्यतः त्रासदी, की आत्मसंस्कार करने की शक्ति की उसने विशेष चर्चा की है। इसका एक उद्देश्य प्लेटो की आपत्तियों का निराकरण करते हुए सामाजिक जीवन में इनकी महत्त्वपूर्ण भूमिका की पुनर्स्थापना भी था। फिर भी इनका वर्ग विशेष की सम्पत्ति बन कर रह जाना स्वयं में एक त्रासदी है। उदात्त क्रियाओं की पहचान में उसका प्रस्थान बिन्दु पात्र है। सबसे पहले वह नगर की बहुत बड़ी जनसंख्या को श्रेष्ठता के दायरे से इस पर आधार बाहर कर देता है क्योंकि उसकी दिनचर्या उत्पादन के श्रम से अथवा व्यापार वृत्ति से जुड़ी हुई है। अधिकांश नगरवासी श्रेष्ठता में सहायक की भूमिका तो निभा सकते हैं प्रतिभागी की नहीं। इसके उपयुक्त पात्र स्वतन्त्र नागरिक ही हैं। इस निष्कर्ष तक पहुँचने के लिए उसने उदात्त क्रियाओं में प्रच्छन्न विरोधाभास की चर्चा की है। 'नीतिशास्त्र' में साहस आदि श्रेष्ठगुणों की व्याख्या करते हुए उसने सिद्ध किया है कि श्रेष्ठ आचरण को अभिव्यक्ति देनेवाली क्रियाएँ पीड़ाकर होते हुए भी आनन्दनुभूति लिये होती है। प्रश्न उठता है कि पीड़ादायक होने पर भी कोई इन्हें करने के लिए प्रवृत्त क्यों होता है? उत्तर है, जन्मजात संस्कार जो अनुकूल परिवेश तथा शिक्षा मिलने पर लगातार पुष्ट होते जाते हैं। श्रेष्ठ कार्यों की पीड़ा को उत्साहपूर्वक झेलना पात्र का स्वभाव बन जाता है। साहसी व्यक्ति कभी-कभी अपने प्राणों को भी संकट में डालकर धर्म का निर्वाह करता है। इस सम्पूर्ण क्रिया में वह लगातार इस विचार की आनन्दानुभूति में मग्न रहता है कि उसका आचरण उसके धर्मानुरूप है और ऐसा करके वह अपनी श्रेष्ठता का परिचय दे रहा है। त्रासदीय अनुभूति की विशेष चर्चा में हम देखेंगे कि उदात्त क्रिया का यह लक्षण भी केवल स्वतन्त्र नागरिकों तक ही सिमट कर रह गया है।

प्रयोजनमूलकता (टीलियोलॉजी) अरस्तू के चिन्तन का महत्त्वपूर्ण सिद्धांत है। इसी को लेकर उसने अवकाश-क्रिया और विश्रांति काल की प्रक्रिया में भेद स्थापित किया है। कुछ कलाओं के बारे में उसने स्वीकार किया है कि वे अवकाश-क्रिया बन सकने में सक्षम* हैं। अतः उनमें प्रयोजन का क्रियांतर्गत होना स्वयं सिद्ध है। क्रिया और प्रयोजन में विशिष्ट सम्बन्ध को रेखांकित कर

* यह माना जाता है कि अनुकरणात्मक कलाओं पर विचार करते समय अरस्तू के ध्यान में वे कलाएँ ही थीं जो आज ललित कलाओं के नाम से जानी जाती हैं। इनमें से भी वह संगीत और काव्य को ऐसी पहचान दे रहा था जो सिद्ध करती है कि ये कलाएँ इन्द्रिय सुख से ऊपर उठकर चिन्तन के धरातल पर आनन्द प्रदान करती हैं। अतः, अन्य कलाओं की तुलना में ये निश्चित ही श्रेष्ठतर हैं।

उसने कला की मूल प्रकृति को परिभाषित करने का प्रयास किया है। उस समय तक कलाशास्त्र की कोई पुष्ट परम्परा विकसित नहीं हो पायी थी फिर भी अपने गहन चिन्तन द्वारा उसने जो निष्कर्ष निकाले वे आज भी प्रासंगिक हैं। उसकी स्थापनाएँ आधुनिक उपपत्तियों के कितनी निकट हैं यह देखकर आश्चर्य होता है।

इस युग में शिलर, स्पेन्सर आदि विचारकों ने 'कला का क्रीड़ा-सिद्धांत' (दि प्ले थियेरी ऑफ़ आर्ट) को नये सिरे से समझने की प्रेरणा दी है। प्राणी में अतिरिक्त ऊर्जा उसके विभिन्न क्रीड़ा-कलापों में व्यक्त होती है। मनुष्य की कल्पना-क्रिया उन्हीं में से एक है। इसमें बिम्बों का अव्याहत प्रवाह बहता रहता है। इसी के एक अंश को निश्चित रूप, विशिष्ट रूप (सिग्निफ़िकेंट फ़ॉर्म) देने से कला-क्रिया बनती है। क्रीड़ा को कला का रूप देने की प्रेरणा, उद्देश्य, तज्जन्य अनुभूति आदि को लेकर विद्वानों के अपने-अपने मत हैं। उसी कड़ी में ड्युकास ने अनेक विद्वानों के मतों का विश्लेषण करते हुए जो निष्कर्ष[47] निकाले हैं उनके प्रकाश में अरस्तू की स्थापनाओं को ज्यादा अच्छी तरह समझा जा सकता है। उसने भी प्रयोजन को केन्द्र में रखते हुए व्यवसाय-वृत्ति, खेल और कला को अलग-अलग पहचान देने का प्रयास किया है। व्यवसाय में प्रयोजन क्रिया के बाहर रहकर उसे नियन्त्रित करता है। जैसे, आदमी काम तो करता है ऑफ़िस या फ़ैक्टरी में किन्तु उसका प्रयोजन होता है अपने परिवार के लिए दो वक्त की रोटी जुटाना। प्रयोजन क्रिया से बाहर होने के कारण व्यवसाय एक्टोटेलिक है। खेल का प्रयोजन के उसकी क्रिया में ही विद्यमान है किन्तु उसका महत्त्व अत्यन्त गौण है, पगड़ी में लगे हुए तुर्रे की तरह दिखावे भर के लिए। खेल की क्रिया उससे प्रभावित नहीं होती। इसीलिए कहा जाता है कि खेल में हारना-जीतना कोई अर्थ नहीं रखता, महत्त्व खेल का है। अच्छा खेलना स्वयं में मूल्यवान् है। इस आधार पर यह ऑटोटेलिक क्रिया है। कला में भी प्रयोजन अन्तवर्ती है किन्तु वास्तविकता, गम्भीरता और महत्ता में व्यवसाय के प्रयोजन के समकक्ष है। कलाकृति को जन्म देना कलाकार का सबसे बड़ा उत्तरदायित्व है, उसका निर्वाह करना कला-क्रिया की अनिवार्यता है। उसके भीतर जो कुलबुला रहा है उसे व्यक्त करना, विशिष्ट रूप देना उसके व्यक्तित्व का धर्म है। उस छटपटाहट के कष्ट को उठाना, कृति को जन्म देने की पीड़ा झेलना, उसके कर्तव्य का अभिन्न अंग है (यह अनिवार्यता अरस्तू द्वारा निर्दिष्ट उदात्त क्रिया में निहित विरोधाभास ही है)। ठीक उसी तरह जैसे परिवार का पेट भरने के लिए आठ घंटे फैक्टरी में पसीना बहाना मज़दूर की मजबूरी है। अन्तर केवल इतना है कि कलाकार का प्रयोजन उसकी क्रिया में निहित है और उसके नियम भी उसके अन्तस द्वारा ही निर्धारित होते हैं। इस कारण से कला एंडोटेलिक क्रिया है।

उपर्युक्त विश्लेषण अरस्तू की अवकाश-क्रिया के विवेचन से दूर नहीं है। उसके चिन्तन में केन्द्रीय तत्त्व आनन्द है क्योंकि वह आदर्श संविधान के अन्तर्गत इस पर विचार कर रहा था जिसका लक्ष्य है सुखमय जीवन। 'राजनीतिशास्त्र' के पृ० 1338[अ] पर अवकाश और आनन्द के अभेद (यह अभेद ही अवकाश-क्रिया को व्यवसाय और खेल से अलग करता है) पर बल देते हुए वह लिखता है कि इसमें अन्तर्वर्ती आनन्द, अन्तर्वती सुख और अन्तर्वती आह्लाद का होना ही इसकी विशेषता है।[48] अवकाश का आनन्द उस प्रकार का नहीं होता जो व्यस्तता की समाप्ति पर मनोरंजन का या खेल द्वारा मिलता है। किसी काम में व्यस्त व्यक्ति ऐसे लक्ष्य का पीछा कर रहा होता है जो अभी तक प्राप्त नहीं हुआ है। किन्तु, अवकाश के क्षणों में लक्ष्य उसी काल में विद्यमान रहता है। लक्ष्य आह्लाद है और यह कुछ पाने का आह्लाद नहीं है कुछ अच्छा करने का है। हाँ, आह्लाद की प्रकृति पर मतैक्य नहीं है। लोग अपने-अपने व्यक्तित्व और स्वभाव के अनुसार इसका स्वरूप निर्धारित करते हैं। पर इतना निश्चित है कि उत्तमोत्तम स्रोतों से प्राप्त उच्चतम आह्लाद उसी व्यक्ति का माना जायगा जो स्वयं श्रेष्ठ गुण-सम्पन्न होगा, सत् आचरण युक्त होगा।

इस अंश के अन्त में सुखानुभूति (जिसके बारे में सबकी अपनी-अपनी धारणाएँ हो सकती हैं) की गुणवत्ता सुनिश्चित करने के लिए उसने दो शर्तें रखी हैं–(*i*) उपभोक्ता का चरित्रवान् होना, और (*ii*) आनन्द के स्रोत का उत्तम होना। यह अंश जिस अध्याय में आया है उसका विषय है, "युवाओं की शिक्षा का पाठ्यक्रम क्या हो?" इसे दो भागों में बाँटा गया है–व्यावहारिक जीवन में उपयोगी और अवकाश के क्षणों में उपयोगी। प्रथम के अन्तर्गत पढ़ना-लिखना तथा शारीरिक व्यायाम रखे गये हैं। संगीत को वह द्वितीय के अन्तर्गत रखने के पक्ष में है जब कि कुछ लोग इसे मनोरंजन की कला मान कर प्रथम के अन्तर्गत रखते होंगे। चित्र कला उभयपक्षी है फिर भी वह मानता है कि इसका वास्तविक महत्त्व अवकाश के क्षणों में ही सामने आता है। रूप-सौन्दर्य को आत्मोन्नति की दृष्टि से परखने की समझ इसी से विकसित होती है। अध्याय के अन्त में दोनों प्रकार की शिक्षा की तुलना करते हुए अपने वर्ग के सदस्यों को सलाह देते हुए वह लिखता है, "उदात्त भावना रखनेवाले, श्रेष्ठ मानसिकतावाले नागरिकों को सदैव उपयोगीतावादी (व्यावहारिक) दृष्टि रखना शोभा नहीं देता।" तात्पर्य यह कि कारीगर, मिस्त्री आदि भले ही भौतिक आवश्यकताओं के उद्देश्य से शिक्षा ग्रहण करें किन्तु अभिजात समाज को आत्मोन्नति का लक्ष्य ही सामने रखना चाहिए।

स्वतन्त्र नागरिकों की आवश्यकताएँ कारीगरों और मिस्त्रियों से भिन्न हैं इसलिए, जब उनके सन्दर्भ में वह उपयोगी शिक्षा की बात करता है तो उसका

अर्थ उत्पादन और व्यापार के काम आने वाली शिक्षा नहीं लिया जाना चाहिए। उसका संकेत वस्तुतः सुरक्षा और प्रशासन में सहायक शिक्षा की ओर होता है क्योंकि इनका उत्तरदायित्व उसके संविधाान में इन्हीं नागरिकों पर है।[49] इन सेवाओं के साथ वे न्याय कर सकें इसकी तैयारी को ध्यान में रखते हुए ही उसने पाठ्यक्रम का प्रथम भाग निर्धारित किया। उसके बाद दूसरा और उससे भी बड़ा लक्ष्य था आत्मसंस्कार। इससे सम्बन्धित विषयों को उसने दूसरे भाग में रखा। जब न तब वह इस बात को दुहराता रहा है कि नागरिक चरित्र निर्माण तथा जीवन को उन्नत बनाने के महान् उद्देश्य से प्रेरित होने चाहिए न कि सुख-सुविधा जुटाने के साधारण लक्ष्य से।

आत्मसंसकार के लिए कौन किस क्रिया को अपनाए इसका निर्णय प्रत्येक नागरिक को स्वयं करना है। शिक्षा का उद्देश्य यह भी होना चाहिए कि नागरिकों में स्वयं निर्णय लेने की क्षमता का विकास हो। 'काव्यशास्त्र' में त्रासदी का जिस ढंग से विश्लेषण हुआ है उससे स्पष्ट है कि अरस्तू इसमें सामाजिक को संस्कारवान् बनाने की भूरपूर सम्भावनाएँ देख रहा था और वह चाहता था कि नागरिक इसका उपयोग इसी दृष्टि से करें।

अवकाश-क्रिया के सन्दर्भ में संगीत के बाद काव्य पर ही अरस्तू की दृष्टि क्यों पड़ी यह प्रश्न मन में उठना स्वाभाविक है। 'काव्यशास्त्र' के विषय-प्रतिपादन में इसका उत्तर ढूँढ़ा जा सकता है। यह रचना वर्तमान रूप में उसके जीवन के अंतिम वर्षों की कृति है। उसकी रचनाओं की सूचि यह दर्शाती है कि काव्य में उसकी रुचि शुरू से ही थी। कवियों पर लिखे संवाद वह काफ़ी पहले तैयार कर चुका था और मान्यता यह है कि इसे लिखने का एक लक्ष्य प्लेटो की अनेक स्थापनाओं का खंडन करना था। शिक्षा के अन्तर्गत काव्य का उपयोग भी उनमें से एक विषय था। इसी तरह 'होमर संबंधी समस्याएँ' विषय पर भी (विशेष रूप से सिकंदर की शिक्षा के लिए) उसने एक पुस्तक लिखी थी। पिथीयाई खेलों में संगीत और काव्यपाठ की स्पर्धाएँ भी हुआ करती थीं। इनमें विजेताओं के आँकड़े उसने कैलिस्थिनीज़ की सहायता से इकट्ठे किये थे। यही नहीं, ई. पू. 335 में एथेन्स लौटने पर एथेन्स के नाटकों नाटककारों, नाट्य स्पर्धाओं में विजेताओं आदि पर भी एक सन्दर्भ ग्रन्थ उसने तैयार किया था (-दे. हंफ्री हाउस, अरस्तू का काव्यशास्त्र)। ये सारे तथ्य प्रमाणित करते हैं कि विद्यार्थी जीवन से ही वह काव्य को आलोचनात्मक दृष्टि से देखता आ रहा था। यह भी सम्भव है कि 'काव्यशास्त्र' के कुछ अंश उसने काफ़ी पहले तैयार कर लिये हों किन्तु उन्हें व्यवस्थित रूप इन बाद के वर्षों में ही मिला। 'नीतिशास्त्र' और 'राजनीतिशास्त्र' लिखने के बाद उसने महसूस किया होगा कि त्रासदी जैसी लोकप्रिय विधा (जो

लगभग दो सौ वर्षों से एथेन्स के जन-जीवन को प्रभावित कर रही थी) यदि स्तरीय हो, उदात्त भावों से प्रेरित हो, तो शिक्षा का प्रबलतम माध्यम हो सकती है। इसमें आत्मसंस्कार करने की सभी विशेषताएँ विद्यमान हैं। इसका गम्भीर विषय श्रेष्ठ जीवन का प्रतिबिम्ब (अनुकरण) होता है और इसे देखने-सुनने से होनेवाली [अभिजात वर्ग के] नागरिकों की अनुभूति श्रेष्ठ चरित्र की उचित एवं सहज प्रतिक्रिया होती है। दूसरे, यह मिश्र (कोंपोज़िट) कला है। इसमें संगीत और नृत्य का भी भरपूर योगदान रहता है। इसलिए, इससे प्राप्त आनन्द अपनी व्यापकता के कारण निश्चित ही अन्य कलाओं की अपेक्षा अधिक प्रभावशाली होता है।

'व्यापक आनन्द' किंचित् व्याख्या की अपेक्षा रखता है। इसके अन्तर्गत संगीत एवं नृत्य के आनन्द को सरलता से विलग किया जा सकता है क्योंकि ये नाटक के पाठ से एकदम भिन्न हैं। किन्तु पाठ के भी कुछ पक्ष ऐसे हैं जो आनन्ददायी होते हैं और काव्य की अन्य विधाओं में भी समान रूप से पाये जाते हैं। जैसे, छन्द, उदात्त शब्द रचना और आलंकारिक भाषा काव्य के सभी रूपों में विद्यमान हैं। इसी तरह, दृश्यविधान का तत्त्व भी कामदी और त्रासदी दोनों में पाया जाता है। इन सभी स्रोतों से प्राप्त आनंद त्रासदी की एकीभूत (यूनिफाइड) अनुभूति में सम्मिलित है किन्तु इनसे प्राप्त आनन्द को त्रासदी का विशिष्ट आनन्द नहीं कहा जा सकता। त्रासदी की विशिष्ट प्रतिक्रिया जगानेवाले तत्त्व इनके साथ होते हुए भी इनसे स्वतन्त्र हैं। अरस्तू के अनुसार ये तत्त्व हैं करुणा और भय जगानेवाले प्रसंग। त्रासदीकार को अपने कथानक में ऐसे प्रसंगों की रचना पर विशेष ध्यान देना चाहिए जो इन भावों को उनके उचित स्वरूप में जगा सकें। अब, ये प्रसंग जगाते तो हैं पीड़ाकर अनुभूतियाँ-करुणा और भय-किन्तु इस भावात्मक प्रतिक्रिया की अंतिम परिणति आनन्द में होती है। इस अन्यथाभाव अर्थात् विरोधाभास की पहेली को सुलझाये बिना सुखमय जीवन के अन्तर्गत त्रासदी के स्थान को सुनिश्चित नहीं किया जा सकता।

उपर्युक्त समस्या के समाधान का मूल सूत्र सामाजिक की पात्रता में निहित है। इस विषय पर अरस्तू का विवेचन इस धारणा से उद्भूत है कि रंगशाला में आये हुए सभी प्रेक्षकों में अच्छी त्रासदी को उचित परिप्रेक्ष्य में देखने की योग्यता नहीं होती। इसलिए, सभी प्रेक्षक त्रासदी का विशिष्ट आनन्द नहीं उठा पाते हैं। 'काव्यशास्त्र' के 13वें, 14 वें और 15 वें अध्यायों में उसने उन शर्तों की चर्चा की है जिन्हें एक अच्छी त्रासदी पूरा करती है। साथ ही अपने समय की त्रासदियों पर खेद व्यक्त करते हुए उसने टिप्पणी की है कि इनके लेखक त्रासदी के मूल सिद्धान्तों से अनभिज्ञ हैं। वे केवल प्रेक्षकों की रुचि को सन्तुष्ट करने के

लिए ऐसी त्रासदियाँ प्रस्तुत कर रहे हैं जिन्हें सच्चे अर्थों में त्रासदी कहा ही नहीं जा सकता अथवा जिन्हें बहुत घटिया नाटक कहना चाहिए।[50] संगीत पर विचार करते समय भी उसने सुरुचि सम्पन्न और भ्रष्ट रुचिवाले श्रोताओं में अन्तर किया है और ऐसे संगीतज्ञों की भर्त्सना की है जो श्रोताओं की निम्नस्तरीय माँग को पूरा करने में, उनकी वाहवाही लूटने में ही स्वयं को धन्य समझते हैं।।[51] फिर भी उसने स्वीकार किया है कि समाज के सभी वर्गों से एक जैसी अपेक्षा नहीं रखी जा सकती। अतः ऐसी संगीत स्पर्धाओं को भी अनुमति दी जानी चाहिए जो स्तरीय नहीं है तथा जिनके श्रोता भी श्रेष्ठ रुचि रखनेवाले नहीं हैं क्योंकि ऐसे सामाजिक अपनी रुचि के अनुरूप संगीत का ही आनन्द उठा सकते हैं।[52] यह उसका परिस्थितियों से समझौता करनेवाला व्यावहारिक दृष्टिकोण था। ऐसा करके वह मिस्त्रियों और दुकानदारों को यह महसूस कराना चाहता था कि वे भी नगर-जीवन का एक हिस्सा हैं। किन्तु उसका अधिकारिक सामाजिक सुरुचि सम्पन्न अभिजात वर्ग ही था। इसलिए, विरोधाभास की समस्या को सुलझाने के लिए हमें उसे ही केन्द्र में रख कर विचार करना होगा।

हमारे विवेचन का प्रस्थान बिन्दु है–त्रासदीय अनुभूति अवकाश काल की क्रिया है। यह काल सुखमय जीवन की विशेषता लिये हुए होने के कारण जीवन की परिपक्वता का बोधक है। एक नागरिक अब तक जिस सक्रिय जीवन को जीता आ रहा है उसके परिणामस्वरूप अथवा उसके पुरस्कारस्वरूप उसे ये क्षण प्राप्त हुए हैं और उन्हें वह कर्म से विरत हो कर व्यर्थ नहीं गँवा सकता। इस विचारधारा से प्रेरित हो कर वह स्वेच्छा से अपने लिए ऐसी उदात्त क्रिया चुनता है जो परिस्थिति निरपेक्ष होने के साथ-साथ आह्लाद प्रदान करने की क्षमता भी रखती हो। अवकाश जीवन का वह काल खंड है जिसकी तैयारी में उसने अब तक का सारा जीवन बिताया है।[53] अवकाश पूर्व के जीवन के तीन सोपान हैं। पहला, शिक्षा काल–पढ़ना-लिखना, शारीरिक व्यायाम, संगीत तथा रेखांकन आदि कलाओं का अभ्यास-काल। दूसरा, शिक्षा पूरी होने पर सैनिक बन कर आन्तरिक तथा बाह्य सुरक्षा का उत्तरदायित्व सँभालने का काल। श्रेष्ठ आचरण के लिए आवश्यक चारित्रिक गुणों में से साहस का सर्वाधिक उपयोग वह इसी सोपान में करता है। साहस स्वतन्त्र नागरिक का सहज गुण है इसलिए प्रत्येक नागरिक को सुरक्षा-सेवा का भार उठाना ही चाहिए। यह उदात्त कर्म हेते हुए भी परिस्थिति सापेक्ष है, आवश्यकता द्वारा नियन्त्रित है। यहाँ एक बात ध्यान में रखने की है कि आचरण की श्रेष्ठता के लिए आवश्यक गुणों में भी अरस्तू ने कोटिक्रम की जैसी स्थिति स्वीकार की है। एक सैनिक में साहस और सहनशीलता की सर्वाधिक आवश्यकता होती है। हाँ, कभी-कभी जैसे युद्धकाल

में कुछ सैनिकों में संयम और न्याय के भी दर्शन होते हैं, किन्तु इनकी विशेष आवश्यकता नगर में शांति तथा जीवन में अवकाश के समय ही होती है। इन गुणों की अभिव्यक्ति के लिए शांति तथा अवकाश काल ही अधिक उपयुक्त हैं।[54] अतः उसकी दृष्टि में ये साहस की अपेक्षा अधिक उच्च भूमि पर हैं। इसी तरह संयम और न्याय में विशेष दक्षता की आवश्यकता यद्यपि अवकाश काल में अधिक होती है किन्तु इस काल का विशिष्ट गुण है बुद्धिमत्ता, संयम और न्याय उसके सहयोगी बनकर आते हैं। इसलिए, बुद्धिमत्ता श्रेष्ठतम गुण है।[55]

श्रेष्ठ आचरण में व्यक्त होनेवाले इन गुणों में पद-क्रम वस्तुतः अरस्तू द्वारा निर्धारित अंतस के विभाजन का परिणाम है।* कह आये है कि इस विभाजन के अनुसार अंतस का विमर्शी अनुभाग अविमर्शी की तुलना में श्रेष्ठ है तथा विमर्शी का चिन्तनशील (स्पैक्युलेटिव) पक्ष उसके व्यवहारशील (प्रैक्टिकल) पक्ष की अपेक्षा श्रेष्ठ है। इसी स्थापना के विस्तारस्वरूप उसकी दूसरी स्थापना है कि जो क्रिया अंतस के जिस अनुभाग या पक्ष से सम्बद्ध है उसी के अनुसार क्रिया में भी उच्च और निम्न का भेद किया जाना चाहिए।[56] अंतस का अविमर्शी अनुभाग विमर्शी अनुभाग की आज्ञाओं का पालन करता चलता है। उसमें स्वयं निर्णय लेने की योग्यता नहीं होती। साहस और संयम की क्रियाएँ इसी से सम्बद्ध हैं। नैतिक विवेक, आचरण में सावधानी जैसी क्रियाएँ व्यवहारशील विमर्शी अंतस द्वारा परिचालित होती हैं। चिन्तनशील क्रियाओं में अंतस के विमर्शी पक्ष के श्रेष्ठतम रूप बुद्धिमत्ता को अभिव्यक्ति मिलती है। इसलिए इन्हें ही अवकाश काल की सर्वोत्तम क्रियाएँ माना जाना चाहिए। मनुष्य इन क्रियाओं में जितना संलिप्त होगा उसे उतना ही अधिक जीवन का सुख मिलेगा। किन्तु यह भी उतना ही सत्य है कि बुद्धिमत्ता एकाएक किसी को नहीं मिलती। यह श्रेष्ठ आचरण के लगातार अभ्यास का परिणाम है।

उपर्युक्त विश्लेषण के प्रकाश में अवकाश पूर्व की तैयारीवाले जीवन को देखें तो स्थिति स्पष्ट हो जाती है। शिक्षा काल में बालक और किशोरों से अपेक्षा की जाती है कि वे अपने से बड़ों के निर्देशों का ठीक-ठीक पालन करें। इस अवस्था में अविमर्शी अंतस ही कार्यशील रहता है। अभी-अभी सैनिक बने युवाओं की स्थिति भी उनसे अधिक भिन्न नहीं होती। नागरिक की अवधारणा को स्पष्ट करते हुए उसने बार-बार उस बात पर बल दिया है कि एक नागरिक

---

*

के लिए [अनु] शासित होना और शासन करना दोनों में योग्यता प्राप्त करना आवश्यक है। पहले वह आदेश का, नियम का पालन करना सीख ले तभी वह आदेश या नियम का पालन करवाना सीख सकता है। इस तरह उसमें दोनों स्थितियों में कार्य करने की क्षमता होनी चाहिए। सम्पूर्ण निष्ठा से अनुशासन का पालन करनेवाला ही बाद में अच्छा शासक बन सकता है।[57] यह तर्क संकेत देता है कि अरस्तू नागरिकों द्वारा सैन्य सुरक्षा की सेवा-अवधि भी शिक्षा-काल के अन्तर्गत ही मानता था। आदेशानुसार कार्य करना, नियम का ठीक-ठीक पालन करना अवमिर्शी अंतस से निःसृत क्रियाएँ हैं। हाँ, इस काल खंड में धीरे-धीरे विमर्शी अंतस क्रियाशील होने लगता है। उसके (सैनिक के) आचरण में पहले व्यवहारिक फिर चिन्तनशील अंतस की भूमिका बढ़ने लगती है।

तीसरे सोपान में प्रवेश करने पर नागरिक को विभिन्न प्रशासनिक एवं न्याय-परिषदों के पदों पर कार्य करना पड़ता है। इस अवधि में उसका आचरण व्यावहारिक अंतस से प्रेरित होना चाहिए क्योंकि इन पदों के उत्तरदायित्व का उचित निर्वाह करने के लिए उसे संयम और न्याय की अधिक आवश्यकता होती है। ऐसे उच्च गुण सम्पन्न आचरण का पालने करते हुए जो अनुभव होते हैं उन्हीं के परिणामस्वरूप, अर्थात् परिवक्वावस्था में, एक नागरिक में बुद्धिमत्ता का पूर्ण विकास होता है। यह जीवन का वह सोपान है जिसे लक्ष्य बना कर वह अब तक कर्म करता आ रहा था। यही अवकाश-काल है जब उसका आचरण श्रेष्ठता की उच्चतम भूमि पर होता है। इस स्थिति में उसकी क्रियाएँ अधिक से अधिक उदात्त तथा अन्य निरपेक्ष होती हैं। उनको करने में उसे कितना ही कष्ट क्यों न उठाना पड़े फिर भी वह उन्हें सहर्ष अपनाता है क्योंकि वैसा करना उसका स्वभाव बन गया है और स्वभाव के अनुरूप कार्य करने में उसे सुख मिलता है। उन क्रियाओं में चिन्तनशील विमर्शी अंतस का योग जितना अधिक होगा वह क्रिया उतनी ही श्रेष्ठ होगी और उसी के अनुपात में जीवन-सुख भी होगा। सुखमय जीवन के आह्लाद की परिभाषा देते हुए अरस्तू लिखता है, "हर दृष्टि से पूर्ण तथा निरपेक्ष श्रेष्ठ आचरण ही आह्लाद कहलाता है।"[58]

अरस्तू की उपर्युक्त चिन्तनधारा की सीमाओं के भीतर ही अब हमें एक ओर नगर जीवन के शांति काल तथा अवकाश-काल में त्रासदी की उपयोगिता सुनिश्चित करनी है तथा दूसरी ओर पूर्वोक्त विरोधाभास का समाधान ढूँढ़ना है।

संगीत के सन्दर्भ में कहा जा चुका है कि लोग अपनी-अपनी प्रकृत्यानुसार इसका अलग-अलग ढंग से उपयोग करते हैं। सामान्यतः इसके आधिभौतिक उपयोगिताश्रयी मूल्य को ही महत्त्व दिया जाता है। बहुसंख्यक समाज इसे श्रम की शिथिलता को दूर करने अथवा ऊर्जा को पुनः संचित करने के साधन के रूप

में ही देखता है। इस रूप में यह मात्र इंद्रिय सुख है एवं कार्य सापेक्ष है। खाने, पीने, सोने जैसी भौतिक आवश्यकताओं की कोटि के भीतर ही मनोरंजन और विश्रांति भी आ जाते हैं। मिस्त्री, मज़दूर आदि केवल इसी उद्देश्य से संगीत सुनते हैं। सम्भवतः इंद्रिय सुख से बाहर जाने की उनमें क्षमता ही नहीं है। संगीत के उपभोग का यह दृष्टिकोण अविमर्शी अंतस से उद्भूत होने के कारण कोटिक्रम में सबसे निचले सोपान पर है। स्वतन्त्र नागरिक भी संगीत का अभ्यास इस दृष्टि से कर सकते हैं किन्तु अत्यन्त सीमित रूप[59] में, क्योंकि उनमें इस संकुचित सीमा को पार कर उच्चतर उद्देश्य से संगीत का अभ्यास करने की क्षमता है और वैसा करना ही उनके लिए उचित है। उनके सामने एक व्यापक लक्ष्य है–निज की सीमा के बाहर निकलकर नगर-जीवन को श्रेष्ठ बनाना। इसलिए, उन्हें संगीत का अभ्यास चरित्र निर्माण के उद्देश्य से करना चाहिए। यह उसका उच्चतर उपयोग है।

चरित्र निर्माण का प्रथम चरण है घृणास्पद और प्रेमास्पद के प्रति हमारे भीतर उचित प्रतिक्रिया जागना। यहीं से हमारे भावलोक का सन्तुलित विकास आरम्भ होता है। संगीत की कौन-सी धुन हमारे भीतर कैसी प्रतिक्रिया जगाती है यह सुनिश्चित हो जाने पर जीवन के अन्य क्षेत्रों में भी सुनिश्चित किया जा सकता है कि कैसे हमारी भावात्मक प्रतिक्रिया उचित हो और हमारा आचरण भी उसी के अनुरूप हो। जैसे शरीर व्यायाम द्वारा आवश्यक क्षमता अर्जित करता है उसी तरह संगीत भी हमारे भावलोक को उचित दिशा में अभ्यस्त बनाकर सुदृढ़ करता है।[60] उसका यह तर्क इस धारणा से प्रेरित है कि संगीत सीधे-सीधे चरित्र का अनुकरण करने में समर्थ है। इसमें व्यक्त क्रोध और शांति, साहस और संयम के बिम्ब सीधे हमारे अंतस को प्रभावित करते हैं। इस तरह अनुकरण के माध्यम से उचित पीड़ा और हर्ष का अनुभव करने का अभ्यास हो जाने पर वास्तविक जीवन में भी उसी प्रकार का आचरण करना हमारा स्वभाव बन जाता है।[61]

चरित्र निर्माण एक व्यावहारिक क्रिया है अतः इसका सम्बन्ध अंतस के व्यवहारशील पक्ष से जोड़ा जाना चाहिए। इसमें बुद्धि का योग अल्प मात्रा में है। बुद्धि के चिन्तनशील तत्त्व का योग प्रधानतः वहीं होगा जहाँ संगीत आत्मसंस्कार के उद्देश्य से सुना जाएगा। और, इसके लिए आवश्यक नहीं कि नागरिक स्वयं संगीत सीखें या उसमें दक्षता प्राप्त करें। दक्षता से तो संगीत का दूसरा उद्देश्य भी पूरा नहीं होता।* किन्तु, आश्चर्य है कि आत्मसंस्कार की उपयोगिता पर

* दूसरे उद्देश्य के अन्तर्गत प्रसंगानुसार कहीं चरित्र निर्माण तो कहीं कथार्सिस का अर्थ लिया जा सकता है। (देखिये इसके बाद की पाद-टिप्पणी)

सर्वाधिक बल देने पर भी अरस्तू ने इसकी इस तरह व्याख्या कहीं नहीं की जैसी प्रथम और द्वितीय की की है। ऐसी स्थिति में हम केवल अनुमान ही लगा सकते हैं कि त्रासदी को लेकर वह तीसरे उद्देश्य की प्रक्रिया की व्याख्या करता तो कैसे करता। यह सच है कि विद्वानों ने अब तक काथार्सिस को ही सबसे अधिक महत्त्व दिया है। उससे यह भ्रम भी स्थापित हो गया है कि अरस्तू के लिए त्रासदीय अनुभूति का अंतिम सोपान भी यही है। किन्तु उसने स्वयं, अत्यन्त स्पष्ट शब्दों में, काथार्सिस को दूसरे प्रकार की उपयोगिता (आचरण को श्रेष्ठ बनाना) के अन्तगर्त रखा है।[62] यह लक्ष्य केवल स्वतन्त्र नागरिकों के लिए है क्योंकि अन्य नगरवासी घटिया रुचि रखने के कारण तथा अपनी भिन्न आवश्यकता (विश्रांति और मनोरंजन) होने के कारण, चरित्र निर्माणवाले संगीत का आनन्द उठा ही नहीं सकते।

'राजनीतिशास्त्र' की अंतिम पुस्तक में अरस्तू ने चरित्र निर्माण में संगीत की भूमिका पर सर्व्राधिक बल दिया है। इस क्षेत्र में संगीत के प्रभाव को उसने दो प्रकार से परखा है। पहले वह नागरिक में उचित प्रतिक्रिया जगा कर, उसे करणीय-अकरणीय के प्रति जागरुक बनाकर, उसमें उपयुक्त निर्णय लेने की बुद्धि विकसित करता है। यह उसका बौद्धिक पक्ष है। भावात्मक पक्ष के अन्तर्गत वह उसके भावलोक में सन्तुलन लाता है। ध्यान रहे इस सब की चर्चा वह नागरिकों के शैक्षिक पाठ्यक्रम के सन्दर्भ में कर रहा है और इसके द्वारा वह आदर्श संविधान का स्वरूप भी स्पष्ट करता चल रहा है। अर्थात् वह चाहता है कि योग्य राज्यविशेषज्ञ इस पर पूरा ध्यान दे। तात्पर्य यह कि इस पूरी चर्चा के केन्द्र में स्वतन्त्र नागरिक–सैनिक और शासक वर्ग–ही हैं। सैनिकों को, यद्यपि बहुत कुछ शिक्षण प्राप्त हो चुका है फिर भी आत्मोन्नति की दिशा में चरित्र का कुछ और विकसित होना शेष रह जाता है। उनमें संयम ओर न्याय के गुणों के और अधिक विकास के साथ-साथ बुद्धिमत्ता, जो अभी तक केवल अंकुर रूप में ही है, का विशेष विकास होना शेष है। इसी तरह, सैन्य जीवन की समाप्ति पर शासन की बागडोर सँभालनेवाले अधेड़ावस्था के नागरिकों में भी उसने आचरण के और अधिक विकास की पर्याप्त सम्भावनाएँ मानी हैं। दोनों ही अवस्थाओं में आचरण की श्रेष्ठता इस बात पर निर्भर करती है कि वे अवकाश-काल में किन उदात्त कार्यों–परिस्थिति निरपेक्ष तथा स्वयं साध्य क्रियाएँ–में स्वयं को संलग्न रखते हैं। इस दृष्टि से संगीत के सन्दर्भ में अरस्तू की सुनिश्चित धारणा है कि इसके श्रोताओं में यद्यपि सभी नागरिक साथ-साथ बैठे होते हैं फिर भी चारित्रिक विकास की दृष्टि से उन सभी का एक ही स्तर नहीं होता। किन्तु इसका यह

अर्थ भी नहीं निकालना चाहिए कि कुछ इसकी अनुभूति से वंचित रह जाते हैं। संगीत सभी श्रोताओं को न्यूनाधिक रूप में प्रभावित करने की क्षमता रखता है। इस तथ्य के प्रकाश में उसका निष्कर्ष है कि जो धुनें काथार्सिस के लिए विशेष उपयोगी हैं वे निर्दोष आनन्द और विश्रांति का स्रोत भी होती हैं।[63]

यह निष्कर्ष दो तथ्यों को स्थापित कर रहा है। एक यह कि सामाजिकों में श्रेणि-भेद है; दूसरा यह कि श्रेणि-भेद से अनुभूति में भी 'स्वरूप-भेद का आ जाना अवश्यंभावी है। अरस्तू यह मान कर चल रहा है कि अधिकांश श्रोता काथार्सिस की प्रक्रिया से गुज़रते हैं, स्तर-भेद से कुछ में इसका अनुपात अधिक हो सकता है कुछ में कम। इससे यह अर्थ भी निकलता है कि अधिकांश श्रोताओं का आचरण अभी विकास की प्रक्रिया में है और यह मान लेना अनुचित नहीं होगा कि यही उस समय की वस्तु-स्थिति थी। वह देख रहा था कि अधिकांश नागरिकों का भावलोक सन्तुलित न होने के कारण उनकी आत्मोन्नति में बाधक बन रहा है। अतः वह चाहता था कि अनुकरण की संगीतमय प्रस्तुति उनमें भावों के अतिरेक अथवा उनकी न्यूनता को कथार्सिस की प्रक्रिया द्वारा सन्तुलित करने में सहायक हो। उनकी आवेगात्मक प्रतिक्रिया सन्तुलित एवं उचित होगी तो उनका आचरण भी श्रेष्ठ होगा। किन्तु, स्तर-भेद यह संकेत भी देता है कि कुछ श्रोताओं का भावलोक पूर्ण सन्तुलन की स्थिति में पहुँच चुका होगा, उनके लिए काथार्सिस की धुनों का क्या उपयोग हो सकता है? अरस्तू के चिन्तन की दिशा को देखते हुए एक उपयोग यह हो सकता है कि वे अपने भावलोक को निरन्तर इसी स्थिति में बनाये रखने के लिए समय-समय पर इस (काथार्सिस) क्रिया में सहभागी बनते रहें। अथवा, ऊपर के वाक्य की दूसरी स्थापना के अनुसार, उनसे (संगीत की धुनों से) निर्दोष आनन्द और विश्रांति प्राप्त करें।

आनन्द जीवन की भावभूमि का केन्द्रीय तत्त्व है इसलिए संगीत के सभी उपयोगों में अनिवार्यतः व्याप्त है। स्रोतों पर ध्यान दिये बिना केवल बाहरी रूप लेकर इसके वर्गभेद करना कठिन है। इसी कारण से कुछ लोग मनोरंजन के आनन्द और उदात्त क्रिया के आनन्द में भेद न करते हुए मनोरंजन को ही जीवन का अंतिम लक्ष्य मान बैठते हैं। वे भूल जाते हैं कि मनोरंजन का आनन्द स्वयं साध्य नहीं है। यही स्थिति काथार्सिस की अनुभूति में समाविष्ट आनन्द की भी है। इसका निर्दोष स्वरूप वहीं व्यक्त होता है जहाँ वह स्वयं साध्य है और यह स्थिति उन्हीं श्रोताओं में सम्भव है जिनका भावलोक पहले से ही सन्तुलित है और आचरण विकास की अंतिम सीमा तक पहुँच चुका है।

निर्दोष आनन्द का स्वयं साधय रूप अनुभूति के उच्चतम मूल्य—आत्मसंस्कार के लिए की जानेवाली भावात्मक क्रिया—का अर्थ देता है। यह सच है कि अरस्तू ने अवकाश-काल को आह्लादपूर्ण क्षणों के रूप में भी देखा है किन्तु यह उसका

केवल एक पक्ष है। आनन्द को सम्पूर्ण अनुभूति नहीं कहा जा सकता क्योंकि यह सामाजिक की रागात्मक वृत्ति को ही प्रभावित करके रह जाता है। व्यक्ति के आचरण को श्रेष्ठता प्रदान करने में इसकी विशेष भूमिका होने पर भी बुद्धि तत्त्व के संयोग के बिना इसके मूल्य में न्यूनता बनी रह जाती है। चिन्तन की इस पृष्ठभूमि से समझा जा सकता है कि अरस्तू के लिए काथार्सिस की प्रक्रिया यद्यपि अत्यन्त महत्त्वपूर्ण थी (अन्यथा वह इसे त्रासदी की परिभाषा में सम्मिलित नहीं करता) फिर भी वह इसे आत्मसंस्कार की पूर्ण प्रक्रिया मानने को क्यों तैयार नहीं है। इसका लक्ष्य केवल राग-द्वेष की उचित प्रतिक्रियाएँ जगाने तक ही सीमित है। बाँसुरी के प्रयोग पर अपनी व्यवस्था देते हुए वह लिखता है, "बाँसुरी चरित्र का अनुकरण नहीं कर सकती, हाँ, धार्मिक मनः स्थिति को अवश्य उत्तेजित कर सकती है; इसलिए इसका उपयोग तभी किया जाना चाहिए जब श्रोताओं में काथार्सिस निष्पन्न करने की आवश्यकता हो।[64] चूँकि इसमें श्रोता का चिन्तनशील पक्ष उपेक्षित है इसलिए इसके द्वारा आत्मसंस्कार संभव ही नहीं है। और, यही निर्णय त्रासदी की प्रस्तुति पर भी दिया जा सकता है। अब, यदि संगीत या त्रासदी समाजिक में आत्मसंस्कार की प्रक्रिया किस तरह जगाती है इस प्रश्न को लें तो इसका स्पष्ट उत्तर कहीं नहीं मिलता। अतः उस तक पहुँचने के लिए उसके चिन्तन की दिशा ही हमारा एकमात्र अवलम्ब है।

संधान-यात्रा के प्रस्थान बिन्दु के रूप में हम अरस्तू की और ऐसी उक्तियों को ले रहे हैं जिनमें उसने उदात्त गुणों, श्रेष्ठ आचरण तथा आत्मसंस्कार के परस्पर सम्बन्ध पर अपने विचार व्यक्त किये हैं :

(*i*) परम आनन्द ही परम शिव है; इसका वास श्रेष्ठतम आचरण के पूर्णतम अभ्यास और उसके उत्साह में होता है।[65]

(*ii*) सुख [जीवन का] अंतिम तत्त्व है। यह स्वयं पूर्ण है और हमारे सभी कर्म इसमें आ कर समाप्त होते हैं।[66]

(*iii*) हमारी परिभाषा के अनुसार सुख श्रेष्ठ जीवन और श्रेष्ठ कर्म है।[67]

(*iv*) आत्मसंस्कार में आनन्द और श्रेष्ठता दोनों तत्त्व विद्यमान रहते हैं; और आह्लाद का सच्चा भाव भी वही है जिसमें ये दोनों युगपत् सम्बन्ध से जुड़े हों।[68]

(*v*) उचित स्थल पर प्रसन्नता का अनुभव करना, प्रेम करने योग्य वस्तु से प्रेम और घृणा करने योग्य वस्तु से घृणा करना ही श्रेष्ठता की पहचान है। हमारी सबसे बड़ी शिक्षा यही है कि हम ठीक-ठीक निर्णय ले सकें तथा अच्छे चरित्रों एवं कर्मों में आनन्द का अनुभव कर सकें।[69]

इन उद्धरणों में अवकाश-क्रिया के दो लक्ष्य (जो उसके लक्षण भी हैं)

निर्धारित किये गये हैं–आनन्दानुभूति ओर आत्मसंस्कार। यह द्वैत केवल विश्लेषण के लिए है, वास्तविकता बहुत कुछ 'कहियत भिन्न न भिन्न' जैसी है। दोनों में सह-ज सम्बन्ध होने के कारण इनमें से किसी एक का दूसरे के बिना अस्तित्व सम्भव नहीं है। त्रासदीय अनुभूति के सन्दर्भ में ये दोनों कार्य हैं और इनके कारण हैं करुणा तथा भय। इस अनुभूति का अन्यथा भाव यह है कि कारण पीड़ाकर है और कार्य सुखकर। यह कैसे सम्भव है? इसी में निहित अन्य प्रश्न है कि यह प्रक्रिया आत्मसंस्कार कैसे करती है? और क्या इसका कोई स्वरूप निश्चित किया जा सकता है?

मालकोम हीथ के अनुसार उस समय के चिन्तन में काव्य के पीड़ाकर भावों की सुखकर परिणति मानने की परम्परा अस्तित्व में थी। प्रमाणस्वरूप उसने गोर्जियास का एक वाक्य उद्धृत किया है, "कविता अपने श्रोताओं के प्रति उत्कंठा पैदा करती है" (अंश 11.10)। त्रासदीय अनुभूति के विरोधाभास को इसी परम्परा की पृष्ठभूमि पर देखा जाना चाहिए। 'काव्यशास्त्र' में इस पर कहीं कोई टिप्पणी नहीं है किन्तु 'नीतिशास्त्र' में साहस, वीरता आदि के विस्तृत विश्लेषण में इस पूरी प्रक्रिया पर सभी दृष्टियों से विचार किया गया है। उसी का एक अंश है : "पीड़ाकर स्थिति का सामना करनेवालों को ही वीर कहा जाता है। साहसिक कार्यों में पीड़ा झेलनी ही पड़ती है। इसके लिए उसकी प्रशंसा भी की जाती है। सुखमय स्थिति से बचने की अपेक्षा पीड़ाकर स्थिति का सामना करना अधिक कठिन है फिर भी साहसी व्यक्ति यह कठिन कार्य आनन्द का लक्ष्य सामने रख कर ही करता है।......साहसिक कार्यों में पीड़ादायक घाव होते हैं भयकारी मृत्यु होती है, और किसी भी व्यक्ति के लिए ये काम्य नहीं होते। फिर भी, एक वीर उत्साहपूर्वक उनका सामना करता है क्योंकि यह एक श्रेष्ठ कर्म है, य़ा ऐसा न करना निकृष्टता होगी। जिसमें जितनी अधिक सद्वृत्ति होगी वह उतना ही अधिक सुखी होगा। उसके लिए मृत्यु का विचार भी उतना ही अधिक पीड़ादायक होगा; क्योंकि ऐसे व्यक्ति का जीना ही अर्थवान् होता है और वह जानबूझकर अपना सब कुछ खो रहा है। यह निश्चित ही पीड़ादायक है।...वीर होने के कारण ही वह युद्ध-धर्म निबाहने के लिए इतना बड़ा मूल्य चुकाता है।[70]

साहस के बाद इसी पद्धति पर संयम, क्रोध, विवेक आदि का भी विश्लेषण किया गया है केवल यह दर्शाने के लिए कि श्रेष्ठ आचरणवाला व्यक्ति. परिस्थिति विशेष में किन बातों को ध्यान में रख कर अपना व्यवहार निश्चित करता है। खेद है कि इस पूरे प्रसंग में उसने करुणा-भय को छोड़ दिया। फिर भी, पूरे प्रसंग से यह निष्कर्ष तो निकाला ही जा सकता है कि वास्तविक जीवन

में पीड़ादायक क्रियाएँ (कारण) यदि सुखकारी लक्ष्य (कार्य) के लिए की जा सकती हैं तो यह मान लेने में कोई दुविधा नहीं हो सकती कि इनके अनुकरण, अर्थात् त्रासदी में करुणा-भय जगानेवाली घटनाएँ आनन्द प्रदान कर सकती हैं। शर्त केवल यह है कि उधर अनुकार्य सद्वृत्ति सम्पन्न हो और इधर प्रेक्षक में भी सद्वृत्ति का भूरपूर विकास हो चुका हो।

त्रासदी काल्पनिक अथवा ऐतिहासिक घटनाओं का अनुकरण है। अनुकरण इसका मूल धर्म है। प्रेक्षक इस तथ्य से परिचित है। इसलिए करुणा-भय जगानेवाले प्रसंगों के प्रति उसकी वही दृष्टि नहीं हो सकती जो वास्तविक घटनाओं के प्रति होती है। अरस्तू यथार्थ घटनाजन्य आवेग और कलात्मक अनुकरण जन्य भाव के भेद को समझता था। 'काव्यशास्त्र' के चौथे अध्याय और 'राजनीतिशास्त्र' के पृ. 1340 पर के विवेचन से इसकी पुष्टि होती है। आवेग और भाव में ऊपरी समानता भले हो उनकी प्रकृति में भिन्नता अवश्य होती है। अनुकरण का माधयम इस भेद-बुद्धि का आधार है। यह एक ऐसी छलनी है जिसमें से छन-छन कर आनेवाली घटनाएँ यथार्थ से साम्य रखते हुए भी सामाजिक को एक भिन्न लोक में ले जाती है जहाँ उसकी प्रतिक्रिया का आनन्द में परिणत होना सुनिश्चित है। इस विषय में अरस्तू का एक और सिद्धान्त भी अपनी महत्त्वपूर्ण भूमिका निबाहता है। उसने इस बात को ज़ोर देकर कहा है कि अनुकरण कार्यव्यापार का होता है और उसकी घटनाओं में परस्पर सम्बन्ध का निर्धारण सम्भाव्यता (प्रोबेबिलिटी) और आवश्यकता (नेसेसिटी) के नियमों के अनुसार होना चाहिए। इसलिए यह आवश्यक नहीं है कि नाट्य व्यापार सच्ची घटनाओं पर आधारित हो। बल्कि ऐसा अपवाद स्वरूप ही होना चाहिए। महत्त्व घटनाओं के ताने-बाने का है जो इतना सशक्त होना चाहिए कि केवल पढ़ने या सुनने से भी करुणा-भय जगा सके। इससे भी यही निष्कर्ष निकलता है कि यदि कथानक एक ओर कवि की सृजन शक्ति, कल्पना, से उद्भूत होना चाहिए तो दूसरी ओर प्रेक्षक भी इतना सामर्थ्यवान् होना चाहिए कि घटनाओं को पढ़-सुन कर ही अपने मानस-पटल पर उनको देख सके तथा अभीष्ट भावों का अनुभव कर सके।[71] इस सामर्थ्य में प्रेक्षक की सहृदयता, संवेदनशीलता तथा चारित्रिक श्रेष्ठता सभी कुछ समाहित है। व्यवहारत: यह आभिजात्य भाव से भिन्न नहीं है।

इसी क्रम में मालकोम हीथ ने एक अन्य तथ्य की ओर भी विद्वानों का ध्यान आकर्षित किया है और इसके मूल में प्रेक्षक का आभिजात्य भाव कुछ और मुखर हो कर कार्यरत है। 'साहस' का विश्लेषण करते हुए अरस्तू ने सिद्ध किया है कि साहसिक कार्यों का कर्ता उत्तम चरित्रवाला व्यक्ति है और ऐसे उदात्त कार्य करना उसके चरित्र के अनुकूल है और प्राणों के भय से वैसा न करना उसके

चरित्र और प्रतिष्ठा दोनों के विरुद्ध है। अब यदि वास्तविक जीवन में कोई नागरिक (अभिजात वर्ग का सदस्य) पीड़ाकर क्रियाओं में आनन्द का अनुभव कर सकता है और प्रतिष्ठा भी अर्जित कर सकता है तो प्रेक्षक बन कर उन्हीं क्रियाओं का अनुकरण देखने जाने की क्या आवश्यकता है? ऐसा सोचने-विचारनेवालों के बीच तो कला, अर्थात् त्रासदी, का अस्तित्व ही खतरे में पड़ जाएगा। कला के आलोचक कहीं ऐसे निष्कर्ष पर न पहुँच जायँ इसके लिए मालकोम हीथ ने सुझाया है कि कलाकृति की सीमा के भीतर रहते हुए भी उसमें वर्णित अथवा दर्शित घटनाओं से उत्पन्न करुणा-भय की अंतिम परिणतिस्वरूप आनन्द का अनुभव करना एक बात है और करुणा-भय के जागने से उसमें श्रेष्ठ आचरण की अभिव्यक्ति को अनुभव करते हुए आनन्दित होना दूसरी बात है। प्रथम स्थिति में आनन्द का स्रोत कार्यव्यापार है और दूसरी स्थिति में आनन्द के उपकरण वस्तुतः कार्यव्यापारजन्य भाव हैं। दूसरी स्थिति जटिल अवश्य है किन्तु तार्किक विश्लेषण की सीमा के बाहर नहीं। कार्यव्यापारजन्य करुणा-भय का आनन्द के भाव में शांत होना एक बात है और इन भावों (करुणा-भय) से अनुप्रेरित मानसिक प्रतिक्रिया का सुखमय होना दूसरी बात है। यह भेद स्रोतजन्य भेद है। एकीभूत अनुभूति में इसे (करुणा-भयजन्य मानसिक प्रतिक्रिया) स्वतन्त्र रूप से अनुभव नहीं किया जा सकता किन्तु उसकी परिपूर्णता में, उसे परिपुष्ट करने में, यह योग अवश्य देती है। मालकोम हीथ के अनुसार त्रासदी के विशिष्ट आनन्द की चर्चा करते समय अरस्तू के ध्यान में भावजन्य प्रतिक्रियास्वरूप यह आनन्द ही था। त्रासदी में करुणा और भय पीड़ाकर होते हुए भी अभिजात समाज के अंतस में, उसकी वर्गीय चेतना के अनुकूल होने के कारण ही आह्लादमय प्रतिक्रिया जगाते हैं।[72]

उपर्युक्त स्थापना को तथ्य रूप में स्वीकार कर लेने के बाद भी विषय यहीं समाप्त नहीं हो जाता। प्रश्न उठता है कि यह मानसिक प्रतिक्रिया एक विशिष्ट वर्ग तक ही क्यों सीमित है? करुणा और भय का आनन्द-स्रोत बनना यदि मनोवैज्ञानिक सत्य है तो यह अन्य वर्गों के लिए उपलब्ध क्यों नहीं है? ध्यान रहे इसका उत्तर हमें अरस्तू के चिन्तन की सीमा के भीतर ही खोजना है। और यह मिलता है श्रेष्ठ नागरिकों के अवकाश-काल और अवकाश-क्रिया की अवधारणाओं में। मालकोम हीथ अपने विश्लेषण में इसी आधार पर आगे बढ़ा है।

काथार्सिस का लक्ष्य सामाजिक के भावलोक को सन्तुलित करना है। इसकी आवश्यकता त्रासदी के उन प्रेक्षकों को अधिक होती है जिनका चरित्र अभी विकास की प्रक्रिया में है। त्रासदी के लेखक के सामने सम्पूर्ण भाव विस्तार नहीं होता, केवल दो भाव होते हैं—करुणा और भय। अब प्रश्न यह है कि जो प्रेक्षक

काथार्सिस की सीमा से आगे पहुँचे चुके हैं उनके लिए त्रासदी का क्या मूल्य है? माना कि इनकी संख्या थोड़ी होगी किन्तु ये समाज के सर्वश्रेष्ठ नागरिक हैं और त्रासदी की श्रेष्ठता की पहचान भी इन्हीं की प्रतिक्रिया से होती है।[73] यदि ये प्रेक्षक त्रासदी के सम्बोध्य नहीं बन पाते जो इसके दो ही उपयोग बचे रह जाते हैं–मनोरंजन और काथार्सिस। 'काव्यशास्त्र' लिखते समय इन्हीं दो उपयोगों को सिद्ध करना अरस्तू का लक्ष्य नहीं था। यह प्लेटो की आपत्तियों का पूर्ण समाधान भी नहीं हो सकता था। अतः स्वीकार करना होगा कि उसके अनुसार त्रासदी इन दानों लक्ष्यों के उपरान्त आत्मसंस्कार का लक्ष्य भी अवश्य प्राप्त करती है। विचार करने पर हम पायेंगे कि अरस्तू के अनुसार त्रासदी का विशिष्ट आनन्द और आत्मसंस्कार एक ही सत्य के दो पक्ष हैं। उन्हें परस्पर तद्रूप कहना भी अनुचित न होगा। आत्मसंस्कार की तद्रूपता श्रेष्ठ आचरण से है। इस तरह विशिष्ट आनन्द और श्रेष्ठ आचरण का अन्तः सम्बन्ध स्वतः सिद्ध हो जाता है। उसने लिखा भी है कि अच्छे चरित्रों और अच्छे कार्यों में आनन्द लेना श्रेष्ठ आचरण का मूल तत्त्व है। इसे यों भी कह सकते हैं कि श्रेष्ठ आचरण की क्रिया में उत्साहपूर्वक भाग लेना परम कल्याणकारी भी है और परम आनन्दमय भी; इसी में जीवन की सार्थकता है।

इस विवेचन के प्रकाश में त्रासदी की विशेषताओं पर पुनः दृष्टि डालें तो उसके विशिष्ट आनन्द का स्वरूप स्पष्ट होने लगता है। त्रासदी के पात्र सामाजिक स्थिति और सत् आचरण में प्रेक्षक की तुलना में कुछ बढ़ कर होते हैं।[74] ऐसे पात्र को दुःख भोगते हुए देखकर प्रेक्षक का मन सहानुभूति से भर उठता है। दुःख का कारण पात्र की भूल होता है (भूल इसलिए क्योंकि सदाचारी व्यक्ति जानबूझ कर कोई गलत काम करेगा ही नहीं) किन्तु भूल जब बहुत बड़ी हो और दंड भी उतना ही कठोर हो तो सहानुभूति करुणा में परिणत हो जाती है। प्रेक्षक सोचने लगता है कि इतने अच्छे व्यक्ति को तो सुखी होना चाहिए था फिर भी भाग्य की विडम्बना है कि अनजाने में हुई भूल का इतना बड़ा दंड भोगना पड़ रहा है। यह सम्पूर्ण चिन्तन अनुभूति का संज्ञानात्मक पक्ष है। इस रूप में बुद्धि तत्त्व के समायोग से अनुभूति में वह शक्ति आ जाती है जिससे वह आत्मसंस्कार का लक्ष्य प्राप्त करने में समर्थ होती है।

करुणा के साथ अभिन्न रूप से जुड़ा हुआ दूसरा भाव है भय। दोनों भावों को साथ-साथ रखने का कारण यह है कि जो प्रसंग पात्र के प्रति करुणा जगाते हैं भिन्न दृष्टि से देखने पर वे प्रेक्षक में भय जगाते हैं। वह पात्र के स्थान पर अपने बारे में सोचने लगता है और ठीक ही सोचता है कि उससे श्रेष्ठ व्यक्ति (अर्थात् पात्र) भी जब इस अनचाही परिस्थतियों से घिर सकता है तो नियति

ऐसा क्रूर खेल उसके साथ भी खेल सकती है। यही विचार उसके भय का स्रोत बन जाता है।[75]

त्रासदी को पढ़ते, सुनते या देखते समय अनुकूल प्रसंगों के आने पर प्रेक्षक में करुणा-भय का जागना अनुभूति का प्रथम सोपान है। इसका सम्बन्ध केवल भावलोक से होने पर भी यह श्रेष्ठ आचरण का अभिन्न अंग है। अरस्तू ने इस पर विशेष बल दिया है कि किसी गुण का आचरण में व्यक्त होना अनिवार्य है अन्यथा उसके अस्तित्व के प्रति आश्वस्त नहीं हुआ जा सकता। इसलिए, उन नाागरिकों में, जिनका भावलोक पूरी तरह सन्तुलित है और जो कथार्सिस की स्थिति से आगे निकल चुके हैं, प्रसंगोचित मानसिक प्रतिक्रिया का जागना उनके श्रेष्ठ आचरण का प्रमाण है। यह चूँकि उनकी प्रकृति के अनुकूल है इसलिए आनन्दमय भी है। गुण की आचरण में अभिव्यक्ति मनसा, वाचा तथा कर्मणा में से कोई एक अथवा तीनों का मिश्रित रूप ले सकती है। इस दृष्टि से यह निष्कर्ष अन्यथा नहीं है कि प्रसंगोचित भावों का अनुभव करना स्वयं में सत्क्रिया है। उत्तम चरित्रवाले नागरिक इन भावों को [नाटक के माधयम से] बार-बार अनुभव करने में इसीलिए रुचि लेते हैं क्योंकि इसमें उन्हें अपने श्रेष्ठ आचरण के अभ्यास का अवसर मिलता है। यह एक आह्लादमय स्थिति है। कार्थार्सिस में भावलोक को सन्तुलित करने का उद्देश्य छिपा रहता है। इसलिए, उसमें साधन और साध्य का क्रम सुनिश्चित है। उधर, त्रासदीय आनन्द यदि स्वयं में साध्य है तो यह काथार्सिस के बाद का सोपान ही हो सकता है और इसे उचित रूप में वे प्रेक्षक ही अनुभव कर सकते हैं जिनकी सद्वृत्ति विकास के चरम पर पहुँच चुकी हो।

त्रासदी के विशिष्टि आनन्द की उपर्युक्त व्याख्या इस विषय पर अंतिम वाक्य है ऐसा दावा मालकोम हीथ का नहीं है। इसे केवल विचारार्थ यहाँ प्रस्तुत किया गया है। इसके सत्यासत्य की परीक्षा विद्वज्जन स्वयं कर सकते हैं। उनका निष्कर्ष चाहे जो हो हम केवल इतना जानते हैं कि त्रासदीय आनन्द की गुत्थी चाहे जैसे सुलझायी जाय उसके भीतर से अरस्तू की अभिजातवर्गीय चेतना अवश्य झाँकती मिलेगी। इस चेतना ने उसके सम्पूर्ण चिन्तन को दूर-दूर तक प्रभावित किया है। अपने गुरु की अपेक्षा यद्यपि वह अधिक यथार्थवादी था, ज्ञान के विविध क्षेत्रों में तथ्यों का संग्रह करने के कारण ज़मीनी सच्चाइयों पर उसकी पकड़ मज़बूत थी फिर भी समस्या के समाधान की बारी आने पर वह पीछे मुड़ कर ही देख रहा था, उस स्वर्णिम युग को जब चारों ओर सुख-शांति थी क्योंकि जीवन के प्रत्येक क्षेत्र में, व्यवस्था के सभी स्तरों पर अभिजात वर्ग का वर्चस्व था। इसी के फलस्वरूप, त्रासदीय अनुभूति के विशिष्ट स्वरूप को निर्धारित

करते समय घूम फिर कर वह एक ही निष्कर्ष पर पहुँचता है कि जीवन के अन्य अनेक उपकरणों की भाँति इस पर भी अभिजात समाज का विशेषाधिकार है। सुखमय जीवन के लिए उसने जो शर्तें रखीं, करुणा-भय के उचित स्वरूप के लिए जिन परिस्थितियों को उसने अनिवार्य माना उनसे स्पष्ट है कि इतर वर्ग के लिए वह है ही नहीं।

### 4.3.5 पुनरभिधान

आदर्श संविधान तथा श्रेष्ठ नगर-जीवन के लिए अरस्तू जिस अभिजात वर्ग पर निर्भर है वह अत्तिका के निवासियों का वंशज मध्यम आयवाला ज़मीदार है। इसके कुछ सदस्य भले समृद्ध रहे हों किन्तु अधिकांश मध्यमवर्गीय थे। भू-स्वामित्व तथा वंशागत चरित्र (= संस्कृति) इसकी पहचान है और वह चाहता है कि उसके अतिरिक्त जितने अन्य वर्ग उस नगर में रहे हैं सब उसी के रंग में रँग जायँ। इसके लिए जो व्यवस्था आवश्यक है वही आदर्श संविधान है। बस, इसमें उसने सत् आचरण–आत्मोन्नति, आत्मसंस्कार–की शर्त और जोड़ दी है ताकि अन्य वर्गों के साथ कोई अन्याय न हो। तत्कालीन परिस्थितियों को ध्यान में रखते हुए एक दार्शनिक के लिए यह आवश्यक था। उसकी आधारभूत स्थापना है कि गाँव की नगर में परिणति केवल और अधिक भौतिक संसाधन जुटाने के लिए नहीं है वरन् ऐसी व्यवस्था विकसित करने के लिए है जिसमें पूरा नगर सुखी एवं श्रेष्ठ जीवन जी सके। 'पूरा नगर' का प्रयोग इस सन्दर्भ में विशेष अर्थ में, अर्थात् अभिजात समाज के लिए हुआ है जिसके सदस्यों की संख्या नगर की कुल जन संख्या में आधे से कुछ अधिक है। आदर्श संविधान के अनुसार यह आवश्यक है कि इसी वर्ग के लोगों को पूर्ण नागरिकता के अधिकार प्राप्त हों। यदि वे सुखी हैं तो पूरा नगर सुखी माना जाना चाहिए भले ही शेष नगरवासियों का इस सुख में भाग केवल सहयोग देने तक ही सीमित हो।

सुखमय जीवन गुण-प्रधान नहीं क्रिया-प्रधान स्थिति है। श्रेष्ठ गुणों को व्यक्त करने वाली क्रिया जब स्वयं साध्य होती है तो उदात्त कहलाती है। उदात्त क्रिया के लिए अवकाश और साधन सम्पन्नता दोनों ही आवश्यक हैं। साधन सम्पन्नता का सामान्य अर्थ लिया जाता है धनवान् होना किन्तु अरस्तू की दृष्टि में इसके अन्तर्गत जन्मजात संस्कार (जिसका व्यापक रूप है वंश परम्परा), अच्छा स्वास्थ्य, अच्छा प्रशिक्षण, अनुभवजन्य ज्ञान, पदाधिकार तथा बाधा मुक्त जीवन सभी कुछ समाहित है। बाधा मुक्त जीवन की उसने कोई स्पष्ट व्याख्या नहीं की है, कुछ स्थलों पर बस इतना कहा है कि भौतिक संसाधनों के अभाव में सत्कर्म को यदि हम उचित रूप नहीं दे पाते हैं तो उसी अनुपात में हमारी श्रेष्ठता का विकास भी बाधित हो जाता है। किसी का हित करने के लिए न हमारे पास कोई

अधिकार हो न अन्य कोई साधन तो हमारी सद्भावना का क्या मूल्य रह जाता है। इस कारण से अवकाश तथा तत्सम्बन्धी क्रियाओं के लिए सम्पत्ति और अधिकार दोनों आवश्यक हैं।

'राजनीतिशास्त्र' के अनेक स्थलों से स्पष्ट है कि अवकाश की सुविधा तथा साधन सम्पन्नता दोनों पर पूर्ण नागरिकों का अधिकार है। अवकाश की परिभाषा है–श्रम करने की अनिवार्यता से मुक्ति। नागरिकों के पास ज़मीन है, उस पर काम करने के लिए दास हैं और पशु-धन है। इसलिए, पारिवारिक जीवन की सीमा के भीतर वे श्रम की अनिवार्यता से मुक्त हैं। नागरिक जीवन की व्यापक सीमा में उन्हें यह सुविधा प्रदान करने के लिए आवश्यक परिस्थिति के अंगभूत श्रमिक हैं, कारीगर हैं और व्यापारी हैं। अब, भू-स्वामियों के अतिरिक्त शेष सभी नगरवासी श्रम करने के लिए बाध्य हैं, इसलिए उदात्त क्रिया की पात्रता भी उनमें नहीं होती और इसी आधार पर वे सुखमय जीवन का आनन्द भी नहीं उठा पाते। वे विश्रांति के क्षण अवश्य भोग सकते हैं, उन क्षणों में मनोरंजन भी कर सकते हैं, किन्तु मनोरंजन उदात्त क्रिया नहीं है इसलिए उसको करनेवाले सुखी कहलाने के अधिकारी भी नहीं हैं।

त्रासदी को पढ़ना, सुनना या देखना अवकाश-काल की उदात्त क्रिया भी है, अतः त्रासदीजन्य विशिष्ट सुखानुभूति का भोक्ता भी केवल अभिजात वर्ग है। प्रश्न उठता है कि त्रासदी के सार्वजनिक मंचन के समय रंगशाला में बैठे श्रमिकों, कारीगरों, दैनिक वेतनभोगियों[76] के लिए उसका क्या उपयोग था? अरस्तू के दिशा निर्देशों के भीतर रह कर इसका उत्तर है–

मनोरंजन और उससे प्राप्त आनन्द पर सभी का अधिकार है। उत्पादन से जुड़े श्रम को करनेवालों के लिए यह आवश्यक भी है। त्रासदी मिश्रकला होने के कारण मनोरंजन और साथ ही शिक्षा का भी प्रमुख साधन है। इसमें गीत-संगीत है, नृत्य है, पाठ (टैक्सट) को अधिकाधिक भावोद्बोधक बनाने के लिए छन्दोबद्ध सुन्दर भाषा है और घटनाओं को प्रभावशाली ढंग से मंच पर प्रस्तुत करने के लिए दृश्यविधान के विभिन्न साधन हैं। सामान्य प्रेक्षक इन सभी का आनन्द उठा सकते हैं। कथानक के विषय पुराण-इतिहास से लिये जाते थे जिनके माध्यम से उन्हें इतिहास और संस्कृति की जानकारी मिलती थी। यह ज्ञान भी उनके अतिरिक्त आनन्द का स्रोत था। इसका यह अर्थ नहीं है कि अभिजात वर्ग के लिए ये आनन्द के स्रोत नहीं थे। उनके सन्दर्भ में यह कहना शायद अधिक उचित होगा कि ये तत्त्व त्रासदी के विशिष्ट आनन्द को संवर्धित करने वाले थे। तात्पर्य यह कि सामान्य दर्शक जहाँ आनन्द के प्रथम सोपान (मनोरंजन से प्राप्त आनन्द) पर ही आकर ठहर जाता है वहीं अभिजात वर्ग का दर्शक दूसरे

सोपान को भी पार करते हुए तीसरे सोपान, आत्मसंस्कार अथवा आह्लाद-सुख, तक पहुँच जाता है।

काथार्सिस निश्चित रूप से त्रासदीय अनुभूति का दूसरा सोपान है। इसकी प्रक्रिया असन्तुलित भावलोक को सन्तुलित करके आनन्द प्रदान करनेवाली होती हे। यहाँ भी प्रश्न उठता है कि भावलोक का असन्तुलन तो किसी भी व्यक्ति में हो सकता है, तब यह प्रक्रिया केवल अभिजात वर्ग तक ही क्यों सीमित मानी जानी चाहिए? इस का उत्तर भी अरस्तू की वर्गीय चेतना ही निश्चित करती है। करुणा और भय अपने उचित रूप में जागें इसके लिए उसने कुछ शर्तें रखी हैं।[77] जैसे त्रासदी के पात्र सामान्य से श्रेष्ठ होने चाहिए किन्तु दर्शक की तुलना में इतनी ऊँचाई पर भी नहीं कि वह उनसे अपनत्व का अनुभव न कर सके। साथ ही यह भी स्पष्ट कर दिया है कि श्रेष्ठ त्रासदियों के कथानक थोड़े से राजघरानों में घटी घटनाओं को लेकर ही रचे गये हैं। इससे यह निष्कर्ष निकालना कठिन नहीं है कि इन घरानों के पात्रों से अपनत्व का सम्बन्ध केवल उन्हीं परिवारों के सदस्य जोड़ सकते हैं जो स्वयं पीढ़ी दर पीढ़ी सम्पन्न रहे हैं तथा जिनकी जीवन शैली राजघरानों से मिलती जुलती रही है। इस परिस्थिति पर विचार करें तो हम पायेंगे कि उत्पादन के श्रम से जुड़े श्रमिक और कारीगर त्रासदी के पात्रों से निकट का सम्बन्ध स्थापित कर ही नहीं सकते। परिणामस्वरूप, त्रासदी की घटनाएँ उनके मन में करुणा-भय से मिलते-जुलते भाव ही जगा सकती हैं, उनका सच्चा स्वरूप उनकी अनुभूति की परिसीमा से दूर ही रहेगा। तब, भला उनमें इन भावों से सम्बद्ध काथार्सिस की स्थिति कैसे मानी जा सकती है?

यदि 'राजनीतिशास्त्र' की अंतिम पुस्तक को आधार मानें तो प्रेक्षागृह में बैठे पूर्ण नागरिकों में से अधिकांश कथार्सिस का अनुभव करते हैं क्योंकि अभी तक उनका आचरण विकास के चरम पर नहीं पहुँचा है। इसका संकेतार्थ है कि अरस्तू अपने समय में सभी दृष्टियों से सत् आचरण करनेवालों की संख्या थोड़ी ही देख रहा था और त्रासदी का विशिष्ट आनन्द (त्रासदी की अनुभूति विशिष्ट होगी तभी उसका आनन्द भी विशिष्ट होगा) भी केवल ये लोग ही ले पाते होंगे। इन गिने-चुने लोगों के लिए नाट्यानुभूति को सुरक्षित रख कर उसने 'आभिजात्य' की अवधारणा को बहुत छोटे दायरे में घेर कर रख दिया है। हमें लगता है उस समय परम्परा की डोर को पकड़ कर चलनेवाले इस समाज के सदस्य जिस संकट का अनुभव कर रहे थे यह चिन्तन उसी का परिणाम था। इतिहास साक्षी है कि उसके अपने जीवन काल में ज़मींदार बिरादरी के स्थान पर समुद्री व्यापार तथा लघु उद्योगों की सहायता से नवधनाढ्य वर्ग तेजी से उभर रहा था। राजनीति में उसकी पैठ दिनों दिन बढ़ती जा रही थी। कुछ व्यापारिक प्रतिष्ठान, जिनके

अपने बैंक थे[78] पैसे के बल पर बहुत से निर्णय अपने पक्ष में करवा लेते थे। परम्परागत मूल्यों की पुनर्स्थापना तथा राजनीतिक अस्थिरता के स्थायी समाधान के लिए उसका विश्वास था कि सत्ता की बागडोर ज़मींदार वर्ग के हाथ में ही होनी चाहिए। किन्तु, यह तभी सम्भव था जब यह वर्ग अपने वैभवकाल के जीवन मूल्यों के प्रति जागरूक हो, आस्थावन् हो तथा उस दिशा में सक्रिय हो। वह चाहता था कि कुछ निश्चित नियमों का पालन करते हुए त्रासदी, अपने आदर्श रूप में इस लक्ष्य की प्राप्ति में महत्त्वपूर्ण भूमिका निभाये। नाट्य स्पर्धाएँ उस युग के सामजिक जीवन का अभिन्न अंग थीं किंतु यह समझना भूल होगी कि ये केवल मनोरंजन के लिए हुआ करती थीं। एथेंस की दियोनाइसुस नाटयशाला और उसके साथ की सटी हुई दियोनाइसुस की पूजास्थली इसका प्रमाण हैं कि नाटक मूल रूप में एक धार्मिक अनुष्ठान था। मंच के सामने सबसे पहली पंक्ति में वयोवृद्ध पुजारी तथा अन्य वरिष्ठ नागरिक बैठा करते थे। अरस्तू की दृष्टि में ये आदर्श दर्शक थे। इन्हीं की अनुकूल प्रतिक्रिया नाटक की श्रेष्ठता का प्रमाण थी। शेष नागरिक भी उसी स्तर तक उपर उठें यह उसकी कामना थी। उसके सदुद्देश्य पर संदेह नहीं किया जा सकता। 'नाट्यानुभूति, विशेषतः त्रासदीय, एक उदात्त क्रिया है, उसका लक्ष्य आत्मसंस्कार है', कलाशास्त्र में इस विचार के महत्त्व को कभी कम करके नहीं आँका जाना चाहिए। हमारी आपत्ति केवल उन शर्तों को लेकर है जो त्रासदी के विशिष्ट आन्नद को अवकाश-काल की सीमा में मुठ्ठी भर दर्शकों के लिए ही बाँध कर रख देती हैं। नगर की आधी जनसंख्या के पास न अवकाश का सुयोग था न उदात्त क्रिया के आन्नद का। क्या इसे उदात्त दृष्टिकोण कहा जा सकता है?

अन्त में नाट्यानुभूति की अंगभूत संज्ञानात्मक क्रिया को लेते हैं। यह अनिवार्य तत्त्व होने के साथ-साथ अनुभूति में आनन्द का स्रोत भी है। 'काव्यशास्त्र' के 9वें अध्याय में इतिहास से काव्य की श्रेष्ठता रेखांकित करते हुए अरस्तू लिखता है कि इतिहास 'विशेषों' को लेता है और काव्य 'सामान्यों' को। इतिहास उन घटनाओं को लेता है जो घट चुकी हैं, उधर काव्य की घटनाएँ संभाव्य होती हैं। संभावनाओं और आवश्कताओं के नियमों का पालन करने के कारण काव्य की घटनाओं में अर्थ गांभीर्य आ जाता हैं। इसीलिए, इतिहास की अपेक्षा काव्य दर्शन के अधिक निकट है। त्रासदी की विशिष्ट अनुभूति के सन्दर्भ में संज्ञानात्मक क्रिया का प्रमेय करुणा-भय हैं और प्रमाता हैं वयोवृद्ध, ज्ञानवृद्ध नाट्य मर्मज्ञ। करुणा-भय नाटकीय घटनाजन्य भावात्मक प्रतिक्रियाएँ हैं और विविध प्रसंगों में निहित सामान्य को ग्रहण करने की संज्ञानात्मक क्रिया उनमें पहले से ही विद्यमान हैं। अब, उन भावात्मक प्रतिक्रियाओं के प्रमेय बन जाने से

उनसे उद्भूत त्रासदी के विशिष्ट आंनद में भी संज्ञान की बौद्रिक क्रिया के अस्तित्व को स्वीकार करनां ही होगा। किसी भी मर्मज्ञ का त्रासदी को बार-बार देखकर आनन्दित होना समझ में आता है क्योंकि अनुकरण स्वयं आनन्द का स्रोत है। अरस्तू की यह स्थापना अनुभव सिद्ध है। किन्तु इसे विशिष्ट वर्ग के थोड़े से लोगों तक सीमित मान लेने से यह सुविधा भोगी समाज के बुद्धि-विलास अथवा चर्वित-चर्वण से अधिक कुछ नहीं रह जाता। यह उसकी वर्गीय चेतना की पश्चगामी दृष्टि का परिणाम था, जिससे अत्यधिक ग्रस्त होने के कारण वह वर्तमान को भी ठीक से समझ नहीं पा रहा था। एरिस्तोफ़ेनीज़ विचारक नहीं था फिर भी वह स्पार्ता और एथेन्स के परिसंघ (कॉन्फ़ीडरेसी) की कल्पना कर लेता है किन्तु अरस्तू उसी पद्धति पर एक बड़े परिसंघ की कल्पना नहीं कर पाया इसे वैचारिक विपन्नता ही कहा जाएगा। वह देख नहीं पा रहा था कि फिलिप्स और सिकंदर के साहसिक अभियान यूनान को एक नयी राजनितिक व्यवस्था में बाँध रहे हैं; समुद्री व्यापार के बढ़ जाने से तथा सांस्कृतिक आदान-प्रदान से एक नयी यूनानी संस्कृति जन्म ले रही है और पुरानी ज़मींदारी अर्थ व्यवस्था पर आधारित आभिजात्य संस्कृति सदा-सदा के लिए इतिहास बनने जा रही है। इसे पुरातनता का मोह कहें या वर्गीय चेतना की सीमा कि उसका अभिजाततंत्र भी प्लेटो के गणराज्य की भाँति एक आदर्श शीशमहल के बंदीगृह से बाहर नहीं आ पाया और उसके साथ-साथ त्रासदी के विशिष्ट आंनद का प्रकाश भी छोटे से दायरे में सिमट कर रह गया।

## संदर्भ एवं टिप्पणियाँ

1. पूर्ण विकसित इकाई की परिभाषा है–ऐसी इकाई जिसे अपनी आवश्यकताओं की पूर्ति के लिए किसी बाहरी सहायता की अपेक्षा नहीं होती। अरस्तू इस विकास को सहज, प्रकृति के नियमानुसार मानता है। जैसे बीज पानी और धूप मिलने पर अपने आप पेड़ का रूप ले लेता है उसी तरह खेत, जंगल, नदी, समुद्र आदि की सुविधा हो तो परिवार नगर का रूप ले ही लेगा। शर्त केवल यह है कि नगर-जीवन काम्य (सुखी) भी होना चाहिए।

   –'राजनीतिशास्त्र', पु. 1, अ. 2; 'नीतिशास्त्र', पु. 1, अ. 8
2. अरस्तू ने खेत-खलिहान पशु आदि को जीवन की आवश्यक स्थिति के वर्ग में रखा है। उसका तर्क है कि प्रकृति ने दास को दूसरे के अधीन रहने के लिए बनाया है। –राज., पु. 1, अ. 5, पृ. 1255[अ + ब]
3. परिवार को अरस्तू ने यौगिक इकाई माना है जिसमें छोटी-छोटी इकाइयाँ किसी एक लक्ष्य को पाने के लिए परस्पर सहयोग करती हैं। इनमें समानता का सम्बन्ध नहीं होता क्योंकि इनके पास पकृति प्रदत्त एक जैसी क्षमता नहीं होती। इनमें सम्बन्ध कोटिक्रम के आधार पर बनता है, अर्थात् जो श्रेष्ठ है वह शासक है, शेष शासित। नगर ऐसी ही यौगिक इकाई है।

4. सूद, जे. पी., ए हिस्ट्री ऑफ़ पॉलिटिकल थॉट, पृ. 15
5. इस सन्दर्भ में एक महत्त्वपूर्ण तथ्य यह है कि प्लेटो और अरस्तू दोनों ही नगर-जीवन को व्यक्ति (नागरिक) के सम्पूर्ण व्यक्तित्त्व के विकास की सम्भाव्य परिस्थितियों के रूप में देखते थे। अर्थात्, नगर ऐसा वातावरण प्रदान करनेवाला होना चाहिए जिसमें व्यक्ति को अपनी श्रेष्ठतम वृत्तियों को अभिव्यक्त करने तथा पुष्ट करने का अवसर मिल सके। ग्राम-जीवन के स्तर पर यह सम्भव नहीं है इसलिए विकास का तीसरा चरण, नगर-जीवन, आवश्यक है। इस तरह उन्होंने नगर-जीवन को भौतिकता से आध्यात्मिकता के विकास के रूप में देखा है। राजनीति ऐसी व्यवस्था है जो इस जीवन के लिए अनुकूल परिस्थिति प्रदान करती है। राजनीति का उद्देश्य केवल रोटी-कपड़ा-मकान की समस्या का समाधान नहीं हो सकता। यही कारण था कि अरस्तू सिकन्दर की साम्राज्य स्थापना की महत्त्वाकांक्षा का समर्थन नहीं कर सका क्योंकि उसमें आध्यात्मिक विकास की कोई व्यवस्था नहीं थी।
6. राज., पु. 1, अ. पृ. 2
7. वही, पु. 3, अ. 13, पृ. 1283[अ]
8. वही, पु. 5, अ. 1, पृ. 1301[ब]
9. वही, पु. 7, अ. 13, पृ. 1332[अ]
10. वही, पु. 4, अ. 11, पृ. 1295[अ] ; पु. 7, अ. 1, पृ. 1323[ब]
11. वही, पु. 3, अ. 1, पृ. 1275[अ]
12. राज., पु. 7, अ. 8, 9 तथा 10
13. वही, पु. 3, अ. 5, पृ. 1278[अ]
14. वही, पु. 7, अ. 9, पृ. 1329[अ]
15. सम्पत्ति को परिभाषित करते हुए उसने लिखा है कि इसके भीतर सजीव और निर्जीव दोनों प्रकार की चीज़ें आ जाती हैं (–राज., पु. 7, अ. 8, पृ. 1328[अ])। दास सजीव सम्पत्ति है जिसका मूल्य केवल इतना है कि वह अपने स्वामी के जीवन को सुखमय बनाने के काम आये। यही काम मिस्त्री और दुकानदार स्वतन्त्र नागरिकों के लिए करते हैं। यदि नागरिकों को ये घटिया काम (वही, पृ. 1328[अ])करने पड़ जायें तो सुखमय जीवन जीने के लिए उनके पास अवकाश कहाँ रह जायेगा।
16. राज., पु. 1, अ. 2
17. अरस्तू ने अभिजाततन्त्र को सदैव एक ही अर्थ में प्रयुक्त नहीं किया है। एक स्थान पर वह लिखता है कि मिश्र संविधान यदि अल्पतन्त्र की प्रवृत्ति अधिक लिये हुए हो तो वह अभिजाततन्त्र है, यदि उसमें बहुसंख्यक समाज के हितों पर अधिक ध्यान दिया गया हो तो उसे पॉलिटी ही कहना चाहिए (–राज., पु. 5, अ. 7, पृ. 1307[अ])। साथ ही योग्यता की बात कह कर और उसमें सम्पत्ति की शर्त जोड़कर वह अभिजाततन्त्र और पॉलिटी को समानार्थी भी बना देता है। सच पूछा जाये तो आदर्श पॉलिटी में योग्यता के आधार पर पद पर नियुक्ति होने के कारण (वही, पु. 3, अ. 17, पृ. 1288[अ]) तथा श्रेष्ठ अभिजाततन्त्र में जन सामान्य तथा

गरीबों का भी पूरा ध्यान रखे जाने के कारण दोनों संविधानों में कोई तात्त्विक अन्तर नहीं रह जाता। शायद इसीलिए 'अभिजाततन्त्र' शब्द के प्रयोग में उसने अधिक सावधानी नहीं बरती है (वही, पु. 4, अ. 8, 1294[अ])

18, वही, पु. 1, अ. 6, पृ. 1255[अ]–1255[ब]

19. वही, पु. 4, अ. 4, पृ. 1290[अ]–1290[ब]

20. वही, पु. 5, अ. 1, पृ. 1301[ब]

21. ई.पू. 367–66 में सिरेक्यूज़ के टायरेंट दियोनाइसियुस प्रथम की मृत्यु के बाद उसके पुत्र पर शासन का पूरा भार आ पड़ा। उसकी शिक्षा ठीक ढंग से नहीं हुई थी। अतः, उसे सुशासन की शिक्षा देने के लिए उसके अभिभावक दियोन ने प्लेटो को आमन्त्रित किया। वह प्लेटो का पुराना मित्र था और उसके राजनीतिक विचारों से सहमत भी था। प्लेटो ने इस आशा से आमन्त्रण स्वीकार कर लिया कि सम्भवतः वह सिरेक्यूज़ में (क्योंकि एथेन्स के राजनीतिक वातावरण से वह पूरी तरह निराश हो चुका था) अपनी कतिपय स्थापनाओं को मूर्त रूप दे सके। उसे शीघ्र ही वहाँ से खिन्न मन से लौट आना पड़ा। वर्ष 361–60 में उसे फिर सिरेक्यूज़ का आमन्त्रण मिला। इस बार वहाँ के अन्य नगरों को मिलाकर एक संघ बनाने प्रस्ताव भी सामने आया। इसके संविधान का प्रारूप भी उसने तैयार कर लिया था किन्तु पुरानी व्यवस्था के समर्थक उससे सहमत नहीं थे। उनके प्रबल विरोध के कारण उसके प्राण ही संकट में पड़ गये। बड़ी कठिनाई से वह वहाँ से निकल पाया। इसके बाद उसने फिर कभी सक्रिय राजनीति में भाग लेने का विचार नहीं किया।

22. वही, पु. 4, अ. 11, पृ. 1295[ब]

23. 'राजनीतिशास्त्र' की पुस्तक 7 के 10वें अध्याय में अरस्तू साफ़-साफ़ लिखता है कि आदर्श राज्य में भू-स्वामित्व तथा सैनिक होने और सरकार चलाने के अधिकार एक ही वर्ग के पास होंगे। इसी वर्ग को नागरिकता का अधिकार भी होगा। एक नागरिक के पास भू-सम्पत्ति का होना इसलिए आवश्यक है ताकि उसे अपनी आवश्यकताओं की पूर्ति के लिए किसी अन्य पर निर्भर न रहना पड़े। दूसरी बात यह है कि नगर के आकार को देखते हुए सुरक्षा और शासन में लगे नागरिकों की संख्या पर्याप्त होनी चाहिए (शेष नागरिकों की कुल संख्या से बस कुछ अधिक)। इन सभी नागरिकों के बीच भूमि बँटने के परिणामस्वरूप किसी के पास भी इतनी ज़मीन नहीं हो सकती कि वह बड़ा ज़मीदार हो सके। इस भूमि का आबंटन भी ऐसा हो कि खेती के लिए कुछ ज़मीन नगर से दूर हो जिस पर पशु भी पाले जा सकें। दूसरा छोटा टुकड़ा नगर के समीप हो जिस पर रहने के लिए मकान बनाया जा सके। यह सुविधा इसलिए आवश्यक थी जिससे भू-स्वामी सामाजिक उत्तरदायित्वों का निर्वाह करने के लिए पूरा समय दे सके। सुरक्षा तथा व्यवस्था की दृष्टि से एक नागरिक की नगर में लगातार उपस्थिति अनिवार्य थी।–पृ. 1330[अ]

24. वही, पु. 6, अ. 4, पृ. 1318[ब]

25. इस विषय में उसने अपना मंतव्य दो तरह से स्पष्ट किया है। 'राजनीतिशास्त्र' में

उसने लिखा है–"...संविधान में ऐसी व्यवस्था होनी चाहिए जिससे पदों पर बैठे हुए लोग अपने अधिकारों का उपयोग स्वार्थ साधन के लिए न कर सकें" (–पु. 5, अ. 8, पृ. 1308[ब])। बाद में वह फिर लिखता है–"...राज्यविशेषज्ञ जब अपने [पूर्ण] नागरिकों के प्रशिक्षण का प्रावधान करे तो उद्देश्य यह होना चाहिए कि वे किसी का दास बनने से बच सकें और ऐसा नेतृत्व प्रदान करें जिसमें अपने अनुयाइयों (अनुशासितों) के हित-साधन का भाव हो न कि उन्हें दास बनाने का" (–पु. 7, अ. 14, पृ. 1333[ब]-34[अ])

दोनों सन्दर्भों का ध्वन्यर्थ यही है कि सैनिक और प्रशासक अन्य वर्गों के हितों का ध्यान रखें, उन्हें अकारण प्रताड़ित न करें। खेती तथा उत्पादन के अन्य क्षेत्रों से जुड़े वर्गों को सत्ता में भागीदार बनाने के पक्ष में वह कभी नहीं रहा।–वही, पु. 7, अ481 4, पृ. 1329[अ]

26. एल्सीबाइयादीज़ के भवन की सजावट और दीवारों पर आगाथार्खुस के चित्र इसके प्रमाण हैं।
27. राज., पु. 4, अ. 4, पृ. 1292[अ]
28. अपने जीवन के उत्तरार्ध में सुकरात नैतिकता के प्रश्नों को ही सुलझाने में लगा रहा। इस सम्बन्ध में उसका निष्कर्ष था कि आत्मोन्नति मनुष्य का सर्वोपरि लक्ष्य होना चाहिए। इसका ज्ञान ही वास्तविक ज्ञान है। ज्ञान और गुण–आचरण की श्रेष्ठता–तद्रूप हैं। इसी विचार को प्लेटो और अरस्तू ने भी सदैव अपना आदर्श माना। समस्त भौतिक समृद्धि व्यर्थ है यदि समाज उसके कारण पथभ्रष्ट हो जाये। अतलांतिकवासियों का उदाहरण उनके सामने था। इस विचारधारा के अन्तर्गत राजनीतिक स्थिति का बनना-बिगड़ना (जीवन के सुख-दुःख को भी वे इसी का दूसरा पक्ष मानते थे) आचरण सापेक्ष है। सोफ़िस्त निजी तथा तात्कालिक सफलता पर बल दे रहे थे। तर्क या कुतर्क से अपनी बात को सही ठहराना उनके लिए अधिक महत्त्वपूर्ण था। इसके विरोध में सुकरातीय परम्परा ने दर्शन को नया विषय दिया–मनुष्य के सत् आचरण का स्वरूप क्या है? उसके घटकरूप मानवीय गुणों की खोज उसके लिए उतनी ही महत्त्वपूर्ण हो गयी जितनी परम सत्ता की खोज।
29. इसका सबसे बड़ा उदाहरण स्वयं पेरिक्लीज़ है। उसकी उपपत्ती माइलीतुस की थी और इसी कारण उसकी राज्य निष्ठा सदैव सन्देह के घेरे में रही।
30. राज०, पु. 3, अ. 11, पृ. 1282[अ]
31. वही, पु. 7, अ. 9, पृ. 1329[अ]
32. वही, वही, वही, पृ. 1328[ब]
33. लाइफ़ इज़ ऐक्शन ऐंड नॉट प्रॉडक्शन–वही, पु. 1, अ. 4, पृ. 1253ब
34. वही, पु. 2, अ. 9, पृ. 1269[ब]
35. वही, पु. 7, अ. 13, पृ. 1332[अ]
36. वही, पु. 8, अ. 3, पृ. 1337[ब]
37. वही, पु. 7, अ. 14, पृ. 1334[अ]
38. वही, वही, अ. 8 पृ. 1328[ब]

39. वही, वही, अ. 3, पृ. 1325[ब]
40. वही, पु. 8, अ. 3, पृ. 1338[ब]
41. वही, पु. 2, अ. 7, पृ. 1267[अ]
42. हमें इस दिशा में विशेष प्रयत्नशील होना चाहिए कि शिक्षा द्वारा हम उत्तम चरित्रों तथा श्रेष्ठ कर्मों पर उचित निर्णय लेने तथा उनमें आनन्द अनुभव करने के अभ्यस्त हो जायँ...यह अनुभव सिद्ध है कि [संगीत के] इन बिम्बों को सुनकर आत्मा सचमुच बदल जाती है...।–वही, पु. 8, अ. 5, पृ. 1340[अ]
43. अरस्तू ने इस स्थापना को दो प्रकार से सिद्ध किया है : एक, यह दर्शाकर कि श्रेष्ठ आचरणवाला व्यक्ति किन क्रियाओं को अपनाने में रुचि रखता है; दूसरे, इसका विश्लेषण करके कि उत्पादन से जुड़े लोगों में क्या कमी है जिससे उन्हें 'विश्रांति' तो मिल जाती है, अवकाश नहीं। 'राजनीतिशास्त्र' की 7वीं और 8वीं पुस्तकों में इस विषय पर विस्तार से चर्चा हुई है।
44. नैतिक गुणों की तुलना में बाह्य संसाधन कम महत्त्वपूर्ण होते हुए भी सद्‌गुणों को आचरण में उतारने की दृष्टि से आवश्यक हैं।...उदार व्यक्ति को उदारता का काम करने के लिए धन की आवश्यकता होती है। न्यायप्रिय व्यक्ति को भी सेवाओं के प्रतिदान के लिए धन की आवश्यकता होती है।...सामाजिक हित की दृष्टि से जो काम जितना बड़ा होगा उसके लिए उतना ही अधिक धन भी आवश्यक होगा। –राज., पु. 10, अ. 8, पृ. 1178[अ]–1178[ब]

अरस्तू की इस टिप्पणी का ऐतिहासिक आधार भी है। उन दिनों प्रथा थी कि किसी ऊँचे पद के लिए जब किसी व्यक्ति का चयन होता था तो अपने सेवाकाल में उसे अपने खर्चे से कोई सार्वजनिक भवन अवश्य बनवाना होता था (दे. राज. पु. 6, अ. 7, पृ. 1321[अ])। इस प्रथा से हम समझ सकते हैं कि अरस्तू के संविधान में सम्पत्ति एक महत्त्वपूर्ण इकाई क्यों है। इससे यह भी स्पष्ट हो जाता है कि उसके विश्लेषण में 'पॉलिटी' (मिश्र संविधान) और आभिजात्य तन्त्र दोनों को एक ही स्तर पर क्यों रखा गया है और बहुधा समान अर्थ में ही क्यों प्रयुक्त किया गया है। इस सम्बन्ध में पृ. 1323[अ], 1329[अ], 1330[अ] और 1332[अ] भी द्रष्टव्य हैं।
45. "व्यक्तियों और राज्यों के लिए सम्पन्नता युक्त श्रेष्ठ आचरणवाला जीवन ही सर्वोत्तम है। साधन सम्पन्नता श्रेष्ठ जीवन की गतिविधियों में सहभागी होना सम्भव बनाती है।" –वही, पु. 7, अ. 1, पृ. 1323[ब]–1324[अ]
46. वही, पु. 7, अ. 8, पृ. 1328[अ]
47. ड्युकास, सी.जे, दि फ़िलॉसोफ़ी ऑफ आर्ट, अ. 7
48. अन्तर्वर्ती शब्द के बार-बार प्रयोग से स्पष्ट हो जाता है कि अरस्तू के लिए यह लक्षण कितना महत्त्वपूर्ण था।
49. "हमारे आदर्श राज्य में भू-स्वामित्व उस वर्ग के पास होना चाहिए जो सैनिक है, दूसरे उस वर्ग के पास जो सरकारी काम-काज सँभालता है।"–राज., पु. 7, अ. 10, पृ. 1329[ब]
50. (*i*) दुहरे कथानकवाली त्रासदियों को प्रथम श्रेणी का मान लेने का कारण

प्रेक्षकों की अक्षमता है और लेखक उन्हीं की इच्छाओं के अनुसार लिखने लग जाते हैं।–अ.13, पृ. 1453[अ], पं. 32-33

(*ii*) यहाँ जो आनन्द मिलता है वह त्रासदी का नहीं कामदी का है।–अ. 13, पृ. वही, पं. 35

(*iii*) दृश्यविधान द्वारा भयंकरता का प्रभाव पैदा करनेवाले लेखक त्रासदी से अनभिज्ञ हैं।–अ० 14, पृ. 1453[ब], पं. 7-10

51. वे अपने सामने निम्नस्तरीय लक्ष्य रखते हैं। सामाजिक की साधारण रुचि के कारण उनके संगीत का स्तर भी घट जाता है।–राज., पु. 8, अ. 6, पृ. 1342ब
52. वही, पु. 8, अ. 7, पृ. 1342अ
53. हैपिनैस सीम्स, हाउऐवर, इवन इफ़ इट इंज़ नॉट गॉड-सेंट बट कम्ज़ ऐज़ ए रिज़ल्ट ऑफ़ वर्चू ऐंड सम प्रोसेस ऑफ़ लर्निंग ऑर ट्रेनिंग, टु बी एमंग दि मोस्ट गॉड-लाइक थिंग्ज़;–'नीतिशास्त्र', पु. 1, अ. 9, पृ. 1099[ब],
54. तथा 55. राज. पु. 7, अ. 15, पृ. 1334[अ]
56. वही, पु. 7, अ. 14, पृ. 1333अ
57. वही, पु. 3, अ. 4, पृ. 1277[ब]; अ. 13, पृ. 1283[ब]-1284[अ]
58. वही, पु. 7, अ. 13, पृ. 1332[अ]
59. (*i*) सभी प्रकार के निर्दोष आनन्द के द्विविध उपयोग सम्भव हैं : वे आह्लाद के गंतव्य तक पहुँचने में सहायक होने के साथ-साथ विश्रांति का साधन भी बनते हैं।...और उचित होगा कि हम युवाओं को संगीत के इस आनन्द का उपभोग करने का अवसर दें।–वही, पु. 8, अ. 5, पृ. 1339[ब]

    (*ii*) केवल आनन्द ही नहीं विश्रांति की दृष्टि से भी संगीत का उपयोग सम्भव है।...किन्तु, यह भी देखना है कि क्या इनके अतिरिक्त भी इसका कोई उच्चतर मूल्य है।–वही, पृ. 1339[ब]-1340[अ]
60. वही, पु. 8, अ. 5, पृ. 1339[अ]
61. वही, वही, वही, पृ. 1340[अ]

    'राजनीतिशास्त्र' के इस अंश में अरस्तू ने अपने कलाशास्त्र के एक और महत्त्वपूर्ण सिद्धांत की स्थापना की है। 'अनुकरण' की चर्चा में कह आये हैं कि विभिन्न इन्द्रियों से जुड़ी कलाओं की अपनी-अपनी सीमाएँ हैं। दृश्य कलाओं में माध्यम की प्रकृति के कारण सभी स्थितियों में अनुरूपता (सादृश्य) दर्शाने में चाक्षुषी अनुकरण सफल नहीं हो पाता जिससे संकेतों का आश्रय लेना पड़ता है। प्रत्यक्ष और सांकेतिक अनुकरण के इस भेद को स्पष्ट करते हुए वह लिखता है, "मनुष्य के बाहरी रूप का अनुकरण मूर्ति में सम्भव है किन्तु भीतरी गुणों, मनोदशाओं की ओर केवल संकेत किया जा सकता है।" आज की भाषा में इसे प्रतीकात्मक अनुकरण कहेंगे। दृश्य कलाएँ व्यक्ति के चरित्र का प्रतीकात्मक अंकन ही कर पाती हैं किन्तु संगीत के माध्यम की प्रकृति ऐसी है कि वह सीधे-सीधे मन की दशाओं का अनुकरण कर सकता है। कला विशेष के सन्दर्भ में अनुकरण की शक्ति और सीमा के अन्तर को रेखांकित करके अरस्तू वस्तुतः प्लेटो से कुछ हट कर अनुकरण को कुछ और व्यापक बना रहा है। साथ ही,

जैसा स्टीफैन हैलिवेल ने भी कहा है, वह दृश्य कलाओं में ऐसे अनुकरण को इसका पूरा दर्जा देने में हिचकिचा रहा है जहाँ यह केवल प्रति-रचना (इमेज मेकिंग) तक ही सीमित है। प्लेटो भी अनुकरण के इसी रूप से सबसे ज्यादा नाराज़ था। सम्भवतः इसी कारण से काव्य में भी अनुकरण के उसी रूप को अरस्तू सर्वाधिक महत्त्व देता है (या काव्य का श्रेष्ठतम रूप मानता है) जो नाट्याभिनय युक्त हो। कहने की आवश्यकता नहीं कि इसमें पाठ, संगीत और नृत्य तीनों का समायोग है।

62. 'राजनीतिशास्त्र' की अन्तिम पुस्तक के 5वें अध्याय में अरस्तू ने संगीत अध्ययन के तीन उद्देश्य गिनाये हैं–(*i*) मनोरंजन और विश्रांति, (*ii*) श्रेष्ठ आचरण के लिए चरित्र को सुदृढ़ करना और (*iii*) आत्म संस्कार। फिर इसी पुस्तक के 7वें अध्याय में संगीत के तीन लाभ गिनाते हुए वह लिखता है– पहला शैक्षिक, दूसरा काथार्सिस और तीसरा आत्म संस्कार। इस दूसरी सूची में मनोरंजन और विश्रांति के स्थान पर 'शैक्षिक' का समावेश कुछ भ्रम पैदा करने वाला हो सकता है। किन्तु सन्दर्भ से स्पष्ट है कि उसने यह सूची स्वतन्त्र नागरिकों को ध्यान में रखकर तैयार की है। इसके पहले वह कह आया है कि संगीत पर गम्भीरता से विचार करनेवालों ने धुनों के तीन वर्ग किये हैं–(*i*) [श्रेष्ठ] चरित्र को अभिव्यक्ति प्रदान करने वाली, (*ii*) किसी क्रिया को उकसाने वाली, और (*iii*) प्रेरणा देने वाली। क्रिया को उकसानेवाली से उसका तात्पर्य है जिसका प्रभाव काथार्सिस बनकर प्रकट हो और प्रेरणा देने से तात्पर्य है आत्म संस्कार। इन दोनों सूचियों में काथार्सिस के दूसरे क्रम पर आने से सिद्ध हो जाता है कि यह संगीत का अन्तिम और उच्चतम उपयोग नहीं है (और यही बात त्रासदी के बारे में भी कही जा सकती है)। दूसरी सूची में 'शैक्षिक' शब्द का प्रयोग संगीत के अभ्यासियों के लिए किया गया है और उसने यह भी कहा है कि इसका लक्ष्य मुख्य रूप से अच्छे और बुरे संगीत की पहचान तक ही सीमित होना चाहिए। गाने-बजाने में स्वयं दक्षता प्राप्त करने की दृष्टि से स्वतन्त्र नागरिकों को कभी भी संगीत नहीं सीखना चाहिए।

63. ऐनी ऐफेक्शन व्हिच स्ट्रॉंगली मूव्ज़ दि सोल्ज़ ऑफ़ सैवरल पर्सन्स विल मूव दि सोल्ज़ ऑफ़ ऑल ऐंड विल ओनली डिफ़र फ़्रॉम पर्सन टु पर्सन विद ए डिफरेंस ऑफ़ डिग्री। पिटी, फीयर ऐंड इन्स्पिरेशन आर सच ऐफेक्शन्स...दि सेम सॉर्ट ऑफ़ इफ़ैक्ट विल ऑल्सो बी प्रोड्यूसड ऑन दोज़ हू आर स्पैशली सब्जेक्ट टु फ़ीलिंग ऑफ़ फीयर ऐंड पिटी ऑर दी फ़ीलिंग ऑफ़ ऐनी काइंड; इंडीड इट विल ऑल्सो बी प्रोडयूस्ड ऑन रैस्ट ऑफ़ अस, इन प्रोपोर्शन ऐज़ ईच इज़ लायबल टु सम डिग्री ऑफ़ फ़ीलिंग; ऐंड दि रिज़ल्ट विल बी दैट ऑल एलाइक विल एक्सपीरियेंस सम सॉर्ट ऑफ़ पर्जिंग ऐंड सम रिलीज़ ऑफ़ इमोशन एकॉम्पनीड बाइ प्लैज़र। वी मे ऐड दैट मेलोडीज़ व्हिच आर स्पैशली डिज़ाइंड टु पर्ज दि इमोशन्स आर लाइकवाइज ऑल्सो ऐ सोर्स ऑफ़ इनोसेंट डिलाइट टु ऑल ऑफ़ अस।–राज., पु. 8, अ. 7, पृ. 1342[अ]

इस उद्धरण में 'पर्ज' तथा 'रिलीज़ ऑफ़ इमोशन' काथार्सिस के लिए प्रयुक्त हुए हैं।

64. राज., पु. 8, अ. 6, पृ. 1341[अ]
65. राज., पु. 7, अ. 8, पृ. 1328[अ]
66. नीति. पु. 1, अ. 7, पृ. 1097[ब]
67. वही, पु. 1, अ. 8, पृ. 1098[ब]
68. राज., पु. 8, अ. 5, पृ. 1339[ब]
69. वही, वही, वही, पृ. 1340[अ]
70. पु. 3, अ. 9, पृ. 117[अ]-1117[ब]
71. 'काव्यशास्त्र', अ. 14, पृ. 1453[ब], पं. 1-6
72. इस स्थापना को अरस्तू के साहस, संयम आदि के विश्लेषण के परिप्रेक्ष्य में परखा जाना चाहिए।
73. राज. पु. 8, अ. 3, पृ. 1338[अ]
74. (*i*) त्रासदी में पात्रों को आज के लोगों की तुलना में श्रेष्ठ रूप में दर्शाया जाता है–'काव्यशास्त्र', अ. 2, अन्तिम पंक्ति।
(*ii*) पात्र अच्छे होने चाहिए। –वही, अ. 15, प्रथम पंक्ति।
(*iii*) त्रासदी में ऐसे पात्रों का अनुकरण होता है जो सामान्य से श्रेष्ठ होते हैं। –वही, वही पृ. 1454[ब], पं. 9
75. 'भाषणशास्त्र', पृ. 1383[अ]; 'काव्यशास्त्र', पृ. 1453[अ], पं. 5-6
76. नाट्य स्पर्धाएँ सुबह से लेकर शाम तक चला करती थीं। वहाँ किसी के भी आने पर प्रतिबन्ध नहीं था। उलटे अपेक्षा की जाती थी कि अधिक से अधिक नगरवासी उन्हें देखने के लिए आयें। बन्दियों को भी इससे वंचित नहीं रखा जाता था।
77. 'काव्यशास्त्र', अ. 13
78. ई.पू. 4 थी शताब्दी में एथेन्स ने आर्थिक प्रगति की एक नयी दिशा खोज ली थी। वहाँ ऐसे बैंक खुल गये थे जो अपनी जमाराशि को व्यापारियों को ऋण रूप में देकर पैसा कमा रहे थे। जहाजरानी के क्षेत्र में एथेन्स के आगे बढ़ने में इन बैंको का बड़ा हाथ था। धीरे-धीरे एथेन्स विश्व व्यापार की मण्डी बन गया। व्यवहारत: पूरा नगर ही व्यापारिक प्रतिष्ठान बन जाये यह अरस्तू को स्वीकार्य नहीं था। इन गतिविधियों से नगर-जीवन दिन प्रतिदिन भ्रष्ठ होता जा रहा था। इसीलिए, अरस्तू व्यपारी संस्कृति के विरोध में ज़मीदारी संस्कृति का समर्थन कर रहा था। पुराने आदर्शों, जन्मजात संस्कारों पर बल देते हुए वह लिखता है–"हमें स्मरण रखना चाहिए कि किसी राज्य के विकास में [वहाँ के लोगों के जीवन की] श्रेष्ठता तथा परिमाण दोनों का हाथ होता है। श्रेष्ठता से तात्पर्य है स्वतन्त्र [परिवार में] जन्म, सम्पत्ति और कुलीन परिवार के संस्कार; परिमाण से तात्पर्य है ऐसे व्यक्तियों का [आधे से] अधिक होना।"
–राज., पु. 4, अ. 12, पृ. 1296[ब]
79. 'काव्यशास्त्र', अ. 4, पृ. 1448[ब], पं. 8-9

# परिशिष्ट

# पारिभाषिक शब्दावली

| | |
|---|---|
| अंगभूत तत्त्व | ingredients |
| अंतः प्रवृत्ति | inner principle |
| अधिमान्यता | perference |
| अनुरूपता | likeness |
| अभिकर्ता | agent |
| अभिगृहीत धारणा | postulate |
| आभिग्रहणशील | assimilative |
| अभिस्वीकृत तथ्य | assumed fact |
| अभिस्वीकृति | fundamental assumption |
| अभिव्यंजक | expressive |
| अभेद | identity |
| अल्पसंख्यकों का शासन/शासन तंत्र | oligarchy |
| अल्पसंख्यक धानिकों का शासन/शासन तंत्र | plutocracy |
| अवधारणा | conception |
| अविमर्शी/अविवेकी | irrational |
| अवैतिनिक | amateur |
| अव्यवस्था | chaos |
| आकार कल्पना | design |
| आगमन प्रणाली | inductive system |
| आदर्श मूल रूप | prototype |
| आदिरूप/नित्यरूप | Form (प्लेटो के संदर्भ में)/ Eternal form |
| आद्य प्रेरणा शक्ति | Demiurge |
| आभिजात्य शासन/शासन तंत्र | aristocracy |

| | |
|---|---|
| आर्षयुगीन | archaic/archaic period |
| आविष्ट | possessed |
| आवेग | affection |
| उत्तेजक | stimulus |
| उत्थित शिल्प | relief |
| उत्प्रेरणा | evocation |
| उपपत्ति | theory |
| उपपादन | demonstration |
| एकतान | properly tuned |
| एकरसता | monotony |
| एकीभूत | unified |
| ऐतिहासिक सापेक्षवाद | historical relativism |
| ओज | spirit |
| कला का क्रीड़ा सिद्धान्त | play theory of art |
| कला का रति सिद्धान्त | erotics of art |
| कारण सम्बन्ध | causality |
| कोटिक्रम | hierarchy |
| कौशल | skill, techne |
| गोचर-रूप सदृश | quasi-perceptual |
| चरित्र | ethos |
| चारण | bard |
| चिन्तनशील | speculative |
| चैतन्यवाद | Idealism |
| जागरणकाल | Renaissance |
| जैवीय क्षुधा | appetite |
| तत्त्व | essence/form (अरस्तू के संदर्भ में) |
| ताल | rhythm |
| देलियाई गठबंधन | Delian League |
| देश | space |
| ध्वनित आलोचना | implicit criticism |
| न-अनुकरणात्मक | non-representative/non-mimetic |
| न-काव्यत्मक | non-poetic |

| | |
|---|---|
| न-तर्कसंगत | non-logical |
| न-प्रतिरूपणात्मक | non-representational |
| नियतवाद | determinism |
| नियतिवाद | fatalism |
| निरपेक्ष/अन्य निरपेक्ष | absolute |
| निर्गमन उपपति | out-let theory |
| नैतिक प्रज्ञा | moral wisdom |
| परम सत्ता | ultimate reality |
| परिसंघ | confederacy |
| पूरक | complementary |
| पूर्व पक्ष | premise |
| प्रतिपरीक्षण/प्रश्न-प्रतिप्रश्न | cross examination |
| प्रतिमा/बिंब | image |
| प्रतिमूर्तिकरण | duplication |
| प्रतिरूप/प्रतिमा-रचना | image making |
| प्रति-रूप | counter part/duplication |
| प्रतिरूपण | representation |
| प्रभावात्मक | impressionist |
| प्रमाता | subject |
| प्रमेय | object |
| प्रयोजनमूलक | teleological |
| प्राधिकार | authority |
| बोध कथा | fable |
| भावचिकित्सा | phychopathology |
| भाषिकी | rhetoric |
| भासमान रूप/गोचर रूप | appearance |
| भेदक | differentia |
| मध्यम भाव | mean |
| मानसी अंतराल | psychical distance |
| मिश्र कला | composite art |
| मूल सत्ता | being |
| युक्तिमत्ता | rationality |

| | |
|---|---|
| युक्तिसंगत/तर्कसंगत | rational |
| राज्यविशेषज्ञ | statesman |
| रूपप्रद गुण | plastic quality |
| लोकसभा | popular assembly |
| वस्तु विधान | objective corelative |
| विचार शक्ति | reason |
| विडंबन काव्य | parody |
| विमर्श बुद्धि | dialectics |
| विमर्शी बुद्धि | ratiocination |
| विरेचन | purgation |
| विशिष्ट नियम | logos |
| विशिष्ट रूप/अभिव्यंजक रूप | significant form |
| विशेष | particular |
| विषमित संतुलन | asymmetrical balance |
| वृंदगान | chorus/choral song or lyric |
| व्यावहारशील | prudential |
| संज्ञानात्मक | cognitive |
| संप्रेषण | communication |
| संवेदनशीलता | sensibility |
| सत्ताशास्त्रीय | ontological |
| समयानुक्रम | time sequence |
| समाधि लेख | epitaph |
| सहज वृत्ति | instinct |
| साधारण धर्म | common factor |
| सामान्य | universal |
| साहजिक | instinctive |
| सुर | tune |
| सुसंस्कृत/संशोधित | improved |
| सृष्टिशास्त्रीय | cosmological |
| स्थानंतरण | transplantation |

# कुछ यूनानी शब्दों की हिन्दी और अंग्रेजी वर्तनी

| | |
|---|---|
| अत्तिका | Attica |
| अथीना | Athena |
| अनेक्सागोरस | Anaxagoras |
| अनेक्सिमांदर | Anaximander |
| अनेक्सिमिनीज़ | Anaximines |
| अपोलो | Apollo |
| अल्सीउस | Alcaeus |
| अस्पेसिया | Aspasia |
| आइसोक्रेतीज़ | Isocrates |
| आगाथार्खुस | Agatharchus |
| आयो | Io |
| आरेती | Arete |
| आल्कमन | Alcman |
| इक्तिनुस | Ictinus |
| इजीअन | Aegean |
| इफिसुस | Ephesus |
| इलियद | Iliad |
| ईलिया | Elea |
| एंपीदोक्लीज़ | Empedocles |
| एती | Ate |
| एगामैमनन | Agamamnon |
| एफ्रोदाइति | Aphrodite |
| एरिस्तोफ़ेनीज़ | Aristophanes |
| एरीज़ | Aries |

| | |
|---|---|
| एल्सीबाइयादीज़ | Alcibiades |
| एस्खिलुस | Aeschylus |
| ओदिसी | Odyssey |
| ओदिस्यूस | Odysseus |
| ओर्फ़ीउस | Orpheus |
| ओर्फीय | Orphic |
| ओलिंपिया | Olympia |
| ओलिंपुस | Olympus |
| कल्लियोपि | Calliope |
| कालोकागाथिया | Kalokagathia |
| क्रीट | Crete |
| क्रोतोन | Croton |
| क्लायो | Cleio |
| खियोस | Chios |
| गोर्जियास | Gorgias |
| ज़ेनोफ़ॉन | Xenophon |
| ज्यूस | Zeus |
| डोरियाई | Dorian/Doric |
| तार्प्सिखोरी | Terpsichore |
| तेख्नी | Techne |
| तेलीमाखुस | Telemachus |
| थर्मोपिली | Thermopylae |
| थियोगनिस | Theognis |
| थीब्ज़ | Thebes |
| थूसीदिदीज़ | Thucydides |
| थेमीस्तोक्लीज़ | Themistocles |
| दिमोक्रितुस | Democritus |
| दिमोस्थनीज़ | Demosthenes |
| दियोनाइसुस | Dionysus |
| देलॉस (दीलॉस) | Delos |
| देल्फाई | Delphi |
| पाइलॉस | Pylos |

| | |
|---|---|
| पाइईरिया | Pieria |
| पाइरीउस (पिरियुस) | Piraeus |
| पाइसिसत्रेतुस | Peisistratus |
| पाइथागोरस | Pythagoras |
| पारमेनिदीज़ | Parmenides |
| पार्हासिउस | Parrhasius |
| पिनेलोपि | Penelope |
| पेरिक्लीज़ | Pericles |
| पेलोपोनीसुस | Peloponnesus |
| पोसायदन | Poseiden |
| प्रैक्सितलीज़ | Praxiteles |
| प्रोतेगोरस | Protagoras |
| फ़ीमिउस | Phemius |
| फ्रीजिया | Phrygia |
| बाक्खिलिदीज़ | Bacchylides |
| ब्योशा | Boeotia |
| माइलीतुस | Miletus |
| माइसीनी | Mycenae |
| मिकाली | Mykale |
| मितलीनि | Mytilene |
| मिमीसिस | Mimesis |
| मिल्ताइयादीज़ | Miltiades |
| मीलॉस (मेलॉस) | Melos |
| म्यूज़ | Muse |
| युरेनिया | Urania |
| युरिपिदीज़ | Euripides |
| र्हैपसोड | Rhapsode |
| लेज़बॉस | Lesbos |
| ल्युकिप्पुस | Leucippus |
| समोस | Samos |
| सर्सी | Circe |
| सैफ़ो | Sappho |
| सोफ़ोक्लीज़ | Sophocles |

| | |
|---|---|
| सोफ्रोज़्युनी | Sophrosyne |
| स्पार्ता | Sparta |
| हिफ़ेस्तुस | Hephaestus |
| हिरेक्लाइतुस | Heraclitus |
| हिरोदोतुस | Herodotus |
| हीसियोद | Hesiod |
| हेदीज़ | Hades |

# आधारभूत यूनानी ग्रंथ

(अंग्रेजी में अनूदित)



| | | |
|---|---|---|
| 1. अरस्तू- | (*i*) | काव्यशास्त्र : अनु. (क) इन्ग्राम बाइवाटर<br>(ख) बुचर, एस. एच. |
| | (*ii*) | नीतिशास्त्र : अनु. रॉस, डब्लू. डी. |
| | (*iii*) | भाषणशास्त्र : अनु. डब्लू. र्‌हाइस रॉबर्ट्‌स |
| | (*iv*) | राजनीतिशास्त्र : अनु. अर्नेस्ट बार्कर |
| 2. एरिस्तोफ़ेनीज़- | | कामदियाँ : पेंग्विन पुस्तक-माला |
| 3. एस्खिलुस<br>सोफ़ोक्लीज़<br>युरिपिदीज़ | (*i*) | सम्पूर्ण यूनानी त्रासदियाँ : शिकागो विश्वविद्यालय संस्करण |
| | (*ii*) | युरिपिदीज़ के दस नाटक : बैंटम क्लासिक |
| 4. पिंदर | | स्फुट रचनाएँ : लोएब क्लासिकल लाइब्रेरी |
| 5. प्लेटो | (*i*) | प्लेटो के संवाद, खंड एक व दो : अनु. जोवेट, बी. |
| | (*ii*) | गणराज्य : अनु. ली, एच. डी. पी. |
| 6. हीसियोद | (*i*) | देववंशावली, (*ii*) काम और दिन : लोएब क्लासिकल लाइब्रेरी |
| 7. होमर | (*i*) | इलियद, (*ii*) ओदिसी : पेंग्विन क्लासिक्स |



## अन्य सन्दर्भ ग्रन्थ



| | | |
|---|---|---|
| 1. Arnold Houser | - | The Social History of Art, Vol. I |
| 2. Atkins, J. W. H. | - | Literary Crilicism in Antiquity, Vol. I |
| 3. Bogomolov, A.S. | - | History of Ancient Phislosophy |
| 4. Bowra, C.M. | - | Periclean Athens |

5. Bowra, C.M. (Ed.) - Classical Greece
6. Butcher, S.H. - Aristotle's Theory of Poetry and Fine Art
7. Collingwood, R.G. - The Principles of Art
8. Coplestone, F. - A History of Phiposophy
9. Curt John Ducasse - The Philosophy of Art
10. Erich Auerbach - Mimesis
11. Grace M. Ledbetter - Poetics before Plato
12. Grube, G. M. A. - Plato's Thought
13. Humphry House - Aristotle's Poetics
14. John Burnet - Greek Philosophy : Thales to Plato
15. John Onians - The Hellenistic Age
16. Lodge, R.C. - Plato's Theory of Art
17. Rosemary Harriott - Poetry and Criticism before Plato
18. Sikes, E. E. - The Greek View of Poetry
19. Stace, W. T. - A Critical History of Greek Philisophy
20. Stephen Halliwell - Aristotl's Poetics
21. Stobart, J.C. - The Glory that was Greece
22. Webster, T. B. L. - (*i*) Greek Art and Literature, 750 - 530 B.C.
    (*ii*) Greek Art and Literature, 530 - 400 B.C.
23. The Cambridge History of Literary Criticism, Vol. I
24. The Cambridge Companion to early Greek Philisophy
25. Princeton Encyclopedia of Poetry and Poetics

# अनुक्रमणी